物我两忘，宠辱不惊

1965 年

研究生毕业,与何绍俭订婚合影

2017 年

王梦恕院士夫妇金婚合影

2017 年

王梦恕院士全家福

1952 年
初中毕业于陕西宝鸡蔡家坡铁路中学

1961 年
从唐山铁道学院本科毕业

1965 年　元旦研究生毕业留念（前排右一为王梦恕）

2000 年　王梦恕院士（左一）返回母校——天津铁路工程学校

1948 年

五姐弟和叔叔的孩子合影（第一排中间男孩为王梦恕）

1957 年

王家五姐弟合影。前排左为王秀华，中为王秀琛，右为王秀玲，后排左为王梦达，右为王梦恕

1963 年

全家合影。前排左二为父亲王崇和，左三为母亲孙玉洁，后排左二为王梦恕，左四为何绍俭

1981年

在大瑶山隧道出口进行全工艺试验

1988年

王梦恕（左一）参加北京地铁浅埋暗挖施工技术鉴定会

1995年 王梦恕院士主持二炮复合衬砌技术鉴定会

1997年

5月，王梦恕院士（居中右二）参加深圳大梅沙隧道方案初审会议

2000 年
在德国海瑞克公司与海瑞克先生合影

2003 年
8月，王梦恕院士（右二）在青藏铁路风火山隧道现场

2005 年
参加中日盾构隧道学术会议（日本东京）

2006 年
王梦恕院士考察郑西高速铁路黄土隧道施工现场

2007 年
参加国际隧道年会（捷克布拉格）（左起：陈建勋教授、王梦恕院士、谭忠盛教授、梁波教授）

2008年
4月，王梦恕院士（右四）在沪蓉西高速公路岩溶隧道现场

2008年
4月，施仲衡院士（左一）、王梦恕院士（左二）、周丰峻院士（左三）参观指导广深港客专狮子洋隧道施工

2008年
在小泉教授等陪同下参观秦冶（秦皇岛）

2009年

3月,王梦恕院士参加广深港客专狮子洋隧道中国中铁企业文化现场会(前排左起为王梦恕院士、洪开荣总工、卢耀如院士、郑颖人院士)

2009年

3月,参加第十一届全国人民代表大会第二次会议

2010年 12月,王梦恕院士参加中国城市轨道工程技术论坛(左起为王景全院士、洪开荣总工、王梦恕院士、郑颖人院士、孙伟、蒋树屏院长、黄宏伟教授)

2012年

4月，王梦恕院士（右二）参加盾构及掘进技术国家重点实验室揭牌仪式。右五为科技部副部长陈小娅

2012年

4月，王梦恕院士一行考察长沙营盘路水下隧道现场（前排左起分别为：梁文灏院士、王梦恕院士、王景全院士、洪开荣总工、陈湘生院士）

2012年　7月，王梦恕院士考察渤海海峡隧道线路规划

2012 年
8月,王梦恕院士主持台湾海峡隧道技术研讨会(平潭)

2012 年 参加世界隧道大会(泰国曼谷)

2015 年
9月,王梦恕院士考察福州-平潭铁路施工现场

2016 年

8月，王梦恕院士考察青岛地铁

2016 年　10月，王梦恕院士在2016中国隧道与地下工程大会上做主题报告

王梦恕院士文集

Wangmengshu
Yuanshi
Wenji

人民交通出版社股份有限公司
China Communications Press Co.,Ltd.

内 容 提 要

本文集收录了王梦恕院士发表的学术论文和在学术会议上的专题发言稿67篇,以及其作为人大代表、政协委员的提案和见诸媒体的短文33篇,共计100篇,涉及隧道与地下工程建设领域的工程规划、施工设计、地质预报、监控测量、控制原则、施工工艺、装备研制、机械配套、材料结构等各个方面,是对王梦恕院士科研成果和学术思想的盘点总结。

本文集可供隧道及地下工程领域的工程技术人员学习参考。

图书在版编目(CIP)数据

王梦恕院士文集/王梦恕著.—北京:人民交通出版社股份有限公司,2017.12
ISBN 978-7-114-14341-0

Ⅰ.①王… Ⅱ.①王… Ⅲ.①隧道工程—文集 Ⅳ.①U45-53

中国版本图书馆CIP数据核字(2017)第286012号

书　　名:王梦恕院士文集
著　作　者:王梦恕
责任编辑:陈志敏　王　霞　李　娜
出版发行:人民交通出版社股份有限公司
地　　址:(100011)北京市朝阳区安定门外外馆斜街3号
网　　址:http://www.ccpress.com.cn
销售电话:(010)59757973
总 经 销:人民交通出版社股份有限公司发行部
经　　销:各地新华书店
印　　刷:北京市密东印刷有限公司
开　　本:880×1230　1/16
印　　张:40.75
字　　数:1120千
版　　次:2017年12月　第1版
印　　次:2017年12月　第1次印刷
书　　号:ISBN 978-7-114-14341-0
定　　价:218.00元

(有印刷、装订质量问题的图书由本公司负责调换)

序

　　我深深地感激着生活，感激着她赐予我的苦难与幸福、挫折与成功、痛苦与迷惘，是生活铸就了我不断奋斗、不断追求的个性，是生活教会了我：要活出自己生命的精彩。

　　我是在战火纷飞的年代出生的，我的少年时代是在苦难中度过的，我的青年时代又是在一个又一个政治运动不断冲击着自己的心灵中度过的。在我的人生中，苦难多于幸福，坎坷多于顺境，但我始终未被这些所吓倒。

　　我的中年和老年欣逢盛世，是值得庆幸的。在改革开放、建设社会主义现代化强国、实现中华民族伟大复兴中国梦的大好形势下，党和国家给予了我创新、拼搏的机会和舞台。

　　我一生的信念是：物我两忘，宠辱不惊，祖国的需要就是我奋斗的目标，也给予我奋斗的力量。

　　人生苦短，弹指一挥间，我已步入暮年。回首往事，我可以自豪地讲，我的每一步选择都是将祖国、人民、事业放在首位的。当我冒着生命危险，和工人们一起创新隧道施工作业工法时，我深切地感受到在隧道建设者的感情天平上，祖国重于一切，事业高于一切！和我战斗在一起的同事们，远离家乡、远离亲人，奋战在艰苦的工地上，他们有愧于父母、有愧于妻子、有愧于儿女，但无愧于祖国、无愧于人民，更无愧于自己

所从事的事业。

经过千辛万苦的努力，我才取得了今天的成绩。我深深地感恩于我的父母和我的大姐，是父母给予我生命，是大姐为了我的成长，做出了巨大的牺牲，强忍着苦和累，走完了她短暂的人生；我深深地感恩于启蒙我的老师和教育我如何奋斗成才的导师；感恩于朋友们给予我诸多的支持和帮助；感恩于各级领导给予我施展才华的舞台和机会；感恩于我的妻子、儿女对我的关爱和理解；最后，更感恩于党、感恩于政府、感恩于人民给予我的力量，使我的思想境界有了很大的提高和升华，让我深深地懂得：人活着不能只为自己。

我的工作单位和我带的学生们帮忙，从我所撰写的论文和我给人大、政协的提案中，精选一部分出版这本文集，以反映我所走过的技术历程和我对国家一些重大事情的思考；通过这本文集，一方面想给年轻人提供一条了解我国隧道与地下工程发展脉络的途径，并能从中受到一些启迪；另一方面，也希望年轻人能有一颗为国为民之心，敢于担当，只要对国家、对人民有利的事，就要勇往直前，不畏艰难险阻。对此，我感到很欣慰，在这里也深深地感谢他们，感谢人民交通出版社的编辑们。

历史是最严厉的老师，也是最公正的评论家，它用铁一般的事实告诉人们：一个人，必须敢于牺牲自己的一切，才能登上事业的顶峰！这些年，我正是沿着前辈们的足迹，站在他们宽厚而高耸的肩膀上跋涉、攀登、拼搏，才取得了一点成绩。这本文集，也记述了我的一些经历，希望对大家有所启迪。

2017 年 10 月

目 录

A 学术论文 Academic papers

松散介质中圆形整体式衬砌的静力工作 …………………………………………………… 3
内燃机务段含油污水的处理 ……………………………………………………………… 16
正在修建中的大瑶山隧道 ………………………………………………………………… 22
雷公尖隧道新奥法施工量测试验报告 …………………………………………………… 25
振动量测在隧道施工中的应用 …………………………………………………………… 30
应用开缝式摩擦锚杆探测隧道开挖过程的力学特征 …………………………………… 42
军都山隧道黄土试验段简介 ……………………………………………………………… 57
全断面 5m 深孔爆破对隧道围岩的动态影响 …………………………………………… 59
浅埋双线铁路隧道不稳定地层新奥法施工——军都山隧道进口黄土试验段纪实 …… 63
赴日"地下铁道工程考察"报告 …………………………………………………………… 77
北京地铁浅埋暗挖法施工——复兴门折返线工程 ……………………………………… 81
浅埋暗挖法修建地铁车站试验研究 ……………………………………………………… 92
浅埋暗挖法设计、施工问题新探 ………………………………………………………… 101
水底隧道在青岛—黄岛之间的应用 ……………………………………………………… 107
修建铁路隧道工程的经验和教训 ………………………………………………………… 111
降低城市地铁造价的措施和意见 ………………………………………………………… 117
穿越琼州海峡进行工程结构研究 ………………………………………………………… 125
米花岭隧道出口端的快速施工及机械化配套 …………………………………………… 128
21 世纪山岭隧道修建的趋势 ……………………………………………………………… 134
秦岭特长隧道施工简介 …………………………………………………………………… 138
我国地下铁道施工方法综述与展望 ……………………………………………………… 143
岩土工程在城区设计、施工的体会 ……………………………………………………… 149

章节	页码
21世纪是隧道及地下空间大发展的年代	152
隧道工程近期需要研究的问题	156
重视城市有轨交通体系的研究和发展	162
TBM通过断层破碎带的施工技术	166
可持续发展中的六大难题和对策	172
大瑶山隧道的科研与施工	176
中国是世界上隧道和地下工程最多、最复杂、今后发展最快的国家	185
用隧洞工程优化南水北调中线方案	190
宜成线铁路单线隧道修建应引以为戒的建议	194
我国城市交通的发展方向	197
给《隧道建设》编辑部的一封信	201
对岩溶地区隧道施工水文地质超前预报的意见	202
21世纪我国隧道及地下空间发展的探讨	207
地铁建设中需要澄清的问题	212
大城市发展轨道交通势在必行	216
修建公路隧道应建立安全风险性、可靠性评估体系	218
地下水封岩洞油库是储存油品的最好形式	223
发展城市轨道交通应注意的若干问题	229
客运专线长大隧道设计施工的讨论	233
开敞式TBM在铁路长隧道特硬岩、软岩地层的施工技术	235
厦门海底隧道设计、施工、运营安全风险分析	247
客运专线隧道设计的基本原则	254
不同地层条件下的盾构与TBM选型	261
隧道工程浅埋暗挖法施工要点	263
盾构机国产化迫在眉睫	269
青藏铁路建设情况	282
地下水封岩洞油库设计、施工的基本原则	284
城市地下工程建设的事故分析及控制对策	308
中原交通与物流产业体系的研究	316
台湾海峡海底铁路隧道建设方案	323
水下交通隧道发展现状与技术难题——兼论"台湾海峡海底铁路隧道建设方案"	330
长江第一隧——武汉长江隧道修建技术	343
铁路隧道建设理念和设计原则	373
中国高铁技术世界领先	380
中国铁路、隧道与地下空间发展概况	384
中国隧道及地下工程修建技术	401
21世纪的桩基新技术:DX旋挖挤扩灌注桩	410
渤海海峡跨海通道战略规划研究	420

中国盾构和掘进机隧道技术现状、存在的问题及发展思路	426
北京地铁1号线：中国最安全的地铁是如何修建的	438
隧道及地下工程面临的几点问题	442
深广中通道东隧西桥方案和全隧方案比选	446
我国隧道技术现状和未来发展趋势	457
材料结构状态集合分析理论——第25届全国结构工程学术会议特邀报告	467
我国智慧城市地下空间综合利用探索	494

思想与观点
Thoughts and viewpoints

关于国家石油战略储备库的提案	505
之一：关于加快国家石油战略储备库建设的提案(2008年)	505
之二：关于完善石油战略储备制度，加强石油储备能力建设的建议(2016年)	506
关于国家教育问题的提案(2008年)	507
之一：关于合理调整国家中小学编制标准及解决农村教师素质的建议	507
之二：关于教育不公严重影响中部地区人才稳定和贫富差距扩大的呼吁	508
京沪高速铁路不用磁悬浮技术体现了科学发展观(2008年)	511
关于改善施工企业生存发展环境的建议(2009年)	516
关于大力培育高素质技工队伍的建议(2009年)	518
院士所在企业——中国中铁隧道集团有限公司介绍(2009年)	520
之一：打破国外垄断　盾构机贴上了"中国制造"标签	520
之二：隧道科技的三次跨越	521
之三：我国隧道施工进入穿江越洋时代	522
之四：文化助企业扬帆前行	524
建议工程建设应尽快采用总承包形式(2011年)	527
我国亟须解决第一次分配不公问题(2011年)	531
我国应严管稀土资源的开采，控制稀土出口量(2011年)	534
关于采用《超高温等离子枪处理城市生活垃圾》提案(2012年)	535
关于对引松入京调水工程的提案(2012年)	537
关于合理解决外地工作户籍居民子女参加居住地中考、高考的建设(2012年)	542
关于推进铁路体制改革，解决铁路债务危机的建议(2012年)	543
轨道交通建设原则应是安全、可靠、适用、经济、先进(2012年)	545
关于尾矿的处理和利用问题的提案(2010年，2013年)	547
之一：关于加快金属尾矿资源化及其农业利用的建议(2010年)	547
之二：必须重视危害极大的尾矿产生和处理(2013年)	548
关于启动研究、建设真空管道磁悬浮发射天空通道的建议(2013年)	550
关于维护涉军法律尊严切实保障在企业退役军官(军转干部)合法权益的建议(2014年)	552

历史古老建筑被拆除　大批短命建筑在泛滥(2014年) ······ 554
关于转基因食品安全问题的提案(2010年,2014年) ······ 555
　　之一:建议取消转基因食品在市场上应用——转基因稻米安全性的质疑(2010年) ······ 555
　　之二:转基因种子不准进口　确保人民健康粮食安全(2014年) ······ 557
城市交通规划、城市建筑规划、城市建筑必须科学、环保、节能、民主权力之手不能泛滥(2015年) ··· 559
关于深广中建设跨海湾通道项目有关情况的汇报(2015年) ······ 560
关于渤海海峡跨海通道建设的提案(2016年,2017年) ······ 563
　　之一:关于加快渤海海峡跨海隧道工程建设的建议(2016年) ······ 563
　　之二:关于尽快开展渤海海峡跨海通道修建前期工作的建议(2017年) ······ 566
关于加快实施西西调水工程的建议(2016年) ······ 567
关于第九次提出《为确保国人行车安全尽快完成"汽车轮胎气压监测系统"标准并颁布实施》的
　　意见与建议(2017年) ······ 572
关于京张高铁建设及京张铁路遗址公园的提案(2017年) ······ 575
　　之一:关于"京张高铁区间两公里及北京北站入地方案"建议 ······ 575
　　之二:关于保留百年京张铁路历史风貌建设铁路遗址公园的建议 ······ 576
关于琼州海峡通道建设的提案(2010年,2017年) ······ 577
　　之一:必须重视海南岛的人口、功能定位及琼州海峡通道方案的认真研究的建议(2010年) ······ 577
　　之二:关于加快海南岛环线高铁在琼州海峡中部用铁路隧道联结内陆建设的建议(2017年) ······ 578
关于建立中国特色科学与工程索引(SEI)的建议(2017年) ······ 581
为根治雾霾,改善大气环境,必须严格监控在用汽车排气污染物,并尽快修订提升国家强制
　　标准GB 18285—2005的建议(2017年) ······ 583
城市轨道交通建设防患未然 ······ 585
交通建设进入隧道时代 ······ 586
单行线可解北京拥堵 ······ 588
中国高速铁路快速建成创新方法及业绩 ······ 589
"工程禁区"的突破与创新 ······ 591

附　录 Appendix

大事记 ······ 595
博士生/博士后名录 ······ 603
弟子心声 ······ 607
后记 ······ 625

王梦恕院士文集
Wangmengshu Yuanshi Wenji

学术论文

松散介质中圆形整体式衬砌的静力工作

王梦恕

(唐山铁道学院隧道及地下铁道教研室)

摘　要：圆形地下结构衬砌，随着国民经济的发展，在水工隧道、国防工程、水底隧道、地下铁道以及其他工程中的使用，日益增多，伴随它的理论研究和计算方法也不断出现。但这些理论都缺乏实验的检验。作者在总结现有各种圆形衬砌计算方法的基础上，以实验结果为基础与现有典型理论的计算结果进行比较，试图对各种方法进行评价；同时通过实验进一步了解了结构在弹性阶段的作用特征；确定影响衬砌内力因素的主次。

1　圆形衬砌计算理论综述

当未出现混凝土以前，砖石是主要建筑材料之一，砖石结构给人们一个不连续非整体的结构概念，在这种条件下，对拱形结构提出了压力线理论，按极限平衡原理来解答砖石衬砌结构的受力作用问题。

随着混凝土的出现，钢、铸铁在修建地下结构中的采用，使修建的结构物具有较好的整体性，因此人们就把结构看作连续的弹性体系。圆形衬砌的计算方法也相应地获得了很大的发展。

初期研究工作者，如史切聂拉(Щтейнера)(1906年)[1]、卡依里哈(Кайлиха)(1927年)[1]、史托利村布尔加(Щтольценбурга)(1932年)[1]等人，由于对地层和衬砌的共同作用了解不够，均提出按自由变形弹性圆环计算衬砌的方法。

后期，由于生产的实践，人们逐渐掌握了地下结构的作用特点，开始考虑地层和衬砌的共同作用，开始采用按弹性介质中的弹性圆环进行计算的方法。如1936年波德洛夫—哥列克里[2,3](Бодров-Горелпк)的级数法；1936年波德洛夫—马捷里(Бодров-Матери)[4,5]，提出按链杆法计算衬砌的建议；1944年安德斯—布尔(Anders-Bull)[6,7]，提出了对圆形衬砌合理考虑弹性抗力的建议；1961年埃梅利安诺夫(Емелянов)[8]，提出了对柔性管的计算方法；另外还有一些作者[9,10]建议把圆形衬砌视做弹性地基上的曲梁或折线梁来进行分析。

以上所述的方法在具体应用时均较复杂，计算量大，但它们提供了有关衬砌在弹性介质中受力作用的较为完整的概念，并对各种近似而简单实用的计算方法提供了说明精确程度的准绳。

1935年维诺哥拉多夫(Н. М. Виногрдвов)[2]，达维多夫(С. С. Давыдов)[11]，布尔得兹哥拉(Н. Л. Бурдзгла)[13]等人，均对圆衬砌周边抗力分布规律进行假定，各作者在此基础上拟定了近似的计算方法，但由于当时人们对抗力的概念还了解不够，所以这些近似方法还不能描述衬砌的实际作用情况，随着比较详细计算方法的出现，人们对抗力开始有了较全面的了解，因此后期所出现的布加也娃[12,14]，阿尔汉格里斯基(М. М. Архапгельскнй)所建议的方法[15]，是能够较真实反映实际作用情况的。

应该说明的是，以上计算方法多以温氏假定为基础，近些年，一些研究工作者[16,11]开始把计算方法建立在共同变形的理论基础上，或把地基视做弹塑性体，如巴斯捷尔纳克(П. П. Пастернак)[17,18]等人所提出的用两种底床系数计算弹性地基上结构物的方法。

＊ 本文原载于：唐山铁道学院学报，1964(4)．

除以上所述理论工作外,对衬砌结构还进行了实验室的实验[19]和实地量测[20,6]等工作,但在这方面积累的资料是不足的。

目前按弹性系统的计算方法是设计工作中的最主要的计算方法,在相当长的时期内,也会是主要的计算方法,因此有必要做进一步的研究和探讨。

2 模型试验

模型实验的目的是量测各种刚度的衬砌在实验荷载和不同介质中(粗砂、中砂、混合散体)应力的分布规律和变形情况,从而对现有各种隧道衬砌计算方法中所采用的基本原则和假定加以验证;量测各种因素(r, EJ, K 变化)对衬砌内力的影响;进一步了解、发现圆衬砌的作用特点。

实验采用立式台架,砂箱尺寸和形状如图1和图2,长×宽×高为 $0.4m \times 0.9m \times 1.4m$,用比例 1:10 杠杆传递加载,用散体介质传力;用元件式土压盒测量压力;用电阻丝片及601型静动态电阻应变仪配合预调24点平衡箱进行多点衬砌内力应变量测[21];用百分表量测变位[23]。

图 1

图 2

为了不改变问题研究的性质,要求模型和周围介质的相对刚度等于实际结构和周围地层的相对刚度,采用钢材作为模型材料,根据温氏假定,采用实物半径和厚度按不同比例尺缩小,导出下式:

$$h_{模} = \sqrt[3]{\frac{\alpha_E}{\alpha_K \alpha_r}} \cdot \frac{h_{宽}}{\alpha_r}$$

另外通过对不同材料、半径、混凝土强度等级等各类型的实际结构按几何相似[22,24],也制作了 $D = 40cm、50cm$,厚度分别各为 $3mm、4mm$ 的几种模型,并在不同介质下进行了量测。测点布置如图3、图4;加载程序主要按 $0 \to 12T \to 0; 0 \to 6T \to 0 \to 12T \to 0$ 两种方式进行。量测前进行多次预压,以近似保证介质在量测中的稳定。

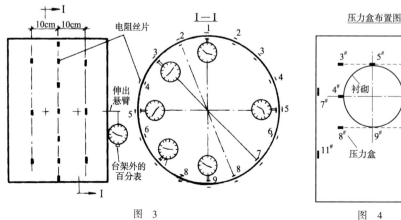

图 3　　　　图 4

整个试验的各次量测相对误差平均为 10%;台架本身最大可能产生的荷载误差,经校正为 6%。

3 模型试验结果分析

3.1 理论计算和实验数据的分析比较

为了讨论方便,首先作者把 $S = \sqrt[4]{4EJ/K}$ 称为地下结构的截面刚度,而把 $\lambda = l/S$ 称为地下结构与地层的相对刚度,以后简称相对刚度。

3.1.1 按链杆法所求内力和实测值的比较

多次土压力量测证明,当衬砌相对刚度较大时,作用到衬砌上的压力呈非均匀分布,介质和衬砌的刚度差值越大。则压力分布的不均匀性也越大,另外加压板的刚性,砂层厚薄也影响压力的均匀分布。

实验还指出,模型经向变位零点的位置在与竖直轴成 35°～55°范围内变化,一般不随竖直荷载的大小而改变,而随衬砌半径和底床系数的增大脱离区随着变小,随衬砌厚度的增大,脱离区则增大。

根据实测荷载,将衬砌结构简化为图 5 所示的基本结构,用一次传播法[25]进行内力和变位计算,现将主要衬砌类型的理论与实测内力图、应力图、弹性抗力图分别绘于图 6、图 7 和图 8 中,理论与实验差值百分率也附于相应图中。

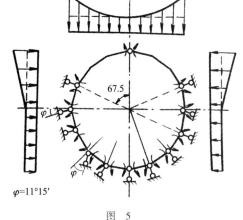

图 5

从图 6 看出,实测内力 M 的分布规律和链杆法计算结果基本一致;最大正负弯矩的位置相符;理论和实验的差值百分率在 25% 左右,但直径 $D = 50\text{cm}$ 的衬砌模型,在与竖直轴成 22°30′ 的截面处,理论值最大且和实验值相差较大,这与压力分布的量测及两侧砂层较薄等条件有关。在加载过程中,下半部衬砌的理论与实验 M 值的大小和分布比较稳定,随荷载变化不大。

图 7 表示的理论与实测的衬砌内外边缘应力大小和分布规律是一致的,两者的差值百分率较为接近。

根据闭合对称图形 M 值的代数和等于零($\int M/EJdS = 0$)的条件,检验所测 M 图,闭合误差一般在 3%～10% 之间;另一方面,将所测 M 值、N 值代入拱顶水平直径截面处的变位公式中,求出由于所测内力引起的变位和用百分表实测变位较为吻合,一般差值百分率均在 3%～20% 之间(图 15),这些均说明本文所包括的实验结果是在允许误差百分率的范围内。

从图 6 还看出,理论计算的 N 值,在水平直径以上均比实验值小,尤其在拱顶理论比实测小 2～3 倍,沿着衬砌周边从拱顶向下理论 N 值递增,趋近实验值,在水平直径截面处两值基本吻合,并且截面的轴力近似等于作用到衬砌上的一半竖直荷载,如 $D = 50\text{cm}$,N 应为 69kg,实测为 60kg 左右,$D = 40\text{cm}$,N 应为 51kg,实测为 50kg 左右,这说明内力量测和土压力量测是一致的。在水平直径以下理论与实验值均有所减少,并且理论值比实验值大 30% 左右。这种现象一方面是由于砂箱壁的摩擦力,使侧压力变成上大下小的倒梯形,而增加了拱顶的轴力,另一方面因摩擦力的存在也引起拱部轴力的增加,理论计算证明摩擦力使上半部衬砌轴力增大,下半部衬砌轴力减小,如当 $K = 1\text{kg/cm}^3$ 时,摩擦角 $\varphi = 22°30′$,经计算拱顶轴力比未计摩擦力时增大 76.5%,显然影响是很大的。

从图 8 看出,理论径向弹性抗力的大小和分布与通过实测衬砌内力所推算抗力值的大小和分布相似,两者差值最大为 15%;最大抗力在水平直径以下 $\alpha = 22°30′$ 的截面处,从该截面沿衬砌周边向上、向下各截面抗力值均递减;在拱底处,用土压盒量测的抗力值比理论值和用实测 M 推算的抗力值均小很多,相差1~4倍,且土压盒所测抗力值随着远离拱底截面而增大,这说明有很大一部分垂直荷载系由衬砌周边摩擦力的垂直分力所承担。

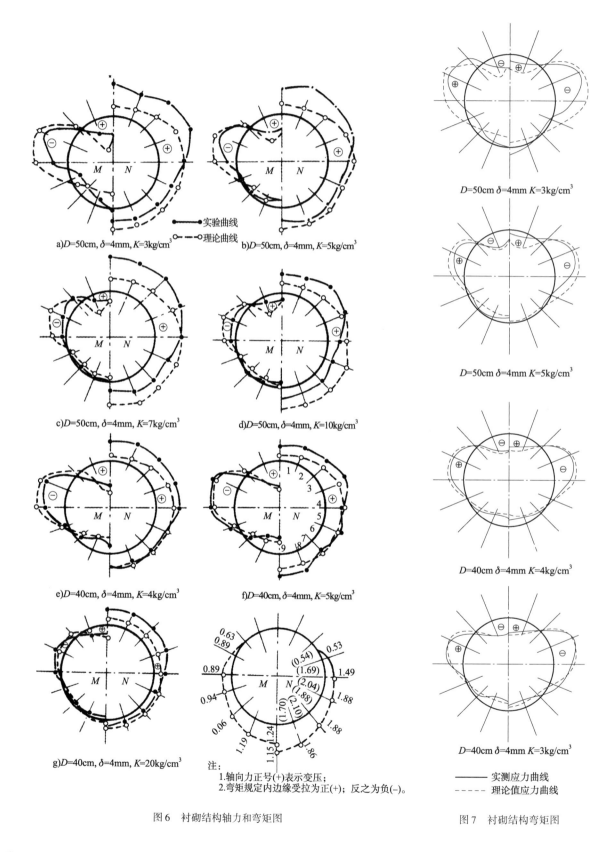

图6 衬砌结构轴力和弯矩图

图7 衬砌结构弯矩图

作者通过对一定刚度范围圆衬砌的计算分析和实验证明,影响抗力值的大小和分布的主要因素有三个:

(1)衬砌和介质之间的相对刚度对内力的影响很大,但对抗力值的大小影响不太大,而影响抗力的分布范围;

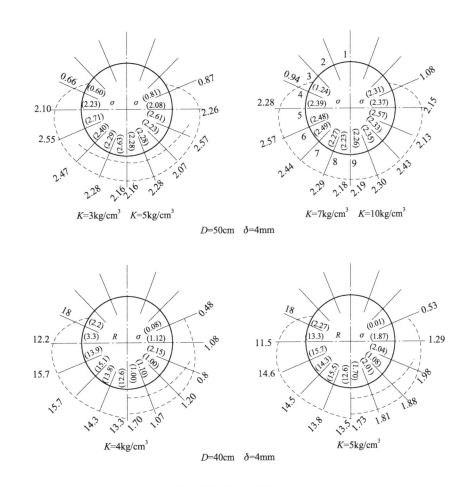

图 8 衬砌结构轴力和弯矩图

(2)抗力值的大小主要决定于外荷载的大小和分布,从链杆法的计算中看出,由于各截面 M 值引起支承抗力的数字和由于外荷载引起支承抗力的数值之比($\frac{R_M}{R_{荷载}} \times 100\%$),一般在10%左右。另外主动侧压力的考虑方法不同,对抗力的分布和大小也有影响。

(3)摩擦力的存在影响抗力的大小并改变抗力的分布规律:作者通过衬砌实例计算(图9)得出,不计摩擦力时的抗力值沿衬砌周边从上向下递增,拱底最大,其数值在水平直径以上各截面比考虑摩擦力时的值小,以下则大。当 $\varphi = 11°15'$ 时,理论计算得出,由于摩擦力的作用,使拱底减少30%左右。

以下分析链杆法的理论计算和实验结果的差别:

(1)由于计算中所采用的衬砌与介质间的摩擦角($\varphi = 11°15'$)比实际 φ 值($\varphi = 30°$ 左右)小,所造成的差值:将一衬砌模型的理论与量测内力绘入图10,从图看出摩擦力的存在大大减小了各截面的弯矩;改变轴力的分布规律,使下半部衬砌轴力普遍减小,上半部轴力增大,尤其在拱顶附近更为显著。

表1示出不同 K 值下,在均布荷载作用下,改变 φ 角时,对内力的影响百分率,显然,在 K 值较小时 φ 值的改变对内力的影响是较大的。

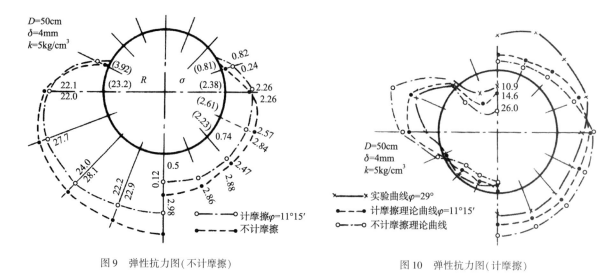

图9 弹性抗力图(不计摩擦)　　　　图10 弹性抗力图(计摩擦)

考虑摩擦内力影响百分率　　表1

考虑摩擦内力影响百分率(%)	均布荷载作用下,"+"号表示增加,"-"表示减少					
	$K=1\text{kg/cm}^3$		$K=10\text{kg/cm}^3$		$K=50\text{kg/cm}^3$	
摩擦角 φ	$\varphi=22°30'$	$\varphi=11°15'$	$22°30'$	$11°15'$	$22°30'$	$11°15'$
拱顶截面弯矩	-34.5%	-18.5%	-39%	25%	-39%	-25.5%
拱顶截面轴力	+76.5%	+45.2%	+31%	+20%	+14%	+12.5%
拱底截面轴力	—	—	—	—	—	-30.5%

(2)侧压力量测不准引起的差值:改变侧压力,对衬砌模型进行计算看出,各截面内力以不同比值随侧压力成直线变化,侧压增大时,M 值减小,N 值增大,支承反力除拱底处外也减小,一般当侧压增加0.1时,拱顶 M 减小12%左右。

(3)理论计算的零点与实验零点的位置不同所造成的差值:计算证明零点位置若改变22°33′时,则内力 M 的影响仅差10%左右,而对 N、R 的影响很小。实验同样证明零点变化对内力影响不大。

(4)其他:测量误差;土压盒的安装破坏了土的应力状态等,所引起的差值。

3.1.2　近似法内力计算和实验值的比较

近似法的共同特点是假定抗力图形,忽略摩擦力、轴力对内力的影响。近似法中又分为两大类,现分别比较如下。

(1)以达维多夫法为代表的内力计算和实验值的比较。

将实测衬砌内力和用达氏法的计算结果绘图11,看出两者的内力分布规律不同,抗力图形相差更大,这主要因达氏没有区分衬砌在受力时有抗力区和脱离区,任意假定抗力分布规律所造成。

(2)以布加也娃法为代表的内力计算和实验值的比较。

为了进行比较,用布氏法对衬砌模型进行计算,并和实验值一并绘入图12中,从图看出,两者的分布规律相似。

为进一步和已被实验所肯定的链杆法进行比较,则分别对同一类型衬砌在不同 K 值下,用两法进行计算(链杆法考虑轴力),将拱顶截面 M 随 K 的变化曲线绘于图13中,从图看出,K 小时,布氏值小于链杆法的值,K 大时,则大于链杆法的值。

布氏法和链杆法、实验值差别的原因:

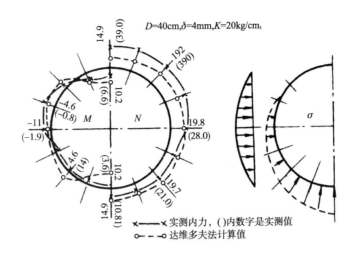

图 11 实测衬砌结构内力和用达氏法的计算结果对比示意图

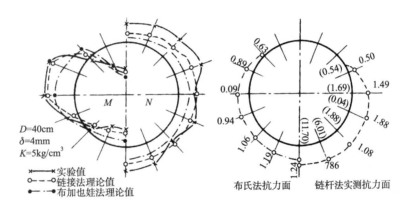

图 12 实测衬砌结构内力和用布氏法的计算结果对比示意图

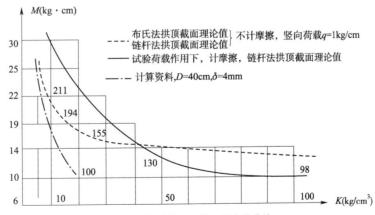

图 13 拱顶截面 M 随 K 的变化曲线

a. 布氏法的抗力假定和实际不相同：实验及理论均证明水平截面处的抗力是影响内力 M 的主要因素，当 K 值较大时，布氏法的水平截面处的抗力值小于链杆法，因此布氏计算值大于链杆法计算值。

b. 布氏法忽略轴向力所引起的差值：实验、理论均证明，轴向力对内力影响的百分率随衬砌半径和 K 值的增大而增大，随衬砌厚度的增加而减少。

图 14 绘出了在均布荷载下，用链杆法计算，考虑轴力与否对内力的影响百分率[2]，看出，当 $K \leqslant$

$10kg/cm^3$时,即$\lambda=15$时,由于不计轴力引起内力的M的误差$<10\%$,所以对一般坚硬岩石不能忽略轴力的影响。

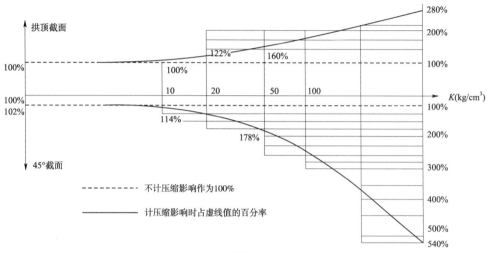

图14 在竖直均布荷载作用下内力变化曲线

3.1.3 链杆法所求变位和量测值的比较

图15是计算和实测的变位值比较图,从图看出,两者差值一般在25%左右。当根据量测内力推算变位时,该变位和用百分表实测的变位值较吻合,这说明内力量测和变位量测是一致的。

从实测内力和变位与荷载的关系还看出,所测之值与荷载的关系是非线性的,这是由于周围散体介质的压密过程除具有的不可逆性外,还因为散体颗粒不是在它的全部表面上都相互接触,当加载时,在这些接触点上的应力将数倍于按连续介质模型所算的平均应力。在实验过程中,可以看到颗粒逐渐变小变圆,含尘量增加,这些就导致变形和变位的非线性关系,从这里也看出视地基为共同变形的弹性模型的假定也是有条件的。

从图16的变位荷载曲线也能看出,卸载时的变形减小值比加载时的变形增加值小,这也是由于散体的不可逆性的结构变形存在[29],这样就使卸载曲线位于加载曲线之下,重复加卸载,就形成了一些回环圈,使存在残余变形,但重复到一定程度时,卸载曲线的斜率变化逐渐减少,回环圈收缩,使散体结构在相当大的荷载内具有弹性性质。

3.2 衬砌和周围介质的相对刚度对内力影响的分析

在单位均布荷载作用下,理论计算说明,由于外荷载随着衬砌半径的增加而增大,所以内力也增大,但当总外荷载相同时,则内力M随r的增大而减少。从图6实验结果还看出,当衬砌半径不同时,由于两模型所受外荷载相差不大,因而衬砌的刚度大小起了控制作用,所以反映出直径大,M小,直径小,M大。

在实验过程中,对相同衬砌的半径模型,改变EJ值,进行了内力量测,绘图17。从图看出,EJ改变一倍左右,$+M_{max}$和$-M_{max}$分别改变1~1.5倍左右,而轴力随EJ变化不大。理论计算同样证明了这点。

通过不同模型衬砌在不同密实度和不同介质下,进行内力量测,现将拱顶截面内力随K的变化曲线绘图18,从图看出,M值随K的增加而减小,当K较小时,对内力M的变化比较大,所以低K值的选取要特别小心,而K较大时,M随K的变化不大。理论和实验曲线基本一致。轴向力随K增加略有增大。

总之,在相同外荷载作用下,相对刚度对内力影响很大,在本实验中,通过对r、EJ、K值的改变,以寻找相对刚度对内力的影响规律,图19是理论和实测相对刚度与内力的变化曲线,显然,内力M随相对刚度的增大而减小。

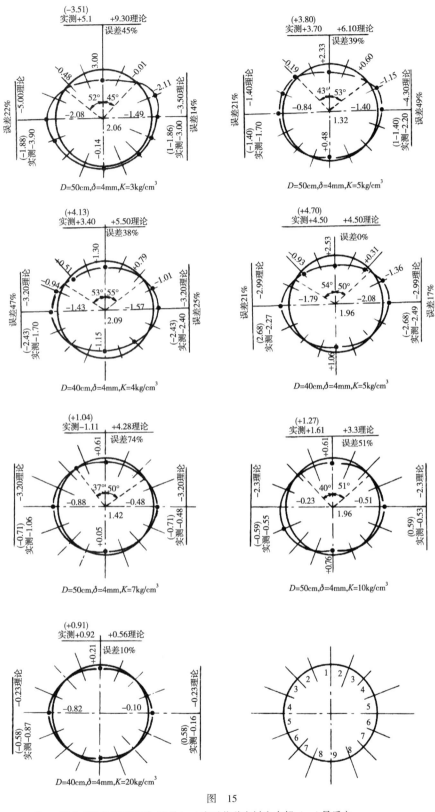

图 15

注：1. 图中变位均以毫米计，正号（+）表示位移向衬砌内部，（-）号反之；
2. 变位曲线是弹性位移（即不计衬砌平均弹性垂直下沉）；
3. 实测变位值是总位移（总位移 = 弹性位移 + 衬砌平均弹性垂直下沉）；
4. 圆心所标数字是衬砌平均弹性垂直下沉；
5. 实测值上括号内数字代表用实测内力值所算出的位移值。

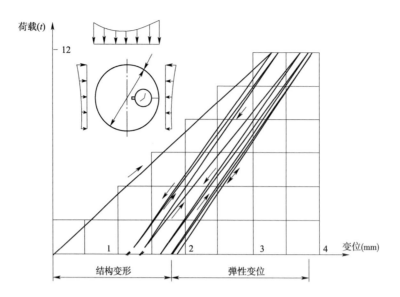

图16　衬砌结构变位荷载曲线

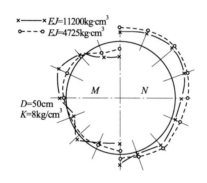

图17　不同 EJ 值内力量测对比示意图

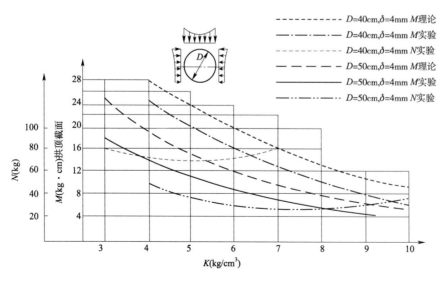

图18　拱顶截面内力随 K 的变化曲线示意图

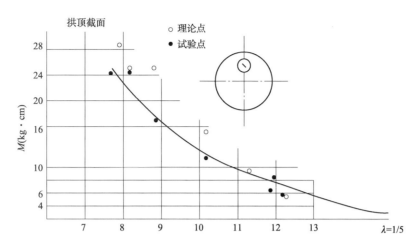

图 19 理论和实验相对刚度与内力的变化曲线

从以上因素影响分析和实验证明,链杆法是较正确的计算方法。

4 结语

在弹性受力阶段,衬砌在荷载作用及周围介质约束下产生内力和变位。变位测量证明:结构变位是由弹性相对变位和衬砌作为刚体竖直沉陷两部分组成,前者与衬砌内力 M 直接相关,后者与竖直外荷载的大小和衬砌周围介质的物性特征直接相关,抗力的产生正是由该两种变位之代数和而引起。在衬砌上部弹性相对变位是主要的,脱离介质部分的衬砌形成脱离区,压向介质的部分形成抗力区,衬砌最大位移和截面弯矩 M,一般多在脱离区。在衬砌下部全部位于抗力区,该区域的内力、变位比较均匀,数值也不大。抗力区和脱离区交界的零点位置,根据量测结果均在该处半径与竖轴成 $35°\sim55°$ 夹角范围内。衬砌和周围介质的相对刚度、摩擦力不仅影响衬砌内力 M、弹性相对变位、零点位置和抗力大小,而且对荷载的传递和分布也有关;轴向力 N 基本上不随相对刚度而改变,主要由外荷载大小来决定。

通过模型试验分析对圆衬砌在弹性阶段的作用,可以得出以下几点结论:

(1) 在弹性阶段,从图6,图7,图8,图15 及相对刚度对内力影响的分析看出,衬砌按链杆法所计算的内力、变位、抗力的大小和分布规律与实测结果相一致,所以链杆法是能较真实反映衬砌在弹性阶段作用情况的方法。为了简化计算,作者建议,用一次传播法代替高斯法来求解正则方程组。另外在均布荷载下,相对刚度 $\lambda\leqslant15$ 时,该法可以不计轴力的影响。

(2) 布加也娃法的内力计算和实测结果的分布规律基本一致;在 K 值不大的地层中,用布氏法所算内力 M 比链杆法小,当 K 值较大时,两法所算 M 逐渐接近且大于链杆法的 M 值,所以布氏法也是能反映衬砌受力情况的方法,但布氏把轴向力和摩擦力对内力的影响看成互为抵消的,与实验不完全符合,若在布氏假定的基础上,能够进一步考虑摩擦力、轴力和主动侧压力对内力的影响,则其计算结果可能更接近实际。

达维多夫法的理论计算与实测值不符(图11),所以该法是不能反映衬砌的受力情况。

(3) 在相同外荷载作用下,衬砌和周围介质的相对刚度 $\lambda\left(\lambda=\dfrac{l}{S},S=\sqrt[4]{\dfrac{4EJ}{K}}\right)$ 是影响衬砌内力的主要同因素之一,实验证明(图19),内力随相对刚度的增大而减少,这主要因内力随 EJ 的增大而增大,随 K、r 的增大而减小,而相对刚度则随 EJ 的增大而减少,随 r、K 值的增大而增大的原因。

(4) 实验证明,衬砌和周围地层间的摩擦力是改善衬砌内力的主要因素之一,它使衬砌内力 M 大为减少,脱离区部分轴力大为增加,从表1和图10可明显看出,摩擦力对拱顶截面 M 的减小值大于沃尔科夫(В. Л. ВолКОВ)所建议的数值。

(5)由于周围介质不是完全弹性体,实验的内力、变位与荷载之间的关系是非线性的,所以严格讲,力的叠加原理是不能应用的。

从以上结论看出,链杆法是比较合理的一种计算方法,布加也娃法在一定条件下也是可以采用的近似方法。实验证明,温氏假定和共同变形假定可以同时并在,是可考虑为对不同性质地层进行描述的理论,若在对 K 值测定中,考虑介质的共同作用(即剪力影响),合理选取压模面积,则可得到合理 K 值;实验告诉我们在特殊情况下应考虑摩擦力的影响;脱离区的零点位置对内力的影响不大,为了节省计算量取用 $67°30'$ 是适宜的;土压力量测证明,当确定衬砌上的压力大小和分布时,一般应考虑衬砌的变形,在一般地层沿竖直全长上也应考虑主动侧压力的作用。当对现有计算方法进行这些考虑之后,结果可能更接近实际。

地下结构影响因素复杂,本文仅根据目前现有文献和实验资料对一些问题进行探讨,由于实验做的还不充分,资料积累还需要一段过程,所以还不能对弹性阶段衬砌作用情况和计算方法作出具体改进的建议,但作者感到,在今后通过模拟规律的研究而进行的模型试验,可以用于帮助设计,以补不足,当然还存在许多问题有待今后进一步研究、实验解决。

参考文献

[1] Г. Г. зурабов,О. F. Буґаева. Гилротхпические тонлели[J]. Госэнлергоиздат,1934.

[2] Метолы расчета круговых тоняелвпых облслок[J]. Метропроскт. Бюллетени 1939(27).

[3] DR. SZÉCHYKA′ROLY, LAGU′TE′PI′TE′STAN,1961.

[4] В. Л. Волков,ТоннелИ 1. ,Трансжелдориэдат,1945.

[5] C. H. HayMOB. 用盾构法及特殊方法修建的隧道[J]. 唐山铁道学院学报,1958,41-62.

[6] 高渠清. 论地下结构物计算理论的演变及研究方向[J]. 唐山铁道学院学报,1963(2).

[7] Anders Bull. Stresses in the linngs of shield – driven tunnels[J]. A. S. C. E. 1944(9):1363-1410.

[8] Л. М. Емельвнов,Орасчёте подземных гибких труб,СТро-механика и расчёт соорукениЙ,1961(1).

[9] 陈明启. 隧洞衬砌静力计算的新方法[J]. 水力发电,1958(2).

[10] 范文田. 圆形隧道衬砌的计算[J]. 唐山铁道学院,1963(2).

[11] С. С. ДаВыдов. 地下结构物的设计和计算[M]. 北京:高等教育出版社,1957.

[12] Г. Г. зурабов,О. Е. Будаева. Гидротехнические тоннсли гилро-электрических стаипиЙ[J]. ГосэНергоиздат,1962:138-285.

[13] Н. Л. Вурагла. СтатическиЙ расчёт гидротехнических тоннелеЙ[J]. ГосстроЙиздат,1961:5-64,158-303.

[14] Я. Э. Файи,А. Д. Дмитриев. Примеры проектированния тоннелеЙ,АвтотрасИздат,1957.

[15] М. М. 阿尔汉格里斯基. 圆形隧道衬砌的近似计算方法[J]. 唐山铁道学院译述,1958(3).

[16] С. А. Орлов. Методы статичсского расчёта сборных железо-бетонных обделок тоннелеЙ. ГосстроЙиздат,1961.

[17] П. П. Пастернак. Основы нового метода расчёта фундаментовна упругом основапии при помощи двух коаффидиентов постели,1954.

[18] Н. Н. Шаношниковь. Строителвная механика[J]. МННТ,1961:296-305.

[19] 隧道研究报告集. 铁道科学研究院,1964.

[20] В. Н. Виноградов 等. Сборник статеЙ,1959(31):5-67.

[21] 李德荣. 电阻应变仪原理和实用技术[M]. 建筑科学研究院,1962.

[22] Г. п. Кузнедов,Иаучение проявлений горного давления на моде-лях[J]. Уялетехнздат,1959:11-63.

[23] Heteuyl,M. Handbook of experimental stress analysis.

[24] 林培源,田美玲. 地下结构模型试验的模拟规律[J]. 土木工程学报,1963.(5).

[25] 徐文焕.一次传播法解弹性支承连续梁及隧道衬砌的近似计算法[J].唐山铁道学院学报,1963(2).

[26] М. И.Данурмов. Расчёт тоннельных обделок. Транжелдорнздат,1960.

[27] Hetenyl. M. Beams on elastic foundation,1955.

[28] 地下圆形结构计算理论及方法.专题情报资料.建工部,1963,4.

[29] Г. К. 克列因.散体结构力学[M].北京:人民教育出版社,1960.

内燃机务段含油污水的处理

王梦恕[1]　黄儒钦[2]

(1. 成都铁路局科研所　2. 西南交通大学水力教研室)

摘　要：本文就我国铁路内燃机务段含油污水的处理问题进行探讨,并结合峨眉内燃段含油污水处理工程的工艺及除油效率进行了分析,可供有关单位参考。

1　概况

我国铁路上以内燃机车作为牵引动力的线路在逐年增长着,随之而建立起来的铁路内燃机务段将愈来愈多。对于内燃机务段来说,它每天都排出一定数量的工业污水(包括含酸、含碱、含铬及含油等污水),其中数量最多的为含油污水。

铁路内燃机务段所排出的含油污水主要来自两个方面。一是来自机车检修、整备场方面。如整备场、柴油机库、架修库、电机轮对库、定修库、柴油机体清洗间和柴油机试验间等车间在作业中所产生的含油工业污水,这类含油污水的每天排出量及其含油浓度尚为正常。另一方面是因下雨时来自露天线路及场地上的含油雨水。如在机车整备线、中检棚、卸油线,水阻试验线周围所积存的大量油污,遇到下雨时便漂起来,形成了含油雨水流入下水道,这类污水(雨水)的数量及含油浓度很不稳定,其变化程度随内燃段所在地区的暴雨量不同及作业情况而异,如成都铁路局西昌分局的峨眉内燃机务段,在每年的六至九月大雨季节期间,段内线路上所形成的小时含油雨水量便为平常小时含油污水量的 3 倍左右。

上述内燃段的含油污水(包括含油雨水),若不经处理而任意排放,不仅使一些油类不能回收利用而白白浪费掉,同时还会对周围水体或农田造成严重污染。如这类污水进入水体便致使水体卫生条件破坏,危害鱼虾生存,损害人体健康,若进入农田则会破坏土壤的物理和化学性质,堵塞土壤空隙,致使农作物减产甚至死亡,峨眉内燃段自 1967 年建成投产至 1976 年这期间,由于含油污水的污染,使受害农田(秧苗死亡或水稻大量减产)已达 30 多亩。所以,含油污水的污染是严重的,因此,必须遵照国家关于"全面规划,合理布局,综合利用,化害为利,依靠群众,大家动手,保护环境,造福人民"这一防止环境污染的方针,对铁路内燃机务段的含油污水进行妥善处理和回收利用。成都铁路局峨眉内燃段于 1974 年便开始了这方面的工作,现在,该段的含油污水处理工程已在 1977 年初建成,经使用一年多以来,段上不仅每月能回收 1t 左右的油品(主要是机油),而且经处理后的水用作灌溉,使得附近稻田从此免受含油污水的危害而获得了丰收。

含油污水处理的工作在我国铁路内燃段才刚开始,为了积累经验,现通过工作中的点滴体会,对其中一些问题作一简要分析。

2　工艺选择

不论对哪类污水处理,在拟定处理方案时均要考虑到技术可靠、经济合理、保护环境不受污染这样总

---

* 本文原载于:西南交通大学学报,1978(02).

的原则,对于各具体单位在选择处理方案时,还应因地制宜,从实际出发,有条件时作必要的试验做到合理可靠。

这次,峨眉内燃段含油污水的处理工程,在选择处理工艺及拟定其流程时,考虑了如下具体因素:

(1) 考虑了污水的水质情况和出水(作灌溉用水)对水质的要求

上文已提到,段上的含油污水包括来自车间的含油工业污水和来自露天场地上的含油雨水两种。含油雨水属于非稳定流动,其水量和水质均随时间而变化,至于车间的含油工业污水则比较正常,经初步分析及1974年、1977年的间断化验,其结果如表1所示。

峨眉段含油工业污水的水质　　　　表1

项　目	污水浓度(mg/L)	项　目	污水浓度(mg/L)
pH值	7.4~8.5	悬浮物	149.7
温度(℃)	<35	COD	12.3
油类	95.5~550	铁	0.2
总固体	355	氯化物	11.0

峨眉段附近有一片稻田,很需要水源灌溉,故污水经处理后便直接流入灌溉渠道。从灌溉用水对工业污水的水质要求来看,峨眉段这未经处理的含油污水,只有含油量这个指标大大超过了"工业污水灌溉农田的水质参考指标"[1](表2)的要求。因此,必须对其进行除油处理才能保证农作物的正常生长。

工业污水灌溉农田水质参考指标　　　　表2

项　目	最大容许浓度(mg/L)	项　目	最大容许浓度(mg/L)
pH值	5.5~8.4	酚类	5
温度℃	<35	油类	20~30
总固体	1500	氰化物	0.1
悬浮物	300	铅	0.1
含盐量	800~1000	砷	0.2
氯化物	300	硫化物	1

(2) 在拟定处理构筑物的设计容量时,是按"合流制"来考虑的。

因为历年来在内燃段上,雨季期间所产生的含油雨水对周围稻田的污染是相当严重的。故考虑将它作为处理的重点。既然这样,在考虑设备容量时,就需同时考虑处理上述两种含油污水,若分开处理反而使设备增加,管理麻烦。因此,峨眉内燃段的含油污水处理工程,既考虑了处理较为稳定的数量较小的含油工业污水量 $36m^3/h$,同时亦考虑了处理不稳定的含油雨水量 $124m^3/h$(污染面积按 $0.03km^2$ 计),即设计流量为 $160m^3/h$。

顺便指出,对于段上受污面积应调查清楚,并建议采取措施尽量减少油类污染面积,这样就可减少含油雨水量,使得处理设备容量缩小节省投资。

(3) 含油污水中,油类一般呈浮油、乳化油及溶解油这三种状态。峨眉段含油污水中这三种状态的情况,由于条件所限尚未作定量分析,但考虑到有含油部件洗涤(碱洗)作业等过程,则有产生乳化油的条件存在,故在方案中除处理浮油外,还考虑了去除乳化油(包括去除残存浮油)的工艺。至于溶解油,因油类在水中的溶解度甚小(5~15mg/L),所以在方案中没考虑去除它。

(4) 其他因素如像减少占地、有利施工、便于管理及地形的利用等均作了一些考虑。

根据上述原则与考虑,并参考了一些有关资料后,最后峨眉内燃机务段的含油处理工程便采用"波纹斜格板隔油池(卧式)加喷嘴浮选"的处理方案。其处理工艺的流程如图1所示。

需要指出:第一,该方案中的隔油池,加设了波纹斜格板,目的是为了提高除油效率,其原因见下节分析。第二,方案中的"喷嘴浮选",即在浮选池前装设水射器,以便吸入空气来促使浮选池去除乳化油及残存浮油的目的。采用这种工艺,浮选时不需加入混凝剂(池中污泥量相应减少),这样就不考虑污水在浮选池中的反应停留时间,只考虑分离留停即可,因此,这与传统的"压气浮选"相比较,具有池长缩短及管理简单的优点。目前,峨眉段工程中,由于水泵还不配套,浮选池的工作尚不稳定;另外,段上为考虑多贮备一些用水来解决夏天工业用水的困难,故浮选池的实际施工长度比设计数值大些。

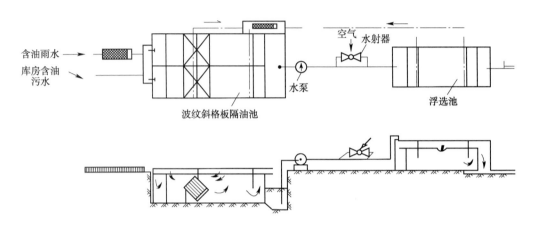

图 1　峨眉段含油污水处理流程图示

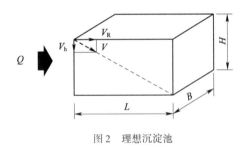

图 2　理想沉淀池

3　水力分析

在含油污水处理工程的整个工艺设计中,从隔油池的进口至浮选池的出口贯穿着水力计算的过程,现仅就去除浮油的关键构筑物——隔油池的一些水力要素进行分析,看水流运动对其除油效率的影响。

(1)污水沉淀面积的影响

污水在一般沉淀池作稳定流动时(如图2所示的理想沉淀池),其流量计算可为

$$Q = \omega v_1 = BH\frac{L}{T} = BL\frac{H}{T} = Av_h \tag{1}$$

式中:Q——污水流量(m^2/h);

　　　ω——过水断面(m^2);

　　　v_1——污水沿水平方向的平均流速(m/s);

　　　T——污水停留时间(h);

　　　L——沉淀池长度(m);

　　　B——池宽(m);

　　　H——池中水深(m);

　　　A——沉淀池中污水的沉淀面积(m^2),$A = BL$;

　　　v_h——污水中泥沙颗粒沉降(或油粒上浮)的平均速度,简称沉降速度(m/s),层流一般按斯托克斯(Stokes)公式计算:$v_h = \frac{d^2}{18\mu}(\gamma_水 - \gamma')$,其中,$\gamma_水$ 为水的容重(kg/m^3),γ' 为泥沙颗粒或油的容重,d 为泥沙或油珠的颗粒直径(m);μ 为黏性动力系数($kg \cdot s/m^2$)。

从式(1)可知,当沉降速度 v_h 一定时,则得

$$Q = f(A) \tag{2}$$

此时 Q 仅为 A 的函数,则只要增大池中污水的沉淀面积 A,该池便可处理更多的污水量 Q。因此,当今世界上的给排水沉淀池中,都广泛采用了斜板或斜管的装置,显然都是为了使得在沉淀池的单位体积中,大大增加污水沉淀面识 A 的缘故,从而达到提高池子处理能力的目的。需要指出,为了使在一定体积的沉淀池内大大增加沉淀面积 A,本应在池中装设许多水平格板更能达到目的,如图 3a) 所示,图中分成 n 格,沉淀面积增至 nA,沉淀深度便从 H 减小至 H/a。但是,在实际工程中,为了便于排泥或利于油珠上浮等工艺原因,而采用了倾斜格板的装置,如图 3b) 所示。

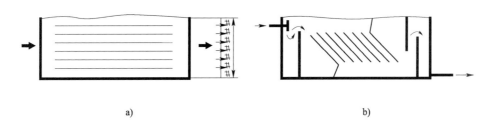

图 3

从式(1)还可导出理想沉淀池中悬浮颗粒(砂粒或油粒)去除率 E 的物理表达式,则

$$E = \frac{Av_h}{Q} = \frac{v_h}{Q/A} = 1 = 100\% \tag{3}$$

式(3)同样表明了当沉降速度 v_h 一定时,增大 A 便可使处理水量 Q 增加。这就是 20 世纪初哈真(Hazen)提出的所谓浅层沉淀理论(浅池理论)的要点[2],则沉淀效率 E 与沉淀面积 A 及颗粒沉降速度 v_h 成正比的关系,式中 Q/A 在污水处理工程中还称为沉淀池的表面负荷($m^3/m^2 \cdot h$)。

(2)水流状态的影响

隔油池是一种对污水悬浮物进行重力分离(比重大于水的泥沙便下沉,比重小于水的油珠便上浮)的处理构筑物,其处理效率受池中水流状态的影响。

从水力学知,水流状态分有层流与紊流两种,而且用临界雷诺数 Re_k 来作为判别标准。对于明渠及沉淀池水流来说,当水流的雷诺数取值如下时,水流便处于稳定的层流状态。

$$Re = \frac{vR}{v} \leqslant Re_k = 575^{[7]} \tag{4}$$

式中:Re——水流的雷诺数(无因次);

v——水流速度(cm/s);

υ——水流的运动黏性系数(cm^2/s);

R——水力半径,其算式为 $R = \frac{\omega}{X}$(cm);

ω——水流的过水断面(cm^2);

X——湿周(cm),即水流与边壁的接触周界。

在隔油池中,若水流处于层流状态时,从雷诺实验知,此时水流质点的运动轨迹就很有规则,且互不混杂没有紊动,这种水流状态由于没有横向干扰,从而适宜污水中泥沙的沉降和油珠的上浮,使沉淀效果和除油效率均大大提高。因此,在设计隔油池时,要想法保证水流处在层流状态之中。从式(4)可见,若要求水流的雷诺数 R 不大于临界雷诺数值 575,则增大湿周 X 值便可。故在池中装设许多相互平行的斜格板,并且是波纹状的,这不仅可使湿周 X 增大,保证水流处于层流状态,还可满足上述分析提到的使沉淀而积 A 增大[见式(2)],达到增加处理水量 Q 的目的。

从式(4)还看出,当污水的温度一定(v也一定)时,便得

$$v \leqslant 575\upsilon R^{-1} = k_1 R^{-1} = k_1 \frac{X}{\omega} \tag{5}$$

说明若使水流处于层流状态,池中流速v(包括通过斜格板中的流速)必须满足式(5)的要求,显然,增大湿周X是能达到的。式(5)中$k_1 = 575\upsilon = f(t)$,当水温t(℃)一定时,k_1为常数。

(3) 水流动能的影响

从上述分析知,除油效率高的隔油池,要求池中流速v小一些,但是不是说池中流速(包括通过斜格板中的流速)越小越好呢?当然不是,除工艺及经济上不允许外,从水力学角度看,当池中污水的流速过小时,则单位重量液体所具有的动能$v^2/2g$就太小,因而抵御不了外部干扰因素(如水温的变化、风力变化、进出口水流分布的变化等)的能量冲击,使水流流速分布及流向容易发生变化,从而降低了除油效率。为免除这一缺点,池内污水流速还必须大到某一程度才能使其水流运动处于稳定,这种水流运动的稳定性与水流所具有的佛汝德数F_r有关。

众所周知,佛汝德数F_r可用水流中的两倍动能与其势能的比值来表示,它在一定程度反上映了动能所具有的大小,其算式为

$$F_r = \frac{v^2}{gR} \tag{6}$$

式中: v——流速(cm/s);

g——重力加速度(为981cm/s);

R——水力半径(cm),$R = \frac{\omega}{X}$;

ω——过水断面(cm^2);

X——湿周(cm)。

有关资料[1]表明,当$F_r \geqslant 10^{-5}$时,隔油池中水流运动的流速分布才具有比较大的稳定性。因此,在设计隔油池时,还要求$F_r \geqslant 10^{-5}$,则要求池中流速v不能太小。从式(6)知,当要求$F_r = \frac{v^2}{gR} \geqslant 10^{-5}$时,则有

$$v \geqslant (g/10^5)^{\frac{1}{2}} R^{\frac{1}{2}} = k_2 R^{\frac{1}{2}} = k_2 (\omega/X)^{\frac{1}{2}} \tag{7}$$

表明当池中水流速度v不能太小,必须大于或等于$k_2 \left(\frac{\omega}{X}\right)^{\frac{1}{2}}$值,水流运动的速度分布及方向才具有稳定性。式(7)中的$k_2 = \left(\frac{g}{10^5}\right)^{\frac{1}{2}} = \left(\frac{981}{10^6}\right)^{\frac{1}{2}} = 0.99 \text{cm/s}^{\frac{1}{2}}$,从式(7)可见,若池中加设斜格板,特别是加设波纹斜格板之后,使湿周X大为增加,从而使临界值$k_2 \left(\frac{\omega}{x}\right)^{\frac{1}{2}}$降低,此时隔油池中的流速$v$便易满足式(7)的要求。

关于流体运动的稳定性问题,在有关资料及流体力学中有介绍,其中也有以能量方法来分析这个问题的。

下面附出峨眉内燃机务短的隔油池的水力计算结果,即表3所列。

水 力 计 算 结 果　　　　表3

名　称	设计流量(m^3/h)	池宽(m)	池长(m)	水深(m)	表面负荷(m^3/m^2·h)	雷诺数Re	佛汝德数F_r
数值	160	2×4.5	18	1.8	1.0	117.3	46×10^{-5}
备注	包括含油雨水					<575(层流)	>10^{-5}(稳定)

另又算得:当$t = 30℃$时,$k_1 R^{-1} = 36.8$mm/s,$k_2 R^{1/2} = 0.12$mm/s。与水流在斜格板中的速度$v = 7.5$mm/s比较,能满足式(5)、式(7)的要求。

4　结语

（1）对于铁路内燃机务段的含油污水处理，在选择工艺方案时，除了考虑国家规定的总方针外，还需结合各单位的具体情况，通过调查研究，方能使工艺先进、容量合理、利于上马和便于管理。

（2）本文通过对隔油池的水力分析，可以看出，要想使隔油池的除油效率大大提高和保持稳定，从水力学角度看，就必须做到三点：一是增加污水的沉淀面积（如加设斜格板装置）；二是使水流处于层流状态（如增大湿周，采用带有波纹状的斜格板），即要求水流的雷诺数 $Re \leqslant 575$；三是使水流具有一定的动能，即要求水流的佛汝德数 $F_r \geqslant 10^{-5}$。对于温度一定的水流，后两点的要求还可用池中流速 v 来表示，从式（5）和式（7）知，则要求 $c_1 R^{-1} \geqslant v \geqslant k_2 R^{\frac{1}{2}}$。

（3）由于内燃机务段含油污水的污染愈来愈严重，为消除其危害及回收失去的油类，我国铁路部门已开始着手解决这方面的问题。成铁局西昌分局峨眉内燃机务段的处理工程在我国铁路内燃段部门尚属首次，因此，总结这方面的经验，开展对"内燃段含油污水的处理"这个课题的研究是很有现实意义的。

由于水平所限，文中分析定有不妥之处，仅供有关方面参考，并请批评指正。

参考文献

[1] 抚顺石油研究所.炼油厂污水的利用和处理[M].燃料化学工业出版社.1974.
[2] 北京自来水公司.国内斜板斜管沉淀技术;调查报告(内部资料),1976.
[3] 国家建委建研院.斜板、斜管沉淀池(内部资料),1976.
[4] 北京化工三厂,北京工业大学.喷嘴浮选法去除乳化油的试验总结[J].建筑技术通讯,1975(2).
[5] 交通部水运规划设计院.港口含油废水的处理[J].建筑技术通讯,1976(3).
[6] Nicholas P, Cheremisinoff. Lamella Gravity Settler, A compact clarilier[J]. Pollution Engineering,1977,9(3).
[7] 唐山铁道学院水力学教研室.水力学[M].北京:人民教育出版社,1961.
[8] 国家建委.室外排水设计规范[M].北京:建筑工业出版社,1974.

正在修建中的大瑶山隧道

王梦恕

(铁道部隧道工程局科研所)

大瑶山隧道是衡阳至广州铁路复线中的重点工程,位于衡广段的坪石至乐昌之间。隧道穿越的地形、地质条件是极为复杂的瑶山山区和武水峡谷,全长 14.3 km,是我国目前最长的双线铁路隧道,也是衡广复线通车的关键工程。隧道采用双线全断面机械化一次爆破成型;同时把光面爆破,喷锚支护,现场监测三者结合起来,运用新奥地利隧道掘进法(简称新奥法,NATM)原理,对原用的隧道施工方法进行革新。这在我国铁路隧道建设中还是首创。目前施工已全面铺开,进展顺利,试验工程也告一段落。

隧道所通过的地段大部分为Ⅳ、Ⅴ类围岩,其埋置深度一般为 70~500 m,最大深度达 700~900 m。隧道进出口的两端为震旦、寒武系浅变质碎屑岩;隧道的中部为泥盆统桂头群砂砾岩、砂岩、页岩及东岗岭组的白云告、灰岩、白云质灰岩、泥灰岩等等,由于本地区经历过多次构造运动,以致形成不同的构造体系,相互干扰。根据初步判断,构造应力场的主应力方向是东西向挤压,其轴向与隧道近乎平行,有利于洞室稳定。地层的水文地质条件属弱富水区,在隧道的中段,局部浅层有岩溶现象;断层带 F_9 附近可能会形成突水地段。地层的地温梯度平均为 1.6~2.2 ℃/100 m,在隧道长 3.7 km 左右的地段,可能会出现 30~35 ℃ 的高温热害区,这对施工颇为不利。

大瑶山隧道的跨度 11.5 m,高 9 m;其纵断面线路坡度设计为人字坡。为了缩短工期,沿隧道的纵向增开三个斜井和一个竖井,十个工作面同时施工,现已先后开工进洞。隧道进出口都有水平导洞;1 号斜井的主井长 813 m,倾角为 22°,与线路夹角 42°10′;2 号竖井直径 5.5 m,深 437 m,井下水平导洞 1130 m;3 号斜井长 771 m,倾角 23°08′;4 号斜井长 418 m,倾角 18°17′。这两条斜井与线路夹角分别为 21°46′,35°15′(图1)。

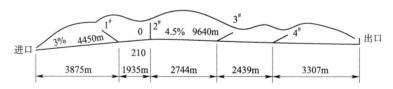

图1 大瑶山隧道纵剖面

隧道的衬砌结构设计,除进出口采用一般整体现灌混凝土外,其余地段全部采用双层复式衬砌,即喷锚初期支护和二次灌注混凝土衬砌作为永久衬砌;中部贴 2 mm 厚的软聚氯乙烯板当作防水层。图2所示结构断面系Ⅲ类围岩的实例,其他从略,在Ⅱ、Ⅲ类围岩地段设仰拱,在Ⅳ、Ⅴ类围岩地段则不设仰拱。复合衬砌的防水措施,则采用防排相结合的方法,从拱顶至边墙软面以下 0.4 m 除铺设塑料防水板外,沿纵向每 10~20 m 设环向泄水管,遇水量较大处,则将间隔缩短为 5~10 m。

鉴于大瑶山随道要求采用新的设计和施工方法,而承担此项工程的技术人员,缺乏经验,铁道部隧道工程局除了组织国内有关单位协作,开展了八个科研专题的试验研究工作外;还选择在临近的雷公尖隧道进口作为试验段,进行较为全面系统的现场试验以摸索经验,改进设计和施工方法,为大瑶山隧道开挖

---

* 本文原载于:岩石力学工程学报,1978,1(01).

作好充分的技术准备。八个科研专题中,喷锚支护专题是研究喷锚工艺,在Ⅱ、Ⅲ、Ⅳ、Ⅴ类围岩的不同地层,配合光面爆破,采用大断面开挖,为机械化快速开挖提供一套施工方法,并通过收敛和单点位移量测方法,监测隧道开挖过程中的位移、变形情况,为施工提供安全信息;地下控制爆破专题是研究爆破对围岩的扰动性,选取合理的爆破参数;地质及岩石力学专题是通过测试,确定沿隧道纵向不同地层围岩的基本力学性质和破坏情况,从而为围岩分类和指导开挖提供依据,为隧道的稳定分析提供判据。这几项专题都与岩石力学的研究紧密相关。

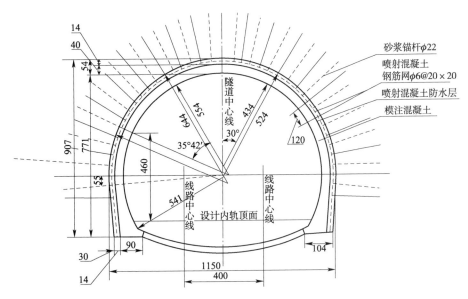

图2 大瑶山隧道衬砌设计断面($f=Ⅲ$时)(尺寸单位:cm)

雷公尖隧道进口试验段通过D_1深灰色、黑灰色厚层炭质石灰岩夹少量薄层炭质石灰岩。岩层陡立,产状为$N_{42～50}E/SE_{60～82}$;两组X形节理较为发育。石质坚硬,属Ⅳ、Ⅴ类围岩。进口端靠近武水,河谷深切,溶洞较发育。该段线路走向与岩层走向近乎正交,对隧道通过极为有利。在开挖方面,成功地采用了非电毫秒雷管,全断面用塑料导爆管起爆,深孔预裂光爆和非预裂光爆,每次总装药量1000kg左右,每次激发爆破,在1000ms左右瞬间完成5m全断面掘进;每次破碎岩石达500m³左右,炮眼利用率达96%以上,平均炮眼痕迹保存率(半边炮眼)达94%左右。这次施工创造了我国铁路隧道一次爆破掘进最深的新纪录。在喷射混凝土方面,采用半干法、多水循环供水以及合理级配等措施,基本上解决了喷混凝土中存在的粉尘大和回弹多的难题。根据实测粉尘仅在20～30mg/m³,这在国内也是比较先进的指标。

试验工程从1981年9月至1982年3月结束。另外还进行了以下三项试验:

(1)爆破前后的周边收敛量测

收敛量测工作是新奥法施工的一个重要组成部分。通过量测爆破前后的围岩变形,可以及时了解爆破对围岩稳定的影响,提出相应的措施,确保施工的安全与经济。

本项试验是在隧道的不良地段,沿其纵向每隔10m设置一个断面,每个断面布置5个测点。后因量测和埋点有困难,改成三个测点的闭合三角形(图3)。在沿试验段170m长布置了六个断面,共计18条测线。

试验段的覆盖层埋置深度在45～175m。测点预埋在紧跟爆破工作面之后,最近量测断面距爆破面仅2.5m,在放炮前6～10h开始测量,并对其中一个量测断面进行了约四个月的长期观测。试验结果表明,爆破最初几天的位移量很小,但当经过2～5次爆破,即6～9天以后,位移突然增大;从各个断面的资料来看,一般在开挖20天左右基本上都达到了完全稳定(图4)。因此,通过收敛量测,既给施工单位提供了安全信息,也给设计单位检验了支护结构是否合理,为修改衬砌设计提供了依据。

(2)爆破振动量测

为了检验全断面开挖爆破的效果和对围岩破坏的程度,进而提出合理的爆破方案,这次分别量测了预裂光面爆破与光面爆破的振动速度试验。1981年11月～12月进行了12次预裂光面爆破振动量测,共布置20个测点;1982年3月又进行了光面爆破11个垂直向测点。测量的方法是将CD-1型磁电式速度传感器安装在单向或三向锚固件上。该锚固件系于爆破前预埋在洞壁的测点位置;爆破振动速度是通过GZ_2型六线测振仪和SC-16型光线示波测量。由爆破振动速度的量测证实,双线全断面开挖一次装药爆破的最大振动速度不取决于总装药量的大小,而决定于某分段的最大装药量。试验证明,只要适当地考虑跳段使用毫秒雷管爆破,可降低爆破对围岩的振动强度,而无需用半秒级雷管。

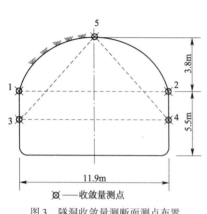

图3　隧洞收敛量测断面测点布置

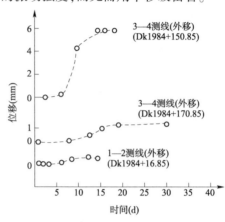

图4　隧洞开挖爆破以后收敛量测位移—时间曲线

由12次预裂光面爆破实测振动速度曲线分析,振动速度是与测点的位置、距离、方向有关。振动速度与受振质点在断面周边上的位置有关,一般墙中比拱脚要大,并随距离的增加而递减,最大振速通常不超过6cm/s,个别测点在距离20m内达12.5cm/s;振速与量测的方向,在近距离(0～24m)是切向＞垂直向＞纵向。而远距离时,往往纵向振速大于垂直向和切向,这可能是由于受空气冲击波的叠加。这次实例主振频率一般为125～500GHz,其中150～250GHz占70%以上。

光面爆破(无预裂缝)对围岩的多次爆破振动的影响是很明显的。在距离一定时,同一测点在相同条件下的振速大小基本上取决于分段的装药量,装药量越大,一般振速也越大;但在底炮位置尽管装药量并不大,而测得的振速却较大。由此说明底炮对围岩爆破影响是较大的,值得注意。把预裂光爆与非预裂光爆进行比较可知,一般预裂光爆底炮的振速最大,并不完全取决于分段的装药量;而无预裂光爆在同测点和相同距离时,一般只决定于装药量的多少,振速随装药量的增大而增大。因此,预裂光爆用于中等软弱岩层,光面爆破用于坚硬岩层是较为合适的。

(3)爆破动态应变量测

爆破的冲击应力、应变和爆破的振动对围岩的影响究竟有什么内在关系?这是值得探讨的一个问题。本项试验就是企图寻求它们之间的规律。试验是选取与围岩岩性相同的岩块,加工成7.5cm×7.5cm×7.5cm的立方试件,在试件上粘贴一组由三片基长为1.5cm的电阻应变片组成的应变花;而后将试件埋在与测量振动速度同一测点的岩壁中,并用环氧树脂与砂石拌和料塞紧胶固,经过24h以后开始爆破。测量试件的动态应变。由于初次试验,测试技术上尚存在一些问题,测得的动应变数据也较少,有些实测结果还有待进一步分析研究。据初步分析来看,冲击应变在围岩中的传递速度远较振动波速为慢,冲击应变波的传播速度衰减则较快;爆破冲击应力引起的围岩拉、压应变的变化频率为$f = 500～1000Hz$,频率较高,围岩则愈坚硬,频率的周期短,其衰减也快。围岩在承受爆破冲击时,瞬时抗拉强度可以很高;在动应变量测的同时,也测量了在该断面沿隧道周边围岩的振动频率为125～500Hz,振速为3.8～10.7cm/s,沿纵向的振动是1.0～2.0cm/s。围岩振动速度和动应变的内在关系,正在今后实验中确定。

目前,大瑶山隧道正积极抓紧进、出口,竖、斜井口地段工程的施工,八项专题试验研究工作正在继续深入开展,新奥法施工已普及至各工段,紧张、有条不紊、机械化、文明施工的场面已经出现,建设者们充满信心,一定要在1987年打通大瑶山隧道。

雷公尖隧道新奥法施工量测试验报告

王梦恕　钟筼筼
（铁道部隧道工程局科研所）

雷公尖隧道位于大瑶山隧道附近，雷公尖隧道进口试验段所提供的施工方法和数据，是直接为大瑶山隧道所借鉴的。试验段的地层由 D_1 深灰色、黑灰色炭质厚层石灰岩组成，偶夹炭质薄层灰岩，产状 N42-50E/SE60-82，两组 X 形节理较发育，其产状分别为 N53W/SW65，N62W/NE70，前者节理连续，间距 0.8m 左右，后者不甚连续，间距 1~2m，节理面上常有方解石脉贯穿。进口端靠近武水，河谷深切，溶洞较发育，石质坚硬，属Ⅳ、Ⅴ类围岩。

在这样的条件下，为了充分发挥 TH286 型四臂全液压钻孔台车的功能，我们采用 5m 深孔 1~15 段非电毫秒光面爆破一次成形的全断面开挖施工方法。在面积约 100m² 的全断面上装药总量 1100kg 左右，每次爆破时间仅 1000ms 左右的瞬间要爆下 500 多立方米岩石。对此，不少人持怀疑态度，认为这样大药量，大断面的深孔爆破，对围岩的破坏是难以估量的，对山体的稳定性将起很大的影响。为解决这个疑难问题，并想进一步改善爆破过程各段装药量的大小、孔距、起爆顺序的设计方案，我们在雷公尖隧道试验段进行下列量测工作：

（1）爆破前后的周边收敛量测，为了监测隧道开挖过程中的位移、变形情况，为施工提供安全信息。

（2）爆破振动速度量测：量测爆破过程中，围岩各部位的振动速度，以衡量爆破对围岩的影响程度，研究爆破应力波、震动波的传播及衰减规律，研究 1-15 段非电雷管起爆时地震波的叠加规律。

（3）爆破冲击动应变量测：我们利用电阻应变片自制岩石应变传感器，量测隧道壁的动应变情况，为了寻找振动速度和动应变的关系。

以下分别介绍这三种量测方式的简单做法及量测结果的分析，看法。

1　周边收敛量测部分

周边位移收敛量测是新奥法施工的主要组成部分，也是新奥法与其他施工方法的区别。通过现场信息量测，及时而合理地采取有效措施，防止围岩发生失稳，保证工程具有足够的安全度和最佳经济效益。为此，我们在 170m 长的试验段上，共布了六个量测断面，18 条测线，测点分别设在拱顶、两边墙中部，形成一个闭合三角形。通过量测数据，可以得出这样的规律：爆破的最初几天变位很少，但当经过五次左右的爆破（即 6~9d）以后，测点离开工作面约 25m 时，变位突然增大，两侧边墙中部位移最大值达 6mm 左右，相对位移 10~12mm，然后又缓慢下来，在 20 天左右变位完全稳定，我们对第四断面进行了四个月的长期观测，其结果和 20 天的位移值是一致的，说明该围岩蠕变性很小，整个坑道在喷锚支护作用下是稳定的。从变位的变化规律还看出，掌子面本身是一个支撑面，由于掌子面的这个作用，在纵向形成一个承载拱，承载拱的跨度约为隧道开挖跨度的两倍左右（因雷公尖隧道的开挖跨度为 12m）。纵向拱随着开挖面的

---

* 本文原载于：地下工程经验交流会论文选集，1982.

前进而前移,当量测点逐渐远离工作面而失掉纵向承载拱的作用后,横向承载拱就要进行应力调整,引起变位增大,应力调整后再稳定下来。类似这种现象在大瑶山隧道出口也有所显示。

2 爆破振动速度量测

2.1 量测方法

对于地下工程的爆破来说,具有能量衰减快、振动频率高、持续时间短等特点。炸药在炮眼中爆破时,对围岩产生爆轰压力,这些压力波在围岩中传播,使围岩产生振动,承受应力,发生应变。应力波越大,岩石质点振动的速度也越大,对岩石的破坏力也越大,所以我们对每次爆破的振动速度及频率的量测,结果可作为衡量爆破器材、炮眼布置、装药量大小的设计依据,从而指导爆破工艺。

我们在雷公尖隧道分别对预裂光面爆破和光面爆破的振动速度进行了量测,以比较不同爆破方法对围岩振动破坏的大小。1981年11～12月和1982年3月对预裂光爆进行了12次振动量测,共布点20个,取得了近200个点次的量测数据;对无预裂光面爆破进行了七次振动量测,共布垂直周边岩壁测点11个,取得了近70个点次的量测数据。为了进一步摸清爆破对不同地层的振动影响,我们又于1982年5月—6月又对坚硬而节理发育的石英砂岩张滩隧道进行6次光面爆破振动量测,共布点14个,取得了68点次的量测数据。三次共计取得了近340点次的数据。

量测中我们选用的仪器为:传感器采用CD-1型磁电式速度传感器,放大器采用GZ-2型六线测振仪,记录器采用SC-16型光线示波器。

具体量测方法为:在选布的测点处,打好钻孔,将单向或三向预埋件埋入隧道岩壁钻孔中,用快速水泥砂浆或环氧树脂砂浆固结,固结后即可进行量测。测点一段分别设在拱脚、墙中、墙脚轨面处,而拱顶由于太高,取卸传感器困难,又不是最大振速控制点,故未布设。由于测点较多,连接传感器和测振仪的导线较长,所以,一定要注意导线的联结和屏蔽,以防交流50HZ信号进入。传感器、振子、导线、输入槽路要完全符合事先标定的条件。测试仪器间设在洞口。1981年11月—12月预裂爆破实验时离工作面80～200m,1982年3月—5月进行光面爆破振动实验时,离工作面达300～400m。为了组织爆破和测量同步,用塑料导爆管将起爆点直接引入量测仪器间,用激发枪激发爆破,并同时起动仪器,及时记录爆破振动速度,以后,为了节约费用,对长距离引爆采用了电阻短接法以达到和仪器同步(图1)。由于仪器间固定在洞口,测试仪器与传感器的距离随工作面的推进而不断增长,这样不但加大了工作量,也影响测试效果。因此,目前我们已将测试仪器固定安装在专门的汽车上,车随工作面的推进面前移使导线保持一定长度,这种活动测试仪器车是长大隧道测试工作必不可少的工具。

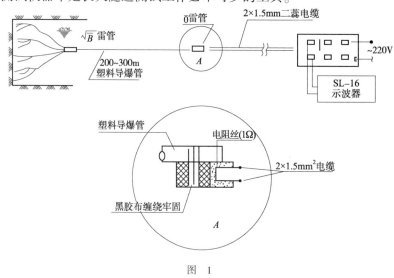

图 1

2.2 量测结果及成果分析

从 340 点次的爆破振动速度曲线图中,可清晰地记录出 0～15 段毫秒雷管或半秒级雷管爆破过程中各测点的振动速度、频率的变化情况。

爆破时,在影响范围内的围岩最大主振速度大小受很多因素的影响,如围岩岩性、地质结构面等。这次仅对振动速度与测点位置、距离、方向、装药量、分段情况等进行了分析,结论如下:

(1) 由爆破振速曲线证实,双线铁路隧道全断面开挖,一次装药量的最大振动速度值,不取决于总装药量的大小,而决定于某最大装药量分段的药量大小及炮眼布置情况。在预裂光面爆破中,一般是激发段的周边眼和装药量较大的 14 段或 13 段振速最大。而它们的装药量不超过总装药量的五分之一,所以总装药量虽然多达 1100kg 左右,但其爆破振动强度都大大小于 1100kg 炸药一次爆破对围岩的破坏力。

(2) 采用毫秒雷管爆破,对于降低爆破对围岩的震动强度是可行的,从曲线看出,每段间隔只要大于 50ms,就不产生振动速度叠加现象,故只要在 1～6 段内适当考虑跳段使用毫秒雷管,使之间隔≥50ms,就可以达到降低震动强度的目的,而无需采用半秒级雷管,且因其持续时间长延续时间误差太大,易出现瞎炮,影响爆破效果,在现场已停止使用。

(3) 在预裂光面爆破中,测点振速大小,并不完全决定于分段药量而主要取决于炮眼布置位置。一般是担当预裂的周边眼 0 段与底炮的 13、14 段振速最大。如周边 0 段加 1 段药量为 84.6kg,振速达 3.4cm/s,而 10 段扩槽炮眼,用药量 88.4kg,振速仅 1.1cm/s,这也说明预裂爆破的好处。

(4) 光面爆破(无预裂缝爆破)对围岩的多次爆破振动影响很明显,从图 2b) 看出,在距离一定时,同一测点,在相同条件下其振速大小基本决定于分段的装药量,分段装药量越大,一般振速也越大。如第三次光面爆破测点 23 第 15 段装药量最大为 178.1 公斤,其振速也最大,为 9.4cm/s。但承担底炮的第 16 段,装药量仅 58.1kg,但其振速为 6.1cm/s,振速是偏高的,说明底炮是对围岩振动影响较大。光爆一般比预裂光爆的振动速度偏大,其偏大数为 30%～47%,如测点 4 预裂爆破振速 3.4cm/s,而测点 23 在相同药量和距离情况下,由于采用光面爆破其振速为 5.0cm/s,增加了 47% 左右,因此,在地层不好时采用预裂爆破是正确的。

(5) 根据雷公尖和张滩隧道的量测数据,在装药量 500～1100kg 时,一般最大振动速度不超过 6cm/s,个别点如 9°测点,在距离爆源为 17m 时,最大振速达 12.5cm/s。在节理发育的张滩隧道石英砂岩中,其减震性很大,当总装药量为 520kg 左右时,最大振速小于 1cm/s,一般多在 0.1～0.5cm/s。与雷公尖隧道相比,其振速与药量的关系并不按 1/3 次方衰减(根据两隧道地质条件,式 $V = K \left(\dfrac{\theta^{\frac{1}{3}}}{R} \right)^{\alpha}$ 中,K、α 可取相同值),衡量破坏程度的指标如何考虑,还有待进一步实验确定。

(6) 振动速度随距离增加递减是很明显的。

(7) 振速与受振质点在断面周边上的位置有关;一般墙中比拱脚振速大,墙脚 1m 高处的振速又比墙中大,张滩隧道靠河的振速比靠山的大,说明爆破对靠河边的危害较大,张滩隧道曾出现一段塌方,塌方也是从靠河的墙中开始失稳而造成。

(8) 振速与量测方向有关;为了找寻主振方向,我们在同一测点安装了三个互相垂直的传感器,即纵向,垂直岩壁方向、切向。实验结果证明,当近距离时(在该地层中一般在 0～24m)切向 > 垂直向 > 纵向。当远距离时,纵向振动速度大于垂直向和切向,其规律可用图 2 来示意。

(9) 爆破振动速度变化频率,与炸药类型、岩石性质、炮眼布置,深孔装药方式等有关。这次实验测定结果,主振频率一般为 125～

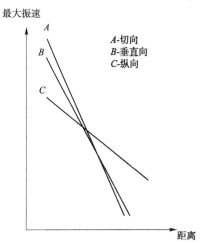

图 2 振速、方向、距离关系示意图

500Hz,其中150～250Hz占70%以上。在振速波形记录曲线上,还可见到一些反常现象,如11月23日第八次测试的8-1,8-2记录纸上,时标为1330～1980ms时,各测点的振速曲线,振幅很大,都已出图纸无法计算,而振动频率很低,是否由于共振所致,有待今后探讨解决。

(10)从振速记录曲线还看出,毫秒级雷管持续时间误差远较半秒级雷管为小。一般使用1-15段毫秒级雷管时,振动延续时间1000～1200ms与15段毫秒级雷管规定误差范围相近。而半秒级雷管延续时间误差却很大,如11月16日的第四次爆破振速测试,使用第七段半秒级雷管,其振动延续时间达4300ms,比原规定的3.5±0.3s的误差值超过500ms。

(11)由光面爆破清晰的振动速度曲线看出,爆破振动波在围岩中传播速度是变化的,它随离爆源的距离增大而减慢,距离30m左右时,爆破振动波传递速度约5000m/s,距离80m左右时,衰减到2800m/s左右。

我们将震动量测这种方法用于指导生产、改进爆破工艺、检查爆破器材、监测地层稳定等方面发挥了作用,从中也得到不少宝贵的数据。从实践中我们感到爆破振动速度的大小和装药量、距离之间是有明显的关系,但企图通过一些数据来推求出几个系数,一个公式,用以计算来指导多变的地层意义是不大的。

3 爆破动态应变量测

为了与爆破振动量测相对应,便于分析爆破冲击应力～应变和爆破振动对围岩的影响关系,我们将动应变测点选埋在振动速度测点的同一位置上。

实验中采用自制的电阻应变片岩块应变传感器,YD-15型8线动态应变仪,SC-16型光线示波器量测系统。电阻应变片选用2.8×15低基阻值120Ω,$K=2.05\pm1\%$。为了防止应变片变潮和破坏,采取了良好的防潮封闭和导线固定保护措施,由于埋点距振源近,一些测点被破坏,仅对右侧墙中离隧道底面3.4m高度处进行了两点次的动应变量测,其结果见图3,现对资料分析如下:

(1)围岩在受15段毫秒雷管的爆破冲击应力作用下,每段爆破所产生的应变规律均为

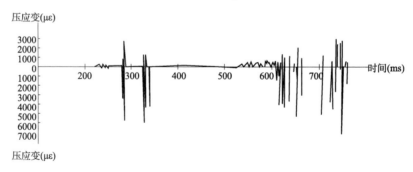

图 3

先产生拉应变后转为压应变,而且拉应变远大于压应变,冲击拉应变均比围岩瞬间恢复的压变应大好多倍,1981年12月的实验中,在619ms时的冲击拉应变与卸载恢复过程中所产生的压应变之比为14.5倍,也有1.2倍,一般为3～7倍,比值越大,恢复越快,一般在2～5ms内得到复原。各段之间的冲击应变值是否叠加还有待今后的试验来确定。

(2)冲击应变在围岩中的传递速度,远较振动波速度为慢。这次试验测点距爆源19.7m和24.7m时,其应变传播速度分别为69.86m/s和40.69m/s,冲击应变波的传播速度衰减也较快。

(3)爆破冲击应力引起的围岩拉压应变变化频率为$f=500$～$1000Hz$,频率较高说明围岩比较坚硬,其衰减也较快。

(4)本次实验数据,最大拉应变达$+8200\mu\varepsilon$,最大压应变为$-2769\mu\varepsilon$,如取$E=5\times10^5 kg/cm^2$,则最大拉应力$R_1=4100kg/cm^2$,压应力$R_2=1384kg/cm^2$,远远超过了一般室内试验所得的拉应力的极限强度,但从量测曲线及现场观察,围岩并未出现微细裂缝,从而可认为,围岩在承受瞬间爆破冲击时,瞬时抗拉

强度可以达到很高的数值。我们准备进一步寻找这种关系和规律,我们认为这种超过常规概念的事实是应尊重的。

(5)由于本次实验,动应变数据不多,还不能和振动速度量测相互比较,但从围岩振动速度量测得知,在该点沿隧道周边围岩的振动频率在125~500Hz,振速为3.8~10.7cm/s之间,沿纵向的振速为1.0~2.0cm/s,这些数据的分散性很大,围岩振动速度是否和动应变之间存在着内在关系还有待今后实验确定。

振动量测在隧道施工中的应用

王梦恕　钟筠筠

(铁道部隧道工程局科研所)

摘　要：运用衡广复线坪乐段四个工点，三百多个点次的爆破振动速度量测资料，评定双线铁路隧道深孔全断面、半断面、斜井主副井开挖爆破，对围岩的影响，寻找爆破振动冲击波在围岩中的传播衰减规律，讨论了动态量测在隧道爆破施工中的应用及其指导作用。

1　问题提出

我国铁路隧道的施工已有上百年的历史，传统的爆破法掘进一直沿用至今。不少工程还是靠经验，靠人的感觉来判断和评价爆破的好坏。随着控制爆破的引入及爆破器材的改进、增多，爆破作业靠经验、靠感觉反映不了围岩受到影响的真实情况。

衡量控制爆破好坏有两个标准，一是成形好，二是对地层的扰动要小。而扰动大小可以通过爆破振动量测来检查，通过检查再反馈到装药工艺的改进。

1981年我局承担衡广复线坪石至乐昌段的施工任务，该段隧道占线路总长的75%以上，其中大瑶山隧道最长，为14.3km(图1)，是目前我国最大最长的一座铁路双线隧道。

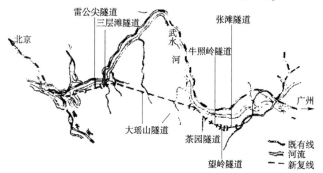

图1　京广线坪乐段二线平面示意图

为了充分发挥TH286型(瑞典)四臂全液压钻孔台车的功能，我们首次采用5m深1~15段非电毫秒控制爆破，一次成形的全断面开挖施工方法。在面积约100m² 的全断面上装药总量为500~1100kg，在1000ms左右的瞬间完成5m全断面掘进。对此，不少人抱怀疑态度，认为这样大药量，大断面的深孔预裂光面爆破，对围岩的破坏是难以估量的，对山体的稳定性将起很大的影响。另外，5m爆破时爆破器材、装药量、炮眼深度等参数确定的合理性如何？爆破振动效应在周围介质中的传播，衰减的规律如何？都需要通过振动量测来解决。为此，我们从1981年10月到现在已分别在不同围岩类别的隧道进行了大量的振动量测。通过量测，我们也深感"没有量测就没有现代化的爆破技术"。

由于爆破，将使围岩质点产生振动，质点振动具有三个物理量——位移、速度和加速度，究竟用哪个物理量作为衡量隧道稳定性的判据？国内外曾有所争论。我们认为用振动速度作为围岩稳定性判据是

---

* 本文原载于：隧道建设，1984(02)．

较合理的。因在同一种振动速度条件下,隧道的破坏程度比较一致,而受隧道自振频率的影响较小,并且,知道某点的振动速度后,还可以直接计算该点围岩的应力,便于分析。

2 量测仪器和方法

传感器:CD-1型磁电式速度传感器,工作频率范围10-500C/S;测量误差≤10%。
放大器:GZ-2型六线测振仪,工作频率范围0~10^6Hz。
记录器:SC-16型光线示波器,配FC_6-1200振子,工作频率0-400Hz。有时也用FC_6-2500振子,其频率范围为0~800Hz。
导线:用RVFP2×16/0.15型屏蔽软线。

试验前将传感器编号,固定在规定的测振仪槽路中,并配给固定的振子,然后在标准振动台上进行标定,找出振子跳高和速度的标定曲线,然后在现场试验。传感器、放大器槽路和振子在试验中不准互换变动,以提高量测精度。量测系统框图见图2。每运用一段时间以后,要重新对该系统进行校核标定,检查其是否发生变化,以便修正。该量测系统频响范围比较匹配,抗震性强,防干扰性能也好,所以量测数据比较精确、稳定。量测时只需注意导线的接头防潮和屏蔽即可。

图 2

试验前传感器预埋件(图3)必须牢固地固定在测点处的围岩内,留出少量螺栓,以和传感器拧紧为原则,不要使传感器离岩壁太远,以防产生相对运动,影响量测精度。图3a)为三向锚固件,可在同一点安装垂直向、纵向和切向(环向)传感器,分别量测该点三个方向的振速,以求出主振方向和大小。图3b)为量测垂直岩壁向的振速锚固件。在通常情况下,我们均用垂直向的振速作为分析的依据。

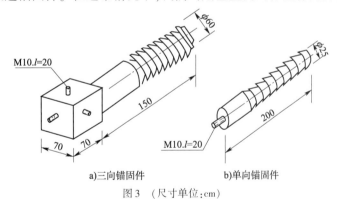

a)三向锚固件　　　　b)单向锚固件
图 3　(尺寸单位:cm)

全断面施工时,测点分别设在拱脚,墙中墙脚轨面处,半断面施工时,测点则分别设在拱顶及拱脚以上1m处。为了组织爆破和测量仪器同步,用塑料导线管将起爆点直接引入量测仪器间或量测试验车内,用激发枪激发爆破,当爆破点距离量测仪器较远时,我们也经常用塑料导爆管和电阻短路法引爆,以达到和仪器同步,这样引爆安全可靠、准确。

3 试验地段各工点的应用实例

从1981年10月开始至1983年9月,我们分别在雷公尖隧道进口,张滩隧道出口,上崩塘主副斜井、望岭隧道全长范围内进行了振动量测,通过振动量测和改善爆破工艺的互相反馈,使我局的爆破水平不断提高,综合各工点四百多点次的爆破全过程振动速度曲线的分析,取得了不少可贵的资料,现分别对每个工点简介如下。

3.1 雷公尖隧道、张滩隧道两工点振动量测试验实例

雷公尖隧道位于大瑶山隧道北侧,通过地层为泥盆系深灰色、黑灰色炭质厚层石灰岩,偶夹炭质薄层灰岩,产状为 N42°～50°E/SE60°～82°,局部陡立,偶有倾向 NW 者,倾角近 90°,两组 X 形节理较发育,工作面上常见连贯的方解石脉,石质坚硬,属Ⅳ、Ⅴ类围岩。

张滩隧道位于大瑶山隧道南侧,通过地层为泥盆系桂头群厚层石英砂、砾岩,岩性坚硬,岩层与隧道轴线斜交,结构面为 NE 向和 NW 向两组 X 节理,倾角均较陡。节理间距不大,把岩体切割成块状,结构面上有少量粘泥充填,属Ⅳ类围岩。

这两个试验点分别选在大瑶山隧道进口与出口两端,为了使岩层更接近大瑶山隧道,以便从这两工点中提供第一手资料和工艺参数应用于大瑶山隧道,为了检验 5m 深孔爆破是否可行,爆破参数、爆破器材、爆破方式是否合理,我们从 1981 年 11 月开始,在雷公尖隧道对预裂光爆方式进行了十二次振动测量,共布点 20 个,取得了近 200 个点次的量测数据,对无预裂光面爆破方式进行了七次振动量测点,共布垂直周边岩壁测点 11 个,张滩隧道无预裂光面爆破方式进行了六次振动量测,共布点 14 个,三次共计取得了约 340 点次的爆破振动速度曲线图。图中清晰地记录了 15 段毫秒雷管、半秒级雷管爆破过程中各测点的振动速度变化。如图 4 曲线 1 为预裂爆破曲线,曲线 2 为光面爆破曲线。

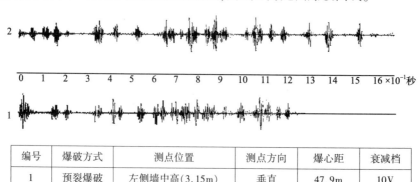

编号	爆破方式	测点位置	测点方向	爆心距	衰减档
1	预裂爆破	左侧墙中高(3.15m)	垂直	47.9m	10V
2	光面爆破	右侧墙脚高(5.0mm)	垂直	52.2m	10V

图 4　爆破振动量测记录曲线

围岩中某点爆破振动速度的大小,虽然受很多因素影响,如围岩岩性特征、地质结构面、节理、裂隙发育情况,测点埋设条件及位置等,但主要决定于该点与爆源的距离及同时起爆的药量。现就所测数据进行分析、综合得出以下几点:

(1)围岩中某点的振动速度只与分段装药量及装药结构有关,而与总装药量无关。一般最大段的装药量为总装药量的 1/6～1/5。从振动速度曲线看出,使用毫秒级雷管分段起爆时,各段振动速度变化波形是按分段时间而出现不同幅值波形的。在Ⅳ、Ⅴ类围岩的这两个工点,分段毫秒雷管,微差大于 50ms,振动速度波形就不叠加,所以使用毫秒雷管分段起爆是降低爆破对围岩振动破坏的好办法,若微差过小又药量较大时,可考虑跳段使用,以避免相邻段的振动叠加减小振速。如在设计大瑶山隧道掏槽眼时,采用三临空孔,18 个装药孔中,共用了 $\overline{1}$、3、4、5、6、7 段,而跳开 $\overline{2}$ 段,因 $\overline{1}$～$\overline{2}$ 段间隔仅为 25±10ms,而 $\overline{1}$～3 段间隔为 50±10ms,叠加不多。对于甚它各段的起爆间隔时间均选在 50～120ms 之间,这即能减震,又能得到最好的进尺和合适的破碎度。在全断面分段爆破孔眼布置药量设计上,我们遵照了等药量分段的设计原则,如在扩槽眼、掘进眼、内圈眼、底板眼、周边眼的设计中,尽量做到各段孔数相近,药量相当,以减少最大段装药量,降低最大振速。

(2)在双线铁路隧道的爆破施工中,一次装药爆破的最大振速值,不仅决定于最大装药量段的药量大小,还和炮眼布置有关。如在预裂光面爆破中,一般是周边眼($\overline{0}$ 段)和内圈眼(14 段)振速最大,而光

面爆破则是底板眼振速最大。在预裂爆破中,测点振速大小在药量相当的情况下,与炮眼位置有关,如附表1中Ⅳ号测点所记录的 $\overline{0}$ 段振速为3.4cm/s,此段为周边眼,药量为84.6kg,而 $\overline{10}$ 段(扩槽眼)的振速仅为1.11cm/s,药量为88.4kg。这说明了预裂减振的作用。

(3)通过振动量测可以对爆破器材的优劣进行评定。量测结果可见,毫秒级雷管在前10段里时间误差不大, $\overline{10}\sim\overline{15}$ 段误差偏大,而半秒级雷管则误差更大,较严重地影响了爆破效果。 $\overline{1}\sim\overline{15}$ 段毫秒雷管规定起爆最大延续时间为915~1065ms,据量测曲线实际振动延续时间为1000~1200ms。半秒级雷管在几次试验中,仅用了四段,其中最晚的是第7段半秒级管雷,其起爆振动的时间竟延续到4670ms,比原规定3.5s±0.3s的标准误差超过1000~1500ms,且爆破效果不好,经常出现瞎炮。

我们通过试验观察,感到影响地层稳定性的动效应有三种因素,一是振速大小;二是振动时间长短,振动时间长则对地稳定性危害大;三是振动频率的高低,频率高则对稳定性有利。

鉴于半秒级雷管工艺误差大,振动延续的时间长,而又常出现瞎炮,因此我们在爆破器材上决定取消半秒级雷管的应用。

(4)光面爆破对围岩多次扰动明显。见附表1,在距离一定时,同一测点,相同条件下其振速大小基本决定于分段的装药量,分段装药量越大,一般振速也越大。如23号测点第 $\overline{15}$ 段周边眼装药量最大为178.1kg时,其振速也最大,为9.4cm/s。另外,虽然底板眼的药量为周边眼药量的1/3(58.1kg),但振速并不是1/3,而是6.1cm/s。对比光面和预裂两种爆破方式,光面爆破对地层的扰动较预裂爆破对地层的扰动大,在各种条件相同的情况下,光面爆破所引起的振动速度比预裂爆破所引起的振动速度大50%以上。因此,我们建议,在不良地层采用预裂爆破,较好的地层采用光面爆破。

(5)从附表2、表3看出,因爆破所引起的围岩振动速度随测点至爆源距离的增加而减小,爆破振动波在围岩中的传播速度也随传播距离的增加而减小,同时,还可看出,同一断面上不同位置各点的振速并不相同,一般墙中比拱脚振速大,墙脚一米高处的振速又比墙中大,靠河侧的振速比靠山侧的大,在距爆源24m以内时,切向振速>垂直向振速>纵向振速,随着爆距的增大,纵向振速又慢慢大于垂直向振速和切向振速。

(6)根据雷公尖和张滩隧道的量测数据可见,当总装药量为500~1000kg时,在距爆源20m以外的围岩振动速度一般不超过6cm/s。个别点如9号测点在距爆源17m时,最大振速为12.5cm/s。节理发育的张滩隧道减振性很大,同样在距爆源17m左右处,所测得的振速只有1cm/s左右。我们又通过变位量测和现场围岩开裂的实地观测,认为在硬岩双线隧道中,爆破振速的最大允许值定为12.5cm/s,相应的振动频率在125~250Hz较为合适。国外有关资料差异很大,从60cm/s到5cm/s不等。如瑞典定为 $V\leq 30$cm/s时,衬砌、岩石不剥落,日本定为 $V\leq 60$cm/s;最近,美国矿业局656号公报建议5cm/s作为工程爆破作业的最大允许标准,而施工单位则可控制在12.7cm/s;瑞典最近又对地下岩石洞室、顶部是硬岩,跨度15~18m时,允许振动速度为7~10cm/s。

我们选取振速经验公式 $V = k\left(\dfrac{Q^{\frac{1}{3}}}{R}\right)^{\alpha}$ 进行回归分析计算,得出节理发育的硬岩 $K = 42.9$ 左右, $\alpha = 1.4$ 左右,相关系数 $\gamma = 0.73$,这是我们从12次量测中得出的。若不可靠率为5%,由相关系数显著性标准中查出当N-2=10(式中N为频数),不可靠率为5%,显著性标准为0.576,0.73>0.576,说明该回归方程有代表意义,即 $V = 42.9\left(\dfrac{Q^{\frac{1}{3}}}{R}\right)^{1.4}$ 式,符合所测的药量、爆距和振速的关系。而对节理严重的张滩隧道, α、K值很小,其回归方程为 $V = 4.98\left(\dfrac{Q^{\frac{1}{3}}}{R}\right)^{0.43}$,相关系数 $\gamma = 0.72$,不可靠率5%时的显著性标准为0.602,0.72>0.602。试验还证明,在隧道内的衰减系数 α 和与地质条件有关的系数 K,在不同区段、隧道的不同两侧如靠河侧和靠山侧均不相同,即使是通过实测数据来推求出几个系数,但用以计算预测指导多变的地层意义是不大的,所以这不是我们研究的重点。

3.2 上崩塘主副斜井爆破振动量测试验实例

该斜井位于大瑶山隧道的北段,主井和副井中心间距为20m,设计断面分别为12m²和9m²,主副井之间的岩柱厚度为16m左右,穿越岩为层灰绿色厚板岩,节理间距0.8m左右,量测段埋深80m左右。

试验目的是为了进行小断面光面爆破的推广,并了解主副斜井爆破对中间岩柱及相邻洞室的扰动大小。

1982年11月,我们在主井0+618,副井0+615,0+604.7分别布置了三个量测断面,其中主井测点超前副井掌子面13m(图5)。爆破应用$\overline{1} \sim \overline{10}$ms雷管,一次掘进总装药量为32.65～52.10kg,分段装药量最大为17kg,每次进行1m左右。共进行了七次振动量测,取得28点次的量测曲线。现将主要结果分析如下:

(1)围岩的振动频率普遍比雷公尖隧道、张滩隧道的高,一般在500-1000Hz范围内,而最大振速为7.4cm/s。频率偏高的主要原因是斜井处在层厚、质密、节理间隙较大且为挤压闭合节理地层中。另外,所用药量小也是原因之一。可见此处爆破对围岩的危害较小。特别要提出的是喷锚支护对围岩的加强效果,可以从频率的增大而反映出来。如11月17日爆破后,副井右边墙出现破碎带,Ⅱ断面右边墙1~4测点频率显著下降,一般为330～625Hz,衰减很快,11月20日打锚杆、喷混凝土加固后,从22日以后的三次量测得的振动频率都有明显提高,其值达800Hz以上。因此。衡量爆破对地层稳定性影响的指标中,不能忽视频率高低的影响。

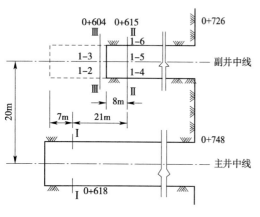

图5 斜井平面示意图

(2)当爆破在其中一个洞室进行时,对另一个相邻洞室的危害较大,尤其对两相邻洞室所夹的岩柱影响更大。表1中当用38.6kg炸药分五段在副井起爆时,相邻主井中测点的振动速度比副井中相同爆距的测点振速大得多,即主井右边墙1—1测点比副井左边墙1—4测点的振速大2—12倍,平均大6倍,比副井右边墙1—6测点大4～16倍,(其位置关系见图5)。该数据还说明爆破振动波在两洞室所夹岩柱中传播衰减较慢,而在开挖洞室的周边衰减快。所以在进行地下爆破开挖时,若附近有地下建筑物,就应引起特别注意。设计时,两洞室间的距离应适当,但适当的最小间距为多少,还有待于进一步的量测和研究。在现有量测数据分析的基础上,我们初步建议:两相邻洞室之间的最小净距即岩柱厚度应大于或等于两相邻洞室跨度之和。

(3)振速大小和测点所在周边位置的关系是随着爆距的改变而不同的。在该次量测中,由于爆距均大于洞室的最大宽度,所以振速的大小是拱顶比边墙小,尤其掏槽爆破时更明显(表2),这点将在望岭隧道试验中进一步说明。

这次爆破振动量测的其他规律和以前相同,故不多述。

3.3 望岭隧道软弱围岩的爆破振动量测试验

试验记录见表1～表2。

试 验 记 录 1

表1

测点编号	测点位置	测点与爆源距离	振速(cm/s) 日期	段别 $\overline{1}$	$\overline{3}$	$\overline{5}$	$\overline{8}$	$\overline{10}$
1-1	主井右边墙	18.2	1982.11.20	3.6	4.9	7.3	5.9	7.4

续上表

测点编号	测点位置	测点与爆源距离	振速(cm/s) 段别 日期	$\bar{1}$	$\bar{3}$	$\bar{5}$	$\bar{8}$	$\bar{10}$
1-4	副井左边墙	18.0	1982.11.20	1.9	0.7	0.3	1.4	0.6
1-6	副井右边墙	18.0	1982.11.20	0.9	0.3	0.4	0.4	0.2

试 验 记 录 2　　表2

测量次序 爆距	3 16m	4 18m	6 25m	7 28m
Ⅱ断面拱顶1段振速	0.9cm/s	1.0cm/s	0.7cm/s	0.3cm/s
Ⅱ断面左边墙1段振速	1.6m/s	1.9cm/s	1.7cm/s	1.0cm/s
Ⅱ断面右边墙1段振速	1.2m/s	0.9cm/s	1.4cm/s	

望岭隧道长210m，地层较差，覆盖层最深处约65m，一般埋深30m左右，单斜构造，为长石石英砂岩夹板状页岩，节理发育，岩层破碎，上部10~30m为严重风化带，以下为颇重风化带，产状为S36°~43°E/N,E74°~87°，走向与线路方向夹角很小，属Ⅱ~Ⅲ类围岩。为了在该地段全面推广新奥法施工，尽早地打通上部断面作为施工通道，而采用上半弧形断面平推施工，对各个工序进行多种严格的监测，其目的是为了保证施工安全和取得软弱围岩量测数据。爆破振动量测是其中的一项量测项目，共进行了36次，每次设6个测点，共取得了216点次的振动速度曲线和数据。这次量测次数之多，纯属生产部门的要求。现场施工人员正是根据我们的每次量测结果来检查和修改装药结构，控制药量和进尺。这是一次成功的试验实例。由于量测资料很多，篇幅所限，这里只将所用的有关资料引出，说明振动量测是如何改善爆破效果的。

（1）通过振动量测确定了密集系数M

我们知道$M=E/W=$周边眼间距/光爆层厚度。开始我们用$E=50cm$，$W=80cm$，爆破后周边轮廓成形不好，经常出现局部爆不下来及周边波浪形状。加大内圈眼的药量，效果并不理想，而且振速普遍增大。如当测点离爆源5.7m，每次进尺1.2m时，拱顶内圈眼（$\bar{9}$段）振速$Y=7.5cm/s$，（$\bar{4}$段）$V=7.4cm/s$；靠山侧拱脚（$\bar{5}$段）$Y=12.9cm/s$，靠河侧拱脚（$\bar{6}$段）$Y=6.8cm/s$。之后，把圈内眼和周边眼的间距W调整到$W=70cm$，则$M=0.71$，并把内圈眼装药量从3节减为2.5节（150克/节），其他各段也做适当减少，调整后的爆破效果明显好转，成形较好且振速均降到5cm/s左右，但施工现场有使用大药量爆破的习惯，所以在第四循环时，把内圈眼的药量又提高了，使距爆源8.1m的靠山侧测点$V=12.5cm/s$，拱顶测点传感器的导线被炸断。爆破后8h观察到，后部喷混凝土的拱脚处有裂缝出现。我们坚持科学的监测，经过数次的爆破试验，将W定为65~70cm（软岩用65cm，较好的软岩用70cm），M取0.71~0.77较为合适。

（2）通过量测进一步看到，掏槽眼、周边眼、内圈眼、底板眼是影响爆破效果和对地层扰动最重要的四组炮眼，必须认真对待，并采用等药量、等强度设计。如底板眼对地层扰动较大，振速经常超过10cm/s，为此，把15个底板眼从$\bar{10}$段同时起爆改成如图6所示的5个限为$\bar{6}$段，10个孔眼仍为$\bar{10}$段的起爆布置，从而达到了减振目的，留台现象也相应减少，达到了较好的光面爆破效果。

（3）对软弱围岩采用多大进尺最好，也是这次试验的主要目的。我们共进行1.2m、1.5m、2.0m、2.5m几种不同进尺深度的爆破试验，从每次的爆破前后的变位量测看出，不论进尺多少，每放一炮，拱顶就有4~6mm的下沉量。从振动量测资料看出，振速随进尺深度（即装药量）的增大而略有增大，但并不成比例。如进尺 1.2m 时,在距爆源 6m 处,拱顶、拱脚靠山侧和靠河侧的振速分别为 7.5、8.6、6.8cm/s,而 2m 进尺时,在距爆源 2m 处,拱顶及拱脚靠山靠河两侧振速为 8.9cm/s、10.8cm/s。若按公式 $V = K\left(\dfrac{\sqrt[3]{Q}}{R}\right)^\alpha$ 换算 1.2m 进尺时距爆源 2m 处的振速,则可知其略小于 2m 进尺时相同爆距的振速。为了调整振速大小,在 2m 进尺时其药量在 70.5~85.0kg 范围内进行调整,以适应多变的地层。试验证明,在相同地层下,深进尺比浅进尺好,这是因为掘进相同深度时,深进尺可相应减少爆破次数即减少了对岩石的扰动次数,且能充分发挥爆破效果。快速通过软弱围岩地区的一有效办法就是采用适当的深进尺,同时用有效的量测来监护。

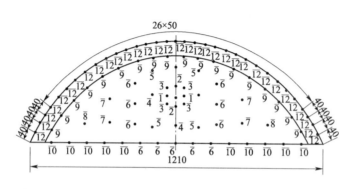

图 6　炮眼布置图(尺寸单位:cm)

(4)为了寻找振速 V、装药量 Q、爆距 R 之关系曲线,我们对 2.0~2.5m 进尺时的爆破资料进行回归分析(附表 4)得出靠山(右侧)、靠河(左侧)的经验公式:$V_{左} = 113.1\left(\dfrac{\sqrt[3]{Q}}{R}\right)^{2.15}$,$V_{右} = 245.47\left(\dfrac{\sqrt[3]{Q}}{R}\right)^{3.01}$ 两式的相关系数 $\gamma = 0.89$,满足 5% 精度要求。从两式也可看出两侧地层是有区别的,靠河侧地质不如靠山侧好,因此,与地质有关的系数 k 和衰减系数 α 是不同的。

图 7b)绘出了第 $\overline{10}$ 段 $V \sim R$ 的变化规律。从三种装药量大小看出,药量对振速的影响在 20m 范围以内是明显的,是爆破作业应注意的危险区段。

图 7a)绘出了不同位置(拱顶、拱脚靠山和拱脚靠河)的 V-R 曲线,看出在相同药量,距爆源均为 10m 以内时,拱顶的振速最大,其次是靠山侧的拱脚,靠河侧拱脚最小。若工作面地层均质,则应相同。在这种情况下,我们不能判定靠河侧安全,相反,说明靠河侧可能有夹层,存在松软地层,更应引起注意。因此,还需观察第二个振动指标——频率。这次从大量的数据中得出其振动的频率一般在 100~200Hz,其中 150Hz±25Hz 的占 90% 左右。同一断面的频率分布为拱顶较高、靠山侧次之,靠河侧较低,和振速的大小相对应。频率低则振动对地层的扰动时间增长,对地层的稳定是不利的。如在靠近洞口附近地质不好,埋深 20~30m 时,振动频率普遍下降,其变化范围在 50~120Hz,拱顶和靠河侧更低,在 70Hz±120Hz 以内,因此,在这区段虽然进尺还是 2m,但装药量却从 70kg 左右降到 45kg 左右,以求得一个低振速、高频率的较好的振动指标。我们又根据现场周边围岩开裂规律,确定了在半断面双线铁路隧道施工过程中,在距爆源 6~20m 范围内,软弱围岩的最大允许振速为:当频率在 150Hz±25Hz 时,$V < 10$cm/s,当频率在 70Hz±20Hz 时,$V < 5$cm/s。这样可基本保证爆破时不会引起喷层和岩壁围岩开裂。我们采用这一指标控制现场装药结构及药量,其效果是良好的。有关软弱地层的动态允许指标是否合理,还有待进行进一步的验证。

(5)在软弱围岩中应用毫秒雷管分段起爆时,从振速图上看出,质点从起振到停振时间比硬岩要长。装药量较大的 $\overline{9}$ 段、$\overline{10}$ 段振动延续时间可达 70ms 左右,药量较小的其他段为 10~30ms。正因为振速传播和衰减较慢,故每段的振动速度并不在主振处叠加,而是在余振部分叠加,出现振速不大而振时加长的现象,如全部爆破完毕时,$\overline{1}$~$\overline{14}$ 段的起爆延续时间应为 770ms±50ms,但实际振动延续时间为 990~

1100ms,延长了 170~280ms。正因为软弱围岩有此主振值不叠加的特点,所以在确定炮眼设计分段起爆时,不需要跳段应用雷管。从图 6 中的菱形掏槽爆破设计中,雷管段数就是连续用的。

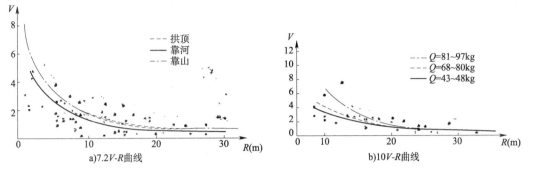

图 7 振速(V)-爆心距(R)变化曲线

以上我们粗略地对四个工点的爆破振动量测进行了分析,所得结论和看法分散在全文中,这里就不再重述了。

随着洞室爆破、深孔爆破、光面、预裂爆破等技术在隧道局的广泛应用,进一步提高各类爆破水平,在理论上有所发现,有所创造,爆破量测技术的应用和发展已引起了人们的关注,目前已在土岩爆破学科这一领域中占据了一定的地位。我们在这方面已建立了一支设备齐全,技术熟练的量测队伍。我们将在今后对不同的施工方法,不同的地层,不同的爆破方式进行监测,为施工服务,一方面充分探讨各种爆破现象的本质,积累大量的资料,为爆破理论的研究创造条件;另一方面为工程服务,寻找基本爆破参数,建立经验公式,指导生产。

本文提出了一些见解和数据,是否合理,请批评、指正。

预裂光面爆破与光面爆破对比表　　　　　　　　　　　　　　　　　　　　　　　　　　附表 1

测点编号		4 号		23 号		5 号		28 号	
总装药量(kg)		1025.19		975.4		1130.7		975.9	
位置		左侧墙中高(2.9m)		左侧墙中高(2.1m)		右侧拱脚高(4.75m)		左侧拱脚高(5.4m)	
距离(m)		49.8		52.5		54		52.5	
爆破方式		预裂		光面		预裂		光面	
段别	主振时间(ms)	药量(kg)	主振速度(cm/s)	药量(kg)	主振速度(cm/s)	药量(kg)	主振速度(cm/s)	药量(kg)	主振速度(cm/s)
$\overline{0}$	<13	84.6	3.4			59.5	0.9		
$\overline{1}$	13~40			6.5	2.1	6.65		6.5	0.8
$\overline{3}$	40~65	5.84	1.9	6.5	1.8	6.65		6.5	0.6
$\overline{4}$	65~95	11.7		13		13.3		13	
$\overline{5}$	95~130	11.7	1.2	13		13.3		13	0.6
$\overline{6}$	130~175	46.8		52	2.4	53.2	0.9	52	0.8
$\overline{7}$	175~225	23.4	1.3	26	2.9	26.6		26	1.7
$\overline{8}$	225~280	70.2	1.0			97.5	0.7		
$\overline{9}$	280~345	99.5	1.1	84.5	4.0	52	0.7	84.5	1.3
$\overline{10}$	345~420	88.4	1.1	58.5	5.0	84.5	1.0	58.5	1.1
$\overline{11}$	420~505	98.8	1.7	91		52.7	0.7	91	1.0
$\overline{12}$	505~600	72.8	3.6	71.5	4.4	122.9	0.3	71.5	1.3

续上表

测点编号	4 号		23 号		5 号		28 号	
总装药量(kg)	1025.19		975.4		1130.7		975.9	
位置	左侧墙中高(2.9m)		左侧墙中高(2.1m)		右侧拱脚高(4.75m)		左侧拱脚高(5.4m)	
距离(m)	49.8		52.5		54		52.5	
爆破方式	预裂		光面		预裂		光面	
段别	主振时间(ms)	药量(kg)	主振速度(cm/s)	药量(kg)	主振速度(cm/s)	药量(kg)	主振速度(cm/s)	药量(kg)	主振速度(cm/s)
$\overline{13}$	600~705	132.3	3.4	123.5	5.0	153.1	1.0	123.5	2.0
$\overline{14}$	705~820			128.7	5.0	224	0.6	128.7	2.3
$\overline{15}$	820~950	202.8	3.5	178.1	9.4			178.1	2.2
$\overline{16}$	950~1110	76.3		58.1	6.1			58.1	2.5
$\overline{17}$	1110~1290		0.9	65.0	3.4	165	0.8	65	1.7

振速与断面周边上的位置关系表　　　附表2

测点方向	垂 直		垂 直		纵 向		切 向	
总装药量(kg)	1025.19		565.28		855.9		831.05	
测点编号	4	5	1	2	12	15	11	19
测点与爆心距离(m)	49.5	48.8	64.75	64.75	24.6	25.4	19.6	17.1
测点在断面上的位置	墙中	拱脚	墙脚	墙中	墙中	拱脚	墙中	拱脚
段别	主振时间(ms)	主振速度(cm/s)							
$\overline{0}$	0~20	3.4	1.9				1.2	10.7	1.9
$\overline{1}$	20~40			0.15	0.17				
$\overline{3}$	40~65	1.9		0.31	0.12	1.5	1.0	3.8	1.9
$\overline{4}$	65~95								
$\overline{5}$	95~130	1.2	0.4	0.18	0.18			3.9	1.2
$\overline{6}$	130~175			0.92	0.2		1.4	3.8	3.1
$\overline{7}$	175~225	1.3	1.1	0.42	0.11				
$\overline{8}$	225~280	1.0		0.65				4.9	
$\overline{9}$	280~345	1.1	1.4	0.67	0.36		1.2	5.1	3.8
$\overline{10}$	345~420	1.1	0.8	0.77	0.29			1.7	
$\overline{11}$	420~505	1.7	1.4	1.03	0.23	1.0	0.9	3.5	2.6
$\overline{12}$	505~600	3.6	0.7	0.75		2.7	1.0	5.4	2.9
$\overline{13}$	600~820	3.4	2.2	0.63	0.3	0.7	0.7		1.4
$\overline{14}$	820~950	0.9	0.9	0.68	0.3	0.5	0.8		
$\overline{15}$	950~1090	0.9	1.0	0.68	0.3	1.9	0.8		

预裂爆破振速与量测方向关系表（一） 附表3a

测量位置		墙 中		墙 中		墙 中		墙 中	
总装药量(kg)		1025.19		1025.19		831.05		831.05	
测点编号		8	9	8	9	10	11	16	17
测点与爆心距离(m)		12.5	12.5	17	17	19.6	19.6	17.1	17.1
量测方向		纵向	垂直	纵向	垂直	垂直	切向	垂直	切向
段别	主振时间(ms)	主振速度(cm/s)							
$\bar{0}$	0～20	1.3	1.8	7.4	12.5	5.5	10.7		2.5
$\bar{1}$	20～40	12.9			12.5				
$\bar{3}$	40～65	5.5		2.2		3.8			
$\bar{4}$	65～95								
$\bar{5}$	95～130	1.8		1.6		3.3	3.9		
$\bar{6}$	130～175	3.1	6.7	7.1		2.2	3.8		
$\bar{7}$	175～225	3.1		2.2	4.2	1.9		1.4	
$\bar{8}$	225～280						4.9		
$\bar{9}$	280～345	5.4	6.7	5.5	9.6	4.3	5.1	1.9	
$\bar{10}$	345～420	3.1		2.0		1.3	1.7		
$\bar{11}$	420～505	4.6	8.9	1.1	4.2	3.6	3.5	3.2	2.2
$\bar{12}$	505～600	1.1		1.4	6.9	5.2	5.4	2.5	2.2
$\bar{13}$	600～820	3.7	8.9			3.5		1.8	1.8
$\bar{14}$	820～950	3.7		2.8		3.3		1.9	2.0
$\bar{15}$	950～1090					1.7		3.5	1.8

预裂爆破振速与量测方向关系表（二） 附表3b

测点位置		墙 中			墙 中		墙 中		拱 脚	
总装药量(kg)		893.3			1130.7		1025.19		1067.85	
测点编号		16	17	18	8	9	3	4	3	5
量测方向		垂直	切向	纵向	纵向	垂直	纵向	垂直	纵向	垂直
测点与爆心距离(m)		27.1			27.5		60		64.6	63.6
段别	主振时间(ms)	主振速度(cm/s)								
$\bar{0}$	0～20		0.8		3.7	3.8	2.8	0.8	1.9	1.3
$\bar{1}$	20～40						3.3			
$\bar{3}$	40～65						3.6	3.3		
$\bar{4}$	65～95	0.8	0.8	1.2			0.8			
$\bar{5}$	95～135			1.0						
$\bar{6}$	135～175			1.1	3.4	1.4	1.1			
$\bar{7}$	175～225	0.5					1.2	0.4	1.2	0.4
$\bar{8}$	225～280	0.9	1.0				0.9	0.7		
$\bar{9}$	280～345	0.5	1.2	3.1	1.9		1.8		1.7	0.6
$\bar{10}$	345～420			1.0	1.1		1.7		0.9	0.5

续上表

段别	主振时间(ms)	主振速度(cm/s)					
$\overline{11}$	420~505	2.2	1.4	2.0	0.4	1.5	0.7
$\overline{12}$	505~600	3.7		0.7		1.6	1.5
$\overline{13}$	600~820	5.7	1.9	1.9	0.2	1.8	0.8
$\overline{14}$	820~950			1.7	1.2	1.0	0.6
$\overline{15}$	950~1090					1.2	

望岭隧道总药量为81~97kg微差爆破回归分析计算表　　　　附表4

位置	频数 N	R (m)	Q (kg)	$\sqrt[3]{Q}$	$d=\dfrac{\sqrt[3]{Q}}{R}$	V_{max} (cm/s)	$X=\lg d$	$X-\bar{X}$	$Y=\lg V^{max}$	$Y-\bar{Y}$	$(X-\bar{X})^2$	$(Y-\bar{Y})^2$	$(x-\bar{x})\cdot(y-\bar{y})$
左侧拱脚测点	1	10.10	25.2	2.93	0.29	5.56	-0.54	0.35	0.75	0.61	0.12	0.37	0.21
	2	12.60	18.0	2.62	0.21	7.40	-0.68	0.21	0.87	0.73	0.04	0.53	0.15
	3	14.38	18.0	2.62	0.18	2.50	-0.74	0.15	0.40	0.26	0.02	0.07	0.04
	4	16.21	19.0	2.67	0.16	2.20	-0.78	0.11	0.34	0.20	0.01	0.04	0.02
	5	19.98	18.0	2.62	0.13	1.70	-0.88	0.00	0.23	0.09	0.00	0.01	0.00
	6	21.88	25.2	2.93	0.13	1.97	-0.87	0.02	0.29	0.15	0.00	0.02	0.00
	7	22.85	20.0	2.71	0.12	1.20	-0.93	-0.04	0.08	-0.06	0.00	0.00	0.00
	8	23.82	20.0	2.71	0.11	0.70	-0.94	-0.05	-0.15	-0.29	0.00	0.08	0.01
左侧拱脚测点	9	24.79	19.0	2.67	0.11	1.20	-0.97	-0.08	0.08	-0.06	0.01	0.00	0.00
	10	25.75	27.0	3.00	0.12	0.42	-0.93	-0.04	-0.38	-0.52	0.00	0.27	0.02
	11	31.60	18.0	2.62	0.08	1.70	-1.08	-0.19	-0.15	-0.29	0.04	0.08	0.06
	12	32.59	20.0	2.71	0.08	0.40	-1.08	-0.19	-0.40	-0.54	0.04	0.29	0.10
	13	33.57	19.0	2.67	0.08	0.70	-1.10	-0.21	-0.15	-0.29	0.04	0.08	0.06
	Σ						-11.52		1.81		0.32	1.86	0.69
	平均值						-0.89		0.14				
右侧拱脚测点	1	9.33	25.2	2.93	0.31	5.06	-0.50	0.23	0.70	0.51	0.05	0.26	0.12
	2	10.09	18.0	2.62	0.26	7.60	-0.59	0.14	0.88	0.69	0.02	0.48	0.10
	3	12.60	18.0	2.62	0.19	2.40	-0.71	0.02	0.38	0.19	0.00	0.04	0.00
	4	15.29	20.0	2.71	0.18	0.70	-0.75	-0.02	-0.15	-0.38	0.00	0.14	0.01
	5	16.21	20.0	2.71	0.17	0.70	-0.78	-0.05	-0.15	-0.38	0.00	0.14	0.02
	6	21.89	19.0	2.67	0.12	1.10	-0.91	-0.18	0.04	-0.15	0.03	0.02	0.03
	7	22.84	27.0	3.00	0.13	0.40	-0.88	-0.15	-0.40	-0.59	0.02	0.35	0.09
	Σ						-5.12		1.30		0.12		
	平均值						-0.73		0.19		0.02		
计算公式及结果				$V=K\left(\dfrac{\sqrt[3]{Q}}{R}\right)^\alpha, Y=\alpha x+k, \alpha=\dfrac{\sum(x-\bar{x})(y-\bar{y})}{\sum(x-\bar{x})^2}, k=\lg k=\bar{y}-\alpha\bar{x}$ 计算结果 $\alpha_{左}=2.15, \alpha_{右}=3.01, k_{左}=113.1, k_{右}=245.47$										

参考文献

[1] 隧道局科研所结构研究室,李桧详.双线铁路隧道全断面深孔光面爆破[J].1982.9.2.
[2] 山东矿业学院建井研究室编印.爆破量测技术研究.
[3] 刘殿中,译.矿岩爆破物理过程[M].北京:冶金工业出版社,1980.
[4] 五机部五院七七工程,朱瑞庚,李铮.爆炸地震波作用下隧道的安全距离问题[J].1979.10.
[5] 隧道译丛,1983,5.
[6] 梁武韬.一元回归方程的相关分析与误差分析[J].隧道工程,1980.01.

应用开缝式摩擦锚杆探测隧道开挖过程的力学特征

王梦恕　干昆蓉　赵德刚

(铁道部隧道工程局科研所)

摘　要：介绍在张滩、望岭隧道中进行开缝式摩擦锚杆的应力应变测试方法、步骤及大量测试数据。分析了此种锚杆在围岩中与岩体共同作用的受力状况及软弱围岩在开挖过程中力学变化特征，并利用一些简单的计算与试验结果进行比较，从而提出了此种锚杆的使用价值。

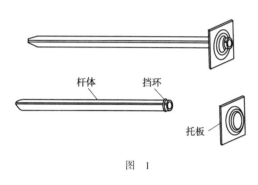

图 1

开缝式摩擦锚杆是近几年出现的一种新型摩擦锚杆(图1)，它的基本原理是用外界力量将锚杆打入小于锚杆外径的钻孔内，利用钢管的弹性对孔壁产生径向压应力，使锚杆与岩孔壁间产生摩擦阻力，从而达到阻止岩体位移，维持岩体平衡的目的。

试验的主要目的是为了进一步弄清锚杆在施工过程中共同受力性能；判断摩擦锚杆能否作为铁路隧道的支护结构；以及能否利用摩擦锚杆作为监测地层变化、围岩稳定的一种手段。

1　试验情况简介

我们的试验是在1982年11月开始的，先后在衡广复线工程坪乐段张滩隧道(1982年11月)，望岭隧道(1983年6月)，大瑶山进口平导(1983年7月)等工地进行的。试验内容主要有摩擦锚杆工艺试验，拉拔试验，围岩位移，爆破震动等对摩擦锚杆的应力应变的影响量测。试验地段均属地质差、节理发育的石英砂岩及板状页岩，炭质页岩，泥质细砂岩夹薄层泥岩，风化严重，局部有褶曲、错动，岩层破碎，施工比较困难的隧道工程。

量测锚杆采用长沙钢厂制作的开缝式锚杆，锚杆用$100mm \times 2.5mm$的16锰带钢冷轧而成，锚杆外径39.0mm，长度1.8m和2.5m。现将张滩隧道及望岭隧道的量测情况分述如下。

1.1　张滩隧道的试验概况

本次试验是在张滩隧道出口段DK 2008+401～DK 2008+415处进行的。岩层为泥盆系中统桂头群石英砂岩夹板状页岩。岩层走向与隧道轴向夹角30°～40°，裂隙较发育，属Ⅲ类围岩；地下水以裂隙潜水出露，水量随季节变化有所增减。

试验选用三根2.5m和三根1.8m长的锚杆作为量测锚杆，用7655型风钻钻孔，深均比锚杆长度20cm左右，具体安装步骤请看"摩擦锚杆阶段总结"，安装简单情况见表1。锚杆内壁电阻应变片的测点布置如图2。

---

* 本文原载于：隧道建设，1984(03).

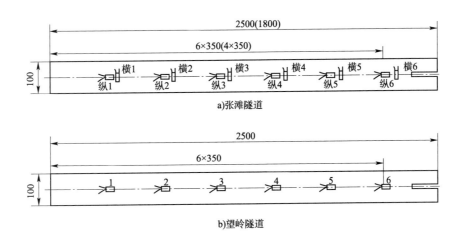

a) 张滩隧道

b) 望岭隧道

图2 锚杆应变片布置图(尺寸单位:mm)

量测锚杆安装情况　　　　　　　　　　　　　　　　　表1

编号	安装情况	锚杆长度(m)	孔深(m)	仰角α	备注
1	先用38.5mm钻头打60cm,然后用37.5mm钻头继续打孔至要求深度。锚杆压入较难	2.5	2.7	35°	横片全部破坏
2	先用42mm钻头打100cm深,然后用37.5mm钻头打至要求深度。锚杆压入容易	2.5	2.7	35°	
3		2.5	2.7	70°	
4	用37.5mm钻头,一次到底,锚杆压入时,安装困难	1.8	2.0	45°	应变片全部破坏
5		1.8	2.0	35°	
6		1.8	2.0	60°	

六根锚杆,分别安装在DK2008+413,DK2048+401,其位置见摩擦锚杆断面布置示意(图3)。试验段施工方法为上半断面弧形开挖,下导坑超前,棚架出渣,最后沿纵向挖马口,衬砌先墙后拱。拱部开挖后马上喷射混凝土,再打超前锚杆,以加强围岩稳定性。本次进行应变量测的摩擦锚杆地段,因地层很坏,节理发育,埋深仅10m左右,又处于山谷之处,为了安全,开挖前先在工作面顶部沿弧形打一组超前锚杆,进行加固防护,我们的应变量测锚杆就是其中的超前受力锚杆。

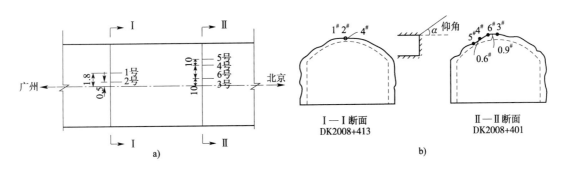

图3 量测锚杆安装位置断面示意图

1.2 望岭隧道的试验概况

本次试验共安装量测锚杆3根(图4),锚杆安设点里程为DK2007+148,6月10日安装。隧道施工采用光爆,喷锚,量测监护,拱部二次衬砌,滞后的半断面新奥法。量测开始,炮前、炮后各一次,以后数天一次,连续量测50余天。

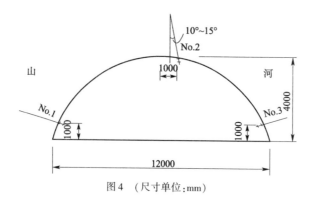

图4 （尺寸单位：mm）

2 试验准备及量测方法

量测采用 $2.8\times15.120\Omega$，灵敏度为 2.0 的电阻应变片和 YD–IA 型静态电阻应变仪，预调平衡箱，单臂精密电桥，兆欧表等进行。

2.1 室内准备

室内电阻应变片的粘贴是一道很关键的工艺，粘贴应变片及试验注意事项如下：

(1) 选择外形好、无锈斑、无折弯、顺直平整的应变片，用精密电桥量测，挑选阻值相差范围在 0.1Ω 的应变片，分组待用。

(2) 将选好的应变片引出线，焊上 10cm 左右的细软导线。

(3) 选择平顺，内壁较光滑的锚杆作为量测锚杆，在锚杆贴片部位，必须用砂纸除锈擦净后，再用丙酮清洗干净。

(4) 在量测锚杆贴片的位置，打上底胶。底胶配方为环氧树脂：苯二甲酸二丁酯：乙二胺 = 1.0：0.15：0.07 的重量比调制而成。底胶厚度尽量均匀，控制在 0.2mm 左右，红外线灯泡烘干后（不粘手），用兆欧表检查其绝缘度，阻值在 $500M\Omega$ 以上方可。

(5) 底胶合格后，把选择备用的应变片分组用 502 瞬时胶，按设计位置贴片。注意共用补偿片的每组应变片，其阻值应基本相同，一般阻值之差应尽量在 ±0.1 之间。贴片时注意不能打折，不能有气泡，各处都要压紧，待干透后检查阻值有否变化，指针是否飘移。

(6) 烘干已贴好的电阻应变片，在 $500M\Omega$ 以上时，进行防潮处理，涂上由环氧树脂，苯二甲酸二丁酯，乙二胺调制成的防潮剂。

(7) 待封闭防潮层烘干后，将每片电阻应变片引出线焊接上相同阻值、相同长度的导线（长度以量测要求而定），沿锚杆内壁引出管外，并作好编号，切勿弄乱。

(8) 取同样材质，形状的一截锚杆，按同样的要求和方法贴土纵横补偿片，一个断面可共用一组补偿片，焊接上与量测片一样长度和质量的导线。

(9) 按半桥法，将测量片、补偿片与静态电阻应变仪的予调平衡箱连接好，每组占用平衡箱上一个点，按（图5）分别接线，在室内必须将各点事先调试，检查其电阻、电容是否平衡，零点是否飘移，如不合规定应找出原因，给予更正，或更换新片。调试完毕记录零点（或初读数），作为不受力情况下的初读数。电阻、电容平衡就不要再动。

(10) 量测锚杆安装时，除符合锚杆安装工艺的基本要求外，还应格外注意量测接线的安全，切莫猛拉猛拽，以免导线及应变片受损。张滩隧道 4 号锚杆就是因安装过程中不注意，以致全部损坏，不能量测。

(11) 量测过程中仍应注意引出导线的保护固定工作，尽量避免施工爆破对它的影响和损坏，使量测断。这次实测中,在靠近掌子面端导线穿上胶管,较有效地保护了它的安全。另外因洞中潮湿,应注意应变仪的防潮防水措施。

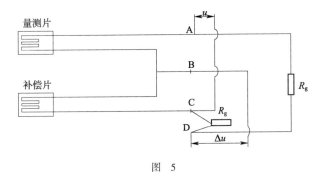

图 5

2.2 埋入后的现场量测

(1)将锚杆按安装工艺步骤,压入已定位置的钻孔中,压入时应注意切勿将导线拉断。

(2)接好仪器马上进行读数,以后根据要求准确量测和记录,张滩隧道每天一次,望岭隧道炮前炮后各一次。并了解实测地段地质、施工情况及掌子面里程。

(3)随时观察量测数据的变化情况,及时整理实测数据,画出时间—应变曲线。

(4)发现有异常现象或应变速率快速增长时,应及时报告有关人员,作为考虑采用防范措施的参考。

第一次量测,从1982年11月17日埋设Ⅰ断面开始,实测至1982年12月12日,因补偿片受损,无法继续量测止,前后共量测27天。第二次量测从1983年6月10日埋设到8月4日结束,历经50余天。量测结果分别见表2、表3摩擦锚杆应变量测记录表。

张滩隧道摩擦锚杆应变量测记录表　　　　表2

编号 累计应变(με) 天数	1#				2#								3#								5#	6#		
	纵2	纵3	纵4	纵5	纵1	纵2	纵3	纵4	纵5	纵6	横3	横5	纵3	纵4	纵5	纵6	横1	横3	横5	横6	纵2	纵1	纵2	横2
1	-790	+630	-200	+400	+1420	+610	-560	-680	-1170	-350	-320	-1180												
2	-210	+2670	+510	+9410	+1420	+2870	-140	+2000	-860	-70	-3600	-940												
3	-610	+2970	+340		+1460	+2970	+1110	+2200	-960	-190	+3890	-940												
5	-610	+2790	+380		+1520	+3120	+5760	+2130	-890	-230		-880	-190	+230	-1630	-383	-350	+120	+90		-1196	-270	-260	-1440
6	-480	+2860	+400		+1460	+3160		+2330	-720	-200	+3950	-1030	-290		+360		-320	-300		+160	-1146	-330	-110	-1710
7	-460	+3940	+420		+1480	+3200		+2530	-610	-170	+3840	-1070		+480	-1490	-590		+2320	-340			-570		-1870
8	-490	-250	+250		+1420	+1760		+2290	-600	-260	+3690	-1110		+370	+940	-1770	-780		+1270	-340		-850		-2210
9	-780	+7520	-100		+1380	+3120	+3960	-5950	-1410	-1130	-1400	-1990		+3480	+760	-1970	-230		+950	-1490		-890		-2260
10	+430	+9150	+340		+1440	+3320	+4530	+1610	-360	-120	+4050	-860		-420	+330	-2500	-570		+2830	-900		-1260		-2320
12	-390	+11560	+700		+1400	+3540	+5540	+2420	-270	-170	+4080	-890		-120	+710	-1690	-100		+8680	-530		-3490		-2890
13	-680	+12140	+1490		+450	+2920	+7560	+1560	+900	+990	+2990	-2460		+160	+800	-2810			+8680	-1570		-5510		-2850
14	-340		-140		+1660	+4450	+6560	+2740	+20	+2360	+4160	-1290		+150	+770	-3650			+9220	-860		-7110		-3150
15	-360		+240		+1270	+3960	+6460	+2020	-60	-220	+3690	-1040		+150	+1000	-3480			+9490	-840		-6730		-3090
17	-150		420		+1840	+6980	+8330	+2370	+80	-60	+4100	-650		+1340	+1930	-2880				-170		-4600		-6110
19	0		+640		+2010	+7260	+8930	+2440	+290	-270	+4280	-5520		-500	+530	-2030				+210		-4440		+5930
20	+3120		+3780		+2200	+7570		+2600	+1160	+940	+4570	-70		-150	+670	-1830				+640		+1360		+3010
21	-10		+670		+2250	+7120		+2670	+450	+1240	+4660	-420		+290	+630	-1890				+260		+770		+2410
22	-50		+660		+1950	+7120		+2240	+500	+200	+4180	-400		+650	+1060	-940			+1330			+3870		+3750

望岭隧道摩擦锚杆应变量测记录表 表3

编号 变形(με) 月日时	No1(靠山拱脚)				No2(拱顶)						No3(靠河拱脚)				备注
	3	4	5	6	1	2	3	4	5	6	3	4	5	6	
6.10.15:00	0	0	0	0	0	0	0	0	0	0	0	0	0	0	安装前
10.17:00	+240	+500	+210	+310	-40	+50	+1040	-300	-100	+100	-210	-130	+270	+50	打进后
11.10:00	+420	+3270	+2930	+3150	+2600	+2690	+3660	+2440	+2340	+2550	+2250	+2410	+2860	+266	炮后
13.21:00	-1530	+610	+330	+300	+1870	+1860	+2880	+1650	+400	+2620	+1240	+1510	+1990	+1700	炮前
14.16:00	-480	+1140	+770	+1130	+1000	+950	+1900	+710	+50	+300	0	+230	+700	+460	炮后
15.16:00	-650	+900	+600	+210	+2440	+2490	+3400	+2210	+1970	+2180	+1900	+2110	+2680	+2400	
16.9:00	-1220	+220	+140	+860	+2810	+2920	+3930	+3090	+2760	+3040	+2730	+3000	+3550	3140	炮前
16.16:00	+830	+2080	+1920	+2280	+1370	+1390	+2250	+1130	+780	+1040	+770	+1020	+1590	+1280	炮后
8.6:00	-640	+390	+300	+490	+230	+240	+1120	+10	-400	-170	-430	-190	+400	+140	炮前
18.9:00	-1360	-350	+420	-210	+1090	+910	+1980	+890	+370	+640	+370	+630	+1210	+100	炮后
20.9:00	-870	-10	+40	+80	+640	+660	+1500	+390	-220	+60	-230	+70	+670	+550	炮前
20.16:00	+30	+850	+890	+1190	+610	+790	+1590	+380	-530	-250	-500	-200	+400	+570	炮后
22.7:00	+540	+1250	+1360	+1700	+1080	+1110	+1970	+1000	+160	+440	+170	+490	+1100	+1030	炮前
22.13:00	+920	+1170	+1290	+1410	+770	+790	+1650	+660	-200	+50	-210	+600	+690	+700	炮后
24.3:00	-110	+460	+680	+1000	+750	+750	1550	+460	-580	-350	-640	-260	+370	+660	炮前
24.16:00	+170	+700	+910	+1190	+2000	+1740	+2550	+1580	+480	+700	+450	+740	+1370	+1630	炮后
26.22:00	-300	+100	+380	+710	+690	+690	+1540	+500	-360	-190	-550	-160	+490	+610	炮前
27.8:00	-1410	-790	-440	-150	+820	+520	+1340	+290	-740	+460	-690	-360	+280	+430	炮后
7.1.9:00	-90	+200	+570	+970	+890	+890	+1640	+720	-760	-420	-790	-350	+300	+810	炮前
1.15:30	-1160	+1420	+1790	+2190	+850	+840	+1610	+570	-2440	-2100	-2280	-2020	-1380	+710	炮后
4.9:30	+750	+900	+1250	+1620	+2960	+2080	+2890	+1920	+980	+1370	+1050	+1500	-2140	+2040	
6.6:40	+110	+450	+820	+1200	+830	+710	+1480	+450	-1120	-750	-1030	-630	+40	+600	
7.7:30	+60	+490	+860	+1040	+1060	+1010	+1610	+730	-680	-320	-620	-200	+450	+770	
8.9:30	-200	-60	+410	+750	+710	+940	+1680	+780	-200	+110	+20	-530	+1100	+1050	
9.20:00	-200	+10	+450	+810	+340	+620	+1100	+300	-850	-510	-700	-400	+240	+250	衬砌
12.10:30	-650	-510	-10	+380	+210	+460	+1130	+300	-1310	-1450	-1740	-1410	-750	+210	锚杆被埋
13.17:00	-560	-510	-50	+200	+390	+600	+1030	+30	-560	-190	-460	-230	+450	-10	
15.8:30	-570	-520	-20	+320	+370	+1670	+1120	+110	-260	+80	-150	0	+620	+160	炮前
16.8:30	-560	-480	+50	+380	+710	+1150	+1160	+670	-340	+40	-340	0	+660	+180	炮后
18.23:00	-770	-600	-30	+390	+540	+580	+1050	+180	-180	+60	-340	+50	+690	+200	炮前
20.11:30	-410	-260	+300	+750	+800	+830	+1480	+1150	-480	+360	+50	+330	+1070	+530	炮后
21.22:00	-670	-550	+30	+560	+610	+1190	+1240	+340	-1040	+650	+120	+120	+780	+300	
26.16:00	-810	-740	-80	+450	+400	+400	+980	+40	-420	+10	+10	+20	+650	+180	
28.24:00	-830	-820	-110	+410	+330	+240	+1000	+340	-380	-20	-380	+90	+660	+200	
8.1.10:30	-1030	-920	-130	+160	+560	+200	+960	-10	-440	-100	-270	+70		+90	
4.8:30	-890	-940	-120	+600	+410	+210	+1090	-0	-470	-50	-290	+30	+610	+150	

3 资料分析

从张滩隧道超前锚杆应变量测资料,可得出如下几点看法:

3.1 锚杆应变随深度变化的分布状态

从量测锚杆长度方向应变量测资料看出,摩擦锚杆的轴向力是沿锚杆全长呈曲线变化的,都有一个轴力最大点。如2号量测锚杆深度—应变曲线(图6)明显地有此规律。这次量测中,大部分锚杆在1m左右深度处为应变最大点,该点可视为围岩的脱离区范围,因应变最大点正是锚杆摩擦力和松动围岩自重相平衡的部位。量测还可看出在1.5m深度范围内为锚杆受力区。

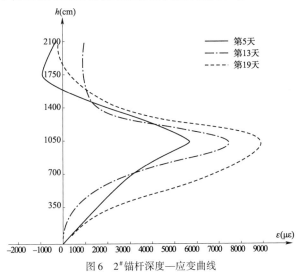

图6 2#锚杆深度—应变曲线

锚杆的两端轴向应变较少,尤其在1.5m深度以后常常出现受压区,如图6中第5天的深度—应变曲线。看出拉压应变的交点在1.6m左右,该交点可理解为锚杆的锚固点,该点以外称未扰动区,该点以内称岩石的松动区,松动区一般大于脱离区。本次量测中,岩层脱离区厚度为1.0m左右(垂直于洞壁,径向深度),锚杆有效锚固长度也就是松弛区厚度为1.5~2.0m。但由于量测锚杆在量测过程中,某些点被炸断,应变片受损,未能测出全过程。尤其当里程DK2008+421~2008+448长27m发生坍方,山体垮穿时,距第一摩擦锚杆量测断面仅6m时的应变未能量测。

3.2 锚杆应变随时间的变化规律

从量测数据总趋势来看,锚杆安装初期,应变上升很快,在很短时间内就可起支护作用。但由于施工的影响,受力条件的变化较大,现以2号锚杆为例(图7)。

锚杆轴向应变与时间的关系大致可分为三个阶段:

(1)应变上升阶段:本阶段为锚杆安装初期,应变值为在锚杆端部受拉,中部和尾部受压,然后经过一天的应力调整,随周边松动区的增大而逐渐变成受拉。达到应变最大值的时间约5d左右,这说明摩擦锚杆在安装后,很快就能和围岩共同作用。

(2)应力应变随施工过程调整阶段:当爆破工作不断推进,马口开挖不断接近量测断面时,使岩受力状态发生改变。围岩—锚杆成为联合支护的整体,应力应变也随之进行调整。$t=8\sim9d$时,应变—时间曲线发生突变,纵4点拉应变值骤然下降甚至表现为受压型。此时,掌子面正处在离所测断面16m左右处,约为开挖毛洞跨度的2倍值($L=2D$),主要因量测断面超出了纵向掌子面所形成的承载拱的范围,失去了掌子面对该处围岩的支承作用,使岩体内部发生突然的应力调整而产生滑移,这种滑移力可能引起锚杆应力发生变化,这种纵向拱的现象在隧道净空收敛量测中已有所表现,如雷公尖隧道,测点在开挖后 6～9d,即距掌子面约 25m 时位移值往往出现突变值,此时,亦为毛洞开挖跨度的两倍(雷公尖隧道开挖毛洞跨度 12～13m),张滩隧道、大瑶山出口周边收敛量测也有此规律。当 $t = 13～15d$ 时,应变—时间曲线又发生突变,主要因此时测点后部工序(约 25m 处)于 11 月 29 日(第 12 天)进行了纵向马口爆破开挖,纵向马口开挖长达十余米,纵向与横向爆破孔达 3m 深,对地层的扰动相当大,表现锚杆应变开始增加。这充分看出分块法施工,多次扰动地层,对岩层的稳定性不利,而全断面开挖只扰动一次。

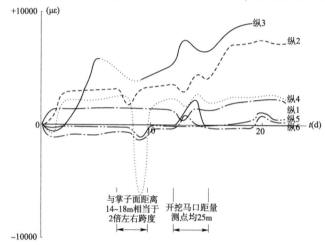

图 7　张滩 2 号量测锚杆时间—应变曲线

(3)基本稳定阶段:经应力调整后,围岩—锚杆—喷混凝土支护体系基本形成,受力状态基本稳定,锚杆应变—时间曲线变化平缓,可视为稳定状态。此时也可作为二次衬砌施工的依据。如果后部施工方法不当,还可能引起再次应力重调整,这次量测中,补偿片由于马口开挖受损,于 12 月 12 日中止了量测,未能对 DK 2008+450～DK 2008+421 发生塌方进行预测,但从曲线已看到了不稳定的趋势。

时间—应变曲线的变化形态与锚杆部位关系:同一根锚杆沿纵向应变量是不同的,在应变量大的部位,应变从增大到稳定所需的时间大于应变量小的稳定时间,由图 7 可得表 4 的比较数据。

锚杆各部分稳定时间比较表　　　表 4

锚杆部位(应变片编号)		纵3	纵2	纵4	纵1	纵5	纵6
深度(cm)		105	70	140	35	175	210
应变量大小比较		大	较小		小		
各阶段历时时间(天)	第Ⅰ阶段(上升阶段)	0～5		0～2		0～1	
	第Ⅱ阶段(调整阶段)	5～19		2～17		1～15	
	第Ⅲ阶段(稳定阶段)	>19		>17		>15	

这说明围岩中实现新的平衡所需的时间是不同的。岩体越不稳定的地段,调整和成拱平衡所需的时间愈长。所以锚杆轴向应变量测及时间—应变曲线可作为坑道稳定性评价的信息。当应变—时间曲线趋于稳定,应变速率降低时,可视为围岩应力调整趋于完成,围岩—锚喷支护体系的支承能力满足坑道稳定要求,坑道是稳定的。反之,当应变速率骤增时,就有可能发生围岩破坏,必须引起重视。

3.3　锚固力分析

由于围岩在开挖时有松弛、位移的趋势,而锚杆又有对围岩产生约束力、限制围岩变形的作用,从而两者之间形成了锚杆的锚固力。假定锚杆与围岩能共同变形,则此时锚杆与围岩中有两种作用力在起着锚固作用。一为锚杆环形截面,因受孔壁约束,使开缝锚杆产生指向孔壁的径向弹性抗力[图 8a],该弹性抗力就是产生摩擦为的正应力;二是锚杆管壁因围岩位移而产生纵向拉伸应力[图 8b],使锚杆处于三向受力状态,这种受力状态是很有利的。

径向弹性张力所产生的正应力 p 是引起摩擦力的主要原因,这种摩擦力也叫锚固力。

根据温氏假定:

$$p = K\sigma$$

式中:K——围岩弹性抗力系数(kg/cm^3),对Ⅱ类围岩 $K = 10 \sim 20$,Ⅲ类围岩 $K = 20 \sim 50$;

σ——压向围岩的变形量,即摩擦锚杆压入孔和锚杆孔之差,一般取1mm。

锚杆拉拔锚固力:

$$p = mpfF \quad F \approx \pi DL$$

式中:f——锚杆与孔壁的接触摩擦系数,Ⅱ类、Ⅲ类围岩取 $0.3 \sim 0.5$;

m——工作条件系数,取 $1.0 \sim 1.2$ 弯曲孔使摩擦力增大;

D——锚杆安装前的直径,取 $D = 39.5mm$;

L——锚杆有效长度。

例:所用锚杆在Ⅲ类围岩中

$$p = 1.2 \times 50 \times 0.1 \times 250 \times \pi \times 3.95 \times f(t)$$

当 $f = 0.3$ 时, $p = 6t$、当 $f = 0.5$ 时, $p = 9t$。

从锚杆拉拔试验得知,此类锚杆的瞬时锚固力是比较理想的,见锚杆试验数据(表5)。

锚杆拉拔试验数据 表5

锚杆编号	锚杆长度(m)	初始锚固力(t)	试验情况
1	1.5	>8.5	上导坑侧帮。围岩为大块状,锚杆安装较难。拉拔时,锚杆头部拉裂,锚杆未被拉出
2	1.5	8.5	下导坑边墙。围岩为破碎岩层,安装时钻孔被堵,掏孔后再安装。安装较易,实际受力长1.25m
3	1.5	6.5	下导坑边墙,岩石破碎,安装顺利,后部卡钻,实际受力长1.25m

从实测拉拔试验值与计算值是基本符合的。

3.4 横片(环向应变片)应变规律

由于锚杆安装时,管径变化较大,横片大部被破坏,所以量测数据很少。从现有的资料来看,横片应变过大,大部为负应变,即管壁在横截面径向是承受压应力的。应变值随时间的变化规律与纵向片相反见(图9)。即摩擦锚杆的摩擦力随时间增长有损失现象、

最初 $0 \sim 5d$ 内负应变上升,为第Ⅰ阶段,$5 \sim 17d$ 第Ⅱ阶段,应力调整横向受力值较大,第Ⅲ阶段由于围岩内力平衡的调整,横向压应力减少,甚至出现扭曲拉伸现象,但为什么在11d左右产生应变值的改变,这时的锚杆拉拔力的大小又是多少,还有待于进一步试验来解答。

3.5 量测分析

望岭隧道半断面开挖过程中应用摩擦锚杆了解与监测施工过程中力学特征方面共历经五十余天的量测,现就仅有的资料作一分析

3.5.1 锚杆沿隧道径向应变与时空的关系

锚杆打入围岩后,随时间与空间的不断变化,锚杆应变也不断发生改变,粗略的可分为:

(1)应力调整阶段:锚杆一经打入,就立即受力,随时间的推移,掌子面的开挖,锚杆受力状态不断发

生改变,在爆破震动后,锚杆变形出在峰值,随时间的推移,它又向着爆前状态恢复,但并不能回到原始的应力状态。主要因围岩是破碎的岩体,由于各种结构面的存在可视为一种弹塑性体和与时间流变有关的弹黏性体,使得锚杆变形不能恢复到原始状态。从(图10)可知24d范围内锚杆应变变化较大,以后趋于稳定。此时,掌子面与锚杆相距大约33m,可以被认为是爆破对围岩扰动影响较大的有效距离(指在望岭隧道开挖中),这和震动量测所得结果基本一致。

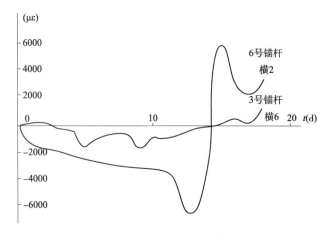

图9 时间—横向应变曲线

(2)稳定阶段:当锚杆打入25d后,锚杆应变基本趋于稳定,这说明在喷锚与围岩的联合作用下,坑道已经稳定,围岩三次应力场调整已经完成。此时,灌注二次模注衬砌是较合理的,这和同时进行的净空变位量测结果也是相符的。

由于围岩内部的不连续性、不均质性以及外来作用的随机性,必然引起围岩内部的应力调整也是随机的,不规则的。因此,从图中锚杆应变杂乱无章的变化情况可得出锚杆与围岩是共同变形,相互作用的。爆破震动影响对锚杆受力(即地层受力的变化)是较大的,如果略去爆破的影响就可得出(图11)(以2号锚杆为例)。从图看出锚杆变形分为四个阶段:

(Ⅰ)锚杆打入后13d,为坑道三次应力场调整时间,这段时间锚杆受力变化较大;

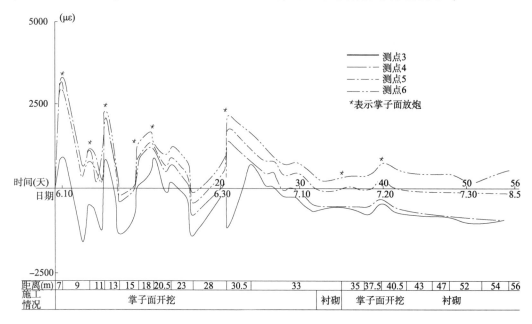

a)1号锚杆时间应变图

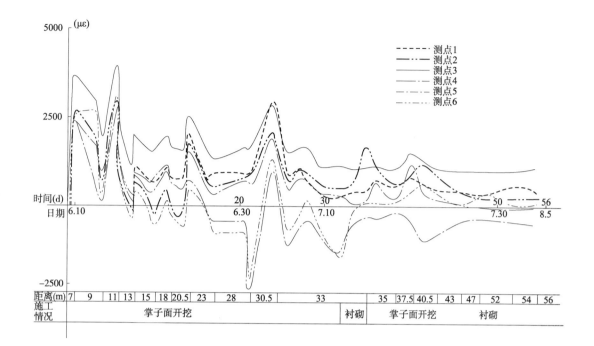

b) 2号锚杆时间—应变图

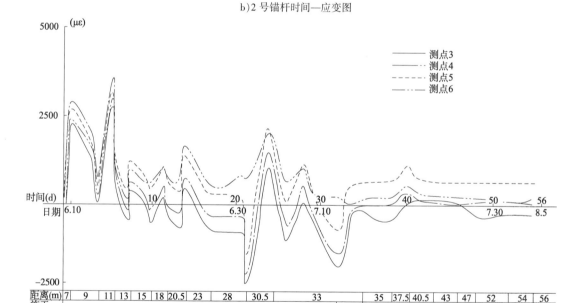

c) 3号锚杆时间—应变图

图10 锚杆应变变化

（Ⅱ）锚杆打入第13d到第27d，锚杆变形趋于稳定，说明三次应力场已经形成；

（Ⅲ）锚杆打入后第28d到第45d，锚杆应变又开始变化，这是因为第28d到第87d，是后部工序—二次模注衬砌正在施工，应力场重新调整；

（Ⅳ）锚杆打入45d后，锚杆变形趋于稳定，说明衬砌，围岩与喷锚支护形成联合支护体系，最后应力状态形成。

3.5.2 径向锚杆应变随深度的变化状态；

由于1号、3号锚杆在拱脚附近，近似呈水平打入，有弯曲应变伴随产生。因此，我们取拱顶垂直2号锚杆为例进行分析（图12）。

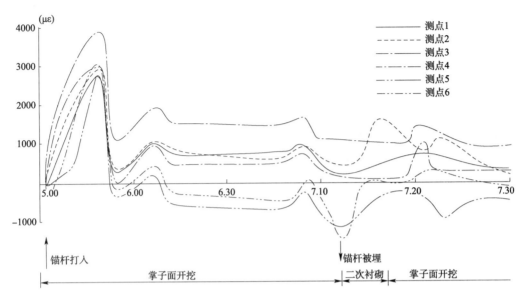

图 11　锚杆应力随时间变化图

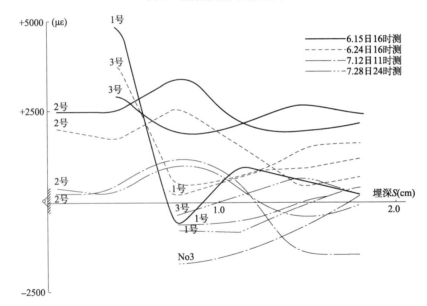

图 12　锚杆埋深—应变图

(1) 锚杆变形随深度的变化也呈曲线分布,其基本形状如图 13 所示。在坑道径向深度约 0.8m 的地方为锚杆受力最大点,此厚度从理论上可认为是扰动区内脱离区的厚度。

(2) 在埋深应变图上还看出,锚杆随时间的变化,受力情况也不相同。锚杆打入初期,全长基本上全部受拉,这是因为围岩正处于应力调整,影响范围较大,随着应力调整的基本完成,锚杆沿隧道径向 1.2m 以后基本不受力或出现受压区。此点和张滩隧道超前锚杆相似,认为

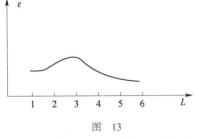

图 13

是三次应力状态形成后,松动圈与原岩的分界点。从隧道周边至该点,围岩产生收敛—约束,围岩位移使锚杆与孔壁周围产生剪应力,引起锚杆一起变形,从而形成如(图 14)的分布情况。

从这次试验得知,围岩在喷锚支护下稳定后,坑道的脱离区为 0.8m 左右,松弛区为 0.2m 左右,但在应力调整阶段,锚杆有时处于松弛区范围内,在进行喷锚支护设计时,我们认为长短锚杆交替排列,对控

制围岩应力是有利的,也是经济的。

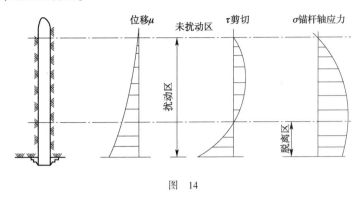

图 14

3.5.3 径向锚杆变形与掌子面距离的关系

表6、图15描述了锚杆应变速率随着掌子面推进的变化情况,该图是用每次爆破前的量测数据,力图消除震动的影响而得出的:

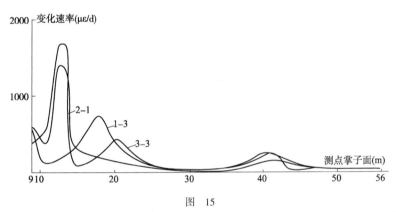

图 15

(1)当锚杆打入后,掌子面的开挖引起锚杆应变较大的变化。以后,应变速率有所减缓,但到了一定的距离(13～20m),锚杆应变速率猛然上升,以后,随着掌子面的开挖对锚杆变形速率影响就减小了,24m后对锚杆应变的影响就消失,锚杆应变很小的变化只是由于时间的变化所引起。

以上现象和超前锚杆,变位量测的规律很相似,主要由于掌子面与锚杆周围岩体构成一个三维空间受力体系,掌子面作为一支撑体系而存在,掌子面的逐步开挖,意味着支撑的逐步解除,到了一定距离,掌子面的支撑对锚杆点的影响消失这时,由于锚杆周围岩体由一个三维受力体系转变为一个二维平面应变问题,从而使岩体性质发生较大变化,这种现象和弹性地基梁短梁向长梁的发展(图16)相似。

(2)1号、3号锚杆第二次应变速率回升的距离要滞后于2号锚杆。这可能是由于2号锚杆打在拱顶,1号、3号锚杆打在拱脚上来1m处,由于下半断面还未开挖,从而增大了拱帮的约束作用,使拱帮成拱效应的距离大于拱顶成拱效应的距离。

(3)当掌子面推进到距量测断面33m时,后部距量测断面12m处开始了二次衬砌,锚杆应变开始趋于稳定,爆破影响较小,这是因为二次衬砌的作用结果。

3.5.4 锚杆各稳定阶段受力状态分析

由上可知,锚杆打入后经历了几次不同的受力状态;①锚杆打入后,三次应力场调整及形成;②二次衬砌后,最终应力场调整及形成,如果取第三次和最后稳定后的受力状态,就可得(图17)(图中锚杆弹模 $E = 2.37 \times 10^8$ kg/cm²)。

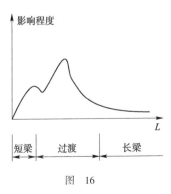

图 16

锚杆应变速率计算表

表6

日期距离	应变(με) 速率(με/d) 编号 距离 7m	1						2						3					
		3	4	5	6	1	2	3	4	5	6	3	4	5	6				
6月 13日 3时 2	+240	+500	+210	+310	-40	+50	-1040	-300	-100	+100	-210	-130	+270	+50
16 9 9	-1530	+610	+330	+300	+1870	+1860	+2880	+1650	+400	+2620	+1240	+1510	+1990	+1700
18 6 11	559	35	38	2	603	572	581	616	158	796	395	447	469	450
	-1220	+220	+140	+860	+2810	+2920	+3930	+3090	+2760	+3040	+2730	+3000	+3550	+3140
20 9 13	124	156	76	224	382	431	427	586	960	171	596	596	624	576
	-640	+390	+300	+490	+230	+240	+1120	+10	-400	-170	-430	-190	+400	+140
22 7 15	309	91	85	197	1376	1429	1497	1643	1685	1712	1685	1701	1680	1600
	-870	-10	+40	+80	+640	+660	+1500	+390	-220	+60	-230	+70	+670	+550
24 3 18	108	188	160	193	193	198	179	179	85	108	94	122	127	193
	+540	+1250	+1360	+1700	+1080	+1110	+1970	+1000	+160	+440	+170	+490	+1100	+1030
26 22 20.4	736	657	689	845	229	235	245	318	198	198	209	219	224	250
	-110	+460	+680	+1000	+750	+750	+1550	+460	-580	-350	-640	-260	+370	+660
7月 1 9 23	355	431	371	381	180	196	229	274	403	431	442	409	398	202
	-300	+100	+380	+710	+690	+690	+1540	+500	-360	-190	-550	-160	+490	+610
15 8.30 28	68	129	107	104	21	21	3	14	79	57	32	36	43	18
	-90	+200	+570	+970	+890	+890	+1640	+720	-760	-420	-790	-350	+300	+810
18 23 33	61	22	43	58	45	45	22	49	90	50	54	43	43	45
	-570	-520	-20	+320	+370	+1670	+1120	+110	-260	+80	-150	0	+620	+160
20 11.30 35	34	23	42	46	37	56	37	44	36	36	46	25	23	46
	-770	-600	-30	+390	+540	+580	+1050	+180	-180	+60	-340	+50	+690	+200
21 22 37.5	55	22	3	19	47	300	19	19	22	6	53	14	19	11
	-410	-260	+300	+750	+800	+830	1480	+1150	-480	+363	+50	+330	+1070	+530
26 16.30 40.5	237	223	217	217	171	164	283	638	197	197	256	184	250	217
	-670	-550	+20	+560	610	+1190	+1240	+340	-1040	+650	+120	+120	+708	+300
28 24 47	181	202	188	132	132	250	167	563.	390	202	49	146	202	160
	-810	-740	-80	+450	+400	+400	+980	+40	-420	+10	+10	+20	+650	+180
8月 1 10 52	29	40	23	23	44	166	54	63	36	134	23	21	27	25
	-830	-820	-110	+410	+330	+240	+1000	+340	-380	-20	-380	+90	+660	+200
54	9	34	13	17	30	69	9	130	17	13	169	70	4	9
	-1030	-920	-130	+160	+560	+200	+960	-10	-440	-100	-270	+70		+90
	58	29	6	73	57	12	12	102	18	23	32	6		32

从图可知,后稳定阶段三次应力场锚杆的最大应力 $\sigma = 3555 \text{kg/cm}^2$,接近屈服极限 $2900 \sim 3500 \text{kg/cm}^2$,说明锚杆受力很大,但基本还处于弹性变形范围。二次衬砌后,最大应力为 $\sigma = 2300 \text{kg/cm}^2$ 左右,锚杆受力值有所减小,其差值 1000kg/cm^2 可认为由二次衬砌分担了。

从图还可看出,两次稳定状态的应力分布很相似,脱离区厚度和松动区范围都基本未变,锚杆承受的应力还是很大的,这就说明在衬砌—喷锚—围岩的联合支护体系中,围岩是主要承受荷载的结构。

3.5.5 理论计算

(1) 锚固力的计算:

如果我们假定锚杆沿横断面均匀受力,最后乘折减系数 $\frac{2}{3}$,则可计算出锚杆承受的最大轴力即锚固力,$T = \frac{2}{3} \times (10 \times 0.25 \times 3555) = 5.9$t,该计算值与张滩隧道计算之值相似,有点巧合之意。

(2) 塑性区的计算:

锚杆安装地层为Ⅱ类软岩,埋深约 40m,参照规范,取 $\gamma = 2.2 \text{t/m}^3$,$R_b = 10 \text{kg/cm}^2$,$\varphi = 43°$,则可近似算出塑性区,设隧道为圆形,半径 $a = 6$m。

$$r_0 = a\left[\frac{2}{\xi+1} \cdot \frac{\sigma_y(\xi-1) + R_b}{R_b}\right]^{\frac{1}{\xi-1}}$$

由 $\xi = \frac{1+\sin\varphi}{1-\sin\varphi} = 5.289$,$\sigma_y = \gamma_h = 8.8 \text{kg/cm}^2$,则可得出:$r_0 = 6.6$m。

所以塑性范围区为 0.6m,这种近似的计算和实测 1.2m 是有很大差距的,在地层不均匀性情况下的计算仅作为参考而已。

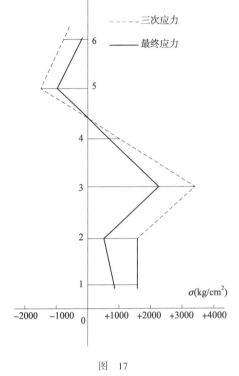

图 17

4 几点看法

通过以上分析,我们得出几点看法:

(1) 开缝式摩擦锚杆是一种全长受力锚杆,它有很好的柔性可以适应地层的变形,随条件的改变,它的应力状态也发生改变。

(2) 开缝式摩擦锚杆在铁路隧道施工中作为一种临时支护是可行的,实验证明把它作为超前锚杆加固不良地层,即径向加固地层是有效的,它受力及时,分布合理,与砂浆锚杆相比有其独特的优点,尤其在超前锚杆和补强加固个别地层时更为突出。

(3) 作为一种量测锚杆来观察地层变化情况,以了解施工中地层应力的变化过程是可知的,其灵感性高,工艺也简单,是很好的受力元件。这次试验测出了隧道施工各阶段的变化情况和稳定时间以及隧道断面的松弛区脱离区就是很好的例证。

(4) 实测数据证明,爆破震动、掌子面开挖对测点的影响都有一定距离,在望岭隧道、张滩隧道这样的地层和施工条件下,掌子面距测点 1.5~2 倍坑道宽时,地层的应力调整就不受工作面的影响,爆破震动在超过 33m 后影响较小。

(5) 在围岩——喷锚——衬砌联合支护中,围岩本身起主要作用,从望岭隧道的实测数据看出,测点稳定时间为25天以上(至打锚杆之日算),即掌子面开挖到30m以上,此时修筑二次衬砌较为合适。当衬砌修筑以后,由于爆破及其他因素的影响,应力还在调整,经过调整后,二次衬砌将原地层压力(锚杆受力为3555kg/cm^2)的三分之一分担给自己,剩下的三分之二由地层承担,这也说明地层承受着主要荷载,还正是新奥法的特点所在。

(6)通过摩擦锚杆的应力量测,可以对砂浆锚杆的问题是否合理进行校验,如这次实测的摩擦锚杆所承受面积为1.5m×1.5m其应力最大值为3550kg/cm^2,该应力值也是砂浆锚杆的受力值。砂浆锚杆直径$\phi=22$mm,面积$F=3.8$cm^2,摩擦锚杆的$F=2.74$cm^2,则砂浆锚杆的应力值为$\frac{2.24}{3.8}\times 3550=2550$kg/cm^2,接近并超过临时结构所规定的容许应力值(2400kg/cm^2),所以在现场对砂浆锚杆间距进行了调整,改为1.2m×1.2m菱形排列。

目前,锚杆在施工中的各种受力情况,我们正在进行摸索和监测,由于水平有限,以上分析是否正确,请予指正。

军都山隧道黄土试验段简介

王梦恕

(铁道部隧道工程局科研所)

1 试验段的地层、地貌及结构特点

大秦线军都山双线铁路隧道进口地段有670m左右的隧道,位于土层和砂层之中,土层为Q_2黄土质砂黏土,含零星砾石,有γ型节理,遇水易剥落,在隧道拱部又处于中等密实的细砂之中,砂层呈透镜状水平分布,平均厚度5~7m,地下水位约在隧道边墙的中部,因此,仅就地质条件而言,该段不能形成天然拱,成洞条件差,施工难度大。隧道拱顶到地表面仅12m左右,覆盖厚度与隧道跨度之比约等于1,属于浅埋范畴。该段地表又有民房群,民房结构型式和北京四合院民房相同,所以不允许地面有很大下沉量,允许沉陷量<5cm~10cm,房屋基础所承受的爆破振动速度≤5cm/s,因此,施工条件要求很严格。国内又没有施工先例。该段的特点很相似城市浅埋地铁,从我们公司、铁道部基建总局都认为在该地段进行100m试验是非常必要的,对指导该地段的施工及今后从事地铁的施工都有很大意义。我们选取条件最坏的DK283+960至DK284+060区段,应用NATM原理进行试验。

2 试验目的

(1)应用NATM原理通过不同区段的开挖和支护方式,寻找对地表沉陷最小的施工方法;
(2)通过一系列现场变位量测,利用IBM系列微机进行支护参数反馈,为隧道稳定提供可靠依据;
(3)进行科学的全面质量管理,根据不同施工方法,统计各工序循环时间、劳力组织、材料消耗、机械台班及用工工天等,以便得出合理的劳力组织及消耗定额,得出每延米的综合造价,为今后投标积累数据。

3 主要试验内容

该试验段采用国内外最新的量测手段,采用最好的机械化施工机具、最合理的工程材料,分别对施工方法、钻爆、喷混凝土工艺、锚杆挂网、信息反馈、钢支撑、量测、岩土工程地质测试、泵送粉煤灰防水混凝土等方面,在现场进行试验。在试验过程中邀请了同济大学地下结构工程系、铁道科学院隧道研究室、中国科学院武汉岩土所三个单位的专家、教授参加工作。各专题的主要试验内容如下:

(1)施工方法研究专题

根据NATM原理,用正短台阶法施工,采用先支护后开挖和先开挖后支护两种形式,支护类型由强到弱分三段、三种类型进行。大管棚法和插板法的施工工艺也准备进行试验,从中寻找不同开挖、支护对地

---

* 本文原载于:隧道建设,1985(02).

面沉陷量的影响。

（2）喷混凝土专题

研究普通水泥加782速凝剂,硫铝酸盐水泥加TS速凝剂;钢纤维喷混凝土工艺代替钢筋网的试验;减少粉尘和回弹的措施,喷混凝土受力特点的测试等工作。

（3）锚杆挂网专题

研究快速砂浆锚杆、低预应力锚杆的施工工艺,受力特点的测试,不同地层挂网类型和结构特点,并研制黄土地段钻孔机械和钻杆类型的选择、设计、加工、试验等。

（4）钢拱架专题

研制新型钢构桁拱架的结构形式、设计、制造受力分析、1∶1破坏试验,现场受力量测及工艺安装的应用等。

（5）钻爆专题

研究在黄土可粘地段,应用超前钻孔进行爆破挤压成型试验,形成超前拱;多松动爆破试验以及爆破对地面房屋的振动速度的量测。

（6）信息反馈专题

根据洞内、洞外地中一系列的垂直位移、经向位移和水平位移值,用微型计算机进行信息反馈,以确定最佳支护型式、支护时间、修正一次、二次支护参数,预测塌方的稳定性,为地下工程的设计开辟一条新路。

（7）测量专题

主要进行洞内洞外各种位移数据的量测、分析,寻找各工序对洞体稳定变位的规律,为施工提供安全信息,将地表、地中、洞内不同变位值进行整理,为微机提供信息,进行反馈计算。

（8）岩土工程地质测试专题

主要对该段地层现场蠕变模量和松弛模量进行试验;现场取样在室内进行一般物理力学性能常规试验,测定地层剪切弹性模量、剪切黏性模量、三轴蠕变试验等。

（9）泵送粉煤灰防水混凝土二次衬砌试验专题

研究其性能工艺及防止开裂的措施,为取消塑料板创出一条新路。

为完成以上试验内容,共进行十四种现场量测,具体内容为:①洞内收敛量测。②洞内单点、多点位移量测。③拱顶下沉量测。④地表下沉量测。⑤地中不同深度下沉量测。⑥地中不同深度水平位移量测。⑦超前地中变位量测。⑧土体对喷混凝土一次支护的压力量测。⑨二次模注衬砌与一次支护之间压力分配的量测。⑩锚杆在开挖过程中的应力应变量测。⑪网构桁钢拱架的受力量测。⑫二次衬砌拆模及衬砌受力的量测。⑬爆破振动量测。⑭现场地层物理力学性能、蠕变、松弛模量的测定。

4 施工组织及施工安排

编制了"试验段试验大纲图册",设计了"黄土试验段"图纸,最近编制了施工组织设计,进行了试验总说明、洞内外测点布置图、施工进度和施工管理、施工方法、循环作业时间、劳力组织、机具设备、施工材料等部分进行了措施性设计和准备。正式试验工作中,一次支护约需三个月,二次衬砌约需一个月。

整个试验工作在铁道部基建总局的支持下,在公司领导的关怀下,公司科技开发部和二处经过多次研究,认真部署下,在一队全体干部和工人的具体努力下,一定会取得快速、优质、安全、高水平的试验结果。

全断面 5m 深孔爆破对隧道围岩的动态影响

王梦恕　钟筠筠

(铁道部隧道工程局科研所)

1　问题的提出

为了充分发挥 TH286 型(瑞典)四臂全液压钻孔台车的功能,我们采用 5m 深孔 1~15 段非电毫秒爆破一次成形的全断面开挖施工方法。在面积约 100m² 的全断面上装药总量为 550~1100kg,在 1000ms 左右的瞬间完成 5m 全断面掘进。对此不少人抱怀疑态度,认为这样大药量、大断面的深孔预裂光面爆破,对围岩的破坏是难以估量的,对山体的稳定性将起很大的影响,爆破所产生的冲击波对后部工序的影响又如何? 为了解决这些疑难问题,我们先后在雷公尖隧道、张滩隧道、大瑶山隧道出口分别进行了规模较大的爆破时三种量测工作,以解决所提出的问题。

2　量测内容与目的

爆破安全在地下工程中占有重要地位,爆破作业越来越邻近城镇,爆破公害愈来愈受到重视。如何控制爆破有害效应和采取防护措施,已成为当前爆破安全技术的重要课题。

(1)爆破振动速度量测:量测爆破过程中,围岩各部位的振动速度,以衡量爆破对围岩的影响程度;研究爆破应力波、展动波的传播及衰减规律,研究 1~15 段非电毫秒雷管起爆时地震波的叠加规律。

(2)爆破冲击动应变量测:我们利用电阻应变片自制岩石应变传感器,量测隧道壁的动应变情况,为了寻找振动速度和动应变的关系。

(3)爆破冲击波的量测:检查爆破时,沿隧道纵向冲击波对人身、机具及后部工序的危害情况,确定安全距离。

3　量测方法及结论

3.1　爆破振动量测

能量衰减快,振动频率高,和持续时间短,是爆破振动的特点。对于工程爆破来说,炸药在炮眼中爆炸时对围岩产生爆轰压力,这些压力波在围岩中传布,使围岩产生振动,承受应力,发生应变。应力波越大,岩石质点振动的速度也越大,对岩石的破坏能力也越大,所以对振动速度的测量可用以衡量爆破对围岩的破坏程度。近年来,美国、加拿大、日本、瑞典、苏联和我国都普遍采用了爆破地震波速度,作为爆破对建筑物和结构物发生不同程度破坏的主要经验判据。我们分别量测了预裂光面爆破与光面爆破的振

---

* 本文原载于:铁道工程学报,1985(04).

动速度,以比较其对围岩振动破坏的大小。1981年11月~12月和1982年3月在黑灰色炭质厚层石灰岩的雷公尖隧道对预裂光爆进行了12次振动量测,共布点20个,取得了近200个点次的量测数据,对无预裂光面爆破进行了7次振动量测,共布垂直周边岩壁测点11个,取得了近70点次的量测数据。1982年5月~6月又对坚硬而节理发育的石英砂岩张滩隧道进行6次光面爆破的振动量测,共布测点14个,取得了68点次的量测数据。三次共计取得了近340点次的数据。

3.1.1 量测仪器与方法

传感器:CD-1型磁电式速度传感器;

放大器:GZ-2型六线测振仪;

记录器:SC-16型光线示波器。

量测的方法:在选定点打好钻孔,将单向或三向预埋件埋入隧道岩壁钻孔中,用水泥砂浆或环氧树脂砂浆固结,待固结后即可进行量测。通常在爆破前才将CD-1型速度传感器拧紧在锚固件顶端所需方向的螺栓上,爆破量测完毕卸下清洁,检查后待第二次量测再用。实验中,测点分别设在拱脚、墙中、墙脚轨面处,因测点较多,连接传感器和测振仪的导线较长,一定要注意导线的联结及屏蔽,以防交流电50Hz信号进入,并对号入座。测试仪器间设在洞口。1981年11月~12月预裂爆破实验时离工作面80~200m,1982年3月份、5月份进行光面爆破振动实验时,离工作面达300~400m。为了组织爆破和测量同步,用塑料导爆管将起爆点直接牵入量测仪器间,用激发枪激发爆破,并同时起动仪器,及时记录爆破振动速度。

由于仪器间固定在洞口,测试仪器与传感器的距离随工作面的推进而不断增长。这样不但加大了工作量,增加了试验成本,更严重的是由于导线不断加长,也影响了测试效果。为克服上述弊病,我们已将测试仪器固定安装在特别的汽车上,车子随着工作面的推进而前移,使导线保持一定长度。这种活动测试仪器车是长大隧道测试工作必不可少的工具。

3.1.2 量测结果及成果分析

我们在1981年11月~1982年6月的爆破振动量测中,共取得了近340点次的爆破振动速度曲线图。除个别点次外,都较清晰地记录了15段毫秒雷管或半秒级雷管爆破过程中各测点的振动速度变化情况。

爆破时,在影响范围内的围岩最大主振速度大小,受很多因素的影响,如围岩岩性特征、地质结构面、节理、裂隙等。这段测试没有对这些方面进行探讨,仅针对振动速度与测点的位置、距离、方向、装药量、分段情况等进行分析,结论如下:

(1)由爆破振速曲线证实,双线铁道隧道全断面开挖,一次装药爆破的最大振动速度值,不取决于总装药量的大小,而决定于某最大装药量分段的药量大小及炮眼布置情况。在预裂光面爆破中,一般是即发段的周边炮眼和装药量较大的14段或13段振速最大。而它们的装药量不超过总装药量的五分之一,所以总装药量虽然多达1000kg左右,但其爆破振动强度都大大地小于1000kg炸药一次爆破对围岩的破坏力。

(2)采用毫秒雷管爆破,对于降低爆破对围岩的震动强度是可行的。从曲线看来,每段间隔只要大于50毫秒,就不产生叠加现象,故只要在1~6段内适当考虑跳段使用毫秒雷管,使之间隔>50毫秒就可以达到降低震动强度的目的,而无需采用半秒级雷管。持续时间长不好。

(3)在预裂光面爆破中,测点振速大小,并不完全决定于分段药量,而主要取决于炮眼布置位置。一般是担当预裂的周边眼0段与13、14段底炮振速最大。4#测点周边0段加1段药量为84.6kg,振速达3.4cm/s,而10段扩槽炮眼,用药量88.4kg振速仅1.1cm/s。

(4)光面爆破(无预裂缝),对围岩的多次爆破振动影响很明显,在距离一定时,在同一测点,在相同条件下其振速大小基本决定于分段的装药量,分段装药量越大,一般振速也越大。如第三次光面爆破测点23号第15段装药量最大为178.1kg其振速也最大,为9.4cm/s。但一般底炮虽装药量不算太大而振速却较大,如表中第十四次爆破,测点23号的底炮(第16段),主振时间为1051ms时,主振速为6.1cm/s,装药量仅58.1kg。其他测点也有此现象。故我们可以认为底炮对围岩振动影响是较大的。从总的看来,光面爆破振速大小在同测点同距离时,一般决定于药量的多少,如附表(一)中23号测点,振动速度是随着药量的增大而增大的。故随着爆破的层层扩大,爆源对围岩的振动影响也随之增大,对地层的扰动比预裂光爆严重。

(5)根据雷公尖和张滩隧道的量测数据,在装药量500~1000kg时,一般最大振动速度不超过6cm/s,个别点如9号测点在距离爆源为17m时最大振速达12.5cm/s。在节理发育的张滩隧道石英砂岩中,其减震性很大,当总装药量为520kg左右时,最大振速小于1cm/s,一般多在0.1~0.5cm/s。与雷公尖隧道相比,其振速与药量的关系并不按$\frac{1}{3}$次方衰减。[$V = K(\frac{\theta^{\frac{1}{3}}}{R})^a$]

(6)振动速度随距离增加迭减。

(7)振速与受振质点在断面周边上的位置有关:一般墙中比拱脚振动速度大,墙脚1米高处的振速又比墙中大,张滩隧道靠河的振速比靠山的大。说明爆破对靠河边的危害较大,张滩隧道的一段塌方段塌方也是从靠河边的墙中开始的。类似相互爆破振动的影响,我们在上崩塘主、副斜井处也进行了量测,其规律和张滩很相似。

(8)振速与量测方向也有关。实验结果分析当近距离时,(在该地层中一般在0~24m)切向>垂直向>纵向。当远距离时、纵向振动速度可能由于空气冲击波的叠加,往往比垂直向和切向为大。

(9)爆破振动速度变化频率,与炸药类型,岩石性质,炮眼布置,深孔装药方式等有关。这次实验测定结果,主振频率一般为125~500Hz,其中150~250Hz占70%以上。在振速波形记录曲线上,还可见到一些反常现象,如11月23日第八次测试的8号—1与8号—2记录纸上,时标为1330~1980ms时各测点的振速曲线,振幅极大,都已出图纸无法计算,而振动频率极低,是否由于共振所致有待今后研究探讨。

(10)从振速记录曲线分析,毫秒级雷管持续时间误差远较半秒级雷管为小。一般使用1~15段毫秒级雷管时振动延续时间1000~1200ms与15段毫秒级雷管规定误差范围相近。而半秒级雷管延续时间误差却较大。如11月16日的第四次爆破振速测试,使用第7段的半秒级雷管,其振动延续时间达4300ms,比原3.5s±0.3s的误差值超过500ms。

(11)由光面爆破清晰的振速记录曲线分析,爆破振动波在围岩中传播速度是变化的,它随离爆源的距离增大而减慢。距离30m左右时,爆破振动波传递速度约5000m/s,距离80m左右时,衰减到2800m/s左右。

我们将震动量测这种方法用于指导生产、改进爆破工艺、检查爆破器材、监测地层稳定等方面发挥了作用,从中我们也取得了不少可贵的资料。我们从实践中感到爆破振动速度的大小和装药量、距离之间是有明显的关系,但企图通过一些数据来推求出几个系数,一个公式,用以计算对指导多变的地层意义是不大的。将这种震动量测做为生产中的一种手段,为生产服务,是很有用的。

目前预裂光爆用于中软岩地层、光面爆破用于坚岩地层的施工,已在我们单位开展起来;半秒级雷管不如毫秒级雷管也在量测中被证实;炮眼布置考虑了减少振速的影响,如此种种都说明了振动量测的必要,其所带来的经济效益也是很大的。

3.2 爆破动态应变量测

为了与爆破振动速度量测相对应,便于分析爆破冲击应力—应变和爆破振动对围岩的影响关系,我们将动应变测点选埋在振动速度测点的同一位置上。

实验中采用自制的电阻应变片岩块应变传感器——YD-15型8线动态应变化—SC-16型光线示波器量测记录系统。电阻应变片的型号为2.8×15低基阻值120Ω,灵敏系数2.05±1%,有效面积2.8×15±5% mm²。为了防止应变片变潮和被破坏,采取了防潮封闭和导线固定保护措施。由于时间仓促布点少,距振源近,测点受破坏等原因,这次仅对DK1984+218.8右侧墙中离隧道开挖底板3.4m高处进行了一个点的两次动应变量测。现仅对这两次量测分析如下：

(1)围岩在受15段毫秒雷管的爆破冲击应力作用下，每段爆破所产生的应变规律均为先产生拉应变后转为压应变，而且拉应变远远大于压应变，每次冲击应变，拉应变均比压应变大好几倍。1981年12月2日的实验中，在619ms时的冲击拉压应变之比达14.53倍，也有低达1.20倍。一般为3～7倍。比值越大，恢复越快，一般在2～5ms内得到复原。各段是否有其他冲击应变进行叠加，有待今后的资料证明。

(2)冲击应变在围岩中的传递速度，远较振动波速度为慢。这次试验测点距爆源距离为19.7m和24.7m时，其应变传播速度分别为69.86m/s与40.69m/s，冲击应变波的传播速度衰减较快。

(3)爆破冲击应力引起的围岩拉压应变变化频率为$f=500\sim1000Hz$，频率较高说明围岩比较坚硬，周期短的频率衰减也快。

(4)本次实测数据，最大拉应变达$+8200\mu\varepsilon$，最大压应变为$-2769\mu\varepsilon$。如取$E=5\times10^5kg/cm^2$的最大拉应力$R=4100kg/cm^2$，压应力$R=1384.5k/cm^2$远远超过了一般室内试验所得的拉压、抗拉极限强度。尤其拉应力更是远远超过其同类岩石一般抗拉强度的经验数据(一般最大仅$100k/cm^2$左右)。但从现场观察，围岩尚未出现大的肉眼可见的裂缝，从而可以认为，围岩承受爆破冲击时，瞬时抗拉强度可以达到很高的数值。我们准备把同样岩石交室内试验求得较准确的室内抗拉强度、抗压强度和动弹模，以进一步证实。

(5)由于本次实验，动应变数据较小，还不能与振动速度量测相互配合比较，但从围岩振动速度量测得知，在该点沿隧道周边围岩的振动频率在125～500周，振速为3.8～10.7cm/s沿纵向的振速为1.0～2.0cm/s这些数据的分散性很大，围岩振动速度是否和动应变之间存在着内在关系还有待今后实验确定。

3.3 爆破冲击波量测

我们在大瑶山隧道出口进行了两次冲击波量测，共布6个测点，应用BPR-12型冲击波传感器。

从测试数据分析可得以下几点看法：

(1)距爆源400m左右的测点看出，空气冲击波的超压值小于$0.03kg/cm^2$，比规定的安全超压值$0.1\sim0.15kg/cm^2$为低，对人身和机具的安全是可以保证的，故施工人员和机具，在装药量为660kg左右的施工爆破情况下，距爆破面40m以外是安全的。

(2)从两次的量测结果还看出，每个测点所记录的冲击波有两个波形。这与我们在洞外听到整个爆破过程中有两响爆破声是相吻合的，我们认为第一个波形是由掏槽段爆破引起，第二个波形是由扩大段爆破引起。以前目睹直线掏槽爆破飞石可达200m之远。从这次量测结果证明，掏槽冲击波是较大的；而扩大爆破所产生的冲击波，因是堵头隧道，每个炮眼又有胶泥封口，所以当掏槽形成临空面后，其冲击波的方向基本上是垂直隧道中线，沿横向碰撞、扩张，反射合成后，才沿纵向向隧道洞口传播，从而产生第二个冲击波波形。从实测看第一次两波相差250ms，第二次较大。

由于我们所用的八线动态应变仪的工作频率在0～1500Hz，光线示波器所用振子为FC6—400，其工作频率为0～200Hz，对于空气冲击波的测试来讲，其频响宽度却远远不够，对快速上升的压力脉冲来不及反应，而常出现削峰现象，造成所测得峰值偏低，影响精度，我们所测的波形，从开始出现峰值至消失仅5ms，其中上升时间约为1.5ms，下降时间约为3.5ms，采用压电陶瓷传感器能改善上升时间，对削峰现象会有所改进。

总之，深孔爆破施工正在我们单位开展，我们除在工艺上进行研究，进一步减少超挖外，在量测方面我们还要继续进行，这种量测对检验各种掏槽、各种控制爆破方法、各种爆破器材的好坏、对地层扰动情况，对人身的安全防护等等，均能清楚的进行记录，对进一步上升到理论研究提供了宝贵的资料。只因为动态量测所耗人力，物力较大，工作也要求严格、细致，一些量测技术本身还是科研性质，所以我们在这方面是做了大量的工作，所取得的数据是比较多的，但由于水平、时间所限，分析上升到理论还很不足，有待今后努力。本编仅就一些粗浅的看法，本着尊重客观的态度，抛砖引玉，请予研究、批评。

浅埋双线铁路隧道不稳定地层新奥法施工
——军都山隧道进口黄土试验段纪实

王梦恕　张建华
(铁道部隧道工程局科研所)

大秦线军都山隧道全长 8.4km,穿越燕山山脉,地质构造复杂,岩层是由火山爆发堆聚体所组成,进口段有 670m 岩性表层为第四系上更新统洪、冲积松散堆积物黄土质砂黏土和细砂土组成,洞顶覆盖 12m 左右,隧道跨度 12.74m,覆跨比 <1,不易形成天然拱,工程地质条件甚差,施工难度很大,地面有民房群,不允许有较大的地表下沉(图1)。为了顺利通过该区段的施工,并取得可靠数据,铁道部基建总局批准隧道工程局,在该区段进行 100m 全工艺新奥法施工和测量信息反馈试验,由该局科研所主持,二处参加,并邀请铁研院铁建所隧道室、中科院武汉岩土所、同济大学参加,在二处一队军都山进口工地进行了全面的施工试验。在试验过程中曾出现过挫折、失败,铁道部部长、副部长,基建总局领导曾多次来现场指导、关怀,并组织部内专家多次对我们的施工方案和措施、计算进行审查,提出了许多宝贵的意见,在局领导、二处领导的直接关怀下,使试验工作顺利完成了最困难的砂层地段,由于各种量测信息的及时反馈,出现四次险情均安全通过,一次支护掘进速度,上半断面从每天 1m 逐渐提高到 2.2m 的水平。这在我国隧道史上是一个了不起的成功,这是各部门专家公认的事实。由于试验还未完全结束,仅就施工方法及量测反馈的紧密配合实例进行介绍。

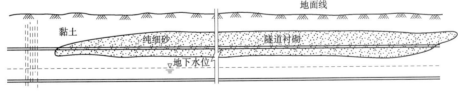

图1　黄土段纵断面示意图

1　试验段地层构造的特点

隧道断面的拱部,有 1.5~2.3m 处于中等密实的细砂层中,砂层厚 5~6m,含砂率达 90% 以上,怕扰动,灵敏度很高,抗震性能差,呈块状掉落,自稳时间小于 4h,含水率 10%~15%,个别区段呈流砂状,像泉水似突然涌出,必须用草袋、木块堵塞,挂网才能施喷混凝土,该地层采用超前小导管密布,在支护下用人工轻轻开挖,是造成大塌方和险情的最坏区段,不用小格钢网压紧砂层是喷不上混凝土的,该地段怕水怕震,7655 风钻无法应用,必须用我们改制的风吹电钻才能成孔,安设锚杆和超前小导管。

细砂层上部是 Q_3 新黄土和回填土,厚 6~7m,含水率从地表向下递减,离地表 1m 处为 36%,7m 处递减为 17% 左右,从钻机可钻性看,当钻机压力在 20kN/cm² 时,在 1min 内可钻进 ϕ109mm 孔 0.5~0.8m,说明地层很软弱。

---

* 本文原载于:隧道建设,1986(02).

细砂层下部是 Q_2 黄土，上半断面钢拱架的拱脚就坐落在该地层上，该地层黏而密实，从三轴不固结、不排水抗剪试验得出，重度 $\gamma = 1.8 \sim 1.9$；含水率 $w = 18\% \sim 20\%$；孔隙度 $n = 34\% \sim 40\%$；$c = 0.44 \sim 2.2 \text{kg/cm}^2$；$\varphi = 7° \sim 25°$；当主应力 $\sigma_1 = 16.73 \text{kg/cm}^2$ 时，剪应力 $\tau = 4.4 \text{kg/cm}^2$；法向应力 $\sigma = 11.4 \text{kg/cm}^2$，土壤开始产生流变，沉陷量达 $40 \sim 50 \text{mm}$，该地段的拱脚承载能力按三向不扰动受力而定，取安全系数 $K = 2$，地层承载力定为 $8 \sim 9 \text{kg/cm}^2$ 是合适的，实际施工后的拱脚压力量测证明所取数据是合理的。该地层是安放拱脚，进行下半断面落底的重要地层。见图 2、图 3。

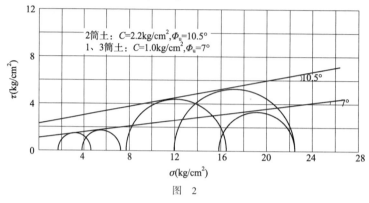

图 2

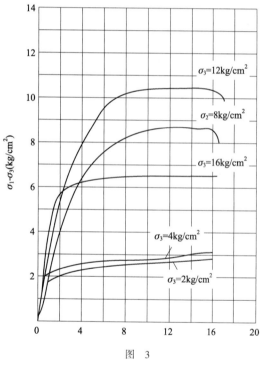

图 3

2 施工方法的选择

由于浅埋大跨度，新奥法原理能否应用，土体压力能否形成承载拱，作用到一次支护的荷载应是多少？这是值得探讨的问题，也是这次试验的目的，因这直接影响一次支护的设计和施工方法的确定，争论较大，集中起来就是双侧臂导坑法和正台阶法之争。

双侧臂导坑法，在日本叫眼镜工法。主要分开挖、支护三步进行。第一是两侧导坑平行超前掘进，喷锚钢拱支撑，随即灌注二次模注混凝土边墙。第二是以两个侧壁导坑做基础，开挖上半部。第三是开挖中层和封闭仰拱。该法安全可靠，适用不良地质、浅埋大跨度地段，但由于该法不能使用大型机械化开挖，速度慢、造价高，不适易我局机械装备条件和工人的习惯做法，因此放弃了这个安全可行的施工方法，而采用一系列的科研手段，选用了下半断面正台阶小导管超前支护的施工方法，根据量测进行反馈，确定临时仰拱的安装和拱脚大小。该法有三大优点：

（1）由于上半断面高度仅有 4m 多，所以净空低，易于及时进行支护，不会造成大的塌方，遇到险情易于处理，甚至可及时进行拱部混凝土衬砌加固保护；并可随时改成其他方法施工，比较灵活。

（2）易机械化施工，可以配备 953 装碴机在上半断面工作，这样可提高施工速度，改善施工条件，而且有利于围岩的稳定。

（3）施工队伍在大瑶山坪乐段有半断面施工的成功经验。

3 施工程序设计

该试验段包括四个阶段的设计：

(1)军都山隧道黄土试验段—试验大纲;
(2)军都山隧道黄土试验结构设计;
(3)军都山隧道进口黄土试验段施工组织设计;
(4)军都山隧道进口黄土试验段施工组织补充设计。

四个不同阶段的设计,是按照试验段施工反馈程序进行的。见图4。

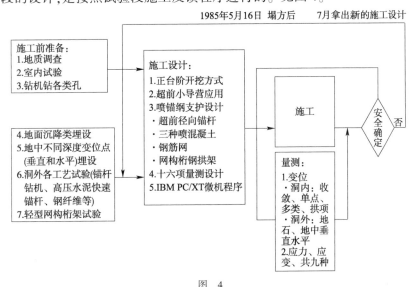

图 4

围岩稳定性的判据,我们的经验是:不仅要考虑变位总量,而且要考虑变位的速率,这两个因素要同时考虑。而变位控制点只考虑拱顶和墙中。图5及表1、表2列出了我们在现场,是如何应用量测数据进行指导施工的反馈过程。

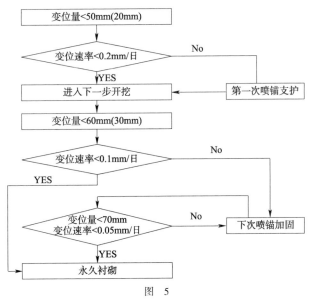

图 5

表 1

埋深(m)	拱顶下沉值(cm)	
	硬质围岩	塑性围岩
10~50	1~2	2~5
50~500	2~6	10~20
>500	6~12	20~40

表 2

经历时间	位移速度	稳 定 性
开挖后10d以内	>1.00mm/d	需增加支护刚度
100~130d后	<0.23mm/d	基本稳定

4 施工和试验

4.1 试验目的

(1) 寻找浅埋地段不良地层应用 NATM 原理进行具体施工的方法。

(2) 通过不同区段的开挖工具、方式和支护的结构形式，寻找对地表沉陷最小的开挖、支护手段。

(3) 研究黄土、砂层地段喷锚支护施工工艺的特点及其受力的特征。

(4) 通过一系列变位、应力、应变量测，应用微机进行信息反馈，寻找最佳的支护方式、支护时间，并预测塌方的时间，探讨隧道设计的新途径。

(5) 探讨浅埋、大跨度隧道在开挖过程中，围岩与支护结构的各种力学特性及变化规律。

4.2 结构设计

4.2.1 开挖轮廓线确定

蛋形断面的开挖，考虑其变形量、沉陷量和贯通误差等因素，结合黄土特性、结构特点及贯通长度订为外轮廓线均放大 20cm，二次模注衬砌受地层流变的影响，后期变形量订为 5cm，即隧道内轮廓放大 5cm，故隧道外开挖轮廓线共放大 25cm。隧道底部不考虑扩挖放大。

4.2.2 压力计算

按浅埋散粒体理论，考虑土颗粒之间的黏聚力作用，计算结构两侧破裂面，竖直荷载计算考虑最大可能出现的 $\varphi \cdot H$ 值，作为结构最终设计的依据。根据现场量测值进行核对和修改，重新计算支护受力，进行衬砌减薄设计。而对于一次支护的设计，应用太沙基法、毕尔鲍曼法计算作为受力的依据。计算结果是：

一次支护的竖直荷载为 $p = 14.4 \text{t/m}$；

侧向荷载为 $g = 0.5 \times 14.4 = 7.2 \text{t/m}$；

二次模注衬砌竖直荷载为 $p = 22.8 \text{t/m}$；

侧向荷载为 $g = 0.7 \times 22.8 = 16 \text{t/m}$。

我们的设计原则是一次支护承受施工期间可能出现的最大荷载，而二次衬砌完全作为不受力结构是不可能的。因我们从望岭隧道的一次和二次衬砌的受力量测中得出：当一次支护的变位移动之后，随着二次衬砌的修建，由于结构和地层之间相对刚度的改变，一次支护很快把 1/3 的荷载转加到二次衬砌上[1]。因此，我们取 $k=2$，二次支护的设计仍按没有一次支护情况下进行，而一次支护则是安全储备。

4.2.3 一次支护类型设计

采用联合支护，喷 + 锚 + 钢筋网 + 钢拱架组成受力结构。超前小导管仅起开挖稳定工作面的作用，在受力分析中不予考虑，锚杆在喷层中主要起和地层固结纽带作用，使喷层和地层能共同作用，在计算中也不予考虑，但在施工工艺上决不能因为计算不考虑而可免掉。没有锚杆的作用，喷层的受力过大，局部失稳都可能发生，尤其对减少变位，抑制变位作用更大。

(1) 锚杆设计

锚杆类型选用砂浆全长锚固受力型。经过实验证明，该类型锚杆能承受较大的拉拔力外，还能和周围地层牢固的黏结，其黏结力在松软地层远远大于土壤的抗剪强度和凝聚力，对受力及形成承载拱很有利。结合试验段的特点，我们又选用了早强砂浆药包式锚杆的研制和工艺试验及低预应力快速砂浆锚杆的应用。并结合黏土、砂土怕水的特点，在钻孔机具上，我们进行了风吹电钻、钻头、钻杆的研制和应用[2]。这些成果的成功和应用，对顺利通过不良的地段施工起到了良好的作用。快速砂浆锚杆能在 6 小时内承受 6t 的拉拔力，由于钻具的改进和用药包式代替泵送砂浆，从及时受力及工艺简化上都有提高。

锚杆选用 φ22.16 锰螺纹钢,长度 3~4m 不等。钻孔直径 60mm;砂浆采用硫铝酸盐早强水泥 425°、细砂,ZM 早强剂配制成直径 35mm,长 200~250mm 药包,在安装前用水浸泡 1.5~2min 后,再塞入孔内。低预应力锚杆是在锚杆端头设有垫板和螺栓,用扭力扳手来控制预应力的大小,使围岩同壁有一个低压应力区存在,对受力非常有利。

锚杆的布置是一个争论问题,在深埋隧道采用沿轮廓线均匀布置,但在浅埋隧道拱顶锚杆是否起作用,各有观点。通过拱顶多点位移计的观测,拱顶地层在垂直下沉方面,波及地面,但下沉量是不一致的,如在 284+007 里程的顶部,我们在 12m 埋深地层中分别在离拱顶 1m、2m、3.3m、5m、6.9m、9m 处测量,施工通过该测点时的下沉位移值是自下向地面递减的,见表 3。锚杆终端是没有锚固点的,因此,我们取消顶部锚杆,而在拱脚上部 1m 处及拱脚处设置锚杆,见图 6。为了

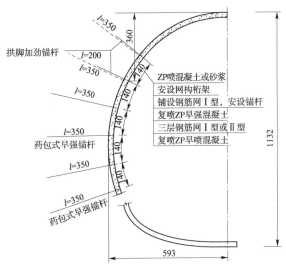

图 6 喷锚网支护断面图(尺寸单位:cm)

进一步验证拱顶是否需要设置锚杆,又在拱顶安设了量测锚杆,从所得数据看出,均为受压应力。因此,我们改变了原来的设计,这是建立在充分的量测数据的基础上而得出,所以建议斜井段的浅层隧道也取消了这部分锚杆。

测点在 284+007 中线上多点位移下沉值(mm)　　　　表3

日期	距拱顶距离(m)						开挖面里程
	1	2	3.3	5	6.9	9	
12月1日	8.56	5.59	3.06	1.62	0.42	0.38	283+008.7
12月2日	10.16	7.47	3.96	1.96	0.67	0.31	283+010
12月3日	10.49	8.04	4.62	2.25	0.53	0.26	283+011.5

(2)喷混凝土设计

及时喷射混凝土,在软弱围岩,自稳时间不足 10h 的试验段更是必要,该要求被列为施工纪律之中,如若违背将要追究刑事责任。

喷混凝土厚度,根据计算订为 25cm,在 4h 内,分两次施喷完毕。为了确保施工强度所满足荷载的增长速度,我们除应用一般水泥加 782 速凝剂进行喷射外,特别危险、砂层处于流砂有水之地,我们还选用了硫铝酸盐快速水泥加 TS 速凝剂,其配比见表 4。

喷射混凝土配比表　　　　表4

配合比	水灰比	最大骨料(mm)	含砂率	材料用量(kg/m^3)					钢纤维掺量(kg)
				水泥	石	砂	TS	水	
1:4	0.45~0.5	15	60%	360~400	758	1138	14.0~24.0	162~170	80~100
注	计算时未计钢纤维所占体积,骨料含水按 5%~7% 计								

该种材料喷射强度增长很快,尤其在其中掺入少量钢纤维后,不仅能提高抗拉和抗震性能,也能促进早强,现场实验结果为:喷射后 1h 强度达 $5kg/cm^2$;3h 达 $23.3kg/cm^2$;6h 达 $300kg/cm^2$,远远超过一般喷混凝土 8h 才能达到 $25kg/cm^2$ 的数字。因此,在软弱地层采用快速水泥和钢纤维施喷,是很有利的,我们所用钢纤维的径长比为 20~40,一种是用 φ0.4~0.8mm 废钢丝绳剪制成 20mm 的纤维,另一种是购置的扁截面的钢纤维。室内试验结果均比普通不加钢纤维的抗拉强度提高 10%~20%,由于掺入钢纤维工艺,我们将钢筋网的数量进行了调整,每两榀钢拱架之间,取消了环向的两根 φ22 钢筋,减少了工艺和材

料。所以喷钢纤堆混凝土工艺应在地下不良区段工程中进行应用,其工艺不变,只需增加添钢纤维的筛斗,或人工直接加入,其缺点是对喷射机的塑料磨盘的消耗有所提高,需要经常检查、更换。

(3) 钢筋网设计

钢筋网全部采用 $\phi 6.1m \times 2m \sim 2.5m$ 的 200×200 方格组成,当需要加密网格时,只需用两个网交借位置就可改成 100×100 的方格,安装方便、工厂化,大大提高施工方便。

为了克服砂浆不易喷上混凝土的困难,我们又选购了 $240°$ 筛网,铺设在砂层表面上,并进行支持后,先用水泥砂浆喷上一薄层,然后再喷混凝土,效果较好。

(4) 网构桁钢拱架设计

一般工字钢组成的钢拱架,从施工、工艺、受力上都存在不少缺点,尤其在大断面施工时,更感工字钢作为拱架已不能胜任,为此我们采用 $\phi 22$ 钢筋 4 根,用蝴蝶节连成整体,形成一个拱架,见图 7,网桁架立筋用压模压制成型,水平和竖直交替布置焊接而成。

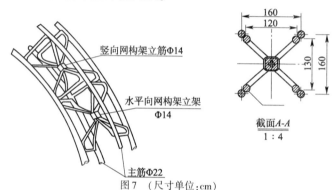

图 7 (尺寸单位:cm)

我们又通过现场应力测试和室内 1:1 大型破坏试验,得出网构桁钢拱架和工字钢拱架的性能比较特点为:

①网构桁钢拱架是由钢筋焊接而成,来料方便,截面形状可以改变,因此可应用不同的跨度需要,尤其大跨度更为方便,而工字钢是不能满足的。

②网构桁钢拱架是用 16Mn 钢筋加工,因此允许抗拉强度可提高到 $2400kg/cm^2$,远大于 3° 钢的工字钢强度 $1600kg \cdot cm^2$,这样在断面相同时其承载力能提高 50%。

③网构桁钢拱架和喷混凝土结合较好,形成钢筋混凝土结构体系,远远优于工字钢和喷混凝土形成的韧性混凝土结构体系,因韧性混凝土结构体系是钢筋混凝土结构体系的初期不合理的形式。

④随黄土段塌方也明显看出网构桁钢拱架和喷混凝土形成拱壳,而工字钢拱架和混凝土全部剥离出来,扭曲折断,塌方终止区段正是工字钢和网构桁的分界点,正因该处工字钢拱架剥离,形成弱点、断点,波及范围到此终止,这和动态(地震)破坏规律相似,软弱地点往往是阻止破坏发展的终点,结构整体越强,破坏所波及的范围越大,这是工程中常见的事例。

⑤网构桁钢拱架的弹性模量是随荷载而变化的,因先柔后刚,受力后和围岩能较快的共向作用,符合 NATM 原理。

⑥工字钢背后和地层之间不能用喷混凝土密贴,和地层共同作用要差不少。

⑦从强度、刚度、稳定性三者来看是很匹配的,网构桁拱架具有明显的各向刚度、稳定性良好的特点,而工字钢在 Y 方向相差七倍,见表 5。

表 5

截 面 特 性	网构桁拱架	I_{16} 工字钢拱架
I	$I_x = I_y = 1233.29 cm^4$	$I_x = 1130 cm^4, I_y = 93.1 cm^4$
W	$W_x = W_y = 154.16 cm^3$	$W_x = 141 cm^3, W_y = 21.2 cm^3$
A	$A = 21.36 cm^2$	$A = 26.1 cm^2$
i	$i_x = i_y = 7.6 cm$	$i_x = 6.58 cm, i_y = 1.89 cm$

安装方便,便于人工用力,处处都是抓力点。

⑧能和锚杆和超前小导管形成整体结构,尤其超前导管可以从网构桁中间穿过,不影响强度。

⑨在有水地带应用,能很好地起防水作用,这也是很突出的特点。

因此,我们建议这种钢拱架有进一步推广的价值。

以上四种联合支护是共同受力的,是否喷混凝土和钢拱架受力有 7∶3 的关系存在呢?我们在钢拱架和混凝土之间均埋设了压力盒和应变计的量测元件,企图寻找两者的受力关系和比例关系,但从半断面的量测看出,压力的出现多在 24h 后产生,首先反应在网拱架上,但压力不大,目前量测还未结束,单项总结将详细说明。我们这次对钢拱架的设计是按 1/3 竖直荷载进行估算的,即按 4m 埋深的土压力进行 1∶1 破坏试验,试验结果证明,当达到设计荷载时,结构并未破坏,而因试验支点被压坏而中断试验。详细资料正在总结。

5 拱脚设计

为了安全,取泰沙基公式所得的垂直压力 $P = 14.4 \text{t/m}$,按 40% 先作用到钢拱架上,上节考虑 30% 由钢拱架承受的观点,我们暂时接受,为了安全,在真正进行拱脚设计时,又增大到 40%,按公式 $\dfrac{0.4P \times 1}{2F}$ 计算,当拱脚宽度取 0.3m 时,拱脚土层所承受压力为 11kg/cm^2,而根据三轴试验曲线、图一和图二,垂直压力 $\sigma_1 = 16.73 \text{kg/cm}^2$ 时,(侧压力取 8kg/cm^2)土体开始产生流变,这时的应变值 $\varepsilon = 7\%$ 左右,即沉陷量按 2m 压缩层计算,为 40~50mm。因此,我们建议拱脚处的承载力订为 8kg/cm^2,安全系数为 2,同时,我们查找有关资料,容许承载多订为 5~9 kg/cm^2。

通过实地测量钢拱架的压力值,在全部是砂粘地层的压力一般稳定在 3.5~5 kg/m^2,埋深 35m 左右,随着埋深的减少而增加到 7.4kg/cm^2,(这时的埋深为 24m)这些压力是从开挖后逐渐增加的,共需 13 天左右的稳定时间,这时测点离开工作面 26m 左右,即两倍的洞径时,压力稳定,反算土柱高度约 3.4m,也就是在埋深 24m 时,也是能形成承载拱的。对于埋深 12m 的砂层和砂黏土地带,其拱脚的压力 12 天后稳定在 8.7kg/cm^2,相当于埋深 7m 时的荷载,说明压力不是全土柱高。小于一倍跨径的压力增长值有待今后试验确定。

现场施工也证明,只要严格施工纪律,对拱脚的土层不要扰动,是能承受较大荷载的,拱脚的垂直位移量测看出,一般 20d 总下沉量为 12~20mm 范围内变化,个别支座出现过 45mm 的下沉量,这时就要采取应急措施进行加固。

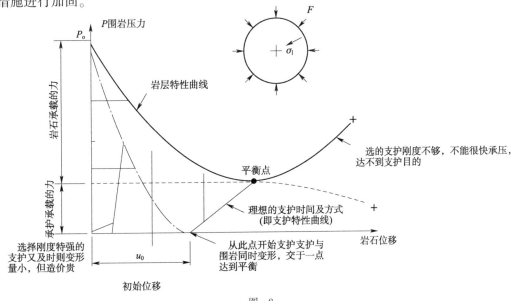

图 8

关于支护的时间,也就是让不让充分进行弛放的问题,我们进行了研究,认为充分进行应力弛放不符合我们快速施工的要求,没时间也不允许这样做,安全生产及安全储备是我们施工的宗旨,弛放不好造成岩层特性曲线改变,产生转动,如图8所示。我们选择刚度很强的支护并及时支撑上,所以量测的变形量小,支护承受的荷载较大;在12m的地段,明显看见联合支护承担7m高的荷载,而地层只承担5m高的荷载。从图中还可看出,用总位移量来作为稳定性好坏的判据是不合理的,是不全面的。

6 施工设计

6.1 施工原则

由于选用了超前支护,正台阶法施工,为了充分发挥围岩自承能力,我们采取管超前、少扰动、早喷锚、强支护、紧密闭、勤量测18个字的施工安排,具体施工、开挖部署见图9。施工机械配套见表6。

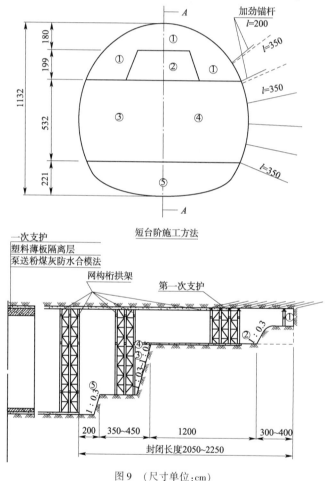

图9 (尺寸单位:cm)

半断面正台阶施工机械配套表　　　　　表6

工作内容	设备名称	规　格	单　位	数　量	说　明
土方开挖	电铲	手持软轴式	台	2	
	反铲	$0.6m^3$	台	1	
	风吹电钻	127V,自制	台	4	
	履带式装渣机	953　$1.7m^3$	台	1	上半段面用
	履带式装渣机	988B	台	1	下半断面用
	自卸汽车	PERLiNi,121	台	4	下断面用

续上表

工作内容	设备名称	规格	单位	数量	说明
喷混凝土	喷射机	转子Ⅱ型	台	2	
	强制搅拌机	250L	台	1	
锚杆网安钢拱架	电钻	自制、风吹	台	2	背后注浆钻孔开口用
	压浆泵	牛角式	台	1	
	钻机	7655	台	2	
	电焊机	交流、手提	台	2	
排水	潜水泵		台	2	
	真空泵井点洞内降水	钻机、真空泵	套	20	
量测反馈	共十七项	略	套	若干	
	微型计算机	IBM PL/xT	台	1	
二次衬砌	防水层台架	自制	台	1	注:通风、空压机等未计
	模板台架(车)	仿制 GKK	台	1	
	混凝土泵	新泻 30m³/时	台	2	
	混凝土搅拌站	西德 45m³/时	套	1	
	混凝土输送车	FV 313JML	台	3	

6.2 各工序施工标准卡片的编制

现代化施工都要有一定的施工模式,我们按主要工序分六个方面及两项制度进行技术交底,严格要求。卡片和制度交给每个工人手中,起到了很好的作用,现将内容列出:

(1)开挖

①每循环进尺 0.75m。

②设置超前小导管,间距 50~40cm,在拱部设置 13 根,导管长 3m,每隔两循环进行安设。导管安设方向须与隧道中线平行,仰角为 5°~10°,超前导管必须穿过钢拱架。

③用机械(电铲或反铲)开挖,人工修整,禁止采用爆破开挖。

④上半断面环向开挖,保留核心,严格按图 10 尺寸施工。

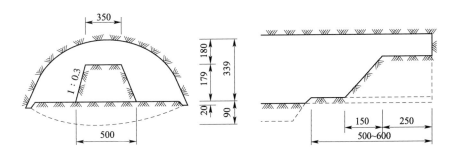

图 10 (尺寸单位:cm)

⑤工作平台标高必须高于拱脚高程 20cm,如开挖拱脚过低时,必须用钢板垫至所需标高。

⑥在有水地段采用集水坑疏导排水。

⑦严格控制开挖轮廓,尽量减少超挖,尤其要防止欠挖。用 1:1 的放线架控制轮廓线。

⑧如发现掌子面有失稳现象,应及时用喷混凝土封闭。

⑨下部采用纵向开挖长度<1.5m,左右边墙分两部开挖,及时闭合,要特别注意拱脚和墙脚处,超挖要控制在 5cm 以内,在挖仰拱时,如发现有向内位移,应立即采取有效措施。

（2）喷混凝土

①喷射机处的风压要比岩石隧道所用的风压小，一般不准超过 $2.0 kg/cm^2$。

②喷混凝土材料除符合规定外，砂石含水率保证 6%～8%，必须用强式搅拌机拌和 3 分钟以上。

③喷射混凝土时，应先从最低点开始，自上而下地喷，喷嘴要基本垂直于受喷面，均匀地按螺旋轨迹移动，不准长时间对准一点一次喷够。

④喷射手要严肃认真地进行操作，要掌握好用水量。

⑤由于砂土体自稳时间很短，开挖面暴露时间不准过长，开挖后应立即进行初喷，喷层厚度 5cm。

⑥立拱架后的复喷厚度≥20cm，并分层喷射，每层厚度≤10cm；要保证拱架钢筋网有 2cm 的保护层，拱脚处应喷成圆弧形。

⑦要确保喷射质量，层厚要均匀平整。

⑧为使喷混凝土质量达到设计要求，实验室要对砂、石料质量及配合比进行严格监督，不得由工人随意改变。

⑨试验室要对喷混凝土经常进行喷模取样，检查强度是否达到要求，硫铝酸盐水泥 2h 达到 $50kg/cm^2$，4h 达到 $100kg/cm^2$，1d 达到 $200kg/cm^2$ 以上。普通水泥 8h 达到 $20kg/cm^2$，1d 达到 $50kg/cm^2$，故用普通水泥时，开挖要在 8h 以后进行。

（3）立钢拱架

①认真对待拱脚处理，拱脚基础土体要保持原状，不准超挖后回填松土。拱脚处喷混凝土成圆弧状。和钢拱架联结的，拱脚拱腰处的联结锚杆，要在立好钢拱架后，复喷之前将锚杆安好。

②按照规定的间距 0.75m 立钢拱架，拱脚立起后，应用线锤悬吊，以保证拱架平面垂直隧道中线。其标高和中线都要准确。水平、高程、左右误差控制在 12cm 以内。

③加强钢拱架间的纵向连接。

每片节点处采用 2 根 $L70×8$ 的角钢与拱架上 $L100×10$ 的角钢焊接。

每隔两个蝴蝶节焊一根 $\phi 22$ 的纵撑和一根 $\phi 22$ 的斜撑。

拱脚基底槽钢接头，要加钢板焊接

④在架设边墙拱架时，应使其与上半拱架保持在同一平面内。

（4）挂网

①在拱部有砂层地段，为防止坍塌，保证密贴，可用 $\phi 4$ 密网紧贴开挖面，作为初喷 5cm 厚早强混凝土用，密网用两根 $\phi 22$ 环向钢筋压紧，以防喷混凝土时密网脱落。

②在拱架立好后，复喷混凝土前，采用 $\phi 6—10×10$ 的钢筋固定在钢拱架上，并用一根 $\phi 22$ 的环向钢筋及纵向钢拱架联结系固定，环向钢筋焊接在纵筋和斜筋上。

（5）锚杆

①安装钢拱架后，打 2m 长加劲锚杆穿过钢拱架，在距开挖面 4m 处，开始在拱架之间打拱脚和拱腰处的加固锚杆。在特殊情况下，可提前打锚杆。

②加固锚杆长 3～3.5m。间距 1.4m，排距 0.75m，每环上半断面 4 根，边墙 8 根（图 11）。

③锚杆钻孔采用干钻孔，钻完后应将孔吹净。

④安装锚杆尽量采用药包式锚杆，施工方法参看施工须知。若采用注浆式锚杆，应严格按照《TZ-1 型早强砂浆描杆施工细则》进行施工。

⑤试验室应定期对砂浆的小时强度进行检查。

（6）量测监控

①严肃认真地进行量测和施工安全监控工作，其中以地表下沉量测、拱顶下沉量测、拱脚下沉量测、净空收敛量测及单点位移量测为主。拱脚压力量测在地层变坏时，及时埋设监测。

②量测完毕后，应及时整理各种量测资料，绘出各种位移控制图和各种位移—时间相关图，应保证量

测数据的可靠性和及时性。

③按照表7及时向试验段领导小组提供资料,作为评价支护结构稳定性的依据。

④量测频率:随着掌子面向前推进,前半个月2次/d,后半个月1次/2d,一个月后1次/周。如遇特殊情况,可临时增加量测次数。

⑤量测范围:沿隧道中线方向距掌子面前后20m,垂直隧道中线的横断面,以隧中向左右各30m范围内进行量测监控。

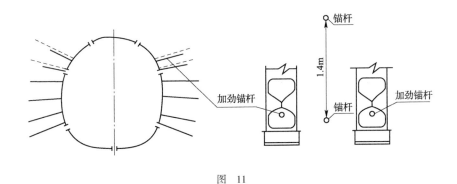

图 11

各种量测数据整理表　　　　　　　　　　　　　　　　　　　　　　　　　表7

年　月　日

量测项目	测点号或断面号	测点或量测断面所在里程	量测时间			相对变形量（mm）	相对变形速率（mm/d）	距工作面距离（m）	量测累计时间（d）	累计变形量（mm）
			月	日	时					

制表＿＿＿＿＿

复核＿＿＿＿＿

(7)按表8进行各项检验,确保工程质量和安全

表8

检 验 项 目	频　率	检 验 指 标
取土样	每30m	强度、剪切等物理指标
超欠挖情况	每循环	小于超欠规定值
立拱情况	每循环	中线、偏差、拱顶标高
喷混凝土强度	每5.0	1d、3d、7d、28d强度
回弹量及粉尘	每50m	回弹率、粉尘浓度
喷混凝土厚度	每1m	大于25cm
锚杆质量	100根中拉5根	拉拔力

在制定标准卡片的同时,也制定了《施工安全技术措施及可能出现问题的手册》。这对顺利通过都起了积极的作用。详细内容从略。

6.3　施工要点

(1)由于该土层灵敏度很大,因此严禁扰动、爆破。如在283+967里程拱钢侧左架拱脚处安装一个15kg/m²大量程双膜压力盒,距工作面2.1m,当时压力为5.9kg/cm²,由于左侧工作面放了一节炸药(150g)小炮,12h后压力增加到10kg/cm²,后连用木料顶住拱架和喷混凝土,并做了临时仰拱,压力就稳定在 10.5kg/cm²,与此同时地面下沉速率为 3mm/d 增加。因此严禁放炮是有根据的。

(2) 最短台阶长度的确定：

由于没有单臂掘进机,所以上下台阶不能太短,主要因机械能力不够,干扰同期过长,反而危险因此上半断面的台阶的长度应为多少最好？我们的原则是上半部稳定后再进行下半部开挖。从拱顶位移及拱脚位移量测资料得出,当工作面离开量测断面 15m 左右时,变位稳定,从地面下沉量测看出,当开挖面距量测点 6m 时,测点开始有变位出现,当开挖面通过测点向前继续开挖 15~22m 时,测点位移开始稳定；从地中多点垂直位移计的量测看出,测点断面超前开挖面 1~1.5 倍洞跨时,开始有变位反应,当工作面通过测点断面 1 倍洞跨时,即 10m 左右,变位稳定,从地中水平多点位移计量测看出,超前 1 倍洞径,滞后 21m 左右,位移稳定。从压力盒量测看出超前、落后 1 倍洞跨付,变位稳定。综上所述五种量测资料,上半断面台阶长度应大于 22m 最好,取 25~30m 为宜。若因施工干扰难以克服,可先半断面导通后,再落底,但必须隔一段距离要临时封闭几环,确保安全,量测也要及时跟上。

(3) 注意临时抑拱的安装：

在不良地段,不能按设计封闭支撑时,应根据量测信息及时封闭。如 283+994.5 里程右侧拱脚压力盒的压力,随着开挖面的推进,当开挖面距测点 7.5 米时,压力增大到 8.1kg/cm²,超过我们规定的 8kg/cm² 的压力值,为此立即在该榀和相邻榀处施做了两榀临时抑拱,压力马上降到 7.5kg/cm² 并稳定住,说明临时抑拱作用的好处。

(4) 扰动严重,地层很坏,有水地层应用快速快强喷射混凝土,钢纤维是非常好的工艺：其优点和实验数据前已有述,这里再强调一下,因现场对新的工艺和材料接受能力较差,经常习惯于已掌握的知识和工艺,要闯出一条新路,具备多几手的工艺,对一个施工队伍是很重要的。

(5) 较弱地层快速锚杆的应用：

快速砂浆全黏结锚杆具有许多优点,深受现场工人的欢迎,工艺简单,受力快、及时、拉拔力大,是四大特点,尤其在黄土质砂黏土地层,其钻孔最怕水冲,为此我们研制了风吹电钻,其特点为轻便、安全、快速,如在砂土中钻孔 2min 可钻 5m 以上,在含水率 18% 的砂黏土中,每 4min 可钻 5m 以上,由于不用水排渣,而改为风,使拉拔力能提高 1 倍以上,砂土 2.3t/12h,砂塑土为大于 4.6t/12h,一天拉拔力大于 6.9t。

另外拱脚处安设锚杆进行了对比,如 283+967 里程无锚杆时,压力曾增到 11.8kg/cm²,有锚杆时,压力仅为 7.5kg/cm²。因此,在拱脚处设加劲锚杆是有作用的,该锚杆主要承受压和弯曲的联合作用,这是从量测资料所得。

(6) 拱脚土体处理要认真：

拱脚位置要比正台阶平面低 500mm 以上,这样能确保拱脚处的土体承受三向受力,减少下沉,防止塌方的关键。这是试验期间,在技术上失策的主要原因。

(7) 核心土对工作面的稳定很重要：

稳定工作面,采用环形开挖,留核心土是一可贵的经验,又能当脚手架,一举多得,如 11 月 20 日晚,里程 283+997 出现流砂塌方,形成牛角形塌体,在核心土的宽度范围内塌的较小,平均 1m 左右,两侧左牛角有 4m 高,右牛角有 3m 高,这足以证明核心土的重要。

(8) 超前小导管是防塌方的最好办法：

试验段中前后出现过五次大小不等的塌方,都是因未打小导管开挖而造成,里程 962 未打小导管造成塌方高度 1.7m；975 里程未打小导管,核心土不大,拱脚悬空造成冒顶大塌方,997 里程又未打小导管,三次教训非常深刻。

(9) 必须重视地面下沉和拱顶位移量测的反馈,及时处理的经验：

地面点的下沉和洞内拱顶的下沉之间是有一定的关系,如 12 月 1 日 2 点开挖里程在 284+007 处,而洞内 005 处,拱顶突然出现两天总下沉 45.8mm,这时地表点下沉为 13.6mm,但后两天的地面也出现 6mm 的突变,这说明再向前开挖有塌方可能,立即封闭工作面,采取向拱顶喷混凝土后部注灌,稳定了下沉,类似这种现象,停停打打共有四次,说明反馈的重要。

从许多数字也可初步得出,在浅埋隧道一倍洞跨的埋深时,洞内拱顶的位移是地面点垂直位移的三倍左右,如005里程,拱顶45.8mm,地面点为13.6mm,其比值为3.2。这对我们用地面点控制洞内点是很有用的数字。

(10)及时向喷层后部注浆:

在砂层地带,拱顶砂层抗剪力差,喷层和地层之间经常出现孔洞缝隙,对土压、变形影响很大,经常稳定不住,我们采取每五米向拱顶注水泥砂浆后,可防止地表裂缝的出现,控制地中变位的增加很有好处。

(11)冬季喷混凝土的质量控制:

砂石中不能含冰块,温度太低黏结不上,回弹量高达50%以上,当采取砂、石粗料先进洞,使温度达到12℃左右,或加点温水,这样喷混凝土的性能会大有好转。这点必须注意。

(12)落底施工要有紧迫感:

落底区段订为每次每边1.5~2m,边落、边喷、边锚、边架设钢拱架、边墙的相对水平位移,我们订为20mm,主要怕在墙中挤出滑动楔体,造成全断面失稳而塌方,因此,及时开挖,及时封闭,是落底的关键。

7 量测设计和信息反馈

7.1 量测设计和类型

许多量测已在上述文中论述一点,结合起来,根据用途共进行以下各种量测内容:

(1)洞内收敛量测:主要检查一次支护本身的刚度和变形情况。

(2)洞内拱顶下沉量测:主要检查结构和地层共同作用的情况。

(3)洞内拱脚垂直位移量测:主要检查拱脚的地层受力流变大小及整个结构的稳定性监测。

(4)洞内单点、多点位移计量测:主要检查不同方向地层和结构的绝对位移大小,确定破裂面的范围,松动区的深度等。

(5)洞外地表下沉量测:主要检查施工工艺的改变、支护强度的大小,对地表范围的影响大小,监护地面房屋建筑的安全性,寻找地表下沉与埋深的关系与洞内拱顶的位移的关系。

(6)洞外地中不同深度的竖直位移量测:主要检查施工前后对土体的干扰范围、时间、下沉的规律进行探讨。

(7)洞外地中不同深度的水平位移量测:主要对开挖过程中土体不同深度的地层侧向位移进行监控,提高水平方向的影响范围、侧压大小等的规律。

(8)洞内锚杆受力的应变量测和拉拔试验:主要检查锚杆随开挖过程的受力变化情况,确定锚杆的设计范围、深度等参数。

(9)洞内钢拱架和喷混凝土的各方向的土压力量测:主要检查浅埋压力的大小和两者之间压力分配的关系,为设计提供真实的压力值。

(10)洞内、洞外网桁钢拱架的应力量测:由于该拱架是新型结构,在洞外做了1:1大型破坏试验,在洞内进行各应力的实测,为设计提供数据。

(11)钢拱架拱脚压力量测:主要检查基础的承载力,为施工提供信息,并复核压力的大小。

(12)喷混凝土本身的应变量测:检查喷混凝土边受力后内力分布的大小和规律。

(13)一次支护和二次支护之间的压力量测:主要寻找两者之间的压力分布的比例。

(14)二次支护的应力量测:主要检查二次模注衬砌受力的大小,是否受力。

(15)振动量测:对必要的区段进行爆破,检查其振速对地面房屋的影响程度。

(16)工地地质的室内和室外试验:主要进行物理力学指标、三轴、单轴的弹模、蠕变、松弛性能试验。

(17)喷混凝土工艺中的粉尘、回弹、压力增长值的量测、试验：主要对喷射新工艺提供资料，改进工艺水平。

7.2 信息反馈

信息反馈的低级阶段是安全监控，为施工提供稳定信息，这个阶段已做得非常成功。

信息反馈的高级阶段是确定支护参数，预报稳定安全性，为设计提供第一手资料，使设计紧密和围岩挂上钩，提高经济效益。

目前现场量测的信息反馈思想，在国内外比较活跃和盛行。法国提出了收敛——约束法，日本提出了直接应变评价法（DSET）和逆解析法（DBAF），我国在同济大学侯教授的努力下，提出了收敛限制法，最近在工地根据变位量测数据，提出收敛反馈法，较好地解决了时效问题，我们要求反馈程序必须具备三个特点才能真正应用；一是输入的原始数据应是现场最易取得的（如收敛变位值），其他地层参数一概不给，或给个大概值，而利用量测位移反馈地层参数，然后再将反馈值进行正算，对结构和围岩进行有限元分析，并确定围岩的稳定性和支护设计。目前这项工作正在进行。二是程序要简单，能应用微机并尽量移植到PC—1500机上，这样才能在基层推广应用。三是要考虑施工过程的受力特点，考虑最不利的施工状态，如落底未封闭前的受力分析。总之，这是一个新的开端，今后将有专门总结。

黄土试验段经历了风风雨雨，直到今天还未完成，许多资料正在量测，施工正在进行，这篇文章，仅将施工中的一些问题、经验提出，有不妥之处，以今后的专题总结为准。

参考文献

[1] 铁道部隧道工利局科研所．王梦恕，干昆蓉，赵德刚．应用"开缝式摩擦锚杆"探测隧道开挖过程的力学待征[J]．隧道建设，1984(3)．
[2] 铁道部隧道工利局科研所．赵希普，吴哲安，赵德刚．SF土层电钻配套研改及应用[J]．隧道建设，1986(3)．
[3] 侯学渊，潘昌乾，杜世开．黄土隧道新奥法支护流变分析及信息反馈[R]．同济大学，1985．
[4] 武汉岩土所．WRM-3型多点位移计使用报告[R]．

赴日"地下铁道工程考察"报告

王梦恕

(铁道部隧道工程局科研所)

在铁道部隧道工程局承担北京地铁复兴门折返线工程后,为了使工程顺利进行,由设计、科研、施工、地铁公司等部门从事该项工程的专业负责人、总工程师、副总工程师组成了赴日考察团,全团五人,从1986年12月1日至12月20日,在日本先后对东京、名古屋、岐埠、神户、大阪五个城市进行了实地考察和技术交流,重点和日本国铁、京都高速营团、日本盾构公司、海外铁道技术协力协会大林组、岐埠事务所、东京第一工事局、名古屋工事局、栗山铁道建设所、日立建机、共和电业、神户大学等17个单位和工地进行了接触、工地考察、座谈,带回资料约百份。

这次考察的特点是纯技术综合考察,所以日程安排紧张,没有旅游,每天从上午9点开始工作,到晚6点才回到住地,由于自费,所以我们的行动计划是不受人干扰的,国铁作为东道主,仅起事先联系的作用,日方知道我们这个团都是行家,因此他们在资料介绍、工地参观上,都具有一定的深度和广度,但也有较大的警惕性,凡遇到较深入的技术交流而涉及专利的地方,他们说明是专利,绕道而避之。每个公司从自己的生存、发展出发这样做是可以理解和原谅的。

综合这次考察内容,分六个方面进行简单总结:一是浅埋暗作;二是盾构技术;三是连续墙技术;四是明挖暗作;逆筑法施工;五是偷梁换柱法施工;六是其他。现分述如下:

1 考察内容

1.1 浅埋暗挖法在大楼下施工

在东京郊区北总线栗山隧道施工中,根据埋深和地质曾采用正台阶法和眼镜工法,埋深7~13m,跨度10.23~12.89m,分三种断面形式(表1),扁平率为0.86~0.72。

栗山隧道三种断面形式　　　　表1

断面形式	线间距	高度$H(m)$	幅$B(m)$	扁平率H/B	掘削面积(m^2)
Ⅰ型	3.6	8.66	10.23	0.85	72.0
Ⅱ型	4.6	8.86	11.76	0.75	84.1
Ⅲ型	5.1	8.95	12.39	0.72	90.0

Ⅰ型断面:采用正台阶法,上台阶设临时仰拱,用喷混凝土组成厚0.2m,环形开挖,超前小导管支护,管径ϕ48.6mm,长2~3m,每延米23根,钢拱架为H形150mm×150mm,间距1m,钢筋网为两种,上半断面用ϕ3.2元筋焊成50mm×55mm方格,下半断面用ϕ4焊成100mm×100mm方格,一次喷混凝土厚0.2m,二次模注厚为0.5m。洞内降水,用真空泵降水,滤管间距1m,孔深3.45m,滤管内径ϕ35mm,滤管

---

* 本文原载于:隧道建设,1987(04).

长1m。滤管设在隧道边墙的两侧,紧跟工作面,这是较新颖的降水方法。

Ⅱ型断面:跨度11.764m,高8.86m,偏平率0.75,采用眼镜工法施工。眼镜最大宽度为4.3m,高6.6m,内壁眼镜所用临时钢拱架为H125mm×125mm。喷混凝土厚0.15m,中部环形开挖,超前小导管12根/m。

Ⅲ型断面的施工用Ⅱ型。Ⅰ~Ⅲ型的喷混凝土厚和二次模注衬砌厚度一样均为0.2m和0.5m,两层之间除仰拱区段不设塑料防水层外,均设塑料防水层,另外在脱离区范围及仰拱处不设锚杆,而设在拱脚附近和边墙处,每边6根,长3m,和我们的不同。

量测共有:洞内地质描述,内空水平收敛量测(两条水平线);拱顶下沉量测;地表下沉量测(每5m一个测点)。这四种量测是施工所必需的。另外为了今后设计,而进行四种量测:地中多点垂直位移量测,地中多点水平位移量测;钢拱架应力量测;临时仰拱喷含应力量测。所有量测数据用计算机处理。

开挖机械多用小型反铲进行,铲斗容量0.25m³,上、下台阶各一台,6m³斗车配8T电瓶车运输,26型混凝土喷射机和运料台车组成喷混凝土流水线。防水层厚0.4m,两次模注设单层$\phi22$和$\phi13$组成的钢筋网。每次灌注6m长,模注后将降水管拔出。

该法比盾构法造价低40%,在埋深10m地面有民房住宅下通过,其中有一段腐质土断层,不允许降水,而采用封闭注浆,下沉量为10~30mm,不危害建筑。进度为双侧壁2m/d,中间4m/d。

该种施工水平在日本地铁是少见的,其构思和我们相似,但也存在两个严重不足:一是钢拱架用H型造成背后喷混凝土困难,受力不好,用钢量大;二是两侧壁上部的钢拱架不能很好联结,抗水平地震力可能弱些。

1.2 盾构技术

参观了盾构制造厂及盾构机在竖井中的拼装、推进施工,并了解管片的设计、计算。日本是一个喜好用盾构施工的国家,是具有耗钢材多、耗资很大、进度较慢的地下工程施工特点的国家,由于国情不同,所以只能参观,不能照搬,我国是不能学习的。

日本最先进的盾构为泥水盾构、气泡式盾构、土压平衡盾构、高浓度泥水盾构。有以下几个特点:

(1)转盘开口率35%左右,越小越好,但要具体分析。

(2)浆液浓度:一般比重为1.1,流出为1.3,而高浓度浆液比重为1.35。

(3)土压力平衡盾构的腔中泥土稠度用坍落度表示,为15~16cm,才能运出。

(4)盾构上下、左右偏离为50mm左右。

(5)泥水处理厂向高空发展,形成四层楼高15m左右,占地15m×20m²。

(6)泥水盾构管理容易,下沉量小,在砂砾地层用土压平衡盾构较好。

(7)进度4~5m/d。

(8)盾尾密封压力为3.5kg/cm²,三道钢刷可承受60~70kg/cm²的压力(来自水压、注浆压力)。

(9)日本在研究盾构所引起的下沉量如何最小,已有近20年的实践和经验,认为当前的土压式盾构、泥水式盾构是最好的盾构形式。

(10)土压式盾构的工作腔压力为1.4~1.5倍工作面的压力,泥水式盾构为1.05~1.2倍压力平衡工作面,盾构上边缘是最危险点。

(11)盾构施工多用在区间,单线多为7m左右,双线多为13m左右。如东京湾公路隧道是在40~47m的海边下通过,其盾构断面为13.9m²。

(12)管片的设计、计算、图纸全部用微机处理,显示出他们的水平较高,其设计共分以下六个步骤:

①管片外形设计:主要是对钢筋混凝土或铸钢、合金钢进行选材,然后进行厚度和宽度的确定;

②应力解析:荷载考虑施工阶段中的计算(有千斤顶力作用时)和完成整环拼装后的计算,计算中考虑荷载比率"入"及土的反力"K"纵向缝要错开;

③联结部分设计:分直接联结、销式联结,接头是管片刚度的70%;
④防止漏水设计:一般设止水带,并做二次衬砌;
⑤附件设计:拼装机孔设计,注浆孔设计,混凝土3.5kg/cm²注浆压力,管片要承受5kg/cm²的压力;
⑥耐久性设计:钢筋混凝土管片20年后耐久性下降,主要因保护层仅15～20mm,由于混凝土风化使水沿钢筋进入管片中而出现裂缝。

(13)日本用盾构施工,管片作为一次受力结构,二次模注衬砌作为防水、耐久性考虑,仅管片支护已很少用。

(14)地震的影响在设计中要考虑,其沉降缝的长度按地震波长200m一个周期,每100m设一能防止伸缩和弯曲的沉降缝,另外,在地层软硬不一交接处、结构高度变化处、地基对地铁下沉有影响区段,都要设置。

(15)二次衬砌一般都加钢筋,两层衬砌之间设防水薄膜,但仰拱处多不设置。

(16)盾构的造价:平均每米直径100万美元计算。

1.3 连续墙技术

连续墙施工多用在车站上,非常普遍,机械化程度很高,方法很多,但大同小异,概括为三大类:

(1)用抓斗施工的连续墙,其最大埋深可达25m,过深效率太低,目前日本已很少应用。

(2)多头钻施工连续墙:应用较多,可做150m深的连续墙,泥浆配比一般$r=1.0～1.1$,泥浆有四种情况,CMC专利,由OP～4～OP8+膨润土组成,该钻机有BW型、TBH型。

(3)钻孔桩机械施工连续墙:一般机械为RRC型,高3.5m,泥水护壁,泵出渣,可做到$\phi1.6m$,施工精度和深度比我国强,但均不作为结构的一部分,都是做临时施工的挡土墙用。尤其对明挖暗做的车站、顶替法施工均是一种不可缺少的辅助施工手段,连续墙起挡水、挡土压的作用。

1.4 明挖暗做修筑地铁车站

这种方法在日本很普遍,道路要封闭一半,用正筑法施工,而逆筑法很少见,因结构质量不易保证。他们的钢材用量很大,支护均是大型工字钢、H型钢和槽钢组成,形成地下钢结构,是我国望尘莫及的。由于日本道路、地铁便道很多,都非主要街道,小车很多,公共汽车几乎看不到,所以占街道对他们是较随便的事。他们并不感到麻烦、不方便,加上文明施工,场地清洁,所以扰民不大。我们参观的地铁车站几乎全部用该法施工。车站用盾构法施工已很少见。该法所用材料昂贵,不易在我国大量应用,在地下水位高,房屋密集之地,用该法可保证下沉量小。

1.5 顶替法(又称偷梁换柱法)

该法在名古屋车站应用非常成功,顶替桥墩、大楼基础、地下铁道、多用钢板$\delta=22～28mm$的钢筋混凝土柱做承重结构,内填膨胀混凝土,在柱下设400t千斤顶,把基础式桩基换掉,然后浇筑混凝土,千斤顶不拿出,用水压式沉降仪来检查顶替的下沉量,注浆加固地基。这在日本有成功的经验,我们可以借鉴。

1.6 其他

(1)有不同浆液的注浆,地面注浆形式最多,多为专利,值得我们研究。

(2)地面沉降数据,各公司都保密,是不易知道的,也不统一,没有标准,视地区重要性而定。

(3)螺旋式锚杆很方便,直接拧入,$\phi24mm$,一般3.5m长,带方形垫板,用扭力扳手施工。

(4)各工地的量测工作很重视,一般有4～8种不同方法、不同目的的量测,仪器、传感器的生产是系列化,比较先进。

(5)很重视地铁通风,每天规定要测六次,目前车站和区间常用的换气方式有中央强制式通风和强制分离式通风,并有大的空调设备。

(6)日本已感到私人小汽车的发展严重阻塞了交通,今后必须发展有轨快速地下运输交通,它是今后城市的发展方向。

(7)大的地铁车站换乘方便,地面铁路和地下铁形成了一个网络,系统工程考虑周到,不像北京车站和地铁分开设置,旅客换乘很不方便。

(8)地下空间的利用相当宏伟,商店、饭馆构成了一个商业小区,但没有旅馆设在地下的现象,这和我国北京成了对比,地下室当旅馆是不合适的。

2 体会

(1)日本与我国不同,他们的地下工程坚持安全第一、质量第二、进度第三。所以地下工程的费用很高,用钢量很大,不抢进度,所以这次参观开阔了思路,但不能生搬硬套。

(2)要提高工人技术素质,改善劳动条件,精减管理人员,提高职工待遇,发挥社会潜力。这五个方面是我们的差距,改变我国地下工程不文明施工的局面,高层次的技术、管理人员的组合是企业努力的方向。

(3)需要对不同施工方法进行机械化配套,而不要追求大型设备,轻便、小功率的机具在日本工地很多,非标的改制也较多,应予努力。

总之,到日本这次考察感到收获较大,看到日本隧道技术人员在施工中不受规范约束,因地制宜,做了不少创造性工作,尤其是他们的技术工人、工长水平很高,也非常尊重技术人员,这点很值得我们思考。回头看国内鲁布格水电站,来了30个左右的日本技术人员、管理人员,用的是中国人,设备和我们差不多,在中国的国土上也干出了类似日本的工程,这又是为什么?也值得我们深思,考察之余交谈起来,他们在许多方面并不比我们高明多少,类似他们的工地让我们去负责也不一定比他们差,因此这也是我们考察总结迟迟出不来的原因。理论不低于他们,设备较其差不多,他们施工方法不一定那么合理,材料用的那么浪费,又有什么可以总结的呢?只是比我们多走了几步!而我们的地铁工程每走一步,牵动一片,困难重重,只有停停打打,处于落后不前的状态,我们国家若有他们那样的资金、材料、时间、高效率的管理,会比他们干得更好,但要在改革的前提下说这句话。不妥之处,请批评指正。

北京地铁浅埋暗挖法施工

——复兴门折返线工程

王梦恕　罗琼

(铁道部隧道工程局科研所)

1　地铁Ⅰ期、Ⅱ期线路目前的运行现状

从1965年开始,经过二十年的努力,北京修建了两条地下铁道,总长40km。由于历史造成的原因,地铁采用了Ⅰ期线路的北京站—苹果园站的往返运行和Ⅱ期环线的建国门站—复门站的马蹄形运行(图1)。这种不合理的运行方式给乘客带来了许多不便,造成环线日运量仅五万人次左右,处于吃不饱状态,而Ⅰ线则由于地铁的建成促进了西部的繁荣和发展,地面机关、厂矿、住宅、旅馆、大型公共设施的不断增加和扩建,使客运量以每年15%的趋势猛增,每天需运送乘客高达五、六十万人次,处于严重的"超饱和"状态。为了改变这种极不平衡的状况。使耗资11亿元的环线工程能充分发挥其应有的经济效益和社会效益,缓解城区交通拥挤,经过反复比较和论证,一致认为在复兴门底层站修建一条长358m的折返线是解决这一问题的最佳方案(图2)。折返线建成后,环线将独立运行,可吸引Ⅰ线33%的乘客,这样两线基本趋于均衡,总运量也可达到80万~100万人次/天,占公交客运量的比例从4%上升到10%,同时还将大大地节省乘客穿城时间和换乘时间。

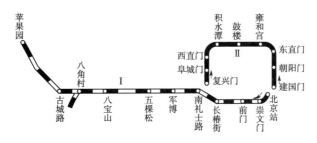

图1　北京地铁Ⅰ期线路图

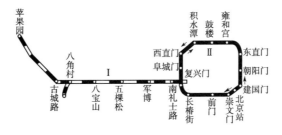

图2　北京地铁Ⅱ期线路图

---

* 本文原载于:隧道建设,1988(02).

2 明挖施工与暗挖施工之争

在修建Ⅰ、Ⅱ期地铁时,由于城市尚未发展,采用明挖法施工是完全合理的。随着城市的繁荣,这势必带来了繁华街道下地铁如何施工的新课题。根据折返线工程所处的地理位置和断面形式多、施工工期短、地面沉降要求严的具体情况,我们在军都山隧道黄土试验段的成功经验指导下,大胆地提出了"城市浅埋暗挖法"的施工方案,开辟了修建地铁的新途径。与明挖法相比较,具有以下四大主要特点:

(1) 拆迁占地少

仅拿358m比较,见表1,其中拆迁费暗挖法施工只有明挖的1/166,暗挖法占地只有明挖的1/13。

明挖法与暗挖法拆迁占地情况对比　　　表1

开挖方法	占地面积(m^2)	伐树(棵)	毁草坪(m^2)	移灯杆(个)	拆迁费(万元)
明挖法	20000	500	8000	14	1000
暗挖法	1570	3	1570	0	6

(2) 影响交通少

如果采用明挖法施工,复兴门内大街靠立交桥处的马路中央将挖开22m×18m×500m的大坑,必然会造成车辆改道、慢行、阻塞,通过能力大大降低。按施工一年半的时间计算,由于车辆阻塞造成时间延续带来的损失为330万元,车辆增加停车次数的损失费用为28.3万元。潜在经济效益方面,根据全国公交系统统计,车速每降低1km/h损失运输能力12%,在复兴门折返线处车速将由平均的17km/h降至5～7km/h,这样由于运输能力的损失需增设车辆来补偿所造成的潜在损失近8000万元。暗挖法施工则不存在这些问题,其经济效益和社会效益是相当可观的。

(3) 投资少

358m工程暗挖投资1703万元,而明挖法需3237万元,暗挖投资仅为明挖投资的47.4%。

(4) 扰民少

358m折返线工程,采用明挖法扰民范围为12km^2;暗挖扰民仅0.002km^2。

3 工程简介

3.1 地理位置和工程数量

折返线工程位于复兴门内大街西嘉祥里至闹市口国宾大道之下,该段地面每天来往车辆5～7万辆,自行车30万辆,地下管网密布,纵横交错。工程全长358.292m,折合单线隧道1058m,由南北两条正线和一条折返库线所组成(图3),隧道断面变化繁多,包括单线隧道445m,双线隧道262m,渡线隧道43m,不同跨度、高度的断面形式33个,隧道开挖跨度由6.96～14.86m不等,拱顶至路面的覆土厚度9～12m,覆跨比0.67,属于非常浅埋型,隧道断面与覆盖深度关系(图4)。并且还增设了两条换乘通道总长190m。辅助坑道设有一座直径5.5m、深22m的竖井和一条长54m的联络通道,通道与折返线成45°相交,是出渣、运料的唯一途径。

主要工程量包括:开挖土方5.6万m^3,采用复合式衬砌一次支护喷射混凝土8000m^3,塑料防水板铺设2.7万m^2,二次衬砌模筑混凝土1.3万m^3(包括道床)。

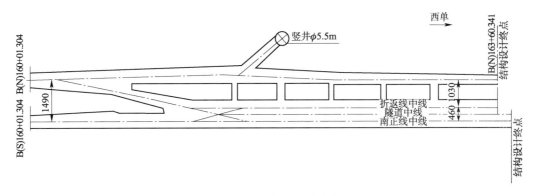

图 3　折返线工程示意图(尺寸单位:cm)

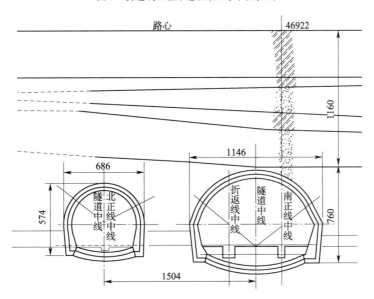

图 4　隧道断面与覆盖深度关系(尺寸单位:cm)

3.2　地质条件

隧道主体结构处于第四纪冲积洪积层中,主要由粉细砂及砂砾石所组成,该地层松散、无自稳、没有黏聚力。地下水位线在路面以下 23m 处。

4　复合式衬砌各支护参数

根据工程、水文地质条件、跨度大小、施工方法,特载和埋深情况,我们应用非线性有限元采用增量加载方法进行电算和工程类比法相结合,制定了复合式衬砌的支护参数见表 2。

复合式衬砌的支护参数　　　　表2

断面类型	初期支护				二次衬砌厚度(cm)
	喷混凝土厚(cm)	锚管	钢筋网	网构钢支撑	
单线	30	拱脚处设 L= 2m,φ40 注浆管	φ6mm,10cm × 10cm 拱墙、仰拱均设	纵距 75 ~ 100cm 封闭式	35
双线	35	同上	双层交错	纵距 50 ~ 75cm	40
渡线	40	同上	同上	纵距 50cm	45

5 施工方法和要点

5.1 施工原则

(1) 坚持以量测资料进行反馈指导施工

由于工程位置极为重要,施工中必须确保安全,考虑到浅埋暗挖和地层软弱的特点,采用较强的初期支护手段,在围岩变形稳定后,进行二次模筑衬砌,坚持信息化指导施工,是我们施工的基点。其反馈设计施工流程(图5)。

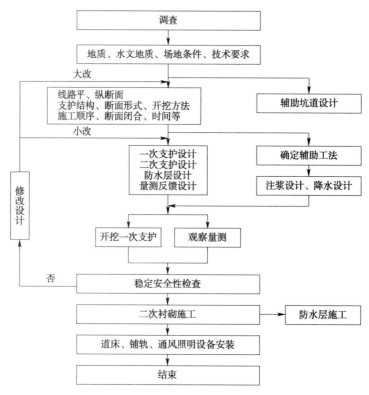

图5 反馈设计施工流程

(2) 坚持先加固,后开挖

由于围岩几乎没有自稳能力,松散易坍落,因此我们根据洞室跨度不同,对单线、双线隧道采用小导管超前予注浆稳定工作面,应用中压注装密实胶结地层,对大跨度、变断面、覆盖浅地段采用深孔、前进式劈裂注浆加固围岩,再应用小导管超前注浆来稳定地层,做到万无一失,防塌防沉。

5.2 基本工艺要求

"管超前、严注浆、短开挖、强支护、快封闭、勤量测"是我们在实践中总结出来的基本工艺要求。施工组织计划和施工工序必须严格遵守"先排管,后注浆,再开挖,注浆一段,开挖一段,支护一段,封闭一段"。

5.3 施工方法

5.3.1 单线和双线断面采用正台阶开挖法施工

开挖施工顺序(图6),拱顶Ⅰ部开挖高度2.2m,顺着拱外弧线进行环状开挖并留核心,将钢拱架嵌入,挂网喷护,其优点是便于操作,围岩扰动范围小,一旦发生坍塌,容易进行处理,也便于网构拱架快速架上,能在较短时间内将顶部支护完毕,从而创造一个安全的洞内施工环境。

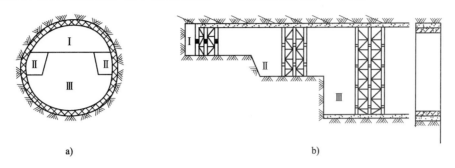

图6 正台阶法开挖顺序

Ⅱ部开挖是在距Ⅰ部5～7m处进行,拱圈两侧成"品"字形开挖,同时将网构拱架接至起拱线处,并在该处安装长2m的带孔锚管成45°角向下打入地层,进行管口注浆,加强拱脚与围岩的联结,以防止落底时发生掉拱事故。

Ⅲ部开挖包括两侧边墙,抑拱及中部核心的全部开挖,系采用S-50型单臂掘进机配备$2m^3$矿车作业,落底纵向长度每次1m,要求及时开挖,快速支护,尽早封闭。

5.3.2 渡线大跨度断面采用单侧壁导坑正台阶法施工

单侧壁导坑正台阶法施工(图7),它既能减少渡线大跨度断面,又能避免采用双侧壁导坑法(日本叫眼镜工法)所带来的工序繁琐,造价增大,进度缓慢的缺点,并避免了由于施工精度不够而引起网构拱架联结困难的缺点。

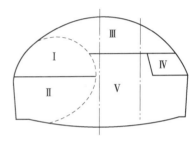

图7 单侧壁导坑正台阶法开挖顺序

5.4 加固地层的充填,劈裂预注浆

根据断面不同和作用不同,我们主要采用两种不同形式的注浆。

5.4.1 小导管超前预注浆

小导管采用直径40mm、长3.5m的钢管钻孔后焊制而成,导管沿上半断面周边布设,排管间距0.2～0.3m,仰角5°～10°(图8)。浆材选用水泥——水玻璃双液浆,水泥浆的水灰比控制在0.8:1～1:1,水玻璃浓度为35～40Be′,水泥浆与水玻璃体积比为1:0.6～1:1凝胶时间在1min左右。经过注浆,在浆液扩散范围内,砂石均被胶结,7d抗压强度达5～15MPa,在隧道轮廓线外形成了一个0.6～1.2m厚的硬壳。这大大地改善了喷射混凝土作业,降低了回弹,使一次支护的时间从6～8h有效地缩短到2～3h。

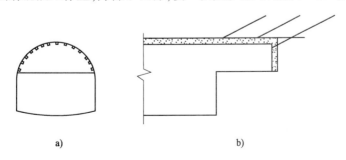

图8 小导管布设示意图

5.4.2 长管深孔前进式、劈裂预注浆

在大断面处小导管注浆由于加固范围有限,受上部地表车辆动载的影响将会引起较大的下沉,为确

保地铁施工安全,我们在渡浅和单线向双线过渡的较大断面处采用了长孔前进式充填、劈裂预注浆,钻孔布置(图9),一般70~100m² 的断面布孔数为12~18个,其中17m左右的长孔6~11个,8m左右的短孔6~7个,采用隔孔钻注的原则施工。注浆采用水泥—水玻璃浆液,水玻璃模数为3.3~3.5,浓度40Be′,水泥浆配比应随时酌情调整,采用深孔围岩劈裂注浆新工艺,可节约浆材70%左右。对控制地表下沉,防止塌陷起了很大的作用,与小导管注浆相比,可减少1/2~2/3的地表下沉值,图10即为北正线用小导管超前预注浆和南正线用长孔劈裂预注浆加固围岩后,开挖所引起的地表沉陷与时间的关系曲线。

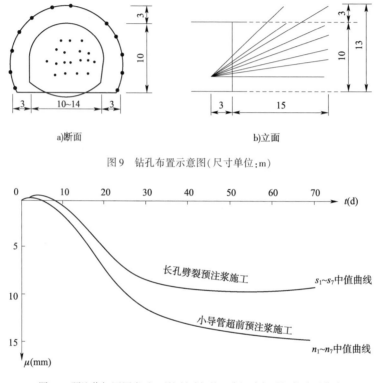

a)断面 b)立面

图9 钻孔布置示意图(尺寸单位:m)

图10 预注浆加固围岩后,开挖所引起的地表沉陷与时间的关系曲线

5.5 防坍少沉的施工要点

(1)采用小导管超前支护和注浆是防止工作面失稳和减少地面下沉的重要措施,小导管必须和钢拱架联结。

(2)采用环形开挖,留核心土,可防止工作面挤入,核心土的尺寸在纵向要保持4m以上,使之开挖后,土体损失系数最小。

(3)严格控制每循环的进尺长度0.50~0.75m,不允许大于1m,因拱顶局部的塌方高度一般是进尺长度的1/2。

(4)控制台阶长度,充分利用地层纵向承载拱的作用,量测证明,单线台阶长度不允许超过1.5倍洞径,双线、渡线台阶长度不允许超过0.7~1倍洞径,台阶开挖后要及时封闭。

(5)尽快进行架立钢拱架、挂网、喷混凝土工序,是减少地层松弛的重要措施。

(6)及时地进行初期支护周边2~3m厚系统固结注浆和一次支护背后充填注浆,是减少地表下沉行之有效的办法。

(7)落底纵向长度不允许超过1m,做到环环紧扣,落一环封一环。

(8)等强度、等刚度、等稳定度的网构钢拱架是最为合理的承载结构,其下沉量比工字钢拱架少20%左右。施工中应严格安装工艺,确保拱架平面垂直于隧道中线,高低、水平、左右误差应限制在±2cm

以内。

(9)重视施工安全监测,及时进行信息反馈,正确指导施工生产。

(10)建立标准施工卡片,严格施工工序,施工纪律,加强生产管理。

6 施工监测与反馈

6.1 测试系统的布置和种类

根据折返线工程的埋深、结构尺寸、地质特点和施工工序,现场测试项目主要分为两大类。

6.1.1 支护结构及土体的位移量测

作为施工安全监测和调整支护参数的主要指标,其内容如下。

(1)洞内拱顶下沉量测;

(2)洞内一次支护周边拱脚、墙中收敛量测;

(3)地表下沉量测:总计埋设112个测点,使用瑞典产WALD-3型精密水准仪进行量测;

(4)地中不同深度土体垂直位移量测:埋设了四个断面,使用国产WRM-3型多点位移计进行量测;

(5)地中不同深度土体水平位移量测:埋设三个断面,使用美国西雅图测斜仪公司生产的SINCO 30325M型数字式倾斜仪进行量测。

以上五种地表和洞内测试系统的横断面布置如图11所示。

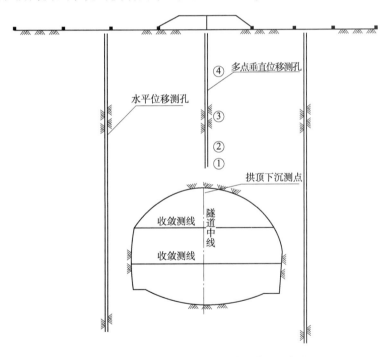

图11 地表和洞内测试系统的横断面布置示意图

6.1.2 支护应力和压力量测

作为了解围岩和支护动态,进行理论分析和变更设计的主要依据,其内容如下:

(1)网构钢拱架的应变量测。

(2)洞室周边接触土压力量测。

图12为一量测横断面网构钢拱架和压测点布置图,我们共设有切向和径向两种压力测量。

(3)初期支护拱脚压力量测。

(4)地表车辆通过施工区段的振动量测。
(5)土体物理力学参数、颗粒分析、孔隙率等土工测试。

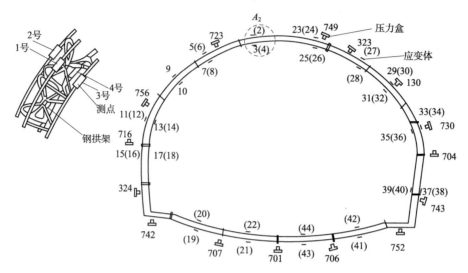

图12 量测横断面网构钢拱架和压测点布置图

6.2 量测目的

(1)掌握开挖过程中,围岩和支护结构的动态变化,保证施工安全和隧道整体的稳定性。
(2)根据量测数据及时调整支护参数和施工方法,控制施工过程中的变位分配比例,确保地表沉陷值在规定范围以内。
(3)为相当地质条件下的地下工程和地铁继续东进提供重要参数。

6.3 测试分析及结果

(1)初期支护拱脚压力量测从设置到落底拆除共计7d,土体荷载通过喷层和网构拱架传到一侧拱脚的垂直作用力为184kN,相当于拱脚地层所承受的平均压力为0.608MPa,反算松动土柱高为2.2m,说明上台阶施工后,压力并非全土柱高而只是一部分。

(2)拱脚附近围岩切向压力随时间的变化曲线如图13所示,右拱脚的切向压力值最大为0.03MPa,相当于换算土柱高4.25m,说明在落底进行双线全断面开挖和封闭后,仍然只有部分地层重量作用在支护结构上。由此可见,尽管是在北京地铁这种松散软弱的砂卵石地层中进行大断面的暗挖施工,只要我们能恰到好处地进行隧道周边围岩的预加固,是完全可以改造好地层,发挥承载拱效应的。量测资料还表明,径向压力不大,一般只有0.01~0.02MPa。

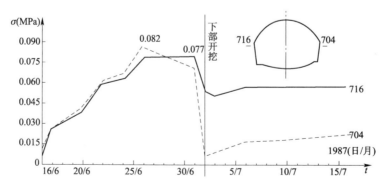

图13 拱脚附近围岩切向压力随时间的变化曲线

(3)网构拱架的应变量测结果如图14所示,整个隧道断面上的钢拱架全部处于小偏心受压状态,说明所设计的结构轮廓是合理的,网构拱架接头受力不大,复合式衬砌周边处于合理的受力状态之中。

(4)地面沉陷量测是浅埋隧道施工安全监测的必要项目和控制指标。图15为B(S)161+96断面中心点S_{20}的下沉—时间关系曲线典型图。

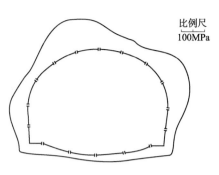

图14 网构拱架的应变量测结果

通过对大量地面量测点的数据整理分析可得到:

①在隧道的掘进过程中,地面沉陷的纵向影响规律为:当工作面远离测点1.5~2.0倍洞径时,地面即开始变位,其向上隆起的最大值为2~3mm;当开挖面距测点0.5倍洞径时,地表下沉速率明显增大,平均数值为0.41mm/d,其地表沉陷量占总下沉量的10%~13%;当上台阶开挖断面通过测点,下台阶开挖面也不断地向测点靠近时,地面沉陷值呈急剧变位阶段,平均下沉速率为1.69~2.63mm/d,下沉量达到20.39mm,占总下沉量的48%~50%;当下台阶通过测点断面,并及时地封闭仰拱后,沉陷曲线呈减速变化,其平均下沉速率为0.48mm/d,下沉量9.77mm,占总下沉量的26%左右;当下台阶开挖超前测点2.0倍洞径时,变位趋于基本稳定阶段,下沉量约2.4mm,占总下沉量的6%,最后总下沉量的8%~10%将由二次支护衬砌来承受。

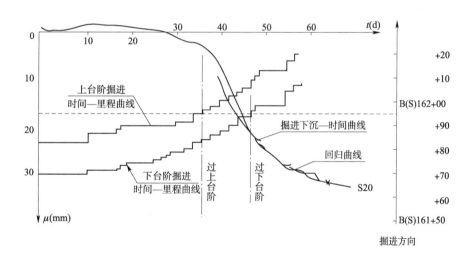

图15 点S_{20}的下沉—时间关系曲线典型图

②在隧道的掘进过程中,地面沉陷的横向影响规律为一正态分布曲线。图16为B(S)161+5横断面的沉陷实测曲线和回归曲线,横向沉陷槽宽度30m左右,即左右影响范围为2~3倍洞径,其沉陷槽的回归方程为:

$$S = 25.98877\exp{-0.01918y^2}\ (\text{mm})$$

(5)洞边拱顶下沉量测及洞室周边收敛量测是衡量洞室结构稳定之重要指标,用于判断洞护稳定和进行信息反馈。洞室内采用每5m设一量测断面,通过对测点资料的分析整理可以得到:

①拱顶围岩变形灵敏,测试手段简便、可靠。

②掘进对拱顶下沉影响的最大区域为0.05~1倍洞径的范围内。

③上台阶开挖时,变形显著;下台阶开挖时,则变形缓慢。上台阶开挖时所引起的拱顶下沉值平均占下沉量的74%,而下台阶开挖平均只占22%。

根据这些规律,采用变位分配的方法来指导施工,对于检验施工质量,确保施工安全起到了很大的作用。

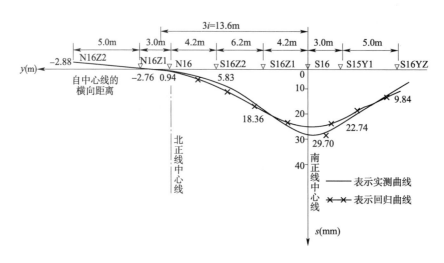

图 16　B(S)161+5 横断面沉陷实测曲线和回归曲线

(6)地中土体垂直变位量测,以 5 号测孔的实测曲线(图17)和(图18)为例,可看出：

当开挖面远离测孔约 2 倍洞径时,由于开挖将引起地层发生纵向倾斜,使各测点产生向上拱起,变位量达 3.24mm,这表明地层具有较好的整体弹性特征；当开挖面通过测孔时,表现为测点以上至下沿着不同深度递增地急剧下沉,其最大变位速率为 2.7mm/d；当开挖面超过测孔1.5 倍洞径时,变位日趋平缓；超过 2 倍时洞径,变位不再增加,围岩基本稳定。

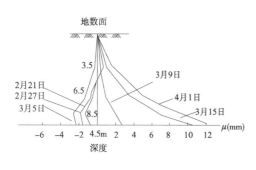

图 17　5 号测孔实测曲线 1

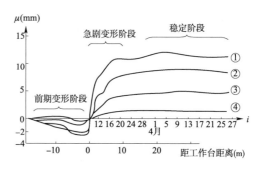

图 18　5 号测孔实测曲线 2

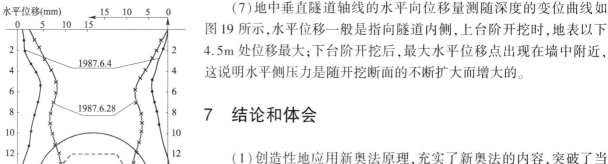

图 19

(7)地中垂直隧道轴线的水平向位移量测随深度的变位曲线如图19所示,水平位移一般是指向隧道内侧,上台阶开挖时,地表以下 4.5m 处位移最大；下台阶开挖后,最大水平位移点出现在墙中附近,这说明水平侧压力是随开挖断面的不断扩大而增大的。

7　结论和体会

(1)创造性地应用新奥法原理,充实了新奥法的内容,突破了当洞室埋深小于 3～5 倍洞径的浅埋隧道,特别是松散软弱地层中,围岩不能形成承载拱的隧道,新奥法不宜应用的界限,扩大了新奥法原理的适用范围。尽管该折返线工程埋深仅为 0.37～1 倍洞径,拱部以上是没有自稳能力的砂卵石和粉细砂层,结构又坐落在无胶结的砾石土中,工程地质条件极差,但由于我们得当地采用了超前管棚、予注浆等一系列行之有效的措施,改善了地层、产生了承载拱效应,由地中多点位移和拱脚压力量测结果表明,作用在支护结构上的荷载仅为全土柱荷载的1/3~3/5。

(2)松散浅埋地层的锚杆,由于塌孔严重,工艺质量不易保证,尤其是拱部锚杆起不到锚固和悬挂作用,反而施设锚杆将会进一步扰动地层,所以在该工程中,除在拱脚安设注浆锚管外,全部采用喷、网、钢拱架组成一次受力支护。实践证明,在平坦拱结构的隧道中完全可以取消或少设锚杆。

(3)长管深孔前进式劈裂预注浆,小导管超前固结注浆,一次支护背后充填注浆和拱脚锚管提高承载力注浆是克服地层软弱、不塌少沉的重要手段。特别是采用中压劈裂注浆法,在利用浆液压力劈开软弱层面和节理隙的同时,又进行浆液的填充、实地层,从而使地层形成网状筋络结构,既大大地节约了成本,也满足了工程需要。

(4)摸索出了一整套适合于北京城区,不同跨度浅埋暗挖的施工工艺、施工原则、防塌防沉措施、支护型式和管理方法,该技术的各项主要指标均达到和超过国际先进水平。其具体体现为,地表最大下沉量控制在30mm以内(国外规定为20~50mm);沉陷曲线拐点的斜率为1/589(国外规定为1/300);地层损失系数为4.13%(国外为5%)。

参考文献

[1] 浅埋双线铁路隧道不稳定地层新奥法施工——军都山隧道进口黄土试验段纪实[J].铁道工程学报,1987(2).
[2] L. HOBST J. ZAJIC.岩层与土体的锚固技术[M].北京:冶金部建筑研究总院,1982.
[3] 石来德,袁礼平.机械参数电测技术[M].上海:上海科学技术出版社,1981.
[4] 盾构"工事文献集(Ⅲ).

浅埋暗挖法修建地铁车站试验研究

王梦恕　刘招伟

(铁道部隧道工程局科研所)

摘　要：目前,城市地铁车站修建技术发展很快,日本、德国、法国、中国香港等国家和地区都有暗挖法施工的先例,而我国却刚开始起步。以前我国多用明挖法施工,虽然明挖法也有其优点,但在地下管网密布、地上交通繁忙、建筑物密集的城市地区采用明挖法施工,必然影响地面交通,干扰社会生活,而且拆迁困难,总造价提高。为此,在北京地铁复兴门线折返及复西区间采用暗挖法修建成功的基础上,经北京市科委、地铁总公司同意,决定在复西区间进行三拱立柱式车站试验段的暗挖试验,摸索出暗挖法修建地铁车站的设计及施工工艺,为后续工程的设计及施工提供技术保证。本文简单介绍了该试验段设计、施工及施工安全监测等一整套技术的实施方法及过程。

1　车站试验段概况

车站试验段位于复兴门内大街与太平桥大街交叉路口的西边、正在施工的复西区间上,里程为 $B(\substack{N\\S})195+53.5$ 至 $B(\substack{N\\S})165+63.5$;地处永定河冲洪积扇的背脊地带,上部为第四纪地层、下部为第三纪碎屑岩地层,地层条件极为复杂,试验段上覆土层厚11.26m,穿越地层情况是:拱部主要是粉细砂和少部分中砂,拱腰至侧墙中、下部主要是砾砂,中间夹有不连续的透镜状细砂层;侧墙下部至墙脚为砂黏土;墙脚至仰拱为圆砾土,地下水位于结构以下,详见图1及表1。

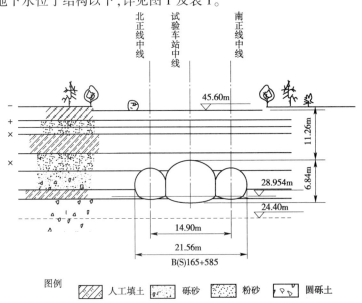

图1　试验段地质分布图

---

* 本文原载于:隧道建设,1990(04).

主要物理力学参数 表1

项目\类别	容重 γ (g/cm³)	直剪		声波速度 v_p (m/s)	动弹模 E_d (MPa)	动泊松比 W_d	地基容许承载力 [σ] (MPa)
		p	c (MPa)				
粉细中砂	1.94	30°	0.035	400~500	235.2~343	0.28~0.29	0.2
砾砂	1.96	32°		600~700	490~686	0.29	0.24
砂黏土	1.85	20.5°	0.035	400~500	264.6~392	0.29~0.3	0.18
圆砾土	2.15	33°		600	582.23	0.287	0.35

车站试验段采用浅埋暗挖法施工,喷混凝土作为初次支护,承受基本荷载(由于埋深很浅、未安置系统锚杆)。因为试验的目的是摸索施工工艺,而不是做一个完整的车站,所以试验段开挖长度仅10m,实际支护结构长度为6m,最大宽度21.56m,最大高度6.84m,结构高度比为0.317,覆跨比为0.557,施工开挖和支护的各个工艺过程的难度很大。

2 结构设计

2.1 结构类型及断面形式的选择

为了使试验段结构尺寸尽量接近车站结构的实际情况,并结合施工的现状及可行性,试验段采用了三拱立柱式结构,结构断面的形式为:西边跨采用马蹄形断面,二次模筑衬砌均按等厚断面进行设计,各跨的宽度分别为6.51m、8.54m(横向柱距)和6.51m,高度分别为6.1m、9.84m和6.1m,各跨的高跨比为0.937、0.801、0.937;覆跨比为1.84、1.405和1.84,立柱高度为2m,纵向柱距为4m,其结构考虑初次支护能承受全部基本荷载。结构及断面形式参见图2、图3、图4。

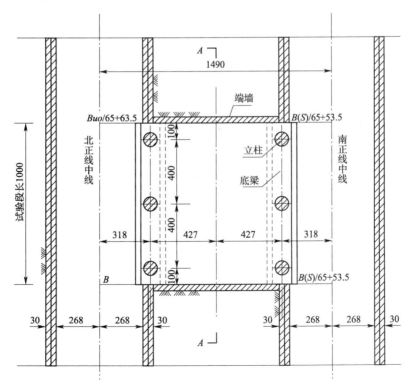

图2 平面(尺寸单位:cm)

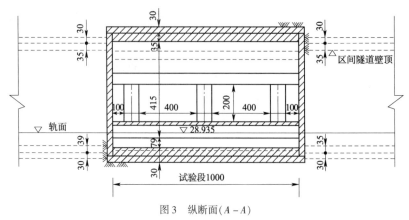

图3 纵断面(A–A)
(尺寸单位:里程、高程以m计,其余以cm计)

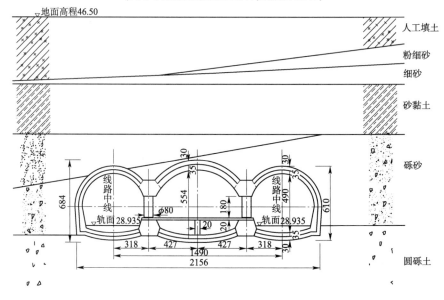

图4 结构断面
(尺寸单位:高程以m计,其余以cm计)

2.2 结构设计

横断面结构采用初次支护——防水层——二次模筑衬砌的复合式支护形式。在采用荷载结构法进行内力计算后,选择支护参数如下:

(1)初次支护:采用网构钢支撑、钢筋网,30cm厚200级喷射混凝土组成联合支护体系,考虑到围岩为中、细砂、砾砂层,且埋深浅的情况,未设置系统锚杆,仅在拱脚处用小导管注浆锚管加固拱脚土体。

(2)防水层:采用1mm厚聚氯乙烯塑料板设置于初次支护与二次模筑衬砌之间。

(3)二次模筑衬砌:采用35cm厚250级防水钢筋混凝土。

(4)梁柱:顶梁及底梁采用300级钢筋混凝土结构,立柱系用钢管混凝土结构,立柱采用钢管混凝土柱(直径800mm,柱体内为300级混凝土)。梁与柱采用刚性联结。

3 施工方法与工艺

3.1 施工方案的选择

在复兴门地铁折返线采用暗挖法施工虽然已做了一个埋深浅、跨度大(近15m)的单跨隧道,但做一个三拱立柱式车站结构毕竟不同于大跨度折返线。因此,施工前及施工过程中多次组织专家进行方案讨论、修改完善,大家一致认为修建车站试验段难度更大,如何保证施工过程中各种力进行合理及时的转换和顶替以及采用有效的手段提高围岩的自稳能力是试验车站成败的关键。

目前,世界各国暗挖法修建地铁车站主要有:柱洞法、中洞法、侧洞法施工三种,须根据地质条件、施工队伍的现状等进行选择。由于该试验段施工时,南正线开挖已超过试验段里程,因此,我们选择了以柱洞法为主,辅之以侧洞法的施工方案,施工顺序见图5。

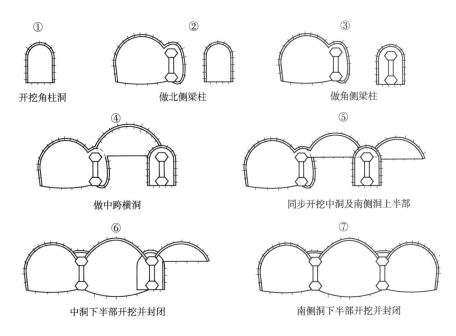

图5 车站试验段开挖顺序图

3.2 施工原则及要点

车站试验段的施工实际上要解决两大问题:即对第四纪粉细砂和砂砾石地层的改良加固及施工过程中拱、梁、柱的各不均衡力的转换、顶替。为此,制定了相应的施工原则及施工措施。其原则是:先注浆后开挖、及时支护,及时封闭,合理安排力的转换,量测反馈指导施工,使施工全线处于有效的量测监挖之中。

试验车站施工中除坚持"管超前、严注浆、短开挖、强支护、快封闭、勤量测"的浅埋暗挖法施工原则外,特别强调做好改良地层、稳固土体的工作。既防止了塌方冒顶,又可提高围岩的自稳能力,减少围岩对初次支护的压力,提高初次支护的安全度。改良地层是采用在粉细砂和砂砾石的空隙中用注浆的方法将空隙充填,使浆液和砂砾等固结,从而在开挖洞室的周边形成一个有一定厚度的结石壳体。试验中,根据各自的特点,进行了四种形式的注浆加固,其中:在拱脚、顶梁附近进行了水泥浆注浆加固,以减少压力过大所引起的不利荷载产生;在地层、通道和拱顶之间进行了水泥——水玻璃浆液注浆加固,以防止通道部位地层与洞室间回填不密实;在初次支护与地层间进行了水泥砂浆填充注浆加固,以防止地表沉陷过大;在开挖工作面时采用了超前小导管改性水玻璃(DW_3)注浆加固,以保证工作面开挖时的安全。注浆技术的成功应用,大大提高了围岩的自稳能力,保证了施工安全,加快了施工速度。

为保证施工过程中各种力的转换与平衡,采取了特殊施工措施:即在中洞及侧洞施工时先将土体荷载传递到柱洞临时支护上,待中洞及侧洞上半断面做完初次支护后,进行侧洞及中洞的落底,落底后将柱洞墙体(即临时支护)拆除,使梁柱受力,从而解决了力的转换问题最终达到力的平衡。

3.3 施工工艺及过程

车站试验段主要采用柱洞法施工,各工序过程的施工工艺分叙如下:

(1)南柱洞施工:南柱洞平行于南北正线,在已做好的斜通道内的边墙上向东开一个小洞室,洞高6.4m,宽3.1m,采用 I_{16} 钢支撑网支护,直边墙,洞内净空满是梁柱的施工要求。

(2)北柱洞施工:北柱洞垂直于南北正线,在已做好的北侧洞(北正线隧道)的南边墙上开孔向南边施工,每个柱子的位置处设一个柱洞间隔墙0.8m,柱洞深不小于2.5m。

(3)南侧洞施工,南侧洞采用正台阶施工,为安全起见,上半断面施工时,先将侧洞的钢支撑固定在柱洞临时支护上,让柱洞来完成施工过程中力的转换,然后待两侧力平衡后再将力传到顶梁上,同时在柱洞内将顶梁进行横向加固,以减少顶梁的水平位移。

(4)中洞施工:首先在已做好的南侧柱洞内由南向北挑顶施工,开挖出一个宽3.1m的小横洞,使土体荷载作用在小洞上,然后在小洞内架设中洞钢支撑,并将中洞钢支撑的顶部与小横洞间喷混凝土填满,此工序完成后,再向西排管注浆,开挖支护。中洞施工顺序为先上半断面后落底,施工顺序见图6。

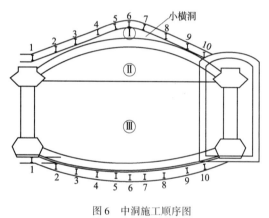

图6 中洞施工顺序图

(5)钢管柱施工,用测量放线的方法将底托板就位后,将底托板固定于底梁上,钢管柱在底托板上就位。钢管柱与托板的连接采用焊接并加肋,梁柱之间采用预埋钢筋连接。柱子就位后,进行钢管柱混凝土灌注,采用人工入模捣固棒捣固。

(6)底梁、顶梁施工:南底梁按设计做成10m长;北底梁及南顶梁均为6m长。长南底梁及南北顶梁的施工方法同普通梁施工一样;北底梁施工前先将两柱间0.8m的隔墙凿穿,然后现浇混凝土灌注,混凝土灌注采用木模板、混凝土人工入模。捣固棒捣固各梁都预埋了与初次支护及二次衬砌的连接钢筋。

4 施工过程中的监控量测

在我国采用浅埋暗挖法修建地铁车站(试验段)尚属首次,了解结构的受力状态非常重要,为此,监控量测除了保证施工安全外,还应全面收集有关数据,为后续工程积累资料,试验段进行了多种量测。同时为了使测试结果与理论计算结果进行比较。还对不同荷载、不同施工阶段的24种荷载组合进行了计算及相应的1:50的模型试验,基本上摸清了三拱立柱式车站结构最不利的受力状态。

4.1 监控量测项目

在吸取复兴门折返线工程现场测试经验的基础上,结合三拱立柱式车站结构的受力特点及相应的施工工序,测试项目包括 A、B 两大类,见表2、表3。

A 类测试项目表 表2

测试项目	仪器及设备	仪器及设备型号	数 量
地表沉陷	精密水准仪	WILDN$_3$	1台
拱顶下沉	精密水准仪	WILDN$_3$	1台
洞内收敛	收敛计	Gy—85	2台
基础沉陷	精密水准仪	WILDN$_3$	1台

B 类测试项目表　　　　表3

测试项目	仪器及设备	仪器及设备型号	数　量
围岩压力及基础应力量测	数字钢弦式频率仪(压力传感器)	SS-Ⅱ	1台(15个)
梁、柱的应力、应变量测	静态应变仪及平衡箱(应变片)	YJB-1A PC20RC-B	各3台(50片)
钢拱架应力应变量测	静态应变仪、比例电桥(应变片、钢筋计)	SBQ-2	1台(60片,10个)

4.2 测试结果与分析

4.2.1 柱洞法施工对地表沉陷的影响

建立在 $B(\frac{N}{S})165+54.5$ 里处的横断面地表沉陷测点的测试结果见图7。

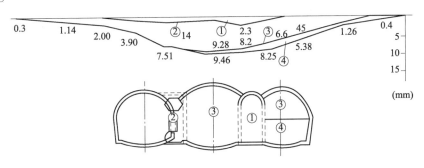

图7 地表沉陷曲线

测试结果表明,南柱洞施工引起的地表沉陷见曲线①,最大沉陷值为2.36mm,最大扰动宽度为12m,约为柱洞宽度的3倍;

北侧柱洞施工引起的地表沉陷见曲线②,最大沉陷值为1.4mm,扰动宽度18m,与南柱洞结果相差较大,这是施工方法不同引起的;

南侧洞上半断面及中洞上、下断面施工引起的累计地表沉陷见曲线③,较大沉陷值产生在中洞及柱洞上方相应测点处(沉陷值分别为9.28mm及8.20mm);

待南侧洞下半断面开挖、柱洞临时支护拆除,最终以初次支护形成稳定的三拱立柱式车站结构后,地表沉陷的分布见曲线④,从沉陷的轮廓形状看,仍为锅底状,只产生一个最大沉陷值,由于施工的不对称性,造成北侧洞施工沉陷值未收集到,使最大沉陷值向南侧洞偏移。沉陷曲线形状不符合正态分布曲线。如果考虑北侧洞沉陷值损失,可推算出按正常柱洞法施工时地表沉陷将出现对称的正态分布曲线,最大沉陷值约为12mm,且产生在结构对称轴所对应的测点处。再考虑时空效应的影响:后期沉陷值约总占沉陷值的1/3~1/2[1],推算最大沉陷值为18~24mm,地表扰动宽度为36m(约为车站结构跨度的1.7倍),完全能够满足地表沉陷值小于30mm的要求。

4.2.2 三拱立柱式车站施工阶段按、梁、柱的受力平衡及结构稳定

埋设在结构上各收敛测点及拱顶下沉测点的测试结果(图8)表明:南侧洞上半断面施工后,南柱头与南侧洞南边墙间产生的相对水平反向位移3.8mm,南柱头与南柱洞北边墙间产生的水平相对收敛2.1mm,说明立柱头发生了朝中洞方向为主的变位趋势。

待车站结构形成后,南北柱端产生了相反方向的水平位移2.2mm,而南北侧洞水平洞点也产生了与

原方向相反的位移,最终南、北立柱、发生了向结构中线方向较小的偏移 $\Delta_N = 0.7\text{mm}$,$\Delta_S = 0.9\text{mm}$,均小于设计允许的偏移值$[\Delta] = 1.36\text{mm}$。说明中洞施工能够反向调整立柱在侧洞施工时已产生的变位,使之处于允许范围内。但一般无法使立柱回到原位,因此,施工中应重视立柱、顶梁在柱洞内的支撑固定,同时也要确保侧洞拱圈与柱临时支护结构的交叉连接,以充分发挥柱洞整体支护作用,有利于围岩压力的转换,这些是减少立柱偏移的重要施工措施。

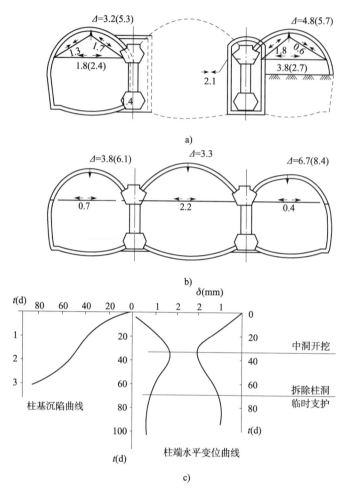

图8　B(N.S)165 + 54.5 洞内变位测试结果(尺寸单位:mm)

(括号内数据指 B165 + 585 里程结果)

南侧洞施工过程中,拱顶下沉值与同样断面的单跨区间隧道接近,为15mm,而在较大跨度的中洞施工时,由于侧洞及柱洞提供了较强的基础,拱顶下沉仅为 6~7mm,说明中洞的下沉值取决于两侧洞的刚度。

4.2.3　柱洞法施工阶段的围岩压力传递方式和支护结构的受力状态

围岩接触应力及基底压力、钢拱架弯矩、顶梁及立柱应力分布测试结果见图9、图10、图11。

结果表明:拱部围岩压力为 0.09~0.11MPa,较大值出现在与顶梁连接的左右拱脚和侧拱腰处,而中洞及侧洞拱顶处围岩压力较小,底梁和侧洞墙脚处基础压力较大,最大压力出现在底梁处,柱底最大应力 $\sigma_{max} = 0.41\text{MPa}$。说明围岩压力主要通过立柱(或施工过程中的洞柱临时支护)及侧洞拱圈支护两个途径传递至基础地层。从埋设在柱洞底拱及底梁下的压力元件测试结果看:施工过程中柱洞底拱压力始终小于底梁压力,说明柱洞临时支护在施工过程中为主柱的受力平衡提供很大作用。同时柱洞底拱增大了立柱底梁的基础承载面积,改善了受力状态。从基底应力推算出作用于结构的垂直土体荷载相当于 $h = 6.22\text{m}$ 土柱高的重量,仅为设计荷载的一半左右,说明结构是安全的。

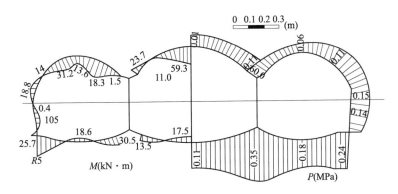

图9 接触应力及钢拱架弯矩分布

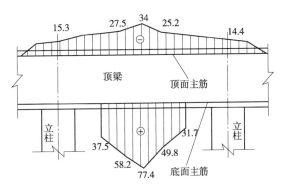

图10 顶梁主筋应力分布(单位:MPa)

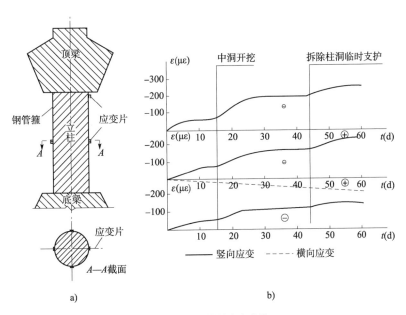

图11 立柱钢管箍应变曲线

初次支护的钢拱架弯矩及顶梁受力主筋应力分布与设计计算的受力性质相吻合,拱架顶梁内主筋最大应力分别为243MPa、77.4MPa,远小于钢材 $\sigma=380$MPa。

钢管壁出现的最大压应力 $\sigma=E\sum_{max}=2.1\times26.5=55.7$MPa,远小于钢材 $\sigma_s=240$MPa,从应变曲线(图11)可看出:柱洞临时支护拆除后,应变突增,表明柱洞临时支护承担了围岩压力的另一部分荷载,约占最后转换到立柱上荷载的35%,与设计要求承载40%基本相符。

总之,三拱立柱式车站试验段的结构两计满足强度要求,能保证结构整体的稳定。证明在浅埋松散地层中利用围岩和初次支护衬砌的紧密结合和共同作用而形成的有机组承载结构,能够承受全部基本荷载。二次衬砌作为特载受力及储备安全,增加了结构的安全度。

5 对柱洞法施工的评价

国外修建地铁车站的方法很多,各有优缺点,本车站试验段可以说采用了两种方法:即以柱洞法为主、侧洞法辅之。通过实践,我们认为在北京第四纪地层中,按目前我国的技术现状,采用柱洞施工是可行的,也是最安全的施工方法。

(1)柱洞法施工由于采用分步开挖,从小跨逐步使结构过渡到大跨,施工中形成了保证支护结构纵横向均为拱套拱的封闭结构,支护结构变形较小,保证了结构的稳定。特别是每小跨施工引起的地表沉陷值较小,横断面上分跨开挖,避免了各跨较大沉陷值的叠加,容易控制最大地表沉陷值,但是由于柱洞法分步开挖,多次对中洞上方地层扰动且扰动范围大,因此,中洞拱部开挖时应特别慎重。

(2)该类工程地质条件下,当地铁车站覆跨比在一定范围时,采用柱洞法施工,由于一侧施工不会扰动到另一侧上方地层,即除中洞施工外,左右两柱洞及侧洞施工互不影响,从施工速度角度讲,选用先柱洞、后侧洞、再中洞的施工工序,也可同时进行两柱洞及侧洞的平行作业施工,加快施工速度。

(3)柱洞法施工各阶段,拱、梁、柱之间力的转换非常复杂。因此,保持立柱的受力平衡是柱洞法施工的关键技术。柱洞临时支护不仅为保证梁、柱的施工质量创造了条件,而且在围岩压力转换的过程中对改善立柱的受力状态,提高其稳定性起到了重要作用。试验段为保证立柱稳定所采用的支撑和充分发挥柱洞临时支护的承载能力等措施是十分有效的。

(4)柱洞法施工较为明显的缺点在于:受柱洞宽度限制,施工过程中柱洞底拱基础的受力状态不佳,较大的压力有可能使结构基础产生过大的沉陷或因土体强度破坏而导致上部结构整体失稳,结构基础及下卧层的加固、处理非常重要,这是能否采用柱洞法施工首先要考虑的重要因素。

6 结语

车站试验段修建成功,说明在北京第四纪地层中采用浅埋暗挖法修建地铁车站是可行的,试验段取得的资料和经验对后续工程具有指导意义。但试验毕竟不是一个完整的车站,因此,采用浅埋暗挖法修建地铁车站时仍须继续探索。

参加试验研究的人员还有:崔玖江、刘克武、何益寿、张容义、张本秋、陈振林、刘昌用、张建华、韩忠存等。

参考文献

[1] 北京地铁浅埋暗挖法施工技术——复兴门折返线工程[M].隧道工程局,1987.

浅埋暗挖法设计、施工问题新探

王梦恕

(铁道部隧道工程局)

1 "浅埋暗挖法"名称的确定

北京地铁复兴门车站折返线工程首先采用暗挖法设计,按新奥法原理进行施工建成的。由于取得了很大的经济效益和社会效益,于1987年8月25日由北京市科委、铁道部科技司共同组织进行了国家级成果鉴定,与会专家和各级领导对该法进行了认真的讨论和评价,并对该方法的名称进行了确定,最后否定了"软珂弱地层新奥法"、"中国特色新奥法"、"北京地铁浅埋暗挖法"等名称,而用"浅埋暗挖法"这个名称比较确切,更能反映该法的特点,该名称说明该方法不仅在北京地层中应用,而且也可以在全国类似地层和各种地下工程中应用。

几年来的实践证明,浅埋暗挖法具有强大的生命力,不仅在北京地铁区间、车站已广泛应用,而且在热力管线、电力线、污水工程、过街道、地下停车场等不易明挖、拆迁费用昂贵之地也在应用,并已建成和正在修建,而且在有水、超浅埋、房屋密集区也应用成功。

同样,国外应用新奥法原理修建地铁及隧道工程在近期也得到很大发展,因为它具有明挖法、盾构法所有的优点,克服了两者所存在的缺点。西德地铁修建图例充分说明了这点(图1、图2)。

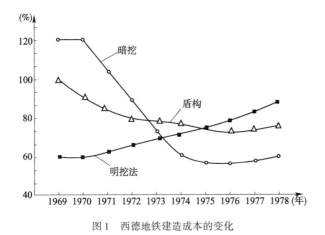

图1 西德地铁建造成本的变化　　图2 西德1984年交通隧道工程施工方法

2 松散地层深、浅埋、超浅埋隧道分界深度的确定

深埋、浅埋、超浅埋的提法很多,但都不确切,有必要对三者进行严格的区分,因三种埋量深度隧道的设计和施工方法都有很大区别。通常深埋隧道荷载按塌落拱计算;浅埋隧道按全土柱重量计算;超浅埋

---

* 本文原载于:隧道建设,1992(02).

隧道则按全土柱加地面动、静换算荷载计算。目前，根据工程类比、参照国内外工程实践和理论计算，进行了一系列现场试验、模型试验和有限元电算分析，并对全国已运营隧道衬砌裂缝100多公里隧道的调查，结合围岩算定和坍方的调查资料进行分析，现提出深埋、浅埋、超浅埋隧道分界深度的建议值。

2.1 对已建成隧道裂缝的调查分析

隧道衬砌裂缝约有2/3发生在浅埋段，裂缝发生的规律是：拱腰多、拱顶少；浅埋、超浅埋多、深埋少；衬砌与地层不密贴多、密贴地层少；无防水隔离层多、有防水隔离层少，先拱后墙法施工多、先墙后拱法施工少；全断面一次模筑衬砌多、全断面间隙灌注少；养护不好多、养护适当少；刚性大衬砌厚多、刚性柔衬砌薄少；按矿山法施工多、按新奥法施工少；小断面开挖施工多、大断面、全断面开挖施工少。从以上规律看出裂缝的产生与埋深的关系很大，是判断隧道合理埋深的重要考虑条件。

2.2 分界判别标准

根据隧道所处位置的特点有三种判别方法。

（1）应用埋深等于坍方统计平均高度两倍的方法是判别深浅埋隧道的标准。因围岩变形过大时隧道上方会形成塌落拱（压力拱），见图3。而坍方是围岩失稳破坏最直观的形式，大量统计资料证明，当埋深大于两倍塌方高度时，才能用塌落拱公式计算，但与围岩类别也有很大关系，通过计算和实测，当埋深大于：Ⅰ类围岩$4D \sim 6D$，Ⅱ类围岩$2.5D \sim 3.5D$，Ⅲ类围岩$1.5D \sim 2.5D$，Ⅳ类围岩$0.5D \sim 1.0D$，Ⅴ类围岩$0.3D \sim 0.5D$，Ⅵ类围岩$0.15D \sim 0.3D$时定为深埋。

（2）应用实测压力P和垂直土柱重要γH之比来确定深埋、浅埋、超浅埋的判别方法。

根据国内外近50个试验段资料得出：当$\frac{P}{\gamma H} \leq 0.4$为深埋；$\frac{P}{\gamma H} > 0.4 \sim 0.6$为浅埋；$\frac{P}{\gamma H} > 0.6 \sim 1.0$为超浅埋。例如北京复兴门折返线隧道，在双线隧道处应用机械式支柱压力计进行拱脚径向压力量测，得出$\frac{P}{\gamma H} = 0.43 \sim 0.46$，按以上判式属于浅埋。

（3）在初期支护作用下，围岩塑性区达到地表（图4），地中围岩变形和地表下沉值相等时，既覆盖层整体位移下沉时为超浅埋，荷载计算除按γH全部土柱外，还应计算地面交通冲击荷载，为了安全，冲击折减系数均取1。

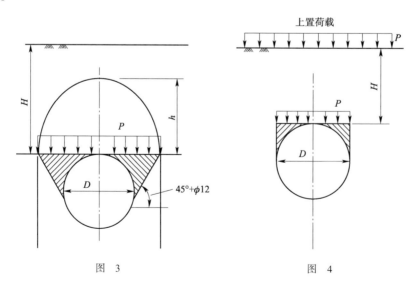

图 3　　　　　　图 4

综上所述，三种不同角度所确定的三种埋深的方法的判别，对今后设计、施工应认真遵循，这里需指出浅埋设计若由于施工不当会引起很大附加荷载，会产生超浅埋所出现的不利条件。

3 复合式衬砌之间的空隙存在对结构安全度的影响

复合衬砌是以新奥法原理为基础的一种新型支护体系,一次支护由喷、锚、网、钢架组成,模筑混凝土作为二次衬砌,两层之间设防水隔离层。该技术首次在大瑶山铁路隧道中采用,继而在北京地铁工程中推广、发展应用。浅埋暗挖法要求复合衬砌受力有以下特点:

(1)一次支护要施作及时,并与围岩密贴,早期强度高,并有一定的柔性,能与围岩共同变形受力,所以具有较强的支护能力和抗地震力能力,设计时一次支护承受全部土压和其他施工期间所产生的附加荷载。

(2)二次模筑衬砌的施作必须在一次支护达到完全稳定后施作。也就是当位移速率有明显减缓趋势:水平收敛速度小于 0.1~0.2mm/d,拱顶下沉速度小于 0.07~0.15mm/d;施作二次衬砌前的位移值,应占总位移值 80~90% 以上;初期支护表面裂缝不再继续发展。

(3)防水隔离层在一次支护稳定后施作,保证二次模筑衬砌只承受径向力作用,以防止二次模筑在施工后开裂。

(4)二次衬砌基本上不承受开挖过程所引起的形变压力,而只承受由于围岩蠕变效应而产生的流变径向压力。

基于以上特点,所以,二次模筑在很大程度上是安全储备。日本规定模筑二次衬砌的厚度不论地层好坏,一律定为 30cm,二次模筑衬砌的作用是为了光滑、美观有利于运营通风、隧道养护和维修。

在计算方法上,采用类比法和理论分析相结合进行复合衬砌计算模型多用键杆法进行,以三柱立柱式车站试验段边跨为例(图 5),将一次支护和二次模筑衬砌模拟成梁单元,两层之间受力通过 30 个键杆(接触点)等距排列进行力的传递。一次支护和围岩之间的共同作用,在共同作用区是通过 21 个健杆进行联系传力,所有荷载均变换为节点荷载作用于有限元节点上,这种计算模型在浅埋情况下是很正确的,已被模型试验和现场实地量测数据所证实。从图 5 看出,一次支护和二次模筑之间只要有足够的点接触,填充不密实,从受力角度是允许的,一次支护拱顶脱离区和二次模筑衬砌之间有空隙并不影响复合衬砌的受力特点,该空隙可充分发挥一次支护的作用,有利于二次衬砌应力的调整,可称为空穴调整区段。

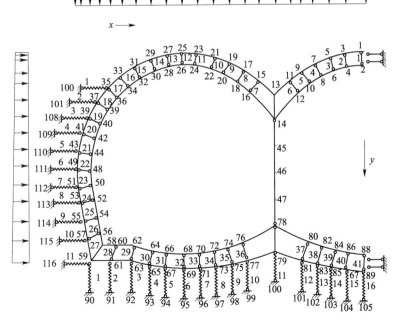

图 5

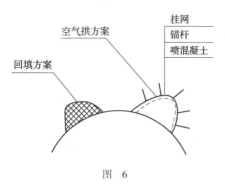

图 6

从复合衬砌之间设置防水隔离层角度分析,国外一般透水层平防水层组成厚6~8mm,我国一般在1~3mm不等,并在一次支护和二次支护之间设置排水盲道系统,说明两层之间也允许有间隙存在。

工程实践也证明,当地层不良形成大的超挖和塌方时,空穴间不宜采用一般料回填,而应采用空心拱方式进行处理(图6)比回填密实方案合理,由于回填料人为增加了压在二次衬砌的荷载,这和采用腹部空心拱桥优于实心拱桥的原因相类似。大瑶山隧道进口区段有一大塌方,就用该法处理成功,铁道隧道新奥法指南在第4、9、12条中也推荐该方法。

综上所述,在保证一次支护完全稳定的前提下,二次模筑衬砌背后、拱部出现不连续空隙并不可怕,不属质量问题,是受力所允许的,是符合复合衬砌受力特点的,不必为空隙的存在而大惊小怪。但并不允许大面积空洞存在,尤其边墙部位是不允许的,从结构稳定度要求,越密实越不易失稳,只要做到多点接触,局部空洞呈蜂窝状结构是允许的。

4 进一步减低浅埋暗挖法造价的几点措施

4.1 区间隧道可采用喷、锚、网、钢拱架一次支护衬砌而取代复合式衬砌

尤其在无水区段或无压水区段采用喷锚支护更为简单可行。工程实践也证明是可行的。如复西区间一次支护完成后,迟后二次模筑长达一年左右,未发生任何问题。当我们将喷混凝土改用喷射防水混凝土,这样可提高一次支护结构自防水的能力,然后在一次支护表面用防水水泥砂浆抹平做基底,然后喷涂或刷防水材料。该材料应具有渗透性好、黏结牢、防裂、耐久性好、无毒、不易燃、抗冲击、抗腐性、工艺简单、造价低、破损后易修辅的材料。其结构及防水型式见图7,图中M1500系水泥密封防水剂,其特点是可以渗透到混凝土内部,并与水泥中碱性物起化学反应,生成乳胶体,堵塞混凝土毛细孔道,从而起到防水作用。

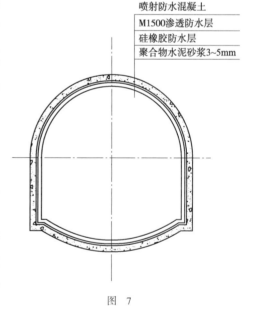

图 7

4.2 改变注浆设计原则,节约成本造价

注浆设计原则应以施工工序从开挖到施喷混凝土时差作为注浆设计原则,取代以增加围岩承载能力进行注浆设计的原则,这样可采用单液注浆,固结抗压强度及时间只要能满足施工工序的顺利进行就可,所以要求浆液质量不高,注浆工艺简单,注浆量也不需要将所需固结地层的孔隙率全部充满,这样可降低注浆量。例如隧道局研究的酸性水玻璃浆液就能满足施工要求,比加固地层改善地层物理特征要便宜、可靠。

4.3 选择合理支护类型与参数是节约工程造价的重要内容

施工、设计要注意三要素。

(1)支护时间选择要合理,由图8可以看出,围岩被开挖挖后,地层松动承载能力在下降,表现在围岩

特征曲线在转动从 t_1 向 t_3 方向变化,从开挖到开始一次支护需 t_0 时间,若支护刚度不变其支护刚度曲线为一直线交围岩特征曲线为 1 点,其所对应的竖坐标 P_1 为支护所承受的荷载,但地层松动变化很快,从 t_1 变到 t_3 曲线,支护刚度曲线随着时间在增长承载力,最后交于 3 点,为最经稳定点,点 3 的竖坐标 $P_3 > P_2 > P_1$ 说明加在支护荷载在增加,所以支护要及时、合理可使交点从 t_3 降到 t_1 或 t_2,从而减轻支护承载也不会产生过大的地表变位。

(2)支护类型的选择:一次支护类型由喷、锚网、钢架四种方式而可组成不同的结构型式,对浅埋软弱地层,锚杆的作用明显降低,且工艺也难保证质量,所以一般取消,尤其顶部锚杆更没必要。超前支护管棚在浅埋隧道中是不可缺少的一种支护型式,超前支护的设计原则应以稳定工作面,满足施工要求就可,而绝不是为提高支护承载力和围岩承载力,这样浪费大也不必要。超前支护应短细而密,长、大管棚是不适易的,更不需要长大管棚下又搞小管棚,这样做不但多次扰动顶部地层,而且显得盲目、不经济、速度慢而又不科学。超前支护长度的确定,应以上台阶高度而定,由图 9 可以看出,若台阶高度为 2m,留 1.5m 的埋入支点,每次开挖 1m,两个循环后再进行第二次布管,这样从破裂面与导管相交,A 点看 3.5m 长的导管已足够,过多浪费,过少又不安全,导管的作用主要承受压在不稳定体的荷载,

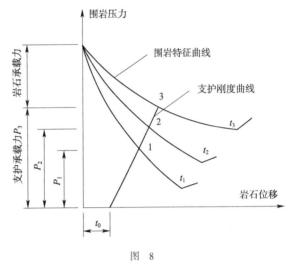

图 8

保护不稳定体的稳定,并用留核心土进一步平衡,这是设计超前支护的原则。台阶长度也不易过短,一般应 ≥ F 台阶高度,若过短,图 9 会产生新的破裂面而造成全断面失稳,在复兴门折返线曾因台阶短到 3m,而造成全断面险些失稳,经立即加固后才免出事故。所以,从工作面失稳考虑,台阶应有一定长度,从减少地表下沉,尽快封闭成环考虑,又不允许留过长的台阶,故定为 $1.0D \sim 1.5D$ 合适(D 为洞室开挖宽度)。

(3)支护参数要合理,由图 10、图 11 可以看出,当埋深较大时,喷层由 4cm 增大至 30cm(7.3 倍),应力仅降低 16% 左右,当喷层超过 15cm 厚对限制围岩位移的效果不太有明显效果,所以增大喷层厚度的办法来改善支护效果不是上策,也不经济,同样,我们在浅埋隧道一次支护的喷层厚度控制在 30cm 以内,最好在 20cm 左右是适宜的。喷层太厚,对发挥喷层材料的力学功能也不利。从图 11 看出,隧道喷层的增加,支护的弯矩也明显增大,当喷层厚度 $d \leq \dfrac{D}{40}$ 时,喷层接近于无弯矩状态,这是最有利的受力状态。

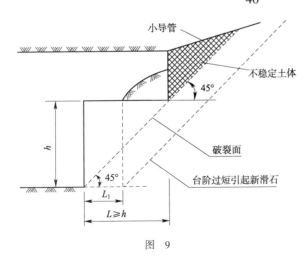

图 9

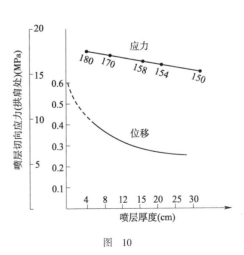

图 10

关于辅助坑道和施工竖井由于是临时工程,更不需要复合衬砌。尤其竖井多为圆形,只要有 15~20cm 的一次支护就可,直径较大时增设系统锚杆增加井圈稳定性是设计原则,而不是增加厚度。

4.4 采取正确的施工方法

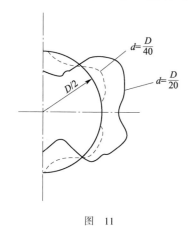

图 11

施工方法选择不当,会严重影响施工速度和造价,也影响工程的安全。特别是开挖程序、支护施作和闭合时间至关重要。国内外在 70~80 年代初将侧壁导坑法(眼镜工法)经常作为最常用的施工方法,然而该法造价高、速度慢、施工误差必然造成钢拱架很难拼成整环,反而增大地表下沉值。日本在 80 年代后期曾大量采用中壁法(CD - Center Diaphragm)、中壁—隔墙法(CRD - Center Cross Diaphragm)取代眼镜工法。隧道局在复兴门折返线曾用过隔墙法取得一次开挖 14.5m 跨的大断面施工,CD 法和 CRD 法分块次序见图 12a)、b),如日本某地铁有两个相似隧道,在埋深都是 10m 的黏土—砂地层中,隧道宽度都在 $D=9.0m$ 左右,一个用 CD 法施工,造成地表总沉陷 77~84mm,最大倾斜 6/1000;另一个用 CRD 法施工造成地表总沉陷 26~30mm,最大倾斜 2.3/1000,同样,根据大量实测资料 CRD 法比 CD 法减少地表沉陷将近 50%;但 CD 法引起地表沉陷又优于眼睛工法;而侧壁导坑法从减少地表沉陷出发又优于正台阶法,但是当采用超前支护后,该两法所产生的沉陷值相当接近。所以在确保安全经济的前提下,开挖方法的选择次序应为:当开挖断面宽度大于 10m 以上时,应优先选用 CRD 法或 CD 法,在迫不得已情况下可考虑侧壁坑壁法;当开挖断面宽度小于 10m 时,应优先采用正台阶法,当下沉最控制不住时再考虑用 CD 法或 CRD 法,一般工程实践证明如在北京地层浅埋情况下,当开挖宽度在 12m 以内时采用正台阶法是成功的。

大断面车站开挖方法的选择,受地表沉陷影响较大。变大垮为小跨可减少地表沉陷;避免两个洞室同步掘进能防止较大应力集中的产生;开挖分块越多,扰动地层次数增多地表沉陷就越大,一次支护及时、开挖到支挖封闭时间愈快地表沉陷就越小。所以,不论什么施工方法和支护形式产生地表沉陷是绝对不可避免的,但是,当采用正确施工方法和相应的辅助施工措施可以做到安全、经济、快速施工的目的。例如地铁中应用最多的三拱立柱式车站,一般有中洞法、侧洞法、柱洞法三种开挖方式,从受力和控制地表沉陷出发,以中洞法为最优,并且在施工中不存在力的转换问题。现以图 13 为例说明中洞法的优点。若用侧洞法施工,两侧洞所产生的破裂面使中洞地层多扰动二次,形成危害中洞上小下大的梯形或三角形倒楔形土体"1",该土体直接压在中洞上,两个破裂面的摩擦力不会产生,所以起不到改善中洞受力的条件,中洞施工若不小心,就有灭顶之灾。若先采用中洞法施工,两侧洞和中洞之间形成上大下小的正三角形土柱"2",该土柱被两个破裂面的摩擦力所夹持,这样压在侧洞上的土体"3"不大,对中洞地面沉陷影响也不大,反而使地面不均匀沉陷曲线变的较均匀。

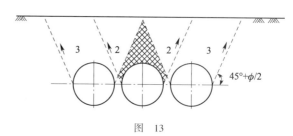

图 12 　　　　　　　　　　　　　　图 13

综上所述,浅埋暗挖法还有许多技术理论问题有待探讨,我们必须面对现实,实事求是的处理所发生的一切科学技术问题。

水底隧道在青岛—黄岛之间的应用

王梦恕

(铁道部隧道工程局)

"青、黄不接"造成青岛市不能大踏步起飞的矛盾日益尖锐。青岛市城乡建设委员会姜震同志大胆而有科学论据的提出横跨胶州湾连接青岛和黄岛通道工程的建议是相当可贵和及时的,水下通道联通后将会大大提高环胶州湾公路的运输能力,形成从陆地到海上的环形交路。在姜震同志文章的启示下,本文就水底隧道在胶州湾的应用谈几点设想和看法。

1 水底隧道优于大桥

在海上修桥的方案寥寥无几,其原因显而易见。所以继日本青函隧道之后最近贯通的英法海峡隧道给人以很大启示。桥梁造价高,不能全天候适用,经常受台风、雾天的影响而中断交通、造成事故。最近瑞典一海上大桥由于雾天行驶,造成50多辆车驶入海中的重大死亡事故。青岛的雾天是较多的;大桥阻塞海上交通非常明显。胶州湾是我国最好的海军基地,在大门口若横一大桥对国防快速进攻、守卫都增加很大困难,极不利于战备;战争若毁坏桥梁将给通道以阻塞,消防非常困难,严重影响大吨位轮船和军舰的出入;日常的维修费,水下墩台的防护费也很大,所以对青岛—黄岛之间,采用隧道方案的优越性更为突出。国内汕头沿海交通选了大桥方案,至今由于不能全天候应用而后悔莫及。

2 我国有能力建成海下水底隧道

我国的地下工程在国际上具有很高的水平,铁路隧道全长2300多公里,居世界之首,其中大瑶山双线电气化铁路隧道全长14.295km,其长度排在世界第十位,仅用了6.5年就全部建成,被称为我国隧道修建史的第三个里程碑,其施工、设计水平已达到国际先进水平,全隧道用新奥法原理做指导,用钻爆法、大型机械化作业线为基础,平均以100m/月单口双线米建成,若青黄水底隧道总长7.5km,仅考虑两个工作面施工,37个月的时间就可全部建成,四年左右就可完成内部装修、设备安装、投产应用。大瑶山隧道修建模式和四条作业线的机械设备加上多年来施工技术软件的配套、注浆、防塌、防水辅助工法的配合,是完全可以建成的,而且造价低、质量好。目前全断面双护盾掘进机正在引进,若用 $\phi 6.5m$ 或 $\phi 3.5m$ 掘进机超前先以600m/月的速度将全隧贯通,施工速度将比纯钻爆法又提前到3~3.5年全部完成。除钻爆技术外,我国的浅埋暗挖法施工技术处理软弱地层、断层是相当成功的,已在北京地铁、市政建设全面推广应用,该技术也达到国际先进水平,不少外国专家参观现场后都很赞扬并索取资料。沉埋管段法和盾构法在该地区不宜应用,这里也就省略,应该说这两种施工方法有很大的局限性、造价高,不适国情,国外也很少应用在海中,挪威以前曾较多用沉埋管段法施工,因运营后的事故太多,维修困难而在近期的修建中都采用钻爆法施工。立足国内,辨别施工队伍实力的真假是甲方特别注意的两点,施工队伍的业绩

---

* 本文原载于:隧道建设,1992(03).

非常重要。黄河水底隧道是隧道工程局成立的主要原因,在河下、海下施工设计,科研方面曾做过大量工作,也对工程兵、二炮所干的单线黄河水底隧道等工程进行过讨论、实践。

梧桐山公路隧道,全长 2.26km,采用双管四车道,是我国最长、设备最齐全、自动化程度最高的一级公路隧道,它位于深圳市罗芳桥至沙头角之间,其施工技术、设计断面、运营通风系统、支护结构设计、防排水工程、供电、照明、监测、控制、通信、广播、信号、防灾、救灾等设施均可在青黄水底隧道中应用、借鉴。

水上勘测技术我们也有装备和经验,2401 最新式地震仪、漂浮电缆、浅层剖面仪、1000 型深孔钻机、地震 CT 等,可对水下 25m 至 300m 进行绘制高分辨率、高信噪比的地震时间剖面图。浅层地震反射波方法在长江、淮河均进行了应用,目前应用瑞利波(Ray Leigh)确定横波速度,来推求全部地层的力学参数,在国内尚属首次应用成功。

总之,我们具有水上勘测、超前地质预报、GPS 全球定位测量、公路隧道设计、施工技术、长大隧道十大配套综合技术,用四年左右时间是能完成该项水底隧道,完全可以和国外相比,许多指标还超过他们。

3 青黄海底公路隧道规模的初探

由于胶州湾底部为质地较好的花岗岩,沉积物 2m 左右,在隧道周围有一条近似南北走向的断层,断层被泥沙充填(图1)。从施工水平和节约投资出发,建议隧道顶部最浅埋深取 2 倍洞径,即覆跨比为 2,隧道开挖最大跨度为 12m,所以根据初步资料,确定隧道纵断面位置及长度,图一画出姜震同志所列的 T_2 方案,因该方案隧道最短,今后运营通风也较经济,该方案的线路走向可能和断层走向呈正交,有利于施工。

纵向坡度≤3%,车辆上坡可不必换挡,下坡可不必刹车,利于车辆行驶,耗油少、事故少,施工车辆也方便。若有可能将两端引线坡度降到 2% 最为理想。

隧道横断面设计为圆形较好,两边引线隧道以蛋形为好。按 1 级公路要求车辆通行限界为 10.25m,支护厚度一次按 0.3m、二次按 0.4m,开挖直径为 11.65m,考虑施工和贯通误差 0.35m 确定最大开挖直径为 12m(图2)。

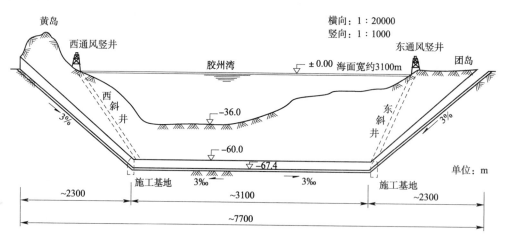

图1 青黄海底公路隧道纵剖面图

近期工程为单洞双车道混合行驶,远期为两洞双车道单方向行驶,两洞间距订 30m,并建议做一个服务坑道,为施工时做超前预报及排水通道用,运营时可供隧道排水,防灾处理,作用很大(图3)。

该隧道汽车通行能力,近期 2000 辆/昼夜、远期 5000 辆/昼夜。其中汽油车按 70% 考虑,柴油车按 30% 考虑,车速为 40~60km/h。卫生标准为:正常交通 $CO≤100ppm$,烟雾浓度(百米透过率)=48%,交通阻塞时 $CO≤250ppm$ (15min),若按以上条件进行运营通风方案选择,目前有全横向式通风、半横向式通风、纵向式通风三种通风方式,由于纵向式通风配静电除尘装置可以在公路隧道中应用,但多在铁路隧道中应用较多,该通风方式简单,土建费用低,但烟雾浓度在洞两端较高,日常静电除尘维修费较大,所以不推荐。半横向式通风的工程量又较全横向偏移,在青黄车辆每小时通过量不足400辆的情况下,建议用半横向式通风能达到每个竖井承担水下1.6km,岸上承担2.3km的能力,所需风机容量不大。

支护结构采用复合式衬砌,一次支护用喷混凝土、锚杆、钢筋网、网构钢拱架组成,厚度30cm,当一次支护稳定后,再施作低弯度聚乙烯防水隔离层,然后再做第二次钢筋混凝土衬砌模筑、也可做素混凝土防水衬砌。

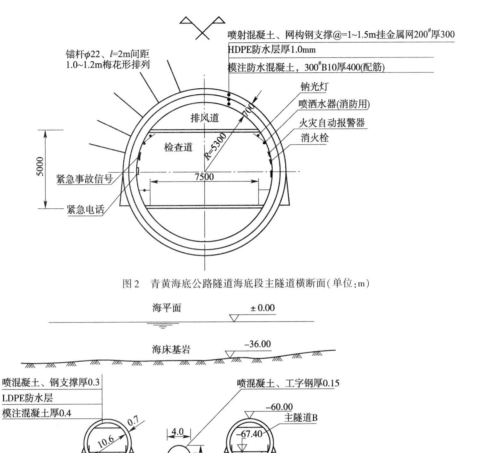

图2 青黄海底公路隧道海底段主隧道横断面(单位:m)

图3 青黄海底公路隧道横断面(单位:m)

4 施工关键技术及要点

施工水底隧道决不允许塌方、水淹的出现,所以必须采取特殊技术措施,防塌方、防涌水是施工的关键,配足抽水机和两路电源是施工的前提,另外应进行以下技术的配套。

(1)超前预报水文地质技术:

采用超前水平钻机、瑞利波无损探测法、地质描述、钻速仪等措施和装备,随时告诉前方的地质变化情况、裂隙的发育情况以及断层的力学特性,并用红外线测试前方有无涌水的可能,预报准确率必须达到100%。

(2)控制爆破技术:

应用掏槽技术、非电毫秒起爆技术、周边眼间隔装药技术、克服管道效应技术、预长爆破技术、松动弱爆破技术、震动爆破量测技术做到炮眼利用率 99%;炮眼痕迹保存率 70% 以上;爆破引起的振动速度在一倍洞经处小于 10cm/s,爆破扰动地层的范围 <1m 厚度。这是确保防塌方涌水的关键工序。

（3）一次支护施工工艺、确保质量控制体系的施工技术：

做到一次支护全部承受外荷载和水的荷载,并不产生滴漏水。

（4）监控量测及信息反馈技术：

施工过程中及时进行拱顶、拱脚、墙中的变位及收敛量测、随时检验施工过程中及施工完成后结构的受力情况,及时反馈、及时修改确保支护的安全、可靠、经济。

（5）超前预注浆加固地层、堵水技术：

采用深孔后退式全封闭预注浆施工技术,应用适合地层特征的浆液,进行堵、截,确保不出现涌水的产生。

（6）支护衬砌背后 1~2m 压注浆技术：

这是确保结构和地层共同作用的关键技术,应用中压大流量填充式、劈裂注浆。

（7）其他辅助配套技术：

有十二项,对安全起间接作用。略。

总之,这是我国第一条海底隧道,是一个具有风险性工程、也是一个开拓性工程,并具有很大技术难点、多学科、多工种的重大工程,但我们相信在青岛市领导及各部委、黄岛开发区的直接帮助下,会干好为中国人争气的技术开发性工程。

修建铁路隧道工程的经验和教训

王梦恕

(铁道部隧道工程局)

1 概述

铁路隧道修建起始于1890年,截止到今已有104年的历史。1949年以前,60年间共计修建隧道429座,总延长112km,平均每年修建铁路隧道1.87km。1949年以后随着铁路建设的发展,隧道工程也发生了较大发展。铁路隧道总长已达2400km左右。已建隧道近5000座,平均每年隧道修建速度52km。四十四年来,我国铁路隧道应用钻爆法修建经历了三个阶段,第一阶段(50年代)是以人力开挖过渡到部分机械化开挖,当时平均单口月成洞为45m左右,选线原则以不超过2km作为展线标准,宝成线是第一阶段的代表工程。第二阶段(60、70年代)是以轻型机具为主的小型机械化施工,有轨运输、分部开挖,该阶段修建隧道长度以不超过7km作为铁路选线展线的标准。当时平均单口月成洞50~100m,隧道越长进度越高。第三阶段也就是大瑶山隧道系统引进大型液压配套机械化,按新奥法原理设计、施工,大断面开挖,无轨运输首次应用,双线平均单口月成洞100m,该阶段隧道修建长度提高到15km以上作为选线展线的标准。

综上所述,看出铁路隧道在铁路建设中所处地位很大。它不但控制工期,而且控制线路标准的提高。因此,从设计、施工、科研三个方面提高山岭隧道的修建水平非常必要。

2 提高铁路隧道工程技术水平的措施内容

伴随高速铁路的发展,隧道工程不仅数量增加,而且都向长大化、地层复杂化方向发展。无疑,这将给隧道的规划、调查、设计、施工以及运营管理等带来新的课题,也必然促使隧道技术的变革和发展。概括有以下四点:

(1)如何提高单口工作面的掘进速度,减少不必要的辅助导洞数量,是今后隧道施工的方向。

(2)如何改善洞内作业环境,消除粉尘、噪音,铺平道路,提高工效减少塌方、灾害事故的发生,是当前应解决的技术关键。

(3)如何进行灾害的预测、预防与控制,提高抵抗地质灾害的应变能力,是当今隧道施工面临的急需解决的难题。

(4)在运营大密度、高速度条件下,如何减少隧道养护、维修工作量,是隧道从规划就应重视研究的重要课题。

总之,如何解决隧道工程中的安全、质量、速度、造价(效益)是当今主攻的内容,处理好四者之关系,牵涉到各个部门,而绝不是设计和施工两个部门所能解决好的事情。

---

* 本文原载于:中国土木工程学会隧道及地下工程学会第八届年会论文集,1994.

3 引以为戒的经验和教训

多年来在隧道设计和施工中,我们经历了各种类型的隧道工程。尤其在水文、地质上遇到了一系列大大小小的难题:如软弱围岩、浅埋、大跨偏压、岩溶、涌水、断层、瓦斯、高应力、强地震、岩爆、膨胀岩、酸性水侵蚀、泥石流等十三大灾害。这些灾害给施工带来很大困难和阻力,造成塌方不断,人身伤亡。

3.1 塌方的产生形态和分析

我们从以前施工资料进行统计分析,对近 400 个塌方实例进行轮廓概括,得出图 1 中的 16 种不同塌方类型,将其总结为三种形态。

(1)局部塌方:多发生在拱部,有时也出现在边墙,图 1 中的"11"和"8"是局部坍方的类型,一般发生在Ⅲ类围岩以上的硬岩中,而且Ⅴ类围岩局部塌方占总坍方的 75%,Ⅳ类占总坍方 52% 左右,Ⅲ类占 36% 左右,坍方高度一般 0.5~2.5m。

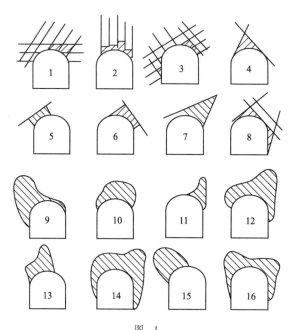

图 1

(2)拱形塌方:一般发生在层状岩体或块状岩体中,又分两种类型,一类是拱跨范围内,仅出现在拱部,如图 1 中的 10、9;另一类是包括侧墙在内的扩大拱部崩塌,如图 1 中的 14、16,该类型多出现在Ⅰ类围岩以下松软地层中,对土质地层会出现摩擦拱。塌方高度就单线铁路隧道而言,多在 4~20m 不等。

(3)异形塌方:是由于特殊地质条件(溶洞、陷穴)、浅埋、偏压隧道等原因产生的塌方。其形状多变,需具体研究分析。

隧道塌方的原因很多,人为的、客观的混杂在一起,但当前由于不认真按新奥法原理施工,喷混凝土厚度不够,尤其用模注代替喷射混凝土的做法是不妥的,因模注混凝土的质量很差,对围岩裂隙不能充填,不能对围岩加强,形不成喷层和地层的共同作用,随着爆破所产生动荷载的作用,会造成后部塌方、落石而伤人。另外,爆破后的不正确找顶,也会引起围岩顶部承载圈的整个失稳而塌方伤人。如图 2 所示,若人工将 1 或 2 两块石头撬掉,就会造成 3、4、5、6 四块石头的失稳,会形成虚线范围内的塌方,若只将浮石砸掉,喷上 5cm 厚的混凝土,使围岩裂缝被喷混凝充填,就形成了围岩自身承载拱的存

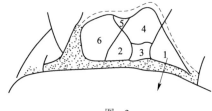

图 2

在和喷混凝土层的承载拱,两个承载拱大大增加了洞室的承载能力。因此,撬顶工序应改为砸顶工序。

3.2 辅助工法在铁路隧道中应用日益重要

铁路隧道遇到的不良地层平均占隧道总长的10%~20%之间。洞口段的岩堆、风化带,洞中的断层是任何隧道都不可避免的现状。经常成为施工的拦路虎,目前比较见成效而又易被现场所掌握的辅助工法:有管棚、小管棚超前、小管棚预注浆、周边深孔预注浆等。重视水泥——水玻璃注浆技术、工艺装备的配属是施工队所必须。实践证明,用该技术和工艺通过了军都山隧道涌沙、涌水、泥石流;通过了浅埋、超浅埋不稳定地层。在这些区段多用正台阶法开挖,先进行上半断面预注浆,待上半断面通过一倍到二倍洞径长度的不良地层后,再返回来进行下半断面的注浆和开挖。落底长度一般3~5m,支护必须紧跟。

超前支护长度一般为上台阶高度1.2~3倍;每次开挖预留1~5m止浆墙供下循环注浆用;注浆孔直径一般选用$\Phi 40$~$\Phi 100$不等;注浆压力分孔口段和终压段,从0.4MPa到5MPa范围;浆液压入量按注浆范围内体积的5~8%考虑;当孔内无水时注单液浆较好,水灰比1:1~0.8:1。为缩短凝结时间,在水泥浆内渗有水泥重量3%的水玻璃或0.5‰。三乙醇胺和5%氯化钠;当钻孔内有水但不大时,采用双液CS浆液,水灰比1:1~1.25:1。水玻璃浓度为30Be。水泥、水玻璃浆液体积比为1:1~1:0.75,磷酸氢二钠掺量为1~1.5%初凝时间控制在3~5min;当孔内水大时,采用凝结时间快的CS浆液,水灰比为0.8:1~0.6:1。水玻璃浓度40Be。水泥、水玻璃体积比为1:0.3~1:0.6,初凝时间在20~40s。以上注浆参数要在现场进行试用、修正、临场发挥,这种注浆称为树枝状劈裂注浆。将岩隙填塞,将流动土体压密,将水挤出,达到加固和堵水效果,基本上能做到开挖无水、围岩有自稳的能力。

3.3 正确评定隧道超欠挖的控制和标准

隧道开挖有钻爆法、机械切割法、人工和机械混合法,因此会产生不同的超欠挖值;另外,不同地质、层理方向、断面大小、开挖进尺,爆破器材等都会直接产生不同的超欠挖值;没有现场适用的、快速、准确、耐用的量测断面尺寸及超欠挖值的仪器,必然会带来放线不准,检查不准而不能正确反馈的恶果。人为而简单的确定一个超挖值,给施工单位带来了沉重的负担,这是极不合理的。用一个不考虑各种因素影响的超挖值去作为全隧道的准值;不配属也没有及时指导现场合理的检测仪器;而让施工单位蒙受不可避免的重大经济损失,是很不公正的。

通过实践证明,超挖值由三部分组成:一是施工机械和工艺要求造成的技术性超挖。如液压台车或手持风钻的机械构造而必需外插角所留的超挖台阶值;各类围岩的变位加大值;拱架预留沉落量;施工及测量所需误差;超前管棚或小导管轮廓线以下楔形坍落等。二是围岩破碎、节理发育、爆破后炮眼痕迹保存率低。岩体表面振松、脱落、砸顶等不可避免的超挖值。三是人为因素,如管理水平、技术素质、责任心所引起的超挖。前两种超挖值是设计所应考虑的,应根据施工机械、施工方法、围岩状况、断面型式、工期紧迫等因素综合考虑,绝不是一锤定音的小事。

另外,根据新奥法原理围岩也是支护的组成部分。所以采用缩小断面的钻孔方法,使开挖断面有规律的形成欠——超——欠,这样可大大减少超挖值。从结构受力分析是可行的。因此在规范上是否应放宽对欠挖值的要求。如图3看出,图b)缩小断面开挖法。会造成欠挖,其最大欠挖值是 e 及 $e/\tan\theta$ 所形成的欠挖三角环带,造成衬砌薄——厚——薄的纵向分布规律。该规律和软弱地层应用钢拱架所形成衬砌强——弱——强的规律和图c)是一致的,若按图b)开挖,会大大减少超挖值。

从国内外近百座隧道统计,隧道平均超挖值在18~20cm以上,不少隧道平均超挖值达30cm,显然均高于施工规范的规定值(15cm)。如何解决这个问题,是迫在眉睫的大事。

3.4 隧道快速施工的出路在于机械化配套

隧道成洞速度不高的因素很多,通过多年的实践感到,施工机械不配套是最大的制约因素,隧道施工由于地下作业条件恶劣,工作面狭窄,机械化程度必须提高。依靠人力获得效益和提高速度是有一定限度的。进行机械化施工才是提高施工速度和隧道修建技术水平的正确途径。什么"吃苦奉献,争创一流",这必须有坚实的机械配套基础,否则都是空话。

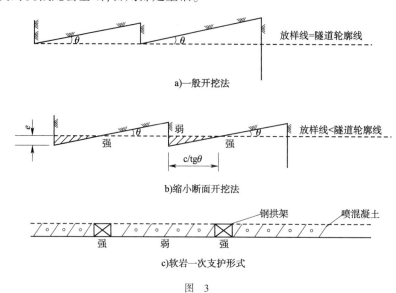

图 3

隧道施工机械配套涉及施工技术、施工工艺、工程地质、隧道长度和数十种施工机械的优化组合,是一门综合边缘学科,必须专门研究,确定配套模式。如单线隧道的有轨、混合配套方案;双线隧道的无轨、有轨、混合配套方案;中长隧道施工机械功能和效益的配套……都需要规范化。真正提高单口的掘进速度,是隧道施工的方向,目前采用"长隧短打",用斜井或竖井甚至平导来增加工作面的做法是人海战术的中国特色,将加强机械设备的费用取代辅助坑道的费用应是合理而可行的,但这种举措往往得不到一些人的支持,造成辅助坑道越来越多,费用并不减少,技术水平低下,如此下去,施工速度一直徘徊在单口百米左右。而国外施工主要靠提高单口工作面的掘进速度,增加独头开挖长度,目前最长独头掘进距离已达 8km,这说明一座长 6~10km 的隧道,如无特殊要求,基本上不设辅助坑道。

中长隧道应结合运营防灾要求,考虑设平导来解决仰拱施工与运输作业的严重干扰问题。这是非常需要而正确的举措。作为设计单位应予以重视、考虑。国外叫"服务通道"。对施工和今后正洞隧道的运营、维修、防灾均大有好处。

从提高隧道开挖速度出发,要求机械配套及单机性能应具备以下要求:

(1)整个隧道作业应机械化、单机本身具有适应地层的多变性和自身对环境的不污染性。
(2)机械本身的小型化、轻型化和多功能化。
(3)开挖、支护、运输、衬砌作业的联动化,形成互相配合的作业网络。
(4)研制新型的钻孔、破岩、装渣、大吨位的各种机械,以适应快速施工的需要。

3.5 中长隧道和富水软弱地层必须采用复合式衬砌结构

复合式衬砌结构是由一次支护(喷混凝土、锚杆、钢筋网、钢拱架)和二次模注混凝土衬砌,两层中间铺设防水隔离层所组成的支护结构;二次模注衬砌必须在一次支护基本稳定后才开始施作。这种结构形式符合新奥法原理,能合理、人为的调动围岩的承载能力;达到和一次支护共同承载的目的,这是施工安全所必须做到的。决不允许在一次支护没有的情况下,也就是开挖岩石裸露的前提下进行模注混凝土作业,这种设计,是对施工单位人身安全的极大危害;另外,虽有一次支护,但强度不足以在爆破荷载连续不断的作用下,产生掉块、落石而难以防止的支护,也会危害安全生产。我们经历了不同地层、不同结构、不同埋深的各种隧道、地下工程、地下铁道等工程的设计与施工,深感只要按照设计、施工程序进行地下工程施工,就会顺利、优质的建成,就会克服各种恶劣地层的干扰。

然而,当今的设计有时经常脱离施工,违背新奥法的原则。设计应首先考虑现场各工序的安全施作,工序必须符合隧道狭窄的特点,拉开一定长度。结构计算必须按工序进行,如临时仰拱的设置纵向结构封闭的时间等。目前可以断言:不按复合式衬砌进行结构设计的隧道,肯定达不到优质、安全的目的,建成后也会给运营带来重重弊病,如裂缝、漏水等。所以,应遵重地下工程的设计特点和施工的要求。这里需要指出的是:施工单位不重视二次模注衬砌拱部的封顶作,使拱顶衬砌厚度偏薄,经常出现厚度仅10cm 左右,给运营造成危险。从结构安全考虑,虽然一次支护已承受大部分荷载,但二次模注衬砌还要受力,长远看结构也是不安全的。

3.6 单线隧道施工运输方式的选择

单线中长隧道日益增多,装渣运输成为控制工期的关键,目前有三种装运方式:
(1)有轨装渣、有轨运输方式;简称有轨运输。
(2)无轨装渣、有轨运输方式;简称混合运输。
(3)无轨装渣、无轨运输方式;简称无轨运输。

三种方式各有利弊,需要认真选择,现从施工进度、施工通风、工程造价、施工组织与管理、机械维修与管理、施工干扰、对不良地质的适应能力等七个方面进行对比。

现将近期修建的三座(长 3km 以上)铁路单线隧道和 6 座断面 26～33m² 水工隧道采用无轨运输的资料和 60～70 年代修建的有轨运输隧道的资料对比如表1所示。

运输方式掘进速度对比　　表1

运输方式	隧道名称	掘进速度 m/月		备　注
		平均	最高	
有轨运输	蜜蜂箐	148	200.6	开挖 4 个月 15 天进 668m
	一支山进口	135.6		开挖 10 个月进 1356m
	嘎立 1 号	102.5	125.0	开挖 5 个月 16 天进 580m
无轨运输	八盘岭进口	106.7	136.0	开挖 7 个月进 747.2m
	八盘岭出口	142.6	201.96	开挖 5 个月进 712.85m

(1)施工进度

均为Ⅳ、Ⅴ类围岩进行对比,有轨略高于无轨。

(2)施工通风

单线长隧道无轨运输施工是一个非常突出的问题,解决难度很大,主要表现以下三点:

①风量比有轨运输要大 62%～260%,必须采用大型通风机(1000m³/min 以上)。

②通风方式:

有轨运输的施工通风主要是稀释爆破炮烟。一般采用以吸出式为主,局部压入为辅的混合式通风,效果较好,而无轨运输、废气污染全洞,尤其掌子面装渣机附近更为严重,采用爆破后吸出,出渣时压入交替变换式通风方式较好。因此通风管要求硬质风管、通风机反向运输的风量也只有正转的 60% 左右,但这样全洞的废气污染问题并未解决。

③单线隧道净空也不允许安装大型风机和直径 1m 以上的通风管。

鉴于以下原因,从施工通风角度出发,不宜采用无轨运输。

(3)工程造价

由于影响因素较多,仅从几个方面比较:

①设备本身造价相比,无轨运输设备高出有轨 60～160%。

②通风设备、电量消耗相比,无轨与有轨之比为:军都山隧道(双线)约为3:1,兴安岭隧道(单线)约为2.76:1。无轨比有轨每米成洞所增加的通风费用,军都山隧道为1000元,兴安岭隧道为748元,则每公里分别高出100万元和74.8万元。

③无轨运输要求每隔一定距离要扩挖会车段,但有轨运输轨料费较高比无轨每公里要增加13万元。但无轨运输需耗费大量轮胎,其费用难以估计。在工费方面,无轨比有轨省。

(4)施工组织与管理

无轨运输施工组织、管理方便,不需充电设备,不需铺设轨道和延伸轨道工序,尤其洞外远运弃渣时不存在倒运问题。

(5)机械维修与管理

无轨装、运设备维修困难。出现故障不易迅速修复。有轨维修简单,一般均衡进度比无轨运输有保证。

(6)施工干扰问题

无轨运输第二个难于解决的是施工干扰,出渣和衬砌干扰严重,要单工序施工;有轨可以同时作业,所以成洞速度均衡。

(7)对不良地质的适应性问题

无轨运输在不良地段不能充分发挥其效能,当隧道穿过泥岩、千枚岩、泥质页岩等及有水地段,道路承压能力不够,需增加底部厚度,所以没有有轨运输适应性强的特点。

(8)几点意见

①短隧道或单面掘进不超过1000m好地层的中长隧道,干扰和通风可以解决,可考虑用无轨运输及无轨装渣。

②地质条件差的隧道宜用有轨运输。

③无轨装渣,有轨运输方案是可行的,通风采用吸出式通风,是较好方案之一。

3.7 文明施工,改善洞内作业环境

洞内作业环境主要包括:光照(亮度)、空气(空气质量、放射性)、粉尘、烟雾、声(噪音)、电(杂散电流、高压电)、水(湿度、涌水)、道路等八个方面。目前长大隧道重视了通风、防尘和道路的铺设,但对照明、噪音、排水重视不够。造成人身伤亡,劳动效率低。尤其管理者不重视八个方面的污染到了麻木不仁地步。将通风费用不用于通风,使工人在各项指标严重超标的环境下工作。某隧道有放射性污染,该享受的劳保,预算中没有。

防粉尘、防噪音、防烟雾、防种种有害环境卫生的设备、技术措施都有,就是实现不了,设计、施工、甲方都有责任,重视和下决心为改善隧道作业环境做出贡献已成为地下工作者关注的大事。我局在这方面做了大量工作,试制成功除尘率达99.5%的干式除尘器、轻型喷雾降尘器(除尘率达90%左右)。大直径、低摩阻、百米漏风率在1%以下的拉链式软风管、低噪音消音器、各种工程适用的通风方式,等大大改善了施工条件,提高了生产效率。

总之,铁路隧道正处于大发展阶段,伴随钻爆法而即将进入铁路隧道施工的TBM全断面掘进机。将给隧道施工增添新的内容,将和当今的施工方法相辅相成的发展,进一步将施工进度提高到一个新的水平。

降低城市地铁造价的措施和意见

王梦恕

(铁道部隧道工程局)

摘 要:随着城市交通量的迅增,地铁建设的发展迫在眉睫,但地铁工程的高造价限制了地铁建设的发展速度和规模。作者从六个方面提出了现阶段降低地铁工程造价的措施。

关键词:降低;地铁;造价;措施

Abstract As the urban traffic volume has been increased rapidly, the development of building urban metro is extremely urgent. But the high costs of the metro engineering works restrict the developing speed and scale of the metro construction. From six aspects, the measures for reducing the building costs in present stage are proposed in this paper.

Key words reduce;metro;building cost;measure

随着国民经济的发展,人口、产业向城市集中的趋势日益明显,为了保持城市功能及交通所需的空间,城市建设已开始向地下发展。进入80年代后,国际隧协提出:"大力开发地下空间,开始人类新的穴居时代"的倡议,得到了各国广泛响应。日本首先提出利用地下空间把国土扩大10倍的设想。各国政府都把地下空间的利用,作为一项国策来推进其发展。

我国城市地下空间的利用刚刚起步,处于领先地位的城市地下铁道的建设已迫在眉睫,我国第一条地铁(北京火车站至苹果园)从1965年10月开始修建,于1970年10月正式运行,造价约2000万元/公里,其中土建工程平均1.1万元/米,被视为当时最贵的工程。因当时北京地下水位很高,离地面仅2.0m左右,施工中采用深孔井点大口井降水,需将水位降到15m以下,所以降水费很高,因考虑三级防护,结构配筋率很高,所以结构衬砌费高达5000元/米(双线框架式)。

北京地铁继环线地铁建成后,经过十几年的停滞,从八十年代后期重整旗鼓。紧接着各大城市纷纷规划地铁建设,但昂贵的造价使决策者举棋不定或持否定态度。作为地铁工程的管理部门、规划设计部门、施工单位,如何端正思想,设法降低地铁工程造价,把地铁事业发展推上去,是很值得探索的重大课题。

1 正确进行客流量的预测

预测可分两种情况,一种是包括整个交通圈的综合需要;另一种是某一线路的营业区间或规划线路的未来需要。其中规划线输送量的预测,应以沿线人口的现状为基础,再考虑以下几个因素:车站圈域内人口及其乘车率;从附近交通工具转移过来的人数;由于地铁线路的新设,对沿线两侧开发的效果人数;人口的自然增加率。

综合以上客流,进行各站乘车人数、到站人数、出发人数,并按流向分别整理计算出一天各站间的通过人数。根据预测客流,正确设计车站的规模。那种把客流盲目增大,以致把车站规模搞得很庞大的做

---

* 本文原载于:中国土木工程学会隧道及地下工程学会第九届年会论文集,1996.

法是不对的。广州地铁在进行车站位置、规模规划时,注意到了地铁建设、地铁运营和地铁沿线物业开展的关系,对今后稳定客流,增加效益很有好处。

同时根据客流进行近期和远期工程的设计和施工,分期投资对提高资金周转率很有好处。

2 正确选择地铁的平面与纵断面

从节省投资、缩短施工工期和便于两侧物业开发,一般地铁线路设在城市主要街道之下,可避开过大的拆迁和施工干扰。

2.1 地铁平面位置的确定

原则上应把地铁线路设在街道中心线上,应考虑沿线地下结构物和隧道的关系,以及隧道施工时对沿线房屋的影响。线路拐弯采用大半径曲线通常可减小钢轨的磨耗(表1)。总之,要综合考虑线路的经济性,运行的通畅性,运营后维修管理、防灾及对沿线居民的影响等因素。

曲线半径与钢轨使用寿命关系　　表1

曲线半径 R(m)	钢轨使用寿命折减系数 K	曲线半径 R(m)	钢轨使用寿命折减系数 K
$R = 1000$	$K = 1.0$	$R = 500 \sim 400$	$K = 0.50$
$R = 900 \sim 800$	$K = 0.85$	☆$R = 400 \sim 300$	$K = 0.30$
$R = 800 \sim 650$	$K = 0.70$	$R = 300 \sim 200$	$K = 0.20$
$R = 650 \sim 500$	$K = 0.60$	$R = 200 \sim 150$	$K = 0.15$
☆$R = 400 \sim 300$m 时对运营和轨道养护维修极为不利			

注:资料来源于北京地铁总公司工务段数年大量实测数据。

2.2 线路的纵断面选择

一般讲,地铁的深置深度越浅,造价越低,尤其是车站,这种效益更加明显。从图1看出,明挖法的费用与埋深成正比,浅埋暗挖法、盾构法的费用与埋深关系又太大。当车站、隧道顶板埋深在1.0m左右时,实践证明是合理而经济的。这里应特别指出,城市的各种管道、电缆等的规划应服从地铁的合理埋深,横跨地铁的管道、电缆一律不应在车站区段穿过,而应在区间上穿过,不应因管道的埋深而把车站顶部的标高压低,这是极不合理的做法。日本将车站拱顶埋深定在2.5m以上是不合理的。广州地铁和规划中的南京地铁,都未跳出日本所惯用的这个圈子,造成不必要的造价提高。埋深浅的车站可形成良好的运行纵坡。由于区间结构高度低,并考虑各种管道的横穿,所以区间顶板的埋深一般在6~10m是合理的。区间埋深低于车站埋深,形成进站上坡,出站下坡,可节约能源,减少制动刹车力过大的弊病。

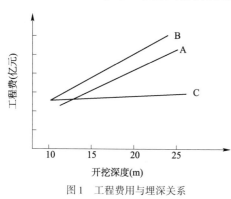

图1　工程费用与埋深关系
A-明挖法;B-地下连续指法;C-暗挖法

3 地铁合理造价的比例关系

日本地铁的造价普遍比我国高,从图2可看出50年代到60年代平均每公里0.5亿~1.2亿人民币;70年代到80年代每公里造价上升一倍以上,达2.25亿~5.59亿人民币,80年代后期由于拆迁费剧增,地铁又向深层发展,每公里造价上升到15.69亿~27亿。另外,日本地铁站距比我国近,车站功能比我国多,这些都是造价高的原因。其中土建费从40%上升到60%左右,车辆费占9%左右,拆迁费从6%上升到13%,其他及电气费从30%下降到19%左右,说明地铁综合造价以土建费和拆迁费最大。而我国近几年土建费的比例在下降,从60%降到45%左右。从国外引进的机车车辆和电气设备费用大大高于国产设备。进口一台机车,可买国产机车十台以上,这是地铁综合造价上升、土建费比例下降的主要原因。长春客车厂生产的机车已运行了二十年,并非进口不可,发展祖国工业,地铁设备国产化,是我国义不容辞的责任。娶洋媳妇今后是养不起的,类似这方面的教训很多,追求先进不惜成本,不注意保护国家利益的做法必须纠正,这是地铁今后发展首要解决的问题。我国地铁造价从80年代初2亿元/km,猛增到目前8亿元/km左右,这里有技术问题、管理问题,更有指导思想不切合实际的问题。今后地铁造价降到什么水平合理,不能一概而论。南京地铁筹备组已明确,除地铁设备全部国产化外,要再从十个方面进行研究分析,力争造价不突破4亿元/km。当前,降低地铁土建结构费以外的其他费用是非常必要的,否则地铁建设将无法发展。

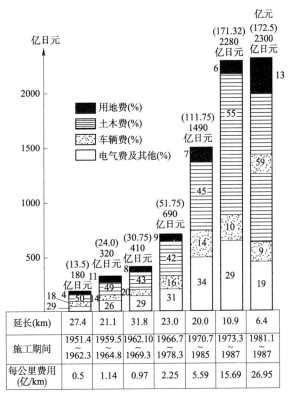

图2 日本地铁造价分析

4 降低地铁装修和通风费用

4.1 地铁车站装修不应追求豪华

地铁车站的功能是供乘客换乘、集散,国外的地铁车站绝大部分装修很简单,或根本不做装修。我国地铁建设单位人员多次到国外考察,应学习人家这种实用为主导的精神,结合我们的国情和本城市的特点,修建美观、适用、安全可靠、低运营费用的地铁,盲目追求豪华,加大地铁造价,会阻碍地铁建设的进程。

4.2 地铁通风设施并不是规模可观的空调设施

由于乘客体温、建筑照明、电车运行等都要发出热量;乘客呼出的二氧化碳和各种气味等都需要排出。利用列车活塞风,利用地下水可带去不少热量和补充新鲜空气。然而,一些设计人员不惜成本,将整个车站搞密闭空调,实在不合理。因地下比地面温度低,只要加空气流动,完全不需要空调设施。各城市地铁应首先考虑自然通风,半机械通风为主的换气方式,最后才考虑全机械通风方式,见表2。运营初期最好不考虑空调设施,随客流量增加,几种通风方式换气均有困难时,可采取应急措施。这方面北京地铁总公司有成功的措施和经验。

通风方式比较　　　　　　　　　　　表2

方 式		略 图	要 点
自然通风	利用列车活塞风		路面每隔70～100m设一通风口,无列车时,丧失排烟功能
半机械通风	车站、机械送风 区间:自然通风		车站环境得以改善
	车站、自然通风 区间:机械排风		隧道中间设置通风井,安设小型风机
机械通风	车站、机械给风 区间:机械排风		协调车站和隧道的通风,是地铁标准的通风方式
	车站、机械给风 排风		车站进行给、排通风、车站站台下排气,可消除电车下的机器热量
	车站、机械给风排风 区间:机械 给风排风		不能设中间竖井时采用,车站和区间完全分离的通风方式

5 正确选择车站、区间的施工方法

施工方法的正确选取直接与工程造价相关。地铁施工方法很多,其施工方法的选择取决于埋置深度、结构跨度、工程地质、水文地质、衬砌结构、技术水平、工期、地上建筑物和城市交通情况、环保要求、经济条件等因素。所以,施工方法的确定是比较复杂的技术关键。

5.1 施工方法选择原则

5.1.1 首先树立城市环境保护意识

随着城市建设和交通的发展,扰民、长时间污染环境和干扰交通的施工方法将不能被人们接受。在北京没有试验成功浅埋暗挖工法前,这是地铁建设停滞多年的原因之一。

5.1.2 必须严格控制地面下沉

城市地铁的区间隧道和车站均设置在主要道路之下,且距离高大建筑物较近,过大的地面下沉将会给各种地下管线、周围建筑物带来灾难。所以工法必须保证将地面下沉控制在允许范围内。

5.1.3 必须保证结构不渗不漏

保证结构不渗不漏的根本方法是多道防线综合治水。首先在施工过程中要创造一个干燥无水的作业环境——降水,以保证结构的施工质量;二要在结构外围做一层封闭的柔性防水层;三是结构本身达到抗渗要求。选择施工方法和做施工图设计时就要提供达到以上三点要求的条件,仅考虑结构本身的强度、刚度、稳定性,而不顾及防水的可靠性的设计,不是好的设计。如双层复合式衬砌已被地下工程所证实是最可靠的结构,然而有些设计将围挡结构(连续墙)作为结构侧墙的一部分,换句话说,结构侧墙相应地减薄,而由连续墙替代,这里完全忽略了连续墙的不可防水性。更有甚者,在围护结构与侧墙之间设有剪力联结器——俗称胡子筋,胡子筋不仅破坏了围护结构与侧墙之间防水层的密闭性,而且破坏了侧墙的抗渗性,胡子筋则成为渗水的通道。相反设围护结构与侧墙之间剪力为零,补设完整的防水隔离层,这样既能消除侧墙裂缝的产生,又是非常可靠的外贴式防水层。例如北京地铁复一八线的永安里车站、天安门东站的设计、施工遵循了这个原则,建成后不渗不漏,相反热电厂车站因设剪力筋而侧墙出现开裂和漏水。然而,这样的事实,某些设计人员和甲方管理人员却视而不见,并不引以为戒。正在设计和施工的一些地铁车站,仍在重蹈覆辙,这是极不应该的。

图3示出四种边墙主体结构和围护结构之间的型式,a)种型式不予推荐,尤其在地下水位较高地层更不宜采用;b)种型式在北京地铁已证明渗漏严重,不宜采用。这种剪力联结器把双墙结构连成危型结构(结构力学中平行杆的联结结构,称为危型结构),广州地铁一号线正在全部采用,应予研究尽快改进为好;c)种型式是真正的复合式衬砌结构,两结构之间设防水隔离层,是最好的受力、防水结构,一般用于明挖法施工;d)种型式是顶板压围护结构式的复合衬砌结构,一般用于盖挖法施工。天安门东站、永安里车站均为这种型式。

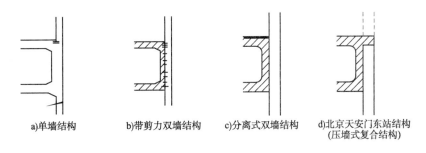

图3 边墙和围护结构联结型式

5.1.4 必须重视辅助工法和施工方法的综合配套

由于地铁工程所处地上、地下环境的复杂性,必须采用多种辅助工法和施工手段来满足工程的需要,为区间地铁要穿过楼房群,就必须预先对浅埋条形或单个基础进行加固处理,否则,不可避免的地表沉陷会给房屋造成危险。总之,地上、地下同时加固,以地下为主,辅助工法和施工方法同时进行,以施工方法为主的原则是正确的。

5.1.5 合理确定工期是建成优质地铁的根本

一般区间工期比车站工期要短1/3左右,控制工期的工程是车站。所以不顾国情,选用先进设备,加快区间建设,提高工程造价的做法是不可取的。

5.2 地铁施工方法选择次序

地下铁道主要施工方法见表3,应先从经济、可靠、简单的施工方法选择,区间应优先选用浅埋暗挖法而不用、少用盾构法,干了几十年盾构施工的工程院士刘建航总工,在他写的专著"盾构工程学"的前言中曾讲:"能不用盾构的地方最好不用盾构"。这是实事求是的总结。运用盾构的缺点比它所具备的优点多得多。在线埋暗挖工法中,也应按表3从上向下优先选择开挖方式。CRD法;眼镜工法一般用在结构跨度大于10m以上的隧道断面。软弱地层施工必须突出工序紧跟的特点。地下工程的开挖,类似外科大夫在动手术,方案必须考虑充分,当打开腹腔后,就要及时、快速处理各种情况,不能再研究方案。隧道同样如此,挖开后必须及时支护,否则好地层会变成坏地层。

地下铁道主要施工方法　　　　　表3

类型		施 工 方 法
车站	明挖法	敞口明挖法—基坑放坡开挖法、基坑支护开挖法
		盖挖法—逆筑法、半逆筑法、顺筑法
		墙—底—工法(不降水明挖施工法)、沉箱施工法、沉埋管段法(过河用)
	暗挖法	浅埋暗挖法:中洞法、侧洞法、柱洞法
	围护结构	连续柱、非连续柱加喷锚;连续墙、钢板桩;喷锚
	盾构法	插刀盾构(自行式)、土压平衡盾构、泥水盾构、开敞式盾构
区间	浅埋暗挖法	全断面开挖法、台阶开挖法(长台阶法、短台阶法)
		分布开挖法:侧壁导坑环形开挖法、中隔板法(CD法)、交叉中隔板法(CRD法)、双侧壁导坑开挖法(眼睛工法)
	顶管法	

5.3 必须正确选择辅助工法

好的施工方法要有配套的辅助工法才能成功,表4列示了我国常用和不太常用、但可以应用的辅助工法及其适用范围。辅助工法的选择必须突出经济、快捷的原则,从易到难进行选择。辅助工法的正确选用,对降低工程造价、提高施工速度、确保工程质量有着直接的关系。浅埋暗挖法实质上是新奥法加辅助工法的综合配套技术,因此地下工程必须重视辅助工法的选择和应用,否则将会造成大的失误,谁为了降低工程造价而取消和削弱了辅助工法,谁将会受到自然界的惩罚。

辅助工法种类及适用范围　　　　　表4

措 施 目 的		辅助工法	围岩条件			备 注
			软岩	土砂	膨胀土	
开挖面稳定措施	拱部稳定	环形开挖留核心土	○	○	○	
		超前锚杆	○	○	○	长3.0m左右
		超前小导管	○	○	○	φ40 长3.5m左右
		超前小导管注浆		○	○	φ40 周边注浆
		超前管棚注浆	△	△	△	φ80~100 长8~10m
		水平旋喷加固		△	△	双重管
		钢插板		△	△	波形钢板
		半断面挂碳		△	△	插入1m左右
	开挖面稳定	深孔预注浆加固		○	○	φ80~100 深15 岩石
		周边水平旋喷		△	△	
		开挖面喷锚	○	○	○	
		冻结法		△	△	

续上表

措 施	目 的	辅助工法	围岩条件			备 注
			软岩	土砂	膨胀土	
防止地下水措施	降排水	轻型井点降水	○	○	○	真空降水
		深层井点降水	△	○	○	15~20m
		水平井点超前降水	△	○	△	φ70 深15m 左右
		排水钻孔	○	○		
		排水坑	○	○		
		无砂管排水	○	○		φ300
	止水	深孔全封闭堵水注浆	○	○	○	φ80~100 深15~20m
		气压法	△	△	△	
		冻结法	△	△	△	
防止下沉措施		地表注浆加固	△	○	○	
		洞内充填注浆	○	○	○	一次支护背后填充
		洞内堵水 地面补水	△	○	○	
		超前支护注浆	○	○	○	

注：○-常用方法　△-不常用方法。

6 地铁小型化的发展

隧道净空断面随着施工方法的不同，而有矩形、圆形、马蹄形之分，圆形浪费断面较多，矩形最节省断面。随着地铁的发展，许多国家在研究地铁向小型化发展的趋势，车辆变小，电气悬挂变小，导致地铁隧道断面变小。

日本东京都地铁12号线就是按照小型化原则规划和修建的。根据12号线调查，最混杂地区的单向通过人数为30351人/时，增长率30%，则为40000人/时，设列车运行次数最大为30次/时，混乱度定为180%，列车由8节车厢组成，则一个车厢平均定员为：$Q = [40000/(30 \times 1.8)] \div 8 = 93$ 人。由此，可决定采用平均定员为100人小型车辆。车站有效长度为 $1 = 16.5m \times 8 + 5m = 137m$。这样不仅隧道断面可减小，同时车站长度也缩短。从图4及表5可看出，12号线比新宿线断面小50%左右，造价可节约30%。由此看出，地铁小型化是有发展前途的。

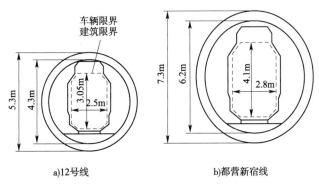

图4 小断面（12号线）和新宿线对比图

地 铁 参 数 比 较　　　　　　　表5

规模 项目		12 号线	新 宿 线
建筑限界面积(m^2)		9.1(65)	13.9(100)
车辆限界面积(m^2)		7.1(66)	10.8(100)
单线圆形	内径(m)	4.3(69)	6.2(100)
	内空断面积(m^2)	14.5(48)	30.2(100)
	开挖断面积(m^2)	23.3(53)	43.6(100)

注:( )内为新宿线数值。

作者从六个方面论述了降低修建地铁造价的措施。有不妥之处,望能指正。作者在1992年和日本熊谷组共建引水入兰州的水利工程时,看到他们用飞机从本土运来大量方便面和卫生纸,曾问为什么舍近求远,买价钱比中国贵数倍的物品时,他们讲:"我们的钱要用在自己的国土上"。感慨之余,想到我们在规划地铁建设时,首先应该考虑设备国产化,这不仅大大降低地铁投资,而且把资金投在自己的国土上,形成良性循环。

穿越琼州海峡进行工程结构研究

王梦恕　刘　松

（铁道部隧道工程局）

摘　要：海南省要腾飞，必须创造一个良好的投资环境，解决好能源、交通、通讯等基础设施，其中关键是交通。沟通琼州海峡两岸，是举国上下的共同心愿，做好前期规划，已刻不容缓。

关键词：琼州海峡；变通途

1　祖国宝岛

海南岛又名琼崖，在广东省西南部的海中，北隔琼州海峡与雷州半岛相望，是我国仅次于台湾岛的第二大岛，全岛面积 32200 km^2，海岸线总长 1470km，现有人口 700 多万。由于地处热带北缘，终年气候温和，雨量充沛，四季常青，繁花似锦，资源十分丰富，是我国难得的热带、亚热带宝地，素有祖国宝岛之称。

海南岛像一颗孤悬的明珠与大陆遥海相望，岛上虽有铁路、公路，却不能和大陆联通，使海南丰富的各种资源和祖国的各种物资被海峡所隔，交通不便、交流受阻，严重影响海南省的扩大和发展。因此，连接海峡两岸交通已迫在眉睫，必须提到日程上来，这是时代的要求，也是与会专家的责任，更是海岛党政领导的光荣使命，也是为当代、后代造福的最好机遇，今天各地专家、教授、学者、企事业家云集宝岛，在进行结构工程交流之际，共商两岸交通如何相连更具有深远的现实意义和长远的历史意义。

2　海峡概貌

琼州海峡位于雷州半岛和海南岛之间，是我国三大海峡之一（另两个为渤海海峡和台湾海峡），它是三大海峡中最小的一个。海峡东西走向，长 80.3km，最窄处约 18.2km（以水面为准），最宽处约 35km，沿海峡两岸有岬角和海湾。水深为西面较浅，东面较深，一般约 80~120m 深，最大深处为 160m。

海峡两岸地层为火成岩，北岸以玄武岩直接临海，岬角前方有玄武组成砾石滩。南岸为熔岩台地。前缘有沙堤和沙滩。岬角突出处有陡峭海崖。在南渡江入海峡处形成扇形冲积三角洲（在海口市附近入海）。

由于海峡东接南海，西连北部湾，海流受海峡约束，在海峡底部冲刷成深槽，长约 70km，宽约 10km，深槽水深 80~120m，在海槽里还残留一条东西走向的"中垣"（即未被冲蚀的弧丘）高出海底 30~40m，海峡流速 0.10~0.27m/s。

3　地质概貌

(1) 第四系更新统湛江组（Q、Z）：由砂、砂砾石、亚黏土及黏土组成。位于海峡北灯楼角—垒石一带

---

* 本文原载于：第五届全国结构工程学术会议论文集（第一卷），1996.

厚 31~45m,在海峡南老城一带厚 145m 左右。

(2)上第三系湛江群下洋组（N_2XY）：由灰褐色粉砂岩、绿灰色中砂岩和灰绿色粗砂岩组成,厚度大于 300m,位于海峡谷底。

(3)构造：琼州海峡位于雷青断隔区中部,是华南新构造运动强烈地区之一自新第三系以来,曾发生过大幅度沉积,沉积有 3000m 以上新地层。

海峡地段的断裂构造主要发育有东西向、北西向及新华夏三组,其中以东西向最为发育,数量多,规模大。北西向其次,但表现出新生性和强烈活动性。这两组断裂对海底隧道有一定威胁。

针对上述概况,集国内外修建地下、水下工程的经验,要克服这一险阻,虽然难度很大,但只要认真做好前期勘探、试验、研究和论证工作,让琼州海峡变通途,在科学技术发展的今天,是可能的(图1)。

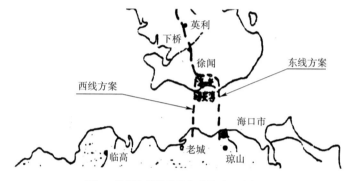

图 1 琼州海峡隧道路岸联轨平面示意图

4 海峡变通途

越琼州海峡一般有三种手段：一种天上过(大桥方案),一种地下走(隧道方案),另外第三种水中过(沉放方案),也是可行的。

结合上述概况,考虑海峡最窄处为 18.2km,最宽 35km,水深一般 90~120m,深槽处达 160m,且受台风季节威胁严重。从气象资料看：11月~3月以偏北风为主,风力 6~7 级,最大 10 级；5~9 月以偏南风为主,一般风力较小,但此时却是台风季节,风力可达 12 级,风速达 40m/s,多以旋转风出现,所以若采取大桥方案对行车不利,不能全天候运行。另外大跨、超高桥墩、深基础施工难度也很大,对海峡东西海上通航也造成一个人工障碍。日本经验证明,当风速达到 33m/s(风力 11 级)时,可导致列车颠覆,无法保证铁路运输畅通无阻,因此做桥方案能否实施,尚有待专家论证。

修建海峡隧道方案主要优点是：不受气候影响,可以保证全天候运输,不干扰海面通航及海域的污染,能保护生态的平衡,另外结构安全度高、维修费用低等,多优于大桥方案。

从国外已成功的经验看,日本青函海底隧道用矿山法建成穿越了津轻海峡,全长 53.85km；英法两国用 TBM 掘进机共同修建的跨越英吉利海峡隧道工程都相继通车,并产生了很大的经济效益和广泛的社会效益。国内用盾构法在上海建成的两座跨越黄浦江的水底公路隧道已经运行,用沉埋管段在广州珠江、宁波涌江的水下公路隧道也已投产应用,正在规划的京沪高速铁路穿越南京长江的沉埋管段施工方案已开始研究,种种施工实例说明隧道方案是成功的,许多国内外的施工经验是可借鉴的。

5 隧道方案的比选

当前穿越海峡的施工方法主要有三种：

(1)沉埋管段方案

由于琼州海峡的谷底断面比较平坦,所以应用长(一般每节100~150m),管段分段在地面做好后,拖浮到线路中线上,一段段沉放下去再进行水中接头联结,形成隧道。该隧道可以全部埋入海底,也可以半埋式,技术关键是水下深埋沟的开挖和防淤,以及结构的类型及受力分析方法。

(2)水下漂浮隧道方案

1989年国际隧协(ITA)成立了沉放隧道和水下漂浮隧道小组。专门对水下隧道的结构型式受力分析进行研究。

1993年挪威政府拿出500万美元,研究一条直径为10m的圆形断面隧道如何穿越250m水深的水下漂浮隧道。

意大利按阿基米德原理设计一座穿越墨西拿海峡的隧道(从意大利南部到西西里岛),隧道放在水下30m海谷上,用缆索和锚索(锚杆)完成定位工作,水下钢筋混凝土结构为矩形,宽42m,高24m,上下两层,两侧为单线铁路隧道,中间为三条汽车道。

这种施工方法可避免在深水中挖沟,减少工程量很大,但锚固技术和工艺要求很严,养护也很困难,整个结构的安全度、可靠性还需进一步研究,今天参加第五届全国结构工程会议的专家应对这个方案进行力学分析,确定计算模式和计算程序,为该方案能否建立提出意见。

(3)深埋隧道方案

根据海峡冲刷深度,将隧道设置在离最深峡谷标高以下50~100m处,按最安全深度100m进行了拉坡设计,该方案的隧道长度较其他方案长很多,不论在西线或东线方案。海峡隧道加上两端引线总长为34km,该方案简单可行,不用特殊施工设备,只用一般常用的矿山法施工或TBM掘进机施工的机具就可,该法安全可靠,今后运营、维修也比较省时、省钱。

以上三种方案,用TBM掘进机进行深埋隧道施工方案最为可靠,且国内外有不少采用沉管法和TBM法这两种方案的成功实例。TBM(或盾构法)法修建隧道,要求洞顶覆盖层需要有一定厚度,一般为2~3D(D为TBM外径),这样,将两岸引道长度增加很多,是该法最大缺点。如果用沉管隧道方案,海底段隧道覆土仅0~2m厚,两岸引道大为缩短,工程造价降低。总之,施工方法和结构形式、受力分析、关系很大,必须同时考虑。

该工程是一项规模较大的系统工程,前期地质勘测工作应提前进行,提前确定线路走向和施工方案,根据走向、施工方案、确定工程造价。因此,前期可行性方案的研究、勘测应尽快进行。愿该会议及工程结构力学委员会,呼吁、宣传并参与前期工作。

米花岭隧道出口端的快速施工及机械化配套

王梦恕　李桧祥

(铁道部隧道工程局)

摘　要：在简述了米花岭隧道(长9392m,是我国已建成的最长的铁路单线隧道)的设计情况后,重点阐述了米花岭隧道出口端实现快速施工的两条经验：一是利用平导实现正洞下导坑超前而后全断面扩挖,二是依靠科技进步,认真进行机械化快速施工的配套工作,组成了开挖、喷锚、衬砌作业线。米花岭隧道的施工经验,值得我国单线铁路隧道施工借鉴。

关键词：隧道；施工；机械配套

1　米花岭隧道设计概况

米花岭隧道位于广西壮族自治区田林县境内,隧道起止里程为 DK340+958 至 DK350+350,全长 9392m,最大埋深700m,是控制南昆铁路总工期的关键工程,也是我国目前最长的铁路单线电气化隧道。进口紧邻滇、黔、桂公路,施工场地开阔、交通方便。出口则处于山脉延绵、峰峦起伏、山高坡陡、沟谷纵横、交通极不方便的峡谷之间,施工场地非常狭窄。

隧道线路平面(图1)因受地形、地质条件的限制,进出口端各有一段曲线。隧道线路纵断面为单面坡,坡度0.48%。该隧道进出口端均设有平行导坑,隧道中部设有斜井两座。进口端1#斜井长631.81m,平导长2.688km；出口端2#斜井长453.08m,平导长4.624km。

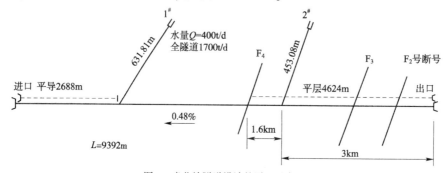

图1　米花岭隧道设计的平面示意图

隧道穿越右江与南盘江水系分水岭——九巍峨山系,地处马郎至根龙复式褶皱地带。地层岩性主要为泥岩,灰绿色砂岩,钙质泥岩。共有三条较大断层：F2、F4 断层是压性断层,有涌泥可能；F3 断层是张性断层,有涌水可能。三条断层影响长度 600m 左右。围岩分类：Ⅰ类 1106m(11.4%),Ⅱ类 3766m(40.1%)Ⅳ类 4520m(48.2%)。泥岩强度为 16.8~33.6MPa；砂岩强度为 71.3~169.6MPa。

施工采用钻爆法、复合式衬砌,有轨运输。还配合《单线铁路长隧道机械化快速施工技术与设备配套》研究专题,进行机械化配套。

全隧道采用曲墙仰拱或钢筋混凝土底板全封闭型衬砌断面。初期支护以喷、锚、网为主,辅以超前小

---

* 本文原载于：世界隧道,1997(01).

导管和网构钢拱架,在初期支护与二次衬砌之间设防水层。

2 米花岭隧道出口端施工

隧道工程局承担出口段正洞5099m(实际5114m),2#斜井452.3m(实际长度)和出口平导施工任务,于1993年8月25日开工,在1996年8月31日全部完成,达到了铺轨前的验收标准,比合同提前四个月。设备配套于1994年5月完成,从1994年6月至1996年5月平均月成洞速度为150~250m,最高月成洞速度达515.9m,连续两年快速施工的原因如下。

2.1 利用平导实现正洞下导坑超前

平导通过数个横通道和正洞相连后,不扩大工作面,而是进行下导坑高速开挖,下导坑又作为正洞的爆破临空面,从而提高了正洞的掘进速度。通过对比,有下导坑时比未设下导坑时的掘进速度可以提高一倍以上,还可使振速减少30%左右,实现光面爆破,提高炮眼利用率(表1)和炮眼痕迹保存率,减少炸药用量达30%(即每米省26.2kg炸药)。所以,这种施工方法是一种能提高掘进速度的方法。

正洞门架台车开挖每月的平均循环进尺及炮眼利用率　　表1

项目 日期	全断面开挖		全断面扩大开挖				备 注
			小导坑		大导坑		
	平均循环进尺(m)	炮眼利用率(%)	平均循环进尺(m)	炮眼利用率(%)	平均循环进尺(m)	炮眼利用率(%)	
1994.4					3.6	94.7	钻孔深3.8m
5	3.2	84.2			3.75	98.2	钻孔深3.8m
6	3.4	89.5			3.8	100	钻孔深3.8m
7	3.5	92.1					钻孔深3.8m
8			3.8	100			钻孔深3.8m
9			3.75	98.2			钻孔深3.8m
10			3.8	100			钻孔深3.8m
11			3.8	100			钻孔深3.8m
12	3.5	92.1	3.6	100			钻孔深3.8m
1995.1			3.75	98.2			钻孔深3.8m
2	3.45	90.8	3.18	100			钻孔深3.8m
3					3.75	98.2	钻孔深3.8m
4					3.8	100	钻孔深3.8m
5					3.8	100	钻孔深3.8m
6					3.75	98.2	钻孔深3.8m
7					3.8	100	钻孔深3.8m
8					3.7	97.4	钻孔深3.8m
9					3.75	98.2	钻孔深3.8m
10					1.5	93.8	F_2断层带 钻孔深1.6m

2.2 依靠科技进步,认真进行机械化快速施工的配套工作

机械设备的配套是实现隧道快速施工的重要出路。我国铁路双线长大隧道的修建,已基本上实现了机械化配套施工,平均单口月成洞达百米以上。目前正在施工和即将开工的上百座隧道中,单线铁路隧

道数量很大,而单线隧道断面净空小、各工序用的施工机械在洞内作业时相互干扰严重。因此,在部各级领导的领导下,通过专题成员的共同研究,本着"立足国内,土洋结合"的原则,建立了以四臂门架式凿岩台车、扒装机、重轨重载运输为主要特征的快速施工模式,实现了施工速度快而稳定。由于开挖、运输、喷锚、衬砌四条机械化作业线的有机配合,平导施工、注浆、通风水电三条辅助作业线的保驾,加上米花岭隧道实现了严格的工程管理、严格的施工工艺、严格的文明施工及严格的机械保养、使用、管理、维修,最终在九十年代创造了单线隧道施工新水平,达到了单口平均月成洞120m以上的均衡速度的目标,创出了一流的进度、一流的质量、一流的安全、一流的文明生产,最终创出了一流的经济效益和社会效益。

2.2.1 隧道施工机械配套的原则

机械配套绝不是越先进越好,要从合理配套的总体上考虑,除了社会环境、生产安全需要外,首先要考虑技术条件和经济条件。技术条件包括:工作量,工作效率,能源消耗,劳力资源,设备的易操作性、通用性、耐久性、灵活性以及维修的难易性等九个方面。经济条件包括:购置费、使用年限、单位时间利用率、设备在场的工作效率、易损件的储备量等五个方面。当前在满足技术条件的前提下,应重点考虑经济条件。具体配套原则是:

(1)施工机械应与施工方法配套,应与合理的进度相适应。合理进度是确保经济、优质的进度,而绝不是盲目抢工期的进度。

(2)施工机械的投入量应大于工程费的5%以上,一般长隧道有10%~15%的投入是合理的。百元固资产值率应大于10,即固资与产值之比为1:10。

(3)隧道施工机械应有能适应不同围岩的应变能力,即既能适用于地质较好的全断面,也能适应地质不良的正台阶开挖。

(4)隧道施工机械配套要和人的素质、管理水平相适应,它是一个系统的配套工程。可以设想,一个好的隧道施工机械配套作业线没有素质高的人去操作,去管理,将会出现什么样的局面。

(5)隧道施工机械配套,应充分考虑辅助坑道的作用和功能。

(6)隧道施工机械配套时,单机的生产能力应大于均衡生产能力的1.2~1.5倍。

(7)隧道施工机械配套应立足国产化,必须引进时应考虑价格是否经济合理,引进后可否实现国产化,是否可在节约大量劳动力的情况下大大加快施工进度。

2.2.2 米花岭隧道施工机械配套的情况

(1)开挖作业线的机械配套(表2、图2)。由钻爆作业线和装运作业线组成。采用了门架式全液压四臂凿岩台车钻眼,全断面开挖,挖装机或立爪装渣机装渣,电瓶车牵引,梭式矿车运输出渣。

(2)喷锚作业线的机械配套(表3、图3)。喷射混凝土可分初喷(人工站在渣堆上对围岩裂隙进行3~5cm厚的喷射)和复喷(复喷用机械手)。采用潮喷混凝土作业线进行。图3为机械手+潮喷机+上料系统(梭式矿车+皮带机)的配套方法。

(3)衬砌作业线的机械配套(表4、图4)。一般先检底打垫层混凝土和仰拱,超前200~500m后进行带无纺布的无钉铺设防水层,再进行边墙顶拱混凝土衬砌施工。防水层施工的工作平台设在模板台车前。防水层用低密度聚乙烯板[(LDPE,厚0.8mm)]和PE泡沫做垫层,做到了全隧道滴水不漏。

开挖作业线(钻爆、装运)机械配套表　　表2

序号	设备名称	型号	规格	数量	外形尺寸(mm)	制造厂家	主要用途
1	门架式台车	TH568-5	四臂	1	15432×4200×5850	瑞典阿特拉斯公司	钻孔
2	挖装机	KL-20ES	150m²/h	1	9709×2461×2561	日本凯姆科－夏夫公司	装渣
3	立爪装载机	LZB	120m²/h	6	6910×1910×2460	南昌市通用机械厂	装渣
4	电瓶车	SCD	12t	6	5100×1340×1590	日本丸矢株式会社	牵引

续上表

序号	设备名称	型号	规格	数量	外形尺寸(mm)	制造厂家	主要用途
5	电瓶车	GDXT	12t	4	6615×1222×1650	贵州六盘水煤机厂	牵引
6	电瓶车	CLAYTOM-16	16t	2	4856×1400×1900	英国克林顿公司	牵引
7	梭式矿车	S14	14m³	7	11255×1710×1860	江西矿山机械厂	运渣
8	梭式矿车	S8D	6m³	4	9600×1560×1700	江西矿山机械厂	运渣
9	梭式矿车	KCSB8	8m³	1	9600×1560×1700	贵州六盘水煤机厂	运渣

图 2 掘进作业线机械化配套示意图

喷锚作业线机械配备表　　　　　　　　　　　表3

序号	设备名称	型号	规格	数量	外形尺寸(mm)	制造厂家	主要用途
1	湿式喷射机	AL	20m³/h	1	2460×112×1350	瑞典阿立瓦公司	喷锚
2	机械手	AL	305	1	12400×900×1060	瑞典阿立瓦公司	喷锚
3	混凝土搅拌机	JZM	750	1	6150×2050×5080	郑州西湖机械厂	干料搅拌
4	电瓶车	SCD	12t	1	5100×1340×1590	日本丸矢株式会社	牵引
5	梭式矿车	S4	4m³	2	6200×1280×1620	江西矿山机械厂	运输干料
6	皮带输送机	Ps	4.5m	1	4500×50×1600	广东韶关煤机厂	运输干料
7	电动空压机	Vf	9m³	1	285×1270×1510	广西柳州压缩机总厂	送风

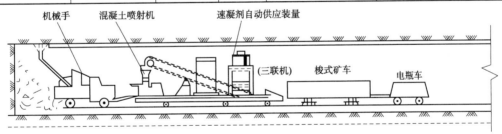

图 3 喷锚作业线机械化配套示意图

衬砌作业线机械配备表　　　　　　　　　　　表4

序号	设备名称	型号	规格	数量	外形尺寸(mm)	制造厂家	主要用途
1	混凝土搅拌站	自行装配	15m³	1	4500×4500×11615	日本丸矢株式会社	拌和混凝土
2	斗式提升机	TH	16m³	2	1340×56×13470	南宁市建材设备厂	提升砂石料
3	混凝土搅拌机	JZM	750	1	6150×2050×5080	郑州西湖机械厂	改制备用
4	电瓶车	SCB	12t	2	5100×1340×1590	日本丸矢株式会社	牵引
5	轨行式混凝土输送车	ACL	6m³	4	8800×1500×1990	日本丸矢株式会社	运拌和混凝土
6	混凝土输送泵	HB	60m³/h	2	4075×1360×1315	夹江水工机械厂	泵送混凝土
7	混凝土输送泵	BA	70m³/h	2	4900×1680×1430	日本丸矢株式会社	泵送混凝土
8	模板台车		9m	2	9500×5120×7170	自制	模筑混凝土

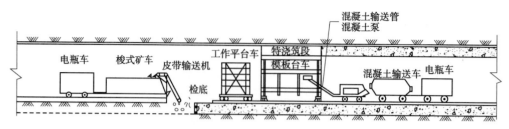

图 4　衬砌作业线机械化配套示意图

2.2.3　配套中的几个问题

（1）建立复喷混凝土作业线,是确保施工安全、加快进度的关键。图 5 的配套作业线已在南昆线那香隧道应用,平岭隧道将该作业线又简化为由潮喷机组和机械手组成。总之,重视复喷混凝土的机械配套,对防止塌方、掉块、安全、确保一次支护的质量关系重大。这些机组已在国内生产,应列为设计、施工组织设计必备的装备,以确保工程建成后优质。

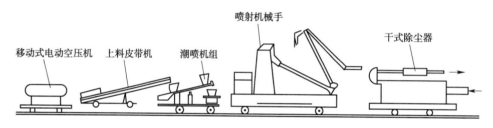

图 5　潮喷混凝土配套作业线

（2）隧道底部铺底和仰拱的施作,对工作面开挖干扰很大,所以应用防干扰仰拱台车,使开挖和衬砌平行作业。防干扰仰拱台车,从设计到加工经过了多次修改（图 6）,它长 30m,浮放在运输轨上,机头放在已建成仰拱的钢轨上,机尾放在未开挖仰拱的钢轨上,出渣车沿机尾坡轨、机身、过桥、机头运行而到基本轨,这样可以开挖过桥下的仰拱土石方,每次可施工 8m。台车移动时需将液压缸顶出,使机身、过桥离开基本轨。该机简单、轻便,适用方便,已待批量生产。

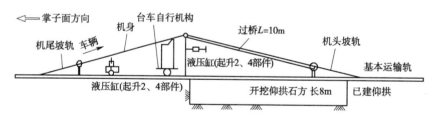

图 6　防干扰仰拱台车

（3）有轨运输是要求严格管理的运输体系,必须建立相应的规章制度、作业标准及安全操作规程。应将洞内运输车辆的速度提高到 15～18km/h,这就需要重轨（38kg/m 以上）、轨距从 762mm 改为 900mm,从而实现重载、高速运输。

3　几点体会

（1）隧道施工的出路在于机械化配套,要有不同模式的机械配套方式,以适应不同长度的隧道。这是实现隧道快速施工、确保工程质量的基础。忽视机械配套的设计不是一个完整的设计,忽视机械配套的施工队伍不是一个高水平的施工队伍,而可能是一个打烂仗的队伍。

（2）提前做下导坑或上导坑,可为后部全断面开挖创造快速施工的条件,这种方法优点很多,同时还可实现机械设备的土洋结合,发挥出不同设备的作用,这在不少隧道已被证实。

（3）搞好隧道施工机械化作业线可以不再采用各种辅助坑道，这是我国山岭隧道发展的方向。将辅助坑道的费用变成机械设备，在经济上是合算的。根据米花岭隧道的施工体会，长 6~8km 的单线隧道可以两头掘进，而不要斜井、平行导坑是可行的。

（4）在重视施工管理的同时，要重视施工人员文化素质的提高，倡导文明建设、文明施工。建立工地的生活线、文化线、医疗卫生线、文体活动线等非常必要，必须搞好。这对稳定人员、团结协作、净化灵魂很有好处。关心一线工人的工作环境，应是 21 世纪隧道施工的首要任务。

该米花岭隧道出口的施工中，我们回味了各种酸甜苦辣，也有许多的新的启迪，但愿能被人们理解和接受。

21世纪山岭隧道修建的趋势

王梦恕

（铁道部隧道工程局）

摘 要：文中对我国山岭隧道修建存在问题和今后的做法，提出建议。
关键词：山岭隧道；中国隧道修建法

Abstract: For building tunnels through mountains in the coming 21st Century, this paper discusses five aspects which shoulol be paid attentions and discusses establishment of "Chinese Tunnelling Method", analysis of improving rapid tunnel construction, and consideration of auxilliary pilot tunnel and tunnel ventilation as well.

我国是一个多山的国家，向中西部开发又是今后的国策；发展山区交通，脱贫致富是我国的具体要求；高速、准高速铁路、公路的发展和建设又是21世纪的特色；这必然需要修建大量隧道，包括许多长隧道的建设。一多、一长是21世纪山岭隧道修建的两大特点。针对21世纪山岭隧道修建的特色、特点，要求在修建技术上应全面开发、应用新原理、新技术、新设备、新方法、新工艺、新材料，迎接21世纪山岭隧道大发展的到来。

1 建立"中国隧道修建法"原理和要点

奥地利传给中国的方法叫新奥法（NATM），挪威最近传给中国的方法叫挪威法（NTM），两法的共同特点：一是国小、口气大；二是应用面窄、内容少。而每年以200km以上速度在各种不同围岩、不同用途、不同形状和断面建成山岭隧道的中国却没有自己的方法，21世纪我国应有一个适合国情也为国外所采用的"中国隧道修建法"。将我国近二十多年来山岭隧道修建的设计、施工原理、方法、要点、教训以及特殊点总结出来，以指导我国为持续性发展战略而进行的山岭隧道、地下工程的修建。

1988年铁道部基建总局发布实施了"铁路隧道新奥法指南"，这是在总结我国并吸取国外十多年来按新奥法修建铁路隧道经验的基础上编制的。当时起到了在我国隧道修建开始全面应用新原理法与传统法交替更新的作用，成为当时隧道设计、施工指导性文件。以后，经过六年的工程实践，我国取得了不少成果，更取得了交了不少学费的教训，深感新奥法在我国这样辽阔的地下工程领域中应用还有不少问题。为此，1992年铁道部又发布施实了"铁路隧道喷锚构筑法技术规则"（简称"规则"），该规则出台后，引起不同反映和争论，主要对"喷锚构筑法"的用词感到不当，易引起混淆，因喷锚构筑法本身不是一种方法，而是一种原理，应将该原理的要点贯彻到各种施工开挖方法中间去，如正台阶法、全断面法……。当时在确定这个规则名字时，是经过不少比选和周折，苦于找不到较合适的名字，而用了当时就感到不太妥当的"喷锚构筑法"。今天，随着工程实践的发展，证明我国地下工程在许多方面超越了新奥法范畴，也有类似挪

---

* 本文原载于：中国土木工程学会第八届年会论文集，1998.

威法的实例,有许多独特的见解和成就,有必要重新评价、总结中国的隧道修建方法。目前,时机已经成熟。"中国隧道修建法"的建立,可为隧道设计、施工规范的修改提供有用的原理、方法和要点。

2 以结构可靠性为基础,以消除隧道运营病害为目的,修改各规范

据有关资料统计,截至1995年末铁道部管理的已建成,交付运营的隧道共有4855座,总长为2260km。但在这4855座隧道中,净空不足侵入建筑限界的有2546座,严重漏水的有1428座,衬砌严重腐蚀裂损的有677座,仰拱变形损坏的有212座,通风不良的有112座,照明不良的有817座,近十多年修建的隧道质量大大提高,说明传统法设计、施工的隧道从理论到施工方法均存在着严重的错误和不足。因此,只有用结构整体可靠性理论才能快速、优质建成不裂、不渗漏,通风、照明良好的隧道。

影响隧道工程可靠度的因素极其复杂,主要表现在:围岩类别变化不定性、主观性;荷载沿隧道横向、纵向分布的不确定性;按局部或共同变形理论分析结构内力的近似不定性;计算参数的统计误差及约束条件简化处理的不足性;施工中内轮廓尺寸误差和厚度误差的不定性;不同施工措施引起内力变异性的不定性;施工工序之间时间效应不同所引起的不定性……。7种主要不定性、不确定性、主观性、变异性构成了不能仅用一种固体力学方法或弹塑性力学去准确地描述力学行为,去求算应力、校核强度,而忽视防水所必需的刚度、稳定性分析,忽视结构在施工过程中未构成结构时的稳定性分析,必须进行验算。

按结构—荷载模式进行可靠度设计,配合现场监控量测与反馈进行设计修正的方法是具有简单、易行、结合实际,可以克服许多不定性,用这种信息化设计、施工的全过程来完善设计的方法,这是隧道工程所具有的特点,那种设计不能改变论;绝对相信精确计算论;设计与施工不紧密结合的对立做法,都是当今影响隧道优质、快速、经济建成的阻力。

3 快速施工将是21世纪隧道修建的主攻方向

3.1 提高隧道施工机械化是快速施工的主要措施

(1)应用TBM掘进机和超前导洞并进的施工方法的研究

钻爆法+TBM法,可实现快速施工,其组合型式有两种:一是先中心导洞超前,用钻爆法施工,这样可提早认清地质,提早进行处理,有利于TBM在不良地层的掘进。二是用$\phi 3.0\sim 4.5m$小TBM快速进行导洞的掘进,后部用钻爆法扩大,该组合造价低,灵活方便,成洞速度比全断面钻爆法提高2倍以上,能充分发挥TBM和钻爆法的各自优点,将是21世纪施工新模式,应予推广。

(2)必须加大隧道施工机械配套的力度

隧道快速施工的唯一出路在于机械化,机械配套不是越先进越好,要从合理配套的总体上考虑,除社会环境、生产安全需要外,首先要考虑技术条件和经济条件。技术条件包括:工作量,工作效率,能源消耗,劳力资源,设备易操作性、通用性、耐久性、灵活性以及维修的易难性等九个方面,经济条件包括:购置费,使用年限、单位时间利用率,设备在场的工作效率,易损件的储备量等五个方面,在满足技术条件前提下,应重点考虑经济条件.具体配套原则应予改进,按以下意见进行。

①施工机械的配套应与施工方法相匹配,更应与施工进度相匹配。要确定合理的施工进度,以确保经济、优质建成,使这两个指标科学的实现。建议取消盲目抢工期的不合理施工进度。

②提高隧道施工机械投入量的预算费用。实践证明一般低于工程总预算5%以下的设备构置费属不合理施工,长大隧道应有10%以上的设备投入费才是合理的。利用设备创造的产值一般应大于设备费的5倍,先进施工组织管理的设备所创造的产值可达十倍以上,当前施工单位缺设备是主要矛盾,但拿到设备又组织管理不好,养、用、管、修较差而创造不出十倍左右的产值,这是我国施工人员素质不高的后果,还需适应和提高。

③设备配套时,单机生产能力应大于均衡生产能力的 1.2~1.5 倍。

④隧道施工机械配套应立足国产化,重复地引进设备而忽视技术引进的倾向应予克服。必须引进时应考虑价格是否经济合理,引进的同时应考虑国产化,铁道部应与机械工业部组织设备国产化攻关,组织开展国产化的制造研究。

(3) 机械配套的模式,应随隧道长度的不同,而采用不同的模式,配套后的模式在能实现快速施工的同时,还应具有适应不同地质的应变能力,作为设计单位,只重视隧道纵、横断面、结构支护的设计,而不进行、不研究隧道施工所需机械配套的设计,是一个不完善的设计。

3.2 消除施工中的塌方是快速施工的主要措施之一

(1) 超前地质预报必须作为工序列入施工工序之中,盲目开挖爆破而引起塌方的损失和费用远远大于增加超前预报工序的费用,无限期的立项研究而不全面配合施工的做法该结束了,引进国外超前预报的软、硬件结合国内成果,进行国产化研制是当务之急。

(2) 加强不良地层采用合理的辅助工法技术的应用开发,以增强施工队伍,具有较强的应变能力,如各种超前支护的施工技术;各种注浆方法和参数的选取,技术钢拱架施工技术,降排水施工技术,一次喷锚支护从上向下做,二次模筑从下向上做技术,落底紧封闭技术,合理开挖方法技术等,只有这样,才可防止塌方。

(3) 加强施工管理,严格施工纪律、严格施工工艺,严格施工管理,做到三严可以确保施工组织的实现,确保光面爆破、喷锚支护、监控量测、及时反馈四大关键技术的落实。

4 减少辅助坑道设置

横洞、平行导坑、斜井、竖井等统称辅助坑道,我国长隧短打设置辅助坑道费用很高,应合理布置,发挥进、出口的功能,以减少投资,国外山岭隧道施工,一般 6~8km 长的隧道不设辅助坑道,将辅助坑道费用的一部分投入机械设备上是今后的方向。

从运营维修、防灾角度出发,对山岭隧道长度超过 10km 以上的应设服务性平行导坑,尤其双线长隧道及隧道处于地质较差之地更应设置,作为永久建筑交付运营单位。另外,当需要建造一座双线隧道时,从通风、防灾要求,最好改为两座单线隧道为宜,这样可不设服务性平行导坑。

5 隧道施工运营的通风及设置

必须重视施工中的通风和运营中的通风。施工通风的设计应满足卫生国标的要求,单线隧道必须采用有轨运输,严禁无轨运输,损害施工人员的野蛮作法;双线隧道也要在可能的条件下,从无轨向有轨运输转化,尤其当地层不好的大断面隧道,无轨运输造成隧道围岩基底的破坏,给今后运营带来翻浆冒泥的实例很多。加强对节能低噪音大风量风机的研制;加强对大直径低漏风率(百米漏风率<1%)表面摩阻力小的($\rho \leq 0.017$)高强软风管的研制,彻底改变隧道施工的工作环境,是 21 世纪必须解决的问题。通风、电费、设备的预算不能少,施工不能简化设计要求,加强管理是隧道地下工程施工人员的责任。

在运营通风方面,铁路隧道应大力推广洞口堆放式射流通风的方案,充分利用列车活塞风,选用单向行驶的隧道设计方案,以减少运营通风的电费。对运营的公路隧道,当前用分散式纵向射流通风方案的做法很受人欢迎,其实这仅适用于 5km 以下的中、短隧道,而且分散式布置不便维修和管理,但其造价相对在洞口设置 1~4 级堆放式射流风机组会更经济。对于长大隧道通风选用全横向式或半横向式,可使全洞的 CO 浓度、粉尘浓度不会超标,司机能见度提高,所以这两种通风方式仍是长大隧道不可舍弃的方案。

6 加大科研力度,组织大兵团联合攻关是提高隧道修建技术的动力

当前,山岭隧道和地下工程是人类向自然界要空间,进行资源开发的主要方向之一,"上天入地"是人类向主体空间发展的必然趋势。然而地下工程从衬砌结构理论、计算、室内试验,到现场应用;从地质勘测到洞内精密施工测量的方向、高程控制;从如何消除当前数千座隧道不同病害到隧道净空不够如何在不间断运营下的扩大;从封堵漏水、翻浆到整治渗水;从机械非标设备的单机制造到开挖、装运、衬砌各条作业线的机械配套;从中速运行到高速、准高速运行等,给隧道工程带来了一系列的需要研究的关键技术,举不胜举,都是跨行业,互相交叉,互相溶合在一起的边缘科学应组建隧道及地下工程实验、研究、培训中心,结合工程实践进行研究,把地下工程的全过程进行分类、分工序攻关,在确保优质、快速修建隧道工程的前提下,把地下工程的建设投资降下来,用有限的资金修建更多的隧道及地下工程,以适应21世纪的需要.

参考文献

[1] 第八届隧道及地下工程论文集[C].北京:中国铁道出版社,1994.
[2] 第九届隧道及地下工程论文集[C].北京:中国铁道出版社,1996.

秦岭特长隧道施工简介

王梦恕

(铁道部隧道工程局)

1 引言

秦岭特长隧道位于西安—安康铁路线上,全长18.4km(双孔单线),穿过的岩层主要为花岗岩、片麻岩等坚硬岩石。由于隧道埋深大,地质条件复杂,修建过程中可能遇到高地应力、岩爆、地热、高压涌水和围岩失稳等诸多地质灾害。此外,秦岭隧道是我国首次采用全断面掘进机施工的铁路隧道,无论其长度、工程艰巨性、技术复杂性、施工手段先进性都将载入我国铁路建设史册,对我国铁路隧道乃至世界铁路隧道的建设具有指导性意义。秦岭隧道的建设成功,必将从点到面推动我国铁路建设的全面发展,促使我国铁路修建技术跃上一个新台阶。

2 秦岭特长隧道施工方案简介

秦岭特长隧道的施工方案,曾就修建一座双线隧道和两座单线隧道,以及采用钻爆法和引进全断面掘进机(简称TBM)等召开过多次领导和专家共同参加的论证会。论证中,着重就引进全断面掘进机的可行性、单双线方案、施工组织、机型选择、圆断面优化等主要问题进行了充分的研讨。通过对修建秦岭特长隧道的工期和经济性的综合分析,认为引进全断面掘进机是可行的和必要的。采用两座单线隧道的方案,对提前铺轨通车、维修养护、防灾和使用全断面掘进机的技术风险性等均为优越。关于施工组织方案和掘进机类型选择方面,取得的共识是:修建秦岭特长隧道,需先行掘进一个具有地质探洞、先期预处理不良地层作用和改善施工通风、运输、排水及后部工序作业条件的综合性平行导坑。结合全断面掘进机选型提出了三个方案进行比选。方案一:采用敞开式掘进机,一台ϕ8.86m掘进单线主隧道;另一台ϕ4.0~4.5m掘进另一单线隧道下导坑,作为平行导坑。方案二:采用双护盾式掘进机,一台ϕ8.76m单口洞掘进。方案三:采用敞开式掘进机,一台ϕ8.86m掘进单线主隧道;另采用钻爆法在Ⅱ线位置上从两端组织快速掘进平行导坑。论证结果推荐稳妥、可靠,可节省地表钻探费用,并确保隧道工期的第三方案。铁道部部长办公会议采纳了论证会议的意见,并确定:秦岭特长隧道采用两座单线隧道方案。Ⅰ线隧道采用两台ϕ8.8m敞开式全断面掘进机,由两端洞口同时施工。Ⅱ线隧道先期在隧道中线位置上用钻爆法由两端按平行导坑施工,力争尽早贯通平行导坑,待Ⅰ线隧道工程完工后,再用钻爆法将平行导坑扩大成Ⅱ线隧道。

3 TBM施工组织设计的原则及特点

全断面掘进机技术先进,结构复杂,在国外经过五十年的研究和发展,已成为长大隧道最有效的施工

---

* 本文原载于:西部探矿工程,1998(02).

手段之一。秦岭隧道Ⅰ线隧道将引进两台TBM全断面掘进机,这在我国铁路隧道修建史上还是首次,也是一种崭新的施工技术。

目前国内在铁路隧道采用全断面掘进机方面的经验较少,掘进机施工尚无完善的施工组织设计规范可依。

掘进机施工组织设计的原则与钻爆法不同。传统的钻爆法从均衡生产出发进行施工组织设计;而掘进机施工的组织设计必须服从于掘进机施工的特点,使各辅助设施能最大限度地满足主机生产最高效率的需要,否则,生产效率就要受到很大的影响。

掘进机施工的主要特点是:同时性、连续性和集中性,这三个特点决定了施工组织设计的原则。

特点之一——同时性

掘进机运行时,各辅助设施系统都要同时运转,其中任何一个环节不协调或者某一辅助设施运行失灵,都将影响全系统的正常运转,迫使运行全部停止。因此,要求全系统各种设施有较高的可靠性和适应性。

特点之二——连续性

钻爆法施工,各工序是间断的,相互交替进行;而掘进机施工,各个工序是连续进行的,如破岩、出渣、运输、转运等,都是连续不断地运转,任何一个环节失去连续性,必须影响其他各工序的连续运行,系统生产就立即停止。

特点之三——集中性

由于掘进机施工具有同时性和连续性这两个特点,纯作业时间就受到了严重的影响,根据国外掘进机施工的统计资料,中型断面掘进机,平均月进尺700m,其纯作业时间仅40%~50%。大型掘进机,平均月靳尺400m,纯作业时间约30%~40%。小断面掘进机,进尺较高,但纯作业时间最高只能达到70%。国产掘进机,目前纯作业时间只有20%左右,平均月进尺为150m,最高月进尺只有220m,小型掘进机已达300m。

上述三个特点是掘进机施工组织设计时必须重视的重要因素。

目前,国产掘进机已具备了连续作业3h连续掘进8~10m的性能(如超过10m,辅助设施需要延长)。因此,在作施工组织设计时,既要考虑平均月进尺,又要考虑短时间的掘进速度。平均月进尺用以计算工期;短时间掘进速度用以考虑辅助设备的配备。

4 TBM施工组织设计中应该注意的问题

4.1 场地

掘进机是一多环节紧密联系的联合作业系统,它包括破岩机构、装渣机构、转运机构、调车机构以及部分辅助设施。为满足庞大系统的组装和初始运行条件,需要有较大的场地。掘进机部件较重,而且体积庞大,运输、吊装也需要较宽阔的场地。初始运行时,辅助设施及车辆调度对场地也有一定要求。运输、吊装对宽度要求较高,初始运行时,场地长度是起控制作用的。掘进机,洞口场地宽度必须大于20m,最小长度(从掘进工作面计起)不得小于250m,才能满足运输和吊装的要求。

场地长度应满足:

$$L \geqslant l_1 + l_2 + l_3 + e \tag{1}$$

式中:L——场地总长度(m);

l_1——掘进机长度;

l_2——牵引设备与转运设备的总长;

l_3——调车道长度,由轨型和轨距控制;

e——安全长度,$e>10\mathrm{m}$。

当场地长度受地形影响,不能满足初始运行的要求时,只有牺牲生产效率,采取临时措施。这样可能增加设备和费用。

场地宽度,以最大件的运输、起吊、铁道布置或转运设施布置三者综合考虑,以其中最宽尺寸控制。

场地还包括主机的导坑(洞)。目前我国掘进机的运行是靠水平支撑撑于两侧洞壁上,用其摩擦力克服向前推进时的反力,使机器向前推进。支撑力约为推力的3倍。导坑(洞)长度与掘进机的大小、结构有关,需考虑的尺寸有:刀盘厚度、支承壳体厚度、水平支撑在机架上紧靠前端到联结处的长度、安装时构件间的距离等。

导墙弧段的高程 h 值,由水平支撑靴板的高度确定,h 值可约低于靴板高度,根据经验:

$$h \geqslant 0.8 h_{靴} \tag{2}$$

如果 h 值太小则推进缸支点将有可能悬空,不利于水平支撑靴板的受力条件。

4.2 风、水、电工程

(1)风:掘进机施工本身不需用风。机后辅助设施所需插筋孔,可用电动岩石钻机打孔。如岩石破碎,需随机喷锚,则可根据喷锚量配备风量。

(2)水:掘进机施工用水量很少,主要是用以灭尘、冷却和刀盘降温。灰尘是于机上增压后从喷头呈雾状喷出。对各种油的冷却是通过冷凝器进行热交换。因此对水质有较高的要求,要求过滤或沉淀。

水压力:要求送到机上后,不低于0.2MPa,当输水距离很长时,应考虑压力损失或增压措施。

水量:用水量由断面大小和水文地质情况确定,按断面面积计算。每立方米岩石开挖约用水 $0.25\mathrm{m}^3$,加上其他用水,每立方米岩石按 $0.5\mathrm{m}^3$ 计算,则每延米用水量为:

$$k = 0.5 S \tag{3}$$

式中:k——每延米耗水量,以 m^3 计;

S——掘进机额定断面积,以 m^2 计。

为保证机器的连续掘进,水池容量应大于每日需水量的2~3倍为佳。

(3)电:电是掘进机的主要动力,供电质量要求较高。

掘进机上有一整套供电和配电系统,对电压的变化反应灵敏,当电压高于或低于额定值时,都会自动停机或不能启动。因此,一般较大的掘进机都是用高压电缆输电到机上,或机后所设置的随机变压器上将高压变为适用的电压。掘进机使用的电器设备电压比较复杂,有400V、220V、36V、24V、12V、6V等,均是高压输入,多次变压而获得。

当前我国掘进机的随机变压器的电压大都是6000V/400V的,而野外到工作面的输电线路大都是10kV的电压,故需在洞口设置降压站将10kV的电压变为6000V的电压和400V的电压。

洞内沿途还有照明、动力等,部分掘进机其电器投入时的电源也是外来的,停机时机上变压器不带电,照明也是外来电源,因此,洞内还有常用的400V电源。

出渣运输如是用有轨方案,还有直流电源。根据断面大小,选用架线式或蓄电式两种机车,一般在断面大于 $5\mathrm{m}$ 时,用架线机车为好。洞内外的通信和信号也是不可缺少的。

当隧洞较长时,由于电压的线损和启动时的电压降而衰减,机器不能启动,需在洞内升压或另设变压器。而6000V和400V两种电压的衰减程度完全不一样,因此两种电压的输电距离也不一样。当400V的压降值超过额定值时,可在6000V电缆接头处设变压器,将6000V的电压变为400V。如果6000V的压降值超过允许值时,就需要10kV电缆进洞了。当隧洞断面较小时,为保证供电的安全,必需开挖变压器洞。施工组织设计时,应认真考虑支洞间的长度。

4.3 掘进机施工应考虑场外交通和场内交通两个部分

(1) 场外交通问题

掘进机部分零、单件重量很大。目前国产掘进机最大的部件单件重约40t。因此,对公路的等级、桥梁的容许荷载等都应给予考虑。随着掘进机直径的加大,单件重量也有所增加,如10.8m掘进机,最大部件超过80t,在作施工组织设计时应给以足够重视。掘进机部分部件体段庞大,超宽、超长的部件每机都有,对特级超限件的运输,如遇铁道运输时,必须与铁道部门联系,作特别处理。

(2) 场内交通问题

场内运输分两个部分,一是设备进场时,大型拖车的回转及起吊设备的布置、待组装件的堆放等要求有足够宽的场地和通道;二是运行时运输设备的调度要灵活,能最大限度地发挥运输设备的效率。

4.4 通风除尘

掘进机施工,可以较长范围内不开支洞,因此通风除尘是一大课题。掘进机施工没有废气污染,但破岩时产生大量岩粉,虽经水雾来尘和水沫除尘,尚余10%～15%的微粒岩粉需要解决,目前采用风管排出洞外,需用大量的动力和管路,能否用除尘器处理尚需进行试验。当隧洞长度超过一定长度(ϕ5.8m隧洞超过1000m)就要送风,以调节工作面的空气。对于小断面隧洞,布置就比较困难了。

排尘管及机东线(钩形铜线)的插筋,间距为5m左右,其余均为10m左右。所有插筋均需牢固插入岩石中。

4.5 洞内铁道

目前,中小型断面掘进机基本是采用有轨运输;大型断面也大部分是有轨运输;少数采用无轨运输。

采用有轨运输,机后均有出渣平台。小断面平台轨道与运输轨道共用。中型或大型断面平台轨道设于运输轨道之外,就增加了轨道的工程量。

运输轨道的轨距,由隧洞的断面、运输设备的轨距决定。目前使用的运输设备的轨距为900mm。平台轨距由隧洞断面和运输设备的宽度决定,当平台上布置双道时运输设备的重心在轨内,以保证平台的稳定。

掘进机施工,因石碴粒度很小,而且岩粉含量很大,不适宜于作道渣,国外已采用圆弧枕木,为便于自流排水,设计了钢木混合结构圆弧轨机

5 TBM施工隧洞工艺流程

(1) 隧洞进洞前常规的洞口处理,包括劈坡、安全处理及洞口施工的场地平整、附属设施修建等。

(2) 由厂家运来的掘进机零部件在洞口外组装。

(3) 用钻爆法先掘进一定长度(即为掘进机机身的全长),并用混凝土支护洞壁。

(4) 将施工用的风、水、电、道路(如用有轨运输应修铁路)、激光定向点等引入洞内。

(5) 整机移入洞内,利用侧支承与洞壁的摩擦力将刀盘顶拢岩面,回转刀盘使岩块削落,装在刀盘上的铲斗将石碴装入头皮带机运到存料斗,再用其他运输工具运到洞外。

(6) 刀盘推进到一定长度(即推进活塞杆长度视不同机械而异),收缩侧支承,刀盘重量由前下支承承担,收缩推进活塞,侧支承向前移动,然后再将侧支承靴板顶拢洞壁,完成刀盘一次掘进全过程。

(7) 掘进机存料斗上的石碴通过皮带机、汽车、梭式矿车或轻轨斗车(视洞径而定)将石碴拉出洞外。由于掘进机速度快,装碴量大,因而只有卸车方便的梭式矿车才能与掘进机出碴量相匹配。

(8) 隧洞贯通后,可在洞内分几大件拆除机身。拆除件大小根据起吊、运输及隧洞衬砌后断面而定。

6 TBM 隧洞施工系统的可靠性分析

全断面岩石掘进机是一种快速高效、一次性成洞的隧洞开挖机械,尤其在围岩条件较好的情况下,掘进速度远远高于钻爆法,因而在世界各地得到了广泛的应用。我国也成功地在引滦入津、天生桥水电站、引大入秦等工程中使用掘进机进行隧洞施工,取得了可喜的成绩和宝贵的经验。在引黄入晋工程和秦岭铁路隧道中,全断面岩石掘进机将作为施工主力军而引起人们更广泛的关注。

描述掘进机施工生产率的术语有掘进速度、班进尺、日进尺、周进尺和月进尺等。如果采用每天三班工作制,其中两个长班(如每班10h)掘进、一个短班(如每班4h)维修,同时考虑我国的习惯,用日进尺衡量掘进机的生产率是比较合适的。日进尺可由下式计算:

$$日进尺 = 每小时纯掘进速度 \times 24 \times 机器利用率 \qquad (4)$$

式中,每小时纯掘进速度是假定掘进机不停机连续掘进1h所能取得的进尺,由机器工作参数和岩石条件。决定机器利用率是指除节假日以外总工作时间中机器有效掘进所占的比率。当机器参数和岩石条件确定时,理想进尺即纯掘进速度应该也是确定的。从上述计算式可见,增加实际日进尺的唯一途径就是提高机器利用率。由上式也可看出机器利用率其实也就是实际时尺和理想进尺的比率。从国内外施工经验看,影响掘进机利用率是一个很值得探讨的问题。

掘进机隧洞开挖施工可以看成是一个系统,可靠性分析则是研究对掘进机施工系统产生干扰的各种因素及其影响的一种很有效的方法,并能找出提高系统可靠性的途径,从而提高机器的利用率及实现系统的模型化,以利于掘进机施工的管理,加快施工进度。

全面掘进机隧洞开挖施工系统正处使用发展阶段,有待进一步完善。

我国地下铁道施工方法综述与展望

王梦恕

（铁道部隧道工程局）

摘 要：本文对我国主要地铁施工方法进行了系统的综述和分析，并对我国今后城市地铁施工方法的主攻方向作了预估。

关键词：地下铁道；施工方法；综述

Abstract：A systematic summary and analysis of main construction technologies for metro in China were presented and the trend of construction technology for metro in the future was estimated.

Key words：Metro；construction technology；summary

目前我国还处于社会主义初级阶段，生产力水平比较低，近期内国家不可能拿出巨大的投资来建设国外那样高水平的地下铁道，但客观上随着生产力不断提高，城市人口流量还在不断增大，大城市建设地铁势在必行。因此要用较少的资金在较短的时间内建设符合我国国情的地下铁道。

应用新奥法原则采用浅埋暗挖法建成北京地铁复兴门折返线和三拱两柱大跨度地铁西单车站，标志着我国地铁建设在设计理论、施工技术、施工工艺和工程管理等方面有了突破性进展，而且也为我国城市地铁中进一步推广应用浅埋暗挖法积累了宝贵经验，它的成功还表明，我国软土隧道建设达到了相当高的水平，在把新奥法的基本原理同北京地下工程实践相结合方面有所创造、有所发展，概括起来有以下几点：

（1）用浅埋暗挖法在第四纪地层中修建单线、双线和大跨度地铁车站隧道，只要技术措施得当，严格工艺要求和管理科学化，依靠我们现有的技术力量和设备是可行的。

（2）施工中，必须严格遵守新奥法原则，把新奥法的基本原理和浅埋隧道特点相结合，并根据具体地质条件和施工水平，灵活运用，使新奥法原则不断完善和发展。

（3）一次支护采取强支护限制围岩变形，有利于施工安全，保证工程质量，加快工程进度和降低工程造价。采用网构钢拱架、钢筋网、喷射混凝土和小导管注浆联合体系的一次支护等承受基本荷载，二次衬砌的计算考虑土压荷载的一半已被证明是正确的。

（4）洞室的开挖方法不是一成不变的，必须考虑地质情况和现有施工队伍的技术水平等因素，不论采用哪种开挖方法，必须实行分部开挖、步步成环、安全稳妥。

（5）注浆加固地层是在第四纪地层中用浅埋暗挖法修建地铁的必要手段和主要的辅助工法，也可以说是工程成败的关键之一。

（6）总结一套严格的基本工艺要求和科学的施工管理方法，这是不良地段中实现安全施工，工程质量优良的重要保证。

在城市重要区段修建地铁，采用浅埋暗挖法施工技术有着显著的经济效益和社会效益。因此，应当在取得现有经验的基础上，继续推广应用这种方法。

---

* 本文原载于：地下空间，1998（02）.

就以区间隧道(包括跨度、断面变化的折返线隧道)结构来说,在今后复兴门—八王坟新线工程中大多数地段的区段隧道仍将采用暗挖法施工,如果能将其支护体系通过科学试验加以优化达到既安全又经济,受力更合理,材料更节省,就会有效地降低建设地铁区间隧道的成本。

就车站来说,复兴门—八王坟新线尚有若干个车站也将用暗挖法施工,那么有无可能减少分块,增加结构整体性,尽量减少初期支护的废弃量,把初期支护更多地用作车站承载结构的组成部分呢?根据目前已掌握的暗挖技术和积累的工程实践经验,以上设想是可能实现的。

在暗挖法发展的同时,一种有别于通常敞开明挖的盖挖法正引起人们极大的兴趣。正在施工的北京地铁复兴门—八王坟线路中也有用盖挖法修建的情况。在用盖挖法施工条件下,适当利用小型挖土机,采用工厂预制作为梁板构件,将会提高工程质量加快施工进度。

除上述方法外,在今后的地铁修建中,还可根据地质和地面情况的不同,考虑选择多种适合的施工方法。如北京地铁长安街以东地段,区间隧道可以选择盾构法施工,据有关专家论证,插板式盾构比较适合于该地区的地质情况,也是比较经济合理的。插板式盾构设备简单,施工灵活,适合于在松散地层中应用,对于埋深 4~6m 的隧道管线,城市地铁,选用插刀盾构比较理想,能有效地控制地表下沉,容易清除地层障碍,特别是卵石多的情况下,适用性较为广泛,可以根据不同地层情况,使用不同的小型开挖机具和开挖方法,并可灵活地配置开挖面支撑,现浇混凝土衬砌的施工也可有多种作用等。联邦德国的埃森地铁,慕尼黑车站的排水道工程,日本引水隧道等都曾在松散地层中采用插板盾构开挖,并有可靠的施工质量和较高的掘进速度。

举世瞩目的上海地铁 1 号线已经建成,上海地铁的地质属第四纪沉积层,工程所在位置大都处于饱和含水软黏土层中,地层承载力低,含水率高达 40% 以上,稍经扰动即会降低强度和压缩模量。

上海地铁车站施工的特点是工程规模大,在松散饱和地层中开挖宽又长的深基坑,周围环境要求高,地下管线复杂,工期要求急,所以这是一项复杂、难度极高的施工难题。经过约 30 年不断努力,参考了国内外资料,再结合上海具体条件,曾先后在许多类似工程中进行大量试验、量测,总结和改进。例如对长钢板桩加多道钢支撑施工方案;连续沉井施工方案;气压沉箱施工方案;多种地下连续墙施工方案都进行了实践探索和不断发展提高,车站地下结构施工采用在地下连续墙保护下,明挖(顺作法)和暗挖(逆作法)两种施工方法。实践证明,采用地下连续墙作围护结构施工地铁车站是成功的。

又如上海地铁隧道区间工程,从法国引进 7 台土压平衡盾构以满足区间隧道的施工。选择土压平衡盾构是根据上海地质的特殊性。一号、二号、三号盾构的累计掘进长度都长达 3km 以上,比其他四台盾构多 1km 左右。上海地铁建设刚刚开始,上海地铁 1 号线的建成为今后上海地铁建设奠定了基础。

尤其是上海地铁陕西南路等 3 座车站是我国首次用盖挖逆作法修建的地铁车站,由于施工的封路时间比明挖顺作法少用 1 年零 1 个月,从而大大减少了淮海路段因施工造成的商业损失,这 3 座车站的设计和施工,开创了我国盖挖逆作法修建地铁车站的先例。

地下连续墙加多层钢支撑施工法,80cm 厚地下连续墙,不做内衬钢筋混凝土只做装饰墙,4 层至 5 层 Q600 钢支撑,基坑深 15~17m,基坑内采用大口径井点加固坑底土体,出入口采用钻孔灌注桩支护。基坑附近地面沉降约 6cm,地下连续墙接头漏水仍无法避免,需经特殊处理,造价比较低,施工速度快,已用此法建成人民广场站,是目前一般地铁车站施工发展方向。

下面简要介绍一下广州地铁一号线的施工方法。一期工程由铁道部隧道工程局、铁道部第一工程局、铁道部第二工程局和铁道部第五工程局分别中标筹建一号线。

1 杨箕—体育西路区间隧道

1)工程概况

杨—体区间位于中山路东端南侧,西起梅花路口,向东横穿杨箕涌,与东风东路立交桥、广州大道立交桥斜交后,进入天河村居民区直至体育西路。

本区间包括左右两条主隧道,西起杨箕车站东端,东至体育西路西端,区间长度右线隧道为1207.4m,左线隧道为1214.234m,两条隧道中心间距为13.3～16.3m,最大覆土厚16.2m,最小覆土厚8.5m,隧道断面为卵形,净空高度轨面以上4.6m,轨下0.61m与0.67m,净宽5.1m,断面最大高度6.47m,最宽为6.3m,支护形式为复合衬砌,隧道通过的地层依次为含水的中细砂层、粉质黏土层、强风化粉砂岩、中风化粉砂岩、微风化泥质粉砂岩。

2) 施工方法及技术措施

(1) 竖井施工方法

竖井分为锁口、井身、马头门和井底水窝四段施工。

当锁口段开挖及初支达到要求深度后,立模绑扎钢筋,预埋井架基础等孔盒后灌注混凝土。待混凝土达到一定强度后拆模,安装临时提升设备和梯子等转入下面施工。

井身随挖随支。在遇到软弱地层时,可加设插管或插板,必要时进行注浆,当挖到岩层时,采用风镐或用控制爆破开挖。当井筒开挖到联络通道位置时,便转入联络通道上、下部施工,待通道下部开挖长度达10m时,即转入井窝施工。以后即进行井筒衬砌。

(2) 正洞施工方法

本工程在繁华闹市区交通繁忙、建筑成群的地下施工,覆盖层厚度小,其施工方法必须选择对地面影响小,对地层扰动少的开挖方案,为此,拟选用单臂掘进机进行机械开挖,并采用我局在盘道岭隧洞成熟的全断面和半断面机械化配套作业线开挖、出渣、铺仰拱混凝土同时进行,二次模注衬砌采用模板台车,改输送泵与开挖平行作业。

当个别地段岩石强度超过80MPa,掘进机效率减低时,拟辅以钻爆法,采取减震弱震控制爆破,减少振动和噪声。

Ⅳ类及部分Ⅲ类围岩,采用浅埋暗挖法全断面开挖。部分Ⅲ类围岩及Ⅱ类、Ⅰ类围岩采用浅埋暗挖正台阶法施工,上部用小挖掘机辅以风镐开挖,立爪扒渣机将弃渣倒到下半断面再装渣外运。洞内出渣用梭式矿车装渣,电瓶车牵引,竖井提升到地面,用装载机装入汽车夜间外运到指定的弃渣地点。

(3) 水下中、细砂层的施工方法及技术措施

本段位于杨箕车站的东端,全长约100m,其地层为中、细砂层,该层位于地下水位以下,且地下水与杨箕河水联通,本段的施工关键是治水,防流砂。

治水原则:以堵为主,以排为辅,堵排结合,综合治理。

防流砂原则:减少砂层的含水量,固结砂层,提高砂的自身强度。

技术措施:

①全断面线孔预注浆进行止水,切断水的来源,并起固结砂层,提高砂层自身强度作用。

②超前斜向和中层竖向井点降水,排出地层或残余地下水,以减少砂层的含水量,提高砂层强度。

③前管棚小导管补注浆或超前波纹板,或超前麦塞尔板,以防止砂层坍塌。

④台阶上半断面环形开挖,留核心土减少开挖临空面,加强开挖面砂层的稳定性。

⑤全封闭格栅钢架支护,防止下沉,保护土体的稳定。

⑥防止拱部下沉,加设拱脚锁脚锚管和初期支护,拱背补注浆。

⑦快封闭及时支护。

(4) 含水粉质黏土层施工方法及技术措施

本地段隧道断面上半部处于含水粉质黏土层中,含水量大的粉质黏土层施工中拱部易塌,工作面经扰动易陷,拱部支护易下沉,本段施工的关键是防塌、防陷、防下沉。

①拱部超前管棚,小导管预注浆,固结地层,加强围岩自身能力,防止围岩坍塌。

②正台阶上半断面环形开挖,留核心土,减小开挖临空面,加强开挖面围岩的稳定性。

③及时支护。防止坍塌、下沉、变形。
④超前斜向井点降水,减少围岩的含水量,提高围岩的强度,防陷、防下沉。
⑤初期支护拱脚锁脚锚管和拱背补注浆是防止拱部下沉的有效措施。
⑥全封闭格栅钢架支护,是防止下沉、坍塌、防下陷的有效措施。

(5)过天河村楼房密集区的施工方法及技术措施

本段隧道覆盖厚度10～12m,地质情况:隧道上半断面为含水粉质黏土,下半断面为砂岩强风化带。地面情况:2～4层的砖结构房屋,地表为杂填土。该段的施工关键是:控制地表不均匀沉降及下沉量。根据模拟实验及已往的工程实践经验,其施工方法及技术措施如下:

①CRDI法分块施工,分步开挖及时封闭成环。
②拱部超前管棚,小导管注浆。
③超前斜向井点降水。
④初期支护拱脚锁脚锚管和拱背补注浆。
⑤全封闭格栅钢架支护。
⑥及时支护,及时成环。
⑦加强洞内、地表控制量测,及时反馈。

(6)通过软弱破碎岩层的施工方法及技术措施

本段将通过强风化的粉质砂层,岩层破碎,岩性软。其施工关键是防坍塌。
施工方法及技术措施:
①采用正台阶法施工。
②超前管棚。
③拱背补注浆。
④及时支护。

2 长寿路车站工程

长寿路站地处宝华路西侧,位于宝华路与长寿路,宝华路与宝源路两个丁字路口之间。

车站设地下二层:站厅层和站台层。4个地面出入口于站厅层相连,风亭9个。站长260m,宽20m,高15m,覆土厚2～3m,岛式站台长140m,宽10m。采用二层单柱双跨框架结构。

车站范围内覆杂填土、海陆交互相淤泥、粉细砂、中砂、残积粉质黏土等,土层厚13～21m,下伏基岩为红色粉屑岩,中风化带埋藏于地面以下15～22m。

地下水水量丰富,稳定水位1m左右,埋藏于杂填土及淤泥之下,岩性以粉细砂为主,夹中砂或粗砂、砾砂,厚约3.5～13m,基岩裂隙水不发育,局部岩层破碎带,含有较多地下水。

施工方法,车站主体采用地下连续墙法。

3 农讲所站工程

(1)工程概况

该站设站厅层,站台层,单柱双层双跨矩形钢筋混凝土结构,全长245m,标准段结构宽度19.8m,两端因盾构过站要求,结构宽22.42m,东端南侧由于设推力风机室,故结构总宽为27.42m。

农讲所站位于繁华商业区的中山四路南侧,平行中山四路,两端横跨德政路,东北为"广州农民运动讲习所"旧址,东南为省实验中学。考虑该站施工场地十分狭窄,以及由于交通疏解的需要,该站采用逆作法施工。

农讲所站地处东壕涌台间谷地,地形平坦,且较低洼谷地内淤泥广布,地面高程 9.2～9.6cm。本站地层为第四系和白垩系上统,覆盖层自上而下为杂填土、淤泥及淤泥质土、黏土及粉质黏土,下伏粉砂岩、泥质粉砂岩的强风化带和中等风化带。根据钻孔揭示,地层无明显含水层。钻孔测得水位(深度 1～2.8m)均在杂填土内,多为地表水渗入,地下水赋存于岩层裂隙中,属基岩裂隙水,对混凝土无浸蚀。车站最小覆土厚 1.13m,最深覆土厚 1.89m,基坑挖深平均 15.11m;车站底板置于粉质黏土层内。

(2)施工方法

深基坑围护结构,采用排桩—旋喷联合护壁方案。排桩为钻孔桩,采用旋转式钻机施工,排桩直径 1.25m,两桩中心距 1.65m,桩间距 0.4m,桩间采用直径为 0.8m 的旋喷桩,利用互补规律与刚性排桩的柔性结合,可达到较理想的护壁效果。

钻孔桩嵌入基岩内,旋喷桩加固范围:地面下 2m 至基坑开挖桩标高以下 0.5m。材料规格:钻孔桩混凝土强度 C25;旋喷桩采用抗渗性浆液,在水泥浆液中掺适量的水玻璃。

4 黄沙车站工程

1)工程概况

黄沙站是广州地铁一号线穿越珠江隧道后的第一个站,车站为南北向,南端与珠江隧道延长段相接,北端距和平西路 90m,东侧为大同路,西侧为丛桂路,地处老城闹市,站址周围街道狭窄,人口密集,南端黄沙大道系环城主干道,车流密度大,也是施工车辆进出的主要干道。

黄沙车站全长 276.5m,站体高 13～14m,顶板覆土厚 0.33～1.15m。车站的站体结构形式为单柱双层双跨框架结构,由于地下连续墙和内衬一起构成站体的双层侧墙,其中:地下连续墙厚 0.6m,深 20.5～21m,内衬厚 0.45m。车站站厅层长 247.375m,岛式站台长 142m,宽 10.1m。车站外包宽:盾构始发井段 25.6m,其余地段 19.9m,车站底板厚 1m,中板厚 0.4m,顶板厚 0.8m。本站共设 6 个人行通道,3 个冷却塔。

站址地质及水文地质条件为:地层基岩属上白垩纪红色碎屑层,其上为风化残积土,海冲积土及人工填土。其中:表层 5m 内为人工杂填或淤泥质粉质黏土,以软塑为主,少数流塑,呈高压缩性和中压缩性;埋深在 3.5～7m 以下的厚约 6.25～11.4m,这样厚层的地层为含水砂层,自上而下为粉细、中细、中粗砂层,N 值较低,大部分低于砂土的液化临界值,埋深约在 12～17m 为强风化和中风化层,15～28m 以下为微风化层,岩性多为粉砂岩和泥质粉砂岩,岩层裂隙软少,透水性较差。

2)施工方法

地下连续墙的构筑是黄沙车站土建工程的一道主要工序。

(1)导墙的施工。

广州的表土层为人工杂填土或淤泥质粉质泥土,土层比较软弱,开挖过程中,为了保持槽壁土体的稳定,导墙的断面采用"]["形,施工时,为了防止雨天地表水的流入,槽口向外做成 3% 的下坡,槽口顶高出原地面 10cm 以上。

(2)地下连续墙沟槽的开挖。

黄沙车站地下连续墙沟槽的开挖采用 BSP 钻机和 T35 型导杆或液压抓斗,考虑到广州的地质较为复杂和成槽机入岩时进度较慢,单元槽段的施工时间较长,为保持开挖过程中槽壁土体的稳定,单元槽段取 4.5m 为一幅。

风化的粉砂岩及泥质粉砂层,岩层较软,可用液压抓斗开挖,而埋深在 15～28m 的岩层多为微风化层,岩层坚硬,难以用液压抓斗或槽机开挖,对这部分岩层改用"黄河"旋转钻机成槽,为防止钻机钻进时,因晃动较大造成孔壁坍塌,钻孔时采用套筒护壁。

(3)清基成槽完成后利用吊机悬吊接头刷紧贴混凝土接头面上下垂直扫刷泥皮。然后,用 $\phi 100$ 空气吸泥管进行第一次清基,采取底部吸泥,上部补新浆循环,直到距槽底20cm处泥浆比重应不大于1.25,沉积物厚度不大于15cm,当放入接头箱,放下钢筋笼及导管后,利用导管和双泵进行二次清基,清基后,泥浆比重小于1.15,浆液黏度小于30s,含砂率小于8%,pH值7~9,底部沉积厚度小于10cm。

(4)接头施工。

为加大连续墙接头抗剪能力和防渗要求,黄沙站地下连续墙采用十字钢板刚性接头,并设接头箱保护一号槽浇筑后的十字钢板背面外露部分并给相邻槽段成槽时,液压抓斗留有活动余地。

接头箱分上下两节,以扣环插销连接,设于十字钢板背面,其两侧靠槽壁与十字钢板背面两翼缘的空隙处设充气胶囊,槽壁灌注终凝后先用液压顶开架拨动后再以吊机吊起接头箱。

(5)地下连续墙混凝土浇筑。

混凝土浇筑采用$\phi 200$的导管两根,导管上下用丝扣连接,间距为2.5m,导管上端接漏斗,漏头与导管用丝相连接;导管的提升采用混凝土导管提升架。施工时,导管底端埋入混凝土的深度为2~6m。开始浇注时,先用球胆放入导管内,以免泥浆混入混凝土中,导管在浇注混凝土时,可作上下垂直运动,但不能做横向运动。浇注混凝土标号为C30,用525号普通水泥,用灰量$=450kg/m^3$,混凝土浇筑宜连续进行。

通过北京、天津、上海的地铁施工和国内高架路、高架桥的施工实践,国内各项施工技术,如软地层盾构施工技术、地下连续墙与桩墙一体施工技术、盖挖建筑施工技术、大直径钻孔桩技术、土层锚固技术、浅埋暗挖技术、多跨车站暗挖技术、大管棚与小导管注浆技术及地层化学加固技术等由理论向实用化方向发展,通过施工实践取得了很多经验,使施工水平上了一个新台阶。在施工机械方面,向大型化、自动化方向发展,如采用土压平衡盾构、大型钻孔机、地下连续墙挖槽机、大型混凝土输送泵、喷混凝土机、锚杆机及各种大型土方机械等,使施工速度和质量大大提高。此外,由于城市交通流量的增加,城市道路已拥挤不堪,加上城市环境的要求越来越严格,城市内断道施工已几乎不可能了,因此,暗挖技术,如盾构法、新奥法、浅埋暗挖法将是今后研究和实践的主攻方向。

岩土工程在城区设计、施工的体会

王梦恕

(铁道部隧道工程局)

随着城市的迅猛发展，地下空间开发已提上日程。因城市无限制外扩和农田锐减的矛盾日益突出，保护环境、爱护土地显得十分重要，是关系到我们国家能否可持续发展的大问题。我们正面临着向地下开发，向城市要活动场所的问题，并且在建设过程中应严格遵循不破坏周边环境，不干扰城市正常生活的准则。通过大量工程实践和近期参加完成的广州地铁公园前车站设计、施工，谈谈几点想法，供同行指正。

1 广州市岩土工程应向地下发展引申

世界土木发展的趋势是：19世纪是大桥的世纪，20世纪是高层建筑的世纪，21世纪是向地下开发的世纪。广州市被人们称为美丽的花城，但近几年为了解决交通拥挤，高架桥、高架路把美丽的城市搞得面目全非。用破坏生态环境，损害花城面貌为代价的做法有些不妥，没有通过全面对城市地上、地下进行统一规划来提高城市综合利用能力和防灾能力，造成城市交通拥挤、空气混浊、噪音很大、窗户难开、汽车尾气呛人、马路难穿、城郊垃圾围城，给人以不舒适之感。这是一个各项污染指标严重超标的城市，现代化大都市的面貌不突出。据悉，广州市又要建设高架内环路，能否认真论证，希望广州市岩土工程界的专家抛掉对本专业的偏爱，本着改善环境、关心人民健康和自己子孙后代的感情，为政府献策，评出好方案。有幸看到广州市一位很有社会责任感的徐宝根高级工程师的合理化建议，他提出了地上地下统一考虑、拆迁少、大容量快速车道的修建和运输方案，很值得深思。

2 围护结构类型和埋入基底深度的确定

大家都清楚，围护结构有连续墙、钻孔墙(挖孔桩)、钢板墙、锚钉墙、旋喷桩、粉喷桩等类型，但真正能做围护结构的只有连续墙、钻孔桩和以钢板桩为系列的工字钢桩等，其他均作为改善、补强用，因工艺的可靠性不强。连续墙虽然具有刚度大、整体性好、防渗性能好等优点，但施工所需机具庞大、占地多、污染严重、造价也太高，所以，一般在软土及地下水位高的地层或邻近有高大建筑物的特定地点应用。这是没办法的好办法，尽量在设计中少用。在广东完全可用钻(挖)孔灌注桩所取代，因钻孔灌注桩施工灵活机具简单，价格比连续墙低一半左右。当地质条件允许采用人工挖孔时，其造价又比钻孔灌注桩费用低30%左右，该结构形式可采用连续钻孔式、间隔钻孔式和梅花形钻孔等形式。锚钉墙实质是喷锚网组成的支护形式，一般用于10m以上的浅基础。广州地区大部分可用挖孔桩打天下，对粉细砂层只要用插板加编织布就可通过。所以能不用连续墙之地尽量不用为好。

围护结构入土深度是关系工程造价的大问题，也是能否快速、安全建成的关键。然而，由于岩

---

* 本文原载于：岩土工程界，2000(01).

土介质的复杂性、时空的变异性、计算参数的不定性,很难用公式准确计算。桩的入土深度在满足基坑稳定及防止底部管涌产生的情况下,越短越好。各城市有不同的确定方法。北京在砂砾石未胶结地层下,因地下水位低,通过测量数据可以确定采用基槽深度与桩的入土深度之比为1:0.35是安全的;天安门东站在低于基底2m处做一条形基础,挖孔桩插在基础上也顺利通过,这是暗挖做条基,盖挖做结构的混合方法,质量很好,不漏不渗。广州地铁采用入土深度是:软弱土层5m、风化土层4m、岩石3m,工程实践证明是安全的。上海地铁用的入土深度是1:0.85~1。南京地铁通过基坑施工调查用1:0.5~1:0.7。关于基坑入土深度的计算必须和施工开挖、支护紧密配合,否则会先产生管涌后基坑失稳的,实例也屡见不鲜。

3 地下工程防水是设计的主导,强度、刚度、稳定性设计应服从防水要求

广州地铁车站的防水设计可以说是不太成功的,主要表现在边墙开裂、渗漏严重。缺点在于把围护结构和内衬边墙结构用剪力筋企图联在一起,让它俩共同受力。这种设想导致了水的通道产生,况且这些平行剪力筋若当成刚度较大的焊件,在结构力学体系中被称为'危形结构',"危形结构"是允许边墙和围护结构相对移动的。这种捆绑式把两个刚度完全不同、结构形状也不相同的两部分通过柔性钢筋让其共同受力是完全不可能的。通过实践量测看出,围护结构的受力和变位规律根本不同于框架结构,两者分别承受不同方向的荷载。另外,根据地下工程复合衬砌受力特点,要求两层衬砌之间的剪力为零才能防裂并提高抗裂承载能力。由于剪力筋的存在造成在两层之间不能铺设防水板,形成渗漏通道。取消剪力筋铺设防水板是符合变位不协调理论的。早在北京地铁已有成功经验和教训,所以天安门东站和永安里车站完全做到了不漏、不渗、不裂水平。

4 结构抗浮的处理

当地下水位较高,结构埋深较浅时,会出现结构抗浮安全系数不够的问题,东站可能浮起来,用加厚结构尺寸的办法一般是不经济的,当浮力(等于结构处于地下水位以下那部分体积排开同体积的水重)和结构自重相差在5%左右时可以用加厚结构底板的方法解决。抗浮的处理在国内外有两种通用的办法,一是用抗浮桩将桩和结构底板相连,为了增大抗浮桩的锚固力,桩头焊成扩孔形。该法缺点是造价高,和结构连结的结点漏水处理较麻烦,易漏水,但可靠、运营后不需维护。上海人民广场已应用成功,珠海海关广场也在应用。另外一条思路是降水减压法,上海地铁用"砂滤层"这个概念,在地铁一号线上海火车站、人民广场站、衡山路站、徐家汇和漕宝路等车站进行了应用,经过5年多的检验,车站结构和邻近环境无异常现象,出水正常,无泥砂带出。砂滤层是由$\phi 400$无砂透水管铺在底部(砂的含量小于3%,细变换数大于24),外包不同粒径的过滤材料,透水管纵横布置并设窨井,间隔20~50m,这样可卸载减压,消除大部分浮力,当车站埋深在15m时,减压值实测为0.01~0.14MPa不等。广州地铁公园前车站是在底板及边墙铺设$\phi 100$,$\phi 50$直径的弹性育管,铺设成网,解决了浮力问题。该方法简单、便宜,但要加强观察和维修。排水降压是今后应优先采用的方法。

5 盖挖逆筑法应是今后城市地下工程、地铁车站建设优先考虑的方法

在繁荣城区进行地下工程施工有许多方法可以选用,通过大量工程的量测和实践证明:盖挖逆筑法对周围交通、扰民、地面环境干扰最小;地中、地面沉陷也最少。表1是在广州地铁公园前车站实测的不同施工方法对地面沉降的影响。

不用施工方法对地面沉降的影响 表1

施 工 方 法	围挡支护形式	最大地表沉降(mm)	横向影响范围
明挖+锚索	挖孔桩+锚索	41.9	≈2H
明挖+横撑	连续墙或挖孔桩+横撑	40.7	≈1.5H
盖挖逆筑法	连续墙	10.0	≈H
盖挖逆筑法	挖孔桩	17.5	≈H
盖挖半逆筑法	连续墙	24.2	≈H

注：H-基坑深度。

从量测资料看出：在开挖深度相同情况下，盖挖逆筑法+连续墙围护结构施工对周围环境影响最小，盖挖逆筑法+挖孔桩围护结构次之，盖挖半逆筑法+连续墙略大，明挖顺筑法+挖孔桩+钢管横撑较大，明挖顺筑法+挖孔桩+锚索支护对周围环境影响最大。前三种施工方法没有明显沉陷影响范围区，后两种施工方法有明显影响范围区，造成地表沉陷不均匀性大，对地下管道干扰也大。所以，选择施工方法优先顺序建议为：盖挖逆筑法→盖挖半逆筑法→明挖法。选择围护结构形式的优先次序为：直线排列挖孔桩→梅花排列挖孔桩(有转角效应)→钻(挖)孔桩→连续墙。结构支撑形式应优先钢管横撑，其次为长锚索，因锚索用钢索或钢筋均属柔性支撑，限制不了小的侧向位移，而出现滑裂面，所以，引伸出大楼的施工应采用地上、地下同时施工的盖挖逆筑法，避免大坑的出现。

6 基坑开挖和时空效应的关系很重要

实践证明：运用时空效应规律，能可靠而合理地利用土体自身的承载能力，在基坑开挖过程中不要去破坏、减弱土体的承载能力，从而达到安全而减少对环境的干扰。因此，要求在进行基坑开挖过程中，要注意分步开挖的空间几何尺寸和支护墙体开挖部分无支撑暴露的时间。在软土地基中，每步开挖围护结构的暴露时间和空间越少越好，这样对控制基坑变形的效果也最好。因此，加快开挖和支撑速度的施工工艺，是提高软土深基坑工程技术经济效果的重要环节。所以，科学分层、分段、拱支撑紧跟开挖，及时施作底板钢筋混凝土的做法是很重要的，也是新奥法(NATM)原理在基坑工程的推广应用。这里要突出结构底板的设计和施工，由于它承受地层的反力、向上的抗浮力，因此，要有足够的刚度、强度和自防水的能力。

21世纪是隧道及地下空间大发展的年代

王梦恕

(铁道部隧道工程局)

关键词:地下空间;地下铁道;防水;结构类型;国产化设备

生年不满百,常怀千岁忧。

21世纪人类面临着人口、粮食、资源和环境的四大挑战,这绝非危言耸听,杞人忧天。它如晨钟暮鼓,告诫人们必须从现在开始去认真研究对策。

可持续发展作为国策提出来了,摆在每个学科、每个产业的面前,谁违背了四大难题和挑战,谁就会被调整掉。所以近些年来,不少企业关闭,不少学科停办,正是符合可持续发展的需要。我们土木工程也应顺潮流而检讨自己:大量的土建工程拔地而起,人们要进入城市,大量的交通、房屋要建,我们每天都看到大片良田被钢筋混凝土所取代,并且无法再生;居住、交通、环境的矛盾日益突出。能否把地面沃土多留点给农业和环境,把地下岩土多开发点给道路交通、工厂和仓库,从而使地下空间成为人类在地球上作为安全舒适生活的第二个空间。目前国际上把"21世纪作为人类开发利用地下空间的年代",也作为国策去努力,日本提出要利用地下空间,把国土扩大数倍。我国已开始重视地下空间利用的立法工作,各地区已开始进行地下空间的开发规划,但技术立法不够,在这方面出了不少问题,花费了许多不该花的工程费。本文不愿多谈成功的一面,仅将这些年来在地下空间开发所产生的问题进行思考,供21世纪的人们参考。

1 隧道及地下工程在开发建设过程中技术立法需尽快修改和补充

回顾隧道及地下工程大发展的年代,应该讲是从20世纪80年代为真正的起点,是全面开始应用新原理、新方法、新设备、新材料、新工艺、新技术和新仪器的年代,当时是以大瑶山铁路隧道和双线隧道为契机,为范例,彻底改变了近百年隧道及地下工程的修建方法,是铁路隧道修建史上的一次飞跃,被评为国家科技进步特等奖,为隧道及地下工程开创了新的一页。但是随着隧道及地下工程的大发展,尤其我国在21世纪要把交通、能源、水源等基础设施在西部要抓紧早上、快上,要把开发西部,移民2亿~3亿的设想去落实,以夯实我国的实力。铁路、公路长大隧道不断在中西部规划和建成,如陕西省正在筹建穿越秦岭山脉,打通包头—西安—安康—重庆—北海的西部大通道,其中秦岭终南山特长公路隧道最长方案为18.4km,程安东省长充满信心,拿出巨资准备在近期开工。相应的西安—安康线、西安至南京铁路复线、神朔线、宝兰、渝怀(重庆—怀化)铁路复线的相继开工,都出现了大量的隧道群和长隧道。但在支护结构上、防水处理上、特长隧道的服务通道设置上、安全运行、通风、防灾、洞门位置、环境保护等许多重大问题,没有立法,随意性很大;百年大计的思想不能在技术标准上体现出来,降低工程造价必须在保证隧道工程长期耐久性的前提下进行。如地下结构的构造型式,公认复合式衬砌是最适合地下工程特点的合

---

* 本文原载于:隧道建设,2000(01).

理结构，一次支护是施工安全的需要，也是岩土被扰动后进行力的调整、转换、自趋平衡的需要，然而，不少设计院、建设方从短期行为出发，提出整体式单层混凝土衬砌的结构型式，还提出施工临时支护+模筑整体式衬砌结构，还有减薄式衬砌方式等，其实，这样做省不了多少坑工量，反而使建成后的隧道出现漏水、渗水、开裂等弊病。又如特长隧道的维修很重要，在正洞旁边设一服务隧道是完全正确的事，尤其超过10km的铁路、公路隧道及单洞双向运行的长度超过5km以上公路隧道，从通风、防灾、维护几方面都会带来很大好处，但又很难被人们接受。最近联通法国、意大利的勃朗峰公路隧道(长11.6km)，由于失火造成41人死亡，其中34人死在汽车里，7人死在车外，36辆汽车被毁，隧道被关闭一年进行整修，主要原因是没有撤离的服务通道，没有直接向外的通风口、烟雾不易散出，空气不能进入而窒息的死亡者达34人。所以，技术立法可以防止不规范的设计，可以规范建设方、业主的行为。

城市地下空间的开发更为混乱、严重，城市人口急剧膨胀，生存空间拥挤，交通阻塞、环境恶化，地下空间的开发、城市地铁的快速修建已摆在每个市长的面前，我国城市化的速度2010年要从35%达到45%，如果听任城市无限制地蔓延扩张，将会严重危害我国大地资源，所以，城市共同沟的修建非常需要。地下铁道、地下停车场、地下仓库、地下商业街、娱乐场所等都在进行设计、施工，但很少统筹，处于无序管理状态。如管道层一般在地下3~5m范围，系统的共同沟可以避免反复破坏交通路面、影响市容、破坏环境，但不少城市对三通一平、设置共同沟执迷不悟，热力管道、电力管道、通信电缆、供水管道、下水管道、瓦斯管道以及各部门名目繁多的管线仍各自为政，天上、地下仍在混乱无序的布设，发现事故就东挖一坑，西挖一沟，非常落后，呼吁市长们把这些严重影响城市社会效益的管线统管起来，迅速建立城市共同沟。

城市地下设施很多，谁占什么标高，也需要技术立法，如共同沟的标高不能把地下铁道的标高向深处降，共同沟不能从地铁车站顶部通过，因车站造价与深度成正比，越深造价越高，也不利于运营成本的降低及乘客上下的便利。由于地铁区间埋置较深，共同沟可从区间通过。目前一些城市规定地铁车站顶板必须低于地面3m的做法是不合理的，以人为本的思想应贯穿在当前地下工程的设计中，以成本、造价作为设计标准的指导思想是该取消了。

综上所述，急需进行技术立法的有以下几点：

(1)各类地下建筑物的设计规范：如地下铁道车站、地下过街道、地下商业街、地下停车场、地下文体活动场所、地下仓库建筑、地铁车站及区间、地下影剧院、地下餐旅馆、地下展览馆、地下试验室、地下共同沟以及半地下室建筑等。

(2)各类地下结构的设计、计算规范：如不同材料结构的设计、不同地质条件的荷载设计、水压力及抗浮力设计、不同类型结构建设过程中及建成后的内力分析计算，结构的防腐及耐久性设计，位移反分析的计算程序等。

(3)地下工程的环境、安全、防灾设计：如防火设计、通风设计、防水设计、空调设计、照明采光设计、通信设计、供电设计等。

(4)地下工程施工规范：如明挖法施工、盖挖逆筑(正筑)法施工、暗挖法施工、浅埋暗挖法施工、超浅埋暗挖法施工、盾构法施工、冻结法施工、降水排水法施工、沉管法施工、全断面掘进机施工(TBM)、城市地下工程钻爆法施工、地下围护结构施工(连续墙、钻孔桩、挖孔桩、粉尘桩、旋喷桩等)、地下支挡结构施工(横撑及软土锚索)等。

(5)地下工程的特殊材料设计：如防水材料、地下防腐材料、注浆堵水材料、各类添加剂材料等。

(6)卫生安全标准、环境保护标准的制定。

(7)地下空间开发所用的各类设备、非标设备、包括地铁的全套设备国产化设计。

(8)地下工程勘察技术及勘察内容的设计。

但愿在21世纪将这些规范、技术标准、技术条例都研究编制出来，以克服不统一的混乱状态。

2 降低隧道及地下工程造价的办法需要加大力度进行研究和确定

地下工程已处于大发展的高潮，如何用合理的造价建成百年大计的优质工程，是每个建设单位都关心的问题，如何降价，降价的技术措施是什么，降低造价后所带来的负效应是什么，都需要认真分析，区别对待。

2.1 地下工程的衬砌结构应优先采用复合式衬砌，不能因造价低而改变

从防水要求，衬砌厚度不能小于30cm，不能随意减薄衬砌厚度，如上海地铁管片衬砌厚度30cm，已是最薄厚度，从长远百年大计考虑，从上海地质条件考虑，上海地陷量近些年沉降很大，不均匀沉降会把现有地铁管片拉裂，目前在地铁两边进行物业开发的深基础都要受地铁结构的限制，这足以说明上海地铁区间管片的强度、刚度、稳定性是偏弱的。地铁的土建工程费与设备费之比一般应为6:4，因地下土建是永恒的、不可逆的，而设备的更换周期是短暂的，一般5年，个别设备10年，必须注意设备的投入值和产出值以及今后的维修值。

2.2 必须重视地下防水工程的投入

防水工程应遵循防、排、堵、截，综合治理的原则，材料刚柔结合以柔为主的原则，不能不经全面考虑即片面修改。这是规范多年来经验教训的总结。广州一线地铁的防水设计强调了堵死的办法，不给水出路，其原因为怕引起地面下沉，实践证明有限量的排放，使地下水的补给量大于等于排走量，地下水位是不会改变的，就不会引起地面、地中下沉。如德国慕尼黑市地铁渗漏水量设计为 $0.07 \sim 0.2 L/m^2 \cdot d$；匈牙利布达佩斯地铁为 $0.2 L/m^2 \cdot d$；新加坡地铁为 $0.12 L/m^2 \cdot d$；我国上海延安东路隧道渗漏水量仅为 $0.024 L/m^2 \cdot d$，这些数据都是国内外设计偏严、防水做得较好的工程。不让有一点漏水、从施工、长期运营讲是不可能的，防水板全包的做法实质是把漏的水引到仰拱处，对结构受力、运营是不利的；车站和围挡结构之间设平行剪力筋，是破坏二次内衬防水保护层的笨办法，违背了钢筋混凝土的"防"字，把防水保护层破坏，大大减弱了衬砌的防水效果，也违背了两层之间剪力为零的原则，复合衬砌之间设柔性防水层，当时定名为防水隔离层，其含义一是为防水，二是为防裂，两者之间变形是不协调的，靠水平剪力筋是不能形成共同作用的。限量堵、排，沿全线进行分段截挡，可做到结构干燥、无水，抗浮问题也得到解决，希望各设计单位、甲方不要独出心裁。

2.3 迅速组织力量进行地铁运营设备的国产化

目前有些城市的运营设备，由于需从贷款中购置，如车辆的价格比一般国际市场高出30%左右。通信、信号设备比国产设备高3~6倍。盲目引进国外设备造成很大被动，运营费也很高，如广州地铁的洋设备，每年需3000万美元的养修费。上海一号线的96节车厢花了1.9亿马克，占德国政府对一号线项目贷款的1/3以上，大约每节车厢需200万马克。而地铁二号线运行所需的144辆车厢也要全部从德国进口，德国政府规定，每节车厢价格每年要以原价的4%递增，德国物价平均上涨5%左右，因此进口配件也要按这一幅度上涨，一号地铁运行第二年的配件消耗就达1500万~2000万元人民币。当前国产地铁车辆，国产供电、通信、空调、通风设备非常有把握。如北京复兴门至八王坟地铁购置国产车辆价格只有70万美元左右，我国长春客车厂在1969年研制出我国第一代地铁车辆，运营30多年，几乎天天超载，可是车辆性能依旧，最近生产的变频调速地铁车辆，在参与伊朗德黑兰地铁车辆投标中，中标230辆，又追加订单174辆。但我国车辆与国外还有差距，应加大国产化的研究和开发，使地铁所有设备的国产率达到70%以上，以保护我国相关工业的发展，降低地铁的建设成本。

2.4 加大地铁行车密度,缩短列车编组长度,车站一般应采用一层,取消集散厅层,以降低土建费用

从满足旅客上下车节约时间出发,加大列车运行密度,1.5~2min 开一列车,可以减少旅客在车站的滞留时间,这样列车编组以 6 节一列为宜,改变 8 节一列的做法,可使车站长度减少 20% 左右;另外,从已建地铁车站实地调查,地下集散厅很少有人在那里滞留,空阔无人,目前几乎每个车站都搞双层,造成很大浪费,建议取消双层车站,对客流特大的车站当两对出入口不够时,可考虑设双层车站,一般不设。这样整个车站的造价可降低建设费、运营费各 30% 以上,新建地铁应予考虑。

有关降低地下工程的造价措施还有许多,如装修的标准问题、通风的方式问题、空调是集中设置还是分散设置等,地铁、地下工程从人防上如何处理、防灾上如何设置、城市绿地下如何设置地下工程等诸多问题,还需认真研究确定。

综观当今世界,有识之士已把对地下空间开发利用作为解决城市资源与环境危机的重要措施,这是解决我国可持续性发展的重要途径。可以预测 21 世纪末将有 1/3 的世界人口工作、生活在地下空间中。因此,我们从事隧道及地下工程的人们应充分认识到自己的责任重大,要精心设计、精心施工,创造出一个个精品工程。

隧道工程近期需要研究的问题

王梦恕

（铁道部隧道工程局）

关键词：国际隧协；发展趋势

截至1997年底，我国铁路隧道的运营里程已达约2700km，共计5500余座。由铁路部门参与修建的公路隧道也已运营达约130km。城市地铁运营里程已达约85km。而且，随着基建规模的持续增长，用于交通目的的隧道里程还在以平均每年约200km的速度增长。从世界范围看，中国目前不仅拥有最长的铁路隧道运营里程，而且也是增长速度最快的地区之一。世界各国有关的咨询机构、开发商、承包商纷纷以各种形式进入中国市场，但是由于体制问题，除外行贷款项目以外，外国机构真正进入中国隧道建筑市场的份额并不大。随着中国加入国际经济轨道进程的加快，我国的隧道工程修建队伍的技术实力将面临严峻的挑战。这一点，从广州地铁一号线的建造事例中已得出明显的结论。除此以外，我国的设计施工队伍进入国际市场也是不可避免的发展趋势。

因此，我们所面临的第一个层面的问题是：未来我国隧道建造及运营维护的技术发展方向究竟是什么？什么关键技术是我国企业面对国际竞争所应发展的主攻方向？

第二个层面的问题是纯技术化的，既有国际同行所面临的共同问题，也有我国隧道工程实践的特殊问题。国际隧协（ITA）针对国际同行所面临的问题，设立有以下16个专门的工作组，这些都是工程的难点和开发的方向，希望我局各处也要组织人力对各工作组进行研究，以利我局和国际接轨。

1 国际隧协（ITA）16个工作组的研究进展

1.1 规划与管理工作组

目前工作：出版隧道与地下工程的新的术语词典。

1.2 深题研究工作组

目前工作：
(1) 隧道施工产生地层沉降预测及防治的指导文件。
(2) 盾构隧道衬砌设计的指导文件。
(3) 隧道抗震设计的指导文件。

1.3 合同工作组

目前工作：

---

* 本文原载于：隧道建设，2000(02).

(1)针对新的 FIDIC 条款(红皮书和银皮书)提出隧道合同方式的建议。
(2)提出对于 TBM 招投标问题的评估报告(包括盾构机)。

1.4 地下空间利用工作组

目前工作：
(1)各国地下空间规划、开发利用中的发展现状与相关的法律问题。
(2)地下水资源的勘察、供应与储藏。

1.5 施工安全与健康隧道工作组

目前工作：地下工程人员的安全培训能文件及术语。

1.6 养护与维修工作组

目前工作：
(1)隧道防水材料研究报告。
(2)维修材料的性能研究报告。
(3)隧道防火系统设计指导文件。

1.7 盾构与 TBM 隧道工作组

目前工作：
(1)困难条件下的盾构设计原则。
(2)满足不同功能条件的新型盾构机。

1.8 钻爆法施工隧道工作组

目前工作：
(1)工作面前方地质预报技术。
(2)隧道涌水及防治原则。

1.9 沉埋式隧道工作组

目前工作：
(1)沉管隧道的耐久性。
(2)沉管隧道的新设计。

1.10 小型隧道(非开挖技术)

指供水、供气、共同沟等长而断面在 $12m^2$ 以下的隧道施工。

1.11 喷射混凝土技术工作组

目前工作：
(1)喷射混凝土用于永久隧道衬砌的耐久性研究。
(2)混凝土喷射机械手的研究和应用。

1.12 地下工程的直接与间接效益工作组

目前工作：城市快速交通系统的地上方案、地下方案与深埋方案的比较。

1.13 施工机械工作组

目前工作:TBM 的选型原则;盾构机的新类型;扒装机的新类型。

1.14 隧道与环境工作组

目前工作:地下工程的利益与投资。

1.15 质量工作组

目前工作:
(1)质量在实物—设计—标准之间的相关因素分析。
(2)周边环境对质量的影响。
(3)影响质量的特殊因素。
(4)保证质量的措施与程序。
(5)新型质量控制和质量保险。
(6)各国在质量控制中的做法,责任与差别。
(7)合同要求。
(8)保证体系。
(9)质量系统/质量评估《规程》。

1.16 超深埋的长大隧道工作组

目前研究:
(1)围岩在高地应力和高水头下的特性和勘察方法。
(2)保证施工安全的设计原则和运营通风及制冷。
(3)施工方法选择及困难条件下的 TBM 施工。
(4)环境影响。

这些委员会每年召开一次会议,专门对各国隧道工程中遇到的共同问题进行研讨,并出版研究报告,推广新技术和提出设计施工的技术指导原则。非常遗憾的是,作为一个隧道大国,我国很少参加这些委员会的活动,也没有专门对口的组织机构,没有固定畅通的信息交流渠道。我希望隧道工程局能陆续和这些工作组取得联系,进行交流工作。

2 国内应着手研究的问题

对于国内的隧道工程,根据目前我局所了解的情况,需要研究的问题可分为以下几种类型。

2.1 隧道工程信息化建设

我国修建了大量的隧道工程,钻爆法施工技术水平与世界水平差距很小,尤其是超浅埋、大跨和复杂地质条件下的浅埋暗挖法施工技术。但是我们非常缺乏总结和交流,尤其是与国内外同行的交流。这不仅使我们在工程上重复出现问题,浪费大量工程费,而且大大削弱了我们的竞争实力。开展我局隧道工程信息化建设,是可以解决这一问题的关键。

(1)目标:建立隧道工程信息库和计算机网站,使任何一个设计、施工人员能够通过计算机网(便携机+无线电话,或计算机+有线电视网)就可以在任何工地、任何时间,得到设计、施工、运营、材料、厂商、经验等各方面的资讯。

(2)难点:领导的超前意识,知识产权的公众水平,前期投入。目前,隧道局已投入 25 万元由科研所情报中心开展这项工作,年底可见成效。

2.2 隧道的建造质量控制方面

2.2.1 隧道病害和衬砌裂损问题

(1)目的:找出造成隧道病害和衬砌裂损问题的关键因素和相关关系,提出防治措施。

(2)难点:需要大量的调查研究。通过对已调查的运营隧道的分析,凡采用复合式衬砌结构并严格按中国隧道修建法施工的隧道均完整良好。

2.2.2 隧道防水以及防水材料的研究

(1)目的:目前虽然有众多的防水材料,但是施工质量难以保证,造成隧道建成后漏水现象普遍,进而影响隧道结构及围岩的安全。因此必须对隧道防水以及防水材料从设计思路、施工方法到防水材料的全面质量控制过程加以研究,以形成一套切实可行的操作程序。

(2)难点:这是一项庞大的系统工程,有技术,又有人的利益分配而影响真实技术的执行。

2.3 设计方面

2.3.1 隧道洞口选择、洞门设计的计算可视化仿真系统

(1)目的:从计算机屏幕上能直观地看出洞口位置和洞内型式的好坏,排水效果,仰、边坡刷坡状况,以分析隧道工程的环境影响。

(2)难点:洞口地形数字模型的建立;洞口早进晚出斜洞门的认识不足,隧道求短的思想障碍。

2.3.2 复合衬砌可靠度设计

(1)目的:本次《隧规》修改未将这部分纳入,原因是难度较大,没有取得足够的认识。但是复合衬砌是今后地下工程发展的方向,必需将其纳入规范。

(2)难点:领导和设计者还不太了解其深远意义,企图用临时支护加模筑衬砌代替,教训是大的。

2.3.3 洞门可靠度设计

(1)目的:本次《隧规》修改、洞口部分没有做完,原因是按校正法算得的失效概率太大,不被大家所接受。但是洞口部分必须全部按可靠度理论修改。

(2)难点:围岩参数变异系数太大,必须重新统计调查。

2.3.4 运营隧道结构剩余可靠度评估

(1)目的:运营隧道结构将逐渐达到设计年限,是否要报废直接关系到投资。因此,必需建立一套剩余寿命评估体系,定量地评估出结构的剩余可靠度。

(2)难点:已有结构强度指标体系确定很难用不破损方法测定。

2.3.5 交通隧道的抗震设计

(1)目的:现行的隧道抗震设计原则已不能反映人们对地震效应的新认识。需要根据最新的研究成果,重新制订隧道抗震设计的原则。

(2)难点:地震波的输入数字和波型还有问题。

2.4 施工技术方面

2.4.1 钻爆法施工

1)软弱围岩、浅埋(超浅埋)、大跨度(>10m)、大涌水地段综合施工技术

(1)具体内容:新的辅助工法,防、排水措施,预报和控制坍方的措施等。
(2)难点:如何鉴定上述措施的有效性,如何防止塌方的产生。
2)高地应力、膨胀岩以及大变形地段综合施工技术
(1)具体内容:研制一种"先柔后刚,先放后支"能适应围岩大变形的支护体系和施工工艺。
(2)难点:试验。
3)高瓦斯地段的综合施工技术
(1)具体内容:总结积累的施工经验,找到一种技术可靠、经济合理的瓦斯预报、排放、通风综合措施。
(2)难点:方法很多,要分类归纳却较难。
4)施工监测
(1)目的:如何实现遥控、遥测和超前变形的非接触测量,以改变现在测量质量说不清楚的现状。
(2)难点:使用于隧道现场的传感测量设备。

2.4.2 机械开挖施工

1)复合式土压平衡式盾构用于非饱和土综合施工技术
(1)目的:铁路工程单位要打入城市地铁市场,不能只靠一种手段(矿山法),而盾构是一种很可靠的方法。尤其是复合式土压平衡式盾构国内不能生产。国内对于复合式土压平衡式盾构用于非饱和土缺乏经验(上海是饱和土)。
(2)难点:如何组织资金及开发机构,技术研究要点是控制开挖面土压力,防止开挖面坍塌。
2)秦岭TBM如何用在后续隧道工程
(1)目的:秦岭隧道1999年9月贯通,秦岭隧道TBM究竟存在什么问题,下一阶段该如何改进或修正,是面临的迫切任务。
(2)难点:全面正确地评价TBM的作用、问题,评估其剩余寿命。

2.4.3 沉管施工方法

详细内容见铁四院1997年提出的立项论证。

2.5 隧道的防排水方面

2.5.1 铁路隧道防、排水政策以及相应的技术措施

(1)目的:铁路隧道究竟以"防"为主,还是以"排"为主争论不休,因此,相应技术措施也不完善,材料不过关。
(2)难点:正确评价当前隧道防、排水现状,总结出几条经验教训,才能制定正确政策。

2.5.2 研究隧道排水对地下水位、地表沉降的影响及控制措施。

(1)目的:地下水堵是堵不住的,但是无限制的排也会破坏农田水利资源,造成地表下沉,必需定量研究排与水位下降的关系,解决好控制地下水位下降的技术措施。
(2)难点:如何做到有控制的排。

2.6 隧道环境与运营养护方面

2.6.1 铁路隧道的运营养护机械化问题

(1)目的:研制出一套适用于铁路隧道的运营养护方案。铁路隧道的运营养护不同于普通公路隧道,一方面时间短,另一方面要求高,必须具备高度的机械化程度,这一点对于我们是一个新课题。
(2)难点:如何组织资金先从重点隧道开始,长大隧道(>10km)必须设平导的决定。

2.6.2 工程弃渣、污水处理技术研究

(1) 目的:大量工程弃渣如何综合利用,又不占农田、河道是一件大事。

(2) 难点:利用弃渣造田的具体技术。

2.6.3 长、大隧道无轨运输内环境标准和技术措施研究

(1) 目的:制定一套适合国情、能保障工人身体健康以及隧道安全使用的环境标准,以及相应技术措施。

(2) 难点:标准和措施要有很好的可操作性。

2.6.4 隧道火灾报警与防治

(1) 目的:研究交通隧道火灾的报警与防治措施。

(2) 难点:系统投资的决心与运营经费的关系。

所以抛出国外的动态,目的是想推动国内隧道的发展,让大家能有目标地去创新和攻关。

重视城市有轨交通体系的研究和发展

王梦恕　张顶立
（北方交通大学隧道及地下工程试验研究中心）

摘　要：本文通过对城市污染和交通堵塞状况的分析，指出发展城市公共交通，尤其是快速轨道交通系统是解决大中城市交通的根本出路，而大力开发城市地下空间是城市可持续发展的重要途径，并对城市交通线网规划的重要性进行了论述。

关键词：公共交通体系；快速轨道；交通；地下空间；线网规划

Abstract: After analyzing actuality of environment pollution and traffic jam, it is pointed out that the development of transport, especially High-speeded Rail Transit system is the ultimate approach to solve traffic jam in the medium and big cities, and empoldering vigorously underground space is an important mode for sustainable development in the cities. The essentiality of cities network planning is also discussed in the paper。

Key words: Public transport system; High-speeded rail transit; Underground space; Network planning

21世纪开始出版《交通运输系统工程与信息》杂志，是非常符合我国可持续发展伟大战略要求的。作者想借助该刊谈谈城市交通运输与经济建设、人口、资源、环境以及地下空间开发的关系，这是当代人类共同关注的重大课题。本文仅就作者多年从事地下工程的体会谈几点意见和看法。

1　"城市病"的产生、加重不可忽视

"城市病"是现代大中城市特有的现象，主要表现为城市污染的日益严重和交通状况的日趋恶化以及某些城市生产生活用水的严重短缺。作者认为，从病态上可将"城市病"归纳为以下几个方面：

（1）城市交通越来越拥挤，行车难、停车难、交通堵塞状况日趋严重。地面道路的发展速度赶不上各种车辆的增长。城市道路变成了汽车路，上街步行难、过马路更难，现代化城市变成了高楼加汽车道，给人们留下的唯一空间是住室和楼距的空地，这是"城市病"的症状之一。

（2）大气环境污染日益严重，在全国500多座城市中，大气质量达到一级标准的不到1%，北京、沈阳、西安、上海、广州等城市1995年被列为世界十大污染最严重的城市，城市污染物中有60%以上来自汽车尾气，酸雨面积增大；温室效应潜藏着危险，CO_2的排放量将成倍增大，若不采取措施，21世纪气温将以每10年增加0.3℃的速度上升，并导致臭氧层的破坏，这将直接危及人类的生存；光化学烟雾的产生和污染又是"城市病"的又一特征，光化学烟雾具有很强的氧化性，可使橡胶开裂，对眼睛和呼吸道具有很强的刺激性。损害人脑，影响儿童智商，同时还损害人体肺功能和农作物，并使大气能见度降低。这也是目前城市中肺癌发病率增加的重要原因之一。尤其我国单车污染排放量大，各种车辆行驶1km所排放的

---

* 本文原载于：交通运输系统工程与信息，2001（01）.

CO 和 NO_x 是美国的 6.5～13.8 倍和 3.3～8.0 倍,尤其是氮氧化物平均浓度超过 $100\mu g/m^3$,再加上相关的道路堵塞、基本设施发展落后、机动车运行不畅,又进一步加剧了污染。北京市和广州市机动车保有量分别居全国第一和第二,它们排放的污染物是相当大的。表 1 为 1995 年所测得的城市机动车排放污染物量及其分担率。

从表 1 可以看出,如不采取控制排放量的措施,到 2010 年北京市机动车排放的 CO 的分担率将达到 96%,NO_x 也将上升到 79%,因而上述两城市大气环境中的 O_3 浓度严重超标。所以对汽车排放物进行控制,网络管理以及合理规划交通类型的发展规模非常重要。

城市机动车排放污染物量及其分担率　　　　　　　表 1

城　市	污　染　物	汽车源排放(万 t)	总排放量(万 t)	污染分担率(%)
北京	NO_x	11.4	27.8	41.0
	CO	139.2	168.7	82.5
广州	NO_x	3.89	9.20	42.3
	CO	40.3	47.5	84.8

汽车引起的噪声污染也不可轻视,国家环保局对全国 40 多座城市的调查发现,3/4 的城市交通噪声平均值超过 70 分贝,在高架桥附近的噪声更为严重,与此有关的投诉现象逐年增多。

另外,与城市交通发展无关的环境污染,如固体垃圾等也相当严重,如北京的堆放垃圾就以 8100t/d 的速度产生,并呈迅速增长的趋势。城市的上、下水均存在着污染,上水主要表现为饮用水质量在下降,再加之人们对开源和节流用水又不够重视,导致城市(尤其是北方城市)缺水相当严重,2010 年我国将进入严重的缺水期。在缺水的同时,城市产生大量的污水又不处理,直接排入江河,造成对水源的污染,这又加重了水资源的紧张。我国 700 余条河流长达 10 万 km 其中 70% 的地段已受到污染,又造成近 1/4 的城市人口饮用不符合卫生的水。

(3)城市交通设施不足,指导思想混乱是加速"城市病"产生和发展的另一根源。

城市交通设施是一项非常复杂的系统工程,不能头痛医头,随意性太大。规划部门反映,在城市发展及交通规划中过多地受到行政的干预。领导也是"一朝天子一朝臣",每届领导各行其是,不尊重经专家科学调查分析所制定的规划,如为了献礼或所谓的业绩,可以任意推翻,可以提出不符合实际的赶工期工程,造成在解决交通设施的同时,产生了不可逆转的严重后果。如某城市领导为了追求填补没有高架路的空白,花了 5 亿元修了一条从机场出来的高架路,造成两边还要兴建的街道和房地产半途而废,损坏了环境,扰乱了城市交通的体系。又如某城市领导为了显示政绩,在海湾处、不该修桥之处非要修建悬索桥,甚至置海军舰队提出反对意见而不顾,因为桥比隧道壮观,更能显示政绩。作者走过国内外不少城市,深感城市交通设施、规划是一项关系子孙后代的大事,应作百年大计考虑。一个好的规划将给自己、当代百姓、子孙后代留下一个美好的环境,相反留给后代和当代的只能是悲哀。

2　城市交通必须走快速轨道运输方式,重视城市地下空间的开发和利用

城市是现代文明和社会进步的标志,是经济社会发展的重要载体。我国城市化进程在明显加快,到 2010 年我国城市化水平达到 45% 之后,城市人口将增加到 6.3 亿以上。如何在有限空间的地面紧张城区解决交通堵塞及对环境的破坏,是当今社会发展的一个重要和永恒的课题。

现在各大城市为了交通的畅通而大建高架车道和立交,高架车道下的街道失去了原有的开阔和明亮,高架车道对城市声、尘、废气的污染更为严重,高架道上车辆终须下地,处理不当会造成接地路口的堵塞而使高架路面成为"停车场"。所以各大城市中心区不论拓宽道路或设高架道,都不能从根本上解决交通堵塞问题。因为减少了车辆通行量,反而助长了车辆的增多,造成新的堵塞和更大的污染。解决此

问题的有效办法是开发地下空间,建立地铁网络,让市区的交通大部分由地铁承担,地面限制私车、公车数量,以出租车取代,这样可充分发挥公共交通的作用,避免企业个人行为造成能源浪费、环境破坏以及多占道路的弊端。近期,作者到柏林、巴黎、汉堡等大中城市,很少看到大型立交,而多为地下隧道穿过,地铁和下沉式广场、商店相结合更显得雅静和协调。因此地铁是大城市、现代化城市发展的必由之路。然而我国地铁不能快速发展之根本是人的指导思想为大、洋、高、全在作怪,追求两层车站,规模越大越全越好,搞美化装修,搞封闭式对车门空调,机电设备以及车辆不进口就不可靠……。把地铁造价抬得很高,出现高投入必然会造成低收入的运营,所以应以简便、有利于运营、方便群众以及坚持以人为本的原则去降低地铁造价,为城市交通做出新贡献。

21世纪是开发地下空间的世纪,真正把城市地下空间作为资源开发是可持续发展的需要。1998年在莫斯科召开了以"地下城市"为主题的国际学术会议,瑞典、挪威、加拿大、芬兰、日本、美国和苏联等国家在城市地下空间利用领域已达到相当的规模和水平。莫斯科地下空间总面积为全市地面总面积的30%以上;日本提出将一个日本变成10个日本国的规划,城市地下已规划到50~80m范围。因此,国际上有的学者预测,21世纪末世界上将有1/3的人口工作、生活在地下空间中。我国是一个人口大国,在这方面必须重视。清华大学、北方交通大学的教授专家初步研究估计,北京市地下空间资源量为193亿m^3,可提供64亿m^2的建筑面积,将大大超过北京市现有的建筑面积,所以现在提出将一个北京市变成两个北京市的口号是可行的。在大连市城市地下空间利用规划纲要讨论稿中,近期开发浅层(30m深)地下空间,其开发面积为城市建设用地的30%,在既有道路和绿地下,再乘以0.4的可利用系数,则地下空间开发资源为5.8亿m^3,可提供建筑面积1.94亿m^2,可超过现有大连市房屋建筑面积。通过对以上两个城市的估算可以认为,只有充分利用地下空间才能从根本上改善城市堵塞拥挤的面貌,与地下快速轨道同时起步的地下市政设施应从地下供水、排水管网发展到地下大型供水系统、地下大型能源供应系统、地下大型排水及污水处理系统、地下生活垃圾的清除、处理和回收系统,以及地下综合管线廊道。

综观国外,日本至少在26个城市中建造地下街146条,吸引1/9的日本人民购物;美国纽约市有443km地铁在运营,504个车站,每天接待510万人次。世界各主要城市已形成四通八达的地铁线网,其运量占城市公交总量的50%以上。另外在地下建筑的图书馆、大型会议展览中心、实验中心、办公、工业车间等也得到了迅速发展。加拿大多伦多和蒙特利尔市的地下步行街系统非常突出,由于该地区常年处于漫长的严冬气候,所以人们进行商业、文化及事务的交流活动均在地下步行系统中进行,连接着数千家活动场所。北欧和西欧在地下大型供水、排水系统方面都很突出,尤其瑞典用管道清运垃圾,污水处理也100%在地下,地下停车场、车库也很盛行。总之,改变"城市病"的方向很明确,开发地下空间,兴修地铁,及在城市外围修建地面、地下、高空相结合的轻轨快速列车是现代化城市的唯一出路。

3 有轨交通系统是城市重要基础设施,应予规划优先发展

城市有轨交通系统主要包括地铁、轻轨和单轨,这是城市,尤其是大城市的重要基础设施,在城市功能上具有重要地位,因此在城市规划中应放在优先发展的位置。

许多国家针对城市发展规划和特点,在人口超过50万的大、中城市中,纷纷发展和建立有轨交通系统,这是城市国际化、现代化、防污染、省能源的重要措施和标志。一些国家也正在研究城市道路地下化的交通系统,如日本东京都城市地下环行道路的构思,可极大地减轻地面交通的压力,可从根本上清除"城市病"。我国是一个人口大国,经济实力不强,但许多城市,尤其人口超过100万的城市都在规划地铁、轻轨或单轨的修建,这说明人们的意识在改变,已经认识到利用地下空间,开辟交通通道,增加交通面积,是解决城市"交通难"的根本性措施之一。

关于穿越城市中河流的交通方法,19世纪均以大桥通过。然而,桥梁的跨越会带来阻塞通航,占地较多,噪声增大等副作用。随着人们环保意识的提高,更感到在现有条件下修建隧道比修建桥梁更能保

护环境,同时又方便不同交通方式间的连接。某城市修了两座壮观的大桥,横加在闹市区,老百姓称之为二龙闹市。相反,附近有条越江隧道,车流很满,司机不愿上桥,尤其雨天桥空隧满的车流相当壮观。所以海湾地段应进行桥隧的比较,如琼州海峡水域宽18km,应用隧道联通,考虑深埋海底100m,加上引线长度共34km,250亿人民币可以完成该工程。若用桥梁,一则台风太多;二则地基没有基岩,墩身加基础数百米,从技术、经济和适用上均属不可行。近期中国工程院土木水利与建筑学部、北方交通大学隧道及地下工程试验研究中心在海南省海口市联合召开的"铁路隧道穿越琼州海峡"讨论会上,许多专家认为联通海南岛的最好方案是铁路隧道,技术可行,经济合理,运输可靠,应予立项研究,早日建成。总之,全国"交通运输系统工程"是一项结合人口、资源、环境的复杂系统工程,是可持续发展的重要内容之一。

希望该杂志本着发扬科学精神,畅所欲言,建立自由言论,把是与非,真与假,科学与反科学,以及城市交通建设中是否坚持以人为本等问题进行及时的报道和研究,给国家决策提供一个合理的、符合可持续发展要求的意见和建议。最后,衷心祝贺该刊物的出版,并希望把它办好、办活。

参考文献

[1] 刘维宁,张弥,邝明.城市地下工程环境影响的控制理论[J].土木工程学报,1997,30(5):66-74.
[2] 陆峰,刘维宁.城市地下空间开发利用的可持续发展初探[C].铁道工程学报增刊,中国土木工程学会隧道及地下工程分会第十届年会论文集,1998,10:63-66.
[3] 秦淞君,轩辕啸雯.隧道及地下工程在可持续发展战略中的展望[C].铁道工程学报增刊,中国土木工程学会隧道及地下工程分会第十届年会论文集,1998,10:12-17.
[4] 轩辕啸雯,陈唯一.我国21世纪隧道及地下工程展望[C].铁道工程学报增刊,中国土木工程学会隧道及地下工程分会第十届年会论文集,1998,10:1-3.
[5] 谭忠盛,王梦恕,张弥.琼州海峡铁路隧道可行性研究探讨[J].岩土工程学报,2001,2.

TBM 通过断层破碎带的施工技术

王梦恕 王占山

(中铁隧道集团有限公司)

摘　要：对 TBM 快速通过断层破碎带的技术进行了阐述；介绍了可能遇到的各种不利情况及其处理措施。
关键词：TBM；断层破碎带；快速通过；处理措施

1　概述

TBM 由于其高效、安全的优越性能，近年来得到越来越多的应用，但其对断层破碎带等不良地质条件的适应性较差。这些不良地质条件对 TBM 掘进会产生较大影响，不仅可能导致 TBM 掘进作业时间利用率降低，甚至有可能出现 TBM 损坏和难以顺利通过的情况。必须采取有效的措施，否则处理不当就会给施工带来严重后果。我国云南天生桥水电站引水隧洞、意大利戈森萨铁路隧道以及奥地利坎波罗索铁路隧道在 TBM 通过断层带时都遇到 TBM 刀盘被卡住的事故，造成长时间的停机。中铁隧道集团在摩沟岭隧道工地施工时，也出现了 TBM 被卡 20 多天的教训。

TBM 施工有其自身的特点。在切削岩石时其对围岩的扰动比钻爆法要小，但初期支护不如钻爆法及时；初期支护前岩石暴露时间长，极易发生危石损伤设备的事故，这就需要根据设备分布位置，选择合适时机进行及时支护，必须合理布置初期支护设备位置，其支护能力必须承受全部地层荷载，所以在进行初期支护方面没有钻爆法机动灵活。对 TBM 的这些特点，我们在断层破碎带施工时必须给以很好的考虑。

2　断层破碎带对 TBM 施工的影响

断层破碎带会对 TBM 施工造成很不利的影响，主要有：
(1)开挖后工作面及拱顶坍塌，剥落。将 TBM 刀盘埋入，刀盘旋转困难。
(2)开挖面及边墙坍塌，撑靴支撑力不够，不能提供 TBM 掘进所需的足够的支反力。
(3)给喷锚支护带来困难。
(4)围岩软硬不均，刀盘旋转时易产生震动，影响刀具的使用寿命，增加刀具消耗。
(5)当围岩软硬不均时可能会引起 TBM 机体的摆动增加。给掘进方向的控制带来困难。
(6)如存在涌水则会由于水压作用，工作面发生坍塌，涌水淹埋刀盘及机体，增大刀盘的旋转扭矩；水的作用造成侧壁坍塌，支撑靴无法支撑；涌水淹没机体等。

3　通过断层破碎带的主要辅助设备

采用合适的设备来快速、安全通过断层破碎带等不良地质地段是至关重要的。目前主要的设备有超

---

* 本文原载于：隧道建设，2001(03).

前钻机、锚杆机、环梁安装器等。这些设备一般安装在掘进机的头部、刀盘支撑体后面、大梁顶部,以便在掘进过程中一旦发现险情就能及时利用他们进行处理。

我国天生桥水电站引水隧道开挖时,引进了美国罗宾斯公司的10.8m直径的掘进机,同时引进了与之配套的三大设备:超前钻机、锚杆机、环梁安装器。

秦岭隧道施工时,为顺利通过断层破碎带,在WIRTH TB880E型开敞式掘进机上也装备了超前钻机、锚杆机、环梁安装器等设备。超前钻机能在护盾外边以6°仰角在刀盘上部84°的区域内进行探测钻进或预注浆加固岩层。前部锚杆钻机可在150°的顶部区域内钻孔,后部锚杆钻机可在两边壁各90°范围内钻孔。锚杆钻机钻孔深度达3.5m,孔径38mm,水平移动距离3.8m。环梁安装器允许在TBM掘进机在刀盘护盾后进行钢拱架的组装和安装。同时,为防止落石危害施工人员和设备,掘进时在护盾外缘安装了长90cm的指点形护盾,另外又在护盾下缘焊接了一排钢管,可利用它进行超前锚杆支护。

4 通过断层破碎带和处理措施

当要通过断层破碎带时,我们一般按以下步骤(图1)进行施工,并根据断层破碎带的具体情况采取不同的措施。

图1 通过断层破碎带的步骤

具体的步骤和措施为:

(1)掘进前

超前地质预报的预测,以确定破碎带边缘、长度、破碎程度以及含水情况等。

根据破碎带的不同情况采取不同的处理措施。对于轻微破碎地段,对TBM不会造成影响时,可不进行处理;对于一般的破碎地段,采用先掘进,再处理的办法;对于严重破碎地段,掘进机无法施工时,停止掘进,用TBM所配的钻孔注浆设备进行超前加固,然后打超前钻孔检查,证明可行时再向前掘进并进行处理。如破碎段长,且破碎严重,一般加固仍无法使用TBM顺利通过时,可用钻爆法开挖成洞,TBM随后跟进通过。

(2)掘进时

合理选用TBM掘进参数。在不同的地质条件下,TBM所需要的推力、掘进速度、刀盘转速、刀盘扭矩和撑靴支撑力等掘进参数是不同的。在TBM通过断层破碎带时,可适当减少TBM的掘进速度、刀盘转速等掘进参数,这样能有效地减小对围岩的扰动,从而减小或避免发生坍方,使TBM安全通过。

同时,要根据掘进中部分掘进参数的相对变化,了解前方围岩的变化情况(例如通过推进压力的大小可推知围岩强度情况,通过刀盘扭矩的大小可推知围岩的完整性情况),从而及时调整TBM的掘进参数或采用其他措施,使TBM快速、安全通过。

(3)掘进后

加强支护。对一般破碎地段,可采用喷混凝土或喷纤维混凝土、局部加锚杆喷纤维混凝土的支护措施;对严重破碎地段,可采用架设钢拱架、挂网、喷射混凝土或纤维混凝土的支护措施。

4.1 超前预报与预测

由于地质勘探的局限性,掘进机在隧洞掘进中往往会遇到一些地质图上没有反映出来的不良情况。为了进一步探明掘进机前方断层破碎带的确切情况,应积极开展工程地质超前预报工作,以便详细掌握断层破碎带的情况,从而采取合理的措施。

目前,其常用的方法有:①利用 TBM 上配备的超前钻机;②利用超前预报系统(如地震地质预报系统 TSP);③利用平导地质情况推断;④利用出露的岩石、出渣的情况以及掘进时的异常情况进行判断等。

在秦岭隧道施工中,通过 TBM 自带的超前钻机(超前探测 20~30m)和 TSP202 超前地质探测仪进行了超前地质预报,并通过Ⅱ线平导以及出露的岩石、出渣的情况和掘进时的异常情况对前方地质情况进行了综合判断,较好地探明了前方破碎带的情况,为 TBM 顺利通过奠定了基础。

4.2 预加固

根据前方的地质情况判断是否适合 TBM 掘进,若适合,则继续向前掘进;反之,则需对前方不良地质地段进行加固,或采用其他方法通过。如与其他方案在工期、经济性等方面进行比较后认为预加固方案可行,则利用 TBM 直接向前方断层破碎带等不良地质地段进行加固处理。

可利用 TBM 所配备的超前钻机,结合 TBM 自身配备的注浆设备,对隧道前方断层破碎带的围岩进行超前预注浆和超前管棚注浆加固。在钻孔前,为防止掌子面出现围岩坍塌和漏浆,可利用 TBM 自身配备的喷射系统在刀盘开挖后喷射一层混凝土,但严禁刀盘后退以防塌落卡死刀盘。在进行注浆前,先用水冲洗钻孔,注浆时,为防止串浆和漏注,可先从两侧的钻孔向拱顶对称注浆。注浆参数应根据围岩的工程地质和水文地质(如围岩孔隙率、裂隙率、渗透系数、涌水量、水压等)并结合试验来选择确定。

4.3 对坍塌的处理

根据坍塌规模的大小采取不同的措施。

(1) 小规模坍塌

作业面顶部和面部发生若干坍塌或小范围的剥离,但不扩大;刀盘护盾与岩壁间有小块石头掉下,拱部或侧壁发生小坍塌,但没有继续发展扩大的迹象。掘进正常,推力、扭矩变化不大,机械(尤其主机区域)没有异常的振动和声响,渣均匀集中,偶尔混有大块岩渣。可采用如下的支护措施:撑靴以上部位挂钢筋网、打系统锚杆,视情况架立钢拱架。

(2) 中等规模坍塌

作业面剥落严重,拱顶严重坍塌或局部剥落,但刀具还可运转;撑靴部位坍落严重,垫衬、倒换困难;护盾与岩壁间落下大量石块。掘进时机械振动较大,有异常的噪声,推力有减弱的倾向,扭矩增大,并有上下变动的倾向,皮带输送机上大块增多,伴有少量细渣,渣堆忽多忽少,不均匀。可采用以下支护措施:利用手喷混凝土系统向坍塌处喷射混凝土,及时封闭围岩,减少岩石暴露时间。安装全圆钢拱架,拱架安装前先在撑靴以上部位挂钢筋网。打注浆锚管,以提高撑靴的承载能力。

(3) 大规模坍塌

拱顶及洞壁发生大面积坍塌,且发展很快以致于常规施工方法无法控制;从护盾边缘观察拱顶坍塌很深,大量石块从护盾与岩壁之间落下,坍塌向后部区域扩大;撑靴撑着的洞壁部位大量坍落,从而不能取得反力,无法换程;掘进时机械振动特别大,在主控室即能听到掌子面发出的巨大声响。推进时,扭矩变得很大,刀具旋转困难或不能旋转;岩渣大量产生,发生堵塞,严重时刀盘被石块卡住,无法旋转,渣中以大块为主,几乎没有细渣。可采用如下支护措施:TBM 停止掘进,采取辅助对策,从 TBM 后方打探孔,在坍塌部位注浆,除去坍塌处的土渣,并用细石混凝土等充填,并架立钢拱架支护。

如引黄入晋工程,在通过一般断层破碎带时采用了如下措施:对于较小断层、破碎带:①喷混凝土;②锚喷;③锚喷+钢筋网;如遇较大的断层、破碎带则施做喷锚网并安装 12 号槽钢预制环形钢支撑,当塌方卡死 TBM 时,从 TBM 上方做一导洞,进入 TBM 刀盘前方进行钻爆法处理和注浆,然后再启动 TBM 通过处理段再掘进。

秦岭隧道在通过 fsn11、fsn12 较大断层时,采取了以下施工措施:停止掘进,利用超前钻机预注浆加固处理岩层,但钻机未试用成功,只有立钢拱架支护。由于坍塌厉害,拱架严重变形,部分拱架侵入衬砌净空超过5cm。主机通过后先清完钢筋网上虚渣,剪开钢筋网,在坍塌处纵向加设工字钢支撑,环向布设钢筋网,并利用岩石间隙纵横穿插ϕ22钢筋,与钢筋网焊接,形成钢筋骨架。在原钢拱架上立模灌浆,在坍塌处形成一封闭钢筋混凝土拱。待混凝土凝固后,割断拱架,凿除侵入界限的混凝土,重新安装钢拱架。

另外,断层破碎带的喷射混凝土非常重要。手喷混凝土时必须做好相关设备的防护工作,避免混凝土回弹料污染主机设备。喷射混凝土必须从填充岩面空洞、裂缝开始,在钢拱架地段,钢架与围岩之间空隙必须用喷射混凝土填充密实。

4.4 TBM在软弱破碎地层撑脚处的围岩加固技术

TBM掘进时,支撑靴支撑着设备的重量并将推力和刀盘扭矩的反力传递给边墙岩壁,当边墙岩壁强度足以承受支撑靴压力时,TBM方可正常掘进。因此,对小范围的边墙坍方,可通过锁死部分支撑靴,减小对围岩的支撑压力,同时相应地减小TBM推力、推进速度,在TBM不停机的情况下通过坍方地段;如果边墙相对软弱,可在支撑靴处加垫枕木垛增大接地面积,然后通过。当隧道边墙发生较大的坍方或边墙围岩强度不足以承受撑靴压力,而以上措施又不能奏效时,可先停机,在撑靴处打数根注浆锚管,注浆后提高地层承载力;也可在采用喷锚网+钢拱+灌注混凝土的联合支护方式进行处理后再掘进。

4.5 软弱地带下沉处理

根据前方地质情况,如判断可能发生下沉并且施工中简单处理仍可能发生严重下沉时,可预注浆加固处理,达到一定的强度后再掘进通过。如在掘进中发生TBM下沉,则将TBM后退到断层软弱区外,后退前应对开挖面及开挖段进行初期支护,以防塌落。然后装上枕木垛,用千斤顶对TBM进行姿态校正,之后再浇注混凝土置换,为使混凝土能承受撑靴的压力,混凝土必须浇注至起拱线。

4.6 断层破碎带涌水的处理

TBM掘进时,突发涌水会给施工带来严重影响,甚至危及人员及财产安全。因而,处理方案应坚持的原则为:预测先行,预防为主,防微杜渐,确保安全。一般可采用以下步骤、措施:

(1)掘进前:打超前钻孔,可结合破碎带探孔,探测钻孔出水量、水压;确定涌水点里程。打超前放水孔进行放水,放水过程中,时刻观察水压及水量变化,如水压减小,在做好排水系统的条件下,TBM继续掘进。如排水孔水压及水量不减,开挖后会造成工作面及侧壁坍塌或排水设施跟不上,必须采用注浆堵水。

(2)掘进后:对工作面的涌水或注浆后的剩余水量及时排离工作面。对侧壁的漏水采用挡遮、引排措施,保证喷混凝土质量。喷混凝土后,由于水压升高,有可能使一次支护破坏,则采用引排方法或壁后注浆法封堵。当水压过高,水量过大时,采用围岩注浆,将水填堵在围岩内部。

秦岭隧道Ⅰ线工程出口段,对于断层破碎带的涌水采取了以下处理措施:

(1)围岩内只有微量渗水或局部滴水,一般采用无水地段处理办法。用锚杆钢筋网加格栅拱架的加强支护,并在拱顶设置草绳引水。

(2)在股状、线状出水段,加密透水管及草绳引排,再铺设无纺布和防水板要求防水板粘贴紧密无缝隙,不允许射钉打穿防水板,采用抗渗透标号较高的防水混凝土,尽量减少施工缝,施工缝、沉降缝采用防水接头。考虑到岩石松软且发现拱顶有下沉现象,为避免围岩侵入衬砌限界,局部架设全圆钢拱架,间距1.8m。

(3)对于较大股状涌水的集中出水段,间隔打1.5~2.0m深排水孔,插入废旧橡胶管,通过软式透水管将水引到隧道底部的仰拱块中心水沟内排出或将水截住,开挖一导洞,通过Ⅱ线平导排水。软式透水管设置间距应加密,顶部铺设防水板,切实做好防排水工作。同时采用防水混凝土。喷射混凝土时,适当增加水泥用量,喷射手要掌握好速凝剂的掺量,并由远及近逐渐向有水地段喷射。

4.7 区域性断层的处理

对于大的区域性断层破碎带,为使 TBM 快速、安全通过这些地段,确保工期,一般可以先进行预处理,然后 TBM 掘进通过或直接步进通过。预处理的主要技术措施是对围岩进行帷幕注浆,以达到加固围岩和堵水的目的。

主要方案有:①中导洞钻爆法开挖、TBM 扩挖方案。该方案先开挖中导洞,并通过围岩注浆达到加固破碎围岩和堵水的目的。当 TBM 到位后,扩大隧道断面通过。②全断面钻爆法开挖、TBM 穿行通过方案。该方案以隧道中线为中心进行全断面开挖,根据支护结构形式和 TBM 穿行方式,确定相应开挖断面尺寸。施工中首先对围岩进行注浆加固止水,然后全断面开挖并进行初期支护,待掘进机到位后穿行通过。前者具有钻爆开挖量少、能尽量利用 TBM 快速掘进的优点。但是前提是帷幕注浆必须达到能使加固层围岩提高到Ⅲ类以上的效果,而且要求帷幕有足够的厚度,只有这样才能满足中导洞只作喷混凝土临时支护的要求,否则将会造成 TBM 扩挖的困难和临时支护费用的增加。另外,中导洞与横通道的衔接部位也需进行处理,以满足支撑靴的受力,并且在与横通道交会位置进行扩挖时,刀盘将受到轴向偏心荷载的作用,对大轴承和外围刀具的工况都将产生不利的影响。后者则是完全应用钻爆法,TBM 仅是步进通过。

秦岭Ⅰ线采用维尔特 TB880E 开敞式硬岩掘进机施工,其处理软弱围岩的能力较差,为确保 TBM 安全通过 F_4 断层及确保工期,对 F_4 断层 400m 长度范围采取了预处理,提前用钻爆法全断面开挖及衬砌,然后 TBM 步进通过如下措施:

(1)开挖:从临通及Ⅱ通同时进行开挖,从横通道通过小导洞进入Ⅰ线正洞后,再进行扩挖成形,开挖直径略大于 TBM 最大直径。正洞前 50m 采用三步微台阶逆作法施工,人工配合装载机出渣;50m 后,组装简易台架,台架配合风钻全断面打眼爆破或小导坑超前爆破,装载机出渣。

(2)支护措施:本着短进尺、弱爆破、强支护、快封闭、勤量测的施工原则,采取钢拱架支撑、超前锚杆支护的支护措施,钢拱架间距 0.5~1.0m,超前锚杆间距 40cm,锚杆长 3m,水平搭接不小于 1m。拱架架设后,立即在拱腰和拱脚撑上横钢撑,同时迅速喷浆,封闭岩面。对于围岩变形严重坍穴较深处,立即喷灌混凝土回填以加强支护。对于断层中的破碎带采取管式注浆锚杆,预注浆加固拱部岩层。

引黄入晋工程通过特大断层破碎带时,采取了以下措施:①沿洞线方向开一个辅助巷道,巷道尺寸以有利于同时打眼和注浆的最小断面为宜。②注浆加固靠近掌子面的 10m 范围。③由辅助巷道排水弃渣。④在工作面上用钢筋及灌浆组成一个伞状保护拱。⑤加固注浆完成后,TBM 缓慢推进,适当降低功率和推力,根据发生的种种突然情况随时采取加固措施,直至通过断层破碎带。

5 结语

快速、安全通过断层破碎带对于减少投资,缩短工期有着非常重要的作用。为此我们要作好以下工作:

(1)进行超前地质预报,准确预测前方破碎带的情况以便采取相应的措施。同时充分利用岩渣信息、导洞地质情况等综合判断前方的地质情况。

(2)工程技术人员要充分认识 TBM 施工开挖、支护的主要特点。掘进时,应根据不同的地质条件合理选用 TBM 掘进参数。

(3)配备一套完备的超前加固及易于操作的手喷混凝土系统,对前方不良地质进行预加固处理和及时封闭围岩以控制变形、控制坍塌扩延。

(4)采用合理的支护措施,提高通过不良地质地段时的支护速度。如对于局部坍塌地段可采用自加工钢支撑(格栅、槽钢拱架、加强格栅拱架等)代替钢拱架,既可提高支护速度,又可节省材料。

另外,还要作好各种准备工作,如各种材料、设备的准备工作以及人员培训工作等,保证掘进、支护等工作的快速高质量完成,使 TBM 顺利通过断层破碎带。

注:本文部分数据出自水利水电部杭州机械设计研究所 1986 年 3 月的"硬岩掘进机对付不良地层的设备"资料;王梦恕,谭忠盛 2000 年 10 月的"TBM 施工技术"资料。

参考文献

[1] 张杰,杨全等.秦岭隧道掘进机通过塌方地段的对策[J].世界隧道,1999,3.
[2] 周垂一,编译.掘进机通过不良地质地段的施工方法及应变措施[J].华东水电技术,1990,2.
[3] 杨永,译.全断面隧道掘进机在不良和劣质岩层中开挖隧道[J].隧道译丛,1989,6.
[4] 许述礼.天生桥二级水电站引水隧洞施工情况简述[J].水利水电技术,1990,4.
[5] 张荣山.引黄入晋南干线七号隧洞不良地质段 TBM 施工探讨[C].1995 年全断面岩石掘进机学术研讨会论文.
[6] 陈永华.隧道掘进机通过不良地质地段的主要技术措施[C].铁科院 1992 年学术报告会论文集.

可持续发展中的六大难题和对策

王梦恕

(中铁隧道集团有限公司)

21世纪人类面临着六大难题,处理不好就是灾难,绝非危言耸听,杞人忧天。它如晨钟暮鼓,告诫人们必须从现在开始去认真工作,研究对策。

可持续发展作为国策提出来了,摆在每个省市、每个学科、每个产业、每个人面前。谁违背了六大难题或灾难,谁就会失败、贫穷,被社会所淘汰,这是不可抗拒的客观自然规律。所以近些年来,不少企业关闭,不少学科停办,引起失业、待业人员增加这都是很正常的事。社会要发展,工业要调整,农业也要调整,关小矿、保大矿、关小厂、保大厂也是从六项难题和标准来确定的。美国近30年取消了8000多个专业、学科,新生了5000多个新专业、新学科,这是社会发展的必然规律。人不能违背自然,58年大炼钢铁,大规模毁坏树林;过度放牧垦荒,搞梯田……例子很多,教训深刻,40年后大自然开始报复。目前,城市化建设将要形成高潮,每天大家都看到大量的高楼拔地而起,人们要进入城市,大量的交通设施、房屋要建,每天看到大片良田被钢筋混凝土所取代,土地资源无法再生,居住、交通、土地、环境的矛盾日益突出。能否把地面沃土多留点给农业和生活环境,把地下多开发给道路交通呢?目前,国际上提出"21世纪是作为人类第二资源的地下空间开发和利用的年代"。日本要将国土面积增加10倍,美国1/3人口要移往地下居住。地下空间的开发利用是大有发展前途的。

1 难题一:人口增长,素质下降带来了贫穷

我国每年人口净增约1300万人,按计划生育部门统计,全国12.75亿。人口多带来的压力除粮食、居住、交通、就业问题,更带来的是环境的破坏与贫穷世界人口已达60亿,每年净增1亿,印度已达11亿,是我们的邻国,对我国西藏威胁很大,尽快修建西藏铁路是经济建设的需要,更是国防建设的需要。

我国人口在增长,耕地在减少,土地沙化以每年2460km^{2}的速度在扩大。在人口众多的大国面前,人多带来了上学难、找工作难等一系列社会问题。人是社会动物,动物意味着他要生存、活动,要占领空间,要形成群体和家庭,组成社会,在科技高度发达的今天,人必须有自身的全民发展,社会才能实现可持续发展。否则是片面地畸形发展,我国开展提高全民素质,开展全民教育是为了可持续发展。

2 难题二:可生存的土地在减少

全世界人口每年增加一个亿,但世界可生存的土地在减少,面积相当于一个冰岛10.3万km^2,我国每年人口净增1430万人,而土地沙化每年扩大2460km^2,相当于每年损失一个中等县,水土流失又造成每年损失耕地6.67万km^2(相当100万亩)这种人口增长,可生存的土地和耕在减少的现状是多么危险的一对破坏可持续发展的矛盾。

---

* 本文原载于:隧道建设,2002(02).

(1) 水土流失。我国水土流失面积达 492.6 万 km², 占国土面积的 51%, 其中：水力侵蚀面积达 182.6 万 km²; 风力侵蚀 188 万 km²; 冰融侵蚀 125 万 km², 水土流失遍布全国各地。全国水利水库、塘坝淤积库容达 200 亿 m³ (不计长江三峡), 相当于损失库容 1 亿 m³ 大型水库 200 座, 直接损失 100 亿元。黄河小浪底水库寿命为 20 年淤积掉, 修的目的主要是稳定黄河中下游 150 万人 (在黄河河道内居住的河南省 100 万人, 山东省 50 万人) 安居乐业。同时, 全国每年有 50 亿 t 沃土付之东流, 四川省水土流失也很严重, 全省流失面积约 20 万 km², 每年流失 800~1000km², 占全省面积 41%, 占长江上游水土流失面积 50% 以上, 每年流入长江泥砂总量逾 3 亿 t, 对长江三峡危害很大。

水土流失是一个全球性的环境问题, 给人类的生命和物质财富造成极大的危害和破坏, 目前, 由于人口在持续增长, 经济规模在不断扩大, 植被在急剧破坏, 大量事实说明, 水环境恶化是水土流失的元凶, 而水土流失又是造成山穷水恶和水、旱灾害交替发生的根本原因。实践证明：有林地区和无林地区雨后会产生两种截然不同的结果：有林降雨量 250mm, 不会发生水灾; 无林降雨量仅 20mm, 仍山洪暴发。如 1998 年长江洪水, 洞庭湖口流量 2.56 万 m³/s, 小于历史 1954 年 5.19 万 m³/s, 反而造成大洪水。所谓"青山秃, 洪水怒"大自然要报复, 农业园林化, 村落树草化, 农业结构由单一的粮食生产转为粮、林、牧、花、商协调发展的道路才是方向。所以, 城市、农村提高土壤的蓄水能力是一重大课题, 尤其暴雨时如何减少径流? 如何分布储水塘 (爆破大坑法) 都需要认真在工作中研究。

(2) 土地沙化。我国已沙化土地约 169 万 km², 还有近 90 万 km² 具有明显沙化趋势, 两者合计占国土的 24% 左右, 涉及 18 省 400 县, 其中难以治理的 67km², 原生性沙漠 49 万 km², 合计有 116 万 km² 是治理难的沙漠, 谁能攻克这个难题, 可以获诺贝尔奖。

1985 年至 1995 年平均每年沙化扩大 2460km², 90 年代后期沙化加剧, 2000 年春天, 北方出现 13 次沙尘暴, 频率加快, 强度增大, 有目共睹。目前我国有上百座城市, 数万个村庄经常受风沙危害, 出现沙进人退, 村舍掩埋, 上万农牧民离乡背井, 成为"生态难民"的严重问题, 究其原因为盲目开垦所致。

3 难题三：环境恶化，使生态环境到影响生存环境的严重程度

未来国家的安全将除防御外国侵略还需防御环境恶化这样一个重大课题, 即环境工程学问题, 它涉及水、气、渣、噪声、热、光、电磁辐射等各个领域。

(1) 水污染：城市水源有 90% 受到污染, 愈 8 亿人吃超标水生活, 当今, 水资源短缺和水环境污染已成为制约社会经济发展的重要因素。究其原因, 答案只有一个, 破坏水源的任何工业必须就环境污染问题进行整治, 处理不了的必须关闭, 未处理的污水大量渗入地下蓄水层, 造成人类 1/3 人口饮用水超标的令人震惊的后果。这是社会深刻的生命危机, 对废水的处理、监测、管理等课题摆在了我们这代人面前。

成都市府南河原是垃圾场、臭水沟, 目前 18km 河堤, 18 座桥。污水处理渠道 26km, 有日处理 30 万吨污水的污水处理厂; 耗资 27 亿, 经拆迁、绿化形成的沿河公园, 变成了人民满意的消闲绿带, 受到国内外专家高度评价, 体现了政府的远见卓识和对人民、对地球、对环境的负责精神, 人人出钱, 人人出力, 共同修建, 该工程荣获联合国"地方政府首创奖""改善居住环境最佳范例奖"。

我国水被广泛污染的例子太多, 让人震惊、心痛, 因我刚考察完四川省, 所以多举四川例子, 引以为戒。如四川全省有 1000 多条河流, 80% 以上均遭到不同程度的污染, 全国 1200 条河, 污染 850 条, 2400km², 的区域出现鱼虾灭绝的严重后果, 城市河段污染更为严重, 176 条城市河有 105 条污染, 如身边的黄河水少了, 水脏了, 防汛、断流、污染是治理黄河的三件事。

(2) 绿地破坏严重：绿地是由树、灌木、草组成, 大规模的伐林年代对森林破坏相当严重, 另外, 滥挖野生中药材等沙生植物造成沙化地区沙漠化进程的加剧。因沙化地区出产甘草、麻黄、发菜等植物, 易寻采, 卖价高, 每挖 1 公斤甘草要破坏 8~10 亩土地, 发菜是固沙植物, 吃掉它等于吃掉土地, 甘肃省 1994

年一年因挖甘草破坏草场面积达90万亩以上。城市绿地,人均$10m^2$,上海人均$2m^2$,减少硬化土地的面积,用绿树绿草代替的做法,应予重视和采用。如政治广场如何改为生活广场,道路两边、河流两边设绿树长廊等,总之,如何用最少的钱把城市、周边绿化好,节约绿化修路费是我们应研究的课题。

(3)海洋污染:氮、磷增加50%~200%,这些大量营养盐及其他微量元素,从根本上是赤潮频频发生的必要物质基础,只有加强对工农业废水排放治理,才能解决海水养殖业的自身污染问题。

(4)固体垃圾、废物污染:1995年有固体垃圾6.4亿t,年处理量1.4亿t,我国人均多少不清楚,约每人每年1000kg,但若以每年5%的速度递增,今后垃圾将成为人类的坟墓,所以尽量减少不必要的包装,一次性的东西少用,尽量从垃圾堆中将纸、金属、玻璃等选出来,发展回收行业,工厂应推广循环经济法,即工业生产中的原材料应循环使用,改变用后扔掉的习惯,要求企业最后回收自己的产品,拆卸并利用其中的原材料,废旧纸张的回收也很重要,大家要有这个意识。

固体垃圾的存放,正在改变城市生态系统,改变着土壤自然功能,产生大量带污染的新成土,造成城市郊区生态环境的恶化;蔬菜基地,大量使用化肥破坏了土壤结构、破坏了土地自防害虫的能力,而农药导致蔬菜的污染,从而导致人和动物内分泌系统混乱,使人类免疫功能缺损,病毒和结核病日益增多。世界目前有5000万人感染上HIV病毒,已有1600万人死亡,艾滋病是导致全球结核病再次流行的最大原因,非洲南撒哈拉地区每5个死亡的人中就有一个艾滋病人。中国也在发展,河南某县一个村以卖血致富导致集体感染艾滋病的教训非常惨痛,所以,固体垃圾的尽快立项研究非常必要,并应形成产业。

(5)大气污染:必须将碳的排放量降下来,汽车尾气、火力发电会产生大量CO_2,消减70%即可防止破坏性气候发生。废气、粉尘、一氧化氮、氮化物年总排放量约12.5亿m^3,年增长8.6%,造成酸雨面积达国土面积1/3,损失上千亿元。另外,保护大气臭氧层是维护人类正常生存的主要条件,它是地球生物圈的天然保护伞,没有臭氧层就没有生命。我国青藏高原已出现季节性的臭氧低值,如氟利昂、发泡剂、喷雾剂中含有氟氯烃物质,哈龙、一氧化二氮、甲烷等具有消耗臭氧层物质的作用。

4 难题四:水作为人类生存的资源,普遍紧张

水资源是我国的一个特殊问题,人均$2200m^3$,低于世界1.1万m^3平均水平,列第119位。所以说,我国是一个缺水的国家,全国现有600多个城市,已有2/3城市水量不足,其中108个城市严重缺水,如太原、大同更是紧张。

水在时间上、地域上分布很不均衡,时间上,每年6、7、8月是发大水时期,要防洪、防汛,其他时间则干旱,尤其在华北、西北更为突出。在地域上,北方旱、南方涝,为缓解这一现状,国家提出南水北调计划:东线,把长江东线的水调到天津,需要泵送;中线,把丹江口的水库加高12m自流到北京,经河南、河北。西线用长隧道把长江、黄河从源头上连起来,工程巨大。然而,南方的水也在明显减少,如长江中下游地区,1949年共有湖泊$25828km^2$,1979年仅为$14074km^2$,减少50%,$1km^2$大湖泊在30年间减少543个,被称为千湖省的湖北,80年代比50年代减少湖泊61%,昔日八百里的洞庭湖面积减掉2/5,四川西昌邛海是高原最大淡水湖之一,20世纪60年代水域面积$39km^2$,现在为$26km^2$,减少40%左右,而且污染严重,水体自净能力减弱。

缺水的原因主要是伐树造成的土地保水能力降低,人口增多用水量增大以及水利用不合理等。缺水、干旱的面积占国土面积的26.6%,半干旱面积占国土面积的20.9%。

回灌技术,利用地下水库蓄水是治水的一个重要途径,另外,淡化海水,发展灌溉农业和旱地农业,合理治水、调水、用水、节水、保水等技术均需要研究。所以,现代水资源合理开发运用和保护管理是一项复杂的系统工程,即涉及自然科学,又涉及社会科学。水资源的优化配置,资金筹措都需要提到日程上进行提早研究。

5　难题五：能源短缺

我国已探明的45种主要矿产资源,到2010年可满足需求的资源剩21种,到2020年则仅剩6种石油、钾盐、锰、铬、铁、铜等大量紧缺矿产长期短缺的局面已经形成。其中,四种主要能源储量并不理想:煤,可用104年左右;石油,可用25年左右;天然气,西部发现较多,但也只有65年左右的开采量;铀235,我国是贫铀国家,只能采25年左右,所以,当前新能源的研究和开发迫在眉睫,如何用经济的办法从海水中分解氢气,研究新的能源替代品,这些都是很紧迫的课题。

节约能源,节约石油是我们每个人的责任生产节能汽车,把有限的资源留给后人,大力开发水力发电;风力发电、太阳能应用,从海中、从宇宙中寻找能源,走可持续发展的路是方向。

6　难题六：气温变暖

全球气温变暖正在加剧,25年后持续高温严重缺水地区的人口由目前的17亿变为54亿,水资源短缺的形势更加严峻;到21世纪,气温将比1990上升1.4～5.8℃,全球变暖将持续几个世纪,冰雪融化后海平面将上升,亚洲将有数千万人口由沿海向内陆转移,周期性变暖变冷是需要人类防备的,美国计划在21世纪有1/3人口将进入地下居住,以防温度太高。厄尔尼诺现象是影响全球气候异常的主要因素,这是一项复杂而有意义的工作,由国家组织观测和研究。气温变暖会带来飓风,受害人数以每年12%的速度在增加,如1991年孟加拉国龙卷风时速达171英里,造成14万人死亡,100多万所房屋被毁,美国安德鲁飓风把佛罗里达州160平方公里范围变成平地,损失300亿美元。所以台风、龙卷风、飓风的频频出现会继续延续下去。

上述六大难题所引发的地质灾害:崩塌、滑坡、泥石流、地面沉降、土壤侵蚀、海水入侵、地震等在不断加大,环境污染导致的生理危机和战争对人类的威胁已经逼近,世界1575位科学家(其中有99位诺贝尔奖获得者)呼吁:"扭转人类遭受巨大不幸和地球发生突变的趋势,只剩下不过几十年时间了",人们应正视这个危险的现实。

大瑶山隧道的科研与施工

王梦恕　王福柱　徐济川　黄少霞

(中铁隧道集团有限公司)

摘　要：大瑶山隧道全长 14.295km，位于广东省北部的南岭山区，是我国最长的双线铁路隧道。"大瑶山铁路长大隧道修建新技术"曾先后获得铁道部科技进步特等奖及国家科技进步特等奖。本文是以获奖内容并参考有关资料编撰而成。

大瑶山隧道建设所取得的十项重大科技成果，其中有六项具有国际先进水平，三项达到国际先进水平，一项具有国内先进水平。并解决了 42 个关键技术难题。各项技术衔接配套，在 20 世纪 80 年代，它使我国的隧道建设跨越了 20～30 年的技术落后差距。

关键词：大瑶山隧道；科研；施工

Abstract: With a total length of 14.295km, Dayaoshan tunnel located in Nanling mountainousarea in the north part of Guangdong province, is the longest double-track railway funnel in China. "New Technology Achieved in Construction of Dayaoshan Long Railway Tunnel" has won Special Prizes for Science and Technology Progress of Railway Ministry Level and National level. This article is prepared on basis of the items for which the prizes are awarded and the other relevant documents.

The construction of Dayaoshan tunnel has achieved 10 items of major scientific and technic results, of which 6 items have international-advanced level, 3items reach international-advanced level and 1 item has domestic-advanced level. With the scientific and technic achieve ments, 42key technical problems have been settled. With the proper combination of all the technologies, in 1980s the achievements eliminated China's 20～30 years' backward in tunnel construction technology.

Key words: Dayaoshan Tunnel; Scientific Research; Construction

1　引言

大瑶山隧道位于我国广东省北部的南岭山区，地处京广铁路坪石至乐昌间武水河大弓形截弯取直部位(图 1)，全长 14295km，埋深 100～910m，是我国最长的双线铁路隧道。隧道于 1981 年 9 月开工到 1987 年 10 月建成，历时 6 个春秋。由于隧道长、断面大(图 2)、穿越地层复杂，故为国内外所瞩目。

大瑶山隧道地处南岭山区瑶山山脉的腹部，该区山势险峻，森林密布，泉流飞瀑，峡谷纵深，武水河穿行其间，素有九江十八滩之称。雄峙于隧道中部的二排北北东向大山构成了一个长 18km、宽 1～2km 的班古坳灰岩喀斯特盆地。

在隧道修建中攻克了 10 项关键配套技术，42 个关键技术难点。10 项配套技术是：①工程地质特征及岩体稳定性评价；②光面深孔爆破技术；③穿越 9 号断层配套技术；④控制精密测量技术；⑤喷锚支护复合衬砌结构技术；⑥监控量测和信息化设计施工技术；⑦大断面机械化快速施工技

---

* 本文原载于：中国岩石力学与工程学会第七次学术大会论文，2002.

术;⑧施工通风技术;⑨塑料板防水技术;⑩周边浅孔预注浆技术。这10项科学技术的采用,将我国铁路修建水平从落后于国外二三十年迅速提高到20世纪80年代末90年代初的国际先进水平,使我国隧道设计施工技术跨入世界先进行列,是我国隧道修建技术的一次大飞跃,成为我国铁路隧道修建史上第三个里程碑。

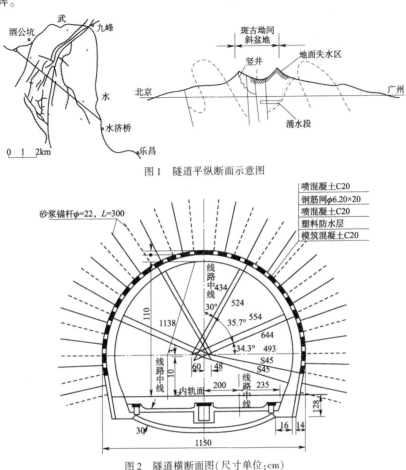

图1 隧道平纵断面示意图

图2 隧道横断面图(尺寸单位:cm)

2 隧道修建关键技术的研究和应用

2.1 工程地质和水文地质的研究与工程围岩的稳定

2.1.1 隧道区域地质及工程地质的研究与工程的稳定

该区位于湘桂经向构造带东侧,南岭纬向构造带中粤北山字形构造的脊柱部位,经向构造以震旦系——寒武系浅变质砂岩和板岩中,近南北向褶皱和压性断裂为代表(横坑倒转向斜 F_1、F_{00}、F_3)。粤北山字形脊柱部位则以中下泥盆统的桂头群石英砂岩、含砾石英砂岩及东岗岭组碳酸盐地层(灰岩、白云质灰岩、泥灰岩)组成的北北东向紧逼倒转褶皱和压性断裂为代表(班古坳倒转向斜 F_{01}、F_5、F_{02}、F_8、F_9)。

(1)围岩稳定性的评价

①区域稳定。据研究,本区域位于粤西北,虽受多期构造活动影响,但均属老构造活动,区域内最新的坪石—阳山断裂,虽具继承性和多期活动性,但均处于稳定近期构造运动微弱,未见上述断层复活,不存在孕震、发震的活动断裂,属基本稳定区,地震烈度为6°。②局部稳定。研究工作中曾对大瑶山隧道围岩岩体结构进行划分和稳定评价,作为工程设计的依据。本隧道围岩划分为三类:a.整体状结构岩体,结构面切割微弱,岩体完整,含水少,稳定性好;b.散体结构,碎裂结构岩体,多见于断层带及严重风化带,施

工中变形大,来压快,易坍方,稳定性差;c.弱面切割岩体,有一定的自稳能力,但沿结构面易出现变形和失稳,稳定性较差。

(2)F_9断层的科研攻关

横穿隧道中部的F_9断层,地面延伸达30km,主断层宽78m由断层泥强烈压碎砂岩,断层角砾岩糜烂岩组成,稳定性极差,F_9断层下盘影响带宽83m,由强烈片理化泥灰岩及含岩溶管道的片理化灰岩组成,片断层挤压带,稳定性较差,F_9断层上盘影响带宽294m,由强烈挤压破碎石英砂岩及强烈挤压断层破碎带组成稳定性较差。

F_9断层为逆断层,下盘除影响带的岩溶管道出现涌水外,几十米的断层泥地段均干燥无水,而上盘却为强富水带,稳定性较差,施工极为艰难,最大日涌水量达4万t。

F_9断层科研攻关采用了平导超前探测、弹性波探测、围岩变形监控量测、航空遥感探测及地质超前预报等手段,成功地确定了断层带的围岩分类,稳定性判断,妥善地制定了相应的施工对策。

(3)班古坳岩溶段岩溶突水和地表失水

班古坳岩溶段位于隧道中部地表,是一个长18km、宽1~2km、由东岗岭灰岩组成的倒转向斜。根据多年施工和观测研究,发现隧道通过岩溶区的上覆400m的灰岩地层内,发育着以垂直系统、落水洞、岩溶管道、灰岩竖井、灰岩漏斗为主的地下水通道,深达400m以下的隧道深处,施工中单个管道的突泥涌水量为7000t/d。

班古坳岩溶区的侵蚀基准为武水河河面,海拔100m,隧道在班古坳地区隧底高程为海拔180m,班古坳岩溶地面最低高程为海拔600m。因此,岩溶段地表水下渗,经由隧道底部向武水河河面的侵蚀基准面排去。由于隧道施工袭夺了地下水的通路,故施工中发生岩溶突水、突泥,引发重大的地质灾害(图3)。

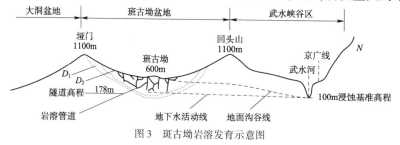

图3 班古坳岩溶发育示意图

2.1.2 隧道突泥涌水机制研究

充沛的雨水,成为大瑶山隧道区域地下水充足的补给源之一,另外,由于班古坳灰岩盆地易于集水,其两侧的桂头群石英砂岩、砾岩亦极易富水,因此突水、突泥、涌砂,就成为隧道施工的主要障碍。自1985年4月至1987年5月10日,大瑶山隧道施工的主要地段(隧道中部)涌水总量为652万t,突泥、涌砂总量4.8万t,坑道最大涌水2.8万t/d。先后导致竖井被淹,洞内似暴雨倾泻涌水成河,严重地阻碍了工程的进展(表1)。

(1)突泥涌水特征:①深部岩溶承压水;②层破碎带涌水;③涌砂;④地下泥石流;⑤砂岩"喀斯特";⑥地下水的连通性。

垂直水力联系其特点为:地下400m深处的隧洞与地面有水力联系;地表水顺岩溶管道进入隧道时间越来越短,说明400m厚的地层内岩溶管道越来越通畅。

主要突泥、涌水、涌砂点统计表(1988年1月10日)　　　　表1

性质	地点	围岩、岩性	埋深	突发时间	峰值涌水量及时间	突泥涌砂总量及时间	总涌水量及时间
泥浆水	4+213竖井平导	灰岩4类	400m	1985年4月11日 7:00	4175t/d(1985年4月17日) 7248t/d(1986年7月15日)	3.28万t(1985年4月11日—1987年4月30日)	219.225万t(1985年4月11日—1987年4月30日)

续上表

性 质	地 点	围岩、岩性	埋深	突发时间	峰值涌水量及时间	突泥涌砂总量及时间	总涌水量及时间
泥浆水	4+601 正洞	灰岩4类	550m	1986年9月29日16:00	1.2万t/d(1986年10月10日)	1.13万t(1986年9月29日—1987年2月25日)	56.4万t(1986年9月29日—1987年2月25日)
突泥	4+733.9 出口平导	石英砂岩2类	600m	1986年12月28日23:00	0.3万t/d(1986年12月28日)	0.012万t(1986年12月18日—1986年12月29日)	0.7万t(1986年12月28日—1987年1月1日)
突泥	4+762.8 出口平导	石英砂岩3类	600m	1986年4月5日21:00	0.1万t/d(1987年4月5日21:00)	0.1万t(1987年4月5日—1987年4月9日)	0.3万t(1987年4月5日—1987年4月9日)
涌水涌砂	5+065 正洞	石英砂岩3类	700m	1986年8月11日22:00	2万t/d(1986年8月22日9:00)	0.08万t(1986年8月13日—1986年11月30日)	32.8万t(1986年8月13日—1986年11月30日)
涌水涌砂	5+350 正洞	石英砂岩4类	800m	1986年2月18日15:30	4800 t/d(1986年2月18日15:30)	0.06万t(1986年2月18日—1986年2月22日)	2万t(1986年2月18日—1986年2月22日)
涌水涌砂	5+713 正洞	石英砂岩4类	780m	1985年10月8日20:30	1.6万t/d(1986年5月20日)	0.1万t(1985年10月8日—1987年11月13日)	150万t(1985年10月8日—1987年11月13日)
涌水涌砂	4+710~5+020 共310m,出口平导	石英砂岩及F92~4类	700m	1986年7月10日	2.85万t/d(1986年12月7日)	0.1万t(1986年7月10日—1987年5月10日)	190.75万t(1986年7月10日—1987年5月10日)
总计	—	—	—	—	—	4.862万t(1985年4月11日—1987年5月10日)	652.175万t/d(1985年4月11日—1987年5月10日)

(2)机制探讨。由于隧洞开挖,隧道即形成集水廊道,破坏了原有的地下水平衡系统,袭夺了地表水渗经地下深部流向侵蚀基准面的道路,从而出现大量地下水携带千百万年来沉积于通道中的泥砂、碎石涌进隧道,这就是大瑶山隧道的突泥、突砂涌水机制。

(3)结论:①隧道以北5km处,武水河面(海拔100m)是隧道测区的侵蚀基准面,控制着隧道区岩溶发育规律。②大瑶山隧道中部发育着深部岩溶管道,管道与400m以上的地面岩溶通道(漏斗、落水洞)相连。管道中多被泥砂及水充填,对隧道构成了威胁。

2.1.3 岩体力学研究及地球物理测试

(1)构造应力场。①隧道区存在两个不同时期的构造应力场。②早期应力场,进口端由EW→N64°W,出口端由N50E→N72°E,以中部九号断层为主,其方向两侧略有不同。③晚期主应力方向进出口基本相同,变化不大,都为近东西向应力,中部班古坳槽各区则为N56W。

由于隧道轴向为N54°W,故主应力与隧道平行,垂直于施工掌子面,选线合理。

(2)地球物理测试。①岩体应力量测采用应力解除法,在滑石排斜井试验结果,最大主应力方向与晚期构造应力方向基本一致。②岩体物理力学特性测试,采用室内现场静力法和动力法测试相结合,取得了主要岩石(体)物理力学参数及 F_9 断层构造岩的弹性波参数。③围岩变形收敛量测及围岩内部位移量测,发现:a. Ⅳ类以上围岩变形发生于洞壁周边表层岩石,其深度为围岩的松弛圈范围;b. Ⅲ类围岩具有弹塑性或流变特征;c. Ⅰ~Ⅲ类围岩具有塑性变形特征。④遥感科学试验,在大瑶山隧道科研攻关中,采用了机载侧视雷达、远红外、近红外、长距离黑白片等多种手段的遥感科学试验。⑤地温预测,大瑶山隧道最大埋深900m,施工前进行了地温预测,采用的手段有:a. 深钻孔测温;b. 推算全隧范围内的恒温及温度。

2.2 控制测量的研究

2.2.1 平面控制测量方法的选定

长大隧道洞外平面控制测量,过去多采用三角测量,多有费时费事之感。这次在大瑶山隧道选择了省时省事,简便易行而少受地形、植被等限制的光电测距导线测量。以当时的条件,仪器设备使用 DM501、DM503、DL_4L、OL_4S 测距仪测距,用 DKM_2-A 及 T_2 经纬仪测角。

2.2.2 竖井联系测量

在竖井联系测量中,提出了光学投点、陀螺经纬仪定向和光电测距等高新技术,取代了传统的矿山测量方法。

2.2.3 贯通误差

贯通误差分为平面贯通误差和高程贯通误差。平面贯通误差包括纵向和横向贯通误差,横向贯通误差是隧道贯通的关键,其限值要求洞内建筑物不侵入限界。

大瑶山隧道各段贯通误差,计算结果均满足要求,这说明布网是合理的。使用的仪器,精度的规定,施测的方法,亦是正确的。

2.3 深孔光爆机理及软岩控爆技术的研究

2.3.1 光爆机理

大瑶山隧道所进行的光爆机理模型试验,其理论基础为"由于爆炸冲击波产生的拉应力形成径向开裂,然后又爆破生成的高压气体楔入,起尖楔膨胀作用而使岩石爆裂开,亦就是爆炸应力波和爆生气体的共同作用造成岩石的破坏"。

2.3.2 深孔爆破掏槽技术

深孔爆破的掏槽成功与否是掘进好坏的关键。

首先我们解决和掌握了深孔爆破的三项关键技术:①深孔掏槽技术;②合理的炮眼布置和顺序设计;③克服炸药卷的深孔管道效应技术。之后,又用两年多时间反复进行了单临空孔、双临空孔、三临空孔和四临空孔掏槽形式的多种装药结构现场试验,使掏槽技术日臻完善。炮眼利用率可达到95%以上。

2.3.3 软岩控爆技术

软弱围岩因其岩体松散破碎,节理密集,岩石整体性差,给隧道施工带来极大困难。通过研究我们决定在大瑶山软岩地段控爆采用三种施工方案:①全断面浅孔预裂爆破;②上下半断面浅孔控制爆破开挖及微台阶开挖法;③上半断面环形开挖法。

2.4 复合衬砌机理的研究与应用

2.4.1 大瑶山隧道支护参数的确定

大瑶山隧道支护参数采用工程类比法确定,应用特征曲线法计算检验支护衬砌的强度。

2.4.2 大瑶山隧道支护体系的可靠性评价

(1)Ⅴ类围岩在支护结构足够安全。

(2)Ⅳ类围岩的支护结构参数在大多数地质条件下是安全的,二次衬砌仅起储备作用,厚度可适当减少。

(3)Ⅲ类围岩的支护结构,所提供的支护阻力,适用于大多数地质情况,在 E 值较小埋深较大时,二次衬砌需承载。

(4)Ⅱ类围岩的支护结构,可适用于大多数地质条件。

2.5 隧道的监控量测及信息反馈技术的研究

2.5.1 监控量测的目的和方法

由于采用新奥法施工,因此一开始就把监控量测和信息化技术作为科研攻关项目。6 年的实践证明,如果没有现场监控量测的手段作为整个工程的施工耳目和决策依据,要如此地建成这样的长大隧道是不可能的。

2.5.2 F_9 断层的监控量测及信息反馈

(1)F_9 断层围岩稳定性分析。受自重应力作用下的双线隧道,特别是采用半断面施工方案时,在开挖上半断面时,将会发生较大的垂直系统位移,因此在施工中应进行对垂直系统位移观测及反馈。

(2)量测目的和主要量测项目。①量测目的:a.通过现场量测为确保安全通过 F_9 断层提供信息;b.通过现场量测为修改、调整设计和施工决策提供依据;c.通过现场量测为探索断层地段的变形规律积累资料。②主要量测项目:a.拱顶下沉量测;b.净空收敛量测;c.地中位移量测;d.钢拱支撑反力量测;e.临时仰拱受力状态量测;f.围岩压力量测。

(3)结论。①在 F_9 断层核心地段采用的量测手段可行。②量测数据表明,F_9 断层特别是核心地段的围岩很差。③大量量测资料信息表明,F_9 断层核心地段所采取的周边深孔预注浆钢管支护、注浆堵水加固、H175 型钢支撑、临时仰拱等一系列的支护措施和施工决策是合理的。④上半断面施工时,总的来讲,变形是比较小的(除坍方段外)。下半断面开挖将原来已封闭的结构打破,致使应力重新调整,产生过大的水平侧向挤压,引起过大的收敛变形,增加了施工难度。

2.6 隧道大型机械化施工及机械化施工作业线的配置

2.6.1 机械化管理组织的建立

(1)专业化生产组织的形成。为适应新奥法大型机械化施工,必须按照专业化协作原理来组织生产。其实施要点是:建立机械施工专业队伍。

(2)为专业化施工服务的技术组织保证系统。大瑶山施工机械对设备管理的要求是:①提高管理的科学性,运用现代管理技术,实现条例化、制度化管理,包括逐步向全面实现微机管理的准备和过渡。②讲究管理的系统性,严格控制不利因素。③力求管理的经济性,对各具体环节和工作内容,注重实效,讲究经济效益。④坚持管理的群众性,实现责、权、利相结合,调动群众参加管理的开拓创新精神。

(3)施工机械化管理的主要组织措施。①实行以"三定四包"为主要内容的岗位责任制。②强制实行保修和单机经济责任制。

2.6.2 进口机械配件管理及其国产化

(1)进口配件的管理。①采购进口简化配件的层次;②减少配件供应的层次;③对进口配件实行分类储备。

(2)进口机械配件的国产化。自从引进设备以后,机械管理人员便积极着手从事配件国产化的工作,开始把力量都集中于液压胶管、接头、各种滤清器、部分密封圈、斗齿、高强度螺栓等简单、消耗量大又急需的零件,随着时间的推移,逐渐扩大了国产化配件的范围和数量。

大瑶山隧道施工机械配件国产化工作开展后的几年里，共开发708种配件。在开发项目中，凿岩台车140种，953装载机20种，966D装载机10种，PTF-60S混凝土泵7种，FV313自卸汽车60种，FV431自卸汽车54种，五十铃汽车22种，DP205自卸车345种，DP255自卸车10种，121~27自卸车40种。

2.6.3 隧道机械化施工作业线的配置研究

为建立隧道施工机械化作业线对大瑶山隧道施工机械选型配套经过多方案的比较和研究，最后选定用四臂液压台车和二臂液压台车凿岩；轮胎式和履带式装载机装渣，大吨位自卸汽车运渣；用凿岩台车代替锚杆台车钻锚杆孔；汽车式三联机和机械手喷锚支护，混凝土拌和楼，混凝土拌和运输车，混凝土泵和自行式钢模板衬砌台车做混凝土衬砌。使用这些大型机械组成了三条机械化施工作业线：①凿岩、装渣、运渣机械化施工作业线；②混凝土喷锚支护作业线；③混凝土二次模筑作业线。另外，为配合三条机械化作业线配备了反铲挖掘机凿顶、清底和挖水沟，配备了平台式和液压臂式工作平台装药、吊装风管、安装电线路等。

2.7 无轨运输及施工通风的研究

2.7.1 无轨运输

(1) 关于装渣及运渣机械的选择。大瑶山隧道正洞全断面开挖，钻孔深度5m，爆破后出渣量达600m^3（松方），如采用过去常用的装渣、运渣机械——0.5m^3风动装渣机、8t电瓶车、4m^3曲轨侧卸式矿车或类似的机械，将石渣运出长达7km的隧道，至少需要20h，为了缩短这道工序的时间，必须采用大型先进机械。

对大瑶山隧道装渣运渣机械的选择，通过综合比较最后选定，其规格性能如下：

装载机，正洞装渣选用美国卡特皮勒公司产轮胎式装载机966D，并配装有日本玛菇玛公司产三向倾卸斗，斗容量为2.8m^3（平装）~3.1m^3（尖装），总高（带斗全升）5.433m，全长3.814m，宽3.04m，转弯半径7.4m，发动机功率194kW，工作重量19.505t，车架为铰接式，转弯灵活，排气系统装有废气净化器。

倾卸汽车，选用意大利佩尔利尼（PERLINI）公司生产的DP205C型后倾自卸汽车，矿山式翻斗，侧壁高强钢板厚9mm，底板厚15mm，前板厚10mm，斗容量10.6m^3（平装）~13.7m^3（尖装），载质量20t，自重15.7t，发动机功率175kW，配有水洗式废气净化器。该机采用油气悬挂装置。代替弹簧钢板，防震性能较好。

上述两种装运机械经过5年时间的使用，质量是好的，效率是高的，爆破后石渣600m^3（松方），能在4~5h装运完毕，平均4min装运一车。

2.7.2 施工通风

大瑶山铁路双线隧道提出了在我国隧道建设史上前所未有的"在无轨运输条件下3km左右独头巷道的施工通风"这一新课题，限于当时的经济、技术条件，难度很大。

(1) 出口工区的污染源与主要污染物质。①主要污染源：大瑶山铁路双线隧道出口工区是施工中通风最困难区域，施工中的主要污染源是：爆破用炸药、轮胎式柴油机车辆和喷射混凝土机等。②无轨运输条件下隧道内污染的特点：无轨运输出渣，其特点污染源是流动的。

(2) 出口工区施工通风方式的选择。①大瑶山铁路双线隧道出口工区施工通风方式的选择：a. 选定压入式通风方式，主要优点是：压入新鲜空气可使各主要有人作业区的有害全体浓度迅速降低，从而保证开挖面区段各主要有人作业工区施工人员的健康。b. 风机、风管的选型经多方比较，引进了日本生产的MFA100P_2-SC_3低噪声、双旋轴流式通风机，并采用了新开发的直径1200mm、带加固圈的钢风管，初期仍采用法兰盘接头，同时也试用了包箍式快速接头。经现场实测，风管的摩阻系数的平均值为0.013，100m漏风率为2.1%。②大瑶山铁路双线隧道出口工区通风量的计算：a. 控制通风量的有害物质及其卫生标准的选择。一氧化碳的容许浓度为62.5mg/m^3，氮氧化物换算成为二氧化氮的容许浓度为5mg/m^3。b. 各种通风量的计算。隧道施工中应考虑各种情况下所需通风量并取其最大值。施工所需通风量，可用下式表示：

$$Q = Q_P + Q_{max} = qn + Q_{max}$$

式中：q——$3m^3/(min·人)$；

　　　n——隧道内同时作业人数（人）；

　　　Q_{max}——下述各种情况中的最大值：a.有天然瓦斯时；b.有缺氧空气时；c.挤压、冲淡爆破后有害气体；d.挤压、冲淡施工车辆排放的有害气体；e.处理有关作业发行的粉尘；f.降低作业环境高温。

最后通风实现了在无轨运输、爆破和喷混凝土作业情况下，独头通风长2.8km。

2.8 隧道结构的防排水研究

2.8.1 防水混凝土及泵送防水混凝土

为保证隧道建成后干燥无水，科研人员查阅了国内外资料，提出运用结构防水——二次模筑防水混凝土及复合衬砌中间铺设塑料防水两大措施。大瑶山隧道施工突破了隧道复合式衬砌塑料防水板防水技术，选择了合适的材料、先进的施工工艺及机具设备，将这一技术成功地运用到大瑶山隧道结构防水工程上。

2.8.2 防水隔离层的研究和施工

为了达到隧道建成后干燥无水的要求，在大瑶山隧道设计时，吸收了国内外先进技术，大胆地提出了在一次支护与二次支护之间铺设塑料板防水层。特别是塑料板的抗渗能力和防止侵蚀性地下水对混凝土的腐蚀都比其他防水材料优越，因此，要使隧道建成后保持无渗漏水，采取塑料板作复合式衬砌中间防水层是比较适宜的。

该项研究分材料选择和工艺试验两大部分进行。经过两年多的试验研究，选择了1~1.5mm厚的聚氯乙烯(PVC)软板和聚乙烯(PE)板作为防水隔离层的主要材料。

2.9 F_9富水、软弱破碎断层带的施工

2.9.1 F_9断层施工

大瑶山隧道工程地质构造复杂，全隧道共穿过13条规模较大的断层，其中九号断层规模最大，为区域性断裂带中的主干断层，由于构造运动影响强烈，岩体极其破碎，断层带宽465m（其中断层泥宽40m）。F_9断层暴露于槽峪东侧山坡，由于地表水渗入，且补给源较远，并被石灰岩和断层泥隔水层阻于上盘，成为强富水带。下盘石灰岩地段沿次级断层溶隙发育，有溶裂水，断层泥带含水呈半潮湿状态，含水率8%~10%，遇水10min软化成稀泥状。F_9区段最大涌水量曾达50000t/d，超前平导最大涌水量28000t/d，从上半断面开挖至贯通时的9个月中，总涌水量达到675万t。由于隧道埋深500~700m，静水压力达4MPa左右，施工中曾发生20余次突发性涌水；超前平导与正洞发生涌泥、涌砂及泥石流5次，共涌出泥砂1400m^3。加之断层泥和软弱围岩被水软化，变形量大，净空收敛值最高达到184.91mm，最大变形速率为50.28mm/d。由于以上不利的地质和水文条件影响，隧道开挖极易造成岩体失稳、坍方、泥砂淤积等多种病害，给施工带来极大困难。

为了顺利穿越九号断层，按照新奥法原理施工，施工中贯彻了"钎深探、管超前、环开挖、留核心、短进尺、弱爆破、强支护、紧封闭、勤量测、预注浆"的三十字方针。特别在隧道贯通后又制定了"加强量测、知己知彼、巩固上方、开挖下方、严格注浆、短挖单侧、早闭成环"的二十八字方针，有效地保证了隧道施工的安全和质量。

2.9.2 注浆施工技术

(1)周边半封闭浅孔预注浆。采用上半断面浅孔低压注浆可以达到较好的堵水效果，并能形成一定

厚度的半封闭截水圈。在超前管棚—钢拱架—喷锚联合支护强有力的支持下,可以防止坍塌,保证安全通过F_9断层地段。

经过对"全断面深孔预注浆"和"周边半封闭浅孔预注浆"两种方案的优缺点进行全面的分析对比,最后选用"周边半封闭浅孔预注浆"方案。

①优点包括:a.用液压凿岩台车钻浅注浆孔,灵活方便,钻注速度快,工期短。b.仅加固周边围岩形成一定厚度的壳体,能起到堵水、加固围岩,保证安全施工的作用。c.半断面周边钻注,省工、省料,造价低。d.低压注浆,只须在掌子面喷15~20cm厚的混凝土作止浆墙。e.低压注浆,施工安全。

②缺点包括:a.台车只能钻浅孔,方向不够准确,孔不直,下长注浆管较困难。坏岩层钻孔成型不好,不便封孔。b.压力低,注浆范围小,堵水、加固围岩效果较全断面深孔注浆差。

(2)下半断面施工预注浆。继上半断面周边半封闭浅孔预注浆突破九号断层核心部位取得成功后,为了工程施工的安全和使用的需要,进行下半断面施工预注浆。

其种类有:

①拱脚加固注浆,采用花管注浆,扩大拱脚基础。

②边墙截水加固注浆,通过注浆所形成的边墙稳定体,既加固了边墙岩石,防止塌方,又起到了截水作用,可以有效地防止地下水从边墙涌出造成危害,并与上半断面注浆连成一体,形成全断面周边半封闭止水及加固帷幕。

③底板(或仰拱)加固注浆。

(3)围岩固结注浆和围岩与衬砌间填充注浆。围岩固结注浆一般是指开挖完成后、二次衬砌之前所进行的径向注浆。如前所述,其目的在于提高围岩承载能力,减少渗漏水。具体讲:一是防止由于隧道建成后,如封闭F_9断层超前平导和其他辅助坑道时地下水位回升,产生较高的水压力,直接作用在隧道衬砌结构上;二是周边半封闭注浆,不可避免地会有局部的注浆空白区,出现局部残留漏水。采用径向注浆就是要作局部补注浆堵漏,防止水位回升后由于水压增高导致这些漏水通道的逐步扩大,使大量的地下水直接作用于隧道防水层或衬砌结构上,造成漏水,危及电气设备和列车运行的安全。

围岩固结注浆,不仅能防水,而且也能改良地层,提高围岩的承载能力,其作用远非依靠增加衬砌厚度,提高衬砌刚度所能相比的。注浆后将可形成半封闭止水帷幕,以确保隧道的长期安全和稳定。

(4)集中涌水的堵水注浆—围截注浆法。集中涌水点主要分布在砂岩或灰岩地段。

①注浆堵水的原则:"浑水力争堵死,清水排堵结合"。

②注浆参数:经测试在衬砌内止浆时,注浆压力,拱部孔1.0MPa,边墙孔2.0MPa,大水孔1.5~2.0MPa,当止浆深度在基岩内50cm时,注浆压力1.5~2.0MPa。

参考文献

[1] 王梦恕.大瑶山隧道[M].广东:广东科技出版社,1994.
[2] 徐济川,黄少霞.大瑶山隧道构造地质研究院"国际大陆岩石圈构造演化与动力学"学术讨论会会议论文[C].1987.
[3] 徐济川,黄少霞.大瑶山隧道的涌水和施工[C]."隧道与水"国际学术讨论会会议论文(西班牙马德里),1988.
[4] 徐济川,黄少霞.大瑶山隧道的突泥涌水机制[C]."第30届国际地质大会"中国铁道部代表团参会论文,1996.

中国是世界上隧道和地下工程最多、最复杂、今后发展最快的国家

王梦恕

(中铁隧道集团有限公司)

摘　要：主要回顾了中国公路隧道发展的历史、成绩和所取得的技术成就，提出今后隧道修建过程中应重视的 4 个问题，即重视公路设计规范，重视隧道动态设计与动态施工，减少在分期规划与设计中公路隧道运营通风、防灾、照明、监控的投入，重视 TBM 和盾构机的引入与应用；并对中国今后隧道与地下工程的发展进行了展望。

关键词：公路隧道；技术；发展趋势

1 公路隧道的修建是形势发展的需要

中国地域辽阔，南北长约 4000km，东西长约 4500km，地势海拔高差达 5000m 左右，地表起伏很大，峡谷、丘陵、高山遍布在 2/3 的国土上，平面投影面积达 960 万 km^2，立体面积超过 2000 万 km^2，居住着 56 个民族，近 13 亿人口。铁路、公路一直是我国人民出行的主要交通方式。

随着人们生活节奏的加快和科学技术的进步，要求安全、舒适、快速、方便、经济的运输方式已提到议事日程上来了。交通运输尤其是公路更加满足不了乘客的需求，过去多用盘山绕行、挖深路堑等方法修建公路，不仅增加了里程，降低了行车速度，增加了耗油量，破坏了环境，而且行车很不安全，给汽车本身也带来了很大机械损耗。赶上冬季，线路多在冰冻线以上，因山高、路滑、坡陡而翻车、封路的事件屡屡发生。深挖路堑形成高边坡，不仅损失了许多土地，也破坏了自然环境，常常发生大的滑坡、坍方等病害。所以，从实施可持续发展战略出发，长大公路隧道像雨后春笋一样迅猛发展起来。到 2000 年年底，我国公路隧道已有 1684 座，总长达 628km。其中，有半横向通风自动化程度最高的深圳梧桐山隧道、板樟山隧道等一批城市公路隧道；有广州白云山双向六车道、大跨度、扁平率为 0.6 左右的隧道；有福州四连拱象山隧道(宽 35.4m、高 8.9m)；有近距离四连拱宽 45.6m 的科苑立交隧道；有应用最多、大跨(32～35m)双连拱，具有代表性的京珠高速公路五龙岭隧道；有首次采用竖井和纵向射流运营通风技术的中梁山隧道；有逆光照明不在洞口设光过渡段的猫狸岭隧道；有处于 3800m 高海拔、高寒(最冷月平均气温为 -7℃，最低达 -35℃)地区的青海大板山隧道；有处于高地应力区的川藏公路二郎山隧道；有穿越高浓度瓦斯、高压力煤层的华蓥山隧道(长 4705m)，以及目前正在施工的双向分离式四车道、国内最长的 18.4km 终南山隧道和长度大于 6km 以上即将开工的鹧鸪山隧道、泥巴山隧道、雪峰山隧道等(图 1～图 6)。总之，随着技术的不断发展和运营的需要，公路隧道的发展趋势是隧道越修越长，隧道越修越宽，技术越来越难、越来越复杂。

公路隧道的修建涉及结构、防排水、岩土、地质、地下水、空气动力、光学、消防、交通工程、自动控制、环境保护、工程机械等多学科综合复合技术，需要多学科进行联合研究并进行攻关。我国公路隧道的设计与施工技术已有长足的发展，对围岩动态量测反馈分析技术，组合式通风技术，运营交通简易监控技术，新型防水、排水、堵水技术，围岩稳定技术，支护及衬砌结构技术等都有许多工程实例、业绩和成果，其

---

* 本文原载于：铁道标准设计，2003(01).

中大部分成果已处于国内领先水平,还有一些成果已达到国际先进水平。

图1　深圳梧桐山隧道(鲁班奖)

图2　珠海板樟山隧道

图3　北京八达岭高速公路石佛寺隧道

图4　广渝高速公路华蓥山隧道

图5　运用"双侧壁导坑法"修建国内第一大跨双连拱的公路隧道——最大开挖跨度32.6m的京珠高速公路五龙岭隧道。1998年10月开工,1999年11月全隧贯通

图6　隧道内景

2　公路隧道建设中需要重视并深入研究的问题

2.1　重视公路设计规范,但不能约束技术的发展

规范落后于现实是大家公认的。公路中的许多规范已经陈旧,有些理论不符合实际。我国地域辽阔,隧道地质情况复杂,变化很大,用一本规范很难解决全国所有的隧道问题。所以,要看清目前规范的水平不高,但也不要急于功利,要在发展中去总结,有量的积累,才能有质的提高,才能有好的规范产生。目前,国家要求各行各业,每5年必须修改规范的原因也在于此。

2.2 重视隧道动态设计、动态施工

重视隧道设计前期的水文地质调查、勘测的预设计(初步设计)工作,必须进行施工中的地质超前预报及变位量测工作,及时进行信息化反馈施工设计(图7)。这种动态设计、动态施工、动态管理是符合地下工程不确定性客观规律的,是克服施工中不确定性因素的重要手段,是确保安全、可靠、适用、优质建成工程的关键。

2.3 必须减少在分期规划与设计中公路隧道运营通风、防灾、照明、监控的投入

首先要客观地确定汽车运输中车辆的类型和通过量,并根据隧道的长度确定设备投入的规模(图8~图10)。本着低投入、高产出、不管理的原则,通过调查,笔者建议:对小于1km长的短隧道可不设任何运营设备,照明用反光石代替,运营靠自然通风;对1~3km中长隧道,只设简单照明加反光石,采用在洞口两端200~300m范围内设2~3组纵向射流式通风机,隧道侧墙每隔200m左右设报警电话或接通维修班的报警按钮;对3~10km长隧道仍采用多组纵向射流通风。增设1根φ200mm消防水管和每60m设1个消防栓,设通信联络及报警电话。照明可适当加强,山区隧道不设监控系统;大于10km特长隧道可另行研究。总之,运营设备的投入要慎重,要因地制宜,土木工程可一次建成,设备位置可预留,但设备可缓上,必须通过运营现场监测来确定规模和投入的时间。

图7 "CRD"工法超浅埋大跨度施工技术

图8 四壁凿岩台车作业

图9 机械化衬砌作业线

图10 通风吊顶

2.4 重视TBM和盾构机的引入和应用

今后将修建更多的大于6km的长隧道,应把小型TBM加钻爆法施工技术、过江公路隧道盾构施工技术引入公路修建领域,以加速公路网的快速合理修建。当前,我国已有成功的φ8.8mTBM(图11)在硬

岩、软弱围岩施工实例；有 ϕ6.23m 复合式土压平衡盾构修建地铁穿越铁路、江河、房屋的施工实例（图12、图13）。铁路、地下铁道的修建技术和经验教训在公路隧道修建中可以借鉴。

图11 第一次运用 ϕ8.8m 全断面掘进机（TBM）修建铁路特长隧道——全长 18.46km 的西康铁路秦岭隧道，并创造了日掘进 40.5m 和月掘进 528m 的全国纪录，1997年12月 TBM 试掘进，1999年8月贯通

图12 以全断面掘进机——TBM 为标志的铁路特长隧道机械化作业线

图13 复合式盾构机

3 隧道及地下工程在中国的展望

（1）据初步统计，"十五"计划期间铁路、公路、水利、城市地铁轻轨等领域合计约有总长 3000km 隧道工程需要修建。长度大于 10km/座的隧道约占 10%。近期要开工的有：东北水利工程隧道，长 87km；西北铁路乌鞘岭单线双洞隧道长 2×20.5km；西部终南山双线四车道公路隧道长 2×18.4km。

宜万铁路全长 400 多千米，其中长度大于 10km 的隧道有 5 座，隧道总长占线路总长的 53%；正在施工的渝怀铁路总长 600 多千米，隧道总长占线路总长的 40%；已建成通车的西安—安康铁路隧道长度占总长的 50% 以上。另外，还有高速铁路隧道、城市铁路隧道。钻爆法施工速度平均单口成洞 150~200m/月，TBM 平均 400m/月；盾构法平均 250m/月，造价一般 3 万~5 万元/m。绝大多数隧道采用复合式衬砌结构。

（2）我国铁路隧道截至 1999 年统计已建成 6876 座，总长 3670km，为世界第一。目前，新隧道的修建以每年 150km 的速度在增加。第十个五年计划以后，准备建设的有琼州海峡长 2×34km/座铁路隧道；渤海湾海峡 2×110km/座铁路隧道；青岛—黄岛城市公路地铁双向四车道隧道 2×7.5km/座；厦门东通道双向六车道 2×6.5km/座，以及在陆续设计准备开工的、长度在 5km 以上的公路隧道（除终南山 2×18.4km 双向四车道外）还有 10 多座。

城市地铁已开工的有 6 条线路，计划开工的已达 15 条线路，其中上海、北京、广州发展速度很快，每年都以 10~20km 的速度在增长。

南水北调等水利工程的隧道也非常之多，100 万 kW 以上的水电站的输水隧洞在以 100km/年速度修建,大量的排水洞、导流洞,其中输水直径 $\phi 8m$ 长 87km 隧洞即将开工,长度达 100km 以上的铁路隧道、水工隧道正在筹划中(图14、图15)。所以,21世纪隧道与地下工程在我国将会是大发展的年代。

图14 第一次运用沉埋管段技术建成水底隧道——宁波甬江水底隧道

图15 沉埋管段制作技术

用隧洞工程优化南水北调中线方案

王梦恕[1]　许宝根[2]　王绥之[3]

(1. 中铁隧道集团有限公司;2. 广州铁路集团公司;3. 深圳水利设计院)

摘　要:介绍了南水北调优化方案,对方案的实施期限、工程造价、优越性及可行性进行了分析。
关键词:南水北调;三峡水库引水;三条隧洞+原中线方案

1　引言

水利部于 2002 年年初编制完成了《南水北调工程总体规划》;该总体规划与以往相比,有其突出特点:总体规划把生态建设与环境保护放在更加突出的位置,强调南水北调的根本目的是逐步缓解黄、淮、海河流域的缺水状态和因缺水造成的生态环境问题,符合"振兴中华,再造一个中国"的精神。

2　确定需调水量的依据

2.1　根据农业灌溉需要确定调水量

"入世"后,农民面临挑战。我们应该支持农民,满足节水条件下的最低需水量,使农业有灌溉用水,让农民受益。农业灌溉用水是工农业生产的用水大户,占总用水量的 80%。

2.2　根据改善环境和保护环境的需要确定调水量

改善环境和保护环境需要的调水量约占总用水量的 20%。
综上所述,确定需要的调水量为每年 1000 亿 m^3。

3　优化的中线调水方案

长江三峡大坝已建,2003 年即将蓄水,具有以下得天独厚的南水北调输水条件:水质优(Ⅰ级)、水量大(4300 亿 m^3)、水位高(175m 海拔)、能自流。由于丹江口水库水量不大,南水北调中线优化,因此,方案应建立在三峡水库的基础上,在原中线方案基础上增加三条从三峡水库到丹江口水库长 145km、直径 20m 的圆形输水隧洞,直接调水每年 1000 亿 m^3 到中线水渠,其中 70% 流入黄河,30% 通过运河引到北京、天津。

因为优化的中线方案,向山区靠,可少占农田,减少拆迁,位置选择合理。同时方案处于平原、高原交界处,水能自流。由长江三峡水库引水到丹江口水库,沿原中线方案一直到北京,与大运河相接。在此处预留向东北三省和内蒙古东部输水的接口,可解决东北平原缺水问题,也可将水输送到天津。这条中线方案也可将水输送到中线右侧东北、东南向平原的任何一个地方,而且完全是自流。因为这条中线方案

---

* 本文原载于:隧道建设,2003(01).

是黄河下游、淮河、海河所需要调水流域的制高点,可与160多条河流接通,水可以顺河而下到任意地方。

为改善环境和提高南水北调蓄水功能,建议将黄河每隔10km左右设一个活动闸坝,改造成阶梯级人工河流,实现"沉沙蓄清"。目前黄河孟津以下河床均已高出地面,在闸坝处将清水引出,自流灌溉农田,泥沙沉积在黄河河床内;当黄河来汛时,将活动闸门打开,既可泄洪,又可冲沙;若当年黄河无汛,则可从长江三峡水库引水冲沙,保证梯级人工河的"蓄清"功能,这样既不影响清水灌溉,也不影响黄河自身汛期泄洪。

南水北调原中线方案供水,黄河有每年125亿m^3的流量(河北5亿m^3、河南50亿m^3、山东70亿m^3)。优化方案可多向黄河供给700亿m^3,向北京供给300亿m^3。

这样的输水方案可解决黄河下游、海河流域、淮河流域的缺水问题。现在黄河上游十几个水库的库容量约580亿m^3,黄河下游的冲淤可用该方案将长江三峡之水引来进行冲淤。黄河上游之淤泥沙,用原黄河之水来冲,每年约需几十亿立方米水,这样还剩500亿m^3水可供上游用。南水北调工程原计划从西线向黄河调水120亿~170亿m^3,若采用中线优化方案,可暂缓修建西线,待500亿m^3水不够用时再修建西线。

中线河流断面为从渠首陶岔至黄河段长462km,河宽310m,中间深水段宽150m,河深16m,两侧河道边坡为1:5,边坡宽各80m,共挖土石方18亿m^3,过水流量为3000m^3/s。在郑州附近过黄河后和大运河相连接,并预留将来为东北三省供水接口,该段水路全长774km,河宽180m,断面河深16m,河深段宽20m,边坡段宽各80m,坡度为1:5,共挖土石方14亿m^3,过水流量为1000m^3/s。中线方案全部挖土石方32亿m^3。

4 优化方案的分期实施

优化方案工程主要由一条中线输水渠的土石方工程、3条长145km的输水隧洞工程和黄河下游改造为"蓄清排沙"的阶梯河工程三大部分组成。

工程可分两期进行:第一期工程为一条145km隧洞,输水能力为1000m^3/s,2007年前完成;第二期工程为二条145km隧洞和黄河下游改造为"蓄清排沙"活动闸工程,建议期限是2009—2019年。

5 优化方案的工程造价

5.1 隧洞造价

据调查,三峡水库至丹江口水库的隧洞工程的造价为每延米20万元一条隧洞造价为319亿元,3条隧洞的造价为957亿元。

5.2 土地费

输水河土地费、土方费和附属设施费共计477亿元。

5.3 总造价

一期工程的造价为748亿元,二期工程的造价为686亿元,总计1434亿元。

6 优化方案的优越性

6.1 水量大,能满足北方农业自流灌溉的需要

农业用水占用水总量的80%。该方案可使黄河下游、淮河、海河流域的农田均得到自流灌溉,彻底

解决了"听天由命,吃饭靠天"的局面,可以免除我国因旱灾减产粮食数百亿斤。采用优化方案,水质优,能自流,水价低。

采用优化方案实现农业自流灌溉,可大幅度提高农民的生活质量。用城市间水资源调配来带动农业灌溉用水,同水不同价,城市用水每立方米2~3元,而农业灌溉用水每立方米仅0.2~0.3元,由国家资助,长期回报农民,利国利民,这也符合党的十六大确定的"全面建设小康社会"的精神。

6.2 生态环境得到改善

通过调水,黄、淮、海河流域的江河均被水灌满。几十年来,我国农村抽地下水浇地,已经形成完整的农田灌溉体系,但产生了大面积的降水漏斗,破坏了地下水系的生态环境。若用调水灌溉,可起到地下水回灌的作用,地下水位升高,有利于生态环境的改善。由于地层渗透系数为5~10cm/s,可以采用水的回灌技术。利用地下水库蓄水是治水的一个重要途径。

6.3 工程造价低

中线优化方案首期工程造价为748亿元,占目前中线造价的62%,但输水量约大3倍。工程全部建成后,输水量提高10倍。

6.4 发电多

优化方案每年可以多发电$(150 \sim 180) \times 10^8 \text{kW} \cdot \text{h}$。

6.5 工程技术难度不大

工程技术难度不太大,技术是可行的。

6.6 优化方案可视为一项扶贫项目

优化方案从丹江口水库至北京的大运河的河道除控制闸外基本上属于挖土工作,均可以由当地农民来完成。按人工装卸土、汽车运土的方式计算,全部工程完工,将挖土的费用共计324亿元全部支付给当地农民,农民即可脱贫致富,促使沿中线农民走城镇化道路。

6.7 有利于中部大开发

中线优化方案位于华北平原的西部、太行山脚下,区域内有160多条河流切割但有河无水,致使交通不便,所以经济发展迟缓,而中线优化方案建成后,水资源充沛,水、陆交通便利,该地区的经济能得到快速发展。

6.8 调水优化方案构思简单、合理

三峡水库与丹江口水库之间用3条输水隧洞相连供水,丹江口水库向外供水采用明渠,形成黄、淮、海河流域水系160多条河流构成水网互补的局面,可协同抗旱、防洪。

中线优化方案充分利用了现有河道,供水量最大,工程量最小,管道最短,水费较低,是供水工程的最佳输水方式。

在雨量较充沛的地方要制取1m^3水的成本平均需5元,而如此远距离送水的成本一期工程每立方米需2.37元,二期工程每立方米需1.51元,这充分说明优化方案是很合理的,而且造价低。

未来的南水北调中线是旅游胜地。南水北调中线是一条世界上最宽、最长、最大的人工河和人工悬湖,它沿等高线弯弯曲曲,两岸绿树成荫,衬托着农民公寓,带动沿线工、农、林、牧、渔业的发展。

7 优化方案的可行性分析

优化方案是否可行主要是隧洞工程的可行性。

直径20m的隧洞,可采用马蹄形或圆形结构。两种隧洞的施工都可采用小直径TBM先行,然后扩大。可实现单口月成洞200m以上。该方案的可行性已被工程所证实。

三峡水库与丹江口水库的连通工程关键是超长隧洞的建设。145km的隧洞若打20个斜竖井,则工作面可多达40个,每个工作面的施工长度约为3.5km,将整个工程分成20个标段,可快速建成输水隧洞。第一条隧洞在2007年6月完成,以后再修筑两条同样容量的隧洞,就能满足华北平原水的需求。

8 结语

南水北调中线的优化方案是修建三条直径20m,长达145km的输水隧洞,把长江三峡水库的水引入黄河,引到北京。该方案建成后,将彻底解决黄、淮、海河流域和东北平原的缺水问题,彻底告别缺水的年代,即使再遇到千载难逢的枯水年,也不会再缺水。而且环境大大改善,所有江河流域河段均充盈满水,与地下蓄水库连成一体,地下水位大大提高,河流两岸绿树成荫,绿地连片,湿地连连;白天气温高,可以将水蒸发,夜间气温降低,又将水气变成雨回到地面,形成良性循环。

南水北调中线的优化方案每年可以挽回由于缺水造成的工业损失1200亿元、农业损失数百亿元、沙化损失738亿元及因洪涝灾害造成的损失数百亿元,总计达2000多亿元。

南水北调中线的优化方案不仅有巨大的环境效益和社会效益,还是一项有巨大经济效益的项目。假设它的平均水价为每立方米2元,那么它的年经济效益达2000多亿元,相当于铁道部的年运营收入,非常可观。

南水北调中线的优化方案,每年能创造经济效益2000多亿元,同时又可以挽回由于缺水、洪涝灾害造成的工农业损失2000多亿元,这一正一负每年可达4000多亿元。也可以这样说,南水北调中线优化方案建成投产后,只要一年即可将成本收回。是投入少、产出多的好项目。

水是农业的命脉,是生命之源。也是发展和建设的重要资源,有水就有一切。若南水北调中线的优化方案能够实现,在北方,江、河、湖泊和地下水库均能把水蓄满,地下水位也大大提高,此时春旱也就迎刃而解了。这也是充分发挥三峡工程作用的最好、最重要的一项内容,对三峡工程的安全、水量调节均有很大好处。

南水北调中线优化方案在贯彻《南水北调工程总体规划》精神的同时,也体现了"三个代表"的重要思想,为广大人民群众谋利益。我们是农业为主的国家,9亿多农民是主体,而且"入世"后农民也面临挑战,农业不解决水的问题,农民就会陷入困境,直接影响国家的长治久安。所以,南水北调中线优化方案是具有社会支撑效应的建设项目,是描绘振兴中华,再造一个中国的宏伟蓝图,建议尽快上马。

参考文献

[1] 水利部.南水北调工程总体规划[D].新华社,2002,2.
[2] 蔡其华.南水北调中线工程必将成为"水为发展服务"的成功范例——写在第十届"世界水日"[A].长江水利网,2002,3,21.
[3] 水之梦——几名学者为何提出规模空前的"再造中国"方案[N].水信息网,中国青年报.
[4] 现行南水北调工程在规划思路上的欠缺——与朱尔明同志商榷[A].水信息网,2000,12,11.
[5] 王梦恕.可持续发展中的六大难题和对策[J].隧道建设,2002,2.

宜成线铁路单线隧道修建应引以为戒的建议

王梦恕

(中铁隧道集团有限公司)

摘　要：结合大量施工经验,提出了在铁路单线隧道修建中应引以为戒的建议。
关键词：铁路隧道；施工；建议

宜昌至万县全长约374km单线铁路工程,由铁道第四勘察设计院进行设计,全线共计隧道约131座,总延长约175km,占线路总长的47%,该比例仅次于西安至安康线(50%),沿线隧道分布见表1。

沿线隧道分布表　　表1

方案		起讫里程	线路长度(km)	隧道数量[座(km)]					隧线比(%)
				$L \leq 500m$	$500m < L \leq 3km$	$3km < L \leq 10km$	$L > 10km$	合计	
贯通方案	湖北省境内	CK0+000~CK380+680	331.628	52(13.383)	49(56.214)	7(43.803)	3(34.958)	111(148.358)	44.74
	重庆市境内	CK380+680~CK423+902	42.672	5(1.571)	13(17.414)	2(7.690)	—	20(26.675)	62.51

其中大于10km长的隧道有3座,合计35km长；3~10km的中长隧道有9座,合计约53km；小于3km的短隧道有119座,合计约88km。全线隧道穿越地层主要是石灰岩地区,是岩溶、岩管发育地区,如何在施工中防止突发性涌水、涌泥,确保施工安全；如何保持地面、地下水位不下降,确保水环境不被破坏,这是设计、施工的两个关键技术难题,也是如何优质、安全建成的关键。为此特提出如下建议：

1　隧道设计应遵守早进晚出的原则,洞口不刷坡,重视对周边环境的保护

取消洞门定型图,采用无洞门设计和斜洞门非挡墙简易洞门,这样做的主要优点是不破坏洞口处坡积层的稳定,能充分发挥设计人员的创新力。一个洞口,一个风景,一个小品,做到简洁美观。由于不刷坡,使得今后洞口维修变得简单；其缺点是增加了隧道的长度,但这种加长对洞口稳定、不破坏周边环境十分有利。在这方面,铁路隧道远远落后于起步较晚的公路隧道。

2　铁路隧道的修建应尽量向少维修、10~20年免维修方向发展

铁路工程的修建原则应按安全、可靠、适用、经济、先进的次序方针进行,城市地铁也应遵守这个方针,次序不能改变、颠倒。但在铁路隧道修建中,经常突出经济,而把安全、可靠、适用放在后边,造成许多弊端。而城市地铁则一味追求先进设计的应用,忽视了可靠性,从而使得投入增加,造成运营成本居高不下。兰新线兰武段原乌鞘岭隧道仅1km长,造成坡度大、半径小、展线长,应把翻越乌鞘岭的隧道向下

---

* 本文原载于：西部探矿工程,2003(03).

降,并能降到隧道长度在25km左右,会大大改善提高兰新线重载高速的运营条件,然而从节约投资出发仅降到隧道长度为20km,展线系数为1.26,运营的效果虽有很大改善,但并不理想;又从节约工程投资出发,决定用钻爆法,而不用现有的现代化的 $\phi 8.8m$ 开敞式加软弱围岩后配套设备的TBM设备,这显然和世界长隧道修建规律相违背。宜万线仅以洞内轨道类型为例可以看出,因单纯抠成本将轨道类型设计了三个档次:隧道长度 $L \leqslant 3km$ 采用普通混凝土轨枕碎石道床; $3km < L < 10km$ 采用支承块式整体道床; $L \geqslant 10km$ 采用弹性支承块式整体道床。而弹性支承块只多了一个橡胶套,省不了多少钱,但其产生的减震效果的确很大。而钢轨也设计了两种类型: $L < 1km$ 隧道采用重轨; $L > 1km$ 隧道采用耐腐蚀钢轨,这些设计五花八门,不甚合理,主要为了减少工程造价,但给今后运营维修带来了复杂化。应全部采用弹性整体道床和耐腐蚀钢轨,真正做到少维修,大大减少养护人员。

3 必须坚持复合式衬砌作为隧道工程的支护体系

铁路隧道从宝中线、内昆线到渝怀线,出现了许多概念模糊的新名词、新提法,如将喷锚支护称作施工支护,把随后施作的现浇混凝土结构称作"减薄衬砌",并讲这种"减薄衬砌"有别于复合衬砌,比复合衬砌优越,其优点主要是可以不进行位移量测。实际上给设计、施工、监理造成了很大混乱,"施工支护"就不存在质量上的监理,设计又不能将这层衬砌作为受力结构,结果"减薄衬砌"[23],厚度反而比复合衬砌厚,监控量测也可以不搞了,使隧道施工又处于盲目阶段,这种严重的倒退是铁路隧道修建过程中的怪事。随着"减薄衬砌"的出现,又提出了可以不搞动态设计,可以将隧道标书的造价包死,这种以包代管,混淆了设计院勘查的宏观水文地质,可以不进行超前预报以代替隧道施工所必须的施工水文地质,这种等号是不能成立的。在这些错误的思想指导下,能干出好的工程吗?正在修建的渝怀线歌乐山隧道、圆梁山隧道出现了惊人的涌水、突泥,被迫改变了包死工程费的做法,增加了数百万动态设计费,提出并专门增补了几百万的超前地质水文预报费,这种知错就改的做法很好,但相当被动。所以宜万线建议不论长隧道、短隧道,一律采用被工程实践、运营证明最好的复合式衬砌结构。

4 在隧道断面上应优化,应多样化,应不受传统定型图的影响

当前隧道断面有马蹄形、蛋形、椭圆形、圆形4大类,在高水压地区能否采用圆形断面,从受力角度最好,尤其当隧道方向和该地区地应力为向成 $>30°$ 夹角时,更应考虑圆形或近似圆形的椭圆形断面轮廓线。乌鞘岭隧道曾做过马蹄形和圆形断面的受力支护设计对比,若采用秦岭隧道曾用过的TB880E掘进机施工,开挖断面 $\phi 8.8m$ 与马蹄形结构相比,虽然马蹄形开挖断面比 $\phi 8.8m$ 少 $7m^2$,但混凝土衬砌量比圆形断面则多 $4m^3$,综合比较,造价相当,且圆形断面优势明显,断面大,可不设避人洞,混凝土用量反而少。因此,传统的隧道断面有必要在今后的设计中进行改进。

这里应该强调的是,当双线时,两个洞距的规定,以前是按特沙基库仑定律进行计算的。随着技术的进步,土力学理论的发展,弹塑性计算的应用,施工技术的发展,近距隧道、特近距隧道施工的实例很多。从节约土地、保护环境出发,隧道间距"宜小不宜连"的原则应该建立,这是我和交通部技术政策司的专家讨论后的共识。作为技术政策提出,洞距要小,但不提倡双连拱、三连拱、多连拱等结构形式,因这种结构形式从受力、防水、施工中力的转换等方面都有许多致命的缺点,所以"宜小不宜连"的原则希望在铁路隧道中也能得到应用。

5 隧道衬砌结构防水原则,应改为以堵为主,限排为辅

随着地下空间、隧道的大量发展,在浅埋的城市地铁,从失水会产生周围建筑物的不均匀下沉出发,

而提出了全部堵死,滴水不流入隧道的防水措施。实践证明,全部堵死在施工完后是能做到的,但随着列车运营荷载的作用、地层蠕变的产生、沿隧道纵向地质的多变性,必然会产生新的环向裂缝,这些环向裂缝的产生,就会把水引入一次支护和二次模筑衬砌之间的防水隔离层之间,形成带压力的水环。长期水压下,对二次模筑衬砌结构混凝土很不利,所以必须放压限排,一般沿隧道纵向每隔 10~20m,在边墙下两侧水沟上设一排水孔,若水量大,可设带弹簧阀的排水管,水压超过设定的压力时,水能排出,该压力值设定一般应保持夹层水位低于轨面。

山岭隧道,尤其处于岩溶地区的隧道,由于岩溶暗管相互串通,压到衬砌上的荷载很大,如圆梁山隧道水压达 4.3MPa。若按这样大的水压进行设计是会大大增加工程量,我们采取在衬砌外径向注浆 5~8m 厚,以增加渗透阻力和水量,并分担大部分水压力。假定作用到衬砌上的荷载按 1MPa 进行结构设计,从保护结构的安全出发,又不能破坏山顶上 5 万多居民的生活、生产用水,通过试验,定出隧道衬砌边墙下部仍埋设排水管,允许每天每米可排出 1~3m³ 水量(1~3m³/d·m),目的是降压、限排,保护水环境。歌乐山隧道由于埋深不大,限排量定为 0.5~1m³/d·m。所以,今后衬砌结构设计应将水压力考虑进去,以前以排为主的设计思想在今天已不太适应,虽然从不破坏洞体外的水资源出发,造价提高了,但水资源的环境得到了保护。20 世纪 80 年代初期,对大瑶山隧道、南岭隧道都采取了排放式衬砌设计,造成了上百人的村庄转移,浅埋的南岭隧道地面上深 4m 的大小陷坑十多个,严重破坏了地表农田环境,运行 14 年从洞内排出泥砂约 $3.0×10^5$t,严重影响地上、洞内行车安全,近期准备投资 3000 万元进行大修整治,这些教训希望不要在宜万线重演。

6　必须加强施工过程中的超前地质预报,应列入工序,确保资金

水文、地质的准确性非常重要,尤其在岩溶区修建隧道,都会随时产生突发性涌水、涌泥,渝怀线已突发十多次,每次都达 $10×10^5$m³ 之多,机具经常受损,对人员安全危险很大,如某工程在 1min 内突发涌泥将 240m 导坑堵死,9 名职工不幸身亡,这种教训告诉我们超前预报的重要性、必要性多么急需。作为投资方,决不能拿施工人员的生命开玩笑。所以全面采用 TSP203 超前预报设备、红外线探水、超前地质钻孔、数码相机描述工作面非常必要,这四方面同步进行预测预报,可以确保施工人员机具和衬砌结构的安全、稳定。作者已呼吁近十年了,目前频频发生的事故、灾害、人员伤亡该引起重视和拿出决策了,社会在发展,我们是否还用大量的人力代替机械,还用生命的冒险代替先进的设备是摆在我们面前的选择。作者曾在青藏铁路修建中高呼必须建立大量的高压氧仓(当时 200 万元/台),有人反对,但高压氧仓的确是可以治疗因高原缺氧、感冒而突发脑浮水而导致马上死亡的好设备,必须以人为本进行设计。目前高压氧仓已遍布各个工地,安全代替了死亡,稳定了军心,工程进展顺利。所以设不设超前地质预报设备绝不是技术问题,而是真正落实"三个代表"的问题,也是重视以人为本的感情问题。

我国城市交通的发展方向

王梦恕

(中铁隧道集团有限公司)

摘 要:城市轨道交通是解决目前城市交通堵塞的重要手段,作者认为:应限制私人、公用小汽车的发展,其严重后果应引起重视;用智能化交通是解决不了当前城市交通堵塞的难题的;应大力发展城市地铁及轻轨,在发展中应端正理念,正确处理好"安全、可靠、适用、经济、先进"的次序。

关键词:轨道运输;存在问题;建议

中图分类号:U121

文献标识码:A

Abstract The urban rail transit is the important means to solve the current urban traffic jam. The development of private and public cars should be restricted, whose serious consequences should be taken into specia lattention. The difficult problem of current urban traffic jam cannot be resolved by using the intelligent traffic. Therefore, the urban subway and the urban light rail should be developed vigorously. The conceptions should be confirmed during the development, and the orders of "safety, reliable, applicable, economy and advance" should be treated correctly.

Key words: rail transit; existing problems; suggestion

1 引言

城市交通是城市发展的主要支柱,是城市发展的生命线。

随着人民生活水平的逐年提高,交通出行需求的质量也逐年高涨,大中城市普遍出现市民交通"出行个体化",且倾向越来越明显。经济富裕阶层的人、有些爱"摆谱"的年轻人、一些爱攀比、爱模仿的人,组成了从自行车转向助动车、摩托车到火爆购买小轿车的热闹场面。成了有钱族、虚荣族追求的新时尚。例如:北京市私人小汽车每天在成百辆增长,目前全市机动车的拥有量近200万辆,全市平均折合5~6人一辆,而道路的增长速度不足3%,远远满足不了汽车的增长速度(超过10%)。多一部汽车就多一个能源消耗,多一个污染源,多一个事故点,多一个堵塞源,把城市街道变成了汽车道,人行道变成了汽车停车场,城市每天都笼罩在一层灰雾当中,城市环境大大变坏,也使道路资源利用率大大降低。

有关研究表明:占用同等路面的小汽车、自行车、公共汽车的运能比为1:1.8:9.13,说明小汽车的运能比最低,还赶不上自行车。人们不要轻视自行车的用途,自行车不仅是通常意义所说的"绿色交通",而且不需要电池这个污染源,不需要任何能源消耗,它消耗的是人体中危害健康的多余的脂肪,所以现在在西方发达国家,自行车的销售量在猛增。有报告介绍,全球自行车销量已突破1亿辆,是轿车销售量的2倍多(中国的自行车销售量未统计进去)。自行车的销量已从1969年的2500万辆,上升到2000年的1.1亿辆,而2000年轿车的销售量仅为4100万辆。可以看出,自行车销量的大幅增长,不仅反映出它具

---

* 本文原载于:铁道工程学报,2003(01).

有上述的优点,还在于它是一种亿万人口能够承受得起的消费交通工具。可以锻炼身体,减缓交通堵塞,无噪声,无环境污染,也不会排放污染大气的二氧化碳等。目前,我国这种追求自由,追求个人舒适的个体交通出行,严重违背了城市交通的发展方向。中国是一个人口大国,人均资源不多,石油能源严重不足,城市居住环境日益恶化,私人小汽车的增长只会破坏城市的面貌,破坏城市的生活环境和质量。只图个人享受、方便,漠视公德,谈何改善,全是空话。目前已造成交通普遍拥挤,堵塞已不见怪,广大群众非常反感。出租车驾驶员抱怨说,有40%的时间浪费在堵车上。这种无序的发展已到了灾害的萌芽期,各级政府的调控功能日渐趋弱国外的老路,日本的教训难道必须在中国重演,受到损失后才去重视吗?有报告讲,如今在伦敦,汽车的平均速度大致与一个世纪前马车的速度相当;在曼谷开车的人,平均每年要耗上相当44个工作日的时间坐在车里,被堵着哪儿也去不了。今天,利用《铁道工程学报》杂志,我先谈了城市交通发展的紧迫性、必要性,想再谈谈城市交通发展的方向性。

2 智能化交通不是解决日趋恶化城市交通的途径

智能化交通是什么?是将先进的信息技术、计算机技术、数据通信技术、传感器技术、电子控制技术、自动控制理论、运筹学等运用到交通管理系统之中,建立大范围、全方位的管理指挥系统。但这些专用系统没有看到这些无序的小汽车、大汽车是没有时间、方向的,而是任意性、随便性的交通单元,边界条件是很复杂的。企图用所谓的智能化来提高运行、畅通的办法,来掩盖错误的城市交通发展方向是不行的。例如:上海自"八五"以来,交通建投资占全市GDP的5%以上,形成了三纵三横的地面干道网络,结果堵塞、拥挤仍不断增加,搞些智能化也无能为力。"十五"计划上海开始投入200多千米轨道交通,大型地下铁道和轻轨,要形成"三环十射"的干道交通网,采用轨道交通,这样的措施和方向才是城市交通的发展方向。从线性网络化分析,"三环十射"的布网远远优于"三纵三横"的网络。目前,在城市已无再增加交通用地的空余土地资源,在城市内向地下发展轨道交通已成定局,在郊区发展轻轨已被人们所认识,在缺乏这些轨道交通建设的前提下,高谈智能化交通管理系统是无所作为的。另外,城市交通目前呈现出混合流,即除机动车流以外,存在着大量非机动车流和人行流,三流混杂,拥挤在有限的道路空间,不少骑车人、步行者缺乏自我约束能力,造成高峰期间交通杂乱无章,险情不断,交通事故频繁,平均年上升率达到15%~20%,很难实现智能化管理。再则,智能化的投入很大,美国研究开发12.2km的智能车辆公路管理系统,1997年价为20亿美元,一个交叉路口的集中控制交通信号机约15万美元;日本VICS交通信息系统与设施高达370亿日元。所以,智能化用不起,智能化也不是解决城市交通拥挤、堵塞的办法和方向,智能化只是解决和监督安全行驶的一种管理办法。

3 城市地下铁道是解决交通拥挤、堵塞的重要方向和措施

发达国家的交通模式是:市民大都住在市区周围(城市内部),地铁贯通市区,在地铁的起始、终点站有大的停车场,市民、包括很多政府官员都乘坐地铁上下班,地铁四通八达,出了地铁站到任何地方步行5~10min即可。也可在地铁出入口,乘坐公交车到较远的地方去。例如:纽约的曼哈顿是条窄街,地铁沿街行进,垂直路口处都有公交站,可以快速分流。目前世界上有60多个国家共198个城市都有地铁轻轨网络系统各城市人口都在200万以上,线路长度为100~200km,特大城市都在400km以上,这是城市交通的方向。

随着北京市城市规划中心居民区逐步拆除,居民搬到了郊区,过去走路或骑自行车上班的人,由于距离增大到10~20km,所以很需要快速地铁,现有地下铁道长54km,由一线和环线组成,共39座车站。其中,地面站2座,运行间隔高峰3~4min,非高峰8min,夜间12min。这样大的间隔管理,实在不方便乘客出行。为缓解交通,在2008年前计划修建130km地铁和轻轨。目前已开工运行的14号轻轨线,从西直

门到东直门,全长 40.9km,其中地下线 3.28km,高架线 12.3km,地面线 25.34km,沿线经过中关村科技园和许多大学;八王坟至通州(八通线)全长 18.93km,其中地面线 6.51km,高架线 12.42km,目前已经开工,估计 2004 年 7 月开通。即将开工的 5 号线地铁,南起宋家庄,北至昌平北太平庄北站,全长 27.7km,除地下线外,其中地面及高架线约 12km,为满足 2008 年奥运会要求,将修建 6km 奥运专线,总投资约 150 亿元,预计 2007 年开通。2003 年计划开工的 4 号地铁线,南起十里河,北至回龙观,全长 32.5km,其中高架线 11.5km,总投资约 140 亿元,计划 2007 年开通;2008 年以前还要修一条东直门至飞机场专线(地铁或轻轨),约 24km,以满足快捷出入航空港。从北京市规划看,地下线、地面线和高架线相比接近 1∶1。从环境影响考虑,眼光应放长远些,能放在地下的最好放在地下,有利于城市的发展。

网络是一环加放射性,这种方式很快捷,总长 262km 线路,其中地下 245km,11 条线路,160 座车站。其他公交、小汽车作为补充停靠用。这种网络形式和以地下为主的思路是正确的,更何况莫斯科的流动人口远远低于北京,由此可看出理念的差距,会产生很不同的效果。

日本东京地铁轻轨网络,有 530km 长,非常发达,地上、地下形成了一个完整的立体城市,是很值得我们效仿的。城市立体化,应是以交通为先导进行的,目前摊大饼地浪费土地的发展城市的理念应尽快转变。如何把一个北京市变成两个北京市,这是我们学习日本如何把一个日本国变成十个日本国所产生的理念,他们已经着手这方面工作,并做了很多立体规划,应予借鉴。他们清楚地看到,向地下开发是垂于可得的资源。

综上所述,城市轨道交通作为一种现代化交通工具,具有运量大、速度高、低污染、少占资源、低消耗、乘坐方便、安全舒适等特点,属于绿色环保交通体系,是符合可持续发展的原则,特别适用于大、中城市。在我国应放宽审批手续,让各城市自行发展,但要对规模和标准进行有效的控制,做到近期单向最大高峰客流量在每小时 1.5 万人次左右,远期达到每小时 3 万人次的要求,过大、过小的建设规模都是不可取的。目前互相攀比豪华、先进的做法必须制止,否则,会出现高投入、低产值、运营长期亏损的局面。所以建设标准、投资、融资机制必须明确,否则建成后的包袱是难以解决的。

4 城市轨道交通修建的原则和要点

近年来,许多大、中城市从解决城市交通阻塞、改善环境出发,有 20 多座城市进行了轨道交通路网规划的前期预可研、可研的大量工作。为了使可研更可靠、今后运营更合理,特提出以下要求和注意内容。

(1)必须做好轨道交通的路网规划,尤其要把城市地上、地下综合运输体系中担负大型枢纽换乘节点、站位搞好规划;其次是选好轨道交通的换乘节点站;这是路网规划的重要内容。因为这两种节点是影响投资的重要部分之一,也是体现以人为本的疏解交通的重要手段。路网规划要和周边环境紧密相连,要与城市整体规划紧密配合,特别要注意轨道运输两边的土地开发。土地的升值是轨道交通所带来的重要效益,决不能让房屋开发商把这块肥肉拿去。政府要控制好两边的土地开发和建设,这样才能做到建设投资得到更好的回报。轨道建设最好超前城市规划建设,要用轨道交通带动发展。这样做后期经济效益、社会效益、环境效益将非常突出。早建设、早主动、早出经济效益,先搞城市建设,后搞轨道建设易于被人接受,但投入大、建设难、效益差。

(2)轨道交通建设方针必须贯彻"安全、可靠、适用、经济、先进"十字方针,且次序不能改变。交通运输没有安全、可靠、适用为前提,盲目追求先进,追求不合理的豪华,为此而压低土建工程造价,希望土建工程越便宜越好,地下土建工程不考虑百年大计;建设方没有合理工程造价的概念,如某市地铁工程竟出现盾构区间 24 万~28 万元/m 浅埋暗挖区间出现 1.7 万元/m 的中标价;真可谓建设方是傻子,承包商是疯子。工程造价应实事求是,无节制地降低造价不是对工程质量负责的态度,并且对运营安全将带来严重的隐患。相反,在设备采购方面,希望越洋越好,越先进越好,甚至先进到不可靠的地步。搞什么车站封闭式空调,车站设屏蔽门,把千百年来流传的自然、机械通风置于不顾,对被实践所证明的用列车活塞风进行车站换气降温的方法给予否定,计算理论否定了通风可以降温,也等于否定了用扇子、用电扇可以降温的生活常规的道理;诸如移动式闭塞系统;自动售票、机车无人驾驶等许多耗资大、运营电费高、不方便乘客的种种做法,不断出现。说明了地铁建设的理念不太正确设备寿命周期一般为 5～10 年,反而投入很高,造成轨道交通建成后运营费增大,必然会产生长期亏损的局面。合理的设备投入费与土建费的比例应为 4:6 的关系,土建费比例越高,今后运营成本就越低。在这方面希望城市轨道交通建设单位应向铁路部门学习,端正建设思想非常重要。

(3)轨道工程的建设必须重视环境效益。必须把可研、融资、设计、施工、运营几个环节有机结合起来。大家都清楚轻轨、高架两边的房地产地价因空间不畅、噪声大而下降。所以,在市区,当街道不宽时最好将高架线、地面线放在地不。凡放在地下的,线路两边的房地产地价必然成倍增长投资者已看到了这个规律,所以他们愿意出资修建地铁,而用两边的土地作为资金回收的补偿。当然,这必须在两边有地皮的前提下。若城市轨道交通的修建总滞后道路两边房屋的修建,两边地皮没有了,就很难去融资,结果是政府出钱建设,原房地产商得利,这显然是得不偿失的。目前,先建设地铁、后搞城市建设的理念,很难被一些领导接受,但广州市的领导看到了这一点,也尝到了甜头。所以,他们规划的地铁线路,多属于即将开发的区域。这样,地铁修建的周边环境也不太复杂,造价也会降低。所以先修建地铁,带动发展应是上策,资金的筹措也相对容易得多。

5 结语

如何降低地铁修建的造价;如何减少建成后的运营费用;如何以人为本地为乘客服务;如何把公交运输网和地铁、轨道运输网联运,而不要形成竞争的局面,这 4 个大问题,涉及近 20 多个方方面面,由于篇幅所限,留给读者去思考、去创新吧!

给《隧道建设》编辑部的一封信

王梦恕

(中铁隧道集团有限公司)

编者按:
中国工程院院士王梦恕今年6月6日针对地下工程施工中存在的问题,给本刊来信,提出在岩土工程施工中要防止出现"技术滑坡",并以大寨岭、老爷岭隧道新奥法设计施工为例,强调了建立软岩隧道工程施工技术平台的重要性。来信虽是针对中铁隧道集团公司的某些工点而言,但对于我国整个地下工程领域科学技术的发展及各个技术领域专家的培养都有着极为深远的意义。现全文刊发王院士的来信及其附件:《对大寨岭、老爷岭隧道新奥法设计、施工的几点意见和建议》,以飨读者。

《隧道建设》编辑部:

1991年9月,铁道部中国铁路工程总公司在宝中线铁四局二处召开了"软岩隧道新奥法施工技术交流会",我在会上的发言被铁四局整理后作为该局的技术交流材料(见附件),历时11年了。我当时所建立的这个技术平台,在我集团公司也经常讲,曾产生很好效果,但目前效果不太明显,显得暗淡、无力。最近,从中铁隧道集团公司的一些重点工程中看出,还存在许多问题,说明11年前建立的技术平台被新一代经理、主管工程师丢掉了,他们也可能不知道有这个技术平台。

当今已处于信息时代,而一项工程的开始修建,这些掌权之人根本不去信息中心查阅与该工程有关的技术成果、技术资料,导致施工从开始就一直处于盲目状态、落后水平,甚至是拍脑袋的施工组织和施工工艺,造成中隧集团在一些重大工程中频频失误、被动,在许多领域看不出专业队伍的水平,这很危险。我所以在今天重新搬出11年前对付软岩土的施工原理、要点、注意点,目的是防止出现技术滑坡,要在技术上接好我们老一代的班,拿出专业队伍的水平来。我希望中隧集团在隧道专业领域多出些技术人才,这些人才不仅在集团内部被公认,在国内工程界、学术界也应被公认。希望尽快恢复以往的技术平台,并创新、建立新的技术平台,尽快涌现出爆破专家、喷锚网钢拱架一次支护专家、防水专家、注浆专家、超前地质预报专家、施工组织设计专家、开挖快速运输专家、模筑混凝土衬砌专家、隧道各种机械专家、各种施工方法方面的专家、结构分析计算专家、量测专家、测量专家、质量检测专家、施工安全专家、成本分析专家、各种辅助工法专家等18~30个领域的专家(这里我未把盾构领域、TBM领域、沉管领域、桥梁、道路方面各领域的专家全部列出)。一个施工企业,必须有这样一批既懂理论,又能和国内外技术水平接轨,且懂施工方法、工艺的专业全过程的能文能武的专家,这样,企业的竞争力就会很强。

目前,半懂非懂、道听途说的"专家"和管理者很多,既不虚心,也不尊重专家的忠言,用这些人来掌管工程是很不明智的。工程虽然也能干成,但技术水平、质量和效益都只能处于不理想的地步。以上可能是不受人听的废话,还是发表出来供大家细细琢磨为好。

附:《对大寨岭、老爷岭隧道新奥法设计施工的几点意见和建议》。

王梦恕
2003.6.6

---

* 本文原载于:隧道建设,2003(04).

对大寨岭、老爷岭隧道新奥法设计施工的几点意见和建议
——1991年9月在"软岩隧道新奥法施工技术交流会"上的发言

1 设计和施工必须紧密配合

地下工程是个比较复杂的系统工程,由于受地质和水文的困扰,因此设计和施工必须紧密配合。设计分预设计阶段和信息化反馈设计阶段。当变位速率急剧上升而可能出现险情时,施工单位有权在设计、监理人员未在现场的情况下,自行处理,进行加固。事后设计、监理单位应予承认,并按实计价。施工单位应提供监控数据,用作改变设计的根据,这是 NATM(新奥法)施工的主要程序之一。

2 新奥法(NATM)施工应该坚持的四项准则

检验一个施工队伍是否真正按 NATM 施工有四项准则,缺一不可。

新奥法是一种原理,而不是一种方法。随着 NATM 施工的推广和应用,许多施工单位都讲自己是按 NATM 原理进行施工的,甚至上下导坑法、先拱后墙法也要叫作 NATM,这是不对的。尤其目前由于不能正确理解和抓住 NATM 设计、施工的核心、要点,导致塌方的事件频频发生,从而又给新奥法带来了种种误解,其实新奥法(NATM)是最能有效控制软岩隧道塌方的主要措施。所以结合工程实践,有必要明确 NATM 施工的必备条件,缺一不可,缺一条就会失去 NATM 的原意,给工程带来损失。四项准则如下:

2.1 尽量减少对围岩的扰动

传统的施工方法不注意对围岩的保护和利用。爆破法施工的隧道,必须采用光面爆破技术、弱爆破技术,要特别重视掏槽眼、内圈眼和周边眼的钻孔、装药结构。软弱地层应重视对开挖面的保护,进尺不能太多,一般为 1~1.5m,并应及时施作喷、网、钢拱架支护。地层原处于三向受力平衡状态,当开挖后,洞内围岩处于两向受力,围岩随时间增长开始松动,围岩的承载力在下降,表现在围岩特征曲线(图1)从 t_1 向 t_3 转动,从开挖到开始施作一次支护需时间 t_0 时间 t_0。应越短越好。结合大寨岭、老爷岭隧道,建议 $t_0<6h$。若采用初喷后不及时再复喷的施工方法,其支护刚度曲线是不合理地与围岩特征曲线交于两点,其对应的变位值 u_2 必然大于一次施作所需的支护刚度所对应的位移 U_1,所以从减少位移值出发,也应尽快将一次支护的刚度做够。及早支护可控制围岩特征曲线的向上转动,如 1'点的对应支护承载力 p_1 小,围岩的承载力发挥得就较多。

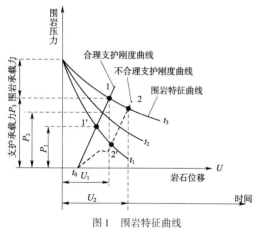

图1 围岩特征曲线

所以加快开挖速度(短进尺)、快速刚性支护、留核心土稳定工作面等,这都是减少变位的有效办法。应特别注意,短进尺、紧支护是本条的要点。

2.2 必须及时做好喷锚支护

及时采用喷、网、钢拱架、锚杆(锚管)组成联合一次支护。这是 NATM 施工必须做到的第二条准则。

喷、锚、网、钢拱架支护具有及时性、柔性(先柔后刚)、密贴性、早强性,所以能及时地和围岩共同承受荷载,抵抗开挖所引起的第三应力场,也就是形变压力。一般 I、II 类(即 VI、V 级)*围岩需要喷、网、钢

拱架、锚杆四种方式一起用。实践和工艺证明,顶部锚杆尽量少用或不用,而在拱脚和拱脚附近设置锚管或锚杆,如图2所示。Ⅲ、Ⅳ类(Ⅳ、Ⅲ级)围岩可用喷、网、锚支护形式。但切记,必须先喷后锚,尤其岩石地层,先锚后喷造成死伤事故较多。

有些施工单位用了喷锚支护就说是按NATM施工了,这是片面的理解。不及时喷、喷的厚度不够、不按工序要求施作,都是很危险的,事倍功半。在Ⅰ、Ⅱ类(Ⅵ、Ⅴ级)围岩,一次支护必须封闭,形成稳定结构,决不允许在一次支护封闭未做和变形急剧增长的情况下,进行二次模筑衬砌,这是非常冒险的不安全施工,是对工人的不负责任。这种没有稳定,又不设一次支护仰拱的设计和施工是错误的,这种一次支护不称为支护,而是传力结构,失去了一次支护的意义。在不稳定地层、压力大的地层,一次支护必须在变位趋于稳定后进行,收敛后方可进行二次模筑衬砌,变形速率不一定达到0.2mm/d,但必须有收敛趋势。二次衬砌只是安全储备和承受以后地层的流变压力。日本铁路隧道各类围岩二次衬砌均采用0.31m厚,说明一次支护是主要受力结构。实践

图2 拱脚处设置锚管(杆)

及量测证明,一次支护稳定后,当二次模筑衬砌做好后,由于相对刚度的改变,一次支护会自动卸载30%左右,将荷载转移到二次模筑衬砌上,这绝非一次支护按70%设计,二次衬砌按30%设计,这种理解和设计是错误的,靠二次衬砌紧跟工作面来弥补一次支护的不足也是极不安全的,而且对施工的干扰很大,最终导致已做好的衬砌开裂(已被工程所证实)。

2.3 做好现场监控量测

施工过程中的现场监控量测,是检验支护是否稳定的关键技术,也是检查施工单位是否按NATM施工的第三个准则。

过去靠经验来看施工是否安全,这是盲目的施工,NATM施工要求用数据来检查是否安全。量测包括施工全过程相应各工序的监控量测和结构全部做完后的监控量测两种形式,而我们应偏重前者。

施工全过程的监控量测,主要检验开挖方法是否妥当、一次支护刚度是否够、结构是否浪费。工地应进行拱顶下沉量测和相对收敛量测。量测项目(A项)不要太多,量测断面间距视进度而定,一般10~20m设一断面。拱顶下沉量测主要检查正台阶施工、拱脚是否处理好。拱脚应放在基岩上,不准超挖后再用虚渣回填找平。拱脚收敛位移、主要检查未封闭时一次支护的刚度,该值一般为墙中收敛值的1/4~1/3,过大虽收敛,则说明刚度不够,这时有必要加设或跳加临时仰拱,为落底、开挖边墙创造安全条件。墙中水平收敛是检查整体结构是否稳定的关键数据,不允许有连续3d的速率增加,否则必项马上设支撑加固。墙中失稳是引起大塌方的主要因素,拱块滑出会导致上部全塌,见图3。

检查松动范围,可在墙中设单点位移计,按不同长度安装。若3m的读数等于2m读数,说明松动圈厚度为2m(图4)。

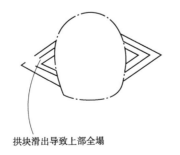

图3 墙中失稳是引起大塌方的主要因素

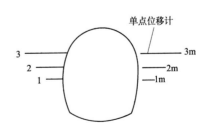

图4 墙中安装测点

监控量测做为一道工序,对每个施工阶段进行检查非常重要。为便于分析,横坐标应设日期、距工作面距离,变位图上变化处说明当时的施工内容,一目了然。变位测试示意图见图5。

2.4 及时反馈、及时修正

及时支护、及时量测、及时反馈、及时修正,这是检验施工单位是否真正按 NATM 施工的四个准则。

从开挖到一次支护的完成,这个过程越快越好。一般Ⅱ类(Ⅴ级)围岩开挖进尺 1～1.5m,开挖成型后,立即架设钢拱架、铺钢筋网,然后开始喷混凝土,间隔时间应控制在 4～6h,越快越好,要有紧迫感,及时支护是 NATM 的核心。量测变位要紧密配合各工序,并及时反馈。施工单位有权在非常时期采取支护加强措施,设计、监理单位应予承认;对及时修正并避免塌方险情者,还应重奖。

要做到以上"四个及时",必须做到"三严",即严格施工纪律、严格施工工艺、严格施工管理,缺一不可。然而,这"三严"正是各施工单位的弱点,也是造成不断塌方的根源。客观存在的不良地层不是造成塌方的主要因素,主观上没有做到"三严"则是造成塌方的主要因素。军都山隧道施工中共出现 23 次塌方,其中 20 次是主观因素造成的,是"三严"未做到。

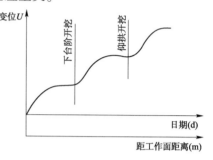

图 5　量测变位要紧密配合各工序

3 对新奥法设计施工的几点意见

除上述四项准则中所提问题外,再提以下几点意见:

(1)一次支护必须设仰拱,并及时封闭,这要改变施工程序。

①取消初喷,开挖后立即铺预制钢筋网块(1m×2m,直径 $\phi 6$,网格尺寸为 20mm×20mm),架钢拱架、喷混凝土要求在 6h 内完成。

②工序拉开距离,同步开挖,尺寸见图 6。每次开挖 1.5m,不能太长,仰拱封闭不能超过 3m。即上部开挖 1.5m×2 时,下部再封仰拱。按此程序二次衬砌不用紧跟也能收敛。

③必须设置钢拱架纵向联结系,见图 7。

④三角拱架必须按规定焊接好,见图 8。

⑤三角拱架的安装方向应单根向钢筋网,这样受力好,能和喷混凝土共同作用,见图 9。

⑥拱架必须用三个螺栓连接,不能在工地焊接。

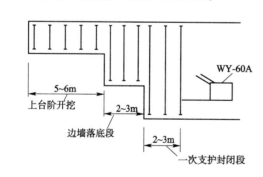

图 6　开挖、支护工序间的距离示意图

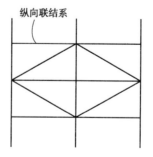

图 7　拱架纵向联结系

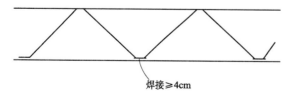

图 8　钢拱架按规定焊接

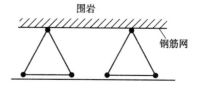

图 9　拱架安装方向应单根向钢筋网

(2)喷混凝土方面。

①配合比1:3:1(水泥:砂:石子)较好,石子直径<15mm,可连续级配,应用粗砂。

②选用好的喷射机械。

③从拱脚(或从下)向上喷,不应留连接段,否则会造成危险。

④钢筋网可以提高喷混凝土的抗拉性和易喷性,不需要连成整体,只要对接就可。

⑤喷混凝土必须把钢拱架全部覆盖,因覆盖后的钢拱架承载能力比不喷混凝土的钢拱架自身承载能力提高近10倍,所以要喷够厚度。

(3)锚杆。

拱脚设锚管或锚杆,锁住钢拱架拱脚。该锚杆和拱架应连在一起,这种锚杆叫作加劲锚杆(图10),而两榀钢拱架之间的锚杆是系统锚杆,边墙中部距拱脚2m处设一锚杆。

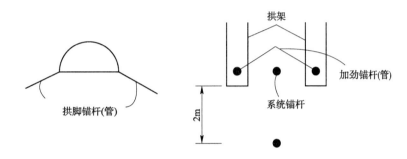

图10 拱脚处设加劲锚杆

(4)量测。

①要考虑变位的大小,但主要考虑速率的增加。

②变位量测应和施工程序相对应地写在一起。

③寻找纵向变位的规律,是否离开挖面5倍洞径变形就很小了。

(5)其他注意事项。

①坚持一次支护从上向下尽快做完封闭,二次衬砌坚持从下向上施工,最好不要用先拱后墙法施工,二次衬砌决不能去代替一次支护的仰拱。

②二次衬砌的施工,混凝土运输必须采用轨行式混凝土拌和车,否则随着洞身的增长,运输距离很大,斗车是不能用来运混凝土的。

③应采用强制式搅拌机拌和喷混凝土料,并且砂的含水率必须有4%,这样能减少粉尘、回弹。含水率最好在6%左右,如果含水率过大,喷射机易发生堵塞。

④激光导向主要用于控制开挖面。激光器应设在洞顶,不能放到架子上,前方也应有校正绳,否则很危险,造成方向、高程的失误,见图11。

⑤轨道应改用24kg/m轨,严禁电瓶车搭人。

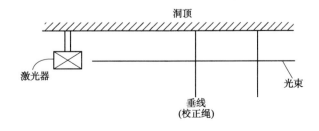

图11 激光导向装置的放置

⑥工序不能中断,尽快变专业工班为综合工班。

⑦加大边墙曲率,优化断面设计。

综上所述,若能认真去做,可以断定位移会很快收敛,一切都会正常进行,可节省费用,也能大幅度加快工期进度。不当之处请指正。

对岩溶地区隧道施工水文地质超前预报的意见

王梦恕

(中铁隧道集团有限公司)

摘　要：超前地质预报很重要,尤其在岩溶地区,探测溶洞的存在直接关系到人身安全。超前地质预报应该也必须作为工序列入工程成本。施工单位应配属所推荐的综合预报仪器,以达到花钱少、预报准的目的。

关键词：溶洞探测；仪器；超前预报；列入工序

由于隧道埋深大,在初勘中采用地面调绘、钻探、物探、遥感判释、波速测井等方法,很难准确查明施工过程中所需要的水文、地质条件,所以在施工过程中经常出现突水、突泥、坍塌、瓦斯燃烧等事件,给施工带来极大困难,造成很多人身伤亡事故。回顾成昆线、大秦线、衡广复线建设过程可以发现,因水文、地质问题造成停工的时间,占施工总工期的1/4～1/3,深感开展施工过程中地质超前预报的重要性。我国从20世纪80年代以来,在大秦线军都山隧道、京广线大瑶山隧道、朔黄线长梁山隧道、南昆线米花岭隧道、西康线秦岭隧道以及近期的渝怀线圆梁山隧道等工程中,开展了超前地质预报的研究工作,积累了一定的经验,如"军都山隧道快速施工超前预报课题组"采用地质描述为基础配合钻速测试和声波测试进行掌子面前方短距离地质预报,使预报的准确率达到71%;大瑶山隧道采用浅层地震反射波超前探测,超前15m的声波探测、显微构造分析、超前水平钻机等方法,准确率达到80%左右;秦岭隧道采用平行导坑和物探测试进行灾害预报,准确率达到90%左右;位于岩溶地层中的圆梁山隧道是在施工过程中频繁出现涌沙涌水的情况下,追加400万元进行地质超前预报工作的。其超前预报的特点是有专人负责,采用长短结合的预报方法,用TSP202仪器进行宏观软弱夹层的预报,但该设备探测不出溶洞、溶管的位置,更测不出溶洞内是否有充填物和水,所以增加了地质雷达HSP、30m红外探水、水平钻机30m深探、数码相机工作面地质描述、高密度电测仪等方法,配备地质高级工程师4名,地质及物探工程师12名,进行施工过程的超前预报工作。通过这些年的超前预报实践,深感地质预报的精度不应该以长度计算,应对病害点数目、里程长度进行评价。例如军都山、大瑶山的预报成功率很高,但也出现洞内大的涌水、涌沙、泥石流,尤其圆梁山涌沙、涌水达数十次之多,造成人机伤亡,损失很大,所以隧道施工中的超前预报非常重要和必须。

1　超前预报必须作为工序将费用列入施工组织之中

从隧道的发展出发,不论铁路、公路隧道,运营条件都在提高,隧道数量和长度在迅速增大,选线原则已由地质选线为主改为以运营选线为主,另外,施工期要求很短。这些条件的改变,必须将超前地质预报作为工序让施工单位配属设备和人员,不能停留在理论和应用相脱离的状况,所以,必须在今后工程中给予明确。正如在推广信息化设计与施工时,把监控量测作为工序列入。同样,超前地质预报作为工序列入后,该技术的发展会更快、更成熟。科研承包不是好办法,只会流于形式。不论长短隧道,都应将地质预报列入工序,按长度大小区分费用。

---

* 本文原载于：铁道勘察,2004(01).

2 施工单位应配属的超前地质预报设备

2.1 采用 GPR-2000 探地雷达仪

该主机为美国或加拿大生产,可配属不同天线测试不同深度,如配 100MHz 天线可测 8～10m 范围内的空洞情况;配 40MHz 天线可测工作面前方 30m 范围内的孔洞情况。该设备操作简单,抗电磁干扰能力强,采用便携式微机控制,图像直观,工作周期短,可迅速在工作面测试多次。目前用该设备采用 400MHz 天线可以快速探测已建成隧道背后空洞大小、形状,精度很高,尺寸误差为 2～5cm,是不占工作面的检测设备,其作业原理见图 1、图 2。

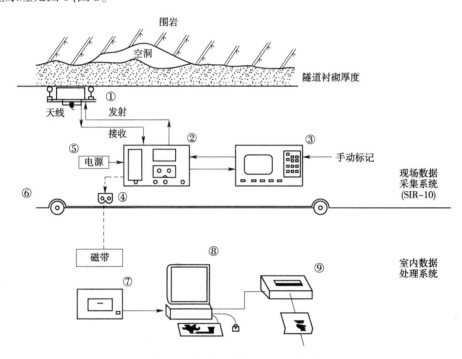

图 1 地质雷达系统作业原理示意图
①-收发天线;②-主机;③-控制显示器;④-磁带;⑤-电源;⑥-作业车;⑦-回放磁带机;⑧-计算机;⑨-打印机

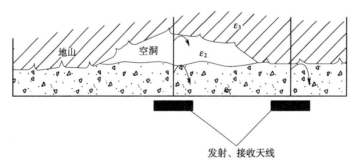

图 2 在隧道衬砌混凝土中测试
ε-介电常数

地质雷达采用的是时间脉冲雷达,将宽频带的脉冲发射到围岩中,发射信号碰到不同目标和不同介质面而被反射回来,根据电磁波双程走时的长短差别,确定探测目标的形状和属性。应用该原理生产的仪器有美国 GSSI 公司的 SIR-lOH 和 SIR-2000 型探地雷达。

天线频率为 400MHz 雷达图像具有高分辨率,低频 80MHz 和 40MHz 分辨率相对较低,但探测深度大,介质界限仍较明显。该设备主机加天线约在50万元人民币以内。

2.2 红外深水仪

在隧道中,围岩每时每刻都在向外发射红外波段的电磁波,并形成红外辐射场,与此同时,必然会把它内部的地质信息(密度、能量、方向)传递出来。干燥无水的地层和含水地层发射的红外辐射强度不同,地下水的活动会引起岩体红外辐射场强的变化。红外探水仪通过接收岩体的红外辐射强度,根据围岩红外辐射场强的变化值来确定掌子面前方或洞壁四周是否有隐伏的含水体。该设备是唐山煤研分院的科研成果,已广泛应用,圆梁山隧道的应用就很成功。

优点:测量快速,基本不占用生产时间;资料分析快,测量完毕,即可得出初步结论,室内整理及编写报告也可在2h内完成。红外深水仪探测有较高的准确率。

不足之处是它对水量、水压等重要参数无法预测。另外在石灰岩地段,地下水流动对地下围岩的红外辐射场影响较大,若地下水出现的频率高,在石灰岩地段测量有水概率达78.1%。

为了证明红外探测结果的可靠性,在泥岩地段也作了多次对比试验,测量结果都是无水的。通过在圆梁山隧道的边墙、左右拱部进行探测,结果表明掌子面前方有含水体存在。经过开挖证实,说明探测结果是正确的。

有水准确判断率20m以内为76.2%,30m以内为86%,判断无水率20m以内为96.4%,30m为88%。

另外,还有采用点电源梯度法进行超前探水,预报长度也是30m左右,准确度可达80%以上。

2.3 用水平钻机进行超前地质钻孔

超前水平钻探由于速度慢,费用高,占用工作面影响工程进度(7%),所以一直推广不了。大瑶山隧道曾引进日本水平钻机采用金刚石钻头钻进,由于钻进速度慢于平导施工,钻孔呈抛物线形状,钻头下沉达30m左右,而停止应用。但在岩溶发育地段,采用超前水平钻30m,能准确预报较大溶洞。但对溶道、溶隙掌握不准,一般在工作面四周钻3~4孔。

最近圆梁山隧道试验成功准确判断前方100m深水平钻孔技术,花费24~30h,该设备若配上钻孔软件,可对每段钻孔进行扭矩、扭转速率、进尺速度、推进力测试,分析钻进过程中围岩的变化,判断岩溶尺寸、岩管大小、岩隙等。该方法为复杂地段的必备手段。

2.4 用红外拍照进行工作面地质描述

用一般方法或红外线拍照对每次进尺工作面进行连续描述记录,可以推算出前方地质异常的可能性。

综上所述,超前预报在技术上是可行的,在进度上是允许的,在经济上是要有一定投入的,三者相结合,要求施工单位在1个工作面上或者在2个工作面配置这些设备、仪器及技术人员,就可真正实现超前预报工作的落实,真正落实以人为本的科学施工。

3 施工过程中的洞外勘测方法

在洞内进行超前地质预报的同时,设计院应不间断地在洞外进行以下几种方式的勘测,检查验证洞内地质预报结果:

3.1 高密度电法勘探

向地下供电测试电阻率大小,因空腔岩溶为高阻、充填岩溶为低阻、渗水破碎带为较低阻。

3.2 深层地震反射勘探

采用德国产 Summit 仪器,与浅层地震方法相比,其特点是最大接收道为120道以上(浅震为24道),勘测深度大(可达3000m,而浅震为100m以内);精度高、测速快,若配属 GPS 进行测点定位,可实现快而精确;覆盖次数高(对地下检测点可测6次以上),具有组合检波,采集信息多等优点。

3.3 声波测井

采用武汉岩海公司生产的RS-STDIC非金属声波检测仪,测试岩石速度,以评价围岩类别和强度,浅层用横波,深层用纵波,例如表1,给出了 N 值与横波 V_S 的关系值。

表1　N 值与 V_S 值

地盘的种类	N 值	横波 V_S 值(m/t)
松软黏土、淤泥	$N<4$	100~150
软硬中等的黏土、淤泥	$4<N<8$ $8<N<15$	150~180 180~220
黏稠的黏土、淤泥	$N<15$	220~300
硬质黏土、淤泥		150~200
关东亚砂土	$N<10$	150~180
松散砂、砂砾	$10<N<30$	180~220
软硬中等的砂、砂砾	$30<N<50$	220~250
坚实砂、砂砾	$N>50$	250~350
极紧实的砂、砂砾	$N>50$	350~500
风化岩、泥岩	$N>50$	400~800
岩层		

3.4 遥感技术

1991年遥感技术首次在南昆铁路施工阶段得到应用,并取得较好效果。随着遥感图像分辨率的不断提高(从最初的80m到目前的1m),使遥感技术用于隧道施工洞外预测预报和监测,更趋成熟。特别是铁道专业设计院提出的"隧道遥感富水程度估算经验公式",使遥感技术从定性判释转化为定量数据,为遥感技术应用开辟了一条新的途径,是一种很有应用前途的方法。

3.5 地质钻探补充

根据现场的实际情况,补充必要的地质钻探。

3.6 水文地质测试和同位素连通测试补充

隧道外洞身补充水文地质测试、同位素连通测试等。

通过洞内4种地质超前预报方法和洞外6种勘测补充配合的测试,基本上能解决岩溶地质隧道的安全施工问题。

4 结语

我国是建成隧道最长、数量最大的国家,也是隧道穿越各种水文地质条件最复杂的国家,同时是隧道发展建设最多、最快的国家。我们有责任采用跨行业的技术合作、攻关,生产出适用广、易普及的中国特色的超前预报设备和软件。产品应具有轻便、简单、快速、不占用工作面、数据可靠、精度高、造价低、易掌握的特点。

参考文献

[1] 马荣斌,卓宝熙.遥感原理和工程地质判释[M].北京:中国铁道出版社,1982.

21世纪我国隧道及地下空间发展的探讨

王梦恕

(中铁隧道集团有限公司)

摘 要:针对"可持续发展"国策,论述了我国现阶段在隧道及地下空间开发过程中所产生的诸多问题,提出了目前急需进行技术立法的各项设计规范、技术标准和技术条例,同时提出了降低隧道及地下工程造价的办法和思路。

关键词:隧道;地下工程;技术立法;可持续发展

中图分类号:U54;TU761.3　　**文献标识码**:A　　**文章编号**:1672-7029(2004)01-0007-03

Abstract: The problems appeared in the process of tunnel and underground space exploitation are discussed on the basis of continual development policy and therefore, the necessary legislative design standards and technology norms are proposed. Meanwhile, the methods of reducing the cost of tunnel and underground engineering are put forward.

Key words: tunnel; underground engineering; technology legislation; continual development

21世纪人类面临着人口、粮食、资源和环境四大挑战,在这种严峻形势下,我国将"可持续发展"作为国策。每个学科、每个产业,谁违背了四大难题的挑战,谁就会被淘汰。近些年来,不少企业关闭、不少学科停办,正是符合可持续发展的需要。作为国民经济的支柱产业土木工程也应顺潮流而检讨自己,应从大片良田被钢筋混凝土所取代而无法再生及居住、交通、环境的矛盾日益突出中思考如何将地面沃土多留给农业和环境,将地下岩土多开发给道路交通、工厂和仓库,从而使地下空间成为人类在地球上作为安全舒适生活的第二个空间。目前国际上很多国家将"21世纪作为人类开发利用地下空间的年代",并作为国策去努力。如日本提出要利用地下空间,将国土扩大数倍的规划。我国已开始重视地下空间利用的立法工作,各地区已开始进行地下空间的开发规划,但由于技术立法不够,在这方面出了不少问题,花费了许多不该花的工程费用。作者这些年以来对地下空间开发所产生的问题进行了思考,提出了降低地下工程造价的办法和思路。

1 隧道及地下工程在开发建设过程中技术立法需尽快修改和补充

我国隧道及地下工程的大发展是从20世纪80年代为真正的起点,自此进入全面开始应用新原理、新方法、新设备、新材料、新工艺、新技术、新仪器的时期。当时大瑶山铁路双线隧道工程中,彻底改变了近百年来隧道及地下工程的修建方法。这是铁路隧道修建史上的一次飞跃。该项工程被国家评为科技进步特等奖。近年来,铁路、公路长大隧道不断在中西部规划和建成,如陕西省正在筹建的穿越秦岭山脉的打通包头—西安—安康—重庆—北海的西部大通道,其秦岭终南山特长公路隧道最长方案为18.4km,工程已经开工,而西安—西康线、西安至南京铁路复线、神朔线、宝兰、渝怀(重庆—怀化)铁路复线也相继开工和建成。这些工程中出现了大量的隧道群和长隧道。在这些隧道的修建中有些配套工程如支护

---

* 本文原载于:铁道科学与工程学报,2004(01).

结构、防水处理、特长隧道服务通道设置、安全运行、通风、防灾、洞门位置、环境保护均没有立法,随意性很大,且百年大计的思想不能在技术标准上体现出来,如降低工程造价的问题、地下结构的构造形式、公认的复合式衬砌的合理结构形式、一次支护的施工安全、岩土被扰动后进行力的调整、转换、自趋平衡等,以致不少设计院、建设方从短期行为出发,提出整体式单层混凝土衬砌的结构形式,还提出施工临时支护+模筑整体式单层衬砌结构或减薄式衬砌方式等,这样做不仅省不了多少工作量,反而使建成后的隧道出现漏水、渗水、开裂等弊病。又如特长隧道的维修问题,在正洞旁边设一服务隧道是完全正确的事,这对长度超过10km的铁路、公路隧道及单洞双向运行的长度超过5km以上的公路隧道,给通风、防灾、维护都会带来很大好处,但很难被人们接受。最近连通法国、意大利的勃朗峰公路隧道(长11.6km),由于失火造成41人死亡,其中34人死在汽车里,7人死在车外,36辆汽车被毁,隧道被迫关闭1a进行整修。其主要原因是没有设置撤离的服务通道和直接向外的通风口,致使烟雾不易散出、空气进不去而导致窒息死亡。所以,技术立法不仅可以防止不规范的设计,还可以规范建设方的行为。

近年来,城市地下空间的开发更为混乱,问题更为严重。随着城市人口急剧膨胀所带来的生存空间拥挤、交通阻塞、环境恶化等问题凸显,地下空间的开发、城市地铁的快速修建已摆在每个市长的面前。加之我国城市化的速度2010年要从35%达到45%,如果一味地听任城市无限制地蔓延扩张,将会严重危害我国土地资源。尽管目前城市共同沟的修建、地下铁道、地下停车场、地下仓库、地下商业街、娱乐场所等正在进行设计施工,但整个工程很少统筹规则,处于无序管理状态。管道层一般在地下3~5m范围,建立系统的共同沟可以避免反复破坏交通路面、影响市容、破坏环境,但不少城市对三通一平、设置共同沟执迷不悟,热力管道、电力管道、通信电缆、供水、下水管道、瓦斯管理以及各部门名目繁多的管线仍各自为政,天上、地下仍在混乱无序地布设。发现事故就东挖一沟,西挖一沟,非常落后,呼吁市长们把这些严重影响城市社会效益的管线统起来,迅速建立城市共同沟。

城市地下设施很多,谁占什么高程,也需要技术立法,如共同沟的高程不能把地下铁道的标高向深处降,共同沟不能从地铁车站顶部通过,因车站造价与深度成正比,越深造价越高,也不利于运营成本的降低及乘客上下车的方便。由于地铁区间埋置较深,共同沟可从区间通过。目前一些城市规定地铁车站顶板必须低于地面3m的做法是不合理的,必须将以人为本的思想贯穿在当前地下工程的设计中。

综上所述,急需进行技术立法的有以下几点:

(1)各类地下建筑物的设计规范:如地下铁道车站、地下过街道、地下商业街、地下停车场、地下文体活动场所、地下仓库建筑、地铁车站及区间、地下影剧院、地下餐旅馆、地下展览馆、地下试验室、地下共同沟以及半地下室建筑等。

(2)各类地下结构的设计、计算规范:如不同材料结构的设计、不同地质条件的荷载设计、水压力及抗浮力设计、不同类型结构建设过程中及建成后的内力分析计算,结构的防腐及耐久性设计、位移反分析的计算程序等。

(3)地下工程的环境、安全、防灾设计:如防火设计、通风设计、防水设计、空调设计、照明采光设计、通信、供电设计等。

(4)地下工程施工规范:如明挖法施工、盖挖逆筑(正筑)法施工、暗挖、浅埋暗挖、超浅埋暗挖法施工、盾构法施工、冻结法施工、降水排水法施工、沉管法施工、全断面掘进机施工(TBM)、城市地下工程钻爆法施工、地下围护结构施工(连续墙、钻孔桩、挖孔桩、粉喷桩、旋喷桩等)、地下支挡结构施工(横撑及软土锚索)等。

(5)地下工程的特殊材料设计:如防水材料、地下防腐材料,注浆堵水材料,各类添加剂材料等。

(6)卫生安全标准、环境保护标准的制定。

(7)地下空间开发所用的各类设备、非标准设备,包括地铁的全套设备国产化设计。

(8)地下工程勘察技术及勘察内容的设计。

希望在21世纪将这些规范、技术标准、技术条例都研究编制出来,并通过技术立法,使地下工程的规划设计逐步走上法制化的轨道上来,以克服不统一的混乱状态。

2 降低隧道及地下工程造价的办法需要加大力度进行研究和确定

地下工程已面临大发展的机遇,如何用合理的造价建成优质工程是每个建设单位都关心的问题。如何降价及降价的技术措施是什么？降低造价所带来的负效应是什么？都需要认真分析,区别对待。

(1)地下工程的衬砌结构形式应优先采用复合式衬砌,不能因造价而改变。从防水要求衬砌厚度不能小于30cm,不能随意减薄衬砌厚度。如上海地铁管片衬砌厚度30cm。已是最薄极限厚度,从百年大计考虑,从上海地质条件考虑,上海地陷量近些年沉降很大,不均匀沉降会把现有地铁管片拉裂。目前在地铁两边进行物产开发的深基础都要受地铁结构的限制,这足以说明上海地铁区间管片的强度、刚度、稳定性是偏弱的。地铁的土建工程费与设备费之比一般为6:4,因地下土建是永恒的、不可逆的,而设备的更换周期是短暂的,一般为5a,个别设备为10a,必须注意设备的投入值和产出值以及今后的运营维修值。

(2)必须重视地下防水工程的投入,防、排、堵、截,应采用综合治理的原则;材料则采用刚柔结合以柔为主的原则,不能因地制宜、片面修改,这是从多年规范的经验教训中所总结出来的。如广州1号线地铁的防水设计强调了堵死的办法,不给水出路,其原因为怕引起地面下沉。实践证明。有限量的排防,使地下水的补给量大于排走量,地下水位是不会改变的,断然不会引起地面、地中下沉。如德国慕尼黑市地铁渗漏水量为$0.07 \sim 0.2 L/(m^2 \cdot d)$；匈牙利布达佩斯地铁为$0.2 L/(m^2 \cdot d)$；新加坡地铁为$0.12 L/(m^2 \cdot d)$；我国上海延安东路隧道渗漏水量仅为$0.024 L/(m^2 \cdot d)$,我国最近规范定为$0.1 L/(m^2 \cdot d)$,这些数据都比国外偏严。不让有一点漏水,从施工、长期运营讲是不可能的,防水板全包的做法实质是把漏的水引到仰拱处,对结构受力、运营是不利的;车站和围挡结构之间设平行剪力筋,是破坏二次内衬防水保护层的笨办法,违背了钢筋混凝土的"防"字,把防水保护层破坏,大大减弱了衬砌的防水效果,也违背了两层衬砌之间剪力为零的原则,复合衬砌之间设柔性防水层,当时定名为防水隔离层,其含义既是为防水,又是为防裂,两者之间变形是不协调的,靠水平剪力筋是不能形成共同作用的。限量堵、排,沿全线进行分段截挡,可做到结构干燥、无水,抗浮问题也得到解决。大瑶山隧道已开始提出以堵为主、限排为辅的设计原则。

(3)迅速组织力量进行地铁运营设备的国产化改造。目前有些城市的运营设备,由于需从贷款国购置,车辆的价格比一般国际市场高出30%左右,通信、信号设备比国产设备高3~6倍。盲目引进国外设备造成很大被动,运营费也很高。如广州地铁1号线的洋设备,每年需3000万美元的维修费;上海1号线的96节车厢花了1.9亿马克,占德国政府对1号线项目贷款的1/3以上,大约每节车厢需200万马克;而地铁2号线运行所需的144辆车厢也要全部从德国进口。德国政府规定,每节车厢每年要以原价的4%递增,德国物价年均上涨5%左右,因此进口配件也要按此幅度上涨。1号线地铁运行第2年的配件消耗达1500万~2000万元人民币。当前国产地铁车辆,国产供电、通信、空调、通风设备已非常有把握。如北京复兴门至八王坟地铁购买国产车辆价格只有70万美元左右,我国长春客车厂在1969年研制出我国第1代地铁车辆,运营30多年,几乎天天超载,可是车辆性能依旧。最近生产的变频调速地铁车辆,在参与伊朗德黑兰地铁车辆投标中中标230辆,又追加订单174辆。但我国车辆与国外还有差距,应加大国产化的研究和开发,使地铁所有设备的国产率达到70%以上,以保护我国相关工业的发展,同时降低地铁的建设成本。

(4)加大地铁行车密度,缩短列车编组长度,车站一般应采用1层,取消集散厅层,以降低土建费用。从满足旅客上下车节约时间出发,加大列车运行密度,1.5~2min开1列车,可以减少旅客在车站的滞留时间。这样列车编组以6节1列为宜,改变8节1列的做法,可使车站长度减少20%左右;另外,从已建地铁车站实地调查,地下集散厅很少有人在那里滞留,目前几乎每个车站搞双层,造成很大浪费。建议取消双层车站,对客流量特大的车站,当两对出入口不够时,可考虑设双层车站。这样整个车站的造价可降低建设费、运营费各30%以上。新建地铁应予以考虑。地面铁路也应采用短编组、密交路以方便乘客，提高运营效率。

有关降低地下工程造价的措施还有许多，如装修的标准问题、通风的方式问题、空调是否集中设置或分散设置等；地铁、地下工程从人防上如何处理；防灾上如何设置；城市绿地下如何设计地下工程等。这些问题还需认真研究确定。

综观当今世界，有识之士已把对地下空间开发利用作为解决城市资源与环境危机的重要措施，作为解决我国可持续性发展的重要途径来认识。可以预测，21世纪末将有1/3的世界人口工作、生活在地下空间中。因此，摆在从事隧道及地下工程的人们面前，应充分认识到我们的责任重大，要精心设计、精心施工，制造出一个个精品工程。

地铁建设中需要澄清的问题

王梦恕

(中铁隧道集团有限公司)

《都市快轨交通》杂志社的成立,为有关城市地铁、轻轨建设的学术交流和讨论提供了一个畅所欲言的园地,希望这个园地敢于创新,并具有大量信息通道。在这里,仅就目前地铁建设中的两个理念进行讨论。

1 轨道交通要百年大计主要指的是土建工程

修建地铁要遵守低投入高产出的原则,土建工程是不可逆的百年寿命的重要工程。机电设备则是在 5~30 年内必须更换的,根据客流大小可以分期筹措。国际惯例土建与设备投资比例大约为 6:4,这样才能实行运行的低投入,希望重视这个比例关系。

百年大计指土建工程要有耐久性和长期规划性,当今困扰土建工程百年大计和耐久性的因素较多,下面仅就其中两个问题谈点看法。

1.1 工期太短

一条 20km 左右的地铁,从施工到建成,调试运行需 4~5 年,但是常常为了政绩,则要求 2.5~3 年建成,这是违背科学施工的做法,造成事故不断,如上海地铁 4 号线事故即是赶工期造成的。乌鞘岭隧道总长 20.05km,埋深为 500~1000m,不具备打竖井、斜井条件,但为了把工期从 4 年降为 2.5 年,而不惜增加 5 亿多元成本和破坏山体环境增设了 13 个斜、竖井,其斜井长度均在 2km 以上,这在国内外实属少见。当今政治工程、政绩工程的技术标准、规范是什么?很需要深思。

1.2 土建工程造价太低

众所周知,规划是影响造价的大头,设计是影响造价的中头,而施工则是影响造价的小头。当前不重视规划的优化,不严格审查设计的优劣,而在施工投招标中,大幅度压缩工程造价,已到了不合理的地步,如盾构区间的造价从最高 8 万元/m(国外承包商施工) 到最低价 2.4 万元/m,目前平均造价徘徊在 3 万~3.4 万元/m,不分地层是否有水和无水,不分地层稳定性如何。一个明挖或暗挖的双层三跨车站其造价多在 6000 万~1.2 亿元,是日本工程造价的 1/10,日本人感到惊奇。上海地铁 4 号线被水淹没的盾构区间,位于可能发生管涌的饱和含水的泥砂地层中,联络通道只剩下不足 0.7m 的开挖暴露面,却引来了如此大的灾害。若在运营中,出现管片下沉开裂会造成更大的灾难。柔性管片衬砌位于这样差的地层之中,对衬砌周围地层也不进行地层加固,工程造价很便宜,但对百年大计非常不利,这样的设计方案是否合理值得探讨,所以必须有科学、合理的造价。而不合理的造价则是造成偷工减料的起因之一,严重影响工程质量、稳定性、耐久性,必须科学地认清这个问题。

---

* 本文原载于:都市快轨交通,2004(02).

2 应重视地铁区间和车站的结构形式与施工方法的选择

修建区间有明挖法、浅埋暗挖法和盾构法,这些方法各有应用范围,说不上谁先进、谁落后。然而近年来过分推崇盾构法,一台盾构机造价约 5000 万元,加上配套运输设备 1000 万元,合计 6000 万元,盾构的一般使用寿命为 10km,而某城市 3 条地铁线不足 50km 的区间隧道,原计划使用 30 多台盾构,而要用足盾构的使用寿命则需要 300km 的任务,寿命与工作量不匹配,施工单位耗资 6000 万元,只能承担盾构使用寿命的 1/5~1/3 任务,从其成本看是很不合算的。像北京这样的北方城市,在地下水少、水位低的情况下,根本不需要盾构,若要用也可用便宜的开胸式网格盾构,根本不需要土压平衡盾构。从施工组织看,车站工期一般为 2~2.5 年,是控制工期的工程,而区间不控制工期,车站施工进度常常不能达到盾构调头和拼装的条件,造成盾构因调头井做不出来而停在区间等候的现象。就北京而言,盾构井设在正线上的条件不多。用浅埋暗挖法一个竖井口有 4 个工作面,可实现月开挖 290m 的平均进度,比盾构要快,只要精心施工,质量也是有保证的。所以,应结合实际情况具体分析。修地铁要带动我国各方面的经济发展,但购买大批盾构,会使我国大量资金流到外国,而用浅埋暗挖法可以安置我国许多富余劳动力,富国富民应是建设者的责任。

区间采用双联式盾构,暗挖车站采用双连拱、三连拱,这些结构在柱的上方都将形成积水三角区,施工过程中力的转换困难,防水难于保证质量,在铁路、公路隧道工程中已有很多教训,所以提出了"宜近不宜连"的设计原则。例如广州地铁越秀公园站,用 3 个独立的隧道加上几个横通道做出了很漂亮的地铁车站,结构稳定性好,施工快,不易造成地层坍落,造价也便宜,应取代三连拱和双连拱。近期北京地铁 4 号线、10 号线有几个这样的车站设计,应该说是很大的进步和提高。同时,也出现了单拱单柱结构的车站形式和单拱双柱结构的车站形式,可以克服连拱的缺点,对今后运营很有好处,希望在各城市推广。总之,设计要有创新,专家也应支持这种创新。

3 结语

借《都市快轨交通》杂志谈些思路和看法,可能片面,很希望能有不同观点的讨论,以提高我国城市轨道交通的建设水平。

大城市发展轨道交通势在必行

王梦恕

(中铁隧道集团有限公司)

摘 要:随着我国城市人口的增长,发展轨道交通势在必行。文中基于轨道交通的特点、审批条件及目前我国建设中存在并应重视的问题的基础上,进一步阐述了解决这些问题的方法。

关键词:轨道交通;规划;降低造价

中图分类号:U238　　**文献标识码**:B

国务院办公厅发出"关于加强城市快速交通建设管理的通知",这是解决城市交通堵塞、改善城市环境、城市可持续发展的政府行为。要充分发挥城市轨道交通在城市建设和发展中的重要作用,特别是拉动作用,就必须关心城市轨道交通和周边土地开发的紧密结合。实践证明:轨道交通(地铁)具有高效、节能、环保好、运量大、速度快、安全性好、占用城市道路面积少、防空好等优点,所以,轨道交通所到之处,交通压力缓减、楼宇兴旺、土地增值、人口增加,居住、产业、文化、社会等社区功能迅速形成,对解决城市交通堵塞,改变城市布局,实现城市环境和交通综合治理,引导城市走可持续发展之路起到了很大作用。轨道交通也是最能体现各阶层市民公平占有社会资源,体现社会公平的理念。目前,我国有10个城市正在修建,通车里程有256km,正在规划的还有25个城市,有38条线路在深化设计。

1 城市轨道交通的特点及其审批条件

城市轨道交通是一个线形的、点点相连、涉及专业很多的复杂系统工程。轨道交通修建从规划、设计、施工、设备制造、安装到调试、运营是一个庞大、复杂、多专业、多门类的系统顺序整合的过程。对一条20km左右长的地铁线路,一般建设周期需4~5年。考虑到地铁造价一般在5亿元/km左右,因此建造1条地铁线路要求其长度不能太短。

目前,各城市轨道交通审批条件应严格按以下6条执行:

(1)城市GDP要超过1000亿元/年。
(2)地方财政收入要达到100亿元/年。
(3)轨道交通网络规划要合理(报国务院审批)。
(4)设备国产化率要大于70%。
(5)城市人口超过200万人。
(6)客流预测:地铁单向客流应大于3万人次/d;轻轨应大于1万人次/d。

除满足上述6条外,还要在技术、经济、法律、管理等多方面进行论证,在构建一定的保障体系后进行决策。基于地铁投资大,必须适当控制各城市地铁的发展。据统计,地铁每公里总造价中土建费用占60%,设备机车车辆和其他费用占40%,这种分配可做到地铁建成后的低成本运营,否则运营费用高,政府每年必须补贴。考虑到地铁被公认为是一种社会效益很好的交通工具,因此这种补贴政府应该给,但

---

* 本文原载于:城市地下空间开发与地下工程施工技术高层论坛论文集,2004.

给多少应进行研究。可以说目前有些城市并不具备这样的经济条件和客流量,却盲目攀比,这显然是不对的。当然也有特例,如哈尔滨市冬季较长,修建地铁是非常适合的,因此建议尽快发展。

值得强调的是,建造地铁必须根据我国各城市实际情况,稳步扩大。一般应集中力量,建设一条就开通一条。同时修几条线的做法是不妥的,其不仅所需资金庞大,而且施工干扰严重,安全风险也就更大。北京市由于奥运会承诺可属例外,但面临安全、质量风险异常严峻,目前正在建立安全风险目标咨询评价机制,以确保在施工过程中运营期间不出灾害性的事故。

2 目前轨道交通建设中应重视的几个问题

2.1 设计方案和施工方法的优化

目前由于规划、设计的深度不够,尤其初步设计最低一般要在3个月左右拿出,造成没有优化设计方案,使得车站出入口、管线及周边环境等因素协调困难,结果出现许多换乘站用长通道换乘,出入口太长。有些车站因1条管线不能拆迁而加大车站埋深,对整个线路施工和地铁运营都不利,且施工方法也经常不能确定,经常造成重复设计。如北京地铁四号线动物园站、西四站,五号线珠市口站等,施工工法由暗挖改为明挖或半明半暗法,使设计单位和施工单位都相当被动。

为了达到设计方案和施工方法的优化,我们通常从以下几方面考虑:

(1) 线路纵断面的优化

线路埋深与地铁造价成正比关系,埋置越深,则造价越高,今后运营费也高,对乘客也不太方便,而目前设计普遍偏深,是不必要的。

(2) 地铁车站的施工方法的选择

对于车站的施工方法而言,目前有明挖法、盖挖顺筑法、盖挖逆筑法、盖挖半逆筑法、明暗挖混合法、浅埋暗挖法(可分为中洞法、侧洞法、柱洞法三种方法)。原则上优先采用明挖;其次是盖挖法,盖挖法中应优选盖挖逆筑法、盖挖半逆筑法;最后则是浅埋暗挖法,该方法适用在交通要道、管线太多、不易明挖的繁华城区。采用暗挖法施工的车站当中,柱洞法、侧洞法应用较多,而大断面施工应遵守变大洞为小洞的施工原则,开挖方法应按以下次序优选:正台阶开挖、CD法开挖、CRD法开挖、双侧壁导洞开挖(眼镜工法)进行,这样可节约投资。图1提供了几种典型的浅埋暗挖工法。

此外,随着盾构技术的发展,可将其引入地铁车站的修建,它的优势在于可以充分、有效地利用盾构设备,提高地铁工程的建设质量、缩短建设周期,达到从总体上降低工程造价的目的。

(3) 区间隧道施工方法选择

对区间隧道,可采用盾构法和浅埋暗挖法。其中,盾构法可以分为:土压平衡盾构法、网格敞开式法、插刀盾构法等。浅埋暗挖法又分为:正台阶法、CD法、CRD法、双侧壁导洞法等。

通常在地面条件允许的情况下,宜采用明挖法,但所带来的社会环境影响是很大的,仅在无人、无交通、管线较少之地可以应用;浅埋暗挖法是一种适合不同断面,灵活多变的施工方法,造价偏低;盾构法具有在较软弱、富含流沙之地、断面不变的区间应用,设备一次性投入大,但该方法施工速度快,是今后应推广的施工方法,但必须进行盾构本土化的工作,灵活性上不如浅埋暗挖法,两者造价基本持平,但略高于浅埋暗挖法。

(4) 优化围护结构的施工方法

围护结构多属临时支护,也可和永久结构共同使用,所以其设计寿命也是按百年考虑,按造价优选的次序应是土钉墙加喷锚支护法、间距挖孔桩+喷锚网法、连续挖孔桩法、连续钻孔桩法、连续咬合桩法、SMW法、连续墙法7种主要形式的围护结构,可根据不同地层条件和具体工程要求,按以上次序进行优选。此外,围护结构的开挖方法与支护方式关系重大。

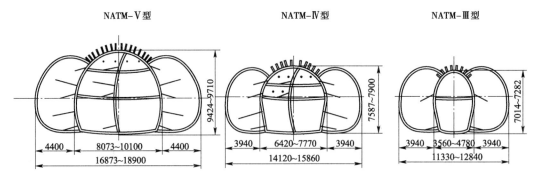

图1 浅埋暗挖法施工方法(尺寸单位:mm)

(5)选择合理的辅助工法

在具体施工中,为了稳定工作面以及减少对地面的扰动,通常采用小导管注浆、深孔注浆、长管棚法、水平旋喷法、水平搅拌法等辅助工法。

地下工程首先遏制的难题是水的处理,有降水和堵水两大类,当地层为沙砾石层时,可以考虑在施工中采用以降水为主、堵水为辅的方案,这样可降低工程造价,地表也不会因降水而产生大的沉陷;但对软塑、含水、流沙地层降水则会带来大的沉降,为此可采用以堵为主、排降为辅的方案,这样造价要高于前者。

在堵的方面明挖法时选择的次序应为垂直单液注浆、垂直双液注浆、垂直粉喷桩、垂直搅拌桩、单管高压旋喷桩、垂直冻结法6种方式。暗挖法有小导管TSS周边注浆法、水平搅拌、水平旋喷、全断面浅孔(6~8m)围幕注浆法、全断面深孔(18~20m)帷幕注浆法、水平冻结法6种方式。

2.2 轨道交通要和城市规划的稳定性相一致

这里要强调的是,应统筹规划、分步实施,不允许轨道交通规划的随意性,一定要与城市规划地稳定性相一致,在具体规划中,也要以人为本,资源共享,并以绿色环保进行规划、设计、建设和经营管理4个方面的理念。

2.3 建设原则和建设程序

轨道交通应以安全、可靠、适用、经济、先进的次序进行建设,要以人为本,多采用实用技术,如列车控制方式,不需要每条线都用自动控制系统(ATC),又如牵引类型经过实践的论证仍以轮轨为优,对磁悬浮、直线电机、独轨等需要认真研究,而目前屏蔽门、自动售票等是否符合国情应予以慎重。

合理的建设程序应为:客流预测→车站、区间规模→车站、区间方案设计→结构设计→施工方法全线工程统筹→资金落实→安全风险评估。

2.4 轨道交通设计和施工应注意的问题

车站的设计应综合考虑车站规模、标准、车站形式、换乘方式、运营模式等都要统筹分析。换乘站、交通枢纽站应和汽车、火车等交通工具一起考虑建立交通枢纽中心,合理衔接,可十乘、⊥乘、⌐乘立体接驳或平面等形式换乘,典型的平面换乘和上下立体换乘形式分别见图2和图3。

除了要对设计方案和施工方法进行优化外,还需要注意的是,在施工中还应该考虑如何提高防灾、减灾能力,积极开展火灾、停电、地震等灾害和突发事件的预测,应急方案控制和防灾应变能力的技术研究,建立安全通道,确保人员安全疏散。

2.5 融资方式

为了加快轨道交通的建设,缓减交通压力,同时也面临着建设资金短缺及效率问题,从地铁具有一定的经营性出发,有必要尝试走投资融资多元化、市场化的道路,以便加快投资体制改革,诸如采用BT、BOT或PPP等方式,形成吸引社会资金,以保证完全合理回报的机制。

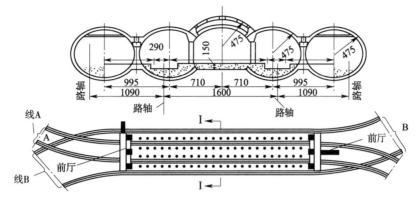

图2 平面换乘形式(尺寸单位:cm)

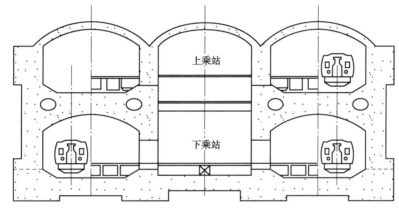

图3 立体换乘形式

目前国内地铁的市场化投融资还处于起步阶段,在很大程度上都带有政府融资的色彩。但这种探索非常有意义,毕竟是迈出了最为关键的一步,为地铁今后大规模展开市场化投融资奠定了基础。

2.6 如何降低地铁造价

轨道交通建设成本高,严重制约着我国轨道交通的发展,为此,政府对各大城市审批条件相当严格。如何降低轨道交通的造价将是我们所面临并迫切需要解决的问题,除了优化设计方案和施工方法外,还应从以下几方面论述降低造价的方法:

(1)准确预测客流,正确确定建设规模

客流预测是为城市轨道交通建设规模决策的主要依据,只有在准确预测客流基础上,才能正确地确定建设规模,方可进行方案设计、建筑设计和结构设计。可以说,做好对客流预测数据分析和应用,是进行轨道交通建设和设计工作的起步点,是工程项目建设规模和运营经济评价的基础,是项目分险的评价要素和关键。在此基础上,确定车辆编组长度,提高行车密度甚至方向,但车站长度不宜少于6节编组。

(2)合理降低地铁车站建设规模

车站是轨道交通的重要组成部分,在轨道交通总造价中占有相当的比例,如一般车站造价多在4000万~1亿元人民币,而对于换乘站和大的区间枢纽站费用恐怕要突破1亿元人民币以上,因此,减小车站的建设规模,对于降低轨道交通的建设费用具有重大的意义。事实也证明,缩小车站规模对于降低造价、节约运营成本具有显著的效果。以地铁车站为例,可以从以下几方面考虑:

①优化减少车站建筑设备和管理用房。目前平均12000m^2/站,其中车站8000m^2,辅助通道多达4000m^2,比例较高,不利乘客方便。

②地铁车站尽量优选单层结构形式。单层地铁车站的结构形式(图4),不但能够降低车站土建结构的工程造价,同时还能大幅度降低地铁车站的环控、通风系统的设备费和安装费,也将降低地铁车站建成后的运营管理费用。

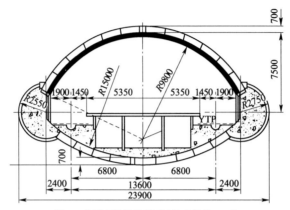

图4　单层车站结构形式(尺寸单位:mm)

③坚持资源共享。根据城市轨道交通网络规划方案,可以将几条线的资源如车辆段、变电站等共享。

(3)提高设备国产化率

地下铁道工程建设是解决城市交通的根本出路,如何降低地铁的建设造价,在土建和设备的费用比上,根据国际惯例一般为土建费比设备费为6∶4的比例比较合理。土建工程是百年大计,尤其地下工程是不可逆工程,修好后再进行改造成本很高,而且使用寿命要100年。这样土建工程的真正寿命是200~300年,这样才能满足安全、可靠使用100年。所以,优质建成地铁土建工程非常重要,而设备的使用寿命一般5~10年就要更新换代,车辆寿命可能长些,也超不过20年,因此,正确处理好土建和设备费用的比例关系非常重要。地铁建设要遵守的第一原则应是"安全、可靠、适用、经济、先进"的十字方针,而且先后次序不允许改变。遵守的第二原则应是设备低投入运营高产出,因设备投入大,寿命短,每年折旧费就很高,这样就提高了今后地铁的运营成本,造成很难盈利的局面,而土建的寿命很长,折旧费低,对运费的影响不大,这正是现在强调车辆、信号系统、盾构机械等应尽快实现国产化,而不应追求过高的先进设备,事实上,设备投入越大,运营成本就越高,经济风险就越大。

3　结语

城市轨道交通是一个系统工程,合理的轨道交通网络规划必须要顺应城市的总体规划,这不仅可以解决城市交通的压力,同时也可以拉动周边经济的发展,使轨道交通建设与运营进入良性循环。

借这次机会谈一些我国轨道交通建设中存在并应重视的问题,可能还不够全面,很希望能有不同观点的讨论,以提高我国城市轨道交通的建设水平。

修建公路隧道应建立安全风险性、可靠性评估体系

王梦恕

(中铁隧道集团有限公司)

今后就任何一项工程从规划、勘测设计、施工直到运营都应进行安全、风险性、可靠性评估体系的分析,目前在预可性和可行性研究报告中只进行经济投资风险的评估,这是很狭义而不全面的。随着公路隧道的增多和水文地质复杂性不确定性的存在,如何优质、快速、安全建成而不留隐患地进行运营,需进行全方位、安全风险性、可靠性评估。评估的内容分为四个阶段,应考虑的主要问题见图1。

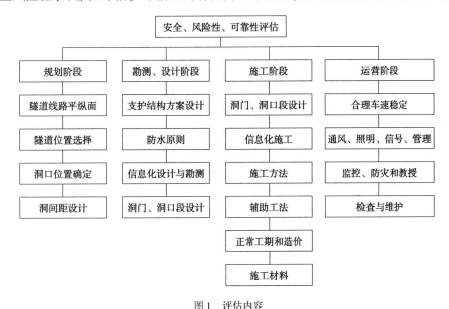

图1 评估内容

1 线路规划中影响、安全、风险的几个问题

(1)为保证隧道内满足行车视距要求,以及路面超高的变化以利运营安全,中短隧道内应禁止设置 S 形反向曲线,必须设置长大隧道时,在反向曲线间必须设置一段缓和曲线或直线段,从驾驶员安全操作出发,一般曲线长度是不宜过短,同时小偏角、大半径曲线容易使驾驶员产生直线错觉而易出现行车事故,曲线转角应以大于7°为宜。

(2)隧道纵坡坡度一般为不小于0.3%、不大于3%。对于二、三、四级公路的中短隧道可适当放宽到5%以下。隧道内的变坡点不宜过多,要有较大直径的竖曲线以满足视距要求。

(3)隧道洞口经常由于设置了缓和曲线进洞,而引起交通事故不断,所以联络洞口的线路应为直线,洞口附近不易设置竖曲线,变坡点应距离洞门有一定距离,凸形曲线上的车辆在接近变坡点时,由于视距较小,经常出现不安全事故。所以,在进洞口附近更不宜设置较大的下坡和小直径的平面曲线进洞。出

---

* 本文原载于:第八次全国岩石力学与工程学术大会论文集,2004.

洞口附近更不宜设置较小的平面曲线,设计者应考虑壁洞效应,在进出洞口应考虑驾驶员在生理上、心理上的变化,这是确保安全、防止风险之本。

(4)线路与隧道设置。线路与隧道设置原则应遵守在丘陵地带以中、短隧道群为主,尽量取代半填半挖式的线路。上挡刷坡很高,今后也不安全、费用高,环境破坏严重,下挡路基边坡处理也很难保证不下滑、不下沉。沿沟选线采用以桥代路,不破坏环境为宜。

(5)公路选线应靠山、不占良田,线路间距应尽量靠近,中间隔离带,在满足绿化、安全的前提下应越窄越好,以节约土地,尤其耕地,2003年仅公路建设占用耕地达56.6万亩,比2002年增加40万亩,大手笔的占地设计不可取。

(6)越岭线路的隧道宜长不宜短,尤其北方应将线路高程降到冰冷线以下。二郎山隧道为了缩短隧道长度,靠西藏边洞口仍在冰冻线以上,造成不能全天候运营。秦岭终南山隧道长18km,是世界第二长公路隧道,缩短线路65km,实现了全天候安全运营(图2、图3)。

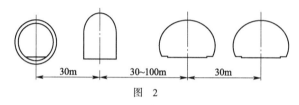

图 2

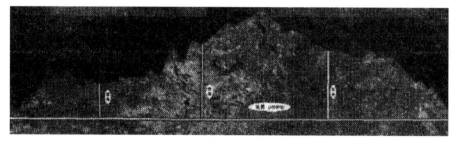

图 3

2 隧道勘测、设计阶段在安全风险上应注意的问题

(1)隧道洞口位置、间距的确定原则(图4~图7)。

①从洞口安全、环保出发,应遵守早进晚出、不刷洞口仰坡,甚至可设置明洞段进洞,应追求环境效益第一、社会效益第二、工程本身效益第三的原则,一味追求短而省钱的理念应予以克服。

②隧道洞口应选在从山梁上突凸处进洞,切勿沿沟凹处进洞,造成洞口引线处在深路堑之间,从水文、地质条件评价,这都是最不利的断层发育带,给设计、施工、运营会带来许多长久性的灾害。

图4 越秀公园站站台层剖面效果图

图 5　北京地铁天安门西站示意图

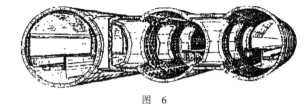

图 6

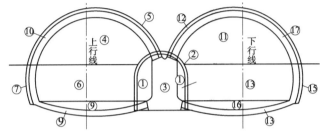

图 7　铁路隧道开挖步骤图

③两洞间距已不受 2.5～3 倍洞径的规定,当时规范是按松散特沙基原理确定的,该理论已不符合目前施工技术不断提高的要求,目前一些隧道设计已取消了这个规定,这是一大进步。

④从运营通风角度考虑,防止上下行洞口污着空气短路(既从上行排出洞口的废气,又被下行洞口的进风带进去)。因此,上下洞口之间应设置高挡墙,或建筑小品,或将上下行的洞口在里程上错开 30m 左右,不要设在一个横断面上。

（2）支护结构衬砌形式必须采用复合式衬砌,这对防水、防裂、运营通风都有好处。一次支护设计荷载应考虑全部土压力和部分水压水,当变位稳定后可施作二次衬砌。二次衬砌实质上是安全储备,但由于复合衬砌按连杆法计算,属于超静定结构,多次实验量测证明,当二次模筑衬砌做好后,荷载会自动将一次支护反受荷载的 30% 转移到二次衬砌上,这正是超静定结构的特点,但决不应理解为一次支护应按 70% 荷载进行设计,这种误解经常导致一次支护太弱,造成施工过程中的塌方、变位过大,所以应重视一次支护的设计,以调整适应不同围岩的受力,而不是用二次衬砌厚度来调整。隧道断面图如图 8 所示。

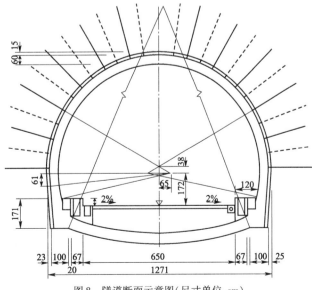

图 8　隧道断面示意图(尺寸单位:cm)

(3)从环保出发,从保护水资源出发,尤其不能因施工降低了地下水位而影响人居和农田时,必须采用"以堵为主,限排为辅"的防水设计原则,二次衬砌应按折减后的水压力进行设计。在岩溶、石灰岩地区的隧道更应重视这个问题。取消中心水沟的设计构思。设计两边水沟,水沟深应低于路面以下20cm左右,是正确的。

(4)洞口段及洞门要考虑地震的影响,可设计不受力的斜洞门或不设洞门。洞口段一般在30~50m处设一条减震变形缝,全洞不得变形缝。

(5)隧道设计从安全出发不应设计上下行共用一个隧道的做法,上下行应分洞设置,两洞之间的联络通道,尤其车辆通道应适当加密,以利防灾和调头,通道两端畅通,不设防风门、该门对通风作用不大,反而影响防灾。隧道情况见表1。

隧道情况　　　　　　　　　　　　　　　　　表1

隧道名称	隧道长度(m)	行人横通道间距(m)	行车横通道间距(m)	紧急停车带间距(m)
台湾坪林隧道	12900	350	1400	1400
日本关越隧道	10920	300~350	3处	下行8处上行10处
奥地利阿尔贝格隧道	13927	424	1272	848
瑞士圣哥大隧道	16918	250	1500	762
挪威莱尔多隧道	24500	(单洞双向)15处转弯点,3处圆形回车道		500

(6)结构设计的首要任务是做好方案设计;结构设计包含方案设计(概念设计、结构创作、构思、选型)和结构分析或核算两个内容,目前重分析、轻方案的做法很传统,许多设计人员把结构设计看成是规范加计算,很少重视结构创新,在设计中采用低安全度带来的节约仅能是工程造价降低1%~2%,而引入的风险可能遗患无穷,如一次支护安全度设计相当低,是造成塌方的主要原因之一。所以,把精力集中到方案设计、概念设计上来,跳出因方案陈旧又使材料消耗指标过高、结构安全度过低的设计误区。

(7)走信息化设计的道路。隧道和岩土工程紧密相关,勘测在初步设计阶段仅是宏观的水文地质,而不是施工中的水文地质,这个设计应叫"预设计",设计人员必须结合工程所揭示的水文地质、岩土特性验证和修改自己的设计参数。否则,会造成重大灾害,在实践中增长经验和判断能力。信息化设计的重要手段是用先进的量测仪器进行及时量测、及时反馈、及时研究、及时修正,要重视时空效应所带来的灾害。

3 施工阶段安全风险评估应重视的几个问题

(1)必须将地质超前预报作为工序配设备、配人员有费用。

工程的风险、安全离不开超前预报,尤其在岩溶地区,若不明确前方是否存在含泥砂、水的岩溶,将会造成大的人身伤亡。我国有近2/3的岩溶地区,必须予以重视。其预报手段必须采用几种方法同时进行检测的综合性预报。

(2)必须进行信息化施工。

量测是安全、优质建成隧道工程的重要手段,通过量测可及时检查施工方法是否妥当、设计参数是否合理,各施工工序是否正确。目前应用先进的无尺量测仪器和软件是非常必要的。做到及时修正、决策,不及时必带来灾难。

(3)施工方法的正确选择。

硬岩采用全断面开挖法或超前导洞后部扩大法,无轨运输、无轨装渣;软弱地层必须采用正台阶法,台阶不分长、中短,一律一倍洞高,过长会引起大变形、塌方,过短会引起工作面失稳。半断面禁止使用。当正台阶法满足不了地层的稳定,可采用CD法、CRD法和双侧臂导洞法等(图9、图10)。

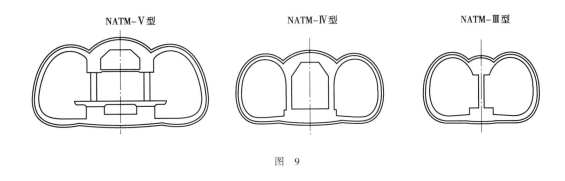

图 9

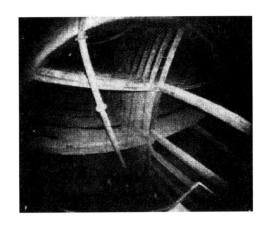

图 10

(4)辅助工法应正确选用。

长管棚是公路多采用的进洞方法,但洞内是不适宜,应以小导管为主。特殊情况下才在洞内采用长管棚,该方法造价高,严重影响工期,扰动地层严重,采用深孔注浆以取代洞内长管棚。管棚直径不宜过大,目前地铁有向大直接发展的不好趋势,通过计算和工程实践,当管棚直径超过125mm时,对仰止变形已不明显,反而浪费。

(5)正常设计、正常施工是确保安全、风险最小的良药。

当前政绩工程必须禁止,要有科学发展观,合理的设计周期能全面优化方案设计和结构设计,过短的设计周期和不合理的施工工期是违背科学的,赶工期、低造价是严重影响安全、可靠性的大忌,风险大、质量低,则百年寿命都不能实现。

(6)建立工地实验室严把材料关。

材料是占工程费用的大头,对钢筋、水泥、砂、石大宗料必须有严格的投招标优选制度,甲方提供甚至监理方规定都是可以的,但必须规范自己的制度和行为,从爱护工程出发,爱护各级干部出发,公开、透明、严格检验、签字负责是搞好工程的先决条件,今天作为技术条件必须提出来。

4 公路隧道运营的风险

(1)隧道内的设计速度可以是80km/h但真正运营速度不宜过高,一般不易超过60km/h,也就是1km长的隧道1min穿过去比用0.75min穿过要安全,仅少了0.25min,没有什么意义。因此,运营期间限制运营速度是安全行驶的前提,条件较差的隧道可以限制到40km/h也不会影响高速的效果。

(2)应分期、分批、安装通风设备。

一般 1km 以下的隧道不设通风和照明,用自然风、活风、反光石是能实现节约运营的要求,经济风险可化成零风险。排风口与送风口压力模式如图 11 所示。

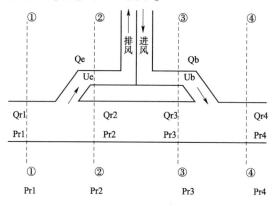

图 11　排风口与送风口压力模式图

(3)对中、长隧道,根据车流量、根据隧道上坡、下坡的特点可分洞、分阶段设置,CO 和可见度这两个指标通过射流通风机和清扫路面能实现 3km 隧道不通风的要求,加强管理可实现经济风险的化解。对于 3km 以上的长隧道,应改善通风的计算方法,通过实测,以确定合理的通风方式,竖井采用分半进风和抽风的设计是不好的,隔板受力复杂,适用寿命不易保证,大型风机耗电严重,都需认真研究,一般 6km 长的隧道,目前装机容量达到 5000kW 左右,其运营经济风险是较大的。

(4)建立简易的报警、救灾、监视措施。

手机报警、报警电话应优先考虑,往往比火灾传感器报警要快、要省费用、要准确,应坚持可靠、适用而不要追求先进。在谈到风险安全时,设计投入的仪器设备很多,在今后的运营中多被闲置、放坏,应求真务实的调查研究。

总之,随着公路隧道的大量出现,尤其超过 3km 以上的中长隧道的出现,修得起、用不起的呼声越来越大,从减少运营灾害出发,又要装许多寿命不长的各种设备和仪器,又要耗不少电能,这种运行模式对我国贫困地区更形成反差,这是阻碍各等级公路隧道大量发展,而耗大量土地用路堑取代隧道并用展线降低线路运营条件。因此,开展无动力照明、通风、设置流动救灾设备是今后研究的重点。

地下水封岩洞油库是储存油品的最好形式

王梦恕

(中铁隧道集团有限公司)

摘　要：文章根据我国对大量石油储存的需求,重点介绍了地下水封油库的密封原理、类型及其优点等,同时结合我国目前所面临的严峻形势,提出了个人的观点和看法,可供参考。

关键词：地下水封储油库；岩洞；密封原理

1　修建地下油库的紧迫性和必要性

目前,国内外石油供需矛盾日益加剧,我国所面临的石油危机也将越来越大,而且没有战略储备性库存。依靠国外进口量已达国内需求量的30%以上,国内储备量很少,长输油管储备量仅仅可以消费2~5d,铁路储存运输量可用15~25d,石油系统内部石油储备天数为21d左右,而且均为生产性周期库存。为加强国内石油安全,应对突发事件,建立大型地下岩洞油库势在必行。

地下水封岩石油库,作为储存原油和成品油在国内外均有很成功的经验。地下水封岩洞油库就是在地下水位以下的人工凿岩洞内,利用"水封"的作用储存油品,由于岩壁中充满的地下水的静压力大于诸油静压力,油品始终被封存在有岩壁和裂隙水组成的一个封闭的空间里,使油品不会渗漏出去。同时,由于比重不同,油和水不会相混,油始终处在水垫之上,从而达到长期储存油品的目的。该技术始于瑞典花岗岩地层之中,已有50多年历史,北欧地区已建成200多个水封石油油库；亚洲南部、日本也有许多该类型油库。20世纪70年代,我国先后在浙江象山和山东黄岛自行设计和施工建成2个地下油库,隶属中石化,处于正常使用状态。2000年国外公司和国内施工单位在浙江宁波和广东汕头分别建成2个液化石油气(Liquefied Petroleum Gas,简称LPG)水封油库,主要用于储存丁烷、丙烷和柴油,目前使用正常。

2　地下水封油库的密封原理和类型

利用水比油重的原理,将油置于水的包围之中,只可能水往洞内渗,而油不可能往洞外渗漏,如图1所示。此外,根据当地地下水位的变化情况,可采用固定水位法和变水位法两种储油方式,如图2和图3所示。

库址选择应遵循三点原则：一是地质条件要好,岩石整体性好、裂隙少,其中以结晶火成岩为最好,质密的水成岩也可以。我国沿海一带有大量的花岗岩、片麻岩、熔结凝灰岩等非常适合修建地下洞库,如大连、黄岛及广东大亚湾等沿海地区,当然内陆也很普遍。该类岩石质硬、稳定,对具有少量裂隙的洞库围岩,只需喷网支护即可,不需要做大面积混凝土衬砌,所以造价便宜。此外,这些地区应是地质构造评价多为稳定的区域,抗震性能也强。二是在水文条件方面要有稳定的地下水,地下

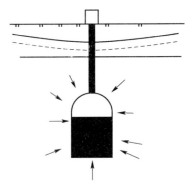

图1　地下水封油库密封原理示意图

---

* 本文原载于：中国土木工程学会第十一届、隧道及地下工程分会第十三届年会论文集,2004.

水位应变化不大,一般油库顶面应低于地下水位20m左右为宜,这样水封效果好,水位变化也影响不大,若地下水位变化很大时,在水封设计时应在库顶设置水仓和泵房以保持正常的水封效果。三是地下油库应选在深水油码头及具有输油管和炼油厂附近。我国是耗油大国,不能无计划地开采国内油资源,应以购买国外油资源为主,所以库址应选在能快速将油轮上原油卸下来并快速存入处。这些原油可以马上炼油,也可长期储存,所以沿海地区可做到快卸、快储、快用。

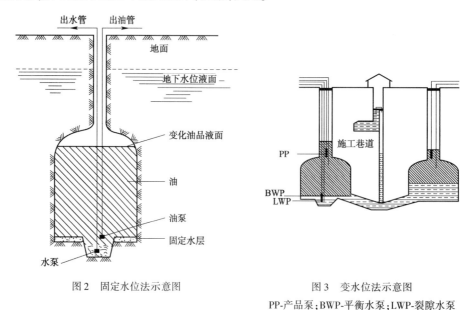

图2 固定水位法示意图

图3 变水位法示意图
PP-产品泵;BWP-平衡水泵;LWP-裂隙水泵

3 地下水封油库的突出优点

当前建一个工程要考虑环境效益、社会效益,而不允许用节约工程成本来牺牲环境和社会效益。我们建一个工程要给后人留下遗产,而不是留下遗憾,在这个观念的指导下,从当今世界油库修建的趋势和技术水平出发,科技界、工程界乃至老百姓都认可修建地下油库比修建地面油库好。现就某一地区地上油库与地面油库主要经济技术指标及运营成本进行比较,详见图4、图5。图6为设有两个竖井的原油储备库效果图。

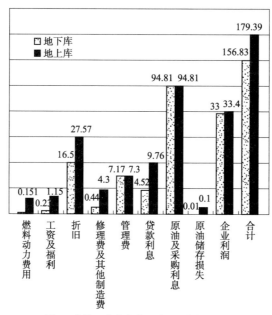

图4 单位运营成本费用对比(单位:元/t)

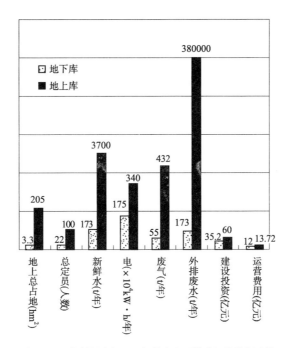

图 5　地上水封洞库与地上钢罐库主要技术经济指标比较

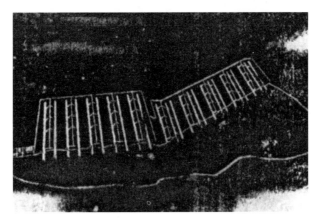

图 6　原油储备库效果图

通过比较,地下水封油库有十大优点:

(1)安全性好。建地下油库可使地震减低一度左右,因为巷道错综复杂,可减弱震级。此外,地下油库建于地面以下,它与地面的联系是通过操作竖井实现的,操作竖井用盖封闭。正常操作无油气外漏,而操作竖井直径仅 6m,只相当于一个 200m³ 的地上油罐,平时无着火可能,一旦着火,也很容易扑救。

(2)节省投资。当库容达到一定规模时(一般大于或等于 10 万 m³),地下洞库较地上洞库节省投资,黄岛、大连两处各储备 300 万 m³ 的油库投资,比地面油库可分别节省 4 亿~5 亿元人民币,黄岛、大连两处储备库合计可节省人民币 10 亿元以上。

(3)适合战备要求。当前,核大国之间的核战争发生的可能性很小,但地区间的小规模的常规战时有发生,人肉炸弹式的恐怖袭击更为频繁,地下洞库一般都处在地下水位线下 20~30m,一般的枪、炮、炸弹对其不会有破坏,而这恰恰是地上油库的弱点。

(4)占地面积少。地下洞库一般建在山体的岩石下面,地面设施很少,以在黄岛建 300 万 m³ 油库为例,地下洞库占地约 3hm²,而地上库占地要 58hm²。我国是一个多山、少耕地、少绿地的国家,建设大规模的地上储罐必将占用大量土地资源,这点必须重视。

(5)呼吸损耗可回收。地下洞库的大呼吸损耗位置集中,如果周转次数较大时,可以考虑建设回收设施解决大呼吸损耗问题,回收设施投资约需增加 500 万元左右。而地面油库耗油量大,呼吸难以回收。

(6)节省外汇。地上 10 万 m^3 钢制油罐大部分钢板需进口,需大量外汇,以建设 300 万 m^3 储备库为例,每座地下洞库可节约 600 万美元。

(7)维修费用低。其维修费用只占相同库容地上库费用的 1/6,这一项就可每年节约数百万元。

(8)对自然景观破坏小,特别是在山区,不需大量的开山。

(9)建设工期相当,与地面油库施工速度相比具有可比性。现阶段地下工程进度很快,施工中的量测监控反馈技术对快速、优质建成地下油库,具有很大作用。

(10)地下油库使用寿命一般在百年以上,而地面油库 25 年就要大修或重建,这些费用很大,是地面油库的致命弱点。

总之,地下油库的施工质量和速度在技术上都是成熟的,这也是可持续发展的决策和需要。

4 结语

经过以上论述,我们可以明确以下几点:

(1)地下水封岩洞油库已有 50 多年历史,其技术是成熟的和安全可靠的,我国对该技术从设计到施工都已基本掌握,完全可以自己建设地下水封岩洞油库。

(2)我国在大部分已建的大型原油码头和石化企业附近,可以很容易找到适合建设地下水封油库的工程地质水文构造,可为将来的建设和运营管理节省大量的投资和运营费用。

(3)通过初步的技术经济对比和分析,作为大型的油品储备库,地下水封岩洞油库具有安全性高、环保好、节省占地(特别是不占耕地)、投资省、维修简单、使用寿命长、不破坏自然景观、不给周围居民恐惧感等优点,是地面钢罐油库无法相比拟的,是国家油品战略库应选的方案。

发展城市轨道交通应注意的若干问题

王梦恕

(中铁隧道集团有限公司)

国务院办公厅发出《关于加强城市快速交通建设管理的通知》,这是解决城市交通堵塞、改善城市环境、城市沿着可持续发展的政府行为。要充分发挥城市轨道交通在城市建设发展中的重要作用和带动作用。中国确实需要开发以轨道交通(地铁和轻轨)为特色的交通资源,轨道交通将不单是城市发展的需要,也是未来地下资源开发的必然,更是经济发展的综合体现。地铁建设解决的不仅是城市交通问题,更重要的是为未来资源考虑。国外有"地铁经济"的说法,国内的"地铁经济"现象也已凸显。北京地铁复八线的开通,就拉动了沿线经济的发展。

城市轨道交通应和周边土地开发紧密结合。实践证明:轨道交通所到之处,交通缓解,楼宇兴旺,土地增值,人口增加,居住、产业、文化、社会等社区功能能迅速形成,对解决城市交通堵塞、改变城市布局、实现城市环境和交通综合治理,引导城市走可持续发展之路等起到了很大作用。目前,全国有10个城市正在修建城市轨道交通,通车里程有256km;正在规划的还有25个城市,有38条线路在深化设计。深圳、南京的一线地铁项目已经开工;沈阳、杭州、苏州的地铁项目可望近期获得批准;至于郑州、武汉、青岛、成都、重庆、西安等城市,目前虽然受到一些条件的限制,但发展轨道交通的愿望都越来越强烈。行内有句话,叫"19世纪修大桥,20世纪建高楼,21世纪开发地下交通资源"。

城市轨道交通是一个线型的、点点相连、涉及专业很多的复杂系统工程。轨道交通修建从规划、设计、施工、设备制造、安装,到调试、运营,是一个庞大、复杂、多专业、多门类的系统顺序整合的过程。所以一条20km左右长的地铁线路,一般建设周期为4~5年,不能太短,造价在5亿元/km左右。

轨道交通要发展,但不能乱发展,需要的是有序发展。各城市轨道交通审批条件应严格按如下6条进行:①城市GDP要超过1000亿元/年;②地方财政收入要达到100亿元/年;③轨道交通网络规划要合理(单线不能审批);④设备国产化率要大于70%;⑤城市人口超过200万人;⑥地铁客流预测单向高峰小时,应大于3万人次/h,轻轨应大于1万人次/h。地铁的建设不能在任何一个城市随意进行,但这不是说要消极等待。随着外资利用政策的进一步到位和完善,以及民间资本的日趋活跃,在条件允许的情况下,各地应不失时机地进行以地铁为主的轨道交通建设。并在技术、经济、法律、管理上应多方面进行论证,建立保障体系后进行决策。因地铁投资大,必须适当控制各城市的发展。其中土建费用应占60%,设备机车车辆和其他费用占40%。这种分配可做到建成后低成本运营;否则运营费用高,政府每年要补贴。地铁被公认为是一个社会效益很好的交通工具,这种补贴政府应该给,但给多少应进行研究。

有些城市不具备这样的经济条件和客流量,盲目攀比是不对的。所以,建议发展,但要根据我国各城市实际,稳步扩大,一般应集中力量,建设一条,开通一条。同时修几条线的做法是不妥的,所需资金庞大,施工干扰严重,安全风险更大。北京市由于奥运会承诺可属例外,但面临安全、质量风险非常严峻,目前正在建立安全目标咨询评价机制。此外,在已开始或准备开始地铁建设的城市,一定要适度控制建设规模,注意吸取已有的教训。比如,修建不必要的入口大厅、过于奢华的装饰、车体过长等。对于地铁设

---

* 本文原载于:城市轨道交通研究,2004(06).

备,要严格控制从国外进口。我国目前的地铁设备完全符合地铁建设和运营的要求。

轨道交通在目前建设中还应重视以下问题:

(1)工期不能太紧;规划、设计深度不够,尤其初步设计最低一般要在3个月左右拿出,造成没有优化设计方案;出入口、管线、周边环境因素协调困难,出现许多换乘站用长通道换乘,出入口太长。有些车站因一条管线不能拆迁而加大车站埋深,对施工、运营都不利,施工方法也经常不能稳定,造成反复。如:北京4号线动物园站、西四站、菜市口站等,由暗挖改为明挖或半明半暗法,给设计、施工带来被动。

(2)轨道交通建设要和城市规划的稳定性相一致,应统筹规划、分步实施,不允许城市规划的随意性。要以人为本,资源共享,以绿色环保进行规划、设计、建设和经营管理。

(3)应以"安全、可靠、适用、经济、先进"的次序作为建设原则。

(4)应以"客流预测→车站规模→结构设计→施工方法→工程统筹→资金落实"作为建设程序。

(5)重视车站换乘设计。车站设计时,车站规模、标准、车站形式、换乘方式、运营模式等都要统筹考虑。应和汽车、火车等交通工具一起建立交通枢纽中心,合理衔接。可采用"十"乘、"T"乘、"L"乘等立体接驳或平面换乘。

(6)优选车站施工方法。车站施工方法有明挖法,盖挖逆筑法,盖挖半逆筑法,浅埋暗挖法(可分为中洞法、侧洞法、柱洞法三种方法)等。区间施工方法有盾构法(又可分为土压平衡盾构法、插刀盾构法等),浅埋暗挖法(又可分为正台阶法、CD法、CRD法、双侧壁导洞法等),辅助工法(小导管注浆、深孔注浆、长管棚法)等。

(7)加快投资体制改革,走投融资多元化、市场化道路。

(8)提高防灾、减灾能力。应开展火灾、停电、地震等灾害和突发事件的预测,以及应急方案控制和防灾应变能力的技术研究,建立安全通道,确保人员安全疏散。

(9)从多种渠道降低地铁造价。如:①准确预测客流,正确确定建设规模,以此为前提进行建筑设计和结构设计;②减少车辆编组长度,提高行车密度,达到车站长度减少;③减少车站建筑管理用房,目前平均12000 m²/站,其中车站8000 m²,辅助通道4000 m²,比例高;④协调好车站出入口的关系和管线的关系,减少拆迁,降低车站埋深,减少出入口长度;⑤降低装修标准;⑥坚持资源共享(如车辆段、变电站等可几条线共享);⑦双层车站改为单层车站;⑧提高设备国产化率(对车辆、信号系统、盾构机械等应尽快国产化);⑨不要追求过高的先进设备(设备投入越大,运营成本就越高,经济风险就越大)。

客运专线长大隧道设计施工的讨论

王梦恕

（中铁隧道集团有限公司）

摘　要：本文介绍了我国客运专线隧道的概况，分析了客运专线隧道的特点，提出了客运专线长大隧道的设计施工原则，可供设计施工管理人员参考。

关键词：客运专线；长大隧道；设计；施工

中图分类号：U455　　**文献标识码**：A

Abstract: This paper gives a brief introduction to the tunnel situation on Chinese Passenger Dedicated Lines, analyses the features of the tunnel on passenger line, proposes the design and construction principle of large tunnel on passenger dedicated line for reference to design and construction of the tunnel.

Key words: passenger dedicated line; large tunnel; design; construction

1　引言

铁路是符合可持续发展的绿色产业基础设施，具有八大优点：①最能节约不可再生的资源（石油）；②最少污染。如电力牵引全面铺开，取消内燃，平均少400倍；③最少占地，是高速公路的1/3～1/2；④最安全；⑤运能大，尤其货运，运价低；⑥最符合广大人民生活水平，比磁悬浮低6～10倍；⑦最能体现对社会资源的公平分配，体现以人为本的交通；⑧最能带动区域的发展、脱贫，是提高人民生活素质的最好工具。所以将铁路定位为五大交通之首（铁路、公路、航运、水运、城市交通）。

因此，如何管理、建设好铁路，应有科学的实事求是的思路。我认为：①铁路是国民经济的薄弱环节，投资必须走多元化道路；②建设必须走科学发展观的道路：生产上去、生活提高、生态改善；③管理应实现现代化、人性化；④铁路建设应按环境效益第一、社会效益第二、工程本身经济效益第三的次序进行立项审查；⑤建设原则：应按安全、可靠、适用、经济、先进的次序进行规划、设计和施工；⑥人文科学、社会科学是科学管理铁路的灵魂和基础。

关于今后铁路的发展方向，我认为：①路网要规划，17万km是否够？要形成网而不是干线；②客运应短遍组、密交路，以方便乘客；③准高速为主，高速为辅，照顾一般城镇；④舒适度应重视，尤其对高速铁路来说，纵坡设计、车辆结构需认真研究；⑤应重视短遍组、快速货运和快速客运套跑的可能性，重载长列车不提倡；⑥山区铁路的发展是今后的重点，有许多新特点，如隧道增多；⑦铁路对城市环境影响问题，车站和线路全部进入地下，给人民一个完整的城市；⑧实现铁路与道路全部立交；⑨发展海底铁路（琼州海峡、渤海湾大连—烟台海峡）；⑩从保护环境和土地出发，铁路设计应有新理念，如隧道早进晚出，少设深路堑，少拆迁，少占土地；⑪要重视土木工程的百年大计，合理工期，合理造价，应遵守：别干政绩工程；⑫实现维修和检查应现代化。

---

* 本文原载于：铁道工程学报，2005（01）．

我国铁路已经运行6万km,2020年规划铁路总里程10万km,其中,客运专线1万km;复线5万km;电气化铁路5万km。京广客运专线2230km,其中,准备开工武汉—广州段。徐州—兰州客运专线1400km,即将开工郑州—西安段。

2 我国客运专线隧道的概况

根据国院批准的《中长期铁路网规划》,到2020年全国铁路营业里程达到10万km,其中客运专线营业里程12000km,包括:新建客运专线10000km;新建城际客运系统2000km。

客运专线隧道的数量:据不完全统计,我国客运专线隧道的修建数量将超过1000km。

武广客运专线165km,甬福福厦280km,京沪高速15km,石太客专76km,郑州西安客专74km,武汉合肥80km,武汉成都300km。

客运专线隧道的分类见表1。

客运专线隧道的分类　　　　表1

序　号	类别标准	线　别
1	200km/h客运专线	城际客运系统
2	200km/h近期客货共线	胶济、遂渝、徐郑
3	250km/h近期客货共线	石太
4	250km/h近期双箱运输	甬温福厦、合武、合宁
5	350km/h客运专线	京沪、武广、郑西

3 客运专线隧道的特点

3.1 特点

(1)空气动力学效应。
(2)隧道断面的设计。
(3)更加重视对环境的影响。
(4)防灾救援要求高。

中长期铁路规划图如图1所示。

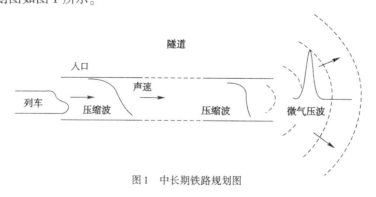

图1　中长期铁路规划图

3.2 空气动力学效应高速列车在隧道内运行引起的问题

(1)由于瞬变压力造成旅客及乘务人员耳膜不适,舒适度降低,并对铁路员工和车辆产生危害。
(2)高速列车进入隧道时,会在隧道出口产生微气压波,发出轰鸣声,使附近房屋门窗嘎啦嘎啦作响,引起扰民问题。

(3) 行车阻力增大,使运营能耗增大,并要求机车动力增大;高速列车在隧道内运行引起的问题。
(4) 形成空气动力学噪声(与车速的 6～8 次方成正比)。
(5) 列车风加剧,影响隧道维修养护人员的正常作业。
(6) 列车克服阻力所做的功转化为热量,在洞内积聚引起温度升高等。

因此,在高速铁路设计时,应从车辆和隧道两方面采取措施,以减缓空气动力学效应。

空气动力学效应的因素包括:车辆的因素、隧道的因素、列车速度、隧道横断面积、列车横断面积、隧道长度、列车长度、隧道道床类型、列车头部形状、洞口结构。

4 客运专线隧道的设计

客运专线隧道的设计包括:
(1) 隧道有效内净空面积。
(2) 洞门形式及缓冲结构。
(3) 结构支护参数和耐久性。
(4) 防排水设计。
(5) 环境保护。
(6) 防灾救援方案。

客运专线隧道限界如图 2 所示。

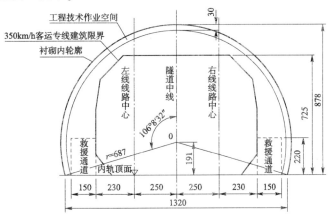

图 2 客运专线隧道限界(尺寸单位:cm)

4.1 隧道有效内净空面积

隧道净空面积的影响因素包括:
(1) 隧道建筑限界。
(2) 线间距。
(3) 应预留的空间:安全空间、救援通道、工程技术作业空间、内部配件空间等。
(4) 考虑空气动力学影响所需的空间。

各国高速铁路隧道内净空面积见表 2。我国客运专线隧道内净空面积见表 3。

各国高速铁路隧道内净空面积表　　　表 2

国　家	线　别	运营速度(km/h)	断面积(m²)
日本	新干线	240～300	61～64
法国	大西洋线	300	71
	北方线、东南延伸线	300	100
	地中海线	350	100

续上表

国　家	线　别	运营速度(km/h)	断面积(m²)
德国	汉诺威—维尔薪堡 曼海姆—斯图加特 汉诺威—柏林	250	82
	科隆—法兰克福	300	92
西班牙	马德里—塞维利亚	270	75
韩国	首尔—釜山	350	107
中国台湾	台北—高雄	350	90

我国客运专线隧道内净空面积 表3

序　号	类别标准	单线(m²)	双线(m²)
1	200km/h 客专近期客货共线	53.6	83.7
2	200km/h 客专近期双箱运输	56.2	89.64
3	250km/h 近期客货共线	58	90.16
4	250km/h 近期双箱运输	58.08	93.76
5	350km/h 客运专线	70	100

4.2　洞门形式及缓冲结构

设计原则：早进晚出、确保安全、因地制宜、保护环境、简约实用。

缓冲结构：双线隧道原则不设缓冲结构，当洞口位于城市或有密集建筑物时，可采取防噪声措施或结合洞门形式适当设置缓冲结构。

4.3　双线隧道复合式衬砌支护参数表

双线隧道复合式衬砌支护参数见表4。

双线隧道复合式衬砌支护参数表 表4

围岩级别	初期支护									二次衬砌		预留变形量(cm)
	喷射混凝土厚度(cm)	位置	锚杆长度(m)	间距(m)	喷聚丙烯纤维混凝土/素喷混凝土			格栅钢架/型钢		拱墙(cm)	仰拱/底板(cm)	
					位置	纤维掺量(kg/m³)	钢筋网φ8	直径(mm)	每榀间距(m)			
Ⅱ	8~10	拱部	2.5	1.5×1	拱部/边墙	0.9~1.2	—	—	—	35~40	35~40/35*	3
Ⅲ	10~18	拱墙	3.0	1.2×1	拱墙/仰拱	0.9~1.2	拱局部 25×25	—	—	40	40/	5
Ⅳ	18~23	拱墙	3.5	1.0×1	拱墙/仰拱	0.9~1.2	拱墙 25×25	格栅 φ22/	1.0(拱墙)	45	45*/	8
Ⅳ加	23~25	拱墙	3.5	1.0×1	拱墙/仰拱	0.9~1.2	拱墙 25×25	/I18	1.0(全环)	45*	50*/	8~10
Ⅴ	25~28	拱墙	4.0	0.8×1	拱墙/仰拱	0.9~1.2	拱墙 25×25	/I20	1.0(全环)	50*	50*/	10~12
Ⅴ加	28~30	拱墙	4.0~6.0	1×0.8	拱墙/仰拱	0.9~1.2	拱墙 25×25	HW175	0.8(全环)	50~55*	50~55*/1	10~15

5 客运专线长大隧道的设计施工原则

(1) 设计、施工中必须建立综合超前预报系统作为工序并列入预算之中。

(2) 设计必须采取动态信息化设计和信息化施工,以及信息化动态管理。

(3) 复合式衬砌是地下工程也是铁路隧道的重要结构形式不论长、短隧道均应采用复合式衬砌结构形式,中间设防水隔离层,有三个目的:防水、防裂,并使一次支护和二次模筑衬砌之间剪应力为零。一次支护承受全部荷载,当一次支护基本稳定后方可进行二次模筑衬砌施工,二次模筑承受附加地震荷载截和流变荷载是安全储备。一次支护必须从上向下施作,二次接筑衬砌必须从下向上浇筑。

(4) 从环境保护出发,尤其在岩溶地区隧道防排水设计原则,必须将以排为主改为以堵为主,限排为辅。

(5) 取消洞门或设计简易洞门。

洞门应设在早进晚出这地,按不受力洞门设计,挡墙式洞门,必须造成大的刷坡而破坏洞顶环境,在桥隧相连处,陡壁处可不设洞门,洞口易选在鼻梁上,洞口处取消深路暂。

(6) 5km 以上隧道设置平行导坑是确保安全、质量、进度的重要措施,也是今后运营隧道所必须。

(7) 辅助坑道的设置原则包括:

①辅助坑道有竖井、斜井、平导、横洞、泄水洞五种主要形式,辅助坑道的选择次序应为横洞、平导、斜井、竖井进行,特殊地区可设一水洞。横洞和平导不需要特殊提升设备,风险不大,施工后还可为运营服务,应优先选择。

②竖井一般超过 40m 就要特殊设计,吊绳也要选无旋转钢丝绳和各种绞车、稳绳,其效率很低,随着竖井的加深而呈平方减低,工程实践证明投资大,危险、效率很低是正洞进出口效率的 10% 左右,建议不考虑,尤其当竖井深度超过百米更没有比选价值。

③斜井按有轨提升考虑,极限安全长度应在 1000m 以内,超过该长度,则牵引困难,易脱轨。成本也很高,合理斜井长度通过工程实践和理论计算,考虑效率按进出口的 50% 计算,斜井长度在 100m 左右为宜。每个斜井的投入设备包括三通一平需投入 2000 万元左右,因此在隧道 6km 长双线隧道不设任何辅助坑道,而加大进出口设备投入,效果很好。因此建议斜井长度在 200m 以内为宜,并增设垂直投料孔以实现模筑衬砌作业,斜井设置间距为 6km 左右。斜井过多,长隧短打的思路是没有科技含量的老方法,乌鞘岭隧道的施工方法更不可取。

④平导是提倡的辅助坑道,他是进、出口的得力助手,相辅相成,增加平导可加快进、出口进度 2 倍以上,可预报地质、解放风险、提前处理不良地层,施工结束也为运营多提供一个维修救援通道,平导也可提前进入正洞打下导洞为正洞开挖加快进度 2~3 倍,米花岭隧道有成功实例,不需要单独开辟施工场地和三通一平,投入费用少,开工快,尤其在复杂山区必须设置。

⑤横洞是在有条件之情况下长度不超过 200m,横洞口部有道路和弃渣条件时可设置,开挖从道理向外施工,其功能是缩短弃渣运距和有利施工通风,投入费用少,能提高正洞效率。

⑥岩溶地区在洞底下部附近 5~6m 处设泄水导洞,将岩溶水通过泄水洞排出,在圆梁山出口非常成功。岩溶地区当把溶洞,溶管挖断挖通时,应采用心脏搭桥方式进行联道处理为主,以注浆堵水为辅,尽量不破坏原有水系,所以泄水洞可做或各种大小和形式。

(8) 长隧道的开挖方法。

①全断面钻爆法。

②导洞超前后部扩大钻爆法,导洞可超前 5~6m 争取临孔面,为后部扩大加快速度,节约炸药,减少超欠挖、减少振速提供条件,导洞超前也可利用平导投入正洞只打导坑而不增设工作面,反而更快,为推荐方法。掘进作业线机械化配套见图 3。

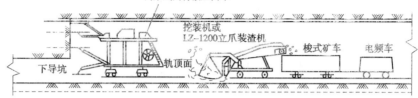

图3 掘进作业线机械化配套示意图

通过试验研究设计出多种掏槽方案,进行对比,创造出一种硬岩方形五大孔(102mm)掏槽模式,中间大空孔装药。优化掏槽方案见图4。

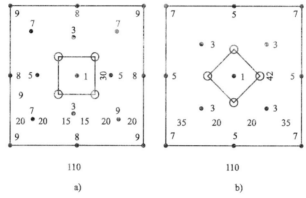

图4 优化掏槽方案

③小直径 TBM(3~4m)加钻爆法扩大,为推荐方法,以提高科技含量。

④软弱地层段,采用正台阶开挖加超前支护进行。

⑤有轨运输、无轨装渣。

⑥长隧施工通风方法:采用压入式和射流正洞式通风,可实现左、右洞调节,通风效果很好。

国外隧道修建情况见表5~表7。

20km 以上特长隧道 表5

隧道名称	国 别	长 度	开挖断面	埋深(m)	主要岩层	施工方法
Laerdal 公路隧道	挪威 2000年8月贯通 (13.67亿) 8年建成	24.5km, 一横洞长21km, 分13.5km 和 11km	64.4m²	平均800, 最大1450	片麻岩水少	全断面,一次掘进5m,日进 10~15m。2.5~5m 锚杆加钢纤维混凝土,钢纤维 50kg/m³; 6m³ 装载机,20m³ 汽车
岩手铁路隧道 (日本新干线)	日本 (1997—2002)	25.8km, 5个斜井, 410~1300m长	>80m²	平均230	板页岩、凝灰岩 膨胀性围岩	复合衬砌
八甲田铁路隧道	日本 (1998—2002)	26.455km 四个斜井 700~1300m长	>80m²	400	安山岩	复合衬砌
新圣哥铁 路隧道	瑞士	57km 竖井 φ7.5m 800m深	81~134m²	800, 最大2300	片麻岩、页岩 膨胀性	喷混凝土厚0.35~0.5m;锚 杆长8~12m;衬砌0.3~1.2m
列奇堡铁路隧道 (穿越阿尔卑斯山)	瑞士	36km 2000~2007	81m²	800, 最大2300	片麻岩、页岩 膨胀性	

国外10km以上长度铁路隧道 表6

序号	名称	国别	长度(m)	股道数	断面(宽×高,m²)	主要岩层	施工方法	辅助坑道	施工年月
1	青函 Seikan	日本	全长：53850 海底部分：23300	双	内径9.6	安山岩、沉积岩、火层岩	间用掘进机开挖超前导坑,正洞用下导坑先进上部中断面等	平导、竖井2、斜井6	1971年4台,预计1983年完工
2	英法海峡 Clann I	英—法	全长：49900 海底部分：37300	两座平行单线	—	白桂层	掘进机开挖,预制钢筋混凝土管片衬砌	斜井、竖井、平导	1971年暂停工
3	大清水 Qshimiza	日本	22280	双	82.3	石英安山岩、花岗岩、有涌水	全断面法,底导先进上部半断面法	斜井6、横洞1	1971年12月—1979年1月
4	辛普伦2号 SimpIon Ⅱ	瑞士—意大利	19823	单	3.39×5.49	云母片岩、片麻岩、有涌水	上下导坑分部开挖	用第一号隧道作平导	1912—1921
5	辛普伦1号 SimpIon Ⅰ		19802	单	11	云母片岩、片麻岩、有涌水	上下导坑分部开挖	平导	1898—1906年6月
6	新关门 Shin-Kanman	日本	18713	双	9.6×7.8	砂岩、黏板岩、页岩	底导先进上部半断面、侧壁导坑法	斜8竖1,共11个工区	1970年3月—1974年6月
7	亚平宁 Appenine	意大利	18518	双	8.63×6.43	砂质片麻岩、黏土,有瓦斯、涌水	上下导坑分部扩大	斜2	1920—1934
8	六甲 Rohho	日本	16250	双	9.60×8.10	花岗岩	底导先进上部半断面、侧壁导坑法	斜5、竖1、横1	1967年8月—1971年7月
9	福尔卡 Furka	瑞士	15400	窄单	25	片麻花岗岩	全断面法	中间设52m长远输巷道	1973—1981年4月贯通,1982年开始运营
10	北木伊斯克	苏联	15300	单	60	有永冻地层和高达100℃的地下热泉	正洞全断面法,平导盾构开挖	竖3、平导	1978年5月—

续上表

序号	名　称	国别	长度(m)	股道数	断面(宽×高)m²	主要岩层	施工方法	辅助坑道	施工年月
11	圣多玛尔古 Santomanco	意大利	15040	单					1961—1970
12	圣哥达 st. Gothard	瑞士	14998	双	8.0×7.5	片麻岩,花岗岩	上下导坑先拱后墙		1872年9月—1881年 1880年2月贯通
13	古阿荣 Cuaione	秘鲁	14720	单	5.7×6.7	花岗闪长岩	全断面法	通风井1个	1970—1974
14	中山 Nakayama	日本	14830	双		安山岩,凝灰岩	底导先进上部半断面法侧壁导坑法	竖3、斜1、横1,共6个工区	1972年4月—1981年12月导坑贯通
15	列奇堡 Iloctchberg	瑞士	14612	双	9.14×6.10	花岗岩,石灰岩	侧壁导坑法		1906年6月—1913年 1907年3月 1911年3月贯通
16	榛名	日本	14350	双	11×9	凝灰角闪岩	侧壁导坑超前上部半断面	斜4,共5个工区	1972—1976
17	北陆 Hokurjku	日本	13870	窄双	8.54×6.44	黏板岩、砂岩、片麻岩多断层、涌水	导坑先进上部半断面法、全断面法	斜2、竖1,共4个工区	1957年10月—1962年3月
18	新清水 Shin-shimizu	日本	13490	单	4.76×5.67	角闪岩、硅长岩	全断面法	斜1,共3个工区	1963年10月—1967年10月
19	神坂	日本	13260	单		石英斑岩、花岗岩	底导先进		1972—1974
20	安芸 AKi	日本	13040	双		花岗岩、砂砾岩	导先进上部半新面法	斜2,共5个工区	1970年4月—1974年3月
21	仙尼斯 MontCenis	法国-意大利	12847	双	8.0×7.5	石灰岩、片麻岩	底导先进分部开挖		1857—1871
22	喀斯喀特 Cascsde	美国	12543	单	4.88×7.32	花岗岩、有涌水	中央导坑法	竖1、平导	1925年12月—1928年12月

续上表

序号	名称	国别	长度(m)	股道数	断面(宽×高)m²	主要岩层	施工方法	辅助坑道	施工年月
23	里尔拉森 Lierasen	挪威	11700	双		花岗岩			1972
24	北九州 Kita-kyushu	日本	11570	双		砂岩、页岩、砾岩	底导坑先进上部半断面	斜2,竖1,横1,共4个工区	1970年9月—1974年11月
25	颈城 Kubiki	日本	11355	双	8.54×6.95	泥岩、砾质泥岩	底导坑先进上部半断面侧壁导坑上部半断面	斜3,共5个工区	1966年2月—1969年3月完工,1969年9月通车
26	藏王	日本	11210	双		凝灰岩、安山岩、砾岩	底导坑或上导坑超前法	斜1,横2,共4个工区	1971年—1975年4月
27	南琦玉	日本	10800	双		黏土、砂、砂砾	盾构法、明挖法		1971—1974
28	弗拉蒂黑德 Flathead	美国	10760	单	5.40×7.50	黏板岩	全断面法	无	1966年9月—1969年11月
29	圣杜那多 st. Donwto	意大利	10700	双	圆形φ9.44m	石灰岩、片状黏土层	掘进机法		1970—1974
30	赤仓	日本	10330	单	圆形φ6.30m	砾岩、泥岩、砂岩	短台阶法、弧形导坑法	3个工区	1969年9月—1974年3月
31	生田	日本	10314	双		粉砂岩、泥岩	底导坑,侧壁导坑	6个工区	1971年3月—1974年2月
32	圣露西亚 Santa-Lucia	意大利	10263	双		坚石、含水砂泥土	爆破法、冻结法		1974—
33	奥贝格 Arlbeg	奥地利	10250	双	8.02×7.62	石英岩、云母片岩	导坑先进分部开挖		1880—1884
34	诺切拉—萨勃诺 Nocera-Salerno	意大利	10200	双		石灰岩、白云岩、涌水			

国外 10km 以上长度公路隧道 表 7

序号	隧道名称	国别	长度(m)	断面(宽×高)m²	洞内最大纵坡(‰)	主要岩层	开挖方法	辅助坑道	施工年月
1	圣哥达	瑞士	16286	9.3×7.5(8.8) 90m²(开挖)	10.5	花岗岩	全断面法	安全洞施工时作平导,竣工后作安全洞或扩建二线,竖井、斜井作永久通风	1970年5月—1980年9月5日
2	阿尔贝格	奥地利	13792	90~103m²(开挖)	13,单向坡	云母片岩	正台阶弧形导弧,新奥法	无,竖井作永久通风	1974年7月—1977年10月贯通,1978年12月通车
3	费雷儒斯	意大利	12895	10.52×7.51 66.25m²(净)		石灰质片岩	全断面	无	1975—
4	勃朗峰	法—意	11600	82m²(开挖) 70m²(净)	24,单向坡	花岗岩	全断面	无	1959年1月—1962年8月
5	关越	日本	10885		10.5,人字坡		全断面	平行导坑,竖井作永久通风	1977年3月—1984年
6	格兰萨索	意大利	10170	80		砂岩、石灰岩	全断面爆破法,掘进机法		1968

(9) 设备投入是加快长隧道施工的关键。

钻爆作业线,装渣运输作业线喷锚支护作业线、防水板、混凝土衬砌作业线是四条正洞和平导的必须配套设备,注浆作业线、通风作业线、排水作业线为3条辅助作业线,7条作业线的设备投入费用应占隧道施工总费用的20%左右。否则,隧道施工是实现不了安全、优质和快速的。

(10) 引进循环经验的概念进行设计。

①全面推进节约能耗的设计,提高资源利用效益。如水、电、油、砂、石、水泥、木材、钢材原材料如何节约,地下水如何为施工服务,建成后可否长期应用,全面推广液压台车打眼取消风钻电老虎,采用有轨电力牵引节约油耗,砂石自制,水泥加30%粉煤灰,网构钢拱架取代工字钢、H型钢等。

②注意环境保护的设计:如何弃渣造田,变废为宝,如何减少施工环境污染,如何保护地面植被,废水处理,从源头减少污染源。

(11) 利用新设备、新仪器、新技术、新材料、新工艺提高、改善传统的钻爆法施工配套技术的设计;符合人性化的三通一平设计,引进小断面TBM;施工的各个工序都要进行交叉学科的应用和研究等,促进隧道发展新台阶,而不是重复的抄袭式的设计。应重视设计方案的研究在前,结构设计在后的次序。

(12) 增加安全风险评估的设计。

安全、风险设计是确保施工安全、质量的关键,在预可研究、可研报告中都增加这个内容,设计风险、施工风险、运营风险均应反映在建设的全过程中。对此,北京地铁建设的安全、风险咨询已交北方交大(现为北京交通大学)隧道中心负责。

只要按以上12条原则进行设计和施工铁路隧道就会健康发展。目前宜万线的设计原则也基本如此,但受行政干扰大,受限额设计干扰大。我认为在建设理念上应有干一个工程就应留下精品,给后代留下遗产,而不是遗憾的宗旨。

6 客运专线隧道几个技术问题的讨论

6.1 双线隧道和两个单线隧道的比较

双线隧道与两个单线隧道的比较见表8。

表8 双线隧道与两个单线隧道的比较

比较项目	双线隧道	两个单线
空气动力学影响	相对小	相对大
逃生疏散	满足要求	方便
工程施工难度	较大	相对容易
环境影响	相对小	相对大30%~40%
投资比较	小	—

6.2 断面形式

断断形式包括:
(1) 马蹄形断面。
(2) 蛋形断面。
(3) 圆形断面受力好,不设避人洞运行空气阻力小。
(4) 全部设仰拱(好坏地层)。

6.3 合理经济速度

$V > 270$km/h,牵引力90%,用于克服空气阻力;$V > 300$km/h,牵引力95%,用于克服空气阻力;$V = 300 \sim 350$km/h,轨道、道岔、区间半径、外轨超高、线间距、隧道、桥梁技术要求很高。欧洲的实践经验合理经济速度

图5 断面结构

270km/h,速度200km/h、250km/h、300km/h、400km/h,噪声分别为82dB、85dB、89dB、102dB。

6.4 缓冲结构的设置

缓冲结构如图5所示。断面大于90m²可不设置,双线隧道可不设置,两个单线应予以设置。

6.5 防灾方案

双线隧道设平导,横通道间距400~600m。
两个单线隧道横通道间距400~600m。
圆形断面隧道有纵向防灾通道。

7 认真进行工程科学管理

工程管理包括对建设方、设计方、施工方、监理方的全面统一管理。要在公平、公正、求实、宽容、团

结、协作的条件下进行工程科学管理。当今以权代管,限额设计、赶工期设计,设计标准不合理。现象相当严重。复杂山区客货列车的安全经济速度和合理速度应是多少应进行深入研究,以确定正确的设计技术指标、造价和工期。

工程实践多次证明:当今时代参加管理、设计、施工监理的建设者,必须重视自己的道德风范和人文情怀的培养;必须在工程建设过程中学会做人,在做人的过程中做好工程。做人要做真正的人,做工程要做成精品工程。只有这样才能真正进行科学的管理,才能建成一流的精品工程,出一流的科研成果,造就出一流的国家人才。

开敞式 TBM 在铁路长隧道特硬岩、软岩地层的施工技术

王梦恕

(北京交通大学)

摘 要：本文主要论述了开敞式 TBM 在铁路长隧道特硬岩、软岩地层的施工技术，并与当前国内外同类研究、同类技术进行了综合比较。重点研究了施工过程中的主要技术难点和关键技术，其中：TBM 施工组织技术、刀具耗损、施工进度与围岩特性关系、TBM 刀具国产化研究、TBM 在不良地质段的施工技术、TBM 施工中的测量控制技术、仰拱预制块的制作及安装工法、内层衬砌和整体道床快速施工、TBM 施工的有轨快速运输系统、TBM 施工通风及水电供应系统等的研究达到或超过了国际水平。

关键词：TBM；铁路隧道；施工；关键技术

中国分类号：TU94　　**文献标识码**：A　　**文章编号**：1000-131X（2005）05-0054-05

Abstract: The construction technique of open TBM for long railway tunnels in very-hard or soft rock strata and it's comparison with contemporary techniques are presented. The key techniques and some difficult points are emphatically studied: the relationships of reamer wearing and driving rate with the character istics of surrounding rocks, domegting menufactared reamers for TBM, construction techniques of TBM in unfaroraden geologocal conditions, surveying and control techniques during the TBM driving, manufacturing and installation methods of ballastless roadbed prefabricated invert blocks, quick construction of secondary lining and ballastlessroad bed, quick track-transportation system and ventilation system, water and electricity supply during the TBM construction.

Key words: TBM; railway tunnel; construction; key technique

1 直径 8.8mTBM 施工的秦岭特长隧道的工程概况

秦岭隧道(图1)位于安康铁路线上，是我国最长的单线铁路隧道，全长 18.46km，进出口高差约 155m，也是国内外铁路应用 TBM 施工的第三座长隧道(第一座是英法海峡隧道，第二座是瑞士费尔爱那铁路隧道)。隧道断面设计隧道设计为圆形断面，开挖直径 8.8m，成洞直径 7.7m，其中秦岭Ⅰ线隧道采用 2 台敞开式全断面 TBM(TB880E 型，见图2)掘进、有轨运输、全圆穿行式模板台车进行二次模筑混凝土衬砌的施工方案。单工序作业，先开挖、后衬砌。

该隧道横穿秦岭东西向构造带，

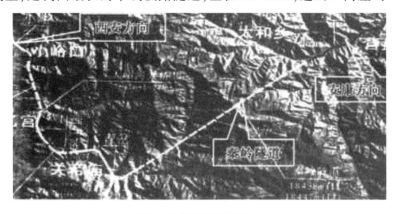

图1　秦岭地区卫星图片
Fig.1　A satellite picture of Qin-Ling area

---

* 本文原载于：土木工程学报，2005(05).

历经多期构造运动、变质作用、岩浆活动和混合岩化作用,地质构造和地层岩性都很复杂。岩性以混合花岗岩、混合片麻岩等坚硬岩石为主,干抗压强度78~325MPa。岩体完整,节理不多。断层带裂隙多、裂隙水发育。存在地热、高地应力及岩爆等不良地质。

图2 TB880E 型 TBM 掘进机
Fig.2 TBM of Type TB880E

2 施工中存在的六大难题

2.1 设备的复杂性所带来的困难(五大技术难点)

包括:①大直径(8.8m);②大扭矩(5500kN·m);③大推力(21000kN);④大功率(刀盘功率3440kW,总功率5400kVA);⑤寿命长(主轴承>10000h、密封圈>12000h),备轴承1个,可开挖40km 寿命。面对不同地质条件,从制造到实用,均承担机械设备设计、制造风险和施工风险。国外成熟的TBM掘进机的直径均在3~6m 范围,占生产总数的95%左右,大于6m 直径的很少,真正用于铁路隧道的更少,因为大直径大功率设备施工时,对调节各掘进参数以及铁路隧道控制掘进方向,比其他用途的隧道要严等因素,会增加更多的困难。

2.2 岩石硬度很大

主要在混合片麻岩和混合花岗岩中掘进,岩石抗压强度大于100MPa,最高达200MPa 以上,石英含量均在10%~35%,节理少、整体强,有岩爆(1000m 埋深)。所以刀具的磨耗也很严重,这个风险在已有施工实例中也是少有的。

2.3 TBM 施工系统性强、配套严密

首次使用TBM,存在使用、维护等系统管理的问题。如何用好、管好、养好、修好、组装好、调试好、配套好这条长256m、重3000t 的庞然大物,是关系到工程施工成败的关键。

2.4 用高精度的定位系统在掘进过程中进行高精度快速调整

2.5 施工中如何确定不同掘进参数以适应各种不同地层

2.6 工期紧

在施工中不允许出现失败和差错,所以在进度上、质量上、安全上压力很大。加之开挖和衬砌过程

中,不能也不允许平行作业,所以在整体道床衬砌施工月突破超千米的记录的同时,设备的投入也是非常大,成本相对增加不少。

3 主要研究内容(9大技术难点、31项关键技术)

施工过程中包括的主要技术难点和关键技术有:
(1)TBM施工组织技术(4项)。
(2)刀具耗损、施工进度与围岩特性关系(3项)。
(3)TBM刀具国产化研究(4项)。
(4)TBM在不良地质段的施工技术(5项)。
(5)TBM施工中的测量控制技术(3项)。
(6)仰拱预制块的制作及安装工法(3项)。
(7)内层衬砌和整体道床快速施工(4项)。
(8)TBM施工的有轨快速运输系统(3项)。
(9)TBM施工通风及水电供应系统(2项)。
下面就分别逐一地阐述。

3.1 TBM施工组织技术研究

从规划、设计、制造、运输、拼装、调试到施工完成拆卸全过程进行研究,在完成4项关键技术的基础上,共提出了9项实施性配套技术。根据TBM施工的协调性、连续性和密集性特点,研究出了一套TBM的设备管理(其中包括运输管理);配件管理(维修保养是TBM成功掘进的保证,对重要部件如:主轴承、刀具、除尘风机等,须定期检修);TBM拼装调试管理(TBM施工中维修保养管理);TBM拆卸维修管理等5种施工组织管理程序,这是正常施工的前提条件和要件。

3.2 刀具损耗、施工进度与围岩性质的关系研究

掘进速度一般随扭矩的增加而增加,但对特硬且裂隙不发育的围岩的曲线增长量较小,软岩的曲线增长较大,中硬岩呈直线增长。掘进速度一般随推力的增加而有减少趋势,尤其对软而裂隙多的围岩更明显。所以TBM操作时,应注意掘进速度、推进力、扭矩及贯入度等几个方面的良好匹配。掘进速度随贯入度的增加而有明显增大,这是影响进度的重要参数。开挖完整的硬岩,贯入度大多小于4mm,掘进速度也小于20mm/min,功率利用率小于50%。对于Ⅱ、Ⅲ级硬岩,因抗压强度较高,盘刀切入困难,切槽深度随推力增加而增加,但所需扭矩值不大,故将扭矩值预先设定为某一合理数值,然后取最大推力来适应围岩的变化,以提高贯入度。相反,对于抗压强度较低的Ⅲ、Ⅳ级围岩,采取预先设定合理推力,而不是最大推力,然后设定最大扭矩。运用掘进速度与扭矩、掘进速度与推力和掘进速度与贯入度的性能关系曲线,可以根据相应的围岩类别与裂隙发育程度来预测可能达到的掘进速度值,这就为编制施工计划,组织施工生产,调度与选配设备物资提供了参考依据。

另外,根据不同的岩石硬度节理情况,研究切割机理、断切力和断切深度、切割中的摩擦系数、刀具的稳定性分析、刀具的磨耗规律等也是十分必要的;在TBM切割过程中利用了PLC系统,对六种主要参数进行了监测分析研究:①刀盘掘进速度监测;②刀盘转速监测;③刀盘推力监测;④刀盘扭矩监测;⑤刀具贯入点监测;⑥功率利用率监测,为分析研究提供了可靠的数据。根据监测系统所采集的数据,通过回归分析建立了不同围岩、不同裂隙各个参数之间的关系曲线,得出了很有指导施工价值的结论。

3.3 TBM 刀具国产化研究

研制了秦岭隧道 TBM 用的国产 17"盘形刀"（图3）。从现场试验结果:国产刀圈的性能已达到进口刀圈的水平,在某些方面已超过进口刀圈(如:国产刀圈的冲击韧性明显高于进口刀圈,国产刀圈断刀率为 40%,进口刀圈断刀率达 83%)。通过对刀圈磨损量的试验:国产刀圈组的平均耐磨性是进口刀圈组的 91.3%。从而取得了施工单刀工作 143.3h 进尺 153.4m,磨损量只有 25mm 的成绩。经济效益上看,国产刀圈价格为进口刀圈的 60%~70%,为进口整刀价格的 50%。

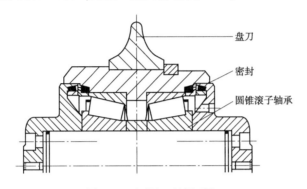

图3 17"盘形滚刀的剖面图"
Fig. 3 Cross-section of the 17"Tray Hob"

为了寻找刀具磨耗和岩石单轴抗压强度的回归方程、磨耗原因、破损机理及盘形滚刀刀圈失效分析;对刀圈材质进行了分析和冶炼;研究了刀盘设计和研制工艺技术;通过现场试验证明:虽然国产刀圈组平均磨损量相当于进口的 1.09 倍,但国产刀圈韧性却好于国外,且费用仅为进口整刀的一半。刀具在掌子面上切削的轨迹见图4。

3.4 TBM 在不良地质段的施工技术研究

开敞式 TBM 通过软岩(实质是裂隙很多的花岗岩和部分风化的窝状黄斑岩),采用了先锚后喷及先喷后锚(图5),并架设 16 工字钢的一次支护,以平均月进尺约 200m 顺利通过软岩区段。开敞式有利于及时支护,充分发挥施工中的时空效应。

图4 刀具在掌子面上切削的轨迹 图5 喷锚支护情况
Fig. 4 Locus of hob cutting on working surface Fig. 5 Shotcrete and anchoring support

这种方法在磨沟岭砂页岩含水软弱地层的试验也获得了成功。实现了日掘进快支护 41.3m 和月掘进快支护 574m 快速施工水平(磨沟岭)。

TBM 所配的 HL-300 锚杆机及注浆泵应用方便;喷射机 A L-277 适用于潮喷,机型并不先进,超前钻机 3HG1200 双动头安装位置有碍工作,不具备跟管钻功能,又不具备冲击型钻孔功能,所以不能应用。

3.5 TBM施工中的测量控制技术研究

在秦岭隧道的施工测量中改变了常规的方法,首次利用了洞外 GPS 网测量;高程为一等水准,洞内为一等光电测距和三等水准控制的先进技术,并结合 TBM 的 ZED 导向系统,确保掘进方向控制符合设计要求,确保秦岭隧道贯通精度,同时大量的减少了工作量,缩短了测量周期。贯通误差分析及洞内控制测量技术的技术研究包括:ZED-260 激光导向系统控制应用技术;TBM 在施工中的准确调向技术。

3.6 隧道用仰拱预制块制作及安装工法研究

在秦岭隧道的施工中研究出了一套仰拱预制块制作及安装工法。其特点:速度快、质量高 17 套进口钢模每天周转一次;质量好:起吊强度达设计强度的 50%,其 R28 全部达设计 C38 要求;工艺简单:采用"干式排管分阶段供热养护"方法(图6),其组织合理,技术含量高,与传统蒸养工艺相比,大大节省了投资和工序循环时间;安装精度高:操作简便、速度快、精度高,仰拱块通过经纬仪、水准仪、激光指向仪和水平尺进行定位检查,仰拱块安装精度可控制在 5cm 以内;节能节材:与传统施工方法相比,每循环平均节省时间 5h,每立方混凝土可节约用煤 20~30kg,每立方混凝土可节约水泥 30kg 左右。

另外,还研究出了钢筋、灌注、脱模制造工艺流水线配套技术;仰拱块加热恒温养护不产生微裂缝工艺配套技术;仰拱块精确安装工艺等,该技术已评为国家级工法。

图6　隧道用仰拱预制块制作

Fig.6　Prefabricated invert blocks for tunnels

3.7 内层衬砌和整体道床快速施工技术研究

在内层衬砌施工时,利用自制的穿行模板台车,并创造一套相应的衬砌施工工法,实现了衬砌的快速施工,创造了衬砌 34m/d 的国内最高水平。在弹性整体道床施工时,同样建立了一套先进的工法,实现快速施工,创弹性整体道床日施工 50m 的全国最高纪录。

3.8 TBM 有轨运输系统的研究

通过对国内外 TBM 施工隧道的有轨运输系统的研究以及对有轨运输相关作业的分析,在此基础上,确定了秦岭隧道 TBM 施工有轨运输系统的机车车辆选型及其线路设置,并研究出一套有效的有轨运输系统管理办法。(自动侧向翻转出渣车,见图7)。

图7　自动侧向翻转出渣车

Fig.7　Automatical side-overturning vehicle for mucking

3.9 TBM 施工通风、水、电供应保障研究

独头 9km 的通风系统中采用长管路压入式通风方式和蜗轮式风机,大直径(2.2m),漏风率小于 1% 的软风管,实现在工作面有 30m³/s 的风量供给,工作环境各项指标达到除尘、降温的规定要求。供水按 100m³/h,供电用 35kV/10kV 变电所的高压电进洞,风、水、电随 TBM 不断前进而采用卷式铺设,快速接头以实现不间断供给。

通过以上 9 项配套技术研究开发,31 个关键技术的攻关,实现了 TBM 安全快速掘进的目标,创造了 TBM 日掘进 40.5m,月掘进 528.1m 的全国最高纪录,平均月掘进为 288m;创造了 TBM 日最高机时利用率78%,月最高机时利用率58%,平均机时利用率42%,达到了TBM综合管理世界先进水平(40%);在测量方面首次试用洞外GPS测量,高程为一等水准,洞内为一等光电测距和三等水准控制的先进技术,确保秦岭隧道贯通误差精度横向10mm,纵向13mn,高程4mm的世界先进水平;利用ZED-260导向系统实现TBM掘进过程中偏差控制在±30mm;创造了衬砌快速施工34m/d,弹性整体道床50m/日的全国最高纪录;实现了刀具国产化,节约刀具成本50%;仅用23d在隧道内实现了拆卸刀盘、主轴承直径(5.2m)更换密封圈,使这一技术成为技术领域的创举;快速预制大吨位仰拱块方面创造了17套钢模每天周转一次的最高纪录等。

4 直径8.8mTBM在磨沟岭、桃花铺铁路隧道成功掘进的案例

磨沟岭隧道长6116m,在掘进中,Ⅴ级,Ⅵ级围岩设计时为1138m,占全隧的19%,而实际上总长为3416m,占全隧的56%。断层面以小角度长距离近似平行隧道的方向,给掘进带来非常大的难题,而运用TBM后配套所具有可适应软弱围岩设备能及时支护的措施是成功的(加密钢拱、及时挂网喷射混凝土、注浆及管棚等)。远优于双护质、单护质TBM的性能通过开敞式TB880E掘进机两个工地的应用看出:适应于硬岩的掘进,同时也具备了通过软弱围岩、破碎和断层地带的能力。

TB880E开敞式掘进机是为秦岭隧道购置的,它主要适应硬岩地质掘进,但在购置它的后配套时,同时已注意到岩石也不是均质的事实。表现在该台TBM上加装了锚杆机、混凝土喷射机、钢拱架安装机以及超前钻机,而且在确定刀间距、推力和扭矩的参数上以及撑靴的支撑力上,都考虑了能适应软岩、硬岩的切削特性。

5 应用、推广情况及在国内外相关领域的作用影响

国外自20世纪50年代开始,就已经运用TBM修建隧道。随着科学技术的进步,TBM采用的高新技术在不断增加,制造技术日臻完善。尽管如此,国外很少见到对TBM施工技术进行系统的研究,侧重的是TBM制造技术的高科技含量。我国对于TBM的研究制造起步于20世纪60年代,由于工业基础的薄弱,技术力量的差距等诸多因素,一直处于比较低水平的研究状态。曾经在水电工程中引进的TBM,由于技术力量的不足等原因,在工程实践中也遭到了严重挫折。究其原因,除了工程实践因素外,在高新技术的了解、消化、开发、运用等方面均存在着不足,对机械、液压、电子电气、自动控制、高新材料、光导向技术、计算机等多学科的综合掌握能力方面存在着较大的欠缺和差距。

该项目与当前国内外同类研究、同类技术的综合比较,《TBM施工技术研究》课题成果具有以下特点:

(1)研究范围广泛:该项目结合TBM施工的特点,对6大技术难题、9项技术难点、31个关键技术分别进行了深入的研究,这在国外类似同样的综合性研究鲜见报道。

(2)研究目的明确:该项目紧密结合工程实际,对于首次采用TBM实施目前国内铁路第一、国际第六长度的秦岭隧道建设,如何掌握、消化、吸收以及开发先进设备和技术,做出了比较详尽的研究,为保证TBM的顺利施工提供了可靠的技术支持。

(3)刀具破岩机理产品和围岩稳定性研究:如对TBM刀具破岩机理的研究以及刀具损耗率的研究,直接指导TBM刀具国产化的开发研究工作;又如对开敞式TBM通过不良地质地段技术的研究等,都直接运用于工程实践,并取得了多项具有自主知识产权的成果。研究的独特性和指导性远高于国外类似的研究。

(4)成果内容丰富:由于有大量、详尽、可靠的工程基础数据做支撑,研究成果不仅内容丰富,而且真实可靠,为TBM的推广应用奠定了坚实的基础。

(5)成果水平比较:我国的研究成果侧重于施工技术的研究和应用;国外则侧重于TBM本身适用性

(即制造)方面的研究；从施工技术的角度相比,尽管国外已经具有 50 年的工程实践,但秦岭隧道的研究取得了很大成效,部分技术难点的综合研究成果达到了国际先进水平。从 TBM 制造的角度相比,由于国外的工业基础及高新技术产业优势明显,我国尚具有一定的差距,但这种差距正在缩小。

(6)存在问题及改进措施:TBM 施工技术研究成果是着眼于硬岩隧道施工技术,开敞式 TBM 用于软岩隧道的实例不多,能否广泛应用于铁路以外的公路、水利、水电、矿山、穿越江河等工程,能否进一步提高 TBM 的使用效率、降低工程造价等,尚待研究并经过工程实践验证。

TBM 在我国铁路隧道的成功应用,引起了国内外的巨大反响。德国 TBM 著名制造商 Wirth 公司、盾构机著名制造商海瑞克公司、美国 TBM 著名制造商罗宾斯公司、加拿大罗瓦特公司等均寻求与我们合作。TBM 由于其具有施工速度快、施工质量优、机械化程度高、技术含量高、劳动强度低、施工环境好、造就人才快等特点,根据地质条件,应用于铁路、公路、矿山、水利、水电、市政、地铁、穿越江河等领域的隧道和地下工程建设,推广前景非常远大。相信在 21 世纪我国的基本建设中,将会大量采用该项技术。

厦门海底隧道设计、施工、运营安全风险分析

王梦恕

(北京交通大学)

中图分类号：U455;U459.5　　文献标识码：A　　文章编号：1002-8498(2005)S0-0001-04

厦门东通道海底隧道工程是我国计划建设的第一个钻爆法修建的海底隧道,1998年以来厦门市路桥建设投资总公司分别委托中交第二公路勘察设计研究院承担工程预可行性研究和工程可行性研究,此外还委托多家单位进行了相关专题研究,目前已经做了很多工作。下面将结合海底隧道的特点,重点谈以下几点:①顶板厚度的确定和工程对比;②水压力值的确定设计理念和施工理念;③衬砌结构断面优化和结构防排水方案;④海底穿越不良地质段断层和溶槽的措施;⑤浅滩不良地质段的穿越措施;⑥隧道运营通风方式的选择;⑦服务隧道设置的必要性和防灾性。

1 顶板厚度的确定及其研究现状

在海底隧道的设计中,当线路方案选定后,合理地确定隧道的岩石覆盖层厚度十分重要。一方面,如果岩石覆盖层过于薄,海底隧道工作面就有面临严重的失稳问题和海水涌入的危险,即使不发生,也会使辅助工法的投入增大;另一方面,覆盖层厚度太大,不仅使得作用于衬砌结构上水压力增大,而且也决定了海底隧道的长度,可见,覆盖层厚度是一个主要经济因素。

不过应该明确的一点是,覆盖层厚度并没有技术上的限制,也就是说不会因为最小岩石覆盖厚度的问题,在技术上使海底隧道无法修建,无非是采用较高的开挖支护技术和投入较高的费用而已,但其工程风险之大是显而易见的。

日本青函隧道,水深140m,岩石最小覆盖层厚度100m。该值的确定是根据当时日本水下采煤的安全规程,即隧道最小埋深不小于60m,鉴于该规程并没有考虑水深这一因素,最后为了安全起见,将最小覆盖层厚度定为100m。而日本关门海底隧道海底地段平均覆盖层厚度仅为11m。

挪威是世界上采用钻爆法修建海峡海底隧道最多的国家,至今已建成累计100多公里的海底隧道。挪威的交通海底隧道大部分位于火成岩和变质岩等比较坚硬的岩石层内,并对海底隧道最小岩石覆盖层厚度的问题上曾经做过专门的研究,提出了一些经验值(表1)。1993年Nilsen B.对于挪威当时已竣工的近20多条海底隧道工程的最小岩石覆盖厚度进行了统计分析,并给出了2条统计经验曲线(图1、图2)。与挪威经验曲线相比,青函隧道和关门隧道是2个极端的例子。可见,挪威的海底隧道设计似乎有点过于稳妥。

海底隧道最小顶板厚度　　　　　　表1

水深(m)(至基岩)	最小覆盖层厚度(m)		最大坡度(°)
	好质量围岩	坏质量围岩	
0~25	25	30~35	2.0

---

* 本文原载于:施工技术,2005(S1).

续上表

水深(m)(至基岩)	最小覆盖层厚度(m)		最大坡度(°)
	好质量围岩	坏质量围岩	
25~50	30	35~40	2.6
50~100	35	40~50	3.8
100~200	40	45~60	6.0

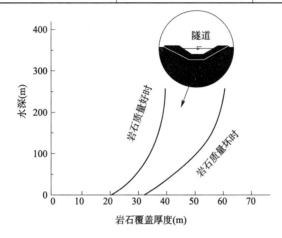

图 1 挪威海底隧道最小岩石覆盖厚度

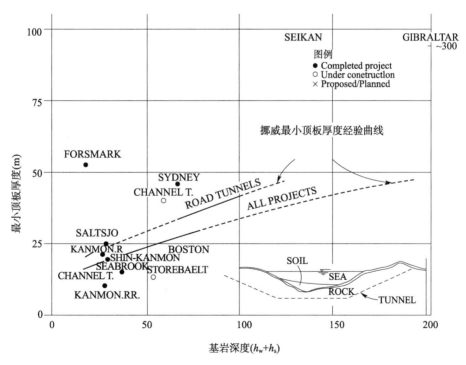

图 2 世界主要海底隧道与挪威海底隧道最小岩石覆盖对比

此外,英法海峡隧道在施工过程中的服务隧道内,对覆盖层厚度与渗入水量之间的关系进行了研究(图3)。研究结果表明,在一定深(厚)度下面,流入水量的增加会逐渐增加到一个极限。因此,可以由此确定一个最佳的覆盖层厚度,这种研究是合理确定隧道线路与覆盖层厚度的一个先决条件。

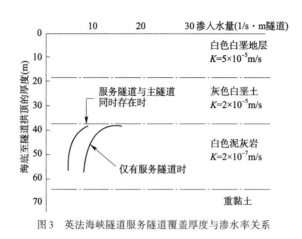

图 3　英法海峡隧道服务隧道覆盖厚度与渗水率关系

事实上,我们在确定顶板最小厚度时,也应该从这两方面综合考虑,即围岩稳定性和隧道涌水量。

2　水压力值确定设计理念和施工理念

对于海底隧道而言,除了承受围岩压力,还会有很高的水压力。有效覆盖层荷载可以被地层拱现象降低,而静水压力荷载则并不受影响,不能用任何成拱作用来降低。显而易见,海底隧道水压力值的大小是隧道衬砌结构设计的关键,其不仅与水头有关,还与地下水的处理方式有关(全封堵方式和排导方式)。

目前,我国铁路隧道设计规范和公路隧道设计规范在确定衬砌结构外水荷载时,从对地下水"以排为主"的原则出发,不考虑水压力。但对于具有稳定的高水头海底隧道如何确定作用在衬砌结构上的水压力,并不是一个简单的问题,通常是参照水工隧道设计规范和经验,根据开挖后地下水渗入情况,采用折减系数的方法对地下水位进行相应的折减来计算隧道衬砌的外水压。但是,水工隧洞仅仅要求围岩的稳定性,并不需要控制地下水的排放量,通常采用隧洞附近的天然排水(如溶洞)或人工排水等措施来减小外水压力,而海底隧道不能自然排水,显然从设计理念上就不适用于海底隧道。

在国内外的隧道工程中,对地下水的处理方式可以分为两种类型:全封堵方式和排导方式。通常情况下,当水头小于60m时,采用全封堵方式;当水头大于60m时,宜采用排导方式,并通过施作注浆圈来达到限量排放的目的。在以上两种情况下,如何计算衬砌水压力,目前还没有系统地进行研究。厦门东通道水下隧道的地下水和海水总水头在50～70m,从选择地下水处治方式(即全封堵方式和排导方式)和技术经济合理性出发,采用两种方式都是可行的,故有必要结合海底隧道的特点,对此问题进行系统深入的研究。由于该问题所涉及的内容较多,这里就不讲了。下面重点讲一下《东通道隧道衬砌结构形式及其可靠性研究》科研项目在隧道衬砌水压力值确定方面的研究成果。

模型试验研究方法是用与自然现象或过程相似的模型来进行研究的方法。海底隧道具有相对稳定的水头,在试验中用恒定水位的水箱来模拟,根据厦门东通道隧道工程地质情况,分别设计了全堵方案和限量排放方案两套试验。同时,试验设计考虑到地层渗透性的相似、水压的相似、注浆圈大小及注浆效果对衬砌背后水压的影响,具体相似试验设计就不多谈了,可以参见专题报告。对隧道模拟范围根据地下水渗流等效原理进行平展处理,模型设计基本情况如图4所示。值得一提的是,该模型试验是由中铁西南院主持完成的,很成功。

通过模型试验研究表明:

(1)若采用全封堵方式防水,则衬砌背后的水压力不能折减,即使采用了注浆加固(防坍)水压也不能折减。

(2)采用排导系统防排水,能有效降低水压力。但是,如果排水系统中的盲管堵塞时水压力会上升,出水孔也无济于事,因此,排水系统须可维修。

(3) 与全封堵的情况不同,在排水的情况下,围岩的渗透系数与传到衬砌上的水压力有密切的关系,在相同的排导系统设计参数的情况下,隧道围岩渗透系数减小,衬砌水压力亦随之减小,即折减系数越大(图5)。

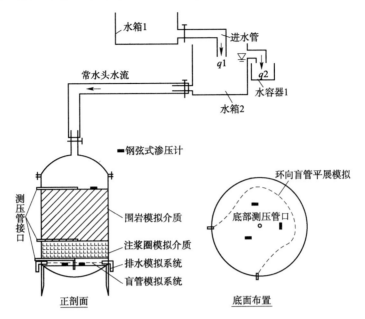

图 4　模型设计示意

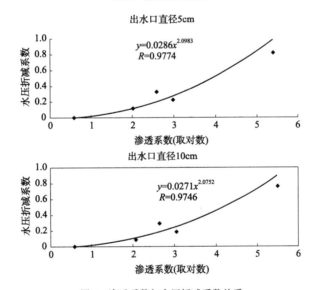

图 5　渗透系数与水压折减系数关系

(4)对于排水情况,与全封堵的情况不同,在相同的排导系统设计参数的情况下,若对围岩注浆,可以降低渗透系数,能够起到限量排放的作用,也可减小衬砌的水压力。

(5)假定盲沟全环布置,长度等于隧道轮廓周长,排水沟设于隧道底,盲管排水系统的设计参数中,对水压力有显著影响的主要是盲管间距、盲管直径及衬砌中的出水口直径,为了确保排水减压效果,盲管间距应不大于某临界值,盲管直径及出水口直径则应不小于临界值。

但是有一点必须注意,以上模型试验并没有考虑地应力这一主要问题。

3　衬砌断面优化与防排水设计

根据海水深度和隧道顶板厚度,东通道海底隧道最大水头高达 0.7 MPa,若采用全封堵方案,水压力对衬砌结构内力的贡献最大,并起着决定作用,在这种情况下,从经济的角度考虑,有必要选取一种隧道结构受力和开挖面积较小的断面形式。如果采用排导方案,则需要确定出注浆加固圈的厚度及其渗透系数的大小,其结果不仅与隧道结构承受的静水压力大小有关,还和排放量的大小有关。此外,若达不到设计要求时,可能会影响注浆加固圈的稳定性和排放量是否能够得以控制,最终对隧道安全会很不利。故采用限量排放方式时,应对加固圈的厚度和渗透系数的大小进行专门的研究,以便确定出不同静水压力条件下隧道加固圈的最为合理的加固范围。可见,采用限量排放方案,关键在于对隧道周围围岩的注浆效果和注浆加固圈的厚度如何等有关,与二次衬砌的断面形式关系不大,注浆加固圈需要进行专门设计。

基于以上分析,我们重点进行了全封堵方案情况下主隧道和服务隧道的衬砌结构优化。

针对厦门东通道海底隧道所处的地质和水文环境,从优化设计的角度出发,内轮廓采用多心圆形式。在满足隧道建筑限界的前提下,并从经济上考虑,减少隧道开挖量,提出了多种断面形式进行计算。

计算结果表明,在选取断面形式时,应该特别注意以下几点:①不宜选取仰拱扁平的断面结构形式;②隧道仰拱和边墙宜采用大直径圆弧顺接,以改变边墙下部受力;③隧道边墙下部所承受的弯矩值很大,在具体设计时应将该处截面加厚。

对于服务隧道,建议服务隧道采用圆形的断面形式。

由于厦门海底隧道压力水头相对不高,最大仅有0.7MPa,建议在具体设计时,衬砌计算考虑全水头;防水体系设计的原则是"以堵为主,限排为辅",即采用防水板+埋设填料+排水孔,从而达到限量排放的目的。此外,当然也可以考虑用注浆圈。

4 海底穿越不良地质段的施工方法

厦门东通道海底隧道主要位于海底弱、微风化花岗岩中,穿越3条强风化基岩深槽和4号风化囊,而且微风化风化槽附近存在微风化岩破碎带,地下水具有一定的承压性。开挖扰动后,极易发生涌水、突水,威胁施工安全。由于水压力较高,水源补给无限,且施工中不具有自然坡排水条件,一旦发生大的突涌水,就可能引起严重的灾难性后果。典型的工程实例莫过于日本的青函隧道,在施工期间,发生了4次严重涌水事故,轻则给工程进展造成影响,重则使工程安全和施工人员的生命毁于一旦。因此,软弱不良地质段的穿越,是海底隧道工程施工成败的关键。青函隧道海底段施工过程中,采取的方式是探水→注浆→开挖3个环节交替进行,而水平超前钻探和注浆被认为青函隧道最为成功的两项技术。

穿越软弱不良地质段的问题,主要是加固堵水的问题。目前国内外经常采用的方法是注浆法、冻结法和其他辅助方法。下面结合具体工程实例介绍几种穿越软弱不良地质段的施工方法。

4.1 全断面帷幕注浆

由防排水和防渗水的重要性决定了注浆工法成为青函海底隧道最为现实的辅助工法。注浆范围取决于土质和渗水情况,其基本设想是使注浆带厚度延伸到松弛带外侧,一般注浆范围为毛洞洞径的2~3倍,海底段为3倍。每次注浆段长分3个阶段:第1个阶段至35m;第2阶段至50m;第3阶段至70m。然后开挖,预留20m为下一次注浆的工作面,如图6所示。注浆孔呈伞形辐射状,每孔承担3倍孔径范围的堵水效能。注浆材料采用具有良好渗透性的水玻璃和超细高炉矿渣水泥。欧洲注浆段一般取得较短,如英国第2座穿越泰晤士河隧道,导洞通过淤泥、砂砾层时,注浆段仅取11m。因此,注浆段多长为宜,应视具体情况及经验而定。

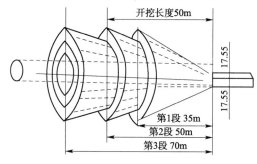

图6 全断面帷幕注浆示意(尺寸单位:m)

4.2 导坑超前帷幕注浆扩挖法

具体做法是,先对导洞进行全断面帷幕注浆,然后再径向注浆,扩挖隧道其余部分。采用这种方法好处是可以将注浆段一般取得较短,也容易保证注浆的质量,特别适用于大断面隧道穿越软弱不良地质段。Guavio 水电站泄水渠穿越溶槽地段就是采用这种方法,溶槽宽约 80m,水压高达 2.0MPa。具体方法是:每次注浆段长 15m,然后开挖,预留 5m 为下一次注浆的工作面,最后再采用径向注浆的方法。

4.3 全断面先注浆后冻结法

冻结法是利用冷媒传递冷量给地层使含水地层降温冻结,依靠冻土的强度达到承受地压的目的,使开挖和衬砌工作处在冻土保护之下安全进行。冻结法的特点是适应地层条件广,但可靠程度不稳定,造价高,周期长,融冻过程对地层破坏严重,因此采用先注浆后冻结可以更可靠,造价和工期均可减少。所以用于注浆加固方法不能全部堵住水流的情况下采用。它完全有条件用于海底隧道穿越断层破碎带,尤其对注浆法不能实现的渗透系数小于 10^{-4}cm/s 的断层泥,完全可以作为一种最后手段加以应用,确保安全可靠地穿越断层破碎带。在我国用于隧道方面的实例很少。但注浆冻结法有其弱点和实用条件,主要问题是所用设备多,成本较高,对冻结本身的质量和施工准确性要求高。此外,冻结法要求地下水流速不能太大(不宜超过 2.0m/d),否则土体将难以冻结。

挪威 Oslofjord 海峡隧道,在穿越破碎带时,通过超前探水发现,隧道穿越该破碎带时,上部围岩含有黏土、砂子、卵石和块石等,下部围岩为碎石,并含有黏土,渗透系数较小,水压高达 1.2MPa。为了确保工程如期完成,采用迂回式施工法,做了 350m 长的旁通道,断面面积为 47m²。

5 浅滩不良地质段的穿越措施

对于浅滩地段,基本处于全风化花岗岩地层,为 Ⅱ、Ⅲ 类围岩,隧道跨度达 16m,高度约为 11m,如此大跨度海底隧道在国内外隧道建设史上还是少见得。为了保持隧道成形良好,减少超欠挖,减少对围岩的扰动,不仅要制定较合理的减振爆破技术,而施工方案也显得尤为重要。

对于浅滩不良地质段,建议以水泥旋喷桩对隧道外围围岩进行改良,以保证开挖面的稳定性,隧道开挖采用 CD 法或 CRD 法。在具体施工时,可以考虑采用其他辅助工法。

6 隧道运营通风方式的选择

建议采用纵向射流式通风,在左、右洞各设置 1 个竖井,将隧道纵向分为 2 段进行通风,可以用少量射流风机解决通风问题。具体是由隧道两端引进新鲜空气,从竖井排出。

竖井设置在浅滩地段,其施工方法可以采用钻孔连续墙做围护结构,内做衬砌。

7 服务隧道设置的必要性和作用

7.1 施工阶段

在施工阶段,服务隧道的设置具有以下优缺点:①可以作为平行导坑,能够超前探明地质状况,以及取得不良地质段处理的方法和工艺;②可以通过横洞及时沟通左右线正洞,可开辟多个工作面,加快施工进度,使 4 年的工期得到充分的保证;③有利于隧道施工通风、排水及施工资源的合理分配;④在 2 条主隧道开挖之前,由服务隧道向主隧道拱部范围进行侧向探测,可作芯心钻探并作压水透水性试验,以验证岩石质量与涌水量;⑤主隧道施工过程中,对于局部不良地质段,可在服务隧道内进行提前注浆,而不影响其余地段的施工。

7.2 运营阶段

①服务隧道作为紧急避难通道,解决隧道运营期间突发灾害时,人员的避难、逃生和救援;②作为检修通道,其上下空间又可作为管线通道,便于隧道管理人员的日常维护,同时可适当减小主洞断面;③服务隧道里可以铺设各种电线电缆,作为城市公用沟;④隧道运营期间也可作为排水通道及作为维修养护安全通道等。

但是,有一点必须值得注意,在军都山隧道施工过程中,导洞中出现的断层数仅为正洞中出现的断层数的73%,而且在位置上预报也不准确。位置误差小于2m的占56%~62%,误差5~10m的占75%~81%,而这个导洞距离正洞不足30m,对注浆预报是会准确的。

客运专线隧道设计的基本原则

王梦恕[1,2]

(1.中铁隧道集团有限公司;2.北京交通大学)

(1)洞门前不设路堑,必须早进晚出,不破坏山体环境。

(2)全隧道不设变形缝,特殊地段设置诱导缝,8级地震区在洞口段40~50m处设减震缝。

(3)必须重视岩溶地区的综合地质超前预报,长短结合以短为主,预报范围为前方≥30m;隧道周边外1倍洞径,作为工序列入。

(4)一次支护要强,承受部分水和土荷载,浅埋和海底隧道则承受全部水荷载和土荷载,二次模筑衬砌作为安全储备。

(5)全部采用网构钢拱架,取消型钢拱架。靠近工作面的第一排钢拱架不受力,喷混凝土后的网构拱架承受10倍荷载,工钢则承受4倍荷载,工刚后部混凝土喷不上,易渗漏水。

(6)一次支护由钢筋网、钢拱架、喷混凝土组成,钢拱架接头联结处设索脚锚管(灌浆)。

(7)取消系统锚杆。

(8)软弱地层必须采用潮喷混凝土,不提倡湿喷混凝土。

(9)必须采用复合式衬砌结构形式,一次支护和二次模筑衬砌之间必须设防水隔离层,采用无钉铺设防水板,无纺布后部必须设置系统排水盲管。

(10)取消中部排水沟。

(11)反对长隧短打。提倡设置平行导坑,可提高正洞2倍速度,斜井是正洞的0.5倍速度,竖井是0.1~0.3倍的正洞速度。

(12)正台阶施工不允许分长、中、微台阶。台阶长度为一倍洞径,第一个上台阶高度必须为2.5m,小导管长度为台阶高度加1m。

(13)支护结构施工必须是一次支护从上向下施作,二次模筑衬砌必须从下向上施作。

(14)隧道宜近不宜联。可采用小间距隧道,反对双联拱、多连拱隧道。

(15)大断面硬岩隧道宜采用小导洞超前爆破,可减震30%,取消预裂爆破。

(16)必须坚持动态设计、动态施工、动态管理。设计人员必须及时修改图纸,必须尊重施工信息。

(17)设计人员必须提高业务素质,有新理念、新创意。应用新技术、新工艺、新材料、新设备、新仪器。反对抄袭图纸。

(18)要实事求是,确定合理工期,合理造价。

(19)要建立循环经济的理念,要有系统地下工程的理念,要有方便运营维修的理念,要有保护环境的理念。

(20)隧道顶部允许塌方空洞存在,拱顶上方要有2m厚保护层。

(21)客运专线从隧道运营安全出发,压力波和真空度的存在不宜设一个大洞,而应分洞运行。

---

* 本文原载于:隧道建设,2006(01).

①会车压力波最大值为单线隧道最大压力波的 2 倍。

②会车使得列车的侧向压力(横向风)增大,对列车产生较大的扭矩,造成偏航,导致列车的稳定性减小,同时较大的浮升力对隧道内的导电线及电弓产生较大的影响。

③侧向风为 15m/s,且列车速度为 200~250km/h 时,气动阻力要增加 60%~70%。

(22)洞内不宜设轨枕板道床,应采用整体道床或长轨枕整体道床。

不同地层条件下的盾构与 TBM 选型

王梦恕[1,2]

(1. 中铁隧道集团有限公司；2. 北京交通大学)

摘　要：介绍了目前可选用的盾构与 TBM 形式，指出了盾构设计和施工应重视的几个新动向，探讨了不同地层应选择不同类型的盾构，不同地层应选择不同的刀盘结构，明确了公路隧道盾构的直径确定，考虑了 TBM 的选择及隧道支护型式选择问题。

关键词：地层条件；盾构；TBM；选型

Abstract: The article describes the types of shield TBMs and hard rock TBMs available at present recommends some new trends to which attentions should be paid during the design and boring construction of the shield TBMs, states that different types of shield TBMs and different cutterhead structures should be selected for different geological conditions, defines the determination of the diameters of the shield TBMs for highway tunnels, and discusses on the selection of the types of hard rock TBMs and the pattern of the tunnel reinforcement.

Key words: geological condition; shield TBM; hard rock TBM; type selection

1　目前可选用的盾构与 TBM 形式

1.1　盾构技术的发展

盾构作为一种安全、快速的隧道掘进技术，归纳起来可以说经历了四个发展阶段：
(1) 以 Brunel 盾构为代表的初期盾构。
(2) 以机械式、气压式、网格式盾构代表的第二代盾构。
(3) 以闭胸式盾构为代表(泥水式、土压式)的第三代盾构。
(4) 以大直径、大推力、大扭矩、多样化为特色的第四代盾构。

1.2　盾构类型

(1) 全开敞式盾构：手掘式盾构、半机械式盾构、机械式盾构。
(2) 半开敞式盾构：挤压式盾构。
(3) 闭胸式盾构：土压平衡盾构、泥水加压平衡盾构。

1.3　TBM 类型

(1) 开敞式 TBM—软硬地层均可。
(2) 护盾式 TBM(半护盾式)—灵敏系数 >1.0，调向困难；不能及时支护、易塌方。

---

* 本文原载于：隧道建设，2006(02).

1.4 TBM 掘进的特点

1.4.1 开敞式 TBM 具有两大特点

(1) 灵敏度高、长度/直径≤1,易精确调方向可在±30mm内。
(2) 能够及时对不良地层进行及时支护,时空效应好,不易塌方。
该机型已被工程实践所证实。既适用于硬岩,也很适用于软岩地层,已在大伙房供水工地87km长推广应用。2005年评为国家科技进步二等奖。

1.4.2 双护盾、单护盾 TBM 具有以下缺点

(1) 灵敏度低,很难精确快速调整到位。
(2) 由于后盾较长,不易及时支护,易塌方,如台湾平林隧道。
(3) 造价高,是开敞式 TBM 的 1.3 倍。
由于以上缺点,建议取消这种类型的 TBM。

2 盾构设计和施工应重视的几个新动向

盾构分为有刀盘和无刀盘两大类。

2.1 无刀盘盾构

无刀盘盾构称为开敞式简易盾构,人可以站在平台上进行地层开挖。

2.1.1 分类

(1) 开敞网格式
开敞网格式盾构网格如图1所示。
用于地层自稳较差,但降排水后还能自稳。
将工作面用网格结构支撑,盾构刃脚插入地层0.5m左右,起超前支护作用。
(2) 开敞正台
开敞正台式盾构网格如图2所示。

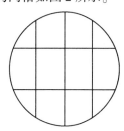
图1 开敞网格式盾构网格划分示意
Fig.1 Sketch of grid division of open shield

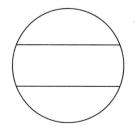
图2 开敞正台式盾构网格划分示意
Fig.2 Sketch of normal grid division of open shield

格栅一般分为3个台阶,人可直立工作。
(3) CD 开敞格栅式
CD 开敞格栅式盾构网格如图3所示。
(4) 双 CD 开敞格栅式
双 CD 开敞格栅式如图4所示。
(5) 插刀式盾构
单臂掘进机开挖,地层较好,无水处采用。

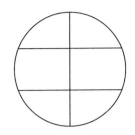

图 3　CD 开敞格栅式盾构网格划分示意

Fig. 3　Sketch of "CD"-shaped grid division of open shield

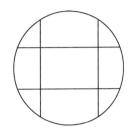

图 4　双 CD 开敞格栅式盾构网格划分示意

Fig. 4　Sketch of double-"CD"-shaped grid division of open shield

2.1.2　无刀盘开敞式后部衬砌支护形式

(1) 管片式。

(2) 压缩混凝土式：边推进边压缩混凝土。

2.1.3　无刀盘开敞式适用范围

(1) 水少之地，地层较能自稳。

(2) 降水后砂卵石地层，如成都地铁、沈阳部分区段地铁。

(3) 性价比好，易国产化，造价比有刀盘便宜一半以上。

2.2　有刀盘盾构

有刀盘盾构是指靠土压、泥水压、局部气压稳定工作面的盾构。

2.2.1　有刀盘盾构分类

(1) 土压平衡式盾构。

(2) 泥水平衡式盾构。

(3) 泥水加局部气压平衡式盾构。

2.2.2　刀盘类型和设计

刀盘是盾构设计的关键技术，对隧道不同地层应及时设计和调整刀盘的开口率和布刀方式。

(1) 盘形刀盘：指硬岩地层，开口率仅在 30% 左右。靠刀盘压紧地层进行稳定，土压力、泥水压力仅部分稳定工作面。

(2) 辐条式刀盘：由于盾构所穿地层松软，扭矩较大、推力小、土压、泥水压易平衡工作面，应予推广。对刀盘刀具的磨耗也小。

(3) 无水、少水之地不利于刀盘的寿命，应改为无刀盘盾构。

(4) 适应范围：在流沙、富水及不稳定的地层中应用，但不能包打天下。因性价比差，不易国产化，但必须走向国产化，可在南方地铁及不稳定地层中应用。江河水底隧道应用。

3　不同地层应选择不同类型的盾构

3.1　少水地层、砂卵石地层宜选择开敞式网格盾构

少水或无水地层，地层具有较好的自稳性，降水下沉量小（如沈阳、成都等地层），土体颗粒对刀盘刀具磨损很大，选择开敞式盾构网格盾构比较适宜。

3.2 土压平衡盾构不是全能的，应同时考虑选用泥水盾构与土压盾构

3.2.1 土压平衡盾构的考虑

有软稠度的黏质粉土和粉砂是最适合使用土压平衡式盾构机的土层。根据土层的稠度，有时不需要水或只需要加很少量的水。通过搅拌装置在开挖室内的搅拌，即使十分黏着的土层也能变成塑性好的泥浆。

3.2.2 泥水加压盾构的考虑

（1）泥水加压盾构对于不稳定的软弱地层或地下水位高，含水砂层，黏土、冲积层以及洪积层等流动性高的土质，使用效果较好。

（2）泥水加压平衡盾构具有土层适应性强、对周围土体影响小、施工机械化程度高等优点。

（3）在砂层中进行大断面、长距离推进的盾构机，大多采用泥水加压式盾构机。实践证明，掘进断面越大，用泥水加压式盾构机的效果越好。

（4）泥水加压式盾构机除在控制开挖面稳定以减少地面沉降方面较为有利外，还在减少刀头磨损、适应长距离推进方面显示出优越性。

（5）泥水加压盾构存在盾尾的漏水以及难以确认开挖面状态等缺点，还需要较大的泥水处理场地。

4 不同地层应选择不同的刀盘类型

（1）开口面板式刀盘。
（2）辐条式刀盘。
各种刀盘特性比较见表1。

刀 盘 特 性 比 较　　　　　　　表1
Features of different types of cutterheads　　Table 1

刀盘形式	面 板 式	幅 条 式	备 注
开挖面水土压控制	一般存在三个压力：P_1：开挖面—面板之间；P_2：面板开口进出口之间；P_3：面板与密封舱内壁之间（即土压计压力）。其中：P_2 受面板开口影响不易确定，而 $P_3 = P_1 - P_2$ 开挖面压力不易控制，同时控制压力实际低于开挖面压力	只有一个压力 P，密封舱内土压计压力与开挖面的压力相等，因而平衡压力易于控制	
砂、土适应性（粒径<15cm）	由于开挖面土体受面板开口影响，进入密封舱内不顺畅，易黏结，易堵塞	仅有几根幅条，同时幅条后均设有搅拌叶片，土、砂流动顺畅，不易堵塞	北京西三环向东四环内地层粒径大致如此
砂卵石适应性（粒径>15cm）	适应性强，必要时可加滚刀	不能加滚刀，刀头形式及数量较少	
刀盘扭矩	刀盘扭矩阻力大，需增加设备能力，造价高	刀盘扭矩阻力小，设备造价低	
隧道内刀头更换安全性	由于有面板，在隧道内更换刀头时安全可靠	在隧道内更换刀头时安全性差，加固土体费用高	由于是城市隧道，每段长度有限，可避免隧道内更换刀头

5 水底公路隧道盾构直径的确定

5.1 双向4车道φ11.4m左右的盾构安全风险最小

国内外成功的水底公路隧道盾构直径多在φ11.4m左右,实践证明,制造、施工及运营风险较小,较经济(1.2亿元/台)。

5.2 双向6车道φ15m左右的盾构风险较大

(1)盾构制造成本很高,价格昂贵(3亿~3.5亿元/台)。
(2)盾构掘进压力平衡不易控制,施工风险大。
(3)管理、运营风险较大。
(4)埋深加大,纵坡不利。
(5)空间浪费,约80m^2。

6 TBM的选择考虑

6.1 开敞式TBM适应软硬地层

开敞式TBM转向控制灵活、对地层能及时支护。

开敞式TBM通过软岩地层,采用先锚后喷及先喷后锚,并架设钢拱架的一次支护,在磨沟岭砂页岩含水软弱地层中实现了日掘进快支护41.3m和月掘进快支护574m快速施工水平,平均进尺232m/月。

在TBM上加装锚杆机、混凝土喷射机、钢拱架安装机以及超前钻机,而且在确定刀间距、推力和扭矩的参数上以及撑靴的支撑力上,能适应软岩、硬岩的切削特性。

6.2 半护盾、全护盾不适应软岩地层

护盾式TBM转向不灵活、控制较为困难。软弱破碎地层不能及时支护。

7 支护型式的考虑

7.1 管片衬砌

广泛应用于软土地层盾构隧道的支护。管片接头部位是防水薄弱环节。应研究接头型式及防水材料、管片形状及分块形式、管片厚度及钢筋配置与地层压力的关系。

7.2 喷混凝土衬砌

应用于开敞式TBM隧道,能及时支护,很好地适应软弱破碎围岩,在秦岭隧道及磨沟岭隧道中得到了成功应用

7.3 压缩混凝土衬砌

压缩混凝土衬砌(ECL,Extruded Concrete Lining),就是以现浇混凝土作衬砌来代替传统的管片衬砌。ECL工法的具有以下特点:

(1) ECL 工法筑造的衬砌质量高。
(2) ECL 极大地抑制了地层沉降,无须降低地下水。
(3) 采用全机械化施工,节省人员、安全性高,作业环境好。
(4) ECL 工法采用一次衬砌,材料用量少。
(5) 不需要同步注浆。
(6) 施工阶段工序少,衬砌与拼装同步进行,加快了施工进度,缩短了工期。

隧道工程浅埋暗挖法施工要点

王梦恕[1,2]

(1.中铁隧道集团有限公司;2.北京交通大学)

摘 要:明确了浅埋地下工程的基础概念,阐述了浅埋暗挖法的基本原理及发展方向,指出了浅埋暗挖法的施工原则。同时对浅埋暗挖各施工方法(全断面法、台阶法、中隔墙法和交叉中隔墙法、双侧壁导坑法、双CD法及特大断面的施工方法包括中洞法、柱洞法、侧洞法和桩柱法)的施工要点,适用范围及条件,优缺点进行了介绍和比较。最后总结强调了浅埋暗挖法施工要点。

关键词:浅埋暗挖法;原理;发展方向;施工原则;施工方法;适用范围及条件;优缺点比较

中图分类号:U455 **文献标识码**:B

Abstract: The paper clarifies the concept of underground works with shallow overburden, expatiates on the basic principle and development trend of method of undercutting with shallow overburden and presents the principles of construction by means of method of undercutting with shallow overburden. Furthemore the paper makes a description and comparison of the construction outline, applicable scope and condition, advantages and disadvantages of the different construction methods of undercutting with shallow overburden, which include full cross section method top heading/bench method, center diaphragm (CD) method, cross diaphragm (CRD) method double side drifts method as well as cential drift method, column-drift method, side drift method and pile beam-arch (PBA) method suitable for tunnels with super large cross sections. Finally, the paper summarizes the outline of tunnel construction by means of method of undercutting with shalbw overburden so as to achieve emphasis effect.

Key words: method of undercutting with shallow overburden; principle; development trend; construction principle, construction method; applicable scope and condition; comparison of advantages and disadvantages

1 概述

1.1 浅埋地下工程基本概念

(1)浅埋隧道定义

铁路隧道:对于单线或双线隧道洞顶埋深小于:Ⅵ级围岩35~40m,Ⅴ级围岩18~25m,Ⅳ级围岩10~14m,Ⅲ级围岩5~7m,为浅埋隧道。

城市地铁:覆跨比HD在0.6~1.5时为浅埋,HD小于0.6时为超浅埋。

(2)浅埋隧道特点

最大的特点是埋深浅,施工过程中由于地层损失而引起地面移动明显,对周边环境的影响较大。因

---

* 本文原载于:隧道建设,2006(05),2006(06),2007(01).

此对开挖、支护、衬砌、排水、注浆等方法提出更高要求,施工难度增加。

(3)浅埋地下工程的施工方法

主要包括:明挖法(盖挖法)、盾构法、浅埋暗挖法。浅埋地下工程施工方法比较见表1。

浅埋地下工程施工方法比较　　表1

Comparison of different construction methods for underground works with shallow overburden　Table 1

方法	明(盖)挖法	盾构法	暗挖法
地质	各种地层均可	各种地层均可	有水地层需特殊处理
占用场地	占用街道路面较大	占用街道路面较小	不占用街道路面
断面变化	适用于不同断面	不适用于不同断面	适用于不同断面
深度	浅	需要一定深度	需要深度比盾构小
防水	较易	较难	有一定难度
地面下沉	小	较小	较小
交通影响	影响很大	竖井影响大	影响不大
地下管线	需拆迁和防护	不需拆迁和防护	不需拆迁和防护
震动噪声	大	小	小
地面拆迁	大	较大	小
水处理	降水、疏干	堵、降水结合	堵、降或堵排结合
进度	拆迁干扰大,总工期较短	前期工程复杂,总工期正常	开工快,总工期正常
造价	大	中	小

联邦德国地铁建造成本变化见图1。

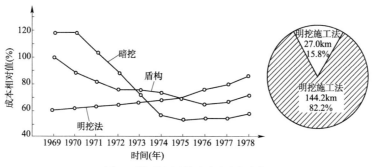

图1　联邦德国地铁建造成本的变化

Fig.1　Variations of construction costs of Metro Works in Gemany

1.2　浅埋暗挖法基本原理

(1)浅埋暗挖法名称的确定

在小导管超前支护技术、格栅拱架制造技术、正台阶环形开挖留核心土方法、监控量测技术等基础上,在软弱地层必须快速施工的理念,突出时空效应对防塌的重要作用,先后在军都山黄土隧道、北京地铁复兴门折返线、复一八线、西单车站采用浅埋暗挖技术取得了巨大成功(图2)的基础上。1987年8月,北京市科委与铁道部科技司共同组织鉴定会,对浅埋暗挖技术进行评价,会上确定取名为"浅埋暗挖法",适用范围:各种软弱地层的地下工程设计与施工。浅埋暗挖法又经过十几年的广泛应用,形成了一套完整的配套技术,被评为国家级工法,并正式提出"管超前、严注浆、短进尺、强支护、早封闭、勤量测"十八字方针。

(2)浅埋暗挖法施工原理

浅埋暗挖法沿用了新奥法的基本原理:采用复合衬砌,初期支护承担全部基本荷载,二衬作为安全储备,初支、二衬共同承担特殊荷载;采用多种辅助工法,超前支护,改善加固围岩,调动部分围岩自承能力;采用不同开挖方法及时支护封闭成环,使其与围岩共同作用形成联合支护体系;采用信息化设计与施工。

浅埋暗挖法大多用于第四纪软弱地层的地下工程,围岩自承能力很差,为控制地表沉降,初期支护刚度要大、要及时。特征曲线(图3)中 C 点尽量靠近 A 点,即尽量增大支护的承载,减少围岩的自承载。要做到这点,必须遵守十八字方针,初支必须从上向下施工,初支基本稳定后才能做二衬,且必须从下到上施工。

a) 军都山隧道(1988年)
(第一次用小导管、网构钢架)

b) 北京地铁复兴门折返线(1987年)
(国家科技进步二等奖)

c) 第一次用浅埋暗挖法建成
京珠高速乌龙岭双连拱隧道

d) 第一次用浅埋暗挖法建成
北京地铁车站试验段

图 2 浅埋暗挖法最初应用成功实例

Fig. 2 Pictures of works cases where method of under cutting with shallow overburden is preliminarily applied with success

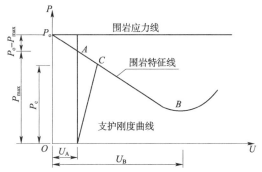

图 3 围岩特征曲线与支护刚度曲线示意图

Fig. 3 Curve of characteristic behaviors of surrounding rock mass and curve of rigidity of reinforcement

1.3 浅埋暗挖法的发展方向

浅埋暗挖法具有很多优点,但其缺点是:施工速度慢,施工工艺受施工队伍的技术水平限制等。

1.3.1 拓宽浅埋暗挖法的应用范围

目前浅埋暗挖法已经推广到广州、深圳、北京、杭州等地特殊的流沙、淤泥、含水砂层、流塑、半流塑地层;埋深缩小到0.8m;暗挖施工的车站跨度达26m;穿越密集民房。随着建设项目的增多,还需进一步研究新的辅助工法和施工工艺,以适应各种地层条件、埋深、跨度等方面的要求。

1.3.2 以信息化设计法补充和丰富传统的经验类比设计法

根据地表建筑物条件,选择合理的沉降值和结构刚度,并通过监控量测资料,及时调整、优化支护参数。对于地面无建筑物、地下无管线、对地面沉降要求不高时,可采用刚度较小的支护结构,以发挥围岩的自承能力;对于地面沉降要求比较严格的区段,应采用刚度较大、先柔后刚的网构钢拱架支护结构,以防止围岩过度变形。

1.3.3 选择适宜的辅助施工措施

常用的有:环形开挖留核心土;喷混凝土封闭开挖工作面;超前锚杆或超前小导管支护;超前小导管周边注浆支护;设置上半断面临时仰拱;深孔注浆加固地层;长管棚超前支护;特殊地层冻结法;水平旋喷超前支护;地面锚杆或高压旋喷加固地层;降低洞内、洞外地下水位;洞内超前降排水。

1.3.4 选择合理的支护参数和施工方法

(1)支护要及时,不仅能减小支护结构的荷载,还能避免地层的过分变形。

(2)对浅埋软弱地层,锚杆作用降低,尤其顶部两侧30°范围内锚杆是承压的,可取消该区的锚杆。超前小导管是有效的,第一台阶一般2.5~2.7m,小导管长3.5~3.7m,以确保1m左右导管插入破裂面以外。

(3)作为初支的喷混凝土厚度要合理,太厚不利于混凝土材料力学性能的发挥,当厚度$d \leq D/40$(D为洞径),喷混凝土支护接近无弯矩状态,支护结构性能较好。因此,用增喷混凝土厚度的方法来加强支护效果较差,应在采用合理的喷射方法、材料、配合比、外加剂上想办法,比如用湿喷、潮喷法,加聚丙烯纤维等。

(4)采用正确的施工方法,从工程造价和施工速度考虑施工方法的选择顺序应为:正台阶→台阶设临时仰拱→CD工法→CRD工法→眼镜工法,从施工安全考虑,顺序正好反过来。

1.3.5 富水地层的结构防水

目前的设计思路是:第一道防水线是初支和二衬之间铺设全包防水板;第二道防水线是二衬防水混凝土。

实践证明在无水或少水地层是有效的,在富水地层失败。

(1)原因:①初支表面混凝土不平整,锚杆头也难于处理,难以保证防水板的完整性,特别是钢筋混凝土更易造成防水板破坏,这样封闭防水层结构的设计思想得不到落实;②防水板与初支之间容易形成水囊,一旦防水板破裂,水就会在薄弱环节寻找出路,造成施工缝漏水;③采用全包防水板,水压直接作用在二衬上,容易造成衬砌开裂而漏水。

(2)改进措施:①加强初期支护的防水能力,提倡喷射防水混凝土,也可在初支与围岩之间进行填充注浆,把地下水拒之初支之外;②在初支表面布设一定数量的引水盲管,将少量初支渗漏水引排出去,防水板铺设到墙脚配合二衬防水混凝土防水,仰拱不铺设防水层,对进入初支结构和二衬之间的渗漏水应遵照以排为主的原则处理。

2 浅埋暗挖法施工原则及方法的比较

2.1 浅埋暗挖法施工原则

(1)根据地层情况、地面建筑物特点及机械配备情况,选择对地层扰动小、经济、快速的开挖方法。若断面大或地层较差,可采用经济合理的辅助工法和相应的分部正台阶开挖法;若断面小或地层较好,可用全断面开挖法。

(2)应重视辅助工法的选择,当地层较差、开挖面不能自稳时,采取辅助施工措施后,仍应优先采用大断面开挖法。

(3)应选择能适应不同地层和不同断面的开挖、通风、喷锚、装运、防水、二衬作业的配套机具,为快速施工创造条件,设备投入量一般不少于工程造价的10%。

(4)施工过程的监控量测与反馈非常重要,必须作为重要的工序。

(5)工序安排要突出及时性,地层差时,应严格执行十八字方针。

(6)提高职工素质,组织综合工班进行作业,以提高质量和速度。

(7)应加强通风,洞内外都要处理好施工、人员、环境三者的关系。

(8)应采用网络技术进行工序时间调整,进行进度、安全、机械、监测、质量、材料、环境管理。

2.2 浅埋暗挖施工方法的比较

浅埋暗控各施工方法的比较见表2。

浅埋暗挖各施工方法的比较　　　　表2
Comparison of different construction methods of undercutting with shallow overburden　　Table 2

施工方法	适用条件	沉降	工期	防水	拆初支	造价
全断面法	地层好,跨度≤8m	一般	最短	好	无	低
正台阶法	地层较差,跨度≤12m	一般	短	好	无	低
上半断面临时封闭正台阶法	地层差,跨度≤12m	一般	短	好	小	低
正台阶环形开挖法	地层差,跨度≤12m	一般	短	好	无	低
单侧壁导坑正台阶法	地层差,跨度≤14m	较大	较短	好	小	低
中隔壁法(CD法)	地层差,跨度≤18m	较大	较短	好	小	偏高
交叉中隔壁法(CRD法)	地层差,跨度≤20m	较小	长	好	大	高
双侧壁导坑法(眼镜法)	小跨度,可扩成大跨	大	长	差	大	高
中洞法	小跨度,可扩成大跨	小	长	差	大	较高
侧洞法	小跨度,可扩成大跨	大	长	差	大	高
柱洞法	多层多跨	大	长	差	大	高
盖挖逆筑法	多跨	小	短	好	小	低

3 全断面开挖作业

(1)施工顺序

全断面开挖法施工操作比较简单,主要工序:使用移动式钻孔台车,首先全断面一次钻孔,并进行装药连线,然后将钻孔台车退后50m以外的安全地点,再起爆,一次爆破成型,出碴后钻孔台车再推移到开挖面就位,开始下一个钻爆作业循环,同时,施作初期支护,铺防水隔离层(或不铺),进行二次模筑衬砌。

该流程突出两点:增加机械手进行复喷作业,先初喷后复喷,以利于稳定地层和加快施工进度;铺底混凝土必须提前施作,且不滞后200m,地层较差时铺底应紧跟,这是确保施工安全和质量的重要做法。

(2)适用范围

全断面法主要适用于Ⅰ～Ⅱ级围岩,当断面在50m²以下,隧道又处于Ⅳ级围岩地层时,为了减少对地层的扰动次数,在采取局部注浆等辅助施工措施加固地层后,也可采用全断面法施工,但在第四纪地层中采用此施工方法时,断面一般均在20m²以下,且施工中仍须特别注意,山岭隧道及小断面城市地下电力、热力、电信等管道工程施工多用此法。

(3) 优缺点

全断面开挖法有较大的作业空间,有利于采用大型配套机械化作业,提高施工速度,且工序少,便于施工组织和管理。但由于开挖面较大,围岩稳定性降低,且每个循环工作量较大。每次深孔爆破引起的震动较大,因此要求进行精心的钻爆设计,并严格控制爆破作业。

4 台阶法开挖

台阶法施工就是将结构断面分成两个或几个部分,即分成上下两个断面或几个工作面,分步开挖,根据地层条件和机械配备情况,台阶法又可分为正台阶法、中隔墙台阶法等。该法在浅埋暗挖法中应用最广,可根据工程实际、地层条件和机械条件,选择合适的台阶方式。

4.1 正台阶法开挖

正台阶法开挖优点很多,能较早地使支护闭合,有利于控制其结构变形及由此引起的地面沉降,上台阶长度(L)一般控制在 1～1.5 倍洞径(D),根据地层情况,可选择两步或多步开挖。

(1) 上下两部分步开挖法(图 4)

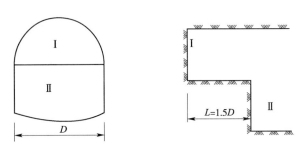

图 4 上下两部分步开挖示意图

Fig. 4 Sketch of top heading/bench excavation method

采用此法,若地层较好(Ⅲ～Ⅳ级),可将断面分成上下两个台阶分别进行开挖,上台阶长度一般控制在 1～1.5 倍洞径(D)以内,但必须在地层失去自稳能力之前尽快开挖下台阶,支护形成封闭结构;若地层较差,为了稳定工作面,也可辅以小导管超前支护等措施。

(2) 多部分步开挖留核心土(图 5)

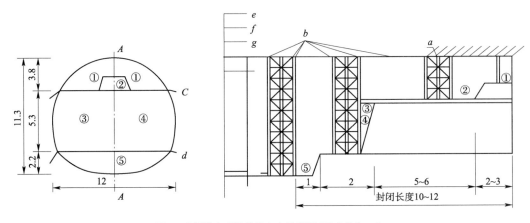

图 5 多部分步开挖留核心土示意图(尺寸单位:m)

Fig. 5 Sketch of step-by-step excavation method with core soil being kept (Unit:m)

该法适用于较差的地层,围岩级别为Ⅴ、Ⅵ级,上台阶取1倍洞径左右环形开挖,留核心土,用系统小导管超前支护、预注浆稳定工作面;用网构钢拱架做初期支护;拱脚、墙脚设置锁脚锚杆。从断面开挖到初期支护、仰拱封闭不能超过10d,以确保地面沉陷控制在50mm以内。

4.2 有关台阶长度问题

台阶长度之所以定为1倍洞径(D),主要因为:地面沉降不容许超过30mm,承载拱的跨度约为1倍洞径。

台阶长度确定原理示意见图6。

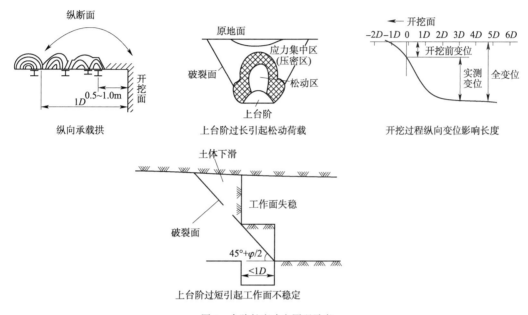

图6 台阶长度确定原理示意

Fig.6 Sketch of principle for determination of bench length

在1倍洞径区段周围地层产生横向和纵向两个承载拱的作用,这对开挖是有利的,台阶长度超过1倍洞径将失去纵向承载拱受力结构,仅有横向平面承载拱受力结构。

上台阶若选用大于1.5倍洞径的长台阶,在开挖时纵向变位大,上台阶断面形状不利于受力,而且容易引起周围地层松动,塑性区增大,造成拱脚附近受力大而使其失去稳定性。

上台阶若过短,小于1倍洞径,因洞内纵向破裂面超过工作面,易造成洞顶土体下滑,引起工作面不稳定,所以软弱地层不能采用短台阶法施工,但是若用硬岩爆破法施工时,为了便于风钻打眼,可设置超短台阶。

从安全角度考虑,台阶长度定为1倍洞径是合理的,施工机械的配置也应遵守这个原则。因此,在采用正台阶法施工时,应树立一个概念,不要分长台阶、短台阶、微台阶,这是长期施工经验教训的总结,有关施工规范中也取消了这种说法,也不再提半断面法开挖。需要说明的是,在Ⅴ级砂卵石地层中进行大断面正台阶开挖,必须同时实施深孔注浆和小导管超前支护、预注浆辅助工法。

4.3 正台阶法开挖优缺点

(1)灵活多变,适用性强。凡是软弱围岩、第四纪沉积地层,必须采用正台阶法,尤其是各种不同方法中的基本方法。而且,当遇到地层变化(变好或变坏),都能及时更改、变换成其他方法,所以被称为浅埋暗挖施工方法之母。

(2)具有足够的作业空间和较快的施工速度,台阶有利于开挖面的稳定,尤其是上部开挖支护后,下部作业则较为安全。当地层无水、洞跨小于10m时,均可采用该方法。

(3)台阶法开挖的缺点是上下部作业相互干扰,应注意下部作业时对上部稳定性的影响,还应注意台阶开挖会增加围岩被扰动的次数等。

5 单侧壁导坑超前导坑法开挖

主要适用于地层较差、断面较大,采用台阶法开挖有困难的地层。采用该法可变大跨断面为小跨断面。大跨断面多不小于10m,可采用单侧壁导坑法,将导坑跨度定为3~4m,这样就可将大跨度变为3~4m跨和6~10m跨,这种施工方法简单可靠。

采用该法开挖时,单侧壁导坑超前的距离一般在2倍洞径以上,为了稳定工作面,经常和超前小导管注浆等辅助施工措施配合使用,一般采用人工开挖,人工和机械混合出渣。

单侧壁导坑超前导坑法开挖示意见图7。

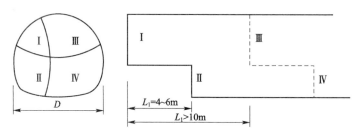

图7 单侧壁导坑超前导坑法开挖示意

Fig. 7 Sketch of single side drift excavation method

6 中隔墙法(CD工法)和交叉中隔墙法(CRD工法)开挖

(1)基本概念

CD法(Center Diaphragm)主要适用于地层较差和不稳定岩体,且地面沉降要求严格的地下工程施工。当CD法仍不能满足要求时,可在CD工法的基础上加设临时仰拱,即CRD法(Cross Diaphragm)。

CD法首次在德国慕尼黑地铁工程的实践中获得了成功,CRD法是日本吸取欧洲CD法的经验,将原CD工法先开挖中壁一侧改为两侧交叉开挖、步步封闭成环、改进发展的一种工法。其最大特点是将大断面施工化成小段面施工,各个局部封闭成环的时间短,控制早期沉降好,每个步序受力体系完整。CRD法施工的国家计委地下停车场工程见图8。

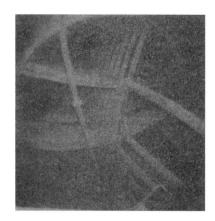

图8 CRD法施工的国家计委地下停车场工程

Fig. 8 Underground parking of National Planning Committee of China that is constructed by means of CRD method

(2)施工顺序及工艺

CD工法和CRD工法开挖方式见图9。

(3)方法的比较

大量的施工实例资料的统计结果表明,CRD法优于CD法(CRD法比CD法减少地面沉降近50%),而CD法又优于眼镜法。但是CRD工法施工工序复杂,隔墙拆除困难,成本较高,进度较慢,一般在第四纪地层中修建大段面地下结构物(如停车场),且地面沉降要求严格时才使用。每步的台阶长度都应控制,一般为5~7m。

在市区软弱、松散的地层中,仅从控制地层位移的角度考虑,前述隧道浅埋暗挖施工方法择优的顺序为 CRD 工法→眼镜工法→CD 工法→上半断面临时闭合法→正台阶法。而从进度和经济角度考虑，由于各工法的工序和临时支护不同，其顺序恰恰相反。

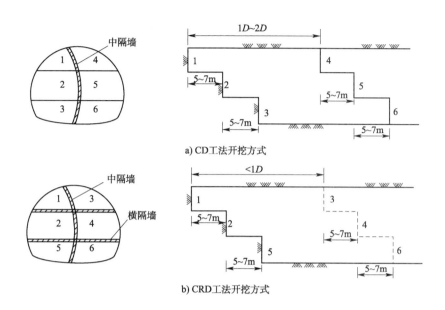

图 9 CD 工法和 CRD 工法开挖方法

Fig. 9 Sketch of excavation by means of CD method and CRD method respectively

7 双侧壁导坑法开挖

(1) 基本概念

双侧壁导坑法也称眼镜工法，也是变大跨度为小跨度的施工方法，其实质是将大跨度(>20m)分成三个小跨度进行作业，主要适用于地层较差、断面很大、单侧壁导坑超前台阶法无法满足要求的三线或多线大断面铁路隧道及地铁工程。该法工序较复杂，导坑的支护拆除困难，有可能由于测量误差而引起钢架连接困难，从而加大了下沉值，而且成本较高，进度较慢。20 世纪 70 年代至 80 年代初国内外多用此法(图10)，目前使用较少。

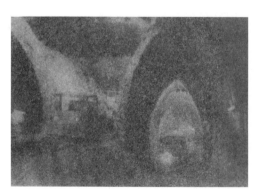

图 10 眼镜工法施工照片

Fig. 10 Picture of construction by means of double side drifts method

(2) 施工顺序及工艺

双侧壁导坑法施工顺序及工艺见图11。

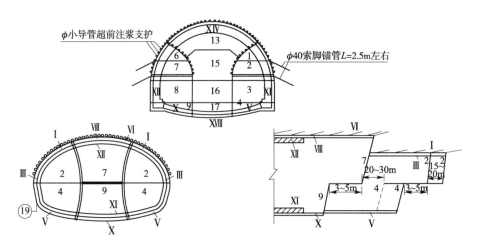

图 11　双侧壁导坑法施工顺序及工艺示意图

Fig. 11　Sketch of construction sequence and construction technique of double side drifts method

8　双 CD 法

双 CD 法与双侧壁导坑法相似,其主要区别在于双 CD 法将两侧导坑的内侧的弧形侧壁的屈度减小或变为直墙。其示意图见图 12。

双 CD 法较好地克服了双侧壁导坑法的以下缺点:①两侧壁导坑内侧壁弯度大,给上结点施工造成困难;②中部跨度加大。而且双 CD 法能承受较大的垂直荷载,便于调整施工顺序。

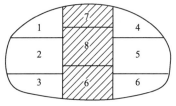

图 12　双 CD 法开挖顺序示意图

Fig. 12　Sketch of excavation sequence of double CD method

9　特大断面施工方法

在修筑地下发电厂、地下仓库、地下商业街及地铁车站时,经常出现地下大空间的施工问题。这些建筑物若在埋深较浅、软弱不稳定的Ⅲ~Ⅴ级围岩中,一般用浅埋暗挖法施工。

当地质条件差、断面特大时,一般设计成多跨结构,跨与跨之间有梁、柱连接。比如常见的三跨两柱的大型地铁站、地下商业街、地下停车场等,一般采用中洞法、侧洞法、柱洞法及洞桩墙法(地下盖挖法)等方法施工,其核心思想是变大断面为中小断面,提高施工安全度。

(1)中洞法施工

中洞法施工(图 13)就是先开挖中间部分(中洞),中洞内施作梁、柱结构上。由于中洞的跨度较大,施工中一般采用 CD 法、CRD 法或眼睛法等进行施作。中洞法施工工序复杂,但两侧洞对称施工,比较容易解决侧压力从中洞初期支护转移到梁柱上时产生的不平衡侧压力问题,施工引起的地面沉降较易控制。该工法多在无水、地层相对较好时应用。该工法空间大,施工方便,混凝土质量也能得到保证。当施工队伍水平较高时,多采用该工法施工。采用该工法施工,地面沉降均匀,两侧洞的沉降曲线不会在中洞施工的沉降曲线最大点叠加,应为优选方案。

(2)柱洞法施工

柱洞法施工(图 14)中,先在立柱位置施作一个小导洞,可用台阶法开挖。当小导洞做好后,在洞内再做底梁、立柱和顶梁,形成一个细而高的纵向结构。该工法的关键是如何确保两侧开挖后初期支护同步作用在顶纵梁上,而且柱子左右水平力要同时加上且保持相等,这是很困难的力的平衡和力的转换交织在一起的问题。在第④步增设强有力的临时水平支撑是解决问题的一个办法,但工程量大,不易控制。

另一个办法是在第②步的空间用片石(间层用素混凝土或三合土)回填密实,使立柱在承受不平衡水平力时,依靠回填物给予支持,这样左边和右边施工就可以不同步地将水平荷载转移到立柱纵梁上。这样做虽能确保立柱的质量,但造价较高。

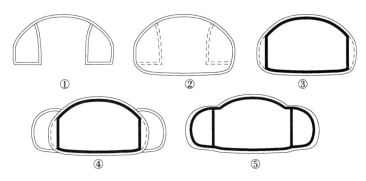

图 13　中洞法施工示意图

Fig.13　Sketch of construction by means of central drift method

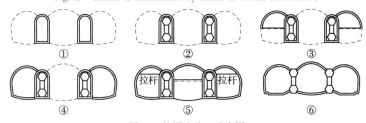

图 14　柱洞法施工示意图

Fig.14　Sketch of construcition by means of column drift method

(3)侧洞法施工

侧洞法施工(图 15)就是先开挖两侧部分(侧洞),在侧洞内做梁、柱结构,然后再开挖中间部分(中洞),并逐渐将中洞顶部荷载通过侧洞初期支护转移到梁、柱上。这种施工方法,在处理中洞顶部荷载转移时,相对于中洞法要困难一些。

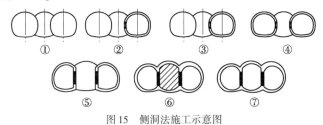

图 15　侧洞法施工示意图

Fig.15　Sketch of construction by means of side drift method

两侧洞施工时,中洞上方土体经受多次扰动,形成危及中洞的上小下大的梯形、三角形。该土体直接压在中洞上,中洞施工若不够谨慎就可能发生坍塌。采用该工法施工引起的地面沉降较大,而中洞法则不会出现这种情况。

(4)桩柱法施工

桩柱法施工(图 16)就是先开挖,在洞内制作挖孔桩。梁柱完成后,再施作顶部结构,然后在其保护下施工,实际上就是将盖挖法施工的挖孔桩梁柱等转入地下进行,因此也称作地下式盖挖法。该工法施工工序较多,且由于地下工作环境很差,施工质量较难保证。扣拱时由于跨度较大,安全性稍差。在地层较好、无水时,可采用桩柱法。该工法是为民工队准备的低水平施工法,洞内挖孔环境破坏很大,是一种不宜过多提倡的方法。

(5)各种开挖方式的比较

各种开挖方式的比较见表 3。

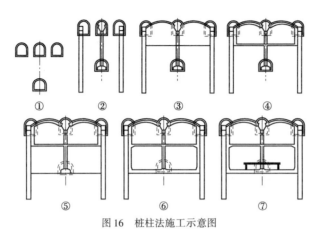

图 16 桩柱法施工示意图

Fig. 16 Sketch of construciton by means of pile beam-arch (PBA) method

特大断面施工开挖方法比较　　表 3

Comparison of different excavation methods for underground works with super large cross sections

Table 3

施工方法	中洞法	侧洞法	柱洞法
地面沉降	较大	较大	大
施工安全	中等	较高	中等
断面利用率	中等	中等	中等
施工环境	较好	较好	隧洞内稍差
受力条件	较好	较好	较差
废弃工程量	中等	较大	较小
造价	中等	高	较低

10 浅埋暗挖法施工要点

（1）首先系统采用小导管超前支护技术，靠近工作面架设的第一排钢拱架，是不受力的。

（2）设计采用8字形格栅拱架，做到在 x、y 两个方向实现等强度、等刚度、等稳定度，取代工字钢，并进行了系统室内外加载破坏试验，网格拱架喷射混凝土提高10倍承载力，工字钢则提高4倍。

（3）开挖方法采用正台阶环形开挖留核心土，第一个台阶取2.5m高，合理的初期支护必须从上向下施作，一次支护稳定后方可施作二次模筑衬砌。

（4）采用监控量测技术控制地表下沉和防塌方是最可靠的方法。

（5）突出快速施工，考虑时空效应，做到四个及时：及时支护、及时量测、及时反馈、及时修正。

（6）采用复合式衬砌结构，一次支护由喷射混凝土、钢筋网、网构钢拱架组成。钢拱架联结处设索脚锚管和钢拱架焊接，取消系统锚杆，形成一次支护。

（7）浅埋暗挖法十八字方针是施工的原则和要点的精辟总结，即"管超前、严注浆、短进尺、强支护、早封闭、勤量测"。

（8）必须遵循信息化反馈设计、信息化施工、信息化动态原理。

（9）拓宽浅埋暗挖法在有水、不稳定地层中应用时，要采用以注浆堵水为主，以降水为辅的原则。采用劈裂注浆加固和堵住80%的水源，降掉20%的少量裂隙水，以达到减少地表下沉的目的。

（10）选择适宜的辅助施工工法。

常用的有：环形开挖留核心土、喷射混凝土封闭开挖工作面、超前锚杆或超前小导管支护、超前小导管周边注浆支护、设置上台阶临时仰拱、跟踪注浆加固地层、水平旋喷超前支护、洞内真空泵降水、洞内超前降排水、洞外深井泵降水、地面高压旋喷加固、先注浆后冻结法。

(11)大跨施工应选择变大跨为小跨的施工方法,如CD法、双CD法、柱洞法、中洞法、侧洞法等。

(12)长管棚的直径要和地层刚度相匹配,当ϕ超过150mm时,对控制地表下沉作用很小。

(13)隧道宜近不宜联,双联拱、多联拱结构尽量少用。

盾构机国产化迫在眉睫

王梦恕

(中国工程院 院士)

21世纪是人类开发地下空间的世纪。目前,我国修建的铁路隧道6876座,长度3670km,居世界首位,近两年则以每年200km的速度快速增长。我国的隧道及地下工程技术已经接近世界先进水平,中国已经跨入世界隧道大国的行列。

随着我国基础设施的大规模建设以及西部大开发战略的实施,铁路、公路、大中型水电站建设以及南水北调等工程都将有大量的长、大隧道需要建设。现代化城市建设中的地铁工程、市政工程(排污水管、输水管)、越江隧道也在不断增加。越来越多的工程建设单位将首选隧道掘进机施工。据预测,仅2010年前的十年间就需购置直径3~9m岩石和盾构掘进机190余台,还不包括微型掘进机在内。远期估计,随着城市立体化、管线入地化趋势的到来,盾构掘进机市场需求将超过千台。

面对如此庞大的市场要求,首先,如果不加强在盾构掘进机技术领域的研究、开发、生产和应用,伴随我国加入WTO、市场准入的逐步放开,我国将失去更大的市场份额,错过掘进机早日实现产业化的时机,人为造成大量的外汇流失。其次,如果没有具有自主知识产权的盾构掘进机设备,国内制造企业只能在低效率、高能耗的层次上徘徊,最终被挤出市场。再次,由于缺少研究、开发、生产资金的投入,国内科研机构的潜力挖不出来,一些重型机械制造企业找不到活干,就无从谈起形成我国自己的盾构掘进机产业体系,更带不动相关产业的发展。其结果是我国的基础设施建设救活了国外企业,从另一个方面削弱了扩大内需、拉动经济持续增长目标的实现。盾构掘进机如不早日实现产业化,则将成为制约我国国民经济相关产业发展的瓶颈之一。

生年不满百,常怀千岁忧。为了不将巨大的国内市场继续拱手让人,掘进机的大量应用,不能只靠国外制造,必须走国产化的道路,有自主知识产权。在此,对发展我国盾构掘进机产业提几点意见:

国产化的方法应是,以工程为依托,以施工单位为主体,联合国内有关的重型机械厂生产。

必须规范建设方的崇洋媚外行为。广州、深圳、北京、南京等地地铁项目,从工程进度、减少施工风险因素出发,不愿用也不敢用国产盾构掘进机。广州曾试图让德国海瑞克和广州重机厂合作,但不太成功。这是当前影响国产化的最大阻力。建议首先从北京开始优先使用国产盾构设备。因为北京地铁穿越地层条件比南方好,使用简易盾构机就可通过,不需要用土压平衡盾构机,这样便于从易到难实现国产化。应该讲,近期北京站—西客站的地下线施工,在国产化方面开了好头。

盾构掘进机由不同总成组成,尤其大型轴承的制造、各变速箱机构、大吨位千斤顶、液压系统、监控量测元件和系统都需要事先分工生产,形成产品技术平台。因德国海瑞克公司生产盾构的配套工厂有专利性质,绝不卖给其他制造工厂,形成技术垄断。因此,我国应规定几个生产厂家分头攻关。目前这些盾构机(如复合盾构)设计图纸已测绘设计完成,但能否拿出来供工厂提前试做,尚有困难。因工艺设计需生产厂家进行,初期效益很难实现,所以必须建立一个机构进行协调。因各方利益和前期投入的回报都是未知数,费用也应请国家支持一部分,如大轴承、转动系统、液压系统、监控系统、刀具等,仅由协会、学会

---

* 本文原载于:中国工业报,2006-11-28.

出面协调是不够的,这是影响国产化的最大难点,必须由国家相关部委牵头,组织地铁的业主,指定国产化内容。否则,工程将不予审批。

建议有关方面首先从小盾构机、小掘进机国产化的开发制造入手,因其用量占国内市场所有用量的80%以上。这方面日本很积极,北京交大隧道中心目前正和日本谈判,日方表示可在中国组织不同施工单位和工厂进行组装、钢结构制造、调试,最后合资全面生产。这样做难度较小。

今后城市地下沟、管的施工中,小盾构机、小掘进机应用很多,可以根本改变目前存在的管线乱埋、乱挖的无序局面。

目前国家把盾构掘进机技术研究和开发项目列入"十一五"国家重大技术装备项目。应争取和工程相结合,工程拿一部分,国家拿一部分,这样国产化才能真正搞成,而不是空谈。国产化决策层,应是发改委牵头,下设执行层,执行层如何组成,应予讨论,应发挥协会、学会的作用和能力。中国工程院应参与该项目的咨询和落实工作。

盾构掘进机国产化发展,在技术上可行,经济上合理,对市场的推动作用可观。从推进我国隧道与地下工程的技术进步、带动制造业的发展角度看,盾构掘进机国产化迫在眉睫。

青藏铁路建设情况

王梦恕[1]　何华武[2]

(1. 中铁隧道集团有限公司；2. 中华人民共和国铁道部)

摘　要：介绍青藏铁路建设的主要成就。内容包括：①青藏铁路建设取得突破性进展；②依靠科技创新，攻克冻土难题；③贯彻基本国策，保护生态环境；④坚持卫生先行，搞好健康保障；⑤更新建设理念，勇创世界一流。

关键词：青藏铁路；建设；冻土；生态环境；健康；建设理念

中图分类号：U2　**文献标识码**：B

Abstract: Great achievements have been made in the construction of Qinghai Tibet railway: a. Breakthrough development has been achieved in the construction of Qinghai-Tibet railway; b. The difficult problem of frozen soil has been solved by means of scientific and technological innovations; c. The basic national policy of protecting the ecological environment has been strictly followed; d. Medical and health measures have been taken in advance and the health of the workers has been guaranteed; e. The railway construction concept has been updated and world first class railway has been built.

Key words: Qinghai-Tibet railway; construction; frozen soil; ecological environment; health; construction concept

1　青藏铁路建设取得突破性进展

1.1　党中央、国务院作出重大决策

修建青藏铁路是中国政府在新世纪之初的重大决策，是实施西部大开发战略的标志性工程。

1994年7月，开始大面积选线和多方案比较，这些方案主要有：青藏方案；甘藏方案；川藏方案；滇藏方案(图1)。

在专家多次论证的基础上，铁道部建议：首先修建青藏铁路格(尔木)拉(萨)段。

2001年2月7日，国务院总理办公会议审议了青藏铁路建设方案，批准青藏铁路建设立项。

1.2　青藏铁路建设工程宏伟艰巨

1.2.1　工程总量巨大

青藏铁路格尔木至拉萨段(简称格拉段)全长1142 km，全线共设34个站，11个有人值守站，23个无人值守站，5个景观站。

设计工程总量：路基土石方为7807万 m^3；桥梁为159879延长米，隧道9527延长米，涵洞35611横延米；正站线铺轨1216 km。

1.2.2　自然条件恶劣复杂，修建难度大

(1)高寒缺氧

---

* 本文原载于：隧道建设，2007(05).

图1 青藏铁路主要比较方案

Fig. 1 Qinghai-Tibet railway alignment Gansu-Tibet railway alignment Sichuan-Tibet railway aligment and Yunnan-Tibet railway alignment

①海拔4000m以上地段960km翻越唐古拉山最高点海拔5072m(图2)。
②青藏铁路沿线与海平面大气压、氧分压对比(表1)。
③多年冻土区年平均气温0℃以下,沱沱河极端最低温度 -45.20℃。

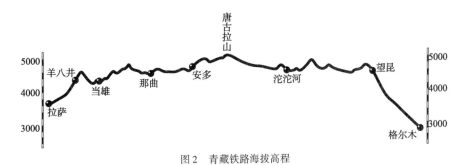

图2 青藏铁路海拔高程

Fig. 2 Elevation of Qinghai-Tibet railway

(2)地质极为复杂

主要为冻土。

(3)自然灾害严重

主要有:①高原雷电(2002年9月27日19时40分,在五道梁工地曾出现滚地雷);②暴风雪;③风沙;④地震(2001年11月14日昆仑山南麓发生8.1级地震)。

青藏铁路沿线与海平面大气压、氧分压对比　　　　表1

Comparison between atmospheric pressure and partial oxygen pressure along Qinghai-Tibet railway and those at the sea level　　Table 1

地　区	大　气　压		氧　分　压	
	数值(kPa)	相当于海平面的百分比(%)	数值(kPa)	相当于海平面百分比(%)
海平面	101.2		20.7	
海拔4000m	61.3	60.6	13.0	62.8
风火山隧道	55.1(53.7)	54.4(53.1)	11.0(11.3)	53.1(54.6)
唐古拉山垭口	53.2(51.8)	52.6(51.2)	11.6(10.6)	56.0(51.2)

注:表中未加括号数字为平均值,加括号数字为2004年10月9日8时实测值。

(4)生态环境敏感脆弱

主要为荒漠化。

(5)施工组织难度很大

①有效施工期短。

②有的工程必须冬季施工。

③建设物资运量大、运距长。

1.3　青藏铁路铺轨进程

1.3.1　总体部署

由北向南,逐步推进,分段建设,两点三面铺轨(图3)。

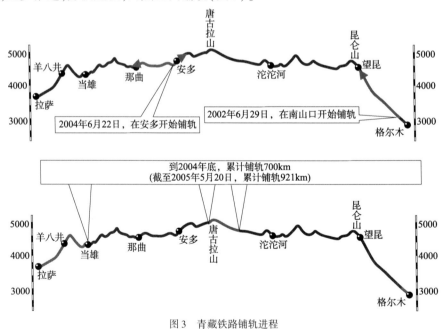

图3　青藏铁路铺轨进程

Fig.3　Schedule of track laying of Qinghai Tibet railway

1.3.2　阶段目标

(1)2001年,首战告捷:格尔木至望昆段施工路基成型,柳梧隧道开工;冻土工程试验段开始建设。

(2) 2002年,重点攻坚:唐古拉山以北冻土工程施工;羊八井隧道群施工;铺轨到达望昆。

(3) 2003年,全面攻坚:唐古拉山越岭地段"无人区"及唐古拉山以南工程施工;唐古拉山以北桥、隧、路基工程基本完成;铺轨通过风火山。

(4) 2004年,整体推进:全线路基桥涵隧道工程基本完成;展开站后工程试验。

(5) 2005年,全线铺通,开展站后工程建设。

(6) 2006年,收尾配套,开展试运营工作。

(7) 2007年7月1日前,全线建成通车。

严格质量管理,加强工程监理,确保工程符合验标要求。

总之,青藏铁路建设面临多年冻土、高寒缺氧、生态脆弱"三大难题"的严峻挑战,工程极为艰巨。

2 依靠科技创新,攻克冻土难题

2.1 多年冻土主要病害

(1) 冻胀

主要表现为:①冰锥(图4);②冻胀丘(图5)。

图4 冰锥
Fig. 4 Ice cone

图5 冻胀丘
Fig. 5 Frost heaving mound

(2) 融沉

主要表现为:①热融滑塌(图6);②热融湖塘(图7);③热融冲沟(图8)。

图6 热融滑塌
Fig. 6 Thaw slumping

图7 热融湖塘
Fig. 7 Thaw lake (pond)

图 8 热融冲沟
Fig. 8 Thaw gully

2.2 冻土攻关主要成就

2.2.1 确立了正确的设计思想

（1）主动降温、冷却地基、保护冻土。

（2）在多年冻土设计上实现了"三大转变"：①冻土环境分析由静态转变为动态；②冻土保护方式由被动保温转变为主动降温；③冻土治理措施由单一措施转变为综合施治。

2.2.2 制订了科学的技术规定

编制了青藏铁路多年冻土区勘察、设计、施工的暂行规定。

2.2.3 掌握了沿线冻土分布及特征

（1）青藏铁路多年冻土特征分区统计

青藏铁路多年冻土特征分区统计见表2。

青藏铁路多年冻土特征分区统计   表2
Features of permafrost along Qinghai-Tibet railway   Table 2

地温分区	长度(km)	厚层地下冰、含土冰层(km)	富冰冻土、饱冰冻土(km)	多冰冻土、少冰冻土(km)
高温极不稳定区（Tcp-I）	199.75	11.0	75.63	113.12
高温不稳定区（Tcp-II）	74.51	5.8	29.34	39.37
低温基本稳定区（Tcp-III）	110.75	24.2	36.64	49.91
低温稳定区（Tcp-IV）	59.75	16.2	24.35	19.19
融区	101.68			

（2）冻土特征

①热稳定性差。

②厚层地下冰和高含冰量冻土比重大。

③对气候变暖反应极为敏感。

④太阳辐射强烈（日照一般为2600~3000h/a）。

2.2.4 取得了可喜的现场试验研究成果

建立了5个工程试验段(图9)。

2.2.5 创新了成套的多年冻土工程措施

（1）片石气冷措施

①工作原理：片石层上下界面间存在温度梯度，引起片石层内空气对流；负积温量值大于正积温，加快基底地层的散热，降低地温(图10)。

②应用效果见图11~图13。

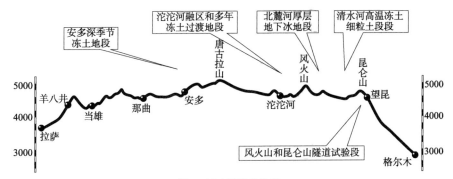

图 9　冻土试验段位置

Fig. 9　Positions of Permafrost experiment sections

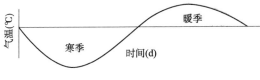

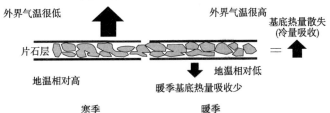

图 10　片石气冷措施工作机理

Fig. 10　Working principle of rubbleair cooling system

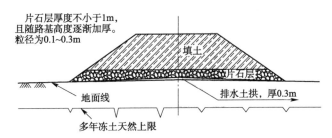

图 11　片石气冷路堤横断面示意图

Fig. 11　Cross section of subgrade with rubble air cooling system

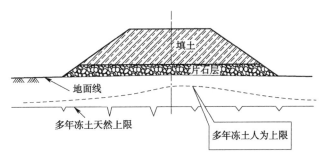

图 12　片石气冷路堤效果示意图

Fig. 12　Effect of installing rubbleair cooling system

③采用量及适用条件：a. 在多年冻土地段采用片石气冷路基累计达 117km；b. 适应于高温极不稳定、不稳定冻土区。

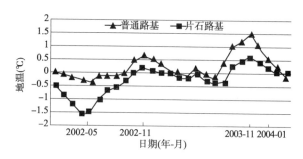

图 13 片石气冷路基效果

Fig. 13 Comparison between ordinary subgrade and rubble subgrade in respect of cooling effect

(2)碎(片)石护坡或护道措施

①措施见图 14、图 15。

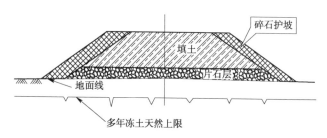

图 14 增设碎石扩坡路堤横断面结构示意图

Fig. 14 Cross section of subgrade with additional crushed stone slope protection layers

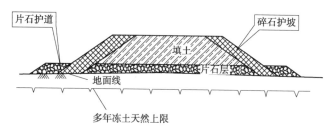

图 15 增设片石护道横断面结构示意图

Fig. 15 Cross section of subgrade with additional road bed protection layers

②原理:a. 孔隙内空气在温度梯度的作用下产生对流;b. 暖季空气交换弱,产生热屏蔽,减少传热(图16);c. 寒季对流交换热作用强,有利于地层散热(图17)。

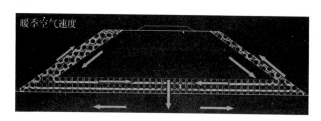

图 16 暖季空气交换弱,产生热屏蔽,减少传热

Fig. 16 In warm seasons the air exchange is weak, which results in them albarriers and reduction in heat transm is sion

注:1. 碎石层中靠近外侧的空气均为向上运动;
2. 水平片石层内的空气运动方向是靠近阳坡区域为上层空气运动方向向右,下层向左,而靠近阴坡处的水平抛石层的上层空气运动方向向左,下层向右,在靠近水平抛石层中心区域空气的运动方向向下;
3. 碎石层阳坡侧的空气运动速度大于阴坡侧。

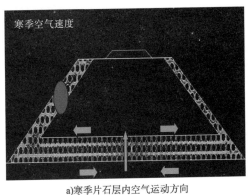
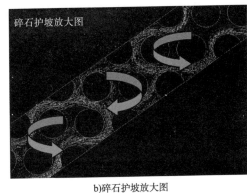

a)寒季片石层内空气运动方向　　　　　　b)碎石护坡放大图

图 17　寒季对流交换热作用强,有利于地层散热

Fig. 17　In cold seasons, the heat exchange is strong, which is helpful to the heat dissipation of the ground

注:1. 靠近环境的速度运动方向向下;
2. 在水平片石层内靠近阳坡的上层空气运动向左,下层空气运动向右,靠近阴坡的上层空气运动向右,下层空气运动向左;
3. 在水平片石层内,越远离地表的空气运动速度越小,在水平抛石路堤中心的空气运动速度几乎为零;
4. 有利于路基保冷。

③使用效果见图 18 ~ 图 20。

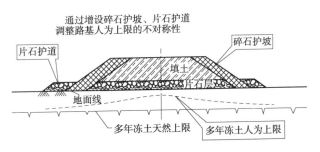

图 18　增设碎石护坡、片石护道效果示意图

Fig. 18　Effect of installing crushed stone slope protection layers and crushed stone road bed protection layers

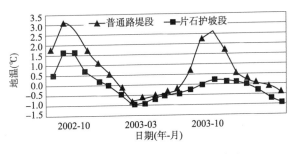

图 19　增设碎石护坡、片石护道实际效果

Fig. 19　Comparison between ordinary subgrade and subgrade with crushed stone slope protection layers

(3)通风管措施

①措施见图 21 ~ 图 23。
②原理(图 24):a. 空气在管内强对流作用;b. 加大路堤与空气的接触面,增加路基及地基的冷量。
③效果见图 25。

图 20 通过增设碎(片)石护坡或护道主要解决多年冻土路基不均匀变形问题

Fig. 20 The differential deformation of the permafrost road bed is minimized due to the installing of the crushed stone (rubble) slope protection layers and road bed protection layers

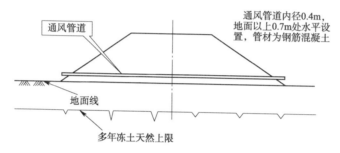

图 21 通风管路基横断面结构示意图

Fig. 21 Cross section of subgrade with ventilation ducts

图 22 不带风门的通风管

Fig. 22 Ventilation ducts without airgates

图 23 带风门的通风管

Fig. 23 Ventilation ducts with air gates

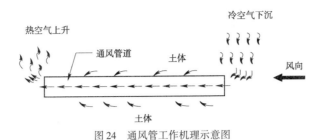

图 24 通风管工作机理示意图

Fig. 24　Working principle of ventilation ducts

(4) 热棒措施

①措施见图 26。

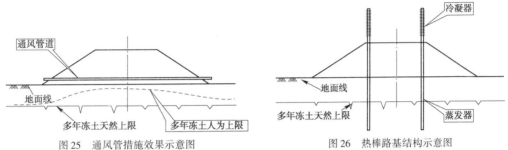

图 25　通风管措施效果示意图　　　　图 26　热棒路基结构示意图

Fig. 25　Effect of in stalling ventilation ducts　　Fig. 26　Cross section of subgrade with thermalrods

②原理(图 27):a. 汽液两相对流换热,降低棒周地温;b. 无能耗,高效率。

③效果见图 28。

④青藏铁路使用范围:32km 线路使用热棒(图 29)。

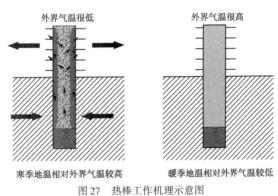

图 27　热棒工作机理示意图

Fig. 27　Working principle of thermal rods

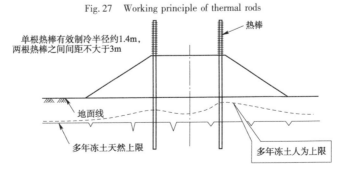

图 28　热棒路基上限变化示意图

Fig. 28　Effect of in stalling thermalrods

注:实际应用中,为使纵横向制冷影响范围交圈,采用与竖向成 30°的倾角。此外,通过蒸发段与冷凝段的热量对比,可适当缩短热棒长度。

图 29　使用热棒路基

Fig. 29　Picture of subgrade with themalrods

(5)遮阳棚措施(图 30、图 31)

(6)振热保温措施

①措施见图 32、图 33。

②原理(图 34):a.减少地温波动,减轻周期性冻胀变形;b.被动保护冻土。

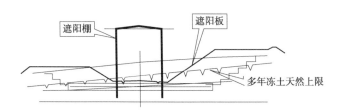

图 30　遮阳棚措施示意图

Fig. 30　Sketch of sbugrade with sunshading shed

a)遮阳板试验(1999年建)　　　　　　　　b)遮阳棚试验(1999年建)

图 31　遮阳措施试验

Fig. 31　Experiments on sunshading measures

③效果见图 35、图 36。

(7)基底换填措施(图 37)

在挖方地段或填土厚度达不到最小设计高度的低路堤地段采用。对于不满足最小设计高度的低路堤及路堑段基底进行换填处理,换填厚度为天然上限的 1.4 倍。

(8)综合措施(图 38~图 40)

(9)路基排水措施(图 41、图 42)

合理布设桥涵,设置挡水埝等排水设施。

(10)合理路基高度措施

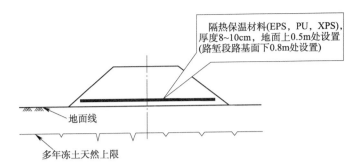

图 32 隔热保温材料路堤横断面结构示意图

Fig. 32 Cross section of sbugrade with thermal separation and temperature keeping measures

图 33 铺设保温板

Fig. 33 Picture of installing temperature keeping plates

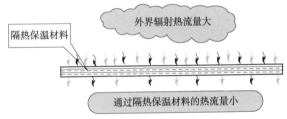

图 34 隔热保温材料工作机理示意图

Fig. 34 Working principle of thermal separation and temperature keeping measures

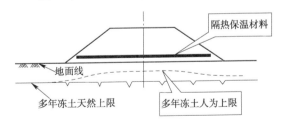

图 35 隔热保温材料措施效果示意图

Fig. 35 Effect of taking thermal separation and temperature keeping measures

①路基填筑高度为 2.5~5.0m。

②太高的路基不利于冻土稳定。

(11) 路桥过渡段措施

桥台后过渡段填筑碎砾石土等填料,见图 43。

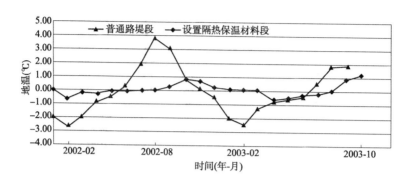

图 36 隔热保温材料保温效果

Fig. 36 Comparison of ordinary subgrade and subgrade with thermal separation and temperature keep ingmeasures in aspect of thermal separation and temperature keeping effects

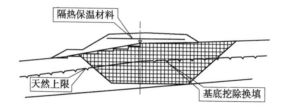

图 37 基底换填处理断面示意图

Fig. 37 Cross section of subgrade with replaced subgrade foundations

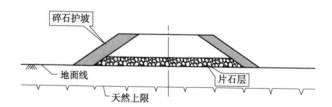

图 38 片石气冷结构碎石护坡措施示意图

Fig. 38 Cross-section of subgrade with rubble air-cooling structures and crushed stone slope protection measures

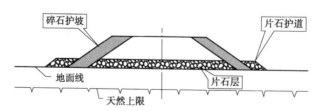

图 39 片石气冷结合碎石护坡、片石护道措施结构示意图

Fig. 39 Cross-section of sbugrade with rubble air-cooling measures, crushed stone slope protection measures and rubble subgrade protection measures

（12）桥涵基础措施

①双柱式桥墩采用钻孔灌注桩基础，见图44a）。

②重力式桥墩采用钻孔灌注桩基础，见图44b）。

钻孔灌注桩成桩至回冻后温度变化见图45。

③预制涵洞及基础，现场拼装，保护多年冻土见图46、图47。

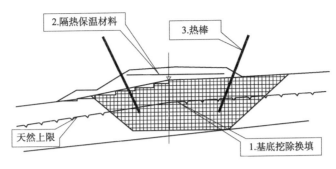

图40 热棒结合隔热保温材料、基底换填处理示意图

Fig. 40 Cross-section of subgrade with thermal rods, thermal isolation and temperature-keeping measures and relpaced foundation bottoms

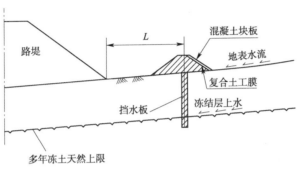

图41 路基排水措施示意图

Fig. 41 Drainage measures of subgrade

图42 挡水埝

Fig. 42 Water-stop ridge

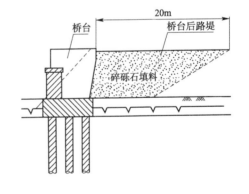

图43 路桥过渡段示意图

Fig. 43 Transition section between bridge and subgrade

(13)隧道措施

控制开挖温度,采用合理衬砌,设置隔热保温层。见图48~图50。

2.2.6 提升了冻土施工技术水平

(1)研究开发先进工法,保护冻土

①路堤填筑工法。

②路堑施工工法。

③基坑开挖工法。

④钻孔灌注桩施工工法。

⑤隧道施工工法。

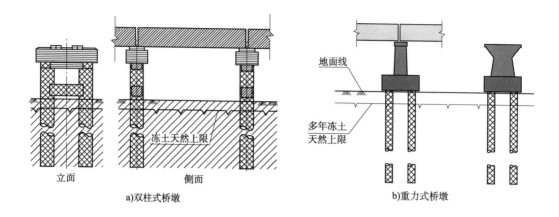

图44 桥墩采用钻孔灌注桩基础

Fig. 44 Pier with cast-in-place bored pile foundations

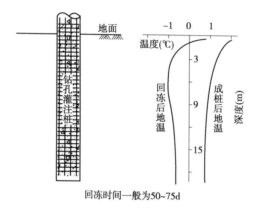

图45 钻孔灌注桩成桩后至回冻后温度变化

Fig. 45 Temperature variations of cast-in-place bored piles from pile completion to refreezing

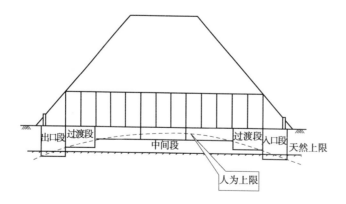

图46 预制涵洞及基础，现场拼装，保护多年冻土效果

Fig. 46 Frozen soil protection effect of precast culvert

⑥路基边坡防护工法。
⑦高原铺轨架梁工法。

图 47　拼装式涵洞

Fig. 47　Precast culvert

在桥梁桩基施工中,使用性能优越的旋挖钻机(图51),速度快,质量好,效率高,对冻土扰动小,对环境无污染。

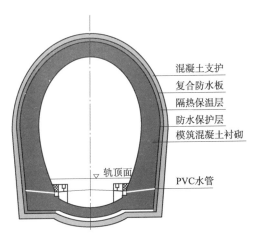

图 48　隧道衬砌结构

Fig. 48　Lining structure of tunnel

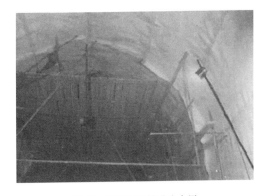

图 49　隧道正在铺设防水层

Fig. 49　Installation of water-proofing membranes in trnnel

图 50　昆仑山、风火山隧道结构安全可靠

Fig. 50　Kunlunshan tunnel and Fenghuoshan tunnel with safe and reliable lining structures

(2)对冻土工程进行全过程监测

监测现场如图52所示。

图 51 桥梁桩基础工中,使用性能优越的旋挖钻机

Fig. 51 Rotary drilling rigs for construction of bridge pile foundations

图 52 对冻土工程进行全过程监测

Fig. 52 Full-course monitoring of freezing works

2.2.7 效果

青藏铁路已完工程经过两个冻融循环的检验,初步证明所采取的工程措施效果良好。

2004 年 9 月,第六届国际多年冻土工程会议在中国兰州召开。与会外国专家评价"青藏铁路采取保护冻土的设计原则是完全正确的,主要工程措施可靠,能够保证安全稳定"。

2.3 其他问题

在全力解决冻土的同时,青藏铁路建设还面临地震和混凝土耐久性难题。

2.3.1 抗震

(1)线路选线尽量避开活动断裂带,以路基工程大角度通过。
(2)尽力避免在断裂带中设置大桥、高桥等大型建筑物。
(3)桥梁、隧道等大型建筑采取严格的抗震措施,确保安全。

2.3.2 耐久性混凝土结构

(1)抗冻融,抗渗,抗裂,抗氯离子渗透,耐腐蚀,耐风蚀,保护钢筋,抗碱骨料反应。
(2)制定了《青藏铁路高原冻土区混凝土耐久性技术条件》等规定,已应用于工程中,并不断总结完善。

3 贯彻基本国策,保护生态环境

3.1 青藏铁路生态环境特点

(1)青藏高原生态系统独特。
(2)珍稀特有物种丰富。
(3)自然景观多种多样。
(4)高寒湿地广为分布。
(5)江河源、生态源。

3.2 青藏铁路生态环境保护效果评价

监测结果显示,生态环境得到了有效保护。国家环保总局等部门多次检查后认为,青藏铁路建设环境保护在中国重点工程建设项目中处于领先水平,具有示范意义。

3.3 环境保护主要成就

3.3.1 贯彻了环境保护法规

(1)《环境保护法》。
(2)《水土保持法》。
(3)《野生动物保护法》。
(4)《固体废物污染环境防治法》。
(5)《草原法》。
(6)《野生植物保护条例》。
(7)《自然保护区条例》。

3.3.2 明确了环保设计原则

(1)预防为主。
(2)保护优先。
(3)开发与保护并重。
(4)环保设施与主体工程"三同时":同时设计、同时施工、同时投产。

3.3.3 开创了环保管理新模式

(1)建立了环保管理体系(图53)。

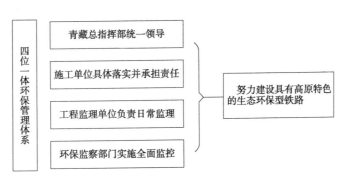

图53 四位一体环保管理体系

Fig. 53 Environment protection management system

(2)在中国铁路建设史上首次建立环保监理制度。
(3)签订了环境保护责任书。

3.3.4 实现了高海拔植被保护新突破

(1)严格划定施工范围和人员、车辆行走路线。
(2)在沱沱河、安多、当雄试种草皮3万平方米,均获成功(图54)。
(3)路基、桥两侧地表植被、景观恢复(图55)。

3.3.5 创造了野生动物保护新经验

选线、设计:绕避了林周彭波黑颈鹤保护区;线路优化设计,减少对可可西里、楚玛尔河、索加等自然保护区的影响(图56)。

图 54 种植草皮

Fig. 54 Sward planted

a) 路基两侧景观恢复

b) 桥两侧地表植被恢复

c) 地表和景观恢复

图 55 地表植被、景观恢复

Fig. 55 Recovery of ground surface vegetations and landscapes

设置野生动物通道三种形式 33 处（图 57）。

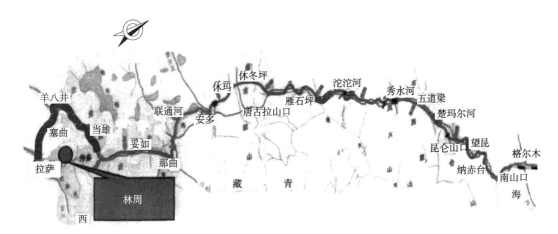

图 56　优化后的线路方案

Fig.56　Optimized alignment of Qinghai-Tibet railway

a) 隧道顶通过

b) 桥下通过

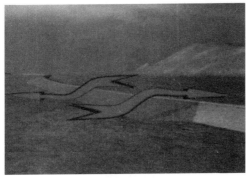

c) 路基缓坡处通过

d) 藏羚羊迁徙通过动物通道(2004年6月藏羚羊正从五北大桥下通过)

图 57　野生动物通道三种形式

Fig.57　Three types of wild animal crossing passages

3.3.6　防止了铁路沿线水土流失

(1) 草皮防护(图58)。

(2) 骨架护坡(图59)。

(3) 石方格(图60)。

(4) 对位于河流地段的线路,采用干砌片石或混凝土块防护。

(5) 对高路堤、深路堑,设置挡土墙。

(6) 严格控制破土面积。

（7）集中设置取弃土场和沙石料场。

图 58　当雄已完成的路基边坡和排水色
Fig. 58　Completed side slopes and drainage ditches of subgrade in Dangxiong

图 59　骨架护坡
Fig. 59　Skeleton slope protection

图 60　石方格
Fig. 60　Stone frames

3.3.7　确保了江河湖泊不受污染

（1）拉萨河特大桥采用旋挖钻机干法成孔（图61）。

图 61　拉萨河特大桥采用旋挖钻机干法成孔
Fig. 61　Dry borehole drilling by rotary drilling rigs adopted in construction of Lasahe extra-large bridge

（2）垃圾分类处理。
（3）沱沱河站污水处理达到生活用水水源标准，见图62。
（4）其他车站污水处理达标后用于车站绿化，见图63。

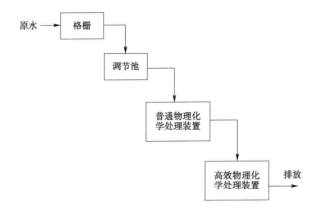

图 62　沱沱河站污水处理流程

Fig. 62　Waste water treatment procedure for Tuotuohe station

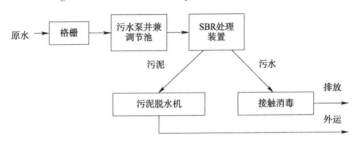

图 63　其他车站污水处理流程

Fig. 63　Waste water treatment procedure for other stations

4　坚持卫生先行,搞好健康保障

4.1　青藏线卫生条件特点

(1)高寒缺氧、干燥风大、强紫外线辐射。
(2)处于鼠疫自然疫源地。
(3)不少地段可饮用水缺乏。
(4)容易发生高原病。

4.2　卫生防疫原则及效果

(1)以人为本,卫生保障先行。
(2)预防为主,防治结合。
(3)开工建设以来实现了"三无"目标:①高原病零死亡;②鼠疫疫情零传播;③非典疫情零发生。

4.3　卫生保障主要成就

4.3.1　制定了严格的卫生保障制度

铁道部、卫生部联合下发文件:《青藏铁路卫生保障若干规定》《青藏铁路卫生保障措施》。

4.3.2　建立了科学的卫生保障体系(图 64)

(1)医务人员配备达到全线施工人员的 1.5% ~2%。

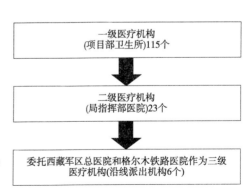

图 64　卫生保障体系

Fig. 64　Health guarantee system

(2) 配置医疗设备 3900 台。
(3) 设置制氧站 17 个(图 65)。
(4) 设有高压氧舱 25 台(图 66)。
(5) 全线接诊 41 万人次,其中 411 例脑水肿和 795 例肺水肿患者全部得到有效救治。

图 65　制氧站

Fig. 65　Oxygen making station

图 66　高压氧舱

Fig. 66　High pressure oxygen chamber

4.3.3　形成了健全的卫生保障工作机制,坚持工前、工中、工后体检

(1) 举办工地疫病防治培训班。
(2) 建立应急长效机制,及时处置疫情和救治病人。
(3) 搞好生活保障。
(4) 提高伙食标准。

4.3.4　探索了有效的防治高原病途径

(1) 应用新技术治疗高原病。
① 高压氧舱治疗技术。
② 高氧液体治疗技术。
③ 一氧化氮治疗技术。
(2) 首次进行海拔 4900m 以上制氧。
(3) 弥漫式供氧(图 67)、氧吧车吸氧(图 68)。

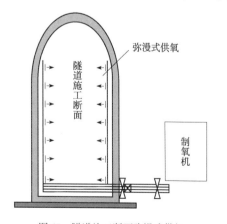

图 67　隧道施工断面弥漫式供氧

Fig. 67　Diffusing oxygen supply for tunnel working faces

图 68　氧吧车吸氧

Fig. 68　Oxygen breathing in oxygen cars

在风火山隧道实现了弥漫供氧和氧吧车吸氧,相当于所处海拔高度降低1200m。

4.3.5 防范了施工现场鼠疫疫情的发生

(1)措施

①严格执行"三不""三报"制度:a.不私自捕猎疫源动物,不剥食疫源动物,不私自携带疫源动物及其产品出疫区;b.报告病死鼠獭,报告疑似鼠疫病人,报告不明原因高热病人和急死病人。

②在住地周围设防鼠沟、防鼠网。

③在疫情流行地区预防性投药。

④工地医院设鼠疫隔离病房和相应设备。

(2)效果评价

卫生部组织全国鼠防专家对全线勘查和检查指导,认为青藏铁路防控鼠疫措施可靠、有效,对西部大开发防控人间鼠疫提供了可以借鉴的经验。

4.4 青藏铁路建设卫生保障防治救护效果评价

2004年8月,第六届国际高原医学大会在西宁和拉萨召开。与会外国专家评价:"青藏铁路建设卫生保障防治救护卓有成效,医疗设施配置先进,人员健康保障科学,为建设者提供了坚强有力的医疗保障,对高原医学事业发展做出了贡献"。

5 创新建设理念,实现世界一流

青藏铁路是当今世界高原最具挑战、最富探索的伟大工程。

树立和落实科学发展观,建设世界一流高原铁路。

建设理念:以人为本、服务运输、系统优化、强本简末、着眼发展。

铁道部要求。

(1)把全线旅客列车旅行时间压缩到最短,冻土区客车时速达100km非冻土区达120km。

(2)全线运营设备高可靠少维修:①引进大功率内燃机车;②GSM-R无线移动通信系统;③基于无线通信与卫星定位技术的列车运行控制系统。

(3)沿线基本实现"无人化"管理:①全线调度集中;②机车长交路、随乘制;③作业车站无人值守。

高起点、高标准、高质量建设世界一流高原铁路。

地下水封岩洞油库设计、施工的基本原则

王梦恕[1,2]　杨会军[1,2]

(1. 北京交通大学土木建筑工程学院；2. 中铁隧道集团有限公司科研所)

摘　要：我国对大量石油储存的需求使石油储备库的建设势在必行，地下水封岩洞油库是储存油品的最好形式。文章介绍了地下水封岩洞油库的密封原理、类型、优点等，并重点对其选址、设计、施工进行介绍。笔者旨在提出地下水封岩洞油库的主要特点和规划、设计、施工的基本原则及标准，并指出我国尚未形成关于大规模地下水封岩洞油库设计、施工的完整技术，缺少指导性规范。开展地下水封岩洞油库的关键设计与施工技术研究具有重大的现实意义。

关键词：地下水封储油库；岩洞；设计施工

中图分类号：TE821　　**文献标识码**：A　　**文章编号**：1009-1742(2008)04-0011-06

Abstract: Due to the need to store large amounts of hydrocarbons in China, it is of great necessity to build more hydrocarbon-storage caverns in China. It is one of the best choices to store hydrocarbons in underground water-sealed hydrocarbon-storage rock caverns. The sealing principle, types and advantages of underground watersealed hydrocarbon-storage rock caverns are presented in the paper and the location selection, design and construction of hydrocarbon-storage caverns are described in detail, The aim of the paper is to summarize the major features and planning, design and construction principles and standards of underground water-sealed hydrocarbon-storage rock caverns. It is stated that the complete technology for the design and construction of underground water-sealed hydrocarbon-storage rock caverns has not yet be formed in China and no guiding specifications are available in China. Therefore, it is of great practical significance to study on the key technologies for the design and construction of underground water-sealed hydrocarbon-storage rock caverns.

Key words: underground water-sealed hydrocarbon-storage cavern, rock cavern, design and construction

1　引言

目前，国内外石油供需矛盾日益加剧，我国面临的石油危机也将日趋严重，据统计我国仅占世界平均人均石油资源占有量的18.3%，而我国石油的消耗量却占世界的70%，仅次于美国位列世界第二。随着我国经济的迅猛发展，对石油的需求量也在迅速增加。据2006年上半年统计，我国的原油产量为9166×10^4 t，而石油净进口为8236×10^4 t 石油对外依存度达47.3%，预计到2015年我国石油对外依存度将上升到50%以上，进口量将超过3×10^8 t，石油作为战略资源必须大量储存，而国内储备量较少，长输油管储备量仅可以消费2～5 d，铁路储存运输量可用15～25 d，石油系统内部石油储备天数约为21 d，而且均为生产性周期库存。这些指标大大低于国际能源组织应保有90 d石油进口量储备的建议。

为加强国内石油安全，应对突发事件。我国于2003年正式启动建立石油储备体系。按照国际能源组织的建议计算，到2015年我国应保有0.5×10^8 t以上的石油储备量，至少需建设约0.72×10^8 m³储备库。石油储备库的建设势在必行。

---

* 本文原载于：中国工程科学，2008(04).

2 地下水封岩洞油库储油是最好形式

2.1 地下水封岩洞油库

目前国际上石油储备库划分为地上油库和地下油库两大类。地上油库一般均为钢罐储存,地下油库有多种不同的形式:主要包括人工专制岩盐洞穴、废弃矿井巷道加水幕系统、人工硬岩洞库加水幕系统(简称水封洞库)、地质条件较好的含水层储油、枯竭的油气层储油等5种形式。地下水封岩洞油库一般是在稳定的地下水位线以下一定的深度,通过人工在地下岩石中开挖出一定容积的洞室,利用稳定地下水的水封作用储存洞室内的石油。地下水封岩洞油库作为储存原油和成品油的最好形式,在国内外均有很成功的经验。

2.2 地下水封岩洞油库的密封原理和类型

地下水封岩洞油库就是在地下水位以下的人工凿岩洞内,利用"水封"的作用储存油品,由于岩壁中充满地下水的静压力大于储油静压力,油品始终被封存在有岩壁和裂隙水组成的一个封闭的空间里,使油品不会渗漏出去。由于油和水的比重不同油和水不会相混,同时利用水比油重的原理将,油置于水的包围之中,只能水往洞内渗,而油不可能往洞外渗漏,油始终处在水垫之上从而达到长期储存油品的目的。地下水封岩洞油库密封原理如图1所示。

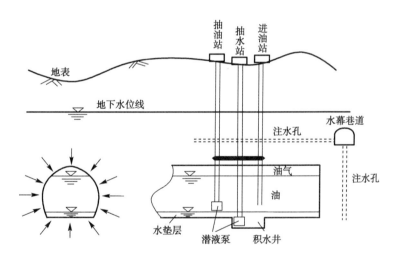

图1 地下水封岩洞油库的密封原理

Fig.1 Sealing principle of underground water-sealed hydrocarbon storage rock cavern

根据当地地下水位的变化情况,可采用固定水位法和变动水位法两种储油方式,详见图2和图3。

2.3 地下水封岩洞油库是储存油品的最好形式

为加强国内石油安全,应对突发事件,建立大型储存量地下水封岩洞油库势在必行。从当今世界油库修建的趋势和技术水平出发,科技界、工程界乃至老百姓都认可修建地下油库,其比地上油库优势更多。现就某一地区地上油库与地下油库主要经济技术指标及运营成本进行比较,详见图4和图5。

地下水封岩洞油库有如下十大优点。

(1)安全性好。建地下油库可使地震减低1度左右,因为巷道错综复杂,可减弱震级。此外,地下油库建于地面以下,它与地面的联系是通过操作竖井实现的。操作竖井用盖封闭,正常操作无油气外漏且操作竖井直径仅6m,相当于一个200m³的地上油罐,平时无着火可能,一旦着火,也很容易扑救。

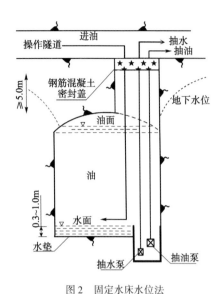
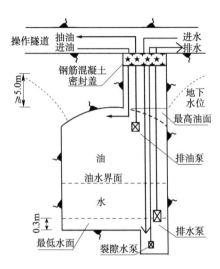

图 2 固定水床水位法　　　　　　　　　　　　　图 3 变动水床水位法

Fig. 2 Hydrocarbon storage based on fixed water table　　　Fig. 3 Hydrocarbon storage based on fluctuated water table

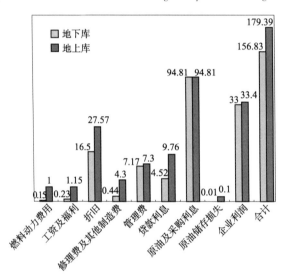

图 4 单位运营成本费用对比示意图(单位:元/t)

Fig. 4 Contrast between operation costs of underground hydrocarbon storage caverns and those of ground hydrocarbon storage tanks

(2)节省投资。当库容达到一定规模时(一般大于或等于 $10×10^4 m^3$),地下洞库比地上洞库投资节省,黄岛、大连两处各储备 $300×10^4 m^3$ 的油库投资比地面油库可分别节省 4 亿 ~5 亿元人民币。黄岛、大连两处储备库合计可节省人民币 10 亿元以上。

(3)适合战备要求。当前,核大国之间的核战争发生可能性很小,但地区间小规模的常规战时有发生,人肉炸弹式的恐怖袭击更为频繁,地下洞库一般都处在地下水位线下 20~30m;一般的枪、炮、炸弹对其不会有破坏,而这恰恰是地上油库的弱点。

(4)占地面积少。地下洞库一般建在山体的岩石下面,地面设施很少,以黄岛建 $300×10^4 m^3$ 油库为例,地下洞库占地约 $3hm^2$,而地上库占地要 $58hm^2$ 时。我国是一个山多、耕地少、绿地少的国家,建设大规模的地上储罐必将占用大量的土地资源。地下洞库的建设可解决这一矛盾。

(5)呼吸损耗可回收。地下洞库的大呼吸损耗位置集中,如果周转次数较大时,可以考虑建设回收设施解决大呼吸损耗问题,回收设施投资约需增加 500 万元左右。地面油库耗油量大,呼吸难以回收。

(6)节省外汇。地上 $10×10^4 m^3$ 钢制油罐大部分钢板需进口,需大量外汇,以建设 $300×10^4 m^3$ 储备库为例,每座地下洞库可节约 600 万美元。

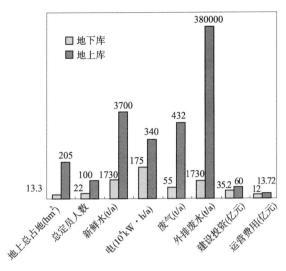

图 5 地下水封洞库与地上钢罐库主要技术经济指标比较图

Fig. 5 Contrast between major technical and economic indexes of underground hydrocarbon storage caverns and those of ground steel hydrocarbon storage tanks

(7) 维修费用低。其维修费用只占相同库容地上库费用的 1/6,这一项就可每年节约数百万元。

(8) 对自然景观破坏小,特别是在山区,不需大量地开山。

(9) 建设工期快,与地面油库施工速度相比具有可比性。现阶段地下工程进度很快,施工中的量测监控反馈技术对快速、优质建成地下油库,有很大作用。

(10) 地下油库使用寿命一般在百年以上,而地面油库 25 年就要大修或重建,建修费用昂贵是地面油库的致命弱点。

总之,地下油库的施工质量和速度在技术上都是成熟的,这也是可持续发展的决策和需要。

2.4 地下水封岩洞油库的发展现状

地下水封岩石油库技术 1938 年始于瑞典,经过 20 多年的试验、小规模示范,于 20 世纪 60 至 70 年代形成了比较成熟的设计施工技术。目前,国际上主要的 30 多个国家建有地下水封岩洞油库 200 多处。20 世纪 70 年代,我国先后在浙江象山和山东黄岛自行设计和施工建成 2 个地下油库,容积分别为 $3 \times 10^4 m^3$ 和 $15 \times 10^4 m^3$,均在花岗岩地层中人工开挖形成,但之后中断了近 30 年,于 2000 年分别在浙江宁波和广东汕头建成 2 个液化石油气(Liquefied Petroleum Gas,LPG)水封油库,容积分别为 $50 \times 10^4 m^3$ 和 $20.6 \times 10^4 m^3$。

分析可见,我国已具备大规模地下水封岩洞油库设计、施工的完整技术。开展地下水封岩洞油库的关键设计与施工建设工程具有重大的现实意义,是利国利民、环境保护的重要举措,应尽快实施。

3 地下水封岩洞油库的库址选择原则

库址在选择时应在符合国家战略石油整体布局要求的基础上,根据所在地的地形、地质、水文、气象、交通、供水、供电、通信、可用土地和社会依托等条件进行综合的技术经济评价,选择最有利的库址。

3.1 工程地质条件

工程地质条件要好,岩石整体性好,裂隙少,并具有弱透水性,其中以结晶火成岩为最好,密质的水成岩也可,岩体级别Ⅰ或Ⅱ级。我国沿海一带如大连、黄岛及广东大亚湾等沿海地区有大量的花岗岩、片麻岩、熔结凝灰岩等岩石,都是非常适合修建地下洞库的岩体。此类岩石质硬,稳定,对具有少量裂隙的洞库围岩,只需喷网支护即可,不需要作大面积混凝土衬砌,所以造价便宜。此外,这些地区是地质构造评价多为稳定的区域,抗震性能也强。

3.2 水文条件

水文条件方面要有稳定的地下水,地下水位应尽量的变化不大,这样可进行水封油库。一般油库顶面应低于地下水位20m左右为宜,这样水封效果好,水位变化也影响不大。若地下水位变化很大时,在水封设计时应在库顶设置水仓和泵房以保持正常的水封效果。

3.3 大型油码头

地下油库应选在深水油码头,具有输油管的地区和炼油厂的附近。尽量依托现有的海运航道、大型油码头和输油管网。我国是耗油大国,不能无计划地开采国内油资源,应以购买国外油资源为主,所以库址应选在能快速将油轮上原油卸下,快速存入的地区。这些原油可以马上炼油,也可长期储存,沿海地区可做到快卸、快储、快用。

3.4 环保安全

库址选择应符合城镇规划、环境保护和防火安全的要求。有可靠的水源、电源条件,同时要节约用地。

4 地下水封岩洞油库设计

4.1 库容规模的确定

一般按拟选库周边炼油企业90d加工原油的能力进行核定,同时考虑工程、水文地质所许可的最大建库规模。

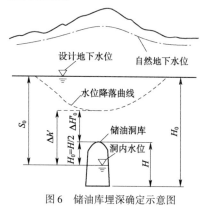

图 6 储油库埋深确定示意图

Fig. 6 Determination of depth of underground hydrocarbon storage caverns

4.2 储油库埋深确定

储油库埋深应依据建库地区的工程地质、水文地质条件及稳定的地下水位,并按照储油洞室内最大工作压力取0.1MPa计算确定。

依据上述原则从储油洞室拱顶算起,埋深 = 稳定的地下水位埋深 + 开挖引起地下水下降漏斗高度 + 洞室内最大工作压力折合的水头高度 + 水封安全高度(取20~25m)。储油库具体埋深确定图如图6所示。

4.3 储油洞室断面形状确定

储油洞室的断面形状与大小应根据地质条件及围岩受力状态确定,必须使洞壁处于长期稳定的状态同时应考虑机械的施工能力及合理作业范围,尽可能发挥施工机械的最佳效能。储油洞室宜选择直墙圆拱形断面和马蹄形断面,并具有较大的断面面积,跨度宜在18~22m之间,高度宜在24~30m之间。储油洞室断面如图7所示。

4.4 储油洞室长度及走向

储油洞室长度一般根据可用岩体范围,储油库规模,储油洞室的组数等来确定,一般情况为500~1000m。

储油洞室的走向一般与最大水平地应力平行,或交角尽量小。

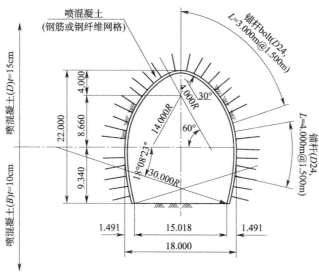

图 7　储油洞室断面示意图(尺寸单位:m)
Fig.7　Cross-section of underground hydrocarbon storage caverns(Unit:m)

4.5　储油洞室净间距

综合考虑埋深、地应力大小、围岩条件、断面形状等因素,确保洞室之间岩体有足够宽度的非破坏区,并不宜小于洞室跨度的 2.0 倍。岩体较好时,经可靠分析可适当减小,但不应小于 1.5 倍的洞室跨度。一般取洞室跨度的 1.5~2.0 倍。

4.6　水幕系统

水幕系统由注水巷道和注水孔构成,注水巷道距离储油洞室高度一般取 30m,断面可采用 4m×4m 矩形带圆角,或 4.5m×5.0m 直墙圆拱;注水孔直径 80~100mm,孔间距 10~20m 之间,孔长度以能包络储油洞室为目的确定,可以几十米至上百米。

根据注水孔排列方向不同,可分为水平水幕和垂直水幕两种。

4.7　施工巷道

施工巷道包括斜坡道和联络道,斜坡道主要是满足掘进过程中石渣外运、通风、施工用水及照明动力电线的铺设、排水及施工人员通行、地下混凝土工程及设备安装工程施工的需要;根据施工机车外形、爬坡能力并结合洞库埋深地质情况,综合考虑后确定,一般情况横截面宽 8.0m,高 7.5m;直墙拱形断面,坡度为 13.3%。

联络道在施工期间,主要用于不同储油洞室施工时的联络,以便共用斜坡道;建成投入使用后为储油洞室的一部分。

4.8　竖井

用于原油进、出库作业。进出库的所有管道均通过操作竖井与地面相连,竖井用上下两层盖板封闭,下盖板为钢筋混凝土结构,具有一定的抗爆能力。

每座洞罐竖井布置方案有两种:①每座洞罐设一个竖井;②每个洞罐的不同洞室上各设一个竖井。

方案一:由地下洞室至地面的工艺管道及其套管仪表和电缆及套管等均布置在竖井中。竖井直径为7m。

方案二:其中一个竖井中布置进油管道及其套管,直径为4m,洞罐进油时不搅动水垫层,有利于油水分离;另一个竖井中布置由地下洞室至地面的其他工艺管道及其套管,仪表和电缆及其套管等,直径为6m。

4.9 总体布局

总体布局应综合考虑地形、地质、水文、施工、运行、附近建构筑物、储油洞室对周围的影响等因素比较确定。在满足洞室储存原油要求的条件下,地下储油库应选在沿线地址构造简单、岩体完整稳定、上覆岩层厚度适中、水文条件满足水封条件以及施工方便的地区。图8为某地下储油库总体布置图。

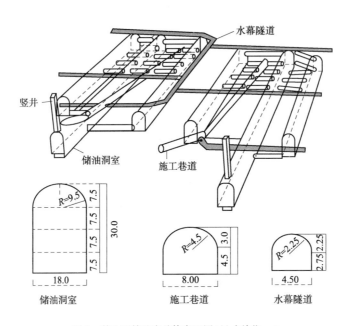

图8 某地下储油库总体布置图(尺寸单位:m)

Fig. 8 Layout and cross-section of an underground hydrocarbon storage plant(Unit:m)

4.10 洞室支护与涌水处理

洞室围岩一般地段采用砂浆锚杆和喷射混凝土方式进行支护;破碎带采用砂浆锚杆、钢筋网、喷射混凝土支护;范围较大的断层破碎带除上述支护外,局部二衬支护(选址时尽量避开断层)。

对于支护表面潮湿的情况不处理,对于明显滴水、流水,甚至涌水的裂隙部位,要进行注浆封堵。

5 地下水封岩洞油库施工基本原则

地下水封岩洞油库的施工除了常用的洞室开挖支护技术外,还应包括水幕系统施工(水幕巷道和渗水孔施工)、水位监测孔施工、混凝土封塞、仪器安装等。洞室施工基本原则为:

(1)斜坡道、竖井同时进行掘进。

(2)斜坡道到达水幕巷道标高,拓展开来,进行水幕巷道掘进,同时继续延伸斜坡道。

(3)斜坡道到达储油洞室第一层标高,向两侧储油洞室掘进联络道,到达储油洞室第一层,掘进第一层,同时继续延伸斜坡道,到达第二层标高,同上述第一层相同程序,以此类推。图9为某地下储油库开挖示意图,图10为某地下储油库开挖及水幕系统示意图。

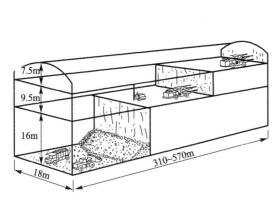

图 9 某地下储油库开挖示意图

Fig. 9 Excavation of an underground hydrocarbon storage cavern

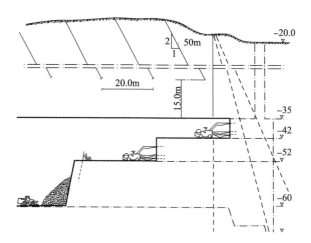

图 10 某地下储油库开挖及水幕系统示意图

Fig. 10 Principle of rock excavation and water curtain system

6 结语

我国对大量石油储存的需求使石油储备库的建设势在必行,文章通过对地下水封岩洞油库的密封原理、类型的介绍,提出了地下水封岩洞油库是储存油品的最好形式。同时对选址、设计、施工基本原则进行系统介绍。

(1)我国在大部分已建的大型原油码头和石化企业附近,可以很容易找到适合建设地下水封岩洞油库的工程地质水文构造,为将来的建设和运营管理节省大量的投资和运营费用。

(2)通过初步的技术经济对比和分析,作为大型的油品储备库,地下水封岩洞油库具有安全性高、环保好、节省占地(特别是不占耕地)、投资省、维修简单、使用寿命长、不破坏自然景观、不给周围居民恐惧感等优点,是地面钢罐油库无法相比拟的优点,是储存油品的最好形式,是国家油品战略库应选的方案。

(3)提出库址选择的原则,指出库址应重点考虑工程地质、水文地质条件及大型原油码头,并进行综合的技术经济评价。

(4)地下水封油库的设计应考虑10个方面的内容,包括库容规模、埋深、断面形状及大小、长度及走向、洞库间距、水幕系统、施工巷道、竖井、支护及涌水处理、总体布局等。

(5)地下水封油库的施工除了常用的洞室开挖支护技术外,还应包括水幕系统施工(水幕巷道和渗水孔施工)、水位监测孔施工、混凝土封塞、仪器安装等。

城市地下工程建设的事故分析及控制对策

王梦恕　张成平

(北京交通大学隧道及地下工程教育部工程研究中心)

摘　要：基于中国城市地下工程发展迅速、事故频发的现状，结合具体工程事故案例，分析了城市地下工程建设中事故发生的主要原因，并提出了相应的控制对策，主要包括：构建城市地下工程建设安全风险管理体系，实施安全风险管理；制定科学合理的地表及建(构)筑物的变形控制标准，使安全风险控制有据可依；采用信息化施工技术，并利用变位分配原理实施施工安全的分阶段控制。该控制措施在北京及其他城市地铁建设中得到了应用，并取得了理想的控制效果，对中国城市地下工程安全建设具有重要的参考价值。

关键词：城市地下工程；安全事故；控制对策；风险管理体系；控制标准

中图分类号：TU93　　**文献标志码**：A　　**文章编号**：1673-2049(2008)02-0001-06

Abstract: Based on the situation that the urban underground projects were developing quickly and the safety accidents happen frequently at the same time, the main reasons for these accidents were analyzed and the relevant controlling measures were proposed according to the specific cases of the projects accidents. These measures mainly included: establishing the risk management system for the construction of urban underground projects and performing safety risk management; making scientific and reasonable standards for controlling deformations of the ground surface and structures so that the safety risk could be controlled clearly; adopting informational construction techniques and actualizing the stage control of the safety construction by using displacement distribution principle. The control measures mentioned above had been applied in Beijing subway projects and other urban underground projects, and ideal controlling effects had been achieved, which had very important reference value to the safety construction of urban underground projects in China.

Key words: urban underground project; safety accident; control measure; risk management system; control standard

1　引言

《2020年中国工程技术发展研究》报告中将中国的地下空间开发与利用列为极其重要的课题。在未来的20~30年中，中国将进入城市地下空间开发的高潮期，城市地下空间的安全建设已成为中国经济、社会和国家安全的重大需求。

城市地下工程具有现场环境条件复杂、施工难度大、技术要求高、工期长、对环境影响控制要求高等特点，是一项相当复杂的高风险性系统工程。城市地下工程所赋存的岩土介质环境复杂，设计施工理论尚不完备，建设过程中带有很强的不确定性，而且，随着地下空间开发进程的推进，新建工程往往要近邻地下或地上的基础设施及建(构)筑物施工，必然会对其造成一定的影响，若控制不力，这种影响将造成重大安全事故。由此可见，城市地下工程建设存在很大的风险，工程建设中一旦发生工程事故，将造成巨

---

* 本文原载于：建筑科学与工程学报，2008(02).

大经济损失并引起严重的社会影响。

由于中国城市地下空间开发历史较短,经验不足,在建设中存在着一些不容忽视的问题和安全隐患,对潜在的技术风险缺乏必要的分析和论证,以及人们对客观规律的认识不足、管理不到位,北京、上海、南京以及其他城市在地下工程建设过程中都出现过不同程度的安全事故,其中部分事故造成了重大经济损失,严重威胁着城市的生产和生活,甚至造成了恶劣的社会影响,这已引起社会各界的广泛关注[1-4]。这些工程事故在留给人们惨痛教训的同时,也为我们鸣响了城市地下工程安全建设的警钟。

在这种形势下,有必要对城市地下工程建设中出现的事故原因进行深入的分析,在明确事故原因的基础上,提出相应的控制对策,以有效降低安全事故的发生率。

2 典型事故案例

2003年7月1日,上海地铁4号线浦西联络通道发生特大涌水事故。大量流砂涌入隧道,引起隧道部分结构损坏,周边地区地面沉降严重,导致黄浦江大堤沉降并断裂,周边建筑物倾斜、倒塌(图1),对周围环境造成严重破坏。事故造成直接经济损失约1.5亿元人民币。

2004年9月25日,广州地铁2号线延长段琶洲塔至琶洲区间工地基坑旁的地下自来水管被运泥重型工程车压破爆裂,大量自来水注入基坑并引发大面积塌方,塌方面积超过400m²,此事故导致琶洲村和教师新村数千居民的用水近8h处于停水状态。

2006年1月3日,北京东三环路京广桥东南角辅路污水管线发生漏水断裂事故,污水大量灌入地铁10号线正在施工的隧道区间内,导致京广桥附近三环路南向北方向部分主辅路坍塌,车辆被迫绕行,虽未有人员伤亡,但造成了重大经济损失和恶劣的社会影响。

图1 上海地铁4号线事故

Fig.1 Accident of Shanghai Subway Line No.4

2007年2月5日,江苏南京牌楼巷与汉中路交叉路口北侧,南京地铁2号线施工造成天然气管道断裂爆炸,导致附近5000多户居民停水、停电、停气,金鹏大厦被爆燃的火苗"袭击",8楼以下很多窗户和室外空调机被炸坏(图2)。

2007年3月28日,位于北京市海淀南路的地铁10号线工程苏州街车站东南出入口发生一起塌方事故,此事故导致地面发生塌陷(图3),并造成6名工人死亡。

图2 南京地铁2号线事故

Fig.2 Accident of Nanjing Subway Line No.2

图3 北京地铁10号线事故

Fig.3 Accident of Beijing Subway Line No.10

2007年11月29日,北京西大望路地下通道施工发生塌方,导致西大望路由南向北方向主路4条车道全部塌陷,主辅路隔离带和部分辅路也发生塌陷,坍塌面积约100m²,此事故虽未造成人员伤亡,但导致该路段断路,交通严重拥堵。

以上几起事故仅仅是中国城市地下工程建设事故的缩影,实际发生事故的数量是惊人的,其中造成巨大经济损失、引起严重社会影响的例子不胜枚举,这使我们深刻认识到在城市地下工程建设中面临着巨大的挑战。

3 事故原因分析

城市地下工程建设中出现的安全事故,有内在因素也有外在因素[5-7]。具体而言,造成安全事故的主要因素有以下几个方面。

3.1 工程地质及水文地质条件异常复杂

工程地质及水文地质条件是城市地下工程设计、施工最重要的基础资料,把握好工程地质及水文地质资料是减少安全事故的前提。但由于地下工程的隐蔽性,地质构造、土体结构、节理裂隙特征与组合规律、地下水、地下空洞及其他不良地质体等在开挖揭示之前,很难被精细地判明。此外,城市地下工程埋深一般较浅,而表土层大多具有低强度、高含水率、高压缩性等不良工程特性,甚至有的土层呈流塑状态,不能承受荷载。大量的试验统计结果表明,岩土体的水文地质参数也是十分离散和不确定的,具有很高的空间变异性,这些复杂因素的存在给城市地下工程建设带来了巨大的风险,也蕴含了导致安全事故的根本因素。

3.2 工程结构自身复杂

根据城市发展的需要,城市地下工程建设面临着开挖断面不断增大、结构形式日益复杂、结构埋深越来越浅的技术难题。地铁车站、地下商场、地下停车场和地下仓库等地下工程,其跨度尺寸均达到10m甚至20m以上,而且结构复杂,施工中力学转换频繁。随着地下工程埋深的减小,施工对地面的影响越来越大,在超浅埋条件下,开挖影响的控制与开挖方式、施工工艺、支护方法等众多因素有关,是地下工程施工中极为复杂的问题。

3.3 设计理论不完善

由于地质条件异常复杂,地下结构形式多样,地下结构体与其赋存的地层之间的相互作用关系至今仍不明确,使得目前的城市地下工程的设计规范、设计准则和标准均存在一定程度的不足,导致工程设计中所采用的力学计算模型及分析判断方法与实际施工存在一定的差异,因此,在设计阶段就可能孕育导致工程事故的风险因素。

3.4 工程建设周边环境复杂

城市地下工程所处的地理位置决定了其建设过程中几乎不可能与周围环境完全隔离,往往是在管线密布、建筑物密集、大车流和大人流的环境下进行施工,在这种客观环境条件下,决定了城市地下工程施工的高风险性,一旦发生事故,后果将非常严重。

3.5 工程建设决策及管理难度大

城市地下工程与其他工程项目相比,会遇到很多决策、管理和组织问题。从工程立项规划开始,就会涉及到如何选择合理的工程建设地址和技术方案,如何减少工程施工对周围环境的影响,如何评估工程建设的经济效益和社会效益等一系列问题,而每个问题的决策与执行都需要综合各种风险和效益后才能确定。

3.6 施工设备及操作技术水平参差不齐

城市地下工程建设队伍众多,施工设备及技术水平参差不齐。由于工程施工技术方案与工艺流程复杂,不同的施工方法又有不同的适用条件,因此,同一个工程项目,不同单位进行施工可能会达到完全不同的施工效果。施工设备差、操作技术水平低的队伍在施工中更容易发生意外安全事故。

通过以上分析可以看出,由于城市地下工程赋存于高风险的地质环境和城市环境中,其致险因子多而复杂,一旦工程建设中某个环节出了问题,就有可能引发各类事故。

4 事故控制对策

4.1 建立城市地下工程建设的安全风险管理体系

风险管理在大部分行业中已经被广泛接受并引起重视,但目前在工程界,尚无具体章法可循。鉴于城市地下工程建设事故的频繁发生且损失惨重,因此风险管理体系的建立是非常迫切的。2004年12月1日,为加强建设工程项目的安全技术管理,防止建筑施工安全事故,保障人身和财产安全,中国建设部印发了《危险性较大工程安全专项施工方案编制及专家论证审查办法》,这也标志着中国已经逐渐将安全风险管理的意识条例化和制度化。

相对于结构本身而言,城市地下工程建设中,周边环境的安全风险更高,更应引起充分重视。城市地下工程建设的环境安全风险管理体系,应包括以下内容:①岩土工程勘察和环境调查;②环境安全分级;③邻近建(构)筑物的现状评估;④环境影响预测和安全控制标准的制定;⑤环境安全的专项设计;⑥环境安全专项施工方案的编制;⑦风险管理专家决策系统。

在构建科学合理的安全风险体系的基础上,开展安全风险管理工作,最大程度地规避城市地下工程建设所导致的各类安全事故。目前,在北京、上海、广州等地城市地铁工程建设中,已经逐渐引入了风险管理的理念和模式[8],并取得了良好的效果,但在此方面仍需进一步加强,并逐步扩大到城市地下工程建设的各个方面。

4.2 制定科学合理的安全控制标准

实施城市地下工程的风险控制,避免事故的发生,必须在建设阶段有可依据的安全控制标准。目前,中国对于地表沉降还没有统一的控制标准,但大都遵守一个不成文的规定,即在浅埋暗挖地铁施工过程中,地表沉降值控制在30mm以内。实际上,这种标准从目前来看意义不大。图4、图5分别为北京地铁12个浅埋暗挖区间、7个浅埋暗挖车站地表沉降值的统计分析结果。

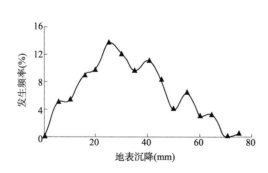

图4 暗挖地铁区间地表沉降频率统计

Fig. 4 Frequency Statistics of Ground Settlement of Shallow Subway Construction

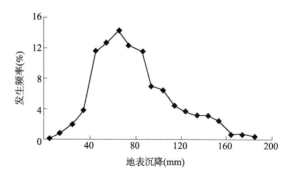

图5 暗挖地铁车站地表沉降频率统计

Fig. 5 Frequency Statistics of Ground Settlement of Shallow Subway Station Construction

由图4、图5可以看出：大多数暗挖区间隧道的地表沉降值在20～60mm范围内；58%以上的地表沉降值均超过了30mm的现行控制标准值。样本均值为34.3mm；样本方差为15.18mm。大多数暗挖车站的地表沉降值的变动范围为40～120mm；地表沉降值小于40mm和大于120mm的地表发生频率均不超过10%；96.7%以上的地表沉降值均超过30mm的现行控制标准。样本均值为79.76mm；样本方差为33.34mm。

就目前的施工建设情况来看，在所有暗挖车站地表沉降均超过现行控制标准值（30mm）的情况下，无论是对工程结构自身，还是对周边环境的安全都没有造成明显的影响。由此可见，30mm的地表沉降控制标准不但不能为城市地下工程施工提供安全保障，相反，超过30mm的地表沉降控制标准后，施工需要继续进行，而此时却处于无标准可依的状态，这对施工本身及周边环境的安全控制极为不利，因此建立更加合适的控制标准是非常必要的。

根据现有的统计资料分析可以确定：以样本均值为参考点，将35mm、80mm分别作为一般情况下地铁暗挖区间和车站地表沉降的控制值，在一定程度上反映了目前中国各种工程条件和现有施工能力的平均水平，这较为经济合理，并且不会对施工和周边环境产生较大的影响。值得提出的是，地表沉降控制标准不能一概而论，对于特殊地质条件和特殊工程环境，地表沉降控制标准的制定，应根据地铁或其城市地下工程施工范围内的环境（建筑物、管线等）状态进行分析，并通过必要的仿真分析和理论计算进行综合确定，以防止地表塌陷和周边建（构）筑物破坏。

4.3 采用信息化施工及动态控制

由于地下工程所赋存的介质存在很大的不确定性，是一个时间和空间不断变化的过程，因此，采用信息化施工是非常重要的。通过开挖所揭示的地质条件和现场监测数据，判断围岩、支护结构体系及周边环境的稳定性和安全状态，据此修正设计方案并指导施工。信息化施工的核心是信息的采集、整理和反馈。

为确保监测信息的质量、实效性和可靠性，对风险巨大的城市地下工程，应全面推进第三方监测工作[9]，并采用先进的监测仪器，如光纤监测技术和远程自动化实时监测系统[10]。图6为某暗挖地铁车站下穿运营地铁隧道施工中采用的远程自动化实时监测系统，包括监测隧道及轨道结构沉降的静力水准系统、监测轨道两轨水平距离的变位计和监测轨道两轨高差的梁式倾斜仪。

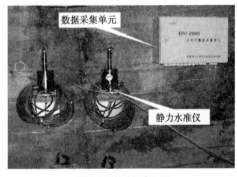
a) 隧道变形缝处沉降监测

b) 两轨距离及高差监测

图6 受下穿施工影响的某既有地铁结构变形监测仪器

Fig.6 Instruments for Monitoring Deformations of Existing Subway Structures Induced by Undercrossing Construction

考虑到地下工程特别是大断面城市地下工程分步施工的特点，施工前应采用数值模拟及工程类比等技术手段，对施工引起的地层及周边建（构）筑物的变形进行预测分析，并基于变形的总体控制标准值，给出各阶段施工所允许的阶段变形控制标准值，在施工过程中，依据分阶段控制标准和总体控制标准，对施工进行动态调整，通过变形的分阶段控制，使得施工安全始终处于受控状态，从而最终达到变形控制的总体目标，以确保施工本身及周边环境的安全[11]。

上述控制措施在北京地铁施工风险极高的5号线崇文门站、4号线宣武门站和西四站、10号线黄庄站以及辽宁大连城市隧道工程、福建厦门机场路隧道工程等工程建设中得到了成功应用,确保了这些高风险城市地下工程建设中工程本体及周边环境的安全,成功避免了安全事故的发生。

5 结语

(1)城市地下工程涉及众多的不确定性因素,在建设阶段存在着很大风险。各种错综复杂的因素导致的工程事故给国家和人民造成了巨大的经济损失,甚至因此付出了生命的代价,产生了严重的负面社会影响。因此,针对中国城市地下工程建设事故频发的现状,必须及时采取有效措施进行控制,使中国城市地下工程进入安全建设的轨道。

(2)建议国家有关部门尽快建立健全城市地下工程建设的安全风险管理制度,明确参建各方的法律责任,成立多家具有资质等级的专业评估咨询单位,并在工程项目投资预算中单列环境安全风险评估及相关费用,专门用于现状调查、现状评估、工后评估、影响预测、变形控制标准制定以及施工过程中安全风险的控制工作。

(3)在风险管理制度的约束下,充分发挥建设单位、设计单位、施工单位及其他参建单位通力合作的精神,在施工中采用合理的安全控制标准,遵循相应的规范和标准,并通过信息化施工实现安全的动态控制。在这些措施的保障下,相信一定会大大降低中国城市地下工程建设中安全事故的发生率,并从根本上提高中国城市地下工程建设安全风险控制的管理和技术水平。

参考文献

[1] 莫若楫,黄南辉.地铁工程施工事故与风险管理[J].都市快轨交通,2007,20(6):7-13.
MO Ruoji, HUANG Nanhui. Construction Failures and Risk Management of Subway Projects[J]. Urban Rapid Rail Transit, 2007,20(6):7-13.

[2] 朱胜利,王文斌,刘维宁,等.地铁工程施工的安全风险管理[J].都市快轨交通,2008,21(1):56-60.
ZhU Shengli. WANG Wenbin, LIU Weining, et al. Discussion on Risk Management of Subway Projects[J]. Urban Rapid Rail Transit, 2008,21(1):56-60.

[3] 金锋.风险管理在城市轨道交通建设中的应用[J].都市快轨交通,2005,18(1):1-4.
JIN Feng. An Application of Risk Management in Urban Rail Transit Construction [J]. Urban Rapid Rail T ransit,2005,18(1):1-4.

[4] 黄宏伟.隧道及地下工程建设中的风险管理研究进展[J].地下空间与工程学报,2006,2(1):13-20.
HUANG Hongwei. State of the Art of the Research on Risk Management in Construction of Tunnel and Underground Works [J]. Chinese Journal of Underground Space and Engineering,2006,2(1):13-20.

[5] 王梦恕.地下工程浅埋暗挖技术通论[M].合肥:安徽教育出版社,2004.
WANG Mengshu. Theory and Technology of Shallow Tunnel Excavation [M]. Hefei: Anhui Education Press,2004.

[6] 彭泽瑞.北京地铁复八线土建工程施工技术[M].北京:中国科学技术出版社,2003.
PENG Zerui. Civil Engineering Construction Technology of Fuba Line in Beijing Subway[M]. Beijing: Chinese Science and Technology Press,2003.

[7] 张成平,张顶立,王梦恕.浅埋暗挖隧道施工引起的地表塌陷分析及其控制[J].岩石力学与工程学报,2007,26(增2):3601-3608.
ZHANG Chengping, ZHANG Dingli, WANG Mengshu. Analysis of Ground Subsidence Induced by Shallow-buried Tunnel Construction and its Control Techniques [J]. Chinese Journal of Rock Mechanics and Engineering,2007,26(S2):3601-3608.

[8] 张成满,罗富荣.地铁工程建设中的环境安全风险技术管理体系[J].都市快轨交通,2007.20(2):63-65.
ZHANG Chengman, LUO Furong. Technical Management System of Environmental Safety Risk for Metro Construction [J]. Urban Rapid Rail Transit,2007,20(2):63-65.

[9] 张成平,张顶立,王占生,等.地铁工程建设第三方监测管理模式的探讨[J].岩土工程学报,2005,38(增):54-60.

ZHANG Chengping, ZHANG Dingli, WANG Zhansheng, et al. Discussion on the Management Way of Third Party Monitoring in Construction Process of Subway Project[J]. China Civil Engineering Journal, 2005, 38(S): 54-60.

[10] 刘军, 张飞进, 高文学, 等. 远程自动连续监测系统在复杂地铁工程中的应用[J]. 中国铁道科学, 2007, 28(3): 140-144.

LIU Jun, ZHANG Feijin, GAO Wenxue, et al. Application of Remote Automatic Continuous Monitoring System in Complex Metro Engineering [J]. China Railway Science, 2007, 28(3): 140-144.

[11] 张顶立. 城市地铁施工的环境安全风险管理[J]. 土木工程学报, 2005, 38(增): 5-9.

ZHANG DingLi. Environmental Safety Risk Management of Urban Subway Construction [J]. China Civil Engineering Journal, 2005, 38(S): 5-9.

中原交通与物流产业体系的研究

王梦恕

1 中原交通与物流产业现状

1.1 中原交通现状

1.1.1 空中交通的现状

河南现有郑州新郑国际机场及洛阳、南阳两个小规模机场,其中郑州新郑国际机场旅客吞吐量、货邮吞吐量如表1所示。

新郑机场旅客吞吐量与货邮吞吐量　　　表1

时　间	旅客吞吐量(万人)	货邮吞吐量(万吨)	架　次
1997年	144.56	1.73	16740
1998年	145.92	1.97	20505
1999年	145.05	2.14	23752
2000年	151.66	2.59	22545
2001年	152.33	2.48	22442
2002年	166.77	2.78	22971
2003年	186.85	2.99	23738
2004年	257.27	3.79	30740
2005年	296.93	4.47	33403
2006年	388.00	5.08	44233
2007年	500.21	6.58	53394

1.1.2 铁路交通的现状

郑州铁路局位于全国铁路网的中心,地处中原,辐射四方,使命重大,机遇难得。京广、京九、焦柳三大干线纵穿南北,陇海、宁西、侯日三大干线横贯东西,构成了"三纵三横"铁路交通网体系。郑州拥有亚洲最大的列车编组站郑州北站;全国最大的零担货物中转站郑州东站;中部最大的客运站郑州车站。这些,都使河南在中部崛起战略中拥有非常独特的区位优势。

近几年来,由于国家不断加大对河南境内铁路的投资,铁路运能和运量得到极大提高,中原铁路焕发出了前所未有的生机。2003~2006年间,累计完成河南省境内货物发送量35281万吨,累计完成河南省境内旅客发送量19452万人,分别同比增长30.6%和35.03%。

就总体而言,中部铁路的运输能力仍然十分紧张。目前,全国铁路运输最为繁忙的区段有3个,河南

---

* 本文原载于:第十届中国科协年会专题论坛特邀报告集,2008.

境内就有两个,一个是新乡到月山,一个是郑州至洛阳。不久前,国务院批准的《中长期铁路网规划》,把中部铁路的发展列为重中之重。仅河南境内铁路客运专线建设的投资就将达到1000亿元。

2007年4月18日,我国铁路顺利实施了第六次大提速,在中国铁路发展史上影响深远。河南是中国铁路自1997年4月以来六次大提速的见证者和受益者,每一次大提速创造的"第一速"都是在河南境内反复进行科学试验后产生的。可以自豪地说,河南拥有中国铁路一流的线路,一流的装备设施。特别是2007年第六次大面积提速后,以开行时速200～250km国产化高速动车组为标志,重载快速货车、双层集装箱列车以及列车调度指挥系统等一大批先进的技术装备全面投入使用,极大地提高了中部铁路的运输能力。120km/h线路达到1272.5km,占正线延长的29%;160km/h线路达到643.3km,占提速线路的50.6%。250km/h线路达到74.8km,占全路时速250km线路总延长的9.3%。增加客车48对,增幅20%;货车对数增加157对,增幅30.6%。

河南是我国第一人口大省,是中西部第一经济强省,并且地处中原,历来是陆路交通的枢纽。国务院批准的《中长期铁路网规划》充分考虑了河南社会经济发展的需要。目前,全路计划建设9条客运专线,其中涉及河南的有4条。从现在起到2020年的15年间,郑州—西安、郑州—北京、郑州—武汉、郑州—徐州客运专线将陆续建成开通,郑州将成为全路唯一一个铁路客运专线交汇的"十字"架。

郑州枢纽将成为中西部地区最大的高速铁路枢纽。届时,郑州到北京、西安、武汉、南京等城市将保证在3小时内到达。河南的区位优势、郑州的枢纽地位将得到进一步巩固和加强,人民群众出行将更加方便快捷。

目前,我国京广、陇海铁路干线是最繁忙的铁路干线,客货混跑,运输能力长期处于饱和状态。就陇海线郑州至洛阳段而言,平均每5min就有一趟列车通过。客运专线建成后,大部分客车将调整到客运专线上运行,京广、陇海铁路就可以大量开行货物列车,这必将大大缓解当前运输紧张的局面。

1.1.3 公路交通的现状

(1)公路运输主导地位日益稳固。随着河南交通运输设施以及运输装备的不断改善,运输市场管理的日益规范,公路运输继续在河南省综合运输体系中占据主导地位。2007年公路完成运输量占全省综合交通运输总量的94.2%、48.1%、82%和25.1%,比重分别比2006年提高了0.41%、3.86%、1.29%、2.80%。

(2)公路运输生产持续高速增长。随着河南省公路网的日益完善,公路运输生产持续保持高速增长。2007年全省公路运输完成客运量11.55亿人次,同比增长13.5%;客运周转量601.8亿人公里,同比增长22.1%;完成货运量8.35亿吨,同比增长19.5%;货运周转量681.85亿吨公里,同比增长26.6%。增长速度分别提高了3.3%、9.6%、8.0%和11.2%。

(3)客、货运服务范围日益扩大。与2006年相比,2007年客、货车辆的平均运输距离稳中有升,分别为52.3km和81.7km,同比提高了7.6%和6.1%。

(4)保障重点物资运输,服务工农业生产。2007年公路的货类、货运量和周转量的运输结构与2006年相比有所变化。

从货类构成上看,公路运输主要集中在煤炭、石油、粮食、农产品等保障国民经济运行和人民生活需要的重点物资运输上。2007年公路重点物资货运量达到3.03亿吨,同比增长23.34%;货运周转量达到265.87亿吨公里,同比增长29.71%,略高于货物运输总量的增长率,有力地保障了国民生产和人民生活所必需的重点物资运输。

工业生产原料运输也保持了较快的增长速度。金属矿石、钢铁、非金属矿石、有色金属、盐等工业生产材料公路运输量达到1.54亿吨,同比增长19.33%;货运周转量达到129.43亿吨公里,同比增长43.28%,有力地支持了河南省工业化进程。

矿物性建筑材料、水泥、木材等建筑材料公路运输量达到1.80亿吨,同比增长22.67%;货运周转量达到 140.16 亿吨公里,同比增长 26.42%,保障了河南省基础设施建设。

化学肥料及农药、粮食、农产品等农业生产材料及产品公路运输量达到 1.47 亿吨,同比增长 32.42%;货运周转量达到 109.07 亿吨公里,同比增长 21.29%,促进了河南省农业发展。

机械、设备、电器、化工原料及制品、轻工、医药产品等工业产品公路运输量达到 1.64 亿吨,同比增长 9.05%;货运周转量达到 121.19 亿吨公里,同比增长 9.79%。进一步提高了人民生活水平。

(5) 公路营业性运输效率有所提高。2007 年,营业性客、货运车辆的运输效率均有所上升。货运汽车实载率由 65% 上升到 70%,营业性客运汽车的工作率从 2006 年的 93% 上升到 95%,里程利用率达到 100%。

(6) 运输装备服务能力质量日益提高。截至 2007 年底,全省营运车辆发展到 84.8 万辆,其中客运车辆 8.3 万辆(含出租汽车 3.2 万辆),货运车辆 76.5 万辆。分别比 2006 年增长 15.7%、0.41%、17.6%,旅客运输的服务质量明显提升。

货运产业在国家政策指引下,向专业化、大型化发展,货运行业的整体效能不断提高,有效地促进物流业的健康发展。

(7) 运输行业经济效益日益提高。2007 年,全省道路运输行业总产值达 746 亿元,行业主营业务(客运、货运、场站)收入 710 亿元,分别比 2006 年增长 141 亿元和 184 亿元,增长率分别为 23.3% 和 35.0%;全年上缴国家税费 157.4 亿元,实现利润总额达 61.2 亿元,同比增长 55.2% 和 26.4%;为社会提供就业岗位 183 万个,对 GDP 的直接贡献率达 2.84%,比去年略有增长。

从道路运输生产发展趋势看,河南道路运输市场状况良好,为社会提供运输保障能力和服务水平有了明显的提高。道路运输能力制约社会经济发展的"瓶颈"状况有了极大的改善,道路运输在综合交通运输体系中仍然处主导地位。特别是在应对"春运"和"黄金周"客流高峰、抢运煤粮油、抢险救灾等关键时段和重点物资运输中,道路运输发挥了积极作用。进一步加强了运输市场监管,开展了道路客运市场、危险货物运输和货运信息代理市场、驾驶员培训市场等三项治理整顿工作,全省道路运输市场秩序明显改观。

1.1.4 水运交通的现状

水运特别是内河水运作为综合交通运输的重要组成部分,不仅具有占地少、运能大、运价低、污染小、投资省等诸多优势,而且可以诱发新产业并带动相关产业发展,优化地区产业布局,促进沿线城镇建设,拉动区域经济发展。随着土地、能源、环境资源价值的提升,内河水运业的发展优势愈加明显。加快水运发展,对于构建综合交通运输体系,提高水资源合理开发和综合利用水平,建设资源节约型、环境友好型社会,促进经济社会全面、协调、快速和可持续发展,具有十分重要的战略意义。

河南省地处中原,承东启西,连南贯北,素有"九州心腹、十省通衢"之称,承担着东西经济互补、南北经济流通的重要枢纽作用。河南交通发展的状况,不仅关系到河南自身经济的发展,而且关系到国家交通和经济发展的全局。中央作出促进中部地区崛起的战略部署,要求中部地区建成"全国重要的综合交通运输枢纽"。从目前情况看,河南境内铁路网纵横交错、四通八达,是全国重要的铁路枢纽;高速公路通车里程居全国首位,初步形成了以高速公路为主骨架、以国省干线公路为支脉、以农村公路为网络,干支相连、辐射八方的河南公路网;拥有新郑国际机场、洛阳机场和南阳机场三个民用机场,郑州新郑国际机场为 4E 级机场,是国内一类航空口岸,铁路、公路已具相当规模,航空发展也有较好基础。相对而言,河南水运仍然是一个薄弱环节。自 20 世纪 60 年代以来,由于发展的不平衡和长期的投入不足等原因,原本通航的河流断航,航道和港口等基础设施技术等级普遍较低、服务能力差、通航里程短、支持保障设施严重滞后,运力结构不合理,这些问题已严重阻碍了河南内河航运业的快速发展,导致河南水运与其他运输方式之间的发展差距在逐渐拉大,水运优势远没有得到充分发挥。加快河南水运发展,优化交通运输结构,实现公路、铁路、水路、航空的优势互补、良性互动,是河南抓住中央实施促进中部地区崛起战略的重大机遇,建设全国重要的综合交通运输枢纽,促进经济社会发展的必然选择。

1.2 中原物流产业的现状

为提高河南境内既有铁路的通过能力,国家投资37亿元,对郑(州)徐(州)、侯(马)月(山)线亿吨运煤通道进行了扩能改造,目前这两项工程已完成,并发挥着巨大效能。"十一五"期间,国家还要实施京九线电化、宁西线复线等工程建设。另外,还将陆续建设郑州黄河公铁两用大桥、郑州新客站、郑州集装箱中心站等重点工程。

近年来,铁路运力虽然有了较大提升,但与中部经济的快速发展相比,仍然显得滞后。仅河南省为例,2007年上半年铁路运输需求满足率约为60%,虽然比上年同期提高了20%,但仍然难以满足河南经济发展的需要。

为此,铁路部门将在加快铁路新线建设的同时,继续通过多种措施,最大限度地挖掘既有线路潜力,扩大铁路运量,更好地满足河南经济发展需要。煤炭、石油、粮食等重点物资关系国计民生,关系社会稳定,关系经济发展大局,历来是铁路运输的重中之重。多年来,铁路部门在运力严重短缺的情况下,为促进国民经济平稳较快发展,始终坚持国家利益和人民利益至上,对重点物资实行运力倾斜,做到"五优先"(优先配车、优先装车、优先挂运、优先放行、优先卸车)。

河南既是重点物资的生产基地,也是主要的消费地区。在当前铁路能力十分紧张的情况下,为了确保河南煤炭、粮食的及时外运,铁路采取积极调配空车,组织开行货物直达列车和重载列车等措施,千方百计多拉多运。为了确保河南重点工矿企业原材料和产成品运输需求,铁路做到随时与企业沟通协调,建立管理台账,了解企业库存、外调数量和市场需求,科学制定运输方案。优先安排"三农"物资运输,并实行优惠运价。

今年上半年,铁路累计完成煤炭发送量5886万吨,与去年同比增加452.2万吨,增长8.3%;发送化肥260.4万吨,同比增加31.5万吨,增长13.8%;完成托市粮运输45.7万吨,为保持粮食市场稳定提供了有力保证。铁路积极实施运输"大客户"战略,对河南境内郑煤、鹤煤、焦煤、义煤、安钢及中石化洛阳分公司等重点企业,实施运力倾斜,提供优质服务,最大限度地满足了重点企业的运力需求。

今年上半年累计为6家重点企业发送货物1577.2万吨,与去年同比增加35.4万吨,增长2.3%。预计6家重点企业的全年铁路运量将达到3100万吨,占铁路货物发送总量的18.2%。

早在1997年,国家就批准成立郑州东站铁路货运一类口岸站。2002年,铁路又投入4000万元对郑州东站一类口岸的海关监管区进行改造、扩建,使口岸的各项功能得到不断完善,吞吐能力由15000箱提高到60000多箱,国际集装箱运输也有了较大的发展,已涉及80多个国家和地区。

作为中原国际物流园区的七大重点项目之一,郑州国家干线公路物流港一期工程正式开工,郑州打造全国重要物流商贸中心的梦想正逐步变为现实。

不久的将来,这个物流港将与郑州铁路集装箱中心站、郑州新郑机场航空物流港一起,成为郑州公路、铁路、航空联运中心,成为郑州现代物流业三大支柱。

根据郑州市物流业发展规划,郑州现代物流中心发展有六大重点,分别是物流枢纽、中原国际物流园区、专业物流市场、物流业重点工程、行业物流、现代物流企业。

按照这个规划,今后首先将打造现代物流枢纽;以郑州为中心,规划建设集市域、区域和国际物流于一体,具有多式联运、集装箱中转、货运代理、保税仓储等多功能的中原国际物流园区;依托综合物流园区、主要工业园区、产业集中区、城市组团和现有大型商贸市场,规划建设一批为工商企业生产经营和城市居民消费服务、各具特色的专业物流市场。

根据规划,郑州国家干线公路物流港主要包括运输服务区、仓储区、集装箱作业区、综合服务区、物流管理区、商贸交易区、加工区、企业自营物流区等8个功能区。港内将建内陆无水港与B型保税物流中心(即主要由一家或多家投资主体投资建设,并由两家以上大型物流企业进入运营的公共保税中心)、公路货运中心、国际商务采购中心3个中心,实现全球采购、郑州集散、郑州结算。重点发展粮食汽车等8行业物流。

在郑州物流业发展中,郑州国家干线公路物流港、郑州国际航空货运中心、郑州铁路集装箱货运中心、郑州铁路零担货运中心、中南邮政物流集散中心、郑州出口加工区和河南进口保税区等七大物流工程将成为重点。

在物流业发展中,粮食、棉花、煤炭、建材、汽车、食品、农资、邮政等八大行业物流将成为发展重点,并将培育出10家左右AAA级和1家AAAA级以上的大型物流企业。

郑州现代物流中心的发展目标:"十一五"基本确立郑州在全国重要的现代物流中心地位。以郑州为中心的中原城市群物流结点网络体系趋于完善。郑州市物流业增加值占生产总值的比重上升到6%,物流业在第三产业中的比重占14%以上。远期发展目标是:2020年将郑州建成全国重要的现代物流中心,全省社会物流总成本占生产总值的比重和物流业增加值占生产总值的比重均居全国先进水平,物流业成为支柱产业。

2 对中原交通与物流产业的发展方向的意见

2.1 中原交通的发展方向

2.1.1 空中交通的发展方向

以郑州新郑国际机场为中心,拓展洛阳、南阳等支线机场,促进空中交通的和谐发展。目前,洛阳、南阳机场运能不足,航班稀少,全省大多数旅客都要到郑州机场集散,导致洛阳、南阳机场资源浪费。应该大力拓展洛阳、南阳机场的运能,形成河南西部、南部和省会中心的鼎足之势。

2.1.2 铁路交通的发展方向

实施"一主两翼"战略,就是打满京广、陇海两条干线,用足侯月、焦柳、宁西、新荷、京九等干线两侧的线路,盘活河南铁路路网。充分利用丰富的河南地方铁路资源,为干线分流,不断扩充河南铁路的运输能力。

在地方产业结构调整中,铁路的运输产品和服务方式也应不断地调整和优化。应加强集装箱、零担运输组织业务,在原有成组运输、整列运输、快速货物列车运输的基础上,开发定点定线直达列车运输等新型运输方式。

2.1.3 公路交通的发展方向

2007年中央经济会议提出,经济增长由偏快转为过热的趋势尚未缓解,价格上涨压力加大,农业基础依然薄弱,节能减排形势相当严峻,涉及人民群众切身利益的问题还比较突出。中央把明年宏观调控的首要任务定为防止经济增长过热和防止明显通货膨胀。中央用7个"必须"强调我国经济工作中要完成的目标,并将我国持续十年的货币政策基调首次从"稳健"调整为"从紧"。在此大环境下,预计河南省公路水路交通固定资产投资将呈下降趋势。因此,公路交通应重点解决:

农村公路建设,重点加强建制村联网及人民群众习惯出行的生产生活道路和损坏道路的修复以及县乡危桥改造工作,以加强社会主义新农村建设为工作重点,积极加大政府财政对农村公路交通基础设施的投入。

内河航运建设。加快淮河、涡河、沱浍河、丹江库区等航运项目前期工作。

2.1.4 水运交通的发展方向

河南具有发展内河航运的资源优势和区位优势。虽然是一个内陆省份,但河南水资源十分丰富,地跨长江、淮河、黄河、海河四大流域,共有河流493条,河道总里程达26245km,其中干流长度达7250km,支流长度达18995km,而且河流多属上游,具有"向下与淮河水系、长江水系贯通,向上与铁路、公路主通道连接,与能源产业基地衔接"的特点。在占河南省总面积69%的淮河和长江流域中,千百年来流淌不息的淮河干流、沙颍河、涡河、沱浍河、丹江、唐白河等河流,均可以与下游水网地区沟通;属黄河、海河流域的黄河和卫河,随着南水北调东线工程的实施,也可以相继实现通航。去年底沙颍河已正式通航,使河南拥有了第一条通江达海的水上通道,打通了河南联接华东乃至长三角等发达地区的水运门户,密切了与全国水运网络的相互联系。抓住机遇,加大投资力度,加大工作力度,河南就可以基本建成辐射周边、干支联网、港航配套、船舶先进、畅通高效、安全环保、公铁水空联运的和谐的河南航运体系,在水运方面实现跨越式发展。

2.2 中原物流产业的发展方向

2.2.1 空运物流产业的发展方向

按照规划,河南将把郑州新郑国际机场建设成为全国最大的货运航空港,随着集市域、区域和国际物流于一体,具有多式联运、集装箱中转、货运代理、保税仓储等多功能的中原国际物流园区的建设,空运物流产业必将具有极大的发展空间。关键还在于要大力拓展洛阳、南阳等支线机场的能力,不要导致资源的浪费和闲置。

2.2.2 铁路物流产业的发展方向

铁路物流产业应该大力发展,铁路是大运量、低耗能、低污染的运输产业,铁路应在服务上,为货主随时掌握运输情况提供更加方便的服务;教育员工提高服务意识,克服野蛮装卸、铁老大的传统观念和弊病,为铁路物流产业的发展创造一个良好环境。

2.2.3 公路物流产业的发展方向

公路运输需求将继续保持快速增长。我国公路基础设施建设发展很快,公路运输能力大大提高,在国民经济增长和人民生活水平提高方面发挥着越来越重要的作用。可以预见,随着我国经济的进一步发展,公路运输需求将继续保持快速增长,对运输服务质量和服务水平的要求也将日益提高。

智能运输系统是未来公路运输的发展方向。将先进的信息技术、数据通信传输技术、电子控制技术及计算机处理技术等综合运用于整个地面运输管理体系,使人、车、路及环境密切配合、和谐统一,智能运输系统可提高公路交通安全水平,减少交通堵塞,提高公路网的通行能力,降低汽车运输对环境的污染,提高汽车运输生产率和经济效益。随着智能运输系统技术的发展,物流运输信息管理、运输工具控制技术、运输安全技术等均将产生巨大的飞跃,从而大幅度提高公路网络的通行能力。

公路运输将与现代物流日益融合。物流业作为一种新的经济运行方式,已成为国民经济的重要服务部门之一。由第三方物流企业组成的新的物流服务行业,是中国经济发展新的生产力。因此,公路运输企业必须提高自身的物流服务水平,以满足日益提高的客户服务的要求。公路运输加速向现代物流的发展和融合,不仅是为了面对现有的国内市场的需求,同时更是为了应对经济全球化潮流和我国加入WTO后所带来的压力和挑战。集约化经营、规模化发展,是公路客运和物流发展的方向。

2.2.4 水运物流产业的发展方向

随着河南水运交通的发展,水运物流产业必将迅速发展。水运物流产业在发展的同时,应注意与铁路、公路物流的衔接,产业布局要合理,设施要配套,管理要严格,服务要便捷,只有这样,才能促进水运物流产业的发展。

3 结语

交通体系的研究,首先要在理念方面有突破和创新。河南地处中原,占尽了天时和地利,没有理由不崛起,不迅速发展。但是,保守的传统理念往往束缚着人们的发展观念。目前,全国许多大、中城市正在兴起轨道交通(地铁)的建设热潮,城市轨道交通正在步入发展时期。轨道交通如何与空中交通、铁路交通、公路交通等交通体系实现配套,如何与物流产业衔接,如何实现货车不入城市中心,如何实现城市的减排效果等,都需要在理念方面实现创新和突破。例如:西方发达国家早在百年前就实现的城市"公共沟",集上下水、供电、供热、供气、排污、排水等于一体的集中建设方式,在我们国家就很难实现液体流、能源流。为什么?除了条块分割、部门利益、行政权力等体制造成的因素外,理念陈旧也是当前城市管理者的弊病之一。今天挖一条沟埋设电缆,明天挖一条沟铺一条管道,后天再挖一条沟铺设什么等,制约交通、限制出行、污染环境,钱不少花,事不多办,老百姓能没有看法、没有怨言吗?交通运输是为经济社会发展和人民出行提供最广泛服务的重要产业,随着国民经济持续发展和人民生活水平不断提高,交通运输市场的需求也在发生转折性的变化,从要求"走得了"向"走得好"转变。同时,随着交通基础设施建设的大规模投入和快速发展,为提高交通物流运输营运质量提供了条件。如今铁路采取客内货外的车站布局,城市所需物资,从节约能源、不破坏环境考虑,应修建货运地下通道,直到市中心集散地,减少货车的运输,是合理的方向。铁路或轨道交通直达机场,也是物流的发展方向。形成不同交通形式编组场(站、点),加强物流的分流和供给。

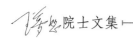

台湾海峡海底铁路隧道建设方案

王梦恕

(中铁隧道集团有限公司)

摘 要:从国内外江、河、海底隧道的建设经验出发,根据长隧道及高速铁路隧道的设计、施工经验,论述了台湾海峡海底隧道采用铁路隧道方案的合理性;给出了台湾海峡海底隧道的断面形式、断面面积及洞门形式建议方案;提出了台湾海峡海底隧道选择施工方案要点;介绍了国内江河海底隧道的建设情况;重申审核工程修建好坏的理念及修建过江、过海隧道比桥梁的优点;最后给出了修建海底水下隧道亟需深入研究和解决的重大关键技术问题。

关键词:台湾海峡海底隧道;铁路隧道;断面设计;施工方法;过江隧道;过海隧道

中图分类号:U459.1　　**文献标志码**:A　　**文章编号**:1672-741X(2008)05-0517-10

Abstract: Based on the design and construction experience of river crossing tunnels, sub-sea tunnels, long tunnels and high-speed railway tunnels, the author concludes that the reasonable option for Taiwan Strait sub-sea tunnel is railway tunnel. The cross section types and areas portal types and construction schemes of Taiwan Strait sub-sea tunnel are recommended in the paper. The author presents the situation of construction of river crossing tunnels and sub-sea tunnels in China. Moreover, the author provides some new concepts, including the idea that river crossing tunnels and sub-sea tunnels have more advantages than bridges. At last, the author presents the key technical problems that need further researches in the construction of sub-sea tunnel.

Key words: Taiwan Strait sub-sea; railway tunnel; cross section design; construction method; river crossing tunnel; sub-sea tunnel

为了沟通海峡两岸,加强经济、文化联系,方便老百姓,修建海底隧道十分必要。

1 台湾海峡海底隧道采用铁路隧道方案是合理的

1.1 世界海底隧道建设情况

当今世界上已修建了许多海峡隧道,正在筹建的也很多。重点介绍已建的6座隧道。

(1)世界上最早的海峡铁路隧道于1940年在日本的关门海峡用盾构法修建,长3.6km。

(2)1975年日本用钻爆法在关门又建成了长18.7km的第二座海峡铁路隧道。

(3)1988年日本在津轻海峡用钻爆法建成了至今为止世界上最长的海峡隧道——青函隧道,长54km,是台湾海峡隧道的一半。青函隧道施工横断面示意图、纵断面图、吉冈工区排水系统图分别见图1~图3。

(4)1994年,英法两国用盾构法和TBM硬岩掘进机法建成了英法海底铁路隧道——英吉利海峡隧道,长50.5km,是世界第二长海底铁路隧道。其走向图、地质剖面及布置图分别见图4和图5。

---

* 本文原载于:隧道建设,2008(05).

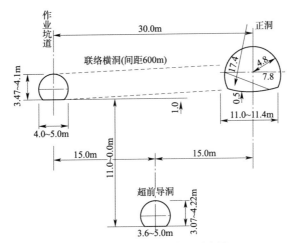

图 1　青函隧道施工横断面示意图

Fig. 1　Cross section of Seikan Tunnel

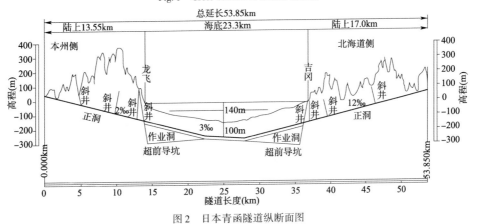

图 2　日本青函隧道纵断面图

Fig. 2　Longitudinal profile of Seikan Tunnel in Japan

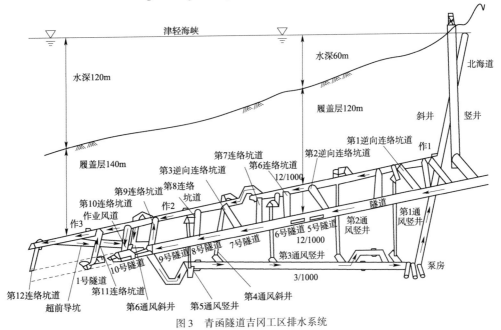

图 3　青函隧道吉冈工区排水系统

Fig. 3　Drainage system in Yoshioka working section of Seikan Tunnel

(5)丹麦斯多贝尔海峡公路隧道长 7.9km,盾构法施工长 7.26km,盾构直径 8.782m,管片厚 0.4m,海峡工程总长 18km,总造价约 40 亿元,1991 年修建过程中曾被水淹,工期拖得很长。

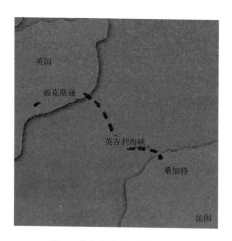

图 4 英吉利海峡隧道走向图

Fig. 4 Sketch of Channel Tunnel

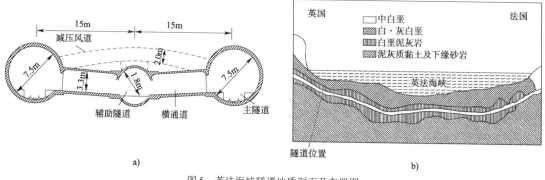

图 5 英法海峡隧道地质剖面及布置图

Fig. 5 Geologic profile and layout of Channel Tunnel

（6）日本东京湾海底公路隧道，1986 年开工，1996 年 8 月建成，10 年工期，工程全长 15.1km，其中海底盾构隧道长 9.12km，是世界上最长的海底公路隧道，8 台泥水加压盾构，直径 14.14m；双向 6 车道，一次衬砌管片厚 65cm；二次衬砌钢筋混凝土厚 35cm。其结构横断面图及纵断面示意图分别见图 6、图 7。

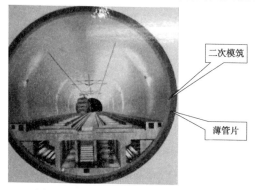

图 6 东京湾海底公路隧道结构横断面图

Fig. 6 Cross section of Tokyo Bay subsea highway Tunnel

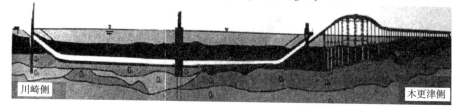

图 7 东京湾跨海公路隧道纵断面示意图

Fig. 7 Longitudinal profile of Tokyo Bay subsea highway Tunnel

东京湾海底公路隧道采用的是薄管片+二次模筑的复合衬砌结构。该形式耐久性好,强度高,适于铁路隧道或重要通道。

1.2 台湾海峡海底隧道建设方案

从世界海底隧道建设情况看,隧道长度大于20km的均采用铁路隧道,电力牵引,这样可长距离不设通风竖井,运营安全、风险小、运营费低,设计原则是汽车坐火车跨越海峡,因此台湾海峡海底隧道采用铁路隧道方案是合理的。

2 台湾海峡海底铁路隧道断面设计

2.1 隧道断面形式

从施工安全,施工通风,施工中的出渣运输等方面考虑长隧道必须采用双洞单线,以利于施工安全和施工通风(采用巷道式射流通风)。

2.2 隧道有效内净空面积

2.2.1 隧道净空面积的影响因素

(1)隧道建筑限界。
(2)线间距。
(3)应预留的空间:安全空间、救援通道、工程技术作业空间、内部配件空间等。
(4)考虑空气动力学影响所需的空间:考虑空气动力学影响所需的空间与运营速度有关,铁路运营速度采用200km/h是最优速度。根据空气动力学效应,高速列车在隧道内运行引起的问题见图8。

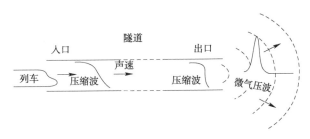

图 8　隧道微气压波的发生

Fig. 8　Generating process of tunnel micro compression wave

2.2.2 国内外高速铁路隧道内净空面积

见表1、表2。

国内外高速铁路隧道内净空面积表　　表1

Cross-section area of some high-speed railway tunnels　　Table 1

国　家	线　别	运营速度(km/h)	断面积(m²)
日本	新干线	240~300	61~64
法国	大西洋线	300	71
	北方线、东南延伸线	300	100
	地中海线	350	100

续上表

国　　家	线　　别	运营速度(km/h)	断面积(m²)
德国	汉诺威 – 维尔茨堡 曼海姆 – 斯图加特 汉诺威 – 柏林	250	82
	科隆 – 法兰克福	300	92
西班牙	马德里 – 塞维利亚	270	75
韩国	汉城 – 釜山	350	107
中国台湾	台北 – 高雄	350	90

我国专线隧道内净空面积　　　　　　表2

Cross-section area of some passenger-dedicated tunnels in China　　Table 2

序　号	类别标准	单　线	双　线
1	200km/h 客专近期客货共线	53.06	83.7
2	200km/h 客专近期双箱运输	56.2	89.64
3	250km/h 近期客货共线	58	90.16
4	250km/h 近期双箱运输	58.08	93.76
5	350km/h 客运专线	70	100

2.2.3　台湾海峡隧道净空面积

根据上述2.2.1和2.2.2的分析,单线隧道断面面积宜不小于50m²。

2.3　洞门形式

高速列车进入隧道时,会在隧道出口产生微气压波,发出轰鸣声,使附近房屋门窗嘎啦嘎啦作响,引起扰民问题,高速道路几种常见的洞门形式见图9。这几种形式均呈喇叭形,有利于减小微气压波引起的问题。

图9　几种高速道路洞门形式

Fig.9　Several portal types of high speed railway tunnel

3 台湾海峡海底铁路隧道选择施工方法要点

3.1 施工方法

无论从海底隧道的长度来看,还是从数量来看,日本是率先建成和建得最长、最多的国家,其次是挪威、丹麦等国。另外,国与国、洲与洲之间的海底隧道也正在筹建。钻爆法占90%以上,如挪威17条全部采用该法施工。

钻爆法最便宜,安全风险易控制;TBM盾构法其次;沉管法因造价最贵,仅在特殊情况下采用。

3.2 衬砌形式

水下隧道衬砌最好采用复合式衬砌;其次是管片+二次钢筋混凝土;单层管片衬砌不利于百年寿命。

3.3 超前导洞

青函隧道设置超前疏水导洞,有利于提前排水主洞施工。

3.4 隧道埋深

水下隧道最小埋深与水文地质、施工方法、支护结构形式有关。一般盾构法洞顶埋深1倍洞径;TBM1.5~2倍洞径;钻爆法2~3倍洞径。台湾海峡隧道采用深埋方案风险最小。

3.5 台湾海峡隧道建设施工方案

台湾海峡隧道穿越硬岩,宜采用全断面开敞式掘进机,不宜采用双护盾掘进机。中间断层、软弱地带、横通道采用钻爆法施工。

3.5.1 双护盾TBM的特点

1)适用条件

虽然双护盾式TBM有圆筒形护盾保护结构,它可在掘进同时进行管片的安装,但是它适用的是地层相对稳定、岩石抗压强度适中、地下水不太丰富的条件,护盾式TBM的高速掘进记录也大都在这类地质中创造。

2)施工中易出现的问题

(1)当它通过地应力变化大、破碎、块状围岩时,如不能及时迅速通过,则护盾有被卡住的危险,工程界有不少经验介绍设备被卡住后的处理方法,台湾坪林隧道被水淹没及被卡后的处理也见报导。图10为台湾雪山(坪林)隧道双护盾TBM。

图10 台湾雪山(坪林)隧道双护盾TBM

Fig.10 Double shielded TBM used for Hsueh Shan Tunnel in Taiwan

(2)采用双护盾施工时,由于施工经验及对护盾姿态控制等原因,会产生盾尾管片拼装空隙不足,从而引起管片错台、管片裂缝,严重时甚至导致隧道轴线偏离,应引起注意。此外,追求掘进速度而忽视管片背后吹注豆砾石、灌浆,也会带来严重的质量事故。

3)双护盾、单护盾TBM的缺点

(1)灵敏度低,很难精确快速调整到位。

(2)由于后盾较长,不易及时支护,易塌方,易卡死。如台湾坪林隧道。

(3)造价高,是开敞式TBM的1.3倍。因此,单护盾、双护盾掘进机经工程实践验证不能采用。

3.5.2 开敞式TBM的特点(图11)

1)开敞式TBM的适应性

由于任何隧道的地质状况、围岩性质都存在不一致性以及不对应性,因此选择开敞式掘进机的目的是,除发挥出它所具备的硬岩掘进性能外,它还具备了在不借助其他手段和措施的条件下,具有通过软弱围岩、断层等不良地质的能力,可独立地完成不良地质隧道的掘进。

2)开敞式TBM施工中的表现

(1)敞开式TBM在对付较完整、有一定自稳性的围岩时,能充分发挥出优势,特别是在硬岩、中硬岩掘进中,强大的支撑系统为刀盘提供了足够的推力。

(2)使用敞开式TBM施工可以直接观测到被开挖的岩面,从而方便对已开挖的隧道进行地质描述。

(3)由于开挖和支护分开进行,使敞开式TBM刀盘附近有足够的空间用来安装一些临时、初期支护的设备,如钢拱架安装器、锚杆钻机、超前钻机、喷射混凝土设备等,应用新奥法原理使这些辅助设备可及时、有效地对不稳定围岩进行支护。

以维护和利用围岩的自稳能力为基点,将锚杆和喷射混凝土集合在一起为主要支护手段,及时进行支护,以便控制围岩的变形与松弛,使围岩成为支护体系的组成部分,形成了以锚杆、喷射混凝土和隧道围岩三位一体的承载结构,共同支承山体压力。

3)开敞式TBM的优点

(1)灵敏度高,长度/直径≤1,易精确调方向可在±30mm内。

(2)能够及时对不良地层进行支护,时空效应好,不易塌方。

总之,开敞式TBM既适用于硬岩,也很适用于软岩地层,已在大伙房供水工地87km长推广应用,被许多工程实践所证实。

图11 开敞式TBM

Fig.11 Open type TBM

3.5.3 沉埋管段法

沉埋管段法不适于特长隧道(大于6km)、不适于硬岩地层,更不适用台湾海峡。

3.5.4 盾构法

在软弱、不稳定地层宜采用盾构法施工,盾构直径宜小于12m。琼州海峡34km长,因穿越软弱地层,没有岩石,宜采用土压平衡复合式盾构。

3.6 台湾海峡隧道建议出渣运输方式

出渣运输采用大容量电力机车牵引,也可采用皮带机输送。

3.6.1 连续皮带机相对有轨运输的优点

(1) 后配套系统设计可缩短。
(2) 所需通风机功率将大为降低。
(3) 减少机车、车辆、翻车机及洞外轨道调度系统,运行管理简单。
(4) 安全性提高。
(5) 仰拱结构可简单。

3.6.2 连续皮带机的应用

(1) 美国80%工程项目采用皮带机出渣。
(2) 欧洲近些年来长大隧道也大多采用皮带机出渣。
(3) 中间驱动技术、控制技术的发展使皮带机技术趋于成熟,已具有较高可靠性。
(4) 理论上,连续皮带机可以无限延伸,但目前的技术水平为15km。
(5) 国内大伙房输水工程采用皮带机出渣,最长设计为11.25km。

4 国内江河、海底隧道的蓬勃发展为修建台湾海峡海底隧道积累了经验

4.1 国内海底隧道及跨海桥隧

见表3、表4。

国内海底隧道　　表3
Subsea tunnels in China　　Table 3

序号	跨海通道称呼	地区	全长(m)	海面下长(km)	建筑设想提出时间	开工年月	通车年月	技术类型	交通类型	工程造价(亿元人民币)	投资方式	备注
1	港九中线海底隧道(红磡海底隧道)	香港	1886	1.6	1956年	1969-09	1972-12	沉埋法	公路隧道	17.6	BOT企业投资	
2	地铁海底隧道	香港	约2000	1.4		1977	1980	沉埋法	铁路隧道		BOT企业投资	
3	港九东线海底隧道	香港	4000	2.2		1985	1990	沉埋法	公铁两用隧道	35.3	BOT企业投资	
4	港九西线公路隧道	香港	2000	1.36	1981年	1993-08	1997-04	沉埋法	公路隧道	46.7	BOT企业投资	
5	港九西线铁路隧道	香港	2000	1.26		1995	1998	沉埋法	铁路隧道	9.3	BOT企业投资	
6	高雄海底隧道	台湾高雄	2250	1.06			1984	沉埋法	公路隧道		政府投资	
7	厦门海底隧道	福建厦门	9000	6	20世纪80年代	2005-04	2009(预计)	矿山法	公路隧道	39.5(含配套工程)	银行垫贷款	在建中

续上表

序号	跨海通道称呼	地区	全长（m）	海面下长（km）	建筑设想提出时间	开工年月	通车年月	技术类型	交通类型	工程造价（亿元人民币）	投资方式	备注
8	大连海底隧道	辽宁大连	6000	3	2003年		2011	钻爆发	公路隧道			拟建
9	胶州湾湾口海底隧道	山东青岛	6170	3.3	20世纪80年代	2006-06	2009	矿山法	公路隧道	31.8	BOT企业投资	在建中
10	台湾海峡海底隧道	福建台湾	约130km		1948年							拟建
11	琼州海峡海底隧道	广东海南	34km	18	1980年		约2010年	盾构法	铁路隧道	200		拟建
12	港岛－北京大屿山海底隧道	香港	10km						公路隧道			拟建
13	孙逸仙大马路－友谊大马路海底隧道	澳门							公路隧道			拟建
14	海凼第一海底隧道	澳门							公路隧道			拟建
15	海凼第二隧道	澳门							公路隧道			拟建
16	长江口海底隧道	上海	8.9km					盾构	公路隧道			拟建

跨海桥隧　　　　　表4
"ridge + tunnel" works crossing seas in China　　Table 4

序号	地区	工程名称	长度（km）		海面下长度（km）	建筑设想提出时间	开工年月	通车年月	技术类型	交通类型	工程造价（亿元人民币）	投资方式	备注
1	上海	长江口隧桥工程	海底隧道	8.9					盾构	公路隧道公路桥	123		
			跨海大桥	10.3									
			总长	25.5									
2	山东烟台辽宁大连	大连—烟台胶州湾	海底隧道	123.0		1992-01				铁路隧道公铁两用桥			拟建
			跨海大桥	7.0									
			总长	130.0									
3	香港珠海澳门	港珠澳海上通道	海底隧道	16.0	28.0	2003		2010	沉管法、盾构法、钻爆法	公路隧道	400	BOT	拟建
			跨海大桥	20.0									
			总长	36.0									

4.1.1 厦门公路越海隧道

由于隧道穿越地层为质地良好的花岗岩,决定采用双向六车道钻爆法施工,中间设管廊式服务通道;通过钻爆法、TBM法、沉管法、盾构法比较,由于是岩石地层,沉管法和盾构法技术不可行,被否定。钻爆法比TBM法又便宜5亿多,故方案选用施工技术成熟、灵活的钻爆法。

4.1.2 联结青岛—黄岛胶州湾湾口海底隧道

由于隧道穿越优质花岗岩地层,采用双通道六车道钻爆法施工方案,已进行了安全、风险评估,设计合理,但青岛侧的交通联结方式采用高架穿越城区,产生环境影响,现已改为地下,取消高架。

4.1.3 港、珠、澳海上大通道

全长36km,分别由6km沉埋管段和大桥相联后,用3.6km盾构或浅埋暗挖法修建隧道,在珠海拱北上岸,再用桥和6km长的山岭隧道相联,并和太澳公路相联,工程规模为双向六车道。如图12所示。

图12 港、珠、澳海上大通道地理位置示意图

Fig.12 Sketch map for geographic location of HongKong Zhuhai Macao Bridge

4.1.4 大连市区海湾海底隧道

经过桥、隧对比,决定采用双向六车道,钻爆法方案,因该地区的岩体为花岗岩,水文地质很好,不破坏环境,少占地,少拆迁。

沉管法在该市区海湾不宜应用,原因如下:

(1)软土层薄,且隧道全长2/3以上处于岩石之中,世界上110多条沉管隧道只有一条是建(放)在岩石上,其他全部在不稳定粉细砂、极软弱地层,因地层贯入度小于30时,水中基槽很难开挖,水下大量爆破在技术上不可行。

(2)水下爆破工期不可控。

(3)施工干扰大、影响周围航运、扰民、破坏海洋生态。

(4)造价高,75~100万/m。

(5)两端引线难以处理,干坞面积大,不易寻找。

4.1.5 琼州海峡跨海隧道

琼州海峡34km跨海隧道,采用浅埋暗挖法和盾构法修建铁路海底隧道,正在论证中,目前轮渡过渡。

4.1.6 渤海湾大连至烟台跨海铁路隧道

渤海湾大连至烟台110km垮海铁路隧道,目前轮渡正在修建,可能采用钻爆法、TBM法和盾构法。

4.2 国内穿越江、河底隧道

4.2.1 武汉长江第一隧

原定为沉管法方案,因施工干扰大,冲刷变化大,干坞不易选择,造价太高而否定;由于隧道穿越粉细

沙不稳定地层,决定采用双向四车道、泥水加压式盾构,盾构直径 ϕ11.4m;采用复合式刀具,以实现长距离不换刀掘进。

江下取消了横通道,有利于运营隧道变位而不开裂。

4.2.2 武汉汉阳二次穿越长江水底公路隧道

武汉汉阳二次穿越长江水底公路隧道,双向四车道盾构法施工,盾构直径 11.4m。

4.2.3 南京—浦口长江第二隧道

南京—浦口长江第二隧道是铁路高速跨越点,原定沉管法,后因冲刷深度变化较大、流速大而改为盾构法,属市区隧道。目前,南京市政府要求双向六车道,由于采用大直径 ϕ15m 泥水盾构,造价高,风险大,埋深加大。

认真分析采用分离式两条双向四车道的过江方案以及是否考虑沉管方案的可能,因 ϕ15m 盾构制造风险很大,施工风险更大,而且造价很高(3亿元/台)。图 13 为南京长江隧道横断面图。

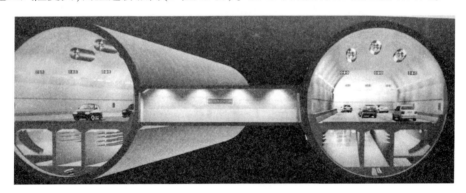

图 13 南京长江隧道横断面图

Fig.13 Cross section of Nanjing Yangtse River Tunnel

注:车道下面的空间足以设置逃生通道。

4.2.4 杭州市庆春路钱塘江市区水底隧道通道

采用双向四车道盾构方案,理念正确,已进行了安全、风险评估,对环境影响很小。其横断面如图 14 所示。

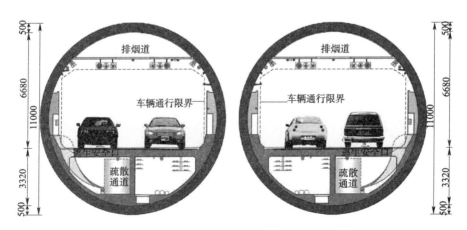

图 14 杭州庆春路钱塘江市区水底隧道横断面图(尺寸单位:mm)

Fig.14 Cross section of Qiantangjiang River Crossing Tunnel in Hangzhou(Unit:mm)

4.2.5 狮子洋双洞双线铁路隧道

广深港铁路客运专线狮子洋双洞单线铁路隧道全长 10.8km,盾构施工长 9.349km,隧道内径 9.8m,管片厚 0.5m;采用 4 台泥水盾构,从两端对接,洞内解体施工方案。其纵断面见图 15。

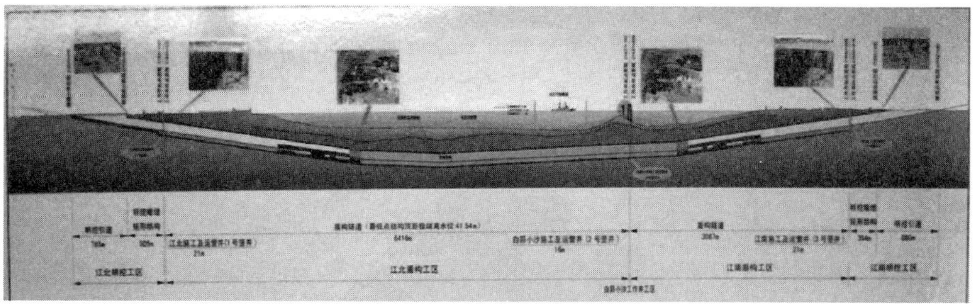

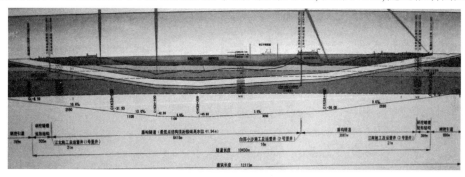

图15　狮子洋隧道纵断面图

Fig. 15　Longitudinal profile of Shiziyang Tunnel

4.2.6　沪通铁路跨越长江铁路隧道

沪通铁路跨越长江铁路隧道单洞双线或双洞单线两方案对比，长约17km，隧道纵断面见图16。

图16　沪通铁路跨越长江铁路隧道纵断面图

Fig. 16　Longitudinal profile of Yangtse River Crossing Tunnel on Nantong Shanghai Railway

4.2.7　上海地区穿越黄浦江水底隧道

上海地区多条水底隧道穿越黄浦江，均采用双向四通道，盾构法施工，效果很好，两端接线容易，方便市民。沉管方案由于扰民、影响航运而被否定。

4.2.8　上海浦东至长兴岛水底隧道

双向六通道，采用盾构法施工，盾构直径φ15.18m长距离4km；掘进风险很大，需认真研究，尤其不易在江中设置横通道，应充分利用主洞行车道下面的很大空间进行疏散救援，取消横通道对两个主体隧道的结构沉降减少制约，防止结构开裂非常有利。

4.2.9　甬江水底隧道

我国大陆第一条用沉埋管段法修建的甬江水底隧道，隧道由4节85m长和1节80m长的管段组成。

4.2.10　广州市区地铁和城市交通多条穿越

珠海水底隧道正在设计、施工的有五条，由于水浅、隧道短、没有航运，所以采用双向六车道方案沉埋管段法。

4.2.11　浏阳河隧道

长沙浏阳河隧道，铁路、公路应用钻爆法、浅埋暗挖法正在施工。

4.2.12　湘江公路隧道

长沙湘江公路隧道采用盾构法，即将开工。

4.2.13　其他

南水北调供水工程、输气工程、污水处理工程、铁路过江工程等，有的建成，有的正在建设和筹建中，分别采用盾构法、钻爆法、沉管法等进行。南水北调穿黄隧洞纵断面示意图，见图17。

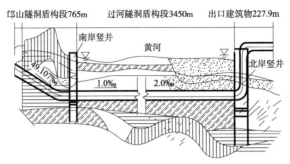

图 17 南水北调穿黄隧洞纵断面示意图

Fig. 17 Longitudinal profile of Yellow River Crossing Tunnel on South to North Water Transfer Project

5 理念的更新

(1) 审核一个工程修建的好坏应遵守环境效益第一、社会效益第二、工程本身效益第三的次序进行评定,确保建一个工程就给人民和后代留下精品遗产,不要留下让人唾骂的遗憾工程。

(2) 修建任何工程应遵守少拆迁、少占地、少扰民、少破坏周边环境的原则。

(3) 当前,尤其在市区修建过江、过海隧道,比桥梁有五大优点:

① 不破坏航运,不影响海域生态环境,不破坏大自然,有利于环境的保护。

② 隧道两端不占地、少拆迁,不影响周边环境,引线比桥梁短,工程总造价低于桥梁,且寿命不少于 100 年。

③ 不受天气、大风、大雾的影响,可以全天候运营。

④ 具有很强的抵抗自然灾害(如地震)和突发事件的能力。

⑤ 隧道易于和两端交通接线,形成路网。

(4) 过江、过海隧道方案,应满足交通宜疏不宜集的原则,应方便乘客多地点过江,应安全可靠。

(5) 过江、过海的方案应遵守确保建设全过程的安全风险最小,应按安全、可靠、适用、经济、先进的次序进行。

随着人们环境保护理念的提高,从保证设计、施工和今后运营的安全、减少风险出发,隧道修建的优势越显突出。

6 海底水下隧道关键重大技术

(1) 跨海、江的隧道位置选择及两端接线方案。

(2) 海中、江中水文地质的勘测:河势、河床稳定性、冲刷的规律,施工中的工程地质预报。

(3) 隧道最佳埋深的确定及断面坡度设计,不同施工方法有不同埋深,冲刷线确定埋深及施工方法。

(4) 施工方法的确定:钻爆法、沉管法、TBM 法、盾构法或小 TBM 外钻爆法等。

(5) 隧道建设的合理规模确定:铁路、公路、复线、双向四车道、六车道。

(6) 隧道建设标准的确定:设计速度、曲线、竖曲线半径、牵引、坡度等。

(7) 先进的隧道支护和衬砌的设计方法。

(8) 先进隧道施工技术确定。

(9) 隧道的防排水系统确定。

(10) 隧道的运营通风方式的确定,竖井是否设置及位置。

(11) 隧道防灾、照明、监控的标准确定,设计原则,应突出自救、自报、从简、低成本运营。

(12) 隧道项目管理及融资。

(13) 建设过程中对规划、设计、施工、运营四个阶段安全、风险分析。

水下交通隧道发展现状与技术难题
——兼论"台湾海峡海底铁路隧道建设方案"

王梦恕

(北京交通大学隧道及地下工程教育部工程研究中心)

摘　要：与跨越江河湖海的其他交通方式相比，水下隧道有其独有的优势，因此近年来在国内外发展迅速。然而与一般的山岭隧道不同，水下隧道又有其自身的特点和难点。在深入比较分析水下隧道相比桥梁方案的巨大优势后，论述国内外水下隧道的发展现状；详细阐述钻爆法、盾构法、沉管法及悬浮隧道等水下隧道修建方式的特点、技术难点、适用条件以及应注意的相关问题，并比较这几种修建方法的优缺点；总结分析水下隧道设计、施工的重难点及其关键技术；基于上述施工要点，深入讨论台湾海峡海底铁路隧道的建设方案，阐述了台湾海峡海底铁路隧道的合理性、断面设计和施工要点。最后，提出修建水下隧道等大型地下工程的新理念，并概括其重大关键技术。这些技术要点和建议对中国水下隧道建设特别是大型跨海隧道建设具有一定的指导意义。

关键词：海底隧道；水下隧道；台湾海峡海底隧道；钻爆法；盾构法；沉管法；悬浮隧道

中图分类号：U45　　**文献标识码**：A　　**文章编号**：1000—6915(2008)11-2161-12

Abstract: Compared with other means of transportations, underwater tunnel has its own advantages, so it has been developed quickly at home and abroad in recent years. However, unlike mountain tunnel, underwater tunnel has its own characteristics and technical challenges. After in-depth analysis of the huge advantage of underwater tunnel compared with bridge, the current development stage of underwater tunnel at home and broad is introduced. The construction types of underwater tunnels including drill and blast method, shield method, immerged tube method and submerged floating tunnel are particularly illuminated. The scopes include their characteristics, technical difficulties, application conditions and some related problems; and their advantages and disadvantages are also discussed. The difficulties and key technologies in design and construction of underwater tunnel are summarized. Based on above-mentioned construction outlines, the construction scheme of Taiwan Strait subsea railway tunnel is thoroughly discussed, including the rationality of underwater railway tunnel, cross-section design and construction key points. Finally, some new concepts of underground projects construction such as underwater tunnel are put forward; and their key major technologies are summarized. These above-mentioned key technical points and suggestions will provide valuable references to the construction of underwater tunnel, especially for the construction of large subsea tunnel in China.

Key words: subsea tunnel; underwater tunnel; Taiwan Strait subsea tunnel; drill and blast method; shield method; immersed tube method; submerged floating tunnel

1　引言

就跨越江河湖海的可选方式而言，目前主要有轮渡、桥梁与水下隧道。轮渡方式虽然投资少，但由于其受交通运输量小、等候时间长、气候影响大等不利因素的限制，与现代城市快节奏交通运输不相适应，

---

* 本文原载于：岩石力学与工程学报，2008(11).

所以现在选用较少。跨越江河湖海的方式越来越多地在水下隧道与桥梁之间做出选择。选择桥梁还是选择水下隧道,主要应依据航运、水文、地质、生态环境以及工程成本等具体建设条件进行全面的比较、论证而定[1-5]。经论证,水下隧道与桥梁相比有以下优势:

(1)具有很强的抵抗战争破坏、自然灾害(如地震)和突发事件的能力。

(2)不侵占航道净空,不破坏航运,不干扰岸上航务设施,不影响海域生态环境,能避免噪声尘土对周围环境的影响,有利于环境的保护。

(3)不受天气和气候变化的影响,有稳定畅通的通行能力。

(4)具有很强的承载能力,一般无通行车辆载重限制。

(5)结构耐久性好,可以做到百年一遇工程,且结构维护保养费用一般比桥梁低很多。

(6)在建设时能做到不拆迁或少拆迁,占地少,不破坏环境,引线比桥梁短;建设钢用量比桥梁少,且只需普通建筑钢,工程总造价低于桥梁。

(7)设计可以做到一洞多用,可以把城市供水、供电、供气和通信等设施安排在比较安全稳定的环境中。

(8)易于和两端交通接线,形成路网。在市区修建过江、过海隧道时这一点更为明显。

近20年来,国外有优先考虑采用水下隧道作为跨越江河湖海方式的趋势。随着中国经济的高速发展、隧道修建技术的日臻完善以及人们环保意识的不断增强,水下隧道也逐渐被国人所接受,并付诸建设。

2 国内外水下隧道发展现状

据不完全统计,国外近百年来已建的跨海和海峡交通隧道已逾百座,其中,挪威所建隧道占大多数。国外著名的跨海隧道有:日本青函海峡隧道(图1);英吉利海峡隧道(图2);日本东京湾水下隧道(图3);丹麦斯特贝尔海峡隧道;挪威的莱尔多隧道等。这些已建的跨海隧道对我国类似工程建设具有很好的参考价值。

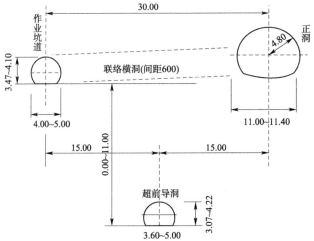

a)青函海底隧道横断面(尺寸单位:m)

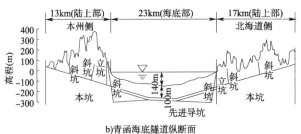

b)青函海底隧道纵断面

图1 青函海峡隧道断面图

Fig.1 Cross-sections of Seikan subsea tunnel

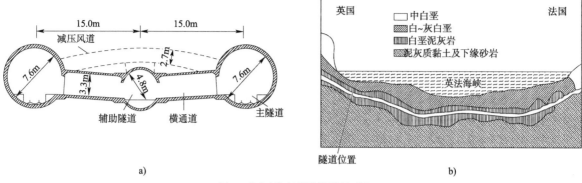

图 2 英吉利海峡隧道横纵断面图

Fig. 2 Cross-sections of English Channel Tunnel

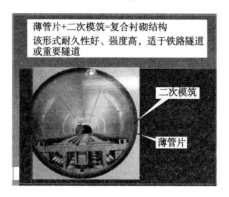

图 3 东京湾海底公路隧道结构横断面图

Transect cross-section of Tokyo Bay subsea road Turnnel

我国建成的水下隧道有很多条,而跨海隧道只有6条,且它们均集中在港澳台地区,大陆建成的水下隧道均为跨越江域的水下隧道,它们主要集中在上海地区,有多条隧道穿越黄浦江;正在建设中的水下隧道:我国第一条跨海隧道——厦门翔安海底隧道、胶州湾湾口海底隧道、广州生物岛—大学城隧道以及狮子洋海底铁路隧道等。拟建的水下隧道:琼州海峡跨海工程、渤海湾(大连—蓬莱)跨海工程(含隧道和海中悬浮隧道桥方案)、杭州湾(上海—宁波)外海工程以及大连湾水下隧道和台湾海峡跨海隧道(实施尚有待时日)等。表1~表3为国内外建成、在建、拟建的水下隧道和跨海桥隧结合工程一览表。

国外水下隧道一览表　　表1

List of foreign underwater tunnels　　Table 1

序号	跨海通道名称	国家	全长(km)	海面下长度(km)	开工时间	通车时间	施工方法	隧道交通类型	工程造价(10^8 USD)	投资方式	备注
1	关门铁路隧道	日本	3.60	1.14	1939年	1994年	盾构	铁路		政府投资	
2	关门公路隧道	日本	3.46	0.78	1953年	1958年	盾构	公路			
3	新关门铁路隧道	日本	18.70	0.90		1975年	钻爆	铁路		政府投资	
4	青函海底隧道	日本	54.00	23.30	1964年5月	1998年3月	钻爆	铁路	37.000	政府投资	第二次大战前提出构想
5	日韩海底隧道	日本、韩国	230.00~250.00				沉管	铁路	200.000~700.000		20世纪80年代提出构想

续上表

序号	跨海通道名称	国家	全长(km)	海面下长度(km)	开工时间	通车时间	施工方法	隧道交通类型	工程造价(10^8 USD)	投资方式	备注
6	日俄海底隧道	日本、俄国	51.40	42.00							1994年提出构想
7	釜山—济州连线隧道	韩国	4.00	3.38	2004年	2009年(预计)	沉管				在建中
8	马六甲海峡海底隧道	马来西亚、印尼	91.00						30.000		拟建
9	巽他海峡海底隧道	印尼	39.00						150.000		拟建
10	马尔马拉海底隧道	土耳其	13.30	1.80	2006年3月	2010年(预计)	沉管		25.000	日本国际合作银行40a期贷款	1985年提出构想
11	英法海峡海底隧道	英国、法国	50.50	37.00	1987年1月	1994年5月	盾构	铁路	128.000	BOT企业投资	1751年提出构想
12	苏格兰—赫市里底群岛海底隧道	英国	约24.00								拟建
13	苏格兰—奥克尼群岛海底隧道	英国	约10.00								拟建
14	安斯特岛—耶尔岛海底隧道	英国	2.60				钻爆		0.210		拟建
15	耶尔岛—设得兰岛海底隧道	英国	4.50				钻爆		0.350		拟建
16	VardΦ隧道	挪威	2.60			1983年	钻爆	公路		政府投资	海面下88m
17	Elling sΦy隧道	挪威	3.50			1987年	钻爆	公路		政府投资	海面下140m
18	Valde rΦy隧道	挪威	4.20			1987年	钻爆	公路		政府投资	海面下145m
19	Kvalsund隧道	挪威	1.60			1988年	钻爆	公路		政府投资	海面下56m
20	God Φy隧道	挪威	3.80			1989年	钻爆	公路		政府投资	海面下153m
21	Hvaler隧道	挪威	3.80		1989年	1989年	钻爆	公路		政府投资	海面下121m

续上表

序号	跨海通道名称	国家	全长（km）	海面下长度（km）	开工时间	通车时间	施工方法	隧道交通类型	工程造价（10^8 USD）	投资方式	备注
22	Nappstrtaume 隧道	挪威	1.80			1990 年	钻爆	公路		政府投资	海面下60m
23	Fannefjord 隧道	挪威	2.70			1990 年	钻爆	公路		政府投资	海面下100m
24	Maursundet 隧道	挪威	2.30			1990 年	钻爆	公路		政府投资	海面下132m
25	Freifjord 隧道	挪威	5.20			1992 年	钻爆	公路		政府投资	海面下132m
26	次峡湾（Byfjord）隧道	挪威	5.86			1992 年	钻爆	公路		政府投资	海面下223m
27	主峡湾（Mastrafjord）隧道	挪威	4.50			1992 年	钻爆	公路		政府投资	海面下132m
28	来尔多（Laerdal）隧道	挪威	24.50		1995 年3 月	2000 年11 月	钻爆	公路		政府投资	世界最长公路隧道
29	马格尔岛隧道	挪威	6.98				钻爆	公路		政府投资	
30	奥斯陆湾海底隧道	挪威	7.23			2000 年	钻爆	公路		政府投资	海面下134m
31	Tromsoysand 公路隧道	挪威	3.40			1994 年	钻爆	公路		政府投资	海面下102m
32	Hitra 公路隧道	挪威	5.60			1994 年	钻爆	公路		政府投资	海面下275m
33	斯塔万格（Stavanger）峡湾隧道	挪威	1.40					公路	1.360		拟建
34	赫尔辛基过港隧道—PORVARINLAHTI双管隧道	芬兰	1.60		2004 年	2008 年（预计）	钻爆	铁路			在建中
35	赫尔辛基过港隧道—LABBACKA单管隧道	芬兰	0.62		2004 年	2008 年（预计）	钻爆	铁路			在建中
36	赫尔辛基过港隧道—SAVIO单孔铁路隧道	芬兰	13.50		2004 年	2008 年（预计）	钻爆	铁路			在建中
37	Hvalfjordur Fjord 隧道	冰岛	5.48			1998 年7 月	钻爆				

续上表

序号	跨海通道名称	国家	全长（km）	海面下长度（km）	开工时间	通车时间	施工方法	隧道交通类型	工程造价（10⁸ USD）	投资方式	备注
38	费马恩海峡隧道	丹麦、德国	19.00					铁路			拟建
39	VAGAR 隧道	丹麦	4.90			2003年	钻爆				
40	EYSTUROY-BORDOY 隧道	丹麦	6.20		2004年	2006年8月	钻爆		0.413		在建中
41	直布罗陀海峡隧道	西班牙、墨西哥	39.00~50.00					铁路			1869年提出构想
42	意大利—突尼斯海底隧道	意大利、突尼斯	136.00						240.000		拟建
43	白令海峡海底隧道	俄国、美国	60.00~113.00						500.000		1894年提出构想
44	刻赤海峡隧道（克里米亚隧道）	乌克兰、俄国	约4.00					铁路	4.500		拟建
45	旧金山海湾隧道	美国	5.83	5.79	1970年	1972年	沉管	铁路			
46	诺森伯兰海峡隧道	加拿大	13.00								拟建
47	墨西哥海峡隧道	墨西哥	23.00								拟建
48	悉尼海港海底隧道	澳大利亚	2.30	0.96	1979年	1992年	沉管	公路	5.500	BOT企业投资	

国内水下隧道一览表　　表2

List of domestic underwater tunnels　　Table 2

序号	跨海通道名称	地区	全长（km）	海面下长（km）	开工时间	通车时间	施工方法	隧道交通类型	工程造价（10⁸ RMB）	投资方式	备注
1	港九中线水下隧道	香港	1.886	1.60			沉管	公路	17.6	BOT企业投资	
2	地铁水下隧道	香港	约2.000	1.40			沉管	铁路		BOT企业投资	
3	港九东线水下隧道	香港	4.000	2.20			沉管	公铁两用	35.3	BOT企业投资	
4	港九西线公路隧道	香港	2.000	1.36			沉管	公路	46.7	BOT企业投资	
5	港九西线铁路隧道	香港	2.000	1.26	1995年	1998年	沉管	铁路	9.3	BOT企业投资	
6	高雄水下隧道	台湾高雄	2.250	1.06		1984年	沉管	公路		政府投资	
7	厦门翔安海底隧道	福建厦门	9.000	6.00	2005年4月	2009年（预计）	钻爆	公路	39.5（含配套工程）	银行贷款	20世纪80年代提出构想

续上表

序号	跨海通道名称	地区	全长(km)	海面下长(km)	开工时间	通车时间	施工方法	隧道交通类型	工程造价(10^8RMB)	投资方式	备注
8	大连湾水下隧道	辽宁大连	6.000	3.00	2007年	2011年	钻爆	公路			2003年提出构想
9	胶州湾湾口水下隧道	山东青岛	6.170	3.30	2006年6月	2009年	钻爆	公路	31.8	BOT企业投资	20世纪80年代提出构想
10	台湾海峡水下隧道	福建—台湾	约130.000				TBM	铁路	1000.0		1948年提出构想
11	琼州海峡水下隧道	广东—海南	34.000	18.00	约2010年		盾构	铁路	200.0		1980年提出构想
12	港岛—北京大屿山水下隧道	香港	10.000					公路			拟建
13	狮子洋铁路水下隧道	深圳—东莞	10.800				盾构	铁路			在建
14	汕头市内海底隧道	广东汕头						公路			预可研
15	杭州湾水下隧道	浙江杭州					TBM 钻爆	铁路			拟建
16	长江口水下隧道	上海	8.900				盾构	公路			拟建

国内外跨海桥隧结合工程一览表 表3

List of projects of combination between bridge and tunnel at home and broad Table 3

序号	跨海通道名称	国家(地区)	全长(km)	开工时间	通车时间	交通类型	工程造价	投资方式	跨海隧道部分		跨海大桥部分	
									长度(km)	施工方法	长度(km)	施工方法
1	东京湾桥隧工程	日本	15.1	1989年	1996年8月	公路	135亿美元	各方集资	9.40	盾构	4.40	梁式
2	大贝尔特桥隧工程	丹麦	17.5	1988年6月	1998年8月	—	61亿美元	政府投资	6.61	盾构	13.40	梁式-悬索
3	厄勒海峡桥隧工程	丹麦、瑞典	16.0	1993年	2000年7月	公铁两用	37亿美元	两国合资	4.06	沉管	7.85	斜拉-高架

续上表

序号	跨海通道名称	国家(地区)	全长(km)	开工时间	通车时间	交通类型	工程造价	投资方式	跨海隧道部分		跨海大桥部分	
									长度(km)	施工方法	长度(km)	施工方法
4	切萨皮克湾桥隧工程	美国	28.0	1960年9月	1964年4月	公路	2亿美元	发行债券	3.20	沉管	20.90	梁式
5	长江口隧桥工程	中国(上海)	25.5			公路	123亿人民币		8.90	盾构	10.30	
6	大连—烟台胶州湾工程	中国(烟台—大连)	130.0			公铁两用						
7	港珠澳海上通道	中国(香港—珠海—澳门)	36.0									

3 水下隧道的修建方法

水下隧道的主要修建方法[6-8]有以下几种：围堤明挖法、钻爆法、TBM 全断面掘进机法、盾构法、沉管法和悬浮隧道。围堤明挖法受到地质条件限制，且生态环境破坏严重，不经常采用。而水中悬浮隧道现在还停留在研究阶段，到目前，还没有一项成功实例。水下隧道施工经常使用的方法有钻爆法、盾构法、TBM 法和沉管法。

3.1 钻爆法

人们一般把埋置于基岩、用传统钻爆法或臂式掘进机开挖隧道的方法称为钻爆法（也称矿山法），这些隧道被称为深埋隧道或暗挖法隧道。钻爆法在国外水下隧道施工中的应用很多，20 世纪 40 年代日本修建的关门海峡水下隧道，是世界上最早用钻爆法修建的水下隧道，之后又用钻爆法修建了世界闻名的青函海底隧道。作为世界上最长的水下隧道，日本青函海底隧道穿过津轻海峡，全长 53.85km，海底段长 23.30km，该隧道在水平钻探，超前注浆加固地层，喷射混凝土等技术上有巨大发展，尤其在处理海底涌水技术方面，独具一格，为工程界所津津乐道。挪威已建成的约 100km 的水下隧道均采用钻爆法施工，最长一座隧道为 4.70km，最大水深达 180m。挪威采用钻爆法修筑水下隧道的技术发展迅速，在应对海底不良地质段的施工方面，除应用注浆法之外，还针对不同地质情况和围岩条件，有的隧道可设或不设二次混凝土衬砌。

我国目前也在积极修建水下隧道，以缓解交通压力。基于多年山岭隧道和城市浅埋暗挖地铁隧道施工的经验以及国外水下隧道成功经验，目前正在采用钻爆法和浅埋暗挖法修建厦门东通道翔安水下隧道以及青岛—黄岛水下隧道，还有些隧道正在商议拟建当中。

随着钻爆技术的发展完善，钻爆法和沉管法、盾构法一样，已经成为独具特点的修筑水下隧道的一种方法，其技术难点主要有：

（1）通过深水进行海底地质勘测比在陆地地质勘测更困难、造价更高，而且准确性相对较低，所以遇到未预测到的不良地质情况风险更大[2,3]。因此，在隧道施工时必须进行超前地质预报[9]。

（2）水下隧道施工的主要困难是突然涌水，特别是断层破碎带的涌水。因此，必须加强施工期间对不良地质体和涌水点的预测，并采取针对措施提前整治。

（3）水下隧道的单口掘进长度很大，从而对施工期间的通风有更高的要求。

(4) 很高的孔隙水压力会降低隧道围岩的有效应力,造成较低的成拱作用,从而影响地层的稳定性。

(5) 水下隧道不能自然排水,堵水技术是关键技术。先注浆加固围岩,堵住出水点,然后再开挖。在堵水的同时加强机械排水,以堵为主,堵抽结合。

(6) 由于受长期较大的水压力作用,衬砌结构设计应遵循一次支护承受全部水压力,二衬只承受水压力的设计理念进行。

(7) 由于单口连续掘进的距离很长而导致工期较长,财政投资很高,因此必须采用快速掘进设备。因此,采用小直径TBM(直径小于$\phi 5m$)超前支护,后部钻爆法扩大是既快又便宜,且较为安全的施工方法。大断面TBM掘进机[10]造价贵、风险大,不宜采用。

3.2 盾构法

盾构施工法是用被称作盾(shield)的钢壳在保持掌子面稳定的同时进行安全掘进,而后面则装上管片衬砌组件,利用其反作用力掘进的一种隧道施工方法。盾构法也是修建水下隧道的一种重要施工方法,尤其是在软土地层中。自从1843年第一条盾构法隧道在伦敦泰晤士河建成以来,盾构法隧道的设计和施工技术得到了很大发展,出现了泥水加压式和土压平衡式盾构,衬砌由铸铁转向钢筋混凝土或钢材组成。用盾构法施工的世界著名水下隧道有英吉利海峡隧道和后来日本东京湾水下隧道。中国在20世纪50年代就开始研究盾构法施工,1962年用气压盾构,采用铸钢管片+钢筋混凝土衬砌建成了上海市第一条黄浦江越江道路隧道。目前用盾构建造水下隧道的案例很多,如武汉长江第一隧道(图4)。表4为国内外部分已(在)建的大直径盾构水下隧道。

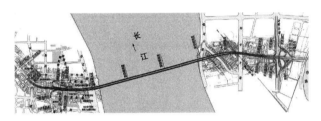

图4 武汉长江第一隧道平面图

Fig. 4 Plan of the 1st tunnel of Wuhan Yangtze River

国内外部分大直径盾构隧道 表4

Some large-diameter shield tunnels at home and broad Table 4

隧道名称	长度(km)	埋深(m)	盾构外径(m)	水压力(MPa)
日本东京湾隧道	9.500	50~60	14.14	0.60
荷兰Westerschelde隧道	6.600	60	11.33	0.65
武汉长江第一隧道	2.700	12~30	11.40	0.60
丹麦大带桥海底盾构隧道	7.410	55	8.78	0.60
上海大连路隧道	1.275	30~50	11.22	0.40

盾构法采用现代化的生产手段,速度快,效率高,工作人员作业环境较好,安全保证程度高。但是盾构掘进机构筑的隧道断面形式和线形受限,灵活度不大,曲线半径不能太小;机件复杂,设备昂贵,建设成本中设备费用占用比率较高;对地层地质和水文情况敏感度极高,在掘进前方不良地质、严重水害和障碍物难以探明的情况下,建设风险较大;在隧道掘进中途需要更换刀具和整修刀盘,工艺复杂,操作困难;隧道洞口附近需要有较大的施工整备场地,包括预制管片的场地,代价较高。

另外,水底盾构隧道与一般陆地地铁、市政管线盾构隧道相比,其自身特点[11,12]有:

(1) 隧道施工过程中承受较大水压力、土压力,盾构施工需克服高水压,尤其是大直径盾构推进中需克服顶底压差,保持工作面稳定,其施工难度较大。

（2）隧道出露海底后两端斜坡段类型复杂，盾构在人工岛、海堤或河堤中穿越，且存在软硬围岩的交界面，因此纵坡转换和地层突变处盾构推进难度较大，海底盾构隧道设计包括人工岛的结构及功能，并满足桥隧转换功能和环保要求。

（3）海底盾构隧道需要着重考虑隧道抗浮、管片耐久性、防水、抗渗等关键技术的设计、施工及效果评估。工程经验表明，在管片内增设混凝土衬砌对减小运营风险有好处。目前，中国狮子洋铁路盾构隧道已在管片内增设混凝土衬砌。

（4）受航道及海（江、河）口天然口门宽度控制，水下隧道一般较长，盾构机设计需考虑长距离掘进、海底检修和海中对接等因素；隧道结构设计需充分考虑通风、照明、消防及防灾等因素。

（5）环境评价、风险性评估也是海底盾构隧道建设的突出特点。

3.3 沉管法

沉管法是在海岸边的干坞里或在大型船台上将隧道管节预制好（图5），再浮拖至设计位置沉放对接而后沟通成隧。沉管隧道一般由敞开段、暗埋段及沉埋段等部分组成，部分工程在沉埋段两端设置岸边竖井，供通风、供电和排水等使用。

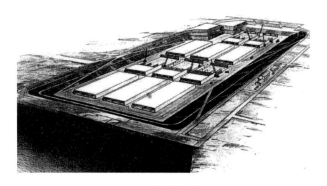

图 5 沉管隧道示意图

Fig. 5 Schematic diagram of immersed tube tunnel

沉管法自1910年在美国首次兴建沉管隧道以来，长盛不衰。世界各国，特别是美国、荷兰和日本等几个国家在沉埋技术领域有了长足的进展。我国建成的有广州珠江、宁波甬江和常洪以及上海外环线沉管隧道等。上海外环线沉管隧道，其规模位居世界第二位。表5为国内外部分沉管隧道的建设情况。

国内外部分沉管隧道的建设规模和关键技术　　表5

Construction scales and key technologies of some immersed tube tunnels at home and abroad　Table 5

序号	隧道名称	国家	竣工时间	宽×高（m×m）	节段长度（m）	管段数	沉管总长（m）	接头形式	基础处理	管段沉放	通风方式
1	迪斯岛隧道	加拿大	1959年	23.80×7.16	104.9	6	629.0		喷砂	双方驳自抬式	半横向
2	旧金山海湾地铁隧道	美国	1970年	14.58×6.55	58.0	111	5825.0	柔性	先铺刮平	双方驳自抬式	活塞效应
3	弗拉克隧道	荷兰	1975年	29.80×8.00	125.0	2	250.0		砂流法	浮筒吊沉	纵向
4	东京港公路隧道	日本	1976年	37.40×8.80	115.0	9	1035.0	柔性	注浆基础	双方驳自抬式	半横向

续上表

序号	隧道名称	国家	竣工时间	宽×高(m×m)	节段长度(m)	管段数	沉管总长(m)	接头形式	基础处理	管段沉放	通风方式
5	高雄跨港隧道	中国	1984年	24.40×9.35	120.0	6	720.0	柔性	砂流(掺40%颗粒水泥)	双驳船	纵向
6	古尔堡海峡隧道	丹麦	1988年	20.60×7.59	230.0	2	460.0	柔性	喷砂		纵向
7	埃姆斯河隧道	德国	1989年	27.50×8.40	127.5	5	639.5	柔性	喷砂	浮筒沉放	纵向
8	香港东区隧道	中国	1990年	35.00×9.80	122.0~128.0	15	1859.0	柔性	砂流法	双方驳自抬式	全横向
9	珠江隧道	中国	1993年	33.00×8.15	22.0~120.0	5	457.0	柔性	砂流法	单起重船	全横向
10	上海市外环线隧道	中国	2003年	43.00×9.55	100.0~108.0	7	736.0	柔性	砂、水泥熟料混合灌砂	浮箱吊沉	纵向
11	香港西区隧道	中国	1997年	33.40×8.57	113.5	12	1363.5				
12	厄勒海峡隧道	丹麦、瑞典		42.00×8.50	178.0	20	3560.0	柔性	碎石刮平		
13	甬江隧道	中国	1995年	11.90×7.50	80.0+4×85.0	5	420.0	柔性	抛石回填压浆	吊沉	
14	常洪隧道	中国	2002年	22.80×8.45	95.0~100.0	4	395.0	柔性	预制混凝土桩、灌浆囊袋	浮箱吊沉	纵向
15	川崎港隧道	日本	1980年	31.00×8.80	100.0~110.0	8	840.0	刚性			
16	Drecht	荷兰	1977年	48.80×8.08							
17	斯海尔德	比利时	1969年	47.85×10.10			1136.0				

同钻爆法和盾构法修建水下隧道相比,沉管法有以下特点:

(1)地质条件。沉管隧道的基槽开挖较浅,且沉管由于受到水浮力的作用,作用于地基的荷载较小,因而对基础承载力的要求较低,对各种地质条件的适应能力较强,但基槽开挖与基础处理的施工技术非常复杂,尤其遇到坚硬的岩石时,水底爆破开挖技术要求高,且破坏了海洋生态环境。

(2)隧道埋深。沉管隧道埋深只要0.5~1.0m即可,也可为零覆盖,甚至可凸出河床面,而盾构隧道的埋深至少为$1D$(D为隧道洞径)以上,钻爆隧道的埋深则要求更大。因此三者相比,沉管隧道的坡降损失最小,同一隧址处,隧道的长度也最短,运营条件相对较好。

(3)防水性能。沉管的管段每节长一般超过100m,这样沉管隧道的接缝很少,并且管段是在工作条件较好的露天干坞内进行预制的,混凝土浇筑质量易于控制,管段的防水性能有保证。同时管段接头处采用GINA和OMEGA两道橡胶止水带,经过工程实践验证,管段之间的连接可以做到"滴水不漏"。相比而言,盾构隧道由于采用预制管片作为衬砌结构,因此施工缝分布广泛,尽管采取紧固、密封及防水等各种措施,但保证隧道不发生渗漏或滴水不漏仍然是相当困难的;对于钻爆施工的隧道,由于施工工艺本身的限制,无论是混凝土结构还是外敷防水层,在施工过程中都存在一些质量缺陷,隧道漏水是不可避免的。

(4)断面适应性。沉管隧道可根据使用功能需要确定断面大小和形状,断面利用率较高,且沉管隧道断面的增大对工程的单位工程量造价影响不大,因此沉管隧道的断面适应性最好;断面越大,沉管的优势越明显。比较而言,钻爆法修建的隧道断面越大,单位造价越高,尤其是在围岩较差时,需要特别采用强支护与超前支护手段,进一步增大工程造价,而且施工难度与风险很大。同样,在水底条件下盾构法修建的隧道断面越大,需要的盾构直径越大,从而引起设备购置费用大幅上升,直接提升工程造价。另外,根据施工工艺以及结构稳定的需要,钻爆隧道一般为似马蹄形或拱形;盾构隧道受盾构机制约一般为圆形,如采用异形断面,则盾构机需要专门定购和加工,工程造价和成本将增加更多。

(5)作业环境。盾构隧道和钻爆隧道施工时,作业人员大部分作业时间在河床下面进行,其安全性和作业条件较差,不确定因素较多;而沉管隧道的主要作业是在陆上露天进行的,水面作业和水下作业周期均较短,安全可控性较好。

(6)工序衔接。沉管隧道施工时,平行作业点比盾构隧道和钻爆隧道多,如管段预制可以和基槽开挖以及岸上主体结构等工序平行作业。这样,沉管隧道在施工组织上,其时间、空间和人员的安排及工期有较大的优越性和灵活性。而盾构隧道和钻爆隧道由于作业空间、施工工艺的限制,很多工序无法平行作业。

(7)工程量。沉管隧道与另外两种隧道形式相比,其主要缺点是基槽(呈倒梯形状)开挖的土方量大,相应的回填量也较大;另一个缺点是主体结构的圬工量较大,一般而言,比钻爆隧道衬砌结构工程造价要高出20%～30%。

(8)航运干扰。沉管隧道在基槽开挖、管片浮运、沉放和对接阶段都将对航道产生一定的影响,一些地区需要采取封航措施才能保证施工的顺利进行,而盾构隧道和钻爆隧道则对航道没有任何干扰。

3.4 悬浮隧道

悬浮隧道(Submerged Floating Tunnel,SFT),在意大利又称"阿基米德桥",简称"PDA"桥。悬浮隧道是通过水浮力和锚固力的平衡作用使隧道悬浮在适当水深位置的管状结构物,如图6所示。该方法已经有几十年的研究历史,遗憾的是截至目前还没有一项成功案例。悬浮隧道结构在技术上具有以下特点:

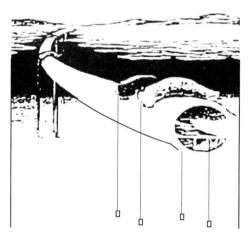

图6 悬浮隧道示意图

Fig.6 Schematic diagram of submerged floating tunnel

(1)对结构物周围的环境影响很小。

(2)与钻爆法、盾构法、TBM 法以及沉管隧道等其他方法修建的隧道相比,悬浮隧道坡度更小,通行车辆的能量消耗大大减少。

(3)可以方便铺设跨江、海峡的各种供水、电力管线。对于长度超过 1000m 及水深超过 50m 的连接工程,采用悬浮隧道比其他解决方案可能更具有竞争力。另外,作为临时隧道、观光隧道很有推广价值。

(4)土方开挖量最小,如果悬索锚固技术突破的话,悬浮隧道将成为修建成本最低的隧道,但需要考虑运营中安全风险问题,如大型动物袭击等。

4 水下隧道设计、施工重难点分析及关键技术

4.1 水下隧道设计、施工重难点分析

(1)深水海洋地质勘察的难度高、投入大,漏勘与情况失真的风险程度增大。

(2)饱和岩体强度软化,其有效应力降低,使围岩稳定条件恶化。

(3)高渗透性岩体施工开挖所引发涌/突水(泥)的可能性大,且多数与海水有直接水力联系,达到较高精度的施工探水和治水等均较为困难。

(4)海上施工竖井布设难度高,致使堵头单口掘进的长度加大,施工技术难度增加。

(5)全水压衬砌与限压/限裂衬砌结构的设计要求高。

(6)受海水长期浸泡、腐蚀,高性能、高抗渗衬砌混凝土配制工艺与结构的安全性、可靠性和耐久性,以及洞内装修与机电设施的防潮去湿要求严格。

(7)长(大)水下隧道的运营通风、防灾救援和交通监控,需有周密设计与技术保障措施。

(8)水下隧道是一项高风险的地下工程,存在较高的风险源,而同时缺乏系统的风险评估方法,为水下隧道施工风险管理带来很大的困难。

4.2 水下隧道设计、施工的关键技术

4.2.1 海床基岩工程地质与综合地质勘察

修建水下隧道时,在深水和厚覆盖层下有计划地钻探到隧道深度比较困难,有时根本是不可能的。采用其他的地质勘探方法(如物探、地面抽样勘探和深海测量法等)目前都不可能给出隧道线路上详细的地质剖面[10-13]。

4.2.2 水下隧道最小覆盖层厚度——隧道最小埋置深度确定

跨海线路走向方案大致确定后,在隧道纵剖面设计时对隧道上方岩体最小覆盖层厚度,也即隧道最小埋深的拟选,密切关系到隧道建设的经济和安全问题。覆盖层厚度过薄,隧道施工作业面局部或整体性失稳与涌、突水患的险情加大,在辅助工法(如注浆封堵、各种预支护及预加固等)上的投入将急剧增加。覆盖层过厚,水下隧道长度加大,作用于衬砌结构上的水头压力增大。如何确定最优的覆盖层厚度是设计、施工的关键。对远离城市长距离过海隧道的埋深,从减少不可控的工程地质出发,应深埋(>50m)在未风化的岩石内。

4.2.3 衬砌荷载确定

水下隧道设计的另一个重要问题是衬砌设计时要考虑静水荷载。与陆地隧道相比,水下隧道除了实际的覆盖层以外还有很高的静水荷载。隧道掘进机实际上只能采取预制的管片衬砌,对很深的水下隧道(如青函海底隧道、直布罗陀水下隧道)会产生很高的静水压力,衬砌上的荷载会很大。尽管这种荷载是均匀的,并且不会引起弯矩,但最终产生的轴向力可能要求采用的混凝土管片厚度大于 600mm。在很长的水下隧道中,庞大而笨重的管片运输与装卸非常麻烦,因此,尽可能降低管片上的静水压力是非常重要

的。近期,从百年一遇的设计考虑,采用增设二次钢筋混凝土衬砌是安全、可靠的方案。

4.2.4 地质超前预报技术

由于地质勘探资料的不足,水下隧道施工中,需通过各种地质超前预报技术预报前方的地质情况,以便指导设计和施工,并及时调整隧道设计施工方案。其中施工探水与治水是水下隧道施工的重要环节,是关系到工程建设成败的主要因素之一。

4.2.5 海底隧道衬砌结构防渗耐腐技术

海底隧道钢筋混凝土衬砌长期受到含盐水质、生物、矿物质及高水压力等的持续作用,锚杆、喷层、防水薄膜和高碱性混凝土与钢筋等材料因物化损伤的积累与演化(腐蚀)而影响其耐久性。采用加入少量粉煤灰和矿粉等防腐剂的耐腐蚀高性能海工合成纤维混凝土、少设钢筋并保证钢筋保护层厚度不小于7cm等方案可满足海底隧道衬砌结构耐久性要求。

4.2.6 长大水下隧道通风技术

在长大水下隧道的建设中,通风方案的优劣及通风运营效果的好坏,将直接关系到隧道的工程造价、运营环境、救灾功能及运营效益。长大水下隧道宜采取双洞单向方案,以利于施工和运营通风。另外,长大水下隧道通风方案宜采取纵向通风方案,尽管该方案在隧道内的卫生状况保持和防排烟效果方面不如横向通风方案好,可是纵向通风土建工程量小,设备运营费用低,布置方式灵活多样,且对长大水下隧道可采取分段纵向通风方案,必要时可以增设静电除尘器以改善通风效果。

4.2.7 大断面隧道开挖方法及设备

一般来讲,在围岩条件较好时,修建长大水下隧道的最佳方式趋向于采用钻爆法施工。但有时在围岩足以承受撑靴压力的硬岩中可采用硬岩隧道掘进机施工,它有较高的掘进速度,可缩短工期。在掘进机的选择上应优先选用开敞式(TBM)硬岩掘进机(图7),不宜采用双护盾掘进机(图8)和单护盾掘进机。

图 7　开敞式(TBM)硬岩掘进机
Fig. 7　Opened (TBM) hard rock boring machine

图 8　双护盾掘进机纵断面图
Fig. 8　Vertical cross-section of double-shielded TBM

虽然双护盾式TBM有圆筒形护盾保护结构,可在掘进同时进行管片的安装,但是它适用于地层相对稳定、岩石抗压强度适中、地下水不太丰富的条件下,护盾式TBM的高速掘进记录也大都在这类地质中创造的。当它通过地应力变化大、破碎以及块状围岩时,如不能及迅速通过,则护盾有被卡住的危险。采用双护盾施工时,由于施工经验及对护盾姿态控制等原因,会产生盾尾管片拼装空隙不足,从而引起管片错台、管片裂缝,严重时甚至导致隧道轴线偏离,应引起注意。此外,追求掘进速度而忽视管片背后吹注豆砾石、灌浆,也会带来严重的质量事故。

开敞式(TBM)硬岩掘进机具有以下特点:①长度/直径≤1、灵敏度高,易于调整方向,且精确度高(可在±30mm内)。而双护盾、单护盾TBM灵敏度较低,很难精确快速调整到位。②能够及时对不良地层进行支护,时空效应好,不易塌方。而双护盾、单护盾TBM由于后盾较长,不易及时支护,易塌方,易卡死,如台湾坪林隧道就出现了护盾被卡的问题。③工程造价相对于护盾TBM较低,前者约为后者的0.7倍。

敞开式TBM在对付较完整、有一定自稳性的围岩时,能充分发挥出优势,特别是在硬~中硬岩石掘进中,强大的支撑系统为刀盘提供了足够的推力;使用敞开式TBM施工可以直接观测到被开挖的岩面,从而方便对已开挖的隧道进行地质描述。由于开挖和支护分开进行,使敞开式TBM刀盘附近有足够的空间用来安装一些临时、初期支护的设备,如钢拱架安装器、锚杆钻机、超前钻机及喷射混凝土设备等,应用新奥法原理使这些辅助设备可及时地、有效地对不稳定围岩进行支护。以维护和利用围岩的自稳能力为基点,将锚杆和喷射混凝土集合在一起为主要支护手段,及时进行支护,以便控制围岩的变形与松弛,使围岩成为支护体系的组成部分,形成了以锚杆、喷射混凝土和隧道围岩三位一体的承载结构,共同支承山体压力。

由于任何隧道的地质状况、围岩性质都存在不一致性和不对应性,因此选择开敞式掘进机除发挥出其所具备的硬岩掘进性能外,还应具备在不借助其他手段和措施的条件下,有通过软弱围岩、断层等不良地质的能力,并独立地完成不良地质隧道的掘进。敞开式TBM既适用于硬岩,也很适用于软岩地层,已在大伙房供水工地87km长的隧道中推广应用。另外,在软弱不稳定地层中,由撑靴引起的局部应力可能造成岩层松弛而使围岩强度降低时,多采用泥水式盾构机施工。

4.2.8 采用超大型盾构机长距离掘进设计与施工的若干关键问题

超大型盾构机长距离掘进设计施工存在的问题有:①饱水松散砂性地层、高水压力条件下,大断面隧道浅层掘进,泥水加压超大型盾构开挖作业面的稳定与安全性问题。②长距离掘进中,盾构机行进姿态的控制与自动化纠偏,以及行进中在高压条件下的刀盘检修,刀具更换,故障处理与排险。③隧道纵向不均匀沉降和整体侧移、超大型管片接头刚度不足导致环向弯曲变形过大,防范管片纵缝、环缝渗漏水/泥的接头防水密封材料、工艺及其构造,以及管片自防水工艺等,这些施工风险很大。另外,大直径(>12m)盾构机造价很贵,要慎用、少用。

4.2.9 深水急流海底沉管隧道设计施工关键技术

深水急流海底沉管隧道应注意:①水深流急、波高浪涌,海中自然条件恶劣,海底挖沟成槽施工中的防塌和防淤问题,尤其是海底为砂性土质时。②沉管隧道受河床冲刷的顶板最小埋置深度,及对局部冲刷防护的设计与施工。③沉管隧道与桥梁相接时,需要设置人工岛,在技术和造价上是不推荐的,即沉管隧道与桥梁相接方案不可取。

5 台湾海峡海底铁路隧道建设方案

为了沟通海峡两岸,加强经济、文化联系,方便老百姓,修建海底隧道十分必要。台湾海峡隧道工程线路有3个方案(图9):一是北线方案:福清—平潭岛—新竹,长约122km。二是中线方案:莆田笏石—

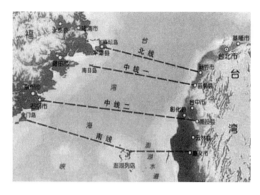

图9 台湾海峡海底隧道建设方案

Fig. 9 Construction schemes of Taiwan Strait Subsea Tunnel

南日岛—苗栗,长约128km。三是南线方案:厦门—金门—澎湖—嘉义,长约174km。

对上述3个方案的优化、比选,海峡两岸专家及技术人员做了大量工作。目前看来,大陆专家倾向于选择北线方案,原因是这条通道路程最短,海底地质结构较稳定,未发现有断裂带,且水深较浅,为40~60m,工程造价最低。另外,北线方案两端分别靠近福建和台湾两省的政治经济文化中心福州市和台北市,可以最大限度发挥其辐射作用,提升海峡隧道的价值。台湾专家考虑到海床较浅及经济效益等因素,倾向于选择南线方案,此线路涵盖澎湖、金门,串连台湾及离岛地区,对整体经济的贡献较大。该方案须采用分阶段建造方式,选用隧道群或桥隧结合方案。无论是哪个方案,海峡隧道一旦开工,将成为世界级特大工程。

3个方案从技术上讲都是没问题的,关键是政治问题,因为至今两岸政府部门还没有对海峡隧道工程建设做出实质性的表态,整个设想仍停留在民间学术交流上。另外,筹集巨额资金也是一个难题,是否借鉴欧洲隧道的做法,采用建设—经营—转让(BOT)方式,发行股票,向国际金融市场筹资等,都需要做深入的研究。

5.1 台湾海峡海底铁路隧道方案的合理性

当今世界上已修建了许多海峡隧道,正在筹建的也很多,下面重点介绍已建的6座长大隧道:

(1)1940年,日本在关门海峡用盾构法修建世界上最早的海峡铁路隧道,长3.6km。

(2)1975年,日本利用钻爆法在关门建成了长18.7km的第二座海峡铁路隧道。

(3)1988年,日本在津轻海峡用钻爆法建成了至今世界上最长的海峡隧道——青函海底隧道,长54km,是台湾海峡隧道的一半。

(4)1994年,英法两国用盾构法和TBM硬岩掘进机法建成了英法海底铁路隧道,长50.5km,是世界第二长海底铁路隧道。

(5)1991年,丹麦修建斯多贝尔海峡公路隧道,长7.9km,其中盾构法施工长7.26km,盾构直径8.782m,管片厚0.4m,海峡工程总长18km,总造价约40亿美元。修建过程中曾被水淹,工期拖得很长。

(6)1986年,日本东京京湾海底公路隧道开工建设,1996年8月建成,工期为10年,工程全长15.1km,其中海底盾构隧道长9.12km,是世界上最长的海底公路隧道。8台泥水加压盾构,直径14.14m,双向6车道,一次衬砌管片厚65cm,二次衬砌钢筋混凝土厚35cm。根据运营通风需要在海中筑岛修建通风竖井,造价相当高,技术难度大,不宜采用。

修建隧道的工程实例证明,隧道长度大于20km的应用铁路隧道方案,电力牵引,这样可长距离不设通风竖井、运营安全、风险小、运营费低,且汽车可以坐火车跨越海峡。

5.2 台湾海峡海底铁路隧道通风、出渣及断面设计

(1)长大隧道宜采用双洞单向方案,以利于隧道施工和运营通风,且施工通风宜采用巷道式射流方式。

(2)出渣运输采用大容量电力机车牵引,也可采用皮带机输送。

(3)隧道有效内净空面积,根据空气动力学原理,单线隧道断面宜大于$55m^2$,同时为减小列车高速行驶造成洞内列车空气阻力,列车运营速度以200km/h左右为宜。

5.3 台湾海峡海底铁路隧道穿越地震带安全性评估

与桥梁等地面结构相比,隧道等地下结构具有很强的抗震性能,四川汶川 8.0 级地震中隧道结构基本安全无恙再次说明了这一点。但是长大隧道洞口段、主隧道—横向疏散通道交叉口部位,地面通风井结构及其与隧道连接处是隧道抗震的薄弱环节,这些地段的抗震设计需要加强。另外,由于台湾海峡隧道属于世界罕见的长大隧道,且不可避免地穿越地震带,因此对长大隧道的抗震性还需做专门的论证分析,并采取必要措施增强海峡隧道的抗震性能,尤其隧道处于可液化地层地段、穿越断层破碎带等不良地质体地段更应强化抗震设计。

据相关资料记载,北线方案线路历史上未有超过 7 级的大地震,现今地震活动性一般,仅 5 级左右中等地震,频度较低;中线方案线路历史上虽无超过 7 级大地震,但一般有 5、6 级中强地震,现今地震频度略高;南线方案长度长,多发 5、6 级中强地震。

5.4 台湾海峡海底铁路隧道施工要点

(1)从海底隧道的长度来看,日本是率先建成和建的最长、最多的国家,其次是挪威、丹麦等国。另外,国与国、洲与洲之间的海底隧道也正在筹建。钻爆法施工的隧道占 90% 以上,如挪威 17 条隧道全部采用该法施工。钻爆法最便宜,安全风险易控制;其次为 TBM 和盾构法;沉管法在特殊情况下采用,因为其工程造价最高。

(2)水下隧道衬砌最好采用复合式衬砌;其次为管片 + 二次钢筋混凝土;单层管片衬砌不利于百年以上的服务年限/寿命。

(3)青函海底隧道设置超前疏水导洞,提前排水有利于主洞施工。

(4)水下隧道最小埋深与水文地质、施工方法及支护结构形式有关。一般盾构法、TBM 法和钻爆法洞顶埋深分别为 $1.0D$,$(1.5 \sim 2.0)D$,$(2.0 \sim 3.0)D$。台湾海峡隧道采用深埋方案风险最小。

(5)台湾海峡隧道穿越硬岩,采用掘进机施工时,宜采用全断面开敞式掘进机,不宜采用双护盾和单护盾掘进机。中间断层、软弱地带、横通道采用钻爆法施工。

(6)沉管法不适于特长隧道(大于 6km),不适于硬岩地层,更不适于台湾海峡隧道。

(7)在软弱、不稳定地层,如无岩石、穿越软弱地层达 34km 长的琼州海峡隧道宜采用土压平衡复合式盾构法施工,且盾构直径不宜超过 12m。

6 理念更新及关键技术总结

6.1 水下隧道修建的理念更新

随着人们环境保护意识的增强,以及从经济角度和减少设计、施工与今后运营的安全风险出发,修建隧道跨越江河湖海的方式将越来越为人们所接受,然而修建一个大型水下隧道工程,一些理念需要更新:

(1)审核一个工程修建的好坏应遵守环境效益第一、社会效益第二、工程本身效益第三的次序进行评定,确保建一个工程就给人民和后代留下精品遗产,不要留下让人唾骂的遗憾工程。

(2)修建任何工程应遵守少拆迁、少占地、少扰民、少破坏周边环境的原则。

(3)过江、过海隧道方案,应满足交通宜疏不宜集的原则,应方便乘客多地点过江,应安全可靠。

(4)过江、过海的方案应遵守确保建设全过程的安全风险最小,应按安全、可靠、适用、经济、先进的次序进行。

(5)同时,水下隧道的施工具有环境复杂性、工程动态性和时效性的特点,是一项高风险的地下工程,存在较高的风险源,需要综合考虑安全、经济、耐久性、适用性、生态环境保护等各个因素,并贯穿于勘察、设计、施工、运营4个阶段。

6.2 水下隧道修建的关键技术

(1) 方案选择,跨海、江的隧道位置选择及两端接线方案。
(2) 海中、江中水文地质的勘测,河势、河床稳定性、冲刷的规律,施工中的工程地质预报。
(3) 隧道最佳埋深的确定及断面坡度设计,不同的施工方法有不同埋深,冲刷线确定埋深及施工方法。
(4) 施工方法的确定,钻爆法、沉管法、TBM法、盾构法或小TBM外国爆法等。
(5) 隧道建设的合理规模确定,铁路、公路、复线、双向四车道、六车道。
(6) 隧道建设标准的确定,设计速度、曲线、竖曲线半径、牵引坡等。
(7) 设计方法,采用先进的隧道支护和衬砌的设计方法。
(8) 先进隧道施工技术确定。
(9) 隧道的防排水系统确定。
(10) 隧道的运营通风方式的确定,是否设置竖井及位置。
(11) 隧道防灾、照明、监控的标准确定,设计原则,应突出自救、自报、从简、低成本运营。
(12) 隧道项目管理及融资。
(13) 建设过程中对规划、设计、施工、运营4个阶段的安全、风险分析。

致谢

本文的修改过程中,得到李鹏飞博士的大力帮助,在此表示衷心感谢!

参考文献

[1] 王梦恕,皇甫明.海底隧道修建中的关键问题[J].建筑科学与工程学报,2005,22(4):1-4.
WANG Mengshu,HUANGFU Ming. Key problems on subsea tunnel construction[J]. Journal of Architecture and Civil Engineering,2005,22(4):1-4.

[2] 王梦恕.蓬勃发展的中国水下隧道[R].北京:北京交通大学,2005.
WANG Mengshu. Dynamic development of Chinese under-water tunnel[R]. Beijing:Beijing Jiaotong University,2005.

[3] 吕明,GRØVE,NILSEN B,等.挪威海底隧道经验[J].岩石力学与工程学报,2005,24(23):4219-4225.
LU Ming,GRØVE,NILSEN B,et al. Norwegian experience in subsea tunnelling[J]. Chinese Journal of Rock Mechanics and Engineering,2005,24(23):4219-4225.

[4] 孙钧.海底隧道工程设计施工若干关键技术的商榷[J].岩石力学与工程学报,2006,25(8):1513-1521.
SUN Jun. Discussion on some key technical issues for design and construction of subsea tunnels[J]. Chinese Journal of Rock Mechanics and Engineering,2006,25(8):1513-1521.

[5] 王梦恕.隧道与地下工程技术及其发展[M].北京:北京交通大学出版社,2004.
WANG Mengshu. Tunnel and underground engineering technology and its development[M]. Beijing:Beijing Jiaotong University Press,2004.

[6] 王梦恕.地下工程浅埋暗挖技术通论[M].合肥:安徽教育出版社,2004.
WANG Mengshu. Technology of shallow-buried tunnel excavation[M]. Hefei:Anhui Education Press,2004.

[7] 王梦恕.岩石隧道掘进机(TBM)施工及工程实例[M].北京:中国铁道出版社,2004.
WANG Mengshu. Rock tunnel boring machine(TBM)and engineering projects[M]. Beijing:China Railway Publishing House. 2004.

[8] 王梦恕.大瑶山隧道——21世纪隧道修建新技术[M]广州:广东科技出版社,1994.
　　WANG Mengshu. Dayao Mountain Tunnel-new technology for tunnel construction in the 21st century[M]. Guangzhou:Guangdong Science and Technology Press,1994.

[9] 张顶立.海底隧道不良地质体及结构界面的变形控制技术[J].岩石力学与工程学报,2007,26(11):2161-2169.
　　ZHANG Dingli. Deformation control techniques of unfavorable geologic bodies and discontinuous surfaces in subsea tunnel[J]. Chinese Journal of Rock Mechanics and Engineering,2007,26(11):2161-2169.

[10] 王占生,王梦恕.TBM在不良地质地段的安全通过技术[J].中国安全科技学报,2002,12(4):55-59.
　　WANG Zhansheng,WANG Mengshu. Safe driving technology for TBM crossing unfavorable geologic zones[J]. China Safety Science Journal,2002,12(4):55-59.

[11] 张顶立,王梦恕,高军,等.复杂围岩条件下大跨隧道修建技术研究[J].岩石力学与工程学报,2003,22(2):290-296.
　　ZHANG Dingli,WANG Mengshu,GAO Jun,et al. Research on construction technology of large-span tunnel in complex rock[J]. Chinese Journal of Rock Mechanicsand Engineering,2003,22(2):290-296.

[12] 杨小林,王梦恕.爆生气体作用下岩石裂纹的扩展机制[[J].爆破与冲击,2001,21(2):34-37.
　　YANG Xiaolin,WANG Mengshu. Mechanism of rock crack growth under detonation gas loading[J]. Explosion and Shock Waves,2001,21(2):34-37.

[13] 崔玖江.隧道与地下工程修建技术[M].北京:科学出版社,2005.
　　CUI Jiujiang. Tunnel and underground project construction technology[M]. Bejing:Science Press,2005.

长江第一隧——武汉长江隧道修建技术

王梦恕　孙　谋　谭忠盛

(北京交通大学)

摘　要：武汉长江隧道是长江上第一条江底隧道。隧道穿越的地质条件复杂，地层透水性强，水压高；盾构直径大，一次推进距离长；地面和地中环境复杂。介绍了武汉长江隧道工程研究与设计经过，工程建设模式，隧道的总体设计、施工概况。着重阐述了盾构的选型和沿线建筑物的保护技术。

关键词：武汉长江隧道；建设模式；总体设计；施工

中图分类号：U238　**文献标识码**：A　**文章编号**：1009-1742(2009)07-0011-07

Abstract: Wuhan Changjiang tunnel is the first tunnel under Changjiang River. The geological condition is very complicate with high hydraulic permeability, high water pressure, big diameter shield, long driven distance and complicated ground and underground environment. The paper introduced the process of design and research of the project, the construction model, the overall design and general situation of the construction. Shield type select method and protection measure of the adjacent structure are emphasized.

Key words: Wuhan Changjiang tunnel; construction model; overall design; construction

1　工程概况

万里长江第一隧——武汉长江隧道位于武汉长江大桥、二桥之间，北接汉口大智路，南通武昌友谊大道，隧道全长约3.7 km，双向四车道，车道净高4.5 m，设计车速50 km/h。预测2010年隧道总流量6.4×10^4辆/日，2020年预计可达到7.8×10^4辆/日。隧道于2004年11月28日正式开工建设，2008年1月19日东线隧道顺利贯通，4月19日西线隧道顺利贯通，2008年12月28日武汉长江隧道通车试运行。

武汉长江隧道是目前国内技术复杂的隧道工程之一，隧道穿越的地质条件复杂，地层透水性强，水压高；盾构直径大，一次推进距离长；地面和地中环境复杂，需穿越武九铁路、长江防洪堤和多幢建筑，并且穿越多条城市干线，地中管线较多。武汉长江隧道在预定工期内安全优质建成，是与其周密设计、精心施工和创新的建设模式分不开的，其成功经验可为其他类似工程提供借鉴。

1.1　工程研究与设计经过

从20世纪90年代开始，武汉市就开始酝酿修建过江隧道。1999年，武汉市计委委托铁道第四勘察设计院(以下简称铁四院)编制了武汉长江隧道工程预可行性研究报告。2001年4月，中国国际工程咨询公司专家组对预可行性研究报告进行了评估。2002年4月，国家计委正式批准武汉长江隧道(含地铁)项目立项，2003年8～12月，武汉市城市建设投资开发集团有限公司委托铁四院等有关单位开展了可行性研究报告的编制工作。2004年4月，中国国际工程咨询公司专家组对报告进行了评审。2004年

---

* 本文原载于：中国工程科学，2009(07).

5~8月,武汉市城市建设投资开发集团有限公司组织了本工程的设计采购施工总承包投标工作,由中隧集团联合体中总承包标,长江水利委员会长江勘测规划设计研究院中设计监理标。2004年10月,国家发改委批准了武汉长江隧道工程可行性研究。2004年9~10月,铁四院完成了本工程的初步设计,11月初长委设计院提交了初步设计监理报告,铁四院进行了修改完善。2004年11月28日,长江隧道正式开工建设,计划工期4年。

1.2 工程建设模式

工程在武汉市首次采用"设计—采购—施工"总承包模式,中铁隧道集团有限公司联合体成为中标者,联合体由铁四院、中铁隧道集团、武汉市城市规划设计院、武汉市政建设集团有限公司和奥地利D2咨询有限公司组成。实行工程总承包是国际经济一体化和市场经济发展的必然趋势,它的最大特点是实行设计、施工管理一体化,把资源最佳地组合到工程建设项目上来,减少管理链与管理环节,集中优秀的专业管理人员,采用先进的管理科学方法,真正体现风险与效益、责任与权力、过程与结果的统一。

2 隧道工程地质

2.1 工程地质与水文地质

长江隧道江中段水下地层上部由第四系全新统新近沉积松散粉细砂、中粗砂组成。中部由第四系全新统中密~密实粉细砂组成,下部基岩为志留系泥质粉砂岩夹砂岩、页岩;江南及江北两岸地层除地表有呈松散状态的人工填土和局部分布有第四系湖积层外,上部由第四系全新统冲积软~可塑粉质黏土,中部由第四系全新统稍密~密实粉细砂组成,下部基岩为志留系泥质粉砂岩夹砂岩、页岩。

长江水系为区内主要地表水系,直接影响长江隧道建设。据长江水样水质分析:长江水对混凝土及混凝土结构中的钢筋无腐蚀性,对钢结构有弱腐蚀性。主要地下水类型有第四系孔隙潜水、承压水、基岩裂隙水。

设计根据河工模型试验对河床最低冲刷高程的预测成果,并充分考虑三峡建库后的水沙条件,按300年一遇最低冲刷高程设计,左右深槽的最低冲刷高程分别为 -13.8m 和 -11.3m。

2.2 地震烈度

不同概率水平下的烈度见表1。

不同概率水平下的烈度 表1
Earthquake intensity under various probability standards Table 1

概率水平	50年				100年			
	63.2%	10%	5%	2%	63.2%	10%	5%	2%
江南段	4.7	6.1	6.5	6.9	5.2	6.5	6.8	7.1
长江段	4.7	6.1	6.5	6.9	5.2	6.5	6.8	7.1
江北段	4.7	6.1	6.5	6.9	5.2	6.5	6.8	7.1

设计按100年基准期超越概率10%的地震动参数设防,按超越概率2%的地震动参数验算。

3 武汉长江隧道总体设计

武汉长江隧道是一项规模宏大的工程,周密的设计是成功建设的前提。武汉长江隧道的设计包括线路、结构、防水、通风、供电、给排水、防灾、防洪、环保等许多内容。

3.1 线路平面设计

在对工程沿线地面建筑、地下管线和地下构筑物进行详细了解的基础上,充分结合规划意图,进行方案比选。隧道平面设计如图1所示。线路先后下穿中山大道、胜利街、鲁兹故居、汉口江滩公园入口、临江大道、和平大道、友谊大道。隧道左线长3630m,右线长3638.53m;平曲线最小半径250m。左线曲线长1366.149m;占路线全长的37.6%;右线曲线长1213.225m;占路线全长的33.4%。隧道建设规模为:汉口引道敞口段长145m、暗挖隧道段长40m、明挖暗埋隧道段长455m、盾构段长2550m,武昌明挖暗埋隧道段长250m、引道敞口段长160m,6条匝道总长2065m[1]。

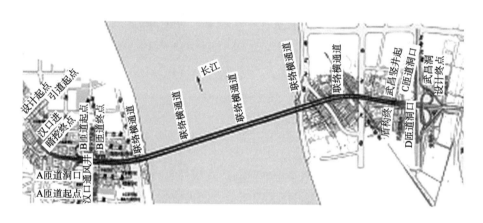

图1 武汉长江隧道线路平面图

Fig.1 Route plan sketch of Wuhan Changjiang Tunnel

3.2 隧道纵断面设计

纵断面的设计重点是确定合理的隧道埋置深度,根据长江隧道的地质和水文情况,隧道纵断面设计时拟定了3个方案,盾构不穿基岩方案、切入基岩深度约0.8m方案和切入基岩深度约3.5m方案,比选时从施工难度、施工风险、冲刷影响及施工对河床的影响等综合进行考虑,选择了隧道埋置深度较大、切入基岩较多的方案,尽管在基岩中施工难度较大,但其施工风险最小,适应河床冲刷能力最强,施工对河床完全无影响。隧道纵断面设计见图2。

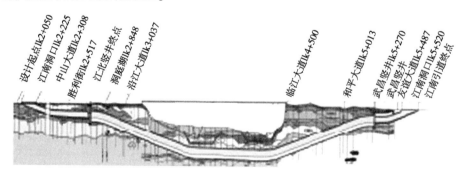

图2 隧道纵断面设计图

Fig.2 Design scheme of tunnel longitudinal profile

3.3 隧道总体布置

隧道设有武昌工作井和汉口工作井,分别为盾构始发井和到达井。在汉口工作井西侧,设有汉口通风井,其作用是排除左线隧道洞内污染气体,以及当火灾发生在靠近该通风井的隧道段内(左线或右线)时的排烟。武昌通风井布置于隧道与友谊大道交叉口的西北角,其作用是排除右线隧道洞内污染气体,以及当火灾发生在靠近该通风井的隧道段内(左线或右线)时的排烟。结合通风井的布置,设置了地面进出隧道的安全通道。隧道设有管理大楼,总建筑面积3984.46m²,武昌通风井和汉口通风井均设变配电所。

3.4 隧道横断面设计

由于采用盾构法进行施工,为满足使用功能及施工误差、预留沉降、内装修要求,半径方向预留15cm富余空间后,圆形隧道内径确定为10.0m。由于本隧道交通量大,高峰时段不明显。一旦发生火灾,必须采用射流风机,将人烟分离,隧道顶部不允许设置横隔板,以防造成烧落伤人。半横向通风效果很差,反而助燃加剧,运营期间会损失10%的通风能量。为满足人员逃生要求,盾构段于行车道一侧间隔80m设置滑行逃生道,盾构段横断面设计如图3所示。盾构段采用单层衬砌,混凝土强度等级C60,抗渗等级S18。

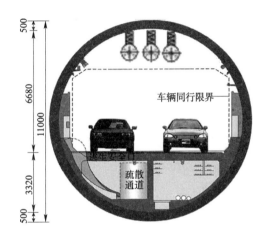

图3 隧道横断面设计图(尺寸单位:mm)

Fig. 3 Design scheme of tunnel cross section (Unit:mm)

长江隧道的明挖和暗挖段均采用矩形框架结构。图4为武昌明挖暗埋风机安装段横断面布置图。

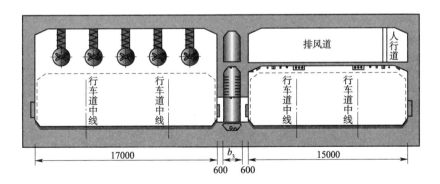

图4 武昌明挖暗埋风机安装段横断面(尺寸单位:mm)

Fig. 4 Cross section of Wuchang cut and cover fan installation sector(Unit:mm)

3.5 隧道通风系统布置

长江隧道设计采用的通风卫生标准见表2。

设计采用的通风卫生标准 表2
The design venting standard Table 2

交通工况	车速(km/h)	CO浓度(ppm)	烟雾浓度(m^{-1})
正常	50	100	0.0075
慢速	30	125	0.0075
全段阻塞	20	150(15min)	0.0090
局部阻塞	10(局部)	150(15min)	0.0090
双向阻塞	30	150	0.0075

根据工程特点,非火灾情况下,隧道通风采用竖井吸出式纵向通风方式,其中左线隧道利用汉口通风井排风,右线隧道利用武昌通风井排风。火灾情况下,仍采用正向或逆向通风,进行人烟分离。计算确定当汉口、武昌通风井排气高度为40m时,可以满足环保要求。通风方式如图5所示。

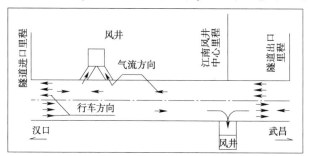

图5 通风方式选择及污染空气排放方式
Fig.5 Mode of venting and pollution air discharge

3.6 隧道防灾设计

作为长江上的第一隧道,武汉长江隧道在设计时充分考虑了其防灾功能。防灾、减灾和救灾功能的实现贯穿在设计的每一环节。在隧道的结构设计、建筑设计、给排水系统设计、消防设计、通风设计、供电照明设计、监控系统设计、人防设计、防淹设计中,无一不包含着防灾的设计理念。如在隧道的横断面设计中,在每条盾构隧道段的车道板下设置了1.5m×2.1m的紧急逃生通道,在车行道路缘带及余宽内每隔80m设一个逃生口和逃生滑梯,直达逃生通道。车道两侧设置防撞侧石,以保护隧道侧墙装修和隧道结构不受破坏。隧道内还设置了醒目的安全疏散标志和安全口指示标志。为防止火灾对隧道结构的破坏作用,在隧道内已增设二次混凝土衬砌,以保护和增强管片衬砌,确保结构的稳定性。另外,在隧道两侧25m高范围内设置防火板,其余衬砌表面涂防火涂料。隧道中设置了简化而可靠的火灾报警系统、应急照明系统及消防系统。

4 武汉长江隧道施工

武汉长江隧道工程地质条件复杂,地层软硬不均、高压富水、地面建筑物和地中管线众多,面临着五大技术难题:①姿态控制难,盾构机穿越软硬不均的地质,掘进姿态难以控制,搞不好就走偏了,难以到达指定的位置。②高水压,隧道从水面到底部深57m;江水的压力极大,防止隧道透水是最大难点。③超浅埋,部分地段盾构机离地面只有5~6m,要不"惊动"地面建筑难度极大。④强透水,隧道两岸大部分为粉细砂地层,一旦透水,后果不堪设想。⑤长距离掘进,由于江底换刀困难,盾构机要尽可能一次穿越2500多米。为了确保隧道施工的安全和按期高质量完成工程,中隧集团联合体在大断面盾构机选型和关键技术参数确定、大直径泥水盾构开挖面稳定技术、长距离掘进耐磨刀具研究、高抗渗大直径管片生产与拼装及沿线建构筑物的保护等方面进行技术攻关,在每一环节都做到精心施工。

4.1 大断面盾构机选型

4.1.1 盾构机选型依据及原则

盾构机的性能及其与地质条件、工程条件的适应性是盾构隧道施工成败的关键,所以采用盾构法施工就必须选择最佳的盾构施工方法和选择最适宜的盾构机。

盾构选型主要依据武汉长江隧道工程招标文件和岩土工程勘察报告;相关的盾构技术规范及参考国内外已有盾构工程实例,盾构选型及设计按照可靠性第一、技术先进性第二、经济性第三的原则进行,保证盾构施工的安全性、可靠性、适用性、先进性、经济性相统一。

4.1.2 影响盾构机选型的主要因素

选择盾构形式时,应考虑施工区段的地层条件、地面情况、隧道尺寸、隧道长度、隧道线路、工期等各种条件,还应考虑开挖和衬砌等施工问题,基本原则是选择安全而且经济的进行施工的盾构。近年来竖井、碴土处理或施工经验也成为盾构选型的重要影响因素。

在选择盾构形式时,最重要的是以保持开挖面稳定为基点进行选择。为了选择合适的盾构形式,应对地质条件、地下情况、周边用地环境、周围环境进行详细的调查,并对安全性及经济性做充分的考虑。盾构选型的流程如图6所示。

4.1.3 盾构机类型的确定

不同类型的盾构适用的地质类型也是不同的,盾构的选型必须做到针对不同的工程特点及地质特点进行针对性方案设计,才能使盾构更好地适应工程。盾构的主要类型有敞开盾构、泥水盾构、土压平衡盾构等。根据武汉长江隧道工程地质、水文情况及工程特点,初步确定可选择的盾构类型只有土压平衡盾构和泥水盾构。

土压平衡盾构和泥水盾构所适应的地层条件不同,土压平衡盾构可分为两种:土压式和泥土压式。土压式适用于含水率和颗粒组成比较适中,开挖面的土砂可以直接流入压力舱及螺旋输送机,从而保持开挖面的稳定。由于土压平衡式盾构是根据土压力的状况同时进行挖土和推进,通过检查土压力不但可以控制开挖面的稳定性,还可以减少对周围地层的影响,一般不需要实施辅助工法,所以具有减小地表沉降的优点。泥土压式适用于砂粒含量较多而不具有流动性的土质,需要通过添加水、泥水或其他添加材料使泥土压力很好地传递到开挖面。泥土压式盾构可以适用于冲积砂砾、砂、粉土、黏土等固结度比较低的软弱地层,洪积地层以及软硬相间互层等地层,对地层的适应性最为广泛。但在高水压的地层中,仅用螺旋输送机难以保持开挖面的稳定,需要安装保持压力的过滤器、连接压送泵等。

泥水盾构是通过施加略高于开挖面水土压力的泥浆压力来维持开挖面的稳定。除泥浆压力外,合理地选择泥浆的特性可以增加开挖面的稳定性。一般比较适用于在河底、海底等高水压条件下隧道的施工,具有较高的安全性和良好的施工环境。对周围地层的影响较小,既不会对地层产生过大的压力,也不会受到地层的压力的反压,一般不需要辅助施工措施。

泥水盾构适应于冲积形成的砂砾、砂、粉砂、黏土层、弱固结的互层的地层以及含水率高不稳定的地层,洪积形成的砂砾、砂、粉砂、黏土层以及含水很高的高固结松散易于发生涌水破坏的地层,是一种适合多种地层条件的盾构形式。但是对于难以维持开挖面稳定的高透水地层、砾石地层,有时也需考虑辅助施工方法。

武汉长江隧道盾构穿越的地层有黏土、粉土、粉质黏土、淤泥质粉质黏土、粉细砂、中粗砂、卵石层、泥质粉砂岩、夹砂岩、页岩,其中以粉细砂、中粗砂、卵石层、泥质粉砂岩夹砂岩页岩为主,根据土压平衡盾构和泥水平衡式盾构对地层的适应性,该工程适合采用泥水盾构。

工程实践证明,在开挖面刀盘后部泥碴仓中土压和水压很难及时稳定工作面,而主要靠刀盘压住工作面,造成刀盘、刀具磨损严重,尤其在盾构刀盘后的顶部有1/5～1/3高度没有泥水或泥土,在不稳定地层易产生工作面局部失稳,造成沉降加大,为此增设局部气压,以弥补泥仓顶部的压力不足,这是非常重要的,从浆液劈裂工作面顶部滴浆的过程中,更感到气垫的重要,因此,改用气垫式泥水盾构是水下盾构法施工所必须的。

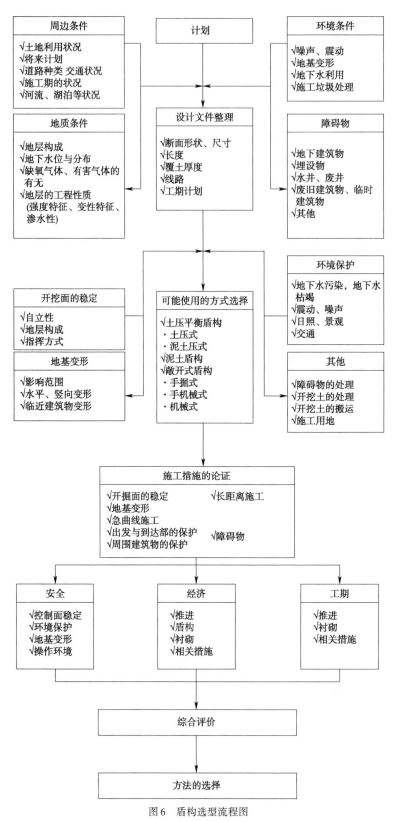

图 6 盾构选型流程图

Fig. 6 Flow process chart during selecting shield type

4.2 沿线建(构)筑物保护技术

尽管采用盾构法具有对周围环境影响小的特点,但由于施工技术质量、周围环境和岩土介质等的复杂性,盾构法施工引起地层移动而导致不同程度的沉降和位移仍是不可能完全避免的。当地层移动和地表变形超过一定限度时,就会影响地面建(构)筑物和地下管线的正常使用。武汉长江隧道沿线穿越长江防洪堤、武九铁路、鲁兹故居等大量建筑群,由于隧道上方多为繁华路段,地下管线密集。施工中需采取有效的保护措施保证建(构)筑物的安全。

4.2.1 对长江防洪堤的保护

隧道于 LK3+143 处下穿江北防洪堤,基底至隧道顶的距离约 25.3m。隧道于 LK4+462 处下穿江南防洪堤,如图 7 所示,基底至隧道顶的距离约 36.4m。长江防洪堤为重要防洪工程,因此,在施工过程中必须采取保护措施,确保防洪堤万无一失。

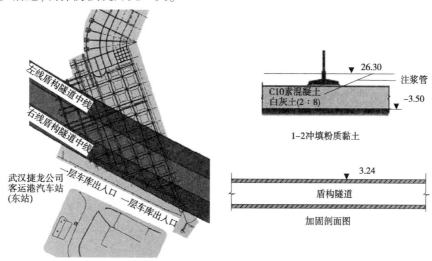

图 7 线路与防洪堤的位置情况及防洪堤加固情况

Fig.7 The position relation between route and flood protection embankment and reinforcement of the latter

(1)加强盾构通过前及通过过程中的监测,通过信息化施工积累盾构机掘进参数,使盾构机通过大堤时的掘进参数达到最优化,如通过信息反馈对盾构切口泥水压力、注浆压力、注浆量进行调整。

(2)由于两岸防洪堤均为刚性结构,为防止其基底与地基土局部脱离,影响防洪安全,在盾构通过过程中,采用跟踪注浆对防洪堤地基进行加固;盾构通过后,根据沉降情况及时注浆,直至大堤处于稳定状态。

4.2.2 对沿线文物的保护

长江隧道上方多为繁华路段,沿线文物较多。图 8、图 9 给出了鲁兹故居和平和打包厂的加固示意图。表 3 列出了隧道与周围保护建筑物的关系及处理方法。

隧道与周围保护建筑物的关系 表 3

The relation between the tunnel and the surrounding protect building Table 3

古建筑名称	结构类型	楼层数	竣工时间	现状	与隧道的关系	保护措施
鲁兹故居	砖木	2	1904年前	较好	左线隧道盾构顶覆土7.5m。距右线隧道汉口工作井基坑边1.4m	高压喷射注浆三面隔离

续上表

古建筑名称	结构类型	楼层数	竣工时间	现状	与隧道的关系	保护措施
平和打包厂	钢混	4	1905年	较好	与右线隧道盾构结构边的距离为2.2m,该处隧道覆土厚约7m	高压喷射注浆墙隔离
英文楚报馆	钢混	5	1924年	较好	与明挖基坑边的最小距离约7.5m,该处基坑开挖深度约14m	墙侧设两排树根桩保护
盐业银行	钢混	5	1926年	较好	与明挖基坑边的最小距离约11.2m,该处基坑开挖深度约13.3m	墙侧设两排树根桩保护
汉口棉花仓库	钢混	4	1904年前	较好	A匝道下穿	暗挖下穿,高压喷射注浆加固地层

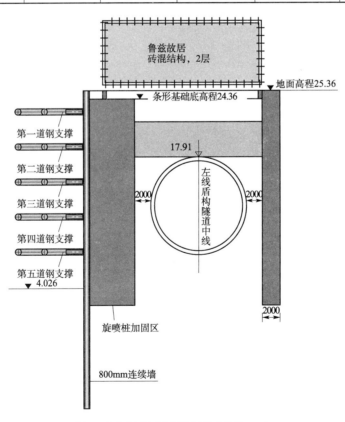

图8 鲁兹故居加固示意图(尺寸单位:mm)

Fig.8 Strengthening schematic of Luci former residence(Unit:mm)

4.2.3 对沿线非文物建筑物的保护

根据预测的地面沉降对建筑物的影响,将对建筑物的保护等级分为三级。第一级,预测沉降超过本次设计设定的标准,需采取预加固的积极保护措施。如对武汉理工大学家属楼和北京路幼儿园采取了静压桩主动保护措施。第二级,工程施工对建筑物有一定影响,但预测沉降未超过设定的标准,要求施工中进行监测,并根据监测结果采取相应的保护措施。如对武汉理工大学教学楼,主要采取根据施工过程中的监测情况跟踪注浆的措施。第三级,工程施工对建筑物影响很小,原则上不采取保护措施,仅需施工监测。如对华安医药有限公司综合楼、省棉花公司宿舍楼不采取保护措施,仅加强施工监测。

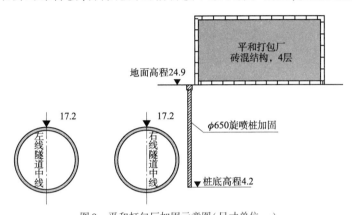

图 9 平和打包厂加固示意图(尺寸单位:m)

Fig. 9 Strengthening schematic of Pinghe pack factory(Unit:m)

4.2.4 对武大铁路的保护

左线隧道于 LK4+951、右线隧道于 PK4+979 处下穿武大铁路,隧道与铁路斜交角度约 44°,如图 10 所示。该处隧道顶距铁路路基面的高差为:左线 20.3 m,右线 19.6 m。计算得到盾构下穿铁路地段,地面最大沉降量约为 14 mm,最大倾斜率约为 0.63‰。由于该沉降值非瞬时发生,而是随施工过程逐渐增加,施工中根据沉降监测情况随时补充道碴,保持轨面平顺性要求。根据施工测量结果,必要时对铁路线路采用扣轨加固。

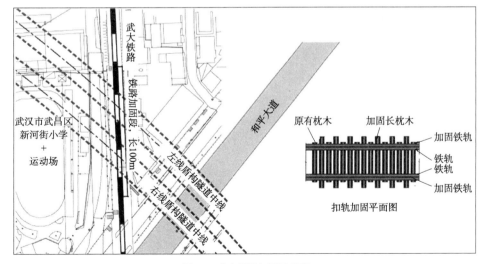

图 10 武大铁路加固示意图

Fig. 10 Strengthening schematic of the Wu-Da railway

4.3 对沿线地下管线的保护

长江隧道横穿汉口的中山大道、沿江大道、武昌的和平大道、友谊大道 4 条主干道及汉口的胜利街、鄱阳街、洞庭街、大智路等,沿线道路地下管线密集,此外,武汉理工大学等分布有很多地下管线。为了确保隧道施工中管线的安全,在施工前对各类管线进行了详细的调查,并对各类管线的变形适应能力进行了评估,制定了变形控制标准。在此基础上,制定了地下管线的保护方案。

(1)当隧道结构(如敞开段)侵入现有管线空间时,将管线就近改移。

(2)当明挖结构横向或平行下穿既有管线时(如胜利街、鄱阳街、友谊大道),对管线进行悬吊保护。

(3)当隧道暗挖下穿既有管线时(如中山大道、洞庭街、沿江大道、临江大道、和平大道),根据施工对管线影响程度及管线变形的允许变形值,考虑采取相应的保护措施。包括加强施工管理,控制管线变形;加强管线沉降监测,保持盾构隧道施工开挖过程中水土压力平衡,在盾构隧道施工过程中,采用同步注浆,加强注浆压力控制等。

5 结语

武汉长江隧道是长江上建成的第一条隧道,也是目前中国地质条件最复杂、工程技术含量最高、施工难度最大的江底隧道工程,我国工程技术人员在开挖这一江底隧道的过程中,成功攻克了五大世界性施工技术难题。武汉长江隧道周密的设计、精心的施工和创新的建设模式将为类似隧道工程的建设提供典范。

参考文献

[1] 肖明清.武汉长江隧道工程概况[J].土工基础,2005,19(1):2-4.

铁路隧道建设理念和设计原则

王梦恕¹ 张 梅²

(1. 北京交通大学;2. 中华人民共和国铁道部工程管理中心)

摘 要:铁路隧道的建设正处于前所未有的大发展时期,笔者在总结大量工程成功经验和失败教训的基础上提出了铁路隧道建设的基本理念:隧道必须建成遗产工程;隧道必须进行科学的风险评估;隧道建设必须有合理工期、合理造价、合理合同、合理施工方案和设计原则;隧道必须进行信息化施工。提出了单双线隧道选择、隧道纵坡及辅助导洞设置、支护结构设计以及快速施工等隧道设计原则。隧道建设的理念和设计原则可指导今后铁路隧道的规划、设计和施工。

关键词:铁路隧道;建设理念;设计原则

中图分类号:U455 **文献标识码**:A **文章编号**:1009-1742(2009)12-0004-05

Abstract: Railway tunnel construction is on the unprecedented development. On the basis of analyzing lots of successful and failing engineering projects, the basic idea for railway tunnel construction was put forward, i. e., railway tunnels must be durable, its risk evaluation should be estimated scientifically, the construction time, cost contract scheme and design principle should be reasonable and railway tunnels must be constructed under information management. The design principles were put forward, such as, the selection of single-line or double-track tunnel, the setting of longitudinal slope and aided pilot tunnel, the design of supporting structure, and fast construction, etc. The construction idea and design principle of railway tunnels would provide guideline for tunnel design and construction.

Key words: railway tunnels; construction idea; design principle

1 引言

交通发展,铁路先行。随着对环境、能源问题的深入认识,我国的铁路建设进入了新的大发展时期,而隧道工程在我国铁路建设中占有重要地位。据不完全统计,截至 2005 年末,我国共建成铁路隧道 6874 座、总延长 4158 km,连同新中国成立前修建的 664 座、总延长 156 km 的铁路隧道,已建成的铁路隧道已有 7538 座、总延长 4314 km[1]。在新一轮的铁路建设中,在建和规划建设的铁路线有宜万线、兰渝线、贵广线、大瑞线、成兰线等,这些线路地质条件复杂,隧道所占的比重大,隧道修建的难度也很大。据不完全统计,目前我国铁路隧道正以每天增加 3 km 的速度向前推进,建设速度之快可想而知。在这种情况下,如何保证铁路隧道建设的安全和之后的运营安全,需要在深刻总结以往建设经验和教训的基础上,进一步明确建设理念和设计原则。

2 铁路隧道建设理念

(1)隧道与地下工程是不可逆工程,不具备拆除重建的条件,因此必须是遗产工程,不允许是遗憾工

---

* 本文原载于:中国工程科学,2009(12).

程和灾害工程。

(2) 隧道与地下工程是风险性很大的工程,必须实事求是,科学地进行风险性评估。

评估的主要内容为:施工安全评估、施工质量评估、环境评估,最后是施工进度和施工成本评估。在建设全过程中应对可研阶段、初步设计阶段、施工阶段、运营阶段进行全方位工程风险分析。

国际隧道工程保险集团对施工现场发生安全事故原因的调查结果表明,将施工方作为工程安全唯一主体是不科学的,目前五个阶段的风险界定不清,而这些风险往往到施工时才反映出来,由施工方完全承担这些风险是不合理的。

(3) 合理工期、合理造价、合理合同、合理施工方案是隧道建设检验科学发展观的4条标准。如青藏铁路复线西格段的关角隧道(32km)设计,应考虑小TBM+钻爆法施工新模式。利用二线导洞快速施工+横通道模式,取消斜井,取消费工费时、造价高的向上运输方式。

(4) 必须进行信息化动态反馈设计。通过支护参数调整,确保施工安全,不改变设计是不科学的,"精心设计,精心施工,在建设过程中会有错误和失败,必须及时修正"。

3 铁路隧道主要设计原则

3.1 单洞双线隧道和两个单线隧道的选择原则

(1) 钻爆法施工时,有轨运输独头通风最大长度7~8km;无轨运输独头通风最大长度3.5km。

(2) 施工通风有两种方式,洞口压入式管道通风(传统方式)适用条件可单洞压入,但费电、通风长度短;洞内射流巷道式通风,但必须有平行两个洞,可省电、效率高,可实现独头10km以上通风,这是隧道施工通风的新成果。

(3) 从设备投入和快速施工考虑,有轨运输设备投入大,管理复杂,充电电池满足不了长距离运输;无轨运输设备投入小,配合洞内射流巷道通风,是快速施工的最好模式。

鉴于以上3点,建议优先选用两个单线隧道设计方案。不要任何斜竖井可实现特长、长隧道的安全、快速施工,也不破坏山体环境。该方案对建设过程和建成后都会带来很大方便,尤其在软弱、岩溶、煤系、浅埋、大变形地层中,更会减少风险和工程投资。

若一定要用单洞双线隧道,不设平导,采用无轨运输,设计长度应小于7km;不设平导,有轨运输,设计极限长度应小于15km,设备投入比无轨多2.5亿元以上,综合全面比较,该方案风险大,且投入大。折中方案是单洞双线隧道加平导全贯通,但该方案更不经济。

3.2 隧道纵坡设置原则

(1) 应高位选线(如南昆线),可避免许多灾害。

(2) 禁止在岩层交界面上选线,如深圳福田车站上软下硬,很难施工。

(3) 富水地区必须采用人字坡,以利于防灾和排水。关于富水的定义:水量大于2台最大抽水泵的排水量。

(4) 铁路进城市应按深埋选线,减少对环境的破坏。石家庄市客运专线的选择是一成功范例。

3.3 隧道辅助导洞设置原则

(1) 利用平导增设工作面、解决施工通风是最好的方法。不设斜竖井施工,可增设多条平导和横洞。如终南山隧道、瑞士阿尔卑斯山隧道等。

(2) 深层岩溶及富水地区,必须根据环境评价增设泄水洞和大流水溶洞相连,释能减压,以利于营运安全。

(3)利用射流巷道式通风方式,可改变辅助坑道的理念,可改变长大隧道设计的方法。

采用平行双洞射流通风模型,可解决长大隧道施工通风难题。采用无轨运输模式,施工通风可达10km以上。

(4)施工分段应考虑施工通风的方式,从隧道中部分段优点很多,不允许像TBM施工中的单条分割法。

3.4 支护结构设计原则

(1)初期支护是保证施工安全的关键,要有足够的刚度和强度,承受二衬砌施作前施工期间的全部土压力荷载,不计水压力。

(2)软弱、破碎围岩(Ⅴ、Ⅵ级)按普氏拱理论计算压力;Ⅰ、Ⅱ、Ⅲ、Ⅳ级围岩按爆破松动圈2~25m厚计算压力。

(3)初期支护由喷网、网构钢拱架、锁脚锚管、纵向链接筋组成,形成永久承载结构,二次混凝土衬砌作为安全储备。

(4)不同围岩的稳定由初期支护进行调整,可加强或减弱,当在5~6倍洞径处通过量测证明已稳定的情况下,方可进行二次衬砌拱墙的混凝土灌注。二次衬砌分三次施工:一是底层混凝土和仰拱可以跟在工作面1倍洞径以外;二是衬砌边墙基础紧跟,目的是增加一次支护的安全系数;三是拱墙模板台车衬砌。

(5)二次衬砌作为安全储备,从有利百年大计出发,可不设钢筋(当断面轮廓为小偏心受压时,衬砌厚度一般定为30~40cm;不随围岩改变而改变)。

(6)必须取消拱部锚杆;必须采用网构钢拱架;软弱地层不提倡湿喷混凝土;必须取消中部排水沟;有钢拱架的地方可不设系统锚杆,而在接头处设置锁脚锚管。

(7)暗挖隧道不设变形缝;防水隔离层背后设系统盲管,防水隔离层不允许全包,只包到边墙底基础上,和两侧排水沟形成排水系统;取消止水板,施工缝处设置BW防水条。

(8)在二衬及防水板铺设前应进行初期支护,背后充填灌浆,确保二衬在无水情况下施工。

(9)高地应力、大变形地段采用圆形轮廓断面衬砌是最简单有效的方法。

3.5 快速施工原则

(1)隧道的出路在于机械化。

(2)应配置钻孔作业线、装碴运输作业线、一次衬砌作业线、防水及二次衬砌作业线4条主线。应配置施工通风作业线和注浆防排水作业线2条辅助线。

(3)采用光面爆破工艺、导洞超前、全断面扩大,可实现减震、光爆、快速施工。全断面开挖改为小TBM超前打通,后部用钻爆法扩大的优点是:可以进行超前地质预报;爆破振动减小30%,炸药比全断面爆破减少5%~10%;扩大爆破孔的炮眼利用率为100%,所以提高开挖速度2~3倍;炮眼半孔保存率80%,线形超挖小于10cm;爆破碴堆、碴块均匀、集中,便于快速出碴;纵向爆破冲击波小,对后部工序影响小。

(4)按无轨运输、双洞、射流巷道式通风实现特长隧道无斜竖井设计和施工。

4 其他有关问题

4.1 洞门及洞口段设计理念

(1)洞口位置不当,易产生塌方、偏压,应特别重视洞口位置选择。

(2)洞口间距过大,不利管理和节约土地,可以设置小间距。
(3)洞口不设深路堑(应小于10m)。
(4)优选切削式洞门。
(5)应美化洞口及周边环境。
(6)上下行洞口错开,设挡墙,防止废气进入另一洞口、气流短路。
(7)洞口段、洞门、明洞之间应比选合理施工方法。
(8)洞口变坡点要合理设置。

4.2 岩溶区超前地质预报

必须重视岩溶地区的综合地质超前预报。长短结合以短为主,并列入工序,预报范围前方大于30m隧道周边以外1倍洞径。

4.3 喷混凝土

软弱地层必须采用潮喷混凝土,不提倡湿喷混凝土。

4.4 台阶长度

正台阶法隧道施工不允许分长、中、微台阶、台阶长度为一倍洞径,第一个上台阶高度必须为2.5m;小导管长度为台阶高度加1m。

4.5 辅助施工工法

常用的辅助施工措施有:环形开挖留核心土、喷射混凝土封闭开挖工作面、超前锚杆及超前小导管支护、超前小导管周边注浆支护、设置上台阶临时仰拱、跟踪注浆加固地层、水平旋喷超前支护、洞内真空泵降水、洞内超前降排水、洞外深井泵降水、地面高压旋喷加固、先注浆后冻结法。要注意全断面帷幕注浆应改为上半断面周边注浆,下半断面降水、排水。采用上堵下排的原理。

4.6 大跨隧道施工

大跨隧道施工应选择变大跨为小跨的施工方法,如CD法、双CD法、CRD法、双侧壁法、柱洞法、中洞法、侧洞法等。临时侧壁应拉直,以减少中间跨度。

4.7 管棚的应用

隧道内一般不设长管棚,只在洞口设置。长管棚的直径应和地层刚度相匹配,当直径超过150mm时,直径的增加对控制地表下沉作用很小。

4.8 联拱隧道

隧道宜近不宜联,可采用小间距隧道,反对双联拱、多联拱,取消盾构隧道的横通道。

4.9 导洞超前

大断面硬岩隧道宜采用小导洞超前爆破,可减震30%,也可采用小TBM超前钻爆法扩大。注意隧道及路堑边坡应采用光面爆破,不能预裂爆破。

4.10 隧道顶部空洞

隧道顶部允许塌方空洞存在,拱顶上方要有2m厚土层保护,对于上部空洞中的水应设法排出,隧道支护应加强,并应配合超前支护。

4.11 盾构和掘进机的选择及施工

4.11.1 盾构施工的经济效益问题

(1)一台 $\phi6.23m$ 的盾构需6000万元,3.5~4年可把6000万收回(不计利息),第5年可开始盈利,每年最多能盈利1000万元。

(2)一般情况,盾构在城市之间搬运,每次需300万~400万元。

(3)盾构从竖井拆除再组装,每次需30万~50万元。

(4)适用盾构法施工的隧道应该是一个盾构掘进长度为6km以上,这是发挥盾构快速施工、性价比最好的工程筹划。

(5)一般配2~3台盾构才能提高稳定技术人员、高级技工的施工能力,这是施工单位合理部署的举措。

因此,应合理、慎重规划和应用盾构。盾构法与钻爆法、浅埋暗挖法相比,经济效益要低10倍左右。

4.11.2 TBM硬岩掘进机

(1)机型方案选择方面。

开敞式TBM优于双护盾式和单护盾式,其优点包括:长度与直径之比<1,可灵活调方向,可确保±30mm的调整误差;能及时支护,有利于洞室稳定,护盾式不利于及时支护,易塌方;不易被高地应力地层卡死护盾;造价比双护盾便宜10%~30%;衬砌支护比管片便宜50%以上。

(2)支护结构方面。

①开敞式TBM用复合式衬砌,最易适应不同地层和富水地层,支护寿命长,可确保100年,维护方便;

②双护盾式TBM必须采用软弱地层管片的厚度,不适应土压、水压多变的山岭隧道,管片厚度不能调整,管片寿命不可靠,且造价高于复合初砌数倍以上,因此不宜采用。

4.11.3 盾构和TBM的生产

必须重视盾构和TBM的国产化。建议对国外采购要设立强有力的评价体系、规定和制度;要建立项目业主、装备制造企业和保险公司风险同担,利益共享的重大技术装备保险机制;国产化率中的关键部件必须进口,国产率在50%~60%为宜。

4.11.4 盾构类型选择

不同地层应选择不同类型的盾构,应遵循以下原则:

(1)少水地层、砂卵石地层宜选择开敞式网格盾构。少水或无水地层,地层具有较好的自稳性,降水下沉量小(如沈阳、成都等地层),土体颗粒对刀盘刀具磨损也很大,选择开敞式盾构、网格盾构比较适宜。

(2)土压平衡盾构不是全能的,应同时考虑选用泥水盾构与土压盾构。

①不稳定的粉细砂地层是最适合使用土压平衡盾构,在含水的黄土地层,搅拌后形成塑性好的泥浆会将刀盘全部糊死,该地层不适合土压平衡盾构,应采用降水配合开敞式网格盾构;

②泥水加压盾构的考虑:对于不稳定的软弱地层或地下水位高、含水砂层、黏土层、冲积层以及洪积层等流动性高的地层,使用泥水加压盾构的效果较好。

泥水加压平衡盾构具有土层适应性强、对周围土体影响小、施工机械化程度高等优点;在砂层中进行大断面、长距离推进时,大多采用泥水加压式盾构机。实践证明,掘进断面越大,用泥水加压式盾构机的效果越好;泥水加压式盾构机除在控制开挖面稳定以减少地面沉降方面较为有利外,还在减少刀头磨损、适应长距离推进方面显示出优越性;泥水加压盾构存在盾尾的漏水以及难以确认开挖面状态等缺点,另外还需要较大的泥水处理场地。

4.11.5 刀盘类型的选择

不同地层应选择不同的刀盘类型。目前有两种刀盘形式,开口面板式刀盘和辐条式刀盘。刀盘特性的比较见表1。

两种类型刀盘特性比较　　　　　　　　　　　表1

Comparison of characters of the two types of cutter head　　　　　Table 1

刀盘形式	面 板 式	辐 条 式
开挖面水土压控制	一般存在3个压力:p_1开挖面–面板之间;p_2面板开口进出口之间;p_3面板与密封舱内壁之间(即土压计压力)。其中:p_2受面板开口影响不易确定,而$p_3 = p_1 - p_2$开挖面压力不易控制。同时控制压力实际低于开挖面压力	只有一个压力p,密封舱内土压力与开挖面的压力相等。因而平衡压力易于控制
砂、土适应性(粒径<15cm)	由于开挖面土体受面板开口影响,进入密封舱内不顺畅,易黏结,易堵塞	仅有几根辐条,同时辐条后均设有搅拌叶片,土、砂流动顺畅,不易堵塞
砂卵石适应性(粒径>15cm)	适应性强,必要时可加滚刀	不能加滚刀,刀头形式及数量较少
刀盘扭矩	刀盘扭矩阻力大,需增加设备能力,造价高	刀盘扭矩阻力小,设备造价低
隧道内刀头更换安全性	由于有面板,在隧道内更换刀头时安全可靠	在隧道内更换刀头时安全性差,加固土体费用高

4.11.6 盾构和TBM支护形式

常用的支护形式有如下几种,可根据具体情况采用。

(1)管片衬砌。管片衬砌广泛应用于软土地层盾构隧道的支护,管片接头部位是防水薄弱环节,应研究接头形式及防水材料、管片形状及分块形式、管片厚度及钢筋配置与地层压力的关系。

(2)喷混凝土衬砌。应用于开敞式TBM隧道,能及时支护,很好地适应软弱破碎围岩,在秦岭隧道及磨沟岭隧道中得到了成功应用。

(3)压缩混凝土衬砌。压缩混凝土衬砌(Extruded Concrete Lining,ECL),就是以现浇混凝土作衬砌来代替传统的管片衬砌。ECL工法具有以下特点:

①ECLI法筑造的衬砌质量高;

②ECL极大地抑制了地层沉降,无须降低地下水;

③采用全机械化施工,节省人员、安全性高,作业环境好;

④ECL工法采用一次衬砌;材料用量少,不需要同步注浆;

⑤施工阶段工序少,衬砌与拼装同步进行,加快了施工进度,缩短了工期。

(4)复合衬砌结构。薄管片和二次模筑组成复合式衬砌,该形式耐久性好,强度高,适于铁路隧道或重要通道。

4.11.7 水下隧道的施工方法选择

江河隧道施工方法应优选钻爆法和浅埋暗挖法,其次选择盾构法、掘进机法,在松软地层可采用沉管法。严禁在岩石为主的地层中采用沉管法,水下爆破不可行。

5　结语

铁路正以全新的面貌繁荣着我国的交通事业,铁路隧道的建设面临着许多机遇和挑战。笔者在以往隧道建设经验和教训的基础上归纳总结了铁路隧道的建设理念和设计原则,旨在更好地为铁路隧道的建设发展服务。

参考文献

[1] 王效良,赵勇.从数字看中国铁路隧道的建设[J].现代隧道技术,2006,43(5):7-17.

中国高铁技术世界领先

王梦恕[1,2]

(1. 中铁隧道集团有限公司;2. 北京交通大学)

我国高速铁路的发展是在我国近百年铁路建设、运营、管理丰富经验积累的基础上开始的,是在高水平科学技术平台上逐渐发展起来的,是积累六次不断提速的经验和教训,在长达多年的探索、研究、实践中走上高速之路的。这是漫长而艰辛的曲折之路,是百万职工智慧的结晶,绝不是毫无基础。

1 高速铁路修建的必要性和紧迫性

我国面对六大难题:人口增长,水资源紧缺,能源紧张,土地沙漠化严重,环境污染加剧,气候变暖。这六大难题直接关系着我国的可持续发展的寿命。再过60年,中国会发生什么变化,我们的子孙后代还能延续多少年,这是一个严重的问题。大量的物种灭绝,大量的病害随着食物、水源、空气的变坏而增加。没有科学发展观的理念,非理智、非科学并一味追求第一、最大、最快的破坏环境资源的发展是非常可怕的。土木工程大量地占用土地,侵害良田沃土,已到了非常可怕的地步。摊煎饼式的城市扩张,城市间采用双向八车道、十车道高速公路的修建方式,大量油耗的运输已产生了很大的灾难。结构必须调整,每个人的生活方式必须改变,而且要快。因此,发展铁路快速交通体系,发展城际铁路高速体系,发展城市地铁交通体系是非常必要的,也是非常紧迫的。轨道交通也是属于低碳交通的范畴,尽快调整运输方式的转变迫在眉睫。

1.1 三网规划和发展

我国有高速、快速、常速三个档次的铁路网。

高速铁路是一个具有国际性和时代性的定义和概念,列车在区间段能以200km/h以上速度运行的铁路称为高速铁路,最高速度可达300km/h左右,如已建成运行的武汉至广州、郑州至西安的客运专线;快速铁路是指最高速度为140~160km/h的铁路,如石家庄至太原、合肥至武汉、宁波至温州、温州至福州、福州至厦门、厦门至深圳的专线;常速铁路是指最高速度为120~140km/h的铁路,如既有线近6万km的旧线为常速铁路。

以上三种速度的定义是国际通用的概念,但我国铁路的修建和运营均提高了速度标准,对既有铁路线进行改造。提速到140~160km/h的快速铁路水平,费了不少周折,进展很缓慢,投入工程费也很大,施工中严重影响行车安全。通过既有线提速,得出铁路速度不同于其他土建工程,可以随时整修和扩建。但铁路的建设年代和寿命一般都在百年以上,因此,在新建的铁路中,应眼光放远,把标准提高到200km/h的水平,个别区段能按350km/h标准修建的也进行了提高,这样,在每条铁路线全面建设中,三种铁路运行速度标准均可在不同区段开不同速度的列车,实现高速、快速、常速三种速度套跑。这样高标准的一次建成给今后带来很大好处,缺点是建设费用增大,但总比今后再提高标准需大量投资要好。我们这一代人、二代

---

* 本文原载于:中国科技奖励,2010(05).

人要为今后人口增加到16亿时的生活出行提前考虑,这是一种责任,是非常必要的,尤其铁路更应考虑长远。

根据这种理念,我国编制了铁路中长期发展规划。2004年年初,国务院批复了"中长期铁路网规划",到2020年全国铁路营运里程从原7万km要增加到10万km,其中规划了"四纵四横"铁路高速、快速客运通道及三个城际快速客运网,高速铁路线路总长达1.6万km以上,要求从北京到各省会(除乌鲁木齐、拉萨外)运行时间要低于8h。

1.2 城际铁路发展

我们把短距离城市之间连接的客运专线铁路称为城际铁路(如北京至天津、广州至珠海、南京至合肥等)。同样,我们把各省会和本省之间的城市用快速铁路相联的铁路网叫省内城际铁路,一般要求省会至本省各市之间的运行时间应小于1h,这样很方便老百姓在省内的快速出行和交流。

对用高速公路,尤其搞双向六车道、八车道、十车道这样大规模进行城际运输的方式应予限制,因其占地多、扰民拆迁大、浪费资源、运行速度慢、运量小、运费高。对于许多无车族、收入少的广大农民用不起,又严重污染环境的这种出行方式,必须改掉,必须用省内城际铁路取代。如珠江三角洲,许多高速公路被闲置,在规划建设1800km的珠江三角洲城际铁路时,从节约土地出发可将一些区段铁路规划到高速公路上。城际铁路的建设标准也按200km/h和140~160km/h进行建设,以适应发展的需要。

目前,中国高铁正以前所未有的建设速度向前冲刺,全长1318km的京沪高铁基础工程已进入收尾阶段;郑西高铁、武广高铁已投入运营;2010年四纵四横高铁也即将建成。

2 我国高速铁路建设的特点

高速铁路建设是在"改建"与"新建"的争论对比中,确定以"新建为主、改建为辅"的指导方针下进行的;是在"高速轮轨"与"磁悬浮"争论全面对比之后,确定采用高速轮轨运营方式进行建设的。时至今日,高速铁路建设在我国广阔的大江南北、东北部、中西部的崇山峻岭之间飞速展开,高铁从一个梦想变成了现实。

我国修建速度之快是世界少有的,如一条2500km左右长的高速铁路,仅用不到5年的时间可以建成通车,建设速度是在确保安全和质量前提下建成的。美国资深联邦参议员、参院外委会主席约翰·克里在考察京津铁路后,对我国高速铁路取得的巨大成就表示赞赏。他表示:美国建设高速铁路需要中国帮助,并希望我国尽快提供高速铁路修建原则、建设理念和投融资方式的资料供他们参考。美国加州大学圣地亚哥工程学院塞泊院士乘坐京津城际铁路后来函表示:"高速列车在速度超过300km/h时表现了出乎意料的平稳性,这清楚地说明京津的基础设施和它的整个系统一样,是一项世界一流的成就。"

中国科学院、中国工程院的许多院士评价称"京津城际铁路是我国第一条具有自主知识产权,国际一流水平的高速城际铁路,是在总结以往工程的基础上,系统解决了我国高速铁路路基、桥梁、隧道、无砟轨道、测量控制、环境保护、减震降噪等一系列重大关键技术问题之后建成的,为相关产业的发展积累了很宝贵的经验。"

铁道部已将时速200km等级客货共用线运行技术成功应用在委内瑞拉全长471.5km,设车站10座的双线电气化铁路中。

在高速铁路快速修建中,铁道部各级领导正确决策,采用大投标,选用具有特色的设计院及强大的具有特级、一级的施工集团。两大施工、设计集团及两大机车车辆设计制造集团大兵团联合攻关、奋力拼搏,发扬铁路传统的自力更生精神和不怕艰苦的勇于战斗的军队作风,创造了世人震惊的成就。建设和运营两位一体,建设方、设计方、施工方、监理咨询方四位一体的近百万职工共同努力下所取得的成果和经验,以及这种大兵团的组织形式是任何国家无法比拟的。

我国高速铁路的发展是在我国近百年铁路建设、运营、管理丰富经验积累的基础上开始的,是在高水平科学技术平台上逐渐发展起来的,是积累六次不断提速的经验和教训,在长达多年的探索、研究、实践中走上高速之路的。这是漫长而艰辛的曲折之路,是百万职工智慧的结晶,绝不是毫无基础。仅用5年走完国际上40年高速铁路发展历程之公式"5年=40年"。我国高速铁路的修建原则是严格遵照"安全、可靠、适用、经济、先进"十个大字的次序进行创新、发展的,是具有了广阔的实践基础,是在不断循环、不断提高、不断自主的实践中创新的,绝不是某些人说的是靠钱把系统技术买回来的。

高速铁路建设是人命关天的大事,我们从运营线路的绝对安全到高速机车车辆的生产制造两大体系开始创新。这是从室内试验、新建试验段试验,到中间正线区段试验,到短交线路运营试验,由局部走向全系统试验,走向长交高速运营之后的郑西段、武广段的再检测、再反馈、再修改、再提高的过程。不同区段的试验是非常严格、严密、科学、一丝不苟的,是从理论到实践再反复试验、应用,再试验、再应用的数十次的反复过程。

3　高速外交的重大意义

3.1　高速铁路设计、施工总承包模式

高速铁路是一个非常大的系统工程,不是任何国家都可以进行设计和施工的。我国高速铁路的建成与通车得到了许多国家的认可,要求我国进行技术咨询帮助和设计施工建设的有17个国家之多,包括美国、德国、俄罗斯、土耳其、墨西哥以及非洲的一些国家,另外还有邻近国家如印度、巴基斯坦、吉尔吉斯斯坦、乌兹别克斯坦以及我们正在帮助建设城市地铁的波兰、伊朗,以及西南邻国缅甸、新加坡等许多国家。

我国在大规模建设高铁之前,世界没有任何一个国家有这方面的成功经验,而我国解决了长距离、多网络的高铁建设难题。需要强调的是,我国可以帮助建设,但必须应用我国的技术标准、施工运营管理技术,并采用我国生产的高速机车和车辆,包括应用我国轨距1435mm也要统一起来进行设计、施工、制造。这三条能显示出我国高速铁路技术的世界领先水平和强大的建设能力,是目前任何国家所不能实现的。

3.2　三条国际高速铁路的国外意义

首先,在欧亚大陆架用高速铁路恢复中国和欧洲的丝绸之路,从中国西北部的乌鲁木齐开始,经过吉尔吉斯斯坦、乌兹别克斯坦、土耳其、伊朗等国家到德国。这条通道比国际航线估计要长30%左右,对发展、恢复各国祖先所建立的世界友好、物资和文化交往的丝绸之路具有重要意义。任何一个国家和政党的建设必须把和平、友好、提高民生水平之中的"衣食住行"做好,这是衡量每个国家执政能力的基本指标。中国很愿意作这条线路的总规划设计师,把欧亚大陆架用高铁快速建起来。目前,我国国内青藏铁路已经开始修建,丝绸之路所经过的国家也在开始计划。这条丝绸之路对我国西部的发展有很大的促进作用,对发展新疆、青海、甘肃等省(区)意义很大,对均衡我国人口西移、合理布置发展产业结构意义重大。它可以快速扩大沟通东欧各国的文化、科技、物资的运输方式等。

第二条欧亚大陆架之路是从东北黑龙江满洲里出境,经西伯利亚等地区和国家到德国的高速铁路,它和中国至俄罗斯莫斯科的常规铁路方向基本一致。这条铁路对俄罗斯开发西伯利亚、东部国土意义重大,对我国资源的引入也起到积极作用,可以发展东北增加一个出入口,对我国的均衡发展很有好处。

亚泛铁路是一条以快速为主的高速铁路,它从我国的西南大理到缅甸、老挝、泰国,分支西经马来西亚到新加坡,东到柬埔寨、昆明至越南河内、胡志明市,是一条连通东南亚的经济大动脉。目前该铁路正在规划分段修建,从西南出国,北上印度、巴基斯坦等地,和丝绸之路在伊朗相交,形成东欧至东南亚的路网,对我国和东南亚友好互助作用很大。尤其缅甸是个没有铁路的国家,要求迫切,原急用矿山资源换取铁路建设的费用,目前正在国内开工建设,尽快进入该国,对该国的快速发展意义重大。

中国高速外交已被世界各国所认可,因为我国高速铁路的水平可以概括为:高速铁路的轨下土建工程如桥隧、路基已具备国际领先水平;轨道结构技术同样处于国际领先水平;机车车辆技术已处于国际先进水平;高速铁路的总体设计、施工、运营、快速建设技术,从安全、可靠、适用、经济、先进五大指标进行对比,总体技术已处于国际领先水平。这已被许多国家所公认,这也是中国高铁敢于走出国外的原因。铁道部及国资委所属的四大公司已在国外进行高铁的交流与合作。高铁技术在本质上也反映了我国科学技术的整体水平,是我国的自豪和骄傲。

中国铁路、隧道与地下空间发展概况

王梦恕

(中铁隧道集团有限公司)

摘 要:通过总结目前中国隧道的修建概况,说明中国是目前世界上隧道和地下工程数量最多、发展速度最快、地质及结构形式最复杂的国家;从时速 250～350km 高速铁路、时速 200～250km 既有线提速、高原冻土铁路、铁路重载运输 4 个方面的建设成就和 4 个技术平台的搭建阐述铁路快速、高效发展的现实;介绍中国中长期铁路网规划、国际铁路通道提议及将要实施的重大工程;扼要总结中国隧道及地下工程修建的主要技术:①江、河、海底隧道修建技术;②钻爆法施工技术;③浅埋、超浅埋暗挖法施工技术;④开敞式 TBM 全断面掘进机施工技术;⑤盾构法施工技术;⑥沉管法施工技术;⑦辅助工法;⑧明挖法地下深基坑围护结构施工技术;⑨地铁车站施工技术;⑩环境保护施工技术;⑪高新技术改造、提高隧道施工质量技术。

关键词:中国铁路;铁路发展规划;隧道;地下工程;钻爆法;浅埋暗挖法;TBM

中图分类号:U21;U45　　**文献标志码**:A　　**文章编号**:1672-741X(2010)04-0351-14

Abstract: The situation of tunnel construction in China is summarized and it is concluded that China is a country that has the largest number of tunnels and underground works in the world, a country that has the fastest speed in tunnel development in the world and a country that has tunnels with the most complicated geology and structures in the world. It is stated that China's railway has made great progress in the fields of 250～350km/h high speed railway, upgrading existing railway to 200～250km/h speed, railway in plateau frost and heavy haulage railway. The plan of China's railway development in medium-long term, the proposed international railways and the major works to be constructed are presented. The tunneling and underground engineering technologies in China, including:①construction technology for tunnels crossing rivers, lakes and seas;②drill and blast technology;③tunnel mining technology under shallow cover;④tunneling by tunnel boring machine(TBM);⑤tunneling by shield machine;⑥immersed tunnel technology;⑦assistant construction methods;⑧construction technology for retaining structures of deep foundation pits;⑨construction technology for Metro stations;⑩environment protection technology and ⑪tunnel quality improving technology, are summarized.

Key words: railway in China; railway development plan; tunnel; underground works; drill and blast method; mining under shallow cover; TBM

1 引言

21 世纪人类面临着人口增长、土地砂化、能源紧张、水资源减少、环境变坏、气候变暖六大挑战。"可持续发展"作为国策被提出来了,摆在每个学科、每个产业的面前,谁违背了六大难题的挑战,谁就会被调整掉[1]。

土木工程也应顺潮流而检讨自己,大量的土建工程拔地而起,人们要进入城市,大量的交通、房屋要建,大片良田被钢筋混凝土所取代。能否把地面沃土多留点给农业和环境,把地下岩土多开发点给道路

---

* 本文原载于:隧道建设,2010(04).

交通、工厂和仓库,从而使地下空间成为人类在地球上安全舒适生活的第二个空间。

随着城市人口急剧膨胀所带来的生存空间拥挤、交通阻塞、环境恶化等问题的突显,地下空间的开发、城市地铁的快速修建已迫在眉睫,我国城市化的速度在 2010 年要从 35% 达到 45%,如果听任城市无限制地蔓延扩张,将会严重危害我国土地资源。

城市共同沟的修建,地下铁道、地下停车场、地下仓库、地下商业街、地下娱乐场所等都在进行设计、施工,但很少统筹。城市地下设施很多,谁占什么高程,也需要技术立法,以人为本的思想应贯穿在当前地下工程的设计中。

图 1 为世界闻名的巴黎共同沟。图 2 为某地下停车场。图 3 为某地下商业街。天津首条穿越海河"共同沟"隧道(穿越海河的管线将由隧道通过,隧道将分为 4 个功能区间,分别供电力、通信、热力自来水、中水和煤气管线通过)。

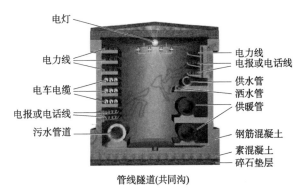

图 1　城市共同管沟

Fig. 1　Utility tunnel in urban area

图 2　地下停车场　　　　　　　　　图 3　地下商业街

Fig. 2　Underground parking　　　　Fig. 3　Underground shopping street

综观当今世界,有识之士已把对地下空间开发利用作为解决城市资源与环境危机的重要措施,是解决我国可持续性发展的重要途径。可以预测 21 世纪末将有 1/3 的世界人口工作、生活在地下空间中。

2　中国是世界上隧道和地下工程最多、发展速度最快、地质及结构形式最复杂的国家

2.1　山区铁路

山岭隧道向长大发展,早进晚出;中吉乌通道、泛亚铁路、城市铁路入地。正在施工的山区隧道 5000km,待开工的山区隧道有 9000km,如兰渝铁路线路总长 800km,其中隧道长度占 600km,被称为地下铁路。用钻爆法施工的目前中国最长的铁路隧道关角隧道 32km,用 TBM 施工的有中天山隧道长 22km

和秦岭隧道长29km。开工和即将开工的超过10km长的隧道有76座,其中高黎贡山隧道长34km在中缅线路上,穿越高温区,一端采用钻爆法,另一端采用开敞式TBM法[2]。

2.2 城市交通

以地下铁道、城市轻轨为主,已开工的20座城市是北京、广州、深圳、上海、南京、重庆、成都、天津、沈阳、哈尔滨、杭州、西安、武汉、苏州、郑州、无锡、宁波、温州、大连、长沙,待批的12个城市包括合肥、石家庄、青岛、长春、厦门等。

2.3 城际铁路

介于大铁路与城市地铁之间的快速交通网络,如珠江三角洲、长江三角洲、京津唐地区以及省内主要城市之间快速轨道交通,是节省土地、节省能源、经济、减少污染、绿色环保的快速交通工具。

2.4 山区公路

公路隧道,多跨、非连拱隧道、多个单跨结构为宜。最长的终南山隧道长18.4km,公路隧道以300km/年隧道里程增加。

2.5 水电工程

压力隧道、交通隧道、大型调压竖井、各种大洞室、尾水洞室等也大量出现。

2.6 西气东输工程、南水北调及各种水利工程

如已建成的长86km隧洞——沈阳大伙房引水、供水工程,即将开工的长84km的长隧洞引汉济渭供水工程。吉林110km供水工程等采用钻爆法和TBM法相继开工。

2.7 城市地下空间开发

地下商场、地下会议室、地下停车场、地下仓库、地下共同沟、地下过街道、地下公交隧道(如南京、杭州等水下隧道)。

2.8 LPG地下水封液体库

如1000万t汽油库、1万亿t原油库等,可提供全国90天的用油储量。

2.9 江河隧道

如高速铁路过狮子洋盾构隧道,武汉、南京市内公交水底隧道,沿江铁路的渤海湾通道110km,琼州海峡隧道,厦门、青岛海底隧道,浏阳河湘江底隧道等已开工和建成。待开工水下隧道有50多座。

2.10 军工、人防工程

地下军事设施及人均1m²地下防护设施。

3 铁路快速发展概况

3.1 2007年以来铁路快速、高效发展

路网规模、质量实现重大跨越,截至2008年年底,营业里程达8万km,机车、客车拥有量分别达18

万台、4.5万辆,动车组达到193组,货车拥有量达57.8万辆。近几年铁路营业里程见图4。

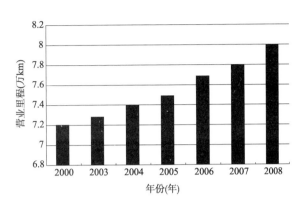

图4 近几年铁路营业里程

Fig. 4 Length of railways in operation in China

复线率、电气化率均显著提高,复线率、复线里程分别达36.2%,29万km,电气化率、电气化里程分别达34.6%,28万km。近几年铁路复线率、电气化率见图5。

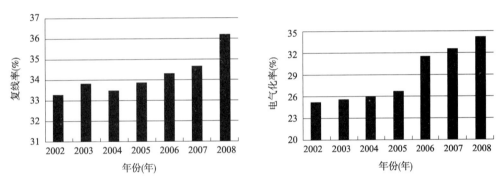

图5 近几年铁路复线率、电气化率

Fig. 5 Ratio of double-track railways and ratio of electrified railways in China

2008年,中国铁路完成旅客发送量14.6亿人,旅客周转量7779亿人·km,完成货物发送量33亿t,货物周转量25118亿t·km,近几年中国铁路完成旅客发送量、旅客周转量见图6。货物发送量、货物周转量见图7。

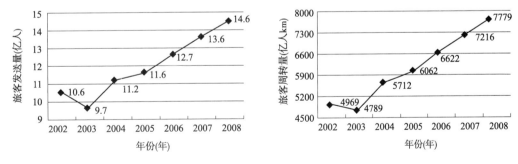

图6 近几年中国铁路完成旅客发送量、旅客周转量

Fig. 6 Volume of passenger traffic and turnover of passenger traffic of railways in China

3.2 技术创新实现重大突破

成功搭建了时速250~350km高速铁路技术平台、时速200~250km既有线提速技术平台、高原冻土铁路技术平台和铁路重载运输技术平台。

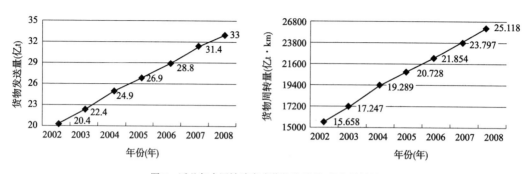

图7 近几年中国铁路完成货物发送量、货物周转量

Fig. 7 Volume of freight traffic and turnover of freight traffic of railways in China

3.2.1 高速铁路和客运专线技术平台

在建高等级铁路规模接近10000km,其中时速300～350km的有7000km,时速200～250km的近3000km。

已建成开通运营的京津城际铁路时速350km,合宁、合武、石太客运专线时速也按350km进行基础设施修建,按200km时速运营。

京津城际铁路2005年7月4日开工建设,2008年8月1日正式运营,列车最高时速350km,正常运行时速为270～310km,旅客乘坐平稳、舒适,京津之间30min到达;对我国高速铁路建设、运营具有示范性意义。与世界同类铁路技术比较,总体水平国际领先,见表1。

世界有关国家客专技术标准对比 表1

Comparison and contrast of technical standard of passenger-dedicated railways in countries Table 1

国家	线别	运输模式	本线列车持续运营速度(km/h)	跨线列车持续运营速度(km/h)	速差(km/h)	最小追踪间隔(min)	列车运行控制方法	调度集中方式	动车组类型	编组方式	车体宽度(m)	定员(人)	最大功率(kW)	轨道类型
中国	京津城际铁路	高速客专	350	250	100	3	CTCS-3D	CTC	CRH2 CRH2	4M+4T 6M+2T	3.27 3.38	557 610	8800 8196	全线无砟
日本	山阳新干线	高速客专	300	新干线与既有线不兼容	0	3	DS-ATC	CTC-1A	500系 700系	16M 12M+4T	3.38	1324	18240 13200	岔区外无砟
法国	地中海线	高速客专	320	高速列车下线	0	3	UM200+TVM430	CTC	TGV-2N	L+8T+L	2.9		8800	有砟
德国	科隆-法兰	高速客专	300	高速列车下线	0	3	LZB	CTC	CE3	4M+4T	2.95	415	8000	新建段无砟

京津城际铁路解决了许多关键技术难题:系统设计及整体优化;线路高平顺及高稳定;动车组列车安全与舒适;运行控制系统可靠与高效;系统集成与联调联试。

3.2.2 既有线时速200km等级提速技术平台

该类线路延展里程达到6227km,其中时速250km延展里程1019km,相当于欧洲9国同类铁路总规模。该类线路布局见图8。既有线经过6次提速的试验研究和应用,所取得的成果为快速建成高速铁路打下了坚实的基础,是百万职工共同努力的结果。

成功实现了主要提速干线列车追踪间隔动车组5min、客车6min、货车7min与5000t级货物列车、25t轴重双层集装箱列车共线运行,日行车量达260列以上,最大区段达294列,创造了客货共线铁路运输速度、密度、质量的世界纪录。

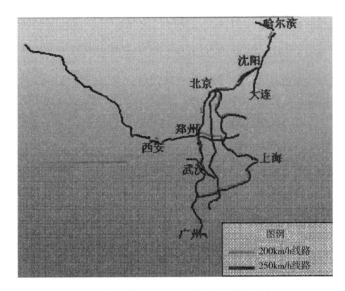

图 8　既有线时速 200km 等级提速线路分布

Fig. 8　Distribution of existing railways upgraded to 200km/h standard in China

3.2.3　高原冻土铁路技术平台

青藏铁路格拉段海拔 4000m 以上 960km,多年冻土地段 550km。经过 5 年的艰苦奋战,突破"高原缺氧,多年冻土,生态脆弱",三大建设难题[3]。开通运营以来,受到社会各方广泛赞誉。青藏铁路格拉段纵断面示意见图 9。

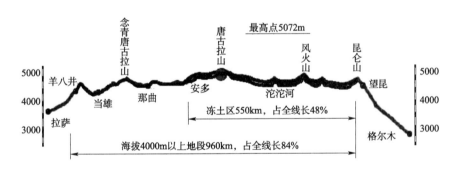

图 9　青藏铁路格拉段纵断面示意图

Fig. 9　Distribution profile of Golmud-Lhasa section of Qinghai-Tibet railway

3.2.4　铁路重载运输技术平台

大秦铁路采用集成创新的机车无线同步操控技术,国产 9600,10000kW 和谐号大功率机车和大吨位货车技术,大量开行 1 万 t 和 2 万 t 重载组合列车,运能由 2002 年的 1 亿 t 增长到 4 亿 t,创下世界铁路重载技术领先水平。大秦铁路集疏运示意见图 10。

4　今后一段时期铁路发展规划

4.1　中长期铁路网规划

到 2020 年全国铁路营业里程达到 12 万 km 以上,其中高速铁路和客运专线达到 1.6 万 km 以上,复线率和电化率分别达到 50% 和 60% 以上。2008 年调整的中长期铁路网规划见图 11。远期规划应超过美国 27.2 万 km 的铁路总里程,以满足发展的需要。

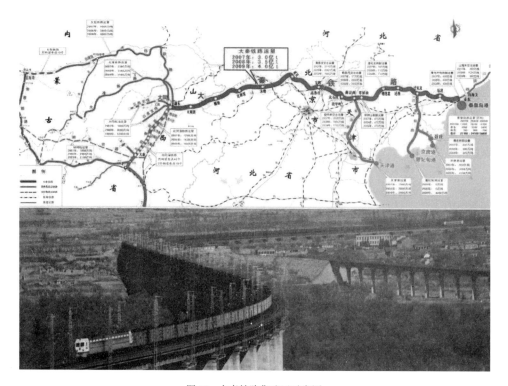

图 10 大秦铁路集疏运示意图

Fig. 10 Inland transportation of Datong-Qinhuangdao raiway

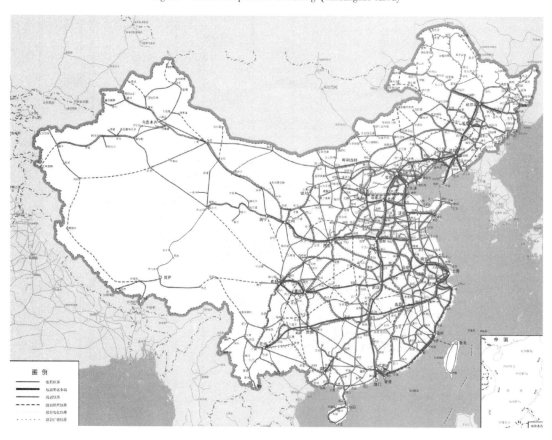

图 11 2008 年调整的中长期铁路网规划

Fig. 11 Plan of railway network of medium-long term of China adjusted in 2008

4.1.1 完善快速客运网络

快速客运网总规模 5 万 km 以上,加大繁忙干线客货分线力度,扩大客运专线覆盖面。市域或区域客运铁路扩展到长株潭、成渝、中原、武汉、关中、海峡西岸城镇群等经济发达和人口稠密地区。快速客运网将连接 50 万人口以上城市,覆盖全国 90% 以上人口,省会城市间总旅行时间节省 50% 以上。

4.1.2 建设开发性新线完善路网布局

进一步扩大西部路网规模,加强区际联系通道,完善东北、西北、西南地区进出境国际铁路通道,规划建设新线 4.1 万 km,路网覆盖全国 20 万人口以上城市。铁路"瓶颈"制约状况将得到根本解决。

4.1.3 完善既有线技术改造

对京九、陆桥、沪汉蓉和沪昆等主要干线及国家规划的"五纵五横"综合运输大通道内既有铁路干线完善复线建设和电气化改造,进一步强化通道内铁路运输能力。

加强主要客货枢纽及集装箱中心站建设,实现旅客运输"便捷换乘"、货物换装"无缝衔接"。

4.2 2030 年前后将实施的重大工程

4.2.1 跨海铁路通道

(1) 琼州海峡通道[4]。有公铁合建桥梁中线、西线方案和中线铁路隧道与西线公路桥梁分建方案用于比选,见图 12。目前对比中线隧道方案最优。

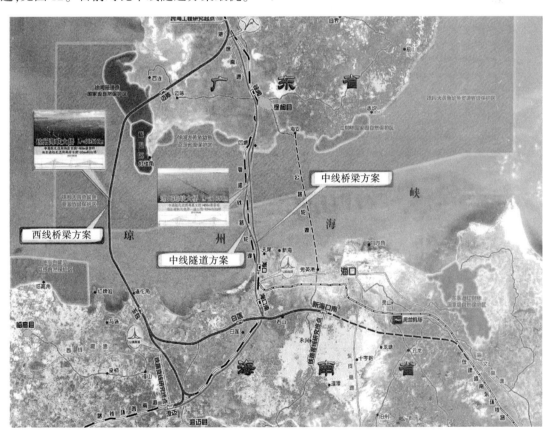

图 12　琼州海峡通道方案示意

Fig. 12　Options of Qiongzhou strait crossing project

(2) 台湾海峡通道[5]。跨海长 200km 有余,工程较琼州海峡跨海通道更为艰巨复杂。台湾海峡通道方案示意见图 13。其中北线铁路隧道方案最优。

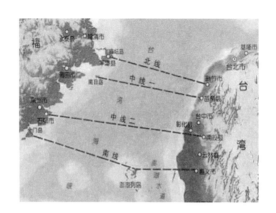

图 13 台湾海峡通道方案示意图

Fig. 13 Options of Taiwan strait crossing project

（3）烟大跨海通道。跨海长 100km 有余，将烟台至大连通道缩短了 1600km 有余，是沿海通道的重要组成部分。烟大跨海通道示意见图 14。

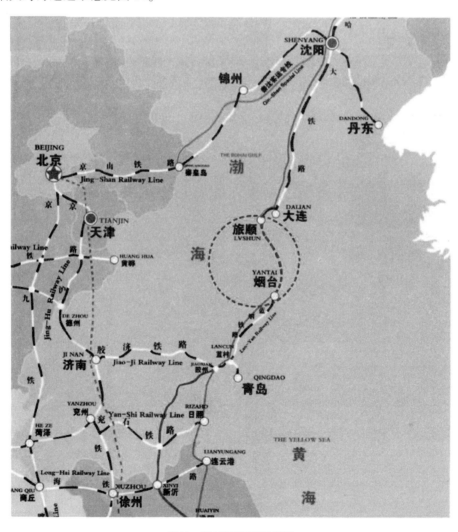

图 14 烟大跨海通道示意图

Fig. 14 Yantai-Dalian sea crossing project

跨海铁路通道面临诸多技术难题，需要深化工程场地的断层活动性与地壳稳定性及地震安全性、海峡土层岩性与工程地质条件、海洋水文条件与海床稳定性等多项专题研究工作，特别在实现超大跨径桥梁结构、软弱地基深水桥梁基础、耐高水压大直径盾构设备及深水施工技术等重大关键技术方面要加强攻关。

4.2.2 川、滇进藏铁路

规划的川藏铁路约1600km,滇藏铁路约1900km。川藏铁路雅安至波密段、滇藏铁路香格里拉至林芝段等,沿线地形地质特别复杂、工程艰巨,需要进一步做好地质调查和技术经济比较,探索复杂高原铁路项目的勘察设计、环境保护、修建技术及运营管理成套技术。

4.2.3 国际铁路通道

图15为亚欧陆桥规划示意图。

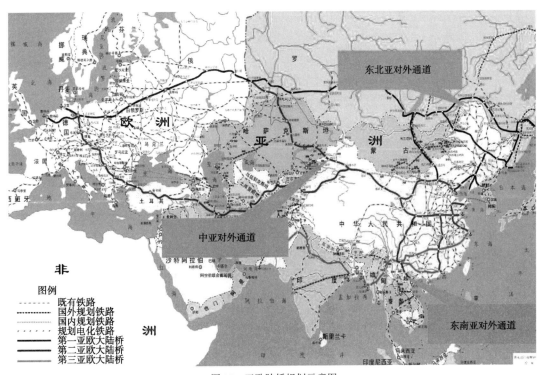

图15 亚欧陆桥规划示意图

Fig.15 Plan of Asia-Europe railway project

从中、吉、乌铁路延伸到欧州东部,恢复丝绸之路,深受各国支持,对西部发展作用很大。

从西南修建亚泛铁路,将东南亚各国联网,深受各国支持,中缅、中老铁路已相继开工,对发展我国西南的作用也很大。

从东北、内蒙经西伯利亚到欧州东部、东北部,对俄罗斯等国及东北发展均很有利。

高铁外交的输出,高速修建技术、标准,机车车辆的输出等对我国全面提升国力很有好处。

4.2.4 综合交通枢纽

调结构、提品质、促发展,形成"客内货外、客货分线、多站乘降、能力充足、功能完善、节能环保、铁路进城走地下"并与各种交通方式紧密衔接的现代化的、可持续发展的综合交通枢纽。

4.2.5 数字铁路与智能运输

综合利用地理信息技术、卫星定位技术、遥感技术、智能图像处理技术等手段,对新建和既有铁路有效数据集中、高效管理,为各类服务提供共享数据平台。

提升铁路智能运输系统(RITS)水平,包括行车控制与调度系统、电子商务系统及旅客服务系统等,提供高安全、高效率、高品质铁路运输服务。

5 隧道及地下工程面临的十大技术领域

(1)江、河、海底隧道技术。

(2)钻爆法施工技术。

(3)浅埋、超浅埋暗挖法施工技术[6]。

(4)开敞式 TBM 全断面掘进机施工技术[7]。

(5)盾构法施工技术:插刀盾构法;土压平衡盾构法;泥水盾构法;气垫式泥水盾构法;复合式盾构法;开敞式压缩混凝土盾构法;开敞网格式盾构法[8]。

(6)沉管法施工技术:沉埋管段法;悬浮管段法。

(7)辅助工法:注浆法(单液、双液);管棚法;超前小导管法;水平旋喷法;先注后冻法;降水法(轻型井点、深井泵降水);降水回灌法;先注后降法。

(8)明挖法地下深基坑围护结构施工技术:地下连续墙法;钻孔桩法;人工挖孔桩法;咬合挤压钻孔桩法;锚钉墙法;SMW 法;水泥搅拌桩法;高压旋喷法;粉喷桩;钢板桩。

(9)地铁车站施工技术:暗挖法(柱洞法、中洞法、侧洞法、CD 法、CRD 法);明挖法(敞口明挖、复工板明挖法、钢支撑法、锚索法);盖挖法(盖挖逆筑法、盖挖半逆筑法)。

(10)环境保护施工技术:防沉降、防塌技术、防水技术、文明施工无噪声、无粉尘施工技术、弃碴利用造田技术。

(11)高新技术改造、提高隧道施工质量技术:不留后患耐久性施工技术;非接触量测技术;高性能防水混凝土施工技术;各种复杂地层、各种工法机械配套快速施工技术;自动化管理、控制系统等。

5.1 江、河、海底隧道

5.1.1 厦门公路越海隧道(长 6.1km)

由于隧道在海水区段穿越地层为质地良好的花岗岩,决定采用双向六车道钻爆法施工,两端地质软弱采用浅埋暗挖法施工,两洞中间设管廊式服务通道。图 16 为厦门市东通道工程地理位置图,图 17 为厦门市东通道工程纵断面图及效果图。2010 年 4 月已通车运营。

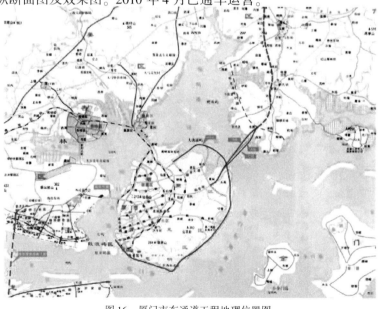

图 16 厦门市东通道工程地理位置图

Fig.16 Location of Xiang an sub-sea tunnel in Xiamen

图 17 厦门市东通道工程纵断面图及效果图

Fig. 17　Longitudinal profile and effect of Xiang an sub-sea tunnel in Xiamen

5.1.2　武汉长江第一隧[9]

由于隧道穿越粉细沙不稳定地层,决定采用双向四车道、泥水气垫式加压盾构,盾构直径11.4m,采用复合式刀具,以实现长距离(2.5km)不换刀掘进。图18为武汉长江第一隧的平面图和横断面图。

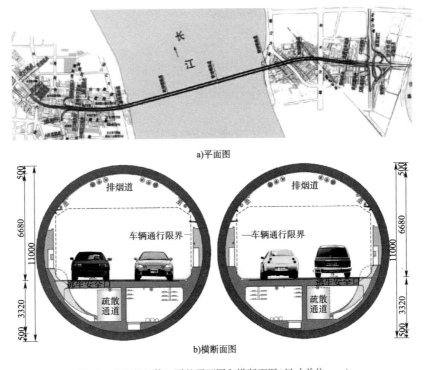

图 18　武汉长江第一隧的平面图和横断面图(尺寸单位:mm)

Fig. 18　Plan and cross-section of Yangtze River Crossing Tunnel in Wuhan

5.1.3　联结青岛—黄岛胶州湾湾口海底隧道

由于穿越优质花岗岩地层,采用双通道六车道钻爆法施工方案,已进行了安全、风险评估,设计合理,在青岛侧的交通联结方式采用地下通道穿越城区,减少了环境影响。图19为胶州湾海底隧道地理位置图。

5.1.4　港、珠、澳海上大通道

全长36km,由6km沉埋管段和大桥相联后,用3.6km盾构或浅埋暗挖法修建隧道,在珠海拱北上

岸,再用桥和6km长的山岭隧道相联,并和太澳公路相联,工程规模为双向六车道。图20为港、珠、澳海上大通道地理位置图,图21为沉管法隧道纵横断面示意图。

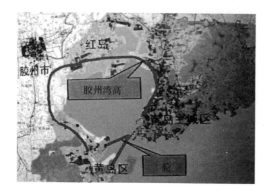

图19　胶州湾海底隧道地理位置图
Fig. 19　Location of Jiaozhou Bay sub-sea Tunnel

图20　港、珠、澳海上大通道地理位置图
Fig. 20　Location of HongKong Zhuhai Macao Sea-crossing Project

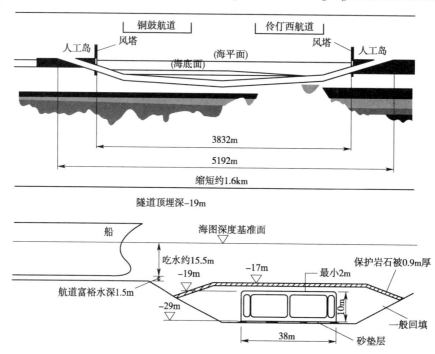

图21　沉管法隧道纵横断面示意图
Fig. 21　Longitudinal Profile and cross section of immersed tunnel

5.1.5　上海浦东至长兴岛水底隧道

双向六通道,采用盾构法施工,盾构直径15.18m,长距离4km掘进,风险很大,需认真研究,尤其不易在江中设置横通道,应充分利用主洞行车道下面的很大空间进行疏散救援,取消横通道对减少2个主体隧道的结构沉降制约,防止结构开裂非常有利。图22为上海浦东至长兴岛水底隧道横断面示意图。

5.1.6　广州市区地铁和城市交通多条穿越珠海水底隧道

正在设计、施工的有5条,采用双向六通道方案沉埋管段法。图23为靠近哥本哈根的沉管隧道单元制造工地的总布置图,图24为沉管隧道节段图。

5.1.7　琼州海峡34km跨海隧道

采用盾构法修建铁路海底隧道,正在论证中,目前轮渡过渡。图25为琼州海峡隧道中线方案纵断面图。

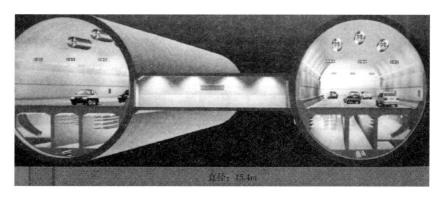

图 22　上海浦东至长兴岛水底隧道横断面示意图

Fig. 22　Cross section of Yangtze River Crossing Tunnel in Shanghai

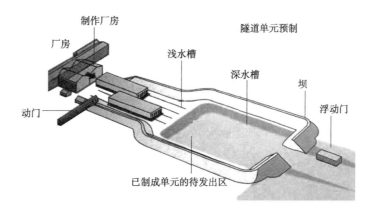

图 23　沉管隧道管段制造工地的总布置图

Fig. 23　General layout of immersed tube prefabrication yard

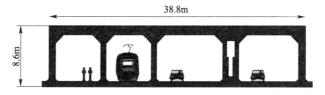

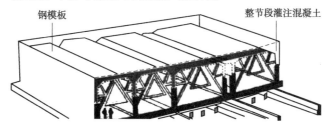

图 24　沉管隧道节段图

Fig. 24　Element of immersed tube

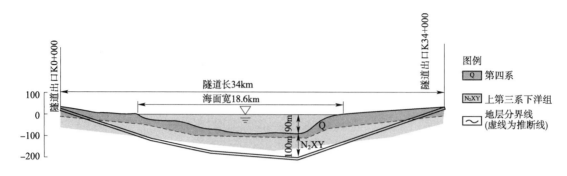

图 25　琼州海峡隧道中线方案纵断面图

Fig. 25　Longitudinal profile of central option of Qiongzhou Strait Crossing Project

5.1.8　其他

台湾海峡海底铁路隧道、渤海湾大连至烟台 110km 跨海铁路隧道[10]正在论证中,可能采用 TBM 法、钻爆法和盾构法。

5.2　钻爆法施工技术

快速单线 120m/月、双线 150m/月,应变能力强,其防水原则正从"以排为主"向"以堵为主、以排为辅"过渡。采用复合式衬砌结构。

5.3　浅埋、超浅埋暗挖法施工技术

可穿越各种软岩、土质隧道。

5.4　TBM 全断面掘进机施工技术

主要有开敞式 TBM(单护盾法、双护盾法不推荐应用)、小 TBM 加钻爆法,主要用于硬岩。采用复合式衬砌结构。

TBM 由 8 大主要技术系统组成:刀盘、刀具切割系统;精确导向系统;支撑推进系统;液压控制系统;运渣转载系统;电器控制系统;通风消音系统;拼装与支护系统。

5.5　盾构法施工技术

插刀盾构、开敞式盾构、压缩混凝土盾构、土压平衡盾构、泥水盾构、气垫式泥水盾构、复合式盾构、顶管法。采用管片式衬砌结构、临时管片加二次模筑衬砌结构、压缩式混凝土结构 3 种类型。

盾构整机由 8 大系统构成:①液压传动系统;②电气控制系统;③集中润滑系统;④同步注浆系统;⑤盾尾密封系统;⑥地面监控系统;⑦发泡加泥系统;⑧油温冷却系统。

盾构整机有 7 项支持技术:①土压平衡自动控制技术;②衬砌拼装遥控技术;③刀盘驱动密封技术;④注油润滑技术;⑤盾构姿态控制技术;⑥PLC 程序控制技术;⑦施工数据管理技术。

5.6　沉管法施工技术

沉管法包括沉埋管段法和悬浮管段法。

沉埋管段建设关键技术包括:①干坞制造;②管段制造;③通风竖井施工;④水下基槽开挖;⑤浮运与就位;⑥接头联接方式;⑦注浆;⑧回填与防护;⑨引道的浅埋暗挖法施工技术。

5.7　辅助工法

辅助工法包括:注浆法(单液、双液);管棚法;超前小导管法;水平旋喷法;冻结法;降水法(轻型井

点、深井泵降水);降水回灌法。辅助工法种类及适用范围见表2。

辅助工法种类及适用范围　　　　表2
Types of assistant construction methods and their application scopes　　　　Table 2

措　施	目　的	辅助工法	围岩条件			备　注
			软岩	土砂	膨胀土	
开挖面稳定措施	拱部稳定	环形开挖留核心土	○	○	○	
		超前锚杆	○	○	○	长3.0m左右
		超前小导管	○	○	○	ϕ40,长3.5m左右
		超前小导管注浆		○	○	ϕ40,周边注浆
		超前管棚注浆		△	△	ϕ80~100,长8~10m
		水平旋喷加固		△	△	双重管
		钢插板		△	△	波形锅板
		半断面挂碳地槽		△	△	渗入1m左右
	开挖面稳定	深孔预注浆加固		○	○	ϕ80~100,深15岩石
		周边水平旋喷		△	△	
		开挖面喷锚	○	○	○	
		冻结法		△	△	
防止地下水措施	降排水	轻型井点降水	○	○	○	真空降水
		深层井点降水	△	○	○	15~20m
		水平井点超前降水	△	○	△	ϕ70,深15m左右
		排水钻孔	○	○		
		排水坑	○	○		
		无砂管排水	○	○		ϕ300
	止水	深孔全封闭堵水注浆	○	○	○	ϕ80~100,深15~20m
		气压法	△	△	△	
		冻结法	△	△	△	
防止下沉措施		地表注浆加固	△	○	○	一次支护背后填充
		洞内充填注浆	○	○	○	
		洞内堵水地面补水	△	○	○	
		超前支护注浆	○	○	○	

注:○—常用方法;△—不常用方法。

5.8　明挖法

明挖法施工技术包括4个方面:①地下深基坑围护结构施工技术;②地铁车站明挖法施工技术;③防塌下沉环保施工技术;④提高施工质量加快施工机械快速施工技术。

6 展望

(1)钻爆法和浅埋暗挖法是今后永恒的施工方法。
(2)TBM是实现快速施工的新的机械化程度很高的施工方法。
(3)小TBM或小导洞超前+钻爆法扩大是经济快速的施工方法。

参考文献

[1] 王梦恕.可持续发展中的六大难题和对策[J].隧道建设,2002,22(2):1-3.
[2] 王梦恕.中国是世界上隧道和地下工程最多、最复杂、今后发展最快的国家[J].铁道标准设计,2003(1):1-4.
[3] 王梦恕,何华武.青藏铁路建设情况[J].隧道建设,2007,27(5):1-4.
[4] 谭忠盛,王梦恕,杨小林.海底隧道施工技术及琼州海峡隧道方案的可行性[J].焦作工学院学报:自然科学版,2001(4):286-291.
[5] 王梦恕.台湾海峡海底铁路隧道建设方案[J].隧道建设,2008,28(5):517-526.
[6] 王梦恕.隧道工程浅埋暗挖法施工要点[J].隧道建设,2006,26(5):1-4.
[7] 王梦恕.开敞式TBM在铁路长隧道特硬岩、软岩地层的施工技术[J].土木工程学报,2005,38(5):54-58.
[8] 王梦恕.不同地层条件下的盾构与TBM选型[J].隧道建设,2006,26(2):1-38.
[9] 王梦恕,孙谋,谭忠盛.长江第一隧——武汉长江隧道修建技术[J].中国工程科学,2009(7):11-17.
[10] 宋克志,王梦恕.国内外水下隧道修建技术发展动态及其对渤海海峡跨海通道建设的经验借鉴[J].鲁东大学学报:自然科学版,2009(2):182-187.

中国隧道及地下工程修建技术

王梦恕　谭忠盛

(北京交通大学)

摘　要：主要介绍了我国隧道与地下工程的设计理论及方法、钻爆法隧道施工技术、盾构隧道施工技术和TBM（Tunnel Boring Machine）施工技术等。指出了我国隧道及地下工程今后研究的方向：大埋深特长隧道的修建技术，城市地下空间规划，隧道及地下工程的动态设计以及降低工程造价的方法等。

关键词：隧道；地下工程；设计理论；钻爆法；盾构与TBM法
中图分类号：U455　　**文献标识码**：A　　**文章编号**：1009-1742(2010)12-0004-07

Abstract: This paper mainly introduced the design theory and method of Chinese tunnel and underground engineering, construction technique of drill blast method, the shield tunnel construction technique and TBM (tunnel boring machine) construction technique and so on, and pointed out the research direction of Chinese tunnel and underground engineering from now on, including: the long tunnel's construction technology of great burying depth, the urban underground space plan, dynamic design of the tunnel and underground engineering as well as methods to reduce the building cost of projects and so on.

Key words: tunnel; underground engineering; design theory; drill-blast technique; shield tunneling and TBM

1　引言

随着城市规模不断扩大，人口增多，有大量的交通、房屋要建，我们每天都看到大片良田被钢筋混凝土所取代。这种摊煎饼扩大城市发展模式是与可持续发展目标相违背的发展模式。能否把地面沃土多留点给农业生产和居住环境，把地下岩土多开发点给道路交通、工厂和仓库，从而将城市向地下空间发展成为人类在地球上安全舒适生活的第二个空间，地下空间作为人类唾手可得的资源已摆在我们面前，这个问题是值得我们重视的。

今天，我国已是世界上隧道及地下工程规模最大、数量最多、地质条件和结构形式最复杂、修建技术发展速度最快的国家。今后通过在工程建设实践的过程中不断创新，必将逐步形成具有我国特色的隧道与地下工程修建的方法和技术体系，使我国隧道与地下工程修建技术进入跨越性发展的轨道，成为引领世界隧道及地下工程修建技术的国家。

自1888年我国修建的第一条隧道——狮球岭隧道以来，经过120余年艰难曲折的发展历程，我国隧道修建技术从大瑶山双线铁路隧道采用新原理、新方法、新结构、新技术、新设备、新工艺全面建成开始，已步入了世界先进水平的行列，在勘测设计、施工、运营、科研等方面取得了许多重大的成就和创新。

秦岭隧道、乌鞘岭隧道、太行山隧道等一批越岭特长交通隧道已经建成；跨越水域的武汉长江隧道、上海崇明岛隧道、南京长江隧道、厦门翔安海底隧道、青岛海底隧道等内陆水域及海域隧道也已建成，琼

---

* 本文原载于：中国工程科学，2010(12).

州海峡隧道、港珠澳桥隧大通道、渤海湾桥隧工程正在规划;北京、南京、深圳、广州等30多个城市的地铁正处在建设与规划的热潮中;辽宁省直径8m的大伙房水库输水隧道长度达到85.32km,已建成投入使用,这条隧道已成为目前世界上已建成的最长隧道。规模宏大的葛洲坝、三峡、溪洛渡等水电站的建成,说明我国在修建大型复杂地下工程中的技术水平已位居国际前列。大量工程的修建已证明:我国已经成为世界上隧道数量最多、发展速度最快、地质条件与施工环境最复杂、隧道结构形式多样的国家。

2 隧道与地下工程设计理论与方法

2.1 设计理论

目前,地下工程结构设计理论的发展大概经历了三个阶段:第一阶段,古典设计理论阶段;第二阶段,荷载结构理论(散体压力理论)阶段;第三阶段,连续介质理论阶段(共同作用理论阶段)。

在地下工程结构计算理论研究的发展过程中,后期提出的计算方法一般并不否定前期的研究成果。鉴于岩土介质的复杂多变性,这些计算方法一般都有各自的适用场合,但都带有一定的局限性。目前,我国在地下工程的结构计算中,采用较多的仍是以散体压力理论为基础的荷载—结构法,原因是:一方面,该理论发展时间较长,应用中有较多经验;另一方面,该计算理论形式简单,比较容易为工程设计人员所掌握。

2.2 设计方法

隧道及地下工程结构的设计方法主要有工程类比法、荷载—结构法、地层结构法、信息反馈法、综合设计法和针对地震荷载的动力设计法6种类型。

国际隧道协会于1978年曾成立结构设计模型研究组(Working Group on Structural Design Models),收集和汇总了各国会员目前采用的地下结构设计方法。经过总结,国际隧道协会认为,目前采用的地下结构设计方法可以归纳为以下4种设计模型:

(1)工程类比法:以参照过去隧道工程实践经验进行工程类比设计的方法。
(2)收敛—约束法:也称特征曲线法。以现场量测和室内试验为主的实用设计方法。
(3)荷载—结构法:以作用、反作用模型,采用结构力学理论进行设计的方法,例如,弹性地基圆环计算、弹性地基框架计算、温克尔假定的链杆法等计算方法。
(4)连续介质模型:包括解析法和数值法。数值计算法目前主要是有限单元法。

每种设计模型或方法各有其适用的场合,也各有自身的局限性。由于地下结构的设计受各种复杂因素的影响,围岩变形破坏机制与相应理论还不成熟,因此,工程类比法和链杆法是目前主要的设计方法。

2.3 盾构管片设计计算方法

作为盾构隧道支护的管片衬砌,不管是在单层衬砌形式下作为唯一的永久结构承载或双层衬砌形式下与二衬复合承载,都是隧道的主要承载结构,直接关系到结构的使用功能、安全性和耐久性。现阶段国内已经有了大量工程实践经验,在此基础上,有必要对其受力形态和相关的计算方法进行评述和思考。

首先,盾构隧道和常见的地下工程一样,也涉及结构本体和地层之间相互作用关系的拟合问题,常用的有两种模型:地层—结构模型和荷载—结构模型。

另外,在盾构隧道中,管片作为一个多接头的预制拼装混凝土构件(极少数为钢构件或铸铁构件),拼装是其施工工艺和结构受力的一个最主要特征。其结构形式不同于我们常见的矿山法隧道或明挖法隧道,结构既不是均质的,也不是连续体,这就造成计算模型和方法的复杂化。具体说来,管片衬砌环的不同分块、接头的不同构造、环与环间接头的不同分布都对结构的受力和变形产生不同的影响,因此实际分析中对管片接头的不同拟合方式就形成了多种不同的计算方法。其中以荷载—结构模型为基础的修正惯用设计法和梁—弹簧模型法应用最为广泛。

2.4 洞门及洞口段设计

在洞门及洞口段设计上，由洞门、明洞和洞口内浅埋段组成。19世纪50年代初，以端墙式和翼墙式两种挡土结构为主，明洞则以拱形为主。洞门形式有端墙式、柱式、翼墙式、耳墙式、台阶式等。洞门的设计主要考虑功能的需要，从力学和安全的角度出发，按标准图模式，为适应地形变化作一些小修改，而在结构形式上创新少。几十年来，洞门的结构形式未发生多大变化，仍以端墙式和翼墙式为主，因此，需要修建一段路堑进洞，必要时还要加筑洞口挡墙、翼墙等挡土结构，以保持边、仰坡的稳定。这种做法不可避免地对洞口山体稳定性和植被产生破坏，设计要考虑生态和环保的有关要求。

随着人们环保意识的提高和隧道施工技术的进步，已出现一大批不开挖边、仰坡的洞口结构形式。采用隧道早进晚出，设计了许多凸出式、无洞门的结构形式，极大地减少了施工对山体地扰动破坏，对保持洞口山体稳定和保护环境有重要意义。

洞门的设计，已不仅停留在结构的功能上，而是应将环境、美学、力学融为一体，使洞门的设计与周围环境融为一体，形成一道美丽的风景，洞门设计力求达到建筑学、园林学、环境美学和力学的完美统一。

3 钻爆法隧道施工技术

3.1 工法选择原则

工程地质和水文地质条件对隧道施工的成败起着重要甚至是决定性的作用。隧道施工需要附加地开挖竖井、斜井、横洞等辅助工程来增加工作面，加快隧道施工速度。同时施工中要加强管理、合理组织、避免相互干扰。洞内设备、管线路布置应周密考虑，妥善安排。

选择施工方法时，要考虑的因素有如下几方面：工程的重要性，一般由工程的规模、使用上的特殊要求，以及工期的缓急体现出来；隧道所处的工程地质和水文地质条件；施工技术条件和机械装备状况；施工中动力和原材料供应情况；工程投资与运营后的社会效益和经济效益；施工安全状况；有关污染、地面沉降等环境方面的要求和限制。

3.2 技术要点

进行综合性的超前预报，并将其纳入正常的施工工序；初期支护要强，承受全部荷载，二次衬砌作为安全储备；尽可能多采用网构钢拱架，少用型钢拱架；软弱地层取消系统锚杆，只在拱架接头处设锁脚锚管；软弱及有水地层采用潮喷混凝土，不提倡采用湿喷混凝土；无钉铺设防水板，采用复合式衬砌形式；无纺布后部设置系统排水盲管，取消中部排水沟；软弱围岩宜采用正台阶法施工，台阶长度为1～1.5洞径；大断面硬岩隧道宜采用小导坑超前爆破开挖法施工；隧道不宜采用预裂爆破，而应采用光面爆破；长大双洞隧道宜采用巷道式射流通风技术。

3.3 钻爆法隧道施工作业线

3.3.1 钻爆开挖作业线

进行隧道开挖前，必须先探明隧道工程地质和水文地质情况，然后结合设计开挖断面尺寸、埋深等情况综合确定开挖步骤和循环尺寸，开挖轮廓要考虑预留变形量、施工误差等因素。

按照开挖断面分布情形，开挖方法可分为全断面开挖法、台阶开挖法、分部开挖法。

隧道施工应满足安全环保、工艺先进、质量优良、进度均衡、节能降耗的要求,本着"安全、有序、优质、高效"的指导思想,按照"保护围岩、内实外美、重视环境、动态施工"的原则组织施工。其施工方法的选择应遵循以下原则:

(1)确保施工安全,改善施工环境。

(2)应根据设计文件、施工调研情况、地质围岩级别,结合隧道长度、断面大小、纵坡情况、衬砌方法、工期要求、装备水平、队伍素质等综合因素决定。

(3)对于地质变换频繁的隧道,应考虑其适应性,便于工序调整转换。

(4)应尽量采用新技术、新工艺、新设备、新材料。

(5)掌握应用好光爆、初支、量测施工三要素。

(6)突出快速施工,考虑时空效应,做到"5个及时",即及时支护、及时封闭、及时量测、及时反馈、及时修正。

如何正确选择施工方法,应根据实际情况综合考虑,但必须符合快速、安全、质量及环境的要求,达到规避风险,加快施工进度与节约投资的目的。

全断面开挖法是按设计断面将隧道一次开挖成型,再施作支护和衬砌的隧道开挖方法,一般适用在地质条件好的Ⅰ,Ⅱ级围岩,也可用在单线铁路隧道Ⅲ级围岩地段。浅埋段、偏压段和洞口段不宜采用。

台阶法施工是将隧道结构断面分成两个或几个部分,即分成上下两个断面或几个断面,分部进行开挖的隧道开挖方法。该法适用于铁路双线隧道Ⅲ、Ⅳ级围岩,单线隧道Ⅴ级围岩亦可采用,但支护条件应予以加强。该法具体可分为正台阶法、环形开挖预留核心土开挖法等。

在隧道洞口地段,施工时要结合洞外场地和相邻工程的情况全面考虑,妥善安排,及早施工,制订完善的进洞方案,洞门端墙处的土石方,应视地层稳定程度、施工季节和隧道施工方法等选择合理的施工方法,为隧道洞身施工创造条件。洞口工程施工前,应进行工艺设计,对施工的各工序进行必要的力学分析,以确定隧道洞口边仰坡土石方开挖及防护、防排水工程、洞门及洞口段衬砌、背后回填的施工方法和施工顺序。

3.3.2 装运作业线

装运作业线机械设备选型配套原则如下:

(1)设备的外形尺寸:机械设备的外形尺寸要保证其在单线隧道的作业空间内运转自如,交叉作业的机械设备应能满足相互之间安全距离的要求。

(2)机械动力性能、生产能力:每种机械设备的生产能力应与其他机械相匹配,并满足施工总工期的要求;机械动力性能要满足隧道的坡度、每循环工作量及施工环境的要求。

(3)机械适应能力强:所选的机械设备尽量适应不同的施工方案及多种环境的作业要求。

(4)机械选配的经济性:在保证工期要求的同时,应尽量降低总的设备投入成本,并选择节能型的设备。

(5)机械设备的防爆性能:隧道施工中有可能会遇到煤层及瓦斯,则机械设备应考虑采用防爆型电力设备,内燃机械不能进入工作面施工。

(6)机械的通用性、维修性好:同类机械设备应尽量采用同一厂家、同一型号的设备,以加强设备的通用、互换。国产设备质量能基本达到要求时,尽量选用国产设备,保证设备配件充足、维修方便快捷。

(7)选用低污染、低噪声设备:通风是长大隧道施工中的难题,洞内设备应选用低污染甚至无污染设备,以减少施工中的空气污染源,提供一个良好的施工环境。

隧道施工中的装渣作业应根据隧道的断面大小、施工方法、机械设备及施工进度等要求综合考虑,装碴机械的选型应能满足在开挖面内高效装碴作业,装碴能力应与开挖能力及运输能力相匹配,并保证装运能力大于最大开挖能力。

隧道洞内运输方式分为有轨和无轨两种,应根据隧道长度、开挖方法、机具设备、运量大小等选用相应的运输方式。

运输设备的配套应首先考虑隧道施工环境的要求,根据技术条件与经济条件选择设备型号,在这一前提下应尽可能地选择运输量大的运输设备;在数量确定上应保证装碴设备随时保持装碴作业,不能出现装碴设备等车现象。

3.3.3 初期支护与二次衬砌作业线

为了有效地约束和控制围岩的变形,增强围岩的稳定性,防止塌方,保证施工和运营作业的安全,必须及时、可靠地进行临时支护和永久支护。临时支护的种类很多,按材料的不同和支护原理的不同,有木支撑、钢支撑、钢木混合支撑、钢筋混凝土支撑,锚杆支护、喷射混凝土支护、锚喷联合支护等。永久支护一般是采用混凝土衬砌。

各种临时支护的合理选用与围岩的稳固程度有关。一般来说,Ⅰ级围岩不需临时支护,Ⅱ级围岩采用锚杆支护,Ⅲ、Ⅳ级围岩采用喷射混凝土支护、锚杆喷混凝土联合支护、锚杆钢筋网喷混凝土联合支护,Ⅴ、Ⅵ级围岩采用喷射混凝土钢支撑联合支护或其他支撑支护。对于Ⅱ级及其以上围岩,可以先挖后支,支护距开挖面距离一般不宜大于5m;Ⅴ、Ⅳ级围岩随挖随支,支护需紧跟工作面;Ⅴ～Ⅵ级围岩先支后挖。如条件合适,应尽量将临时支护与永久支护结合采用。

初期支护一般指喷射混凝土支护,必要时可采用钢纤维喷射混凝土,配合使用钢筋网、钢架或采用辅助施工措施的支护。

在隧道初期支护完成后,为防止围岩不致因暴露时间过长而风化、松动和坍落,降低围岩稳定性,需要开展二次衬砌。衬砌的结构类型和尺寸,应根据使用要求、工程地质条件、围岩类别、埋置位置及施工条件等,通过工程类比和结构计算分析确定。必要时,还应通过试验论证确定。

深埋隧道二次衬砌施作,一般情况下应在围岩和初期支护变形基本稳定后进行。二次衬砌施工的顺序是仰拱超前、边墙基础超前,最后是边墙、拱整体浇筑。

3.3.4 钻爆法隧道施工辅助作业线

隧道施工通风是为了送进新鲜空气,排出有害气体,降低粉尘浓度,改善工作环境,保证工人健康和施工安全,提高劳动生产率。目前,隧道施工采用的通风方法有扩散通风、引射器通风、机械通风、利用辅助坑道通风等几种方式。

隧道通风方式应根据隧道长度、施工方法和设备确定。一般都是在施工方案确定了以后,才能确定独头掘进的长度和通风长度,然后才能计算工作面风量。

选择施工通风设备的程序是:确定通风方式→计算风量→选择风管→计算通风阻力→选择通风机。

选择风管直径的主要依据是送风量与通风距离。另外,还要考虑隧道断面大小,以免风管无法布置或易被机械或车辆撞坏、刮破。选择风管,除了考虑技术上可行之外,还要考虑在经济上合理。应根据工程实际情况进行全面分析,但一般通风量在满足洞内各项作业需要的最大风量基础上,通风机还应有50%的备用能量。

从目前的现状看,由于国内目前还没有一套系统的符合国情的隧道施工通风的设计理论和计算方法,也没有针对不同施工条件的通风系统设计规范和技术标准,多数施工单位和设计部门在考虑施工设计时,还没有把施工通风作为一个需要认真考虑的重要技术环节来对待,因此,在实际施工中还存在许多问题,针对以上问题应在加强管理、优化匹配、防漏降阻的基础上进行综合治理。

3.4 长大隧道快速施工

长大隧道施工主要包括4条主要作业线(钻爆作业线、装运作业线、初期支护作业线、二次衬砌作业线)以及2条辅助作业线(通风作业线、防排水作业线),在隧道开挖的工艺流程中,测量放线、爆破通风、找顶等工序较为简单,耗用时间较短,比较容易管理,且循环进尺的多少受这些工序的影响较少。而钻孔、装药、装运碴等在每开挖循环中所占的时间比例很大,是开挖工作中的关键工序,是最重要因素。而对于长大隧道,由于其具有工程量大、作业空间小、地质条件复杂等特点,装运作业线、通风作业线成为比一般隧道施工更难解决好的难题,也是直接影响长大隧道快速施工的主要因素。

在隧道施工中,如何迅速将开挖的石碴运到洞外,是制约隧道施工进度的决定性因素之一,尤其是独头掘进的长大隧道,出碴往往是影响隧道掘进速度的关键因素。

为了加快隧道施工速度,实现多工作面平行交叉施工,改善通风条件、施工排水、不良地质地段等。隧道施工时,通常需要设置辅助坑道来满足这些需求。一般辅助坑道包括平行导坑、横洞、斜井(坡度22°~24°)、斜坡道(坡度6°~8°)、竖井等。

辅助坑道的断面尺寸应根据用途、运输要求、地质条件、支护类型、设备外形尺寸及技术条件、人行安全及管路布置等因素确定。

辅助坑道设置原则:反对长隧短打;提倡设置平行导坑。

平行导坑相对于设置斜、竖井,贯通式平导对地层的破坏程度要小得多,洞内的施工环境也远优于斜、竖井。同时,设置平导可以增开开挖工作面,在超前正洞一定距离后,以横通道的方式拐入正洞开创新的工作面,实现多工作面平行作业,空车从正洞进,经横通道进入平导,运碴车走平导,这样正洞和平导之间形成一进一出的单向行车,加快了行车速度,提高了运碴能力,大大缩短了正洞的掘进时间,加快了正洞的快速掘进速度。有平导可使正洞掘进速度提高2倍;斜井仅能提高正洞的开挖速度,不宜进行衬砌作业;竖井更少,一般不予提倡,尤其当竖井深度大于40m以后,速度更慢。斜坡道或横洞不同于斜井,等同于无轨运输,在有条件的地方可采用,但一般不提倡。设置平导还可以实现长大隧道的施工通风。

4 盾构隧道施工技术

4.1 盾构法隧道施工的基本原则

(1)盾构机选型是决定盾构法施工是否能成功的关键因素之一,盾构机选型主要考虑地质条件、地形水压状况、周边环境条件及场地条件等。而盾构对地层的适应性,基本取决于刀盘设计是否合理。

(2)盾构机设计原则根据围岩条件、隧道断面大小形状、施工方法进行。

(3)盾构法施工始终贯彻确保开挖面稳定的原则,针对不同地层合理设定压力优化掘进参数,特殊地质条件采用相应的辅助措施。

(4)盾构始发与到达基本目标是防止破除洞门过程中的地层失稳及防止地下水喷涌,因此考虑地层、地下水、盾构类型、覆土厚度、作业环境、洞门密封等条件来选择始发与到达方法。

(5)盾构法施工贯彻的基本方针为:盾构掘进过程中做到三有序、三平衡、三平稳原则。

(6)根据地质条件、隧道断面大小、线路条件施工技术水平选择合适的分块、管片宽度、接头形式。

(7)为确保盾构法隧道的耐久性及降低施工、运营阶段安全风险,一般应在管片衬砌基础上增加二次衬砌。根据盾构法,隧道设计寿命周期一般要求100年。

4.2 盾构选型与设计要点

(1)影响盾构选型的主要地质因素。当地层的透水系数小于10m/s时,可以选用土压平衡盾构;当地层的渗水系数在4~10m/s时,既可以选用土压平衡盾构,也可以选用泥水式盾构;当地层的透水系数大于4m/s时,宜选用泥水盾构。

(2)工程环境因素对盾构选型的影响。盾构直径对盾构选型的影响。对于直径大于10m的盾构机,从驱动系统能力及节能方面多考虑采用泥水盾构。同时对直径小于 3m 的微型盾构，主要从碴土运输方面考虑多采用泥水管道运输方式，也多采用泥水盾构。

地下水位直接对盾构选型产生影响。对于无水地层或能同降水将地下水位降到隧道以下，可以考虑采用敞开式盾构；土压平衡盾构一般在地下水位 30～50m 时采用，而泥水盾构比较适用于在河底、海底等高水压条件下隧道的施工，具有较高的安全性和良好的施工环境。高水压条件下施工，应认真考虑各部位的强度与各系统的密封性能。

盾构法施工需要场地较大，同时泥水盾构需要较大泥水分离场地。

在隧道线路周边有重要建（构）筑物、地下管线等，为了减小施工对周边环境的影响，一般选择闭胸式盾构，盾构机设计时应考虑充分的辅助设备。

4.3 盾构掘进

盾构始发前，采用合适的始发方法；制订洞门围护结构拆除方案，采取合适的洞门密封措施，保证始发安全。始发方法：考虑地层、地下水、盾构类型、覆土厚度、作业环境、洞门密封等条件来决定。

根据隧道地质条件、埋深、周边环境等条件，确定盾构掘进参数，确保开挖面稳定。根据盾构掘进测量随时调整盾构姿态，使盾构沿着设计线路掘进。

管片拼装在掘进完成后及时进行，根据盾尾间隙与油缸行程差等，选择合适封顶块拼装位置，按照正确的拼装方式、合理的拼装顺序进行管片拼装，确保管片拼装质量，避免管片破损。

根据地层条件、地层含水情况、盾构类型、隧道埋深及周边环境条件，选择合适的注浆材料和注浆方法。最好在盾构掘进的同时进行，应有效填充盾尾间隙，以防止地层松弛和地表沉降。

壁后注浆施工是为了在防止地层松动和下沉的同时防止管片漏水，并达到管片环的早期稳定和防止隧道的蛇行等目的，所以，迅速实施，同时需进行充分的填充。

4.4 特殊地段施工

(1) 平行隧道施工。应考虑地层条件、盾构形式、盾构隧道断面大小、距离等，研究其相互影响，采取安全的施工方法。在施工时，要实施信息化施工，如使用各种监测仪器等，监测掌握地层及隧道的变形规律，并将信息及时反馈到施工中。并且根据需要采用适当的辅助施工方法，以防止地层松动和隧道变形等。

(2) 穿越河流施工。在不影响河流或周围结构物的前提下，制定出相应的对策，确保施工安全可靠。在穿越河流的施工时，应注意以下几点：地质、地下水调查；开挖面的稳定；减小对堤防、周围结构物的影响。

(3) 浅覆土施工。一般盾构隧道需要最小覆土为 $1.0D \sim 1.5D$（D 为盾构直径），浅覆土施工时应该注意以下几点：开挖面压力的管理；壁后注浆。

特殊条件浅覆土施工：对于穿越河流等水底浅覆土施工时，除要对开挖面的压力、泥浆或添加材料的泄漏或喷涌进行研究外，需要注意隧道的上浮及管片的变形；在靠近居民区的浅覆土施工时，需要充分注意盾构推进的振动、噪声，有时根据情况停止夜间施工。另外，有时根据周边建筑物地基及条件或围岩条件，有必要时适当采取辅助施工法。

(4) 大覆土段施工。应考虑地基条件、盾构形式、施工条件等进行仔细研究，并采取如下相应措施：在进行大覆土施工时，对刀盘轴承密封、盾尾密封、排土装置、推进装置等进行研究；使用能耐高水压的密封材料进行轴承密封，增加密封层数等；使用能耐高水压的盾尾密封，必要时考虑配置紧急止水装置等；排土装置需要研究泥水盾构的送排泥泵上的高水压轴承密封等。

(5) 小曲线半径施工。考虑围岩条件，制定相应的对策，注意防止推进反力引起的隧道变形、移动等。综合判断围岩条件、隧道线路、盾构、管片、超挖量、辅助施工法、壁后注浆等，采用切实可行的对策，以便施工顺利进行。一般施工时往往比理论上可能推进的曲率半径要大，所以计划时要留有充分的富裕量。

5 开敞式岩石掘进机与复合衬砌施工

5.1 掘进机与钻爆法施工相比的优缺点

掘进机施工的优点:快速、优质、安全、环保。

掘进机施工的局限性:掘进机的经济性问题;设计制造周期长;掘进机针对性强;开挖断面只限于圆形;要求施工人员的技术水平和管理水平高,运输困难,对施工场地有特殊要求。

掘进机的使用范围:采用掘进机施工时,应明确地质条件及必要的预处理措施。围岩的单轴抗压强度为50~200MPa;从机械条件看适用范围,合理选型及完善的后配套系统;对作业场地和运输能力有特殊要求;企业自身的实际能力,如制造维修能力、经济能力,施工队伍的技术、管理水平以及传统的施工习惯等。

5.2 掘进机分类和复合衬砌方式

根据掘进机的结构形式进行分类,可分为:开敞式掘进机;单护盾式掘进机;双护盾式掘进机。

(1)开敞式掘进机的优点。由于山岭隧道较长,地质变化较大,采用开敞式掘进机施工,衬砌结构可根据地层变化调整;单护盾、双护盾掘进机由于采用管片衬砌,衬砌结构不能调整;采用管片衬砌结构较弱,不能满足百年寿命。

开敞式掘进机长径比小于1,易于调整掘进机姿态。双护盾掘进机长径比大于1,因此灵敏性较差。

开敞式掘进机可以进行及时支护,即适应于硬岩,也适应于软岩,可随地层变化及时调整支护方式,如磨沟岭隧道在软弱地层施工平均月进度达230m。双护盾掘进机对于软弱围岩和收敛较大的地层适应性较差,护盾易于卡死、塌方。

双护盾掘进机造价较开敞式掘进机高20%~30%。

(2)衬砌方式。开敞式TBM的衬砌,可根据地质情况和施工条件进行改动,TBM上主要进行初期支护(喷锚支护),然后再进行二次衬砌。

5.3 敞开式掘进机适应性分析

5.3.1 地质因素分析

塑性地压大的软弱围岩;类沙性土构成的软弱围岩和具有中等以下膨胀性的围岩;断层破碎带,岩溶发育带,严重涌水地段,单轴抗压强度超过250MPa的极硬岩且节理不发育、高硬度或高拉伸强度及高磨蚀性的岩石。

岩石的单轴抗压强度是影响掘进效率的关键因素之一,一般最适合掘进抗压强度为30~150MPa的硬岩。根据统计,大多数已建工程的岩石平均单轴抗压强度为75~175MPa。

敞开式通常用于围岩稳定隧道(洞)的开挖。若岩体质量指数为50%~100%、节理裂隙间距大于60cm,则首选敞开式。

TBM在隧道工程施工中,施工速度快、对围岩扰动小、安全及在大于一定掘进长度后施工经济等特点,越来越受到隧道(洞)建设单位的重视。与钻爆法相比,因其对地质地层状况较敏感,因此,其在隧道建设中的应用仍受到较大限制。

5.3.2 掘进机配置选择

掘进机对地质条件的相关性很强,针对不同的地质条件,设计出不同的掘进机,如果实际工程地质条件和设计掘进机时地质条件相差较大,则掘进机的使用效率将大大降低。

主要设备配套有:刀盘,针工程不同地质具有良好的破岩开挖能力;刀盘驱动,驱动转速根据地质情况随时可调;盘形滚刀,寿命长,以减少换刀时间;掘进机,具有足够的推力、扭矩、功率储备,满足掘进速度需要;激光自动导向系统,及时显示掘进机掘进的方位、姿态;掘进方向控制性能,满足掘进方向控制水平误差和竖向误差的要求;出碴运输等系统,做到出碴连续输送,完善的材料供应系统及起吊设备。

敞开式掘进机具有快速完成初期支护能力:配置钢拱架安装机构、锚杆安装设备、挂网机构、高效的喷射混凝土系统,支护能力与掘进速度匹配,刀盘护盾处应急喷射混凝土,管棚、小导管钻孔及注浆施工功能,有超前地质勘探钻机,必要时对地质进行预报等设备。双护盾掘进机具有快速安装管片、豆砾石充填功能。

6 结语

埋深大、隧道长、修建难度加大是目前及今后较长时期隧道及地下工程建设普遍面临的问题,有众多的新难题需要攻克。目前,在城市地下空间利用与交通隧道修建范畴,要对以下问题进行研究与探索:城市地下空间利用的规划问题;城市地下空间规划的评价方法与评价标准问题;地质调查经费投入比例与地质调查技术研究问题;建设方案评价及动态设计理念问题;降低工程造价的途径问题。

21世纪的桩基新技术：DX旋挖挤扩灌注桩

王梦恕[1] 贺德新[2] 唐松涛[3]

(1.北京交通大学土木建筑工程学院；2.中铁隧道集团有限公司；3.北京中阔地基基础技术有限公司)

摘 要：桩基作为一种古老的建筑形式在当前的发展中仍发挥着巨大的作用。伴随着工艺和技术的革新，各种新桩型不断地涌现，并取得了巨大成功。DX桩作为其中的一种较为突出的桩型得到了广泛的应用。笔者从DX桩的发展、工艺特点、成桩优势、国内外研究进展以及工程应用等多方面进行了详细的阐述。

关键词：DX桩；承载机理；承载力；沉降

中图分类号：TU473 **文献标识码**：A **文章编号**：1009-1742(2012)01-0004-09

Abstract: As a kind of old construction form, pile foundation still plays a tremendous role nowadays. The fast developing and innovation of technology promote new types of pile constantly emerging which has been a huge success. DX pile is one of those piles and has been widely used. The author illustrates the development, technological characters advantages research progress both at home and abroad, and engineering applications of DX pile.

Key words: DX pile; bearing mechanism; bearing capacity; settlement

1 引言

桩基是一种历史悠久的基础形式，在我国很早就已成功地使用木桩来解决软土地基上的基础建造问题。到了近代，一方面是高、重建筑和精密设备对地基基础的要求日益严格，另一方面是成桩技术的进步，使桩基具有更突出的承载力高、变形量小、抗液化、抗拉拔能力强的优点，促使桩基发展十分迅速，已广泛应用于建筑、桥梁、铁路、水利、港口和近海工程等诸多领域。从发展趋势看，它是实现基础施工工业化的途径之一，因而是一种很有发展前途的深基础。

截至2010年年末，我国高铁的运营里程已达到8358 km，路网规模和速度等级均已居世界第一。京沪高铁全长1318 km，其中近80%为桥梁，是当今世界上一次建成线路最长、技术标准最高的高速铁路。这些实践均证明了所采用的桩基础是安全、稳定和可靠的。同时，城市轨道交通建设的发展也为桩基的发展提供广阔的空间。

随着生产的发展和技术的进步，桩基技术在桩型和施工工艺等方面不断地推陈出新，桩的成桩工艺和应用都比过去更为多样化，特别是在桩基设计和施工领域中提出了许多崭新的概念和理论。具体表现在单桩设计承载力越来越大，设计者不得不从诸如桩身材料优选、加大桩身截面、寻求新的、有效的沉桩工艺等途径入手，于是出现了各种新型系列的改良桩系。各种不同桩型的对比情况见表1。

随着21世纪的到来，桩基础施工技术在各个方向都取得了长足的发展：桩的尺寸向长、大方向发展；桩的尺寸向短、小方向发展；向攻克桩成孔难点方向发展；向低碳节能工法桩方向发展；向扩底桩方向发展；向变截面桩方向发展；向埋入式桩方向发展；向组合式工艺桩方向发展；向高强度桩方向发展；向多种

---

* 本文原载于：中国工程科学，2012(01).

桩身材料方向发展；向条形桩基方向发展。

DX桩作为变截面新桩型的代表，近年来得到了迅速的发展。它是在钻孔灌注桩的基础上，使用专用的挤扩设备在桩底和桩身挤扩成为支盘状，然后浇灌混凝土形成桩身、承力盘和桩根共同承载的桩型。由于承力盘增大了桩身的有效承载面积，同时挤扩设备对周围土体有一定的挤密作用，因此，DX桩可较大幅度提高单桩承载力。

各种桩型优缺点比较　　表1
Advantages and disadvantages of several piles　　Table 1

桩 型	优 点	缺 点
预制桩	适用于上层较弱、下层较好的土层；对桩间土产生挤密作用，施工质量较稳定且容易控制	锤击产生振动、噪声污染，配置钢筋较多，造价较高
普通灌注桩	施工方法较简单；适应性较强	比DX桩造价高，钢筋、水泥用量多，桩尖虚土难于处理，桩身可能有缩径
沉管灌注桩	能改善灌注桩和预制桩等桩的施工缺欠	仅适用于上部为软弱土层，下层为较好持力层的土层；产生噪声，也易产生桩身质量问题
锥形桩	挤土效果较好，利用锥面可增大桩的侧阻力；承载力提高，沉降量减小	桩长有限，施工产生噪声、振动等
后注浆灌注桩	二次注浆可解决普通灌注桩的桩尖虚土及桩身与土的收缩缝隙，提高承载力	二次注浆需多耗费水泥，造价高，易对相邻基础产生不利影响
扩底桩	桩端可形成扩大头，充分利用桩端持力层的承载力	桩端承载力的充分发挥需要桩身沉降的发展，在正常使用状态，很难达到预期效果
大直径桩(墩)	施工简便，造价低，承载力高，沉降量小，混凝土质量易于保证，抗震性能好	对无黏性的砂、碎石类土，难于在水下形成扩大桩头，施工时因应力释放而出现孔壁土的松弛效应，导致侧阻力降低
DX桩	集预制桩和夯扩桩的优点；施工工艺简单，造价低，承载力高；能以桩径小、桩长短的桩满足承载力较高的要求	在较弱土层中成岔、盘较困难，设计参数及承载力计算公式需进一步研究

经过多年工程实践证明，DX桩技术具有工艺独特、设备操作简便、机械先进、技术经济竞争力强、单桩承载力高、成桩差异小、盘腔成形稳定、节约成本、降低造价等特点，是一种较成熟的桩基技术。目前在山东、山西、天津等地的部分地区和企业已制订了DX桩设计与施工的规程和企业标准，使得DX桩在这些地区得到推广应用，并取得了良好的经济效益。但DX桩由于其多级扩径体的存在改变了传统等截面桩的荷载传递和变形性状，桩与土之间的相互作用问题较为复杂，目前人们对DX桩承载机理的认识还很不充分，制约了DX桩在工程中应用的发展。

2　多节扩孔桩的发展

20世纪50年代后期，印度开始在膨胀土中采用多节扩孔桩。20世纪60年代和70年代，印度、英国及苏联在黑棉土、黄土、亚黏土、黏土和砂土中采用多节扩孔桩。国外经验表明，多节扩孔桩与直孔桩相比，承载力大大提高，沉降小，技术经济效果显著。

1978年年初，北京市建筑工程研究所等在团结湖小区进行干作业成孔的小直径（桩身直径300mm，扩大头直径480mm）两节和三节扩孔短桩（桩长不足5m）施工工艺及静载试验研究。

1979年建设部建筑机械研究所和北京市机械施工公司在国内首先研制开发出挤扩、钻扩和清虚土的三联机,简称ZKY-100型扩孔器,同年,北京市桩基研究小组首先在劲松小区对用该机的挤扩装置制作成的四节挤扩分支桩(桩身直径400mm,挤扩分支直径560mm,每一节为6个分支,单支宽度200mm、高度200mm,桩长8.70m)和相应的直孔桩(桩径400mm、桩长8.85m)进行竖向受压静载试验,结果表明,前者的极限荷载为后者的138%。

20世纪90年代,北京俊华地基基础工程技术集团研制开发出该公司的第一代锤击式挤扩装置和第二代YZJ型液压挤扩支盘成型机及挤扩多分支承力盘桩,后者在北京、天津、河南、安徽、湖北等地的工程中得到应用,取得了较显著的技术经济效益。支盘桩的单桩承载力一般为相应直孔桩的2倍左右。

近年来,上海地区推出凹凸型钻孔灌注桩,即在成孔过程中,采用高速、控压造凹凸工艺,选择合适部位,扩大孔径,然后灌注混凝土而成桩体,并在几个工程中成功地应用。

同时,AM桩也得到了很大的发展。AM桩是一种旋挖钻孔扩底灌注桩,即在直孔桩钻孔完成后,采用特有的AM"魔力桶"进行液压切削扩底。

基于国内外建筑业市场前景,扩孔灌注桩技术运用广泛,而扩孔桩施工机具技术落后的现状,1998年,贺德新在应用YZJ型支盘挤扩机的基础上,认真分析,潜心研究,研制出国内外同类型机具中新一代全智能多功能液压挤扩装置(简称DX挤扩装置)。之后,在第一代DX挤扩装置的基础上,研发出第二代钻扩清一体化机,该设备可以同时完成钻孔、扩孔以及清孔施工,大大提高了施工效率。

2006年,北京中阔地基基础技术有限公司又将现有的挤扩设备进行改进,发明了DX旋挖挤扩钻机。该设备将原来的非连续成盘作业变为连续的切削碾压作业,成盘的质量更高,速度更快。设备的革新也带来了施工工艺的革新,采用新工艺以后,DX桩扩盘的适用范围更加广泛。对于以前纯挤压方式无法施工的硬土层或强风化岩层,新一代设备也同样可以保质保量地完成,大大拓宽了DX桩的适用范围。

随着DX桩技术及工艺的普及,DX桩在住宅楼、高层办公楼桩基、电厂公路桥梁桩基以及液化天然气储存罐桩基等工程中得到了大规模应用。这些工程涵盖了从普通的工业与民用建筑,到大型、重型荷载作用下的建筑物基础,为DX桩规范的制订提供了大量可靠的依据。截至目前,已经有5个省市的相关部门先后颁布了6本DX桩的地方技术规程以及建设部的行业标准。

3 DX桩的工艺特点

3.1 基本原理

三岔双向挤扩灌注桩(简称DX桩)是在钻(冲)孔后,向孔内下入专用DX挤扩装置,通过液压系统控制该装置的挤扩臂的扩张和收缩,按承载力要求和地层土质条件在桩周土不同位置旋挖挤扩出匀称分布的扩大盘腔后,放入钢筋笼,灌注混凝土,形成由桩身、承力盘和桩根共同承载的桩型。

DX桩实质上是多节扩孔桩的新一代产物,是在应用YZJ型支盘挤扩机的实践中,总结国内外同类型机具的优劣特点,分析各类扩孔机具在不同土体中的成型机理,在支盘桩的基础上进行多方位的实质性改进,明显地改善了旋挖挤扩成型效果的一种新桩型。

3.2 DX桩施工工艺

DX桩施工工艺简单,主要的工艺流程包括:DX桩成直孔施工→将DX挤扩装置放入孔内→按设计位置自下而上依次挤扩形成承力盘腔体→测定盘腔体的位置与尺寸→下放钢筋笼→插入导管→灌注混凝土→成桩。

(1) DX桩属于钻孔多节挤扩灌注桩,它区别于钻孔扩底桩与人工挖扩桩基本不改变原地基土物理力学特性,将桩端承压面积扩大,DX桩是在原等截面钻孔灌注桩施工增加一道工序,将DX旋挖挤扩装置下入孔中,通过地面液压站控制挤扩臂的扩张和收缩以及装置的自动旋转,旋扩出 DX 桩的承力盘腔,旋扩后腔体周围的土体被挤密,该挤密后的土体与随后浇注入盘腔内的混凝土紧密地结合成一体。通过扩大桩身多个断面直径,增大了桩的有效承载面积,同时由于挤密土体效应,较充分地发挥桩土共同承载作用,从而提高了单桩承载力,同时也改善了群桩的应力分布,进而达到减少沉降的目的。

(2)DX 桩的挤扩成孔工艺适用范围广,可用于泥浆护壁、干作业、水泥浆护壁及重锤捣扩成直孔工艺。

(3)机具入孔过程,可对直孔部分的成孔质量(孔径、孔深及垂直度的偏差等)进行二次定性检测。

(4)施工工艺中实施二次回钻及增加旋挖斗等手段,保证桩底沉渣满足国家规范要求。

4 DX 桩的优势

DX 桩无论是设备还是工艺都具有非常先进的特点,这些特点包括:盘结构上下对称;成腔质量可靠;设计灵活、盘位可调;不均匀沉降小;适用土层广泛、适应性强。

4.1 盘结构上下对称

双向挤扩形成的上下对称带坡度的盘具有施工和受力上的诸多优点:

(1)抗压性能明显优于传统的直孔桩。

(2)具有非常好的抗拔性能。

(3)在成腔的施工过程中,沉渣能够顺着斜面落下,避免沉渣在空腔底面的堆积。

(4)斜面便于混凝土的浇筑,混凝土靠自身的流动性就能充分灌满整个腔体,同时还不夹泥,利于控制混凝土的密实程度。

(5)承力盘的斜面形状(图1),保证了承力盘的混凝土处于受压状态。盘的剪切通过桩身的钢筋,所以承力盘不会发生剪切破坏。

(6)在竖向受力时,承力盘下方的斜面可以增加承力盘施加给土体的附加应力的扩散范围,避免对土体造成剪切(图2)。

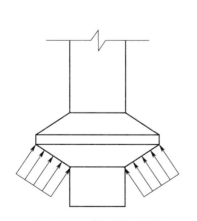

图 1 承力盘剪切受力示意图
Fig. 1 Schematic diagram of shear force of bell

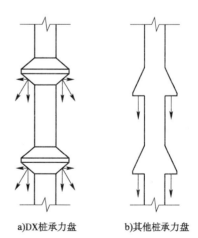

图 2 承力盘下土体受力示意图
Fig. 2 Force diagram of soil under each bell

4.2 成腔质量可靠

多节扩孔类的灌注桩成败的关键在于扩孔形成的盘腔的质量以及能否按设计要求顺利形成盘腔。旋转挤扩技术是目前唯一能快速、高效、高质量完成各种土层条件下盘腔施工的技术,原因如下:

(1)旋转挤扩设备独特的双缸双向液压结构保证了盘腔周围土体的稳定性。

(2) 一次旋扩三对挤扩臂同时工作,三向支撑,三向同时受力,挤扩机能准确与桩身轴心对齐。

(3) 腔体下侧面的这种斜面形状可以保证沉渣能顺利掉落,而不会堆积在承力盘腔体内,确保了腔体的完整性。

(4) 旋转挤扩方式能适用 $N > 40$ 的土层。

(5) 旋转挤扩施工方式比水平挤扩方式施工速度提高数倍。

图3是某次施工形成的盘腔,从照片上看,盘腔十分规则,而且盘腔壁的土体十分密实、坚硬,施工现场用铁钎都很难撬动。

4.3 设计灵活、盘位可调

由于承力盘是通过液压臂旋挖挤扩土层形成的,挤扩过程相当于旁压实验,施工过程同时也是对土层承载力的一种检验。因此,施工时能大致了解到土层软硬性即持力层的适宜程度,当发现与试桩施工有差别时,可按照设计变更要求,采取调整盘位置或增设盘数量的措施,如图4所示。这样可以确保桩基承载力以及各桩承载力的一致性,这是其他桩型无法实现的。

图3 旋转挤扩所成的盘腔
Fig. 3 Bell cavity by rotary extruding-expanding

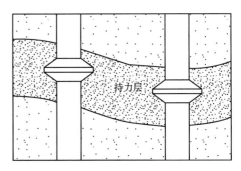
图4 盘位随土层变化示意图
Sketch map of bell locations varied as the soil changes

4.4 不均匀沉降小

由于承力盘可以根据持力层的深度变化随时调整,确保同一工程中不同DX桩的承载力离散性小。同时,DX桩施工工艺可靠,成桩性能稳定。这两方面的因素,保证了DX桩群桩工程中,不同单桩的沉降差异小。

4.5 适应性强、适用土层广泛

DX桩按不同成孔工艺可结合采用潜水钻机、正循环钻机、冲击钻机、螺旋钻机、钻斗钻机、全套管贝诺特钻机及沉管机等成孔钻机。

随着不断的经验总结和技术革新,DX桩的设备和技术发展进入了一个更高的阶段。DX桩可在多种土层中成桩,不受地下水位限制,并可以根据承载力要求采取增设承力盘数量来提高单桩承载力。

DX桩承力盘的设置原则:

对于第一代和第二代DX装置,承力盘应设置在:①可塑~硬塑状态的黏性土中,或稍密~密实状态($N < 40$)的粉土和砂土中;②承力盘也可设置在密实状态($N \geq 40$)的粉土和砂土或中密~密实状态的卵砾石层的上层面上;③底承力盘也可设置在强风化岩或残积土层的上层面上。

而对于新一代的DX装置,由于设备和工艺的进步,适用的土层大大拓宽,一般遵循如下原则:对于标贯击数在15~40的土体,采用切削碾压工艺进行施工;而当标贯击数大于40时,由于此时土体的密实度已经相当高,再进行挤扩可能会使土体发生剪胀效应,且挤扩所需的压力极大,施工困难,因而采用切削工艺,尽量保持土体的原状性,以达到充分利用土体承载力的效果,见图 5。

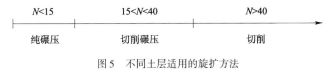

图 5　不同土层适用的旋扩方法

Fig. 5　Methods using in different soils

5　研究进展

在设备和工艺发展的同时,DX 桩的理论研究也同样得到了蓬勃的发展。先后有很多国内外的专家和学者对 DX 桩的承载机理、荷载传递规律和沉降特性进行了研究。对 DX 桩承力盘的角度、盘间距、群桩的桩间距等各方面都进行了系统的研究。

5.1　国外研究

在印度等国家,从 20 世纪 50 年代开始进行了扩孔桩的广泛的应用与研究[1-5]。

1955 年,扩孔(Under-reamed)桩在印度的黑棉土地区开始应用。该桩型一般设置一个或两个承力盘,并作为锚桩或者承载力要求不高的抗压桩。受当时施工机械的限制,该桩桩长一般为 4m 左右,桩径也非常小。

Mohan[3] 等人的研究表明,与一个承力盘的扩孔桩相比,相同桩径和盘径的两个承力盘的扩孔桩盘间距在 1.25~1.5 倍盘径时,承载力能提高 50%。两个承力盘的最佳间距为 1.5 倍盘径。研究中所采用的盘径和桩径比为 2.5∶1。

在承载力计算方面,建议采用两种方法:

(1)盘间距较小时

$$Q_u = A_p N_c c_p + A_a N_c c'_a + c'_a A'_s + f c_a A_s \tag{1}$$

式中:A_p——桩身截面积;

N_c——承载力系数(对于黏土通常取 9);

c_p——桩端处土体的抗剪强度值;

A_a——$\pi/4(D_u^2 - D^2)$;

D_u、D——盘径和桩径;

c'_a——盘端土体平均抗剪强度;

A'_s——承力盘形成的土柱的侧表面积;

f——折减系数(对于印度黑棉土,通常取 0.5);

c_a——沿桩身的土体平均抗剪强度;

A_s——桩身侧表面。

(2)盘间距较大时

$$Q_u = A_p N_c c_p + n A_a N_c c'_a + f c_a A_s \tag{2}$$

式中:N_c——承力盘个数。

同一时期,在俄罗斯 Mintskovskii 等人也进行了相关研究,其采用的设备与 Mohan 等人的施工设备相似,其桩型也相似。得出的结论与 Mohan 等人的结果相似。

Martin[4] 等在美国进行了两个承力盘的扩孔桩的研究,此时大型设备的发展使得该桩型在大直径桩中的应用成为可能。其研究成果大致与 Mohan 等人的研究成果一致。

5.2 承载性能与机理研究

魏章和[5]、周青春[6]等通过现场试桩静载荷试验对DX桩的受力特性及变形破坏机理进行了研究。其研究成果表明,与相同直径和桩长的直孔桩相比,DX桩能提高承载力1倍以上。在比较均匀的地层中,DX桩各承力盘端阻力的发挥具有明显时间和顺序效应。总体趋势是上盘比下盘承载力发挥得早、荷载分担得多。DX桩的破坏模式是在极限荷载下各承力盘阻力先后达到极限状态而破坏,表现在桩顶上为破坏迅速发生。其试验表明,在极限荷载作用下,第1盘承受的荷载最大,土体剪切破坏瞬间发生,从而导致下盘受力迅速增加,达到极限状态,荷载又迅速下传,直至桩身发生急剧的、不停滞的下沉而破坏。

杨志龙[7]等根据挤扩多支盘混凝土灌注桩(DX桩)的现场静载荷试验结果,分析DX桩的荷载传递机理。试验结果表明,随着竖向荷载的增加,由上到下各承力盘先后发挥其端承作用;各承力盘上下一定范围内桩侧摩阻力不能发挥出来,建议在DX桩设计时,承力盘或分支间间距宜不小于$4d \sim 6d$(d为桩径);对于粉土、粉质黏土,桩侧极限摩阻力为$30 \sim 70$ kPa,所对应的极限位移为$5 \sim 20$mm;桩侧极限侧摩阻力和极限位移随土层埋深而增大。在相同条件下DX桩的极限承载力比等截面桩高50%。

陈轮[8]等用有限元法对竖向桩顶荷载作用下DX桩桩周土的应力变形及桩身荷载传递特点进行了数值分析。给出了桩周土体的应力位移等值线,分析了扩径体数量、间距及形状对DX桩承载性能的影响,进一步揭示了DX桩的单桩承载力机理。

陈轮[9]等对DX桩进行了大比尺的模型试验研究。结果表明:①同一地质条件下,与直孔桩相比,在混凝土体积增加26%～50%的情况下,DX桩单桩极限承载力比直孔桩提高了106%～171%,整根桩的单方极限承载力提高了62%～81%;②DX桩的$Q-s$、曲线与直孔桩相比,曲线变化较为平缓并向右(即荷载增大的方向)拓延,曲线的第二拐点位置向右、向下移动;③荷载作用下,DX桩承力岔的端阻力发挥较早,由于DX桩的承力岔空腔是通过挤扩装置在较大的压力下挤密周围土体形成的,土体的强度提高而且在承受竖向荷载时,DX桩不再或很少经历将承力岔下方土体由原位状态进行挤密压实的过程,所以承力岔的端承作用可以发挥较大的端阻力,在桩沉降量较小的情况下提供支持力;④DX桩承力岔端阻力的发挥具有明显的顺序。自上而下,第一承力岔先承力而下部承力岔要滞后些承力,待上部承力岔接近于或达到极限承载力时,桩身轴力像"接力棒"一样逐渐向下部传递,使下部承力岔的承力作用逐步得到发挥。

陈轮[10]等还对单位端阻力进行了研究,认为随着桩顶荷载的增加,DX桩扩径体的单位端阻力逐渐增大;与下部扩径体相比,上部扩径体的单位端阻力较早达到极限值,而此后基本保持不变;而在上部扩径体达到极限单位端阻力后,下部扩径体的单位端阻力仍有较大的增长幅度和较长的发挥过程。达到极限荷载后,随桩顶沉降的再增加,下部扩径体的单位端阻力也略有增加。只有荷载接近破坏荷载时,下部扩径体的单位端阻力才会达到极限值并保持不变。

沈保汉[11,12]总结了诸多与DX桩类似的桩型的承载机理,并详细讨论和总结了DX桩的承载机理。同时,其对影响DX桩承载力的主要因素进行了总结,这些因素包括桩身和承力盘的直径大小,承力盘的数量、间距和位置,承力盘端部土层的特性,盘腔的首次挤扩压力值及成孔成桩的施工工艺和施工质量等[13]。

5.3 承载力的计算

史鸿林(1997)通过17组试桩的原型荷载试验及计算,提出了支盘桩的单桩承载力计算公式:

$$R_k = R_{sk} + R_{pk} = u_p \sum q_{si} \cdot l_i + \sum m_i \cdot q_{si} \cdot h \cdot (a-b) + q_p A_p + \sum m_i q_{pi} \beta \cdot a \cdot b \tag{3}$$

式(3)表明,支盘桩承载力除保留原直孔桩的侧摩阻力和桩端阻力外,还增加了分支两侧的摩阻力和分支的端阻力。侧阻和端阻完全是参照有关直孔桩或扩底桩的规定推算的,并且在最后一项中各分支的端阻力乘上大于1的系数,以考虑挤扩分支时的挤密效应对承载力的有利影响,并分析了承载力影响因素,如分支时挤压地基土对承载力的影响,分支或分盘的数量、间距、形状及施工质量对承载力的影响等。

吴兴龙[14]等在对DX桩现场测试、理论分析的基础上,分析了DX桩的变形破坏机理,提出了单桩极限承载力计算的经验公式和影响承载力的因素,这些因素包括承力盘的数量和支盘间距、成桩工艺、尺寸效应等,还提出了DX桩的适用土层为粉细砂、中密粉细砂土。文中提出的DX桩单桩承载力计算公式考虑了多种承载力的影响因素,其承载力计算表达式为:

$$Q_{uk} = Q_{sk} + \eta Q_{Bk} + Q_{pk} = u\sum_{i=1}^{n}\psi_{si}q_{sik}l_{ei} + \eta\sum_{j=1}^{m}\psi_{Bj}q_{Bjk}A_{Bj} + q_{pk}A_{p} \tag{4}$$

式(4)中,等号右边3项分别表示桩的侧阻、扩径体的端阻、桩的端阻,3个系数ψ_{si}、ψ_{Bj}、η分别表示第i土层桩侧阻综合修正系数,第j个承力盘端阻力综合修正系数,承力盘发挥性状修正系数。在系数$\psi_{si}\psi_{Bj}$中分别考虑了施工工艺、尺寸效应、承力盘间距等的影响,系数η是考虑到单桩达到极限承载力时并不是每个承力盘都能达到极限承载力。文章中除了对个别影响因素的量化取值提出自己的建议外,没有对这些系数的取值作更多的研究。

钱永梅[15]等根据DX桩承力盘下土体的滑移破坏形式,运用滑移线理论确定的盘下土体应力计算模式,结合塑性势理论和虚功原理,确定DX桩的土体极限承载力,修正并完善了现有的桩端承载力及桩侧阻力的计算公式,提出了全新挤扩多盘桩单桩承载力的计算公式。

沈保汉[16]提出确定DX挤扩灌注桩极限承载力的两种方法:对试验完整的桩采用s-$\lg Q$法;对试验不够完整的桩先用逆斜率法拟合外推,而后采用s-$\lg Q$法。此外,还提出DX挤扩灌注桩极限承载力的综合评价方法。

5.4 沉降计算

近年来,随着DX桩使用范围的越来越广,已有学者对DX桩沉降方面进行了一些可行性的研究,但是由于DX桩的承力盘的存在使得沉降问题变得极为复杂,使得无论是DX桩单桩还是群单桩的沉降,目前业内都没有形成统一的计算标准。在《三岔双向挤扩灌注桩设计规程》(JGJ 171—2009)中,对于DX单桩沉降采用直孔桩的计算方法,乘以0.6~0.8的经验系数。同济大学的胡安兵[17]根据挤扩灌注桩为变截面的摩擦多支点端承桩,则挤扩体及桩端的端承力均可用集中力来近似代替,在Geddes应力解的基础上考虑桩身的弹性压缩量与桩周土的位移协调,引入分层总和法计算单桩沉降,而曹正舸[18]对挤扩体部分进行了优化,把挤扩体简化为以盘径为直径,挤扩体高度为桩长的短桩,在Geddes应力解的基础上通过理论分析,提出了适合挤扩灌注桩单桩的沉降计算方法。

天津大学的吴永红教授[19]根据DX桩属于多支点端承桩的受力特点,提出了承力盘分段扩散的技术方法,并在此基础上引入了桩与桩的相互作用系数,从而导出DX桩群桩沉降的计算方法,并用工程实例验证了计算的沉降值与实测值吻合较好,上述方法计算过于复杂。唐松涛依据DX群桩大比例尺模型试验中DX群桩受力特性,提出了一种新的DX群桩沉降计算方法,将群桩基础分为两部分:第一个承力盘以上的桩身与承台内的土组成实体基础;第一个承力盘以下各DX桩组成桩基础。对桩端下层土体的附加应力采用Mindlin解,引入分层总和法计算沉降,计算值与试验实测值吻合得很好。

上述方法都是各学者对DX桩进行的一些探讨,还欠缺实际工程的检验,工程界并没有对DX桩群桩的沉降计算形成统一的认识,目前国内对群桩沉降计算主要参考实体基础的做法。而从实测结果看,计算成果往往对沉降估算偏大,过于保守,在客运专线和高速铁路中,沉降恰恰是重点关注的问题,因此这方面的研究亟待加强。

6 工程应用

目前,DX桩已经在诸多领域进行了广泛的应用,包括建筑桩基,工业厂房及构筑物桩基,液化天然气储气罐桩基,大型和特大型公路桥梁桩基等,并且取得了非常良好的经济效益和社会效益。

以某工程为例,设计方案有普通直孔灌注桩和DX桩两种。两种桩型的基本参数见表2。

两种桩型的基本参数　　　　　　　　　　　　　　　　　表2
Parameters of two kinds of piles　　　　　　　　　　Table 2

桩 型	桩长(m)	桩径(m)	盘径(m)	承力盘数(个)
直孔桩	70	1.2	—	—
DX桩	40	1.2	2.2	3

通过试桩的结果分析,DX桩桩长比直孔桩缩短了30m,仅为直孔桩57%,两者桩径一样。而承载力方面直孔桩为18711kN,DX桩为16396kN,DX桩仅比直孔桩小12%左右,见表3。但是由于桩长的缩短,带来的施工的方便与快捷,同时对材料的大量节省,是直孔桩无法比拟的。

两种桩型的试桩结果对比　　　　　　　　　　　　　　　表3
Comparison of two kinds of piles test results　　　　　Table 3

对比项目	直径孔	DX桩
单桩竖向抗压极限承载力标准值(kN)	18711	16396
极差(%)	18.9	7.5
单桩水平承载力特征值(kN)	240	300
单桩混凝土用量平均值(m³)	79.258	52.260
单方混凝土提供承载力(kN·m⁻³)	236.0753	313.7365
单方混凝土提供承载力比值(%)	75.24	100

工程实例2,该项目中也是采用了DX桩和直孔桩的对比,见表4。两者的桩长一致,DX桩桩径比直孔桩大100mm,但是DX桩的极限承载力比直孔桩提高了54%。由此,该工程在设计时,每个桥墩下的桩数由原来直孔桩的4根,减少到DX桩的2根。每墩桩基(半幅)总造价由316472元减少到203110元,节约了36%,经济效益相当可观。

经济效益分析　　　　　　　　　　　　　　　　　　　　表4
Analysis of economics benefit　　　　　　　　　　　Table 4

对比项目	直径桩	DX桩	备注
桩径(mm)	1400	1500	—
承力盘径(mm)	—	2500	—
承力盘数(个)	—	4	—
Q_{uk}(kN)	9768	15000	—
特征值 R_a(kN)	4884	8300	—
单桩混凝土方量(m³)	77	92.8	—
每墩桩数(棵)	4	2	减少50%
桩混凝土总方量(m³)	308	185.6	减少39%
承台混凝土方量(m³)	86.9	56.4	减少35%
泥浆排放量(m³)	308	185.6	减少39%
每墩桩基(半幅)总造价(元)	316472	203110	节约36%

7　结语

当前是我国基础建设的高潮期,高速铁路、城市轨道交通、城市化进程以及各种港口、桥梁建筑等重大项目不断开工建设,工程中涉及的桩基础不计其数,每年灌注桩的混凝土方量超过亿万吨。如此重要和巨大的工程量,十分有必要积极采用先进的技术和理念,建设更安全、更经济、更具社会效益的基础。DX 桩通过旋挖挤扩技术,将传统的直孔桩转变为多点支撑的新型桩,充分利用了土体端阻力远远大于摩擦力这一天然特性,充分挖掘了土体的潜力,从而有更高的竖向抗压和抗拔承载力。DX 桩技术走出了传统桩基技术靠增加桩长或桩径来提高承载力的做法,通过横向挤扩,将二维的桩基技术扩展到了三维空间。大量的工程实践证明这一技术具备安全、可靠、效率高的特点,能为工程提供更高的安全性并具备良好的经济性,同时可以大量节约混凝土和钢筋用量,为当前节能减排做出重要贡献。

与工程实践相比,DX 桩的相关研究还亟待提高,特别是群桩抗压抗拔机理和沉降计算。当前的重大工程都是沉降控制设计,如高速铁路要求沉降小于 15mm 甚至小于 10mm。对于群桩基础,如果仍然采用规范中的实体基础假设进行沉降计算,DX 桩与直孔桩相比并无明显优势,这显然将制约该技术的应用。

参考文献

[1] Chandra S. Under-reamed pile foundations in black cotton soils [J]. lndian Concrete Journal,1962,36(1):27-30.
[2] Chandra S,Khepar S D. Double under-reamed piles for foundations in black cotton soils[J]. lndian Concrete,Journal,1964,38(2):50-52
[3] Mohan D,Jain G S,Sharma D. Bearing capacity of multiple under-reamed bored piles[J]. Proceedings,3rd Asian Regional Conference on Soil Mechanics and foundation Engineering,Haifa,1967,1:103-106.
[4] Martin R E,DeStephen R A. Large diameter double under-reamed drilled shafts [J]. J Geotechnical Engineering,ASCE,1983,109(8):1082-1098.
[5] 魏章和,李光茂,贺德新. DX 桩的试验与研究[J]. 岩土工程界,2000,3(5):12-16.
[6] 周青春,于南燕. DX 桩的试验研究[J]. 岩土力学,2001,22(3):298-302.
[7] 杨志龙,顾晓鲁,张国梁. 挤扩多支盘混凝土灌注桩承载力试验研究[J]. 土木工程学报,2002,35(5):100-104.
[8] 陈轮,常冬冬,李广信. DX 桩单桩承载力的有限元分析[J]. 工程力学,2002,19(6):67-72.
[9] 陈轮,蒋力,王海燕. DX 桩承载力及荷载传递特点的现场试验研究[J]. 工业建筑,2004,34(3):5-8.
[10] 陈轮,王海燕,沈保汉,等. DX 桩单位侧阻力和单位端阻力的现场试验研究[J]. 工业建筑,2004,34(3)15-18.
[11] 沈保汉,钱力航,孙君平. DX 挤扩灌注桩的桩身承载力研究[J]. 工业建筑,2008,38(5):23-27.
[12] 沈保汉. DX 挤扩灌注桩的荷载传递特点[J]. 工业建筑,2008,38(5):5-12.
[13] 沈保汉,贺德新,孙君平,等. 影响 DX 挤扩灌注桩竖向抗压承载力的因素[J]. 2008,38(5):32-38.
[14] 吴兴龙,李光茂,魏章和. DX 桩单桩承载力设计分析[J]. 岩土工程学报,2000,22(5):581-585.
[15] 钱永梅,尹新生,钟春玲,等. 挤扩多盘桩的土体极限承载力研究[J]. 哈尔滨工业大学学报,2005,37(4):568-570.
[16] 沈保汉. DX 挤扩灌注桩竖向抗压极限承载力的确定[J]. 工业建筑,2008,38(5):13-17.
[17] 胡安兵. 挤扩灌注桩工作性态的研究[D]. 上海:同济大学,2006.
[18] 曹正舸. 多节挤扩灌注桩沉降计算和性状研究[D]. 上海:同济大学,2007.
[19] 吴永红,郑刚,闫澍旺. 多支盘钻孔灌注桩基础沉降计算理论与方法[J]. 岩土工程学报,2000,22(5):528-532.

渤海海峡跨海通道战略规划研究

王梦恕

(北京交通大学土木建筑工程学院)

摘　要：渤海海峡跨海通道是连接我国山东半岛与东北地区的战略性工程，对于加快环渤海圈的经济发展及振兴东北老工业基地都有重大意义。通过全面分析渤海海峡通道建设的战略价值，对渤海海峡通道的工程方案及投融资方式进行了详细规划，认为渤海海峡跨海工程宜采用旅顺—蓬莱的全隧道方案，并将铁路隧道方案作为首选，汽车通过穿梭列车背负过隧道；隧道施工采用 Tunnel Boring Machine（TBM）法＋钻爆法，在我国现有隧道修建的技术水平与经济能力下是可行的，施工风险水平在可接受范围；参考国内外跨海工程建设情况以及渤海海峡跨海通道工程项目特点，本项目融资适宜采取 Build-Operate-Transfer（BOT）模式。

关键词：渤海海峡；跨海工程；战略规划；隧道施工；投融资方式

中图分类号：U45　　**文献标识码**：A　　**文章编号**：1009-1742-(2013)12-0004-06

Abstract: Bohai Strait cross-sea channel is a strategic project which connects Shandong Peninsula and Northeast regions, and it is very important for speeding up the economic development of the Bohai-ring and revitalizing the northeast old industrial base. Through a comprehensive analysis of the strategic value of Bohai Strait channel, the engineering solutions and investment and financing methods are planned. According to the analysis, the Bohai Strait project should adopt Lvshun-Penglai tunnel option, and the railway tunnel is the preferred solution, cars are carried by trains to cross the Bohai Strait tunnel; tunnel boring machine (TBM) + drilling and blasting method is used in the construction of the tunnel, this method is feasible in our existing tunnel built and economic capacity, and the construction risk is acceptable. In accordance with cross-sea project of domestic and international and the characteristics of Bohai Strait cross-sea channel, the build-operate-transfer (BOT) financing model is suitable.

Key words: Bohai Strait; cross-sea channel; strategic plan; tunnel construction; investment and financing method

1 引言

渤海是我国最大的内海，从辽东半岛沿海到胶东半岛，三面大陆环绕状如英文字母 C 形，建设渤海海峡跨海通道，解决环渤海地区的交通瓶颈问题，促进环渤海区域乃至全国经济的全面协调一体化发展具有重要的意义。

随着现代经济的高速发展，对海洋运输提出了新的更高的要求。虽然当前船只已经能够顺畅航行于各大海洋，通达世界各地，然而海上运输也有很大的局限性，特别是在海峡短途运输中，越来越暴露出其不可避免的弱点。与公路、铁路相比，除了运量有限，运输的时效性也较差。渤海的海上运输，从烟台到大连约 170 km，即使是如此短的航程，在目前，一个运输周期也需要 30 h 左右，如果加上火车装卸间断时间、压港压船等耽误的时间，实际上完成一个运输周期往往要 15 d 左右[1]。另外，受气候等因素的影响很大，无法全天候航行。更重要的是，利用船只进行的海上运输，具有很大的风险和不确定性。为了解决这

---

* 本文原载于：中国工程科学，2013(12)。

些问题,需要建立固定的跨海通道。

世界上已修建了许多海峡隧道,如日本20世纪40年代在关门海峡修建的关门隧道,是世界上最早的海峡隧道;1974年日本又建成了新关门铁路隧道;1988年日本在津轻海峡建成了迄今世界上最长(53.9km)的海底隧道——青函隧道;英法海底隧道从拿破仑时代(1800年)以来就曾两次开挖,但都停了下来,直到1993年隧道全部贯通;挪威也先后建成了十几座海底隧道。我国至今也修建了十几座水下隧道,如厦门翔安海底隧道、青岛胶州湾海底隧道、狮子洋隧道等。这些跨海隧道的成功建成,为渤海海峡隧道的建设提供了经验和技术支撑[2]。

2 渤海海峡跨海通道建设的必要性及重要意义

建设渤海海峡跨海通道,将有缺口的C形交通变成四通八达的D形交通,化天堑为通途,进而形成纵贯黑龙江到海南11个省、自治区和直辖市全长5700km的中国东部铁路交通大动脉,具有重要的战略意义[3,4]。

(1)促进环渤海区域经济全面协调一体化发展。环渤海地区是我国重要的经济区域,在整个国民经济中占有举足轻重的地位。但长期以来,由于渤海海峡相隔,使环渤海南北两岸成为交通死角,极大地限制了客货运输和经济发展。渤海经济圈难以像珠三角、长三角那样,形成完整、连续、统一的经济圈,实现区域经济一体化发展。

渤海海峡跨海通道建成后,就可以建立起环渤海经济圈内快速、便捷、高效的交通联系,特别是三大板块(京津冀、山东半岛、辽东半岛)之间以及三大板块内部不同城市之间的交通联系。环渤海经济圈三大板块的内部交通均较为发达,但板块之间的交通发展却明显滞后,落后于经济和社会发展的需求。

(2)发展东北区域经济,振兴东北老工业基地。2002年11月,党的十六大提出了"振兴东北老工业基地"的发展战略,首次将振兴东北提到了战略的高度。2012年11月,党的十八大再次强调"全面振兴东北地区等老工业基地"。

目前,东北地区缺少跨区域的交通通道,已成为制约其发展的一个重要因素。渤海海峡跨海通道,可以连接山东半岛城市群和辽中南城市群,向北延伸到长吉城市群、哈大齐城市群,将东北经济区和山东经济区联成一体,进而沟通长三角和珠三角经济圈,增强东北与东南沿海发达地区的经济交流与联系,将东北全面融入全国的大市场,东北的资源优势能够得到最大程度的发挥,也能最大限度地受到东南沿海地区的经济辐射,扩大东北地区的市场开放,将资源优势转化为发展优势和竞争优势,逐渐缩小东北与东南沿海地区的经济差距,推动实现国家确立的"振兴东北老工业基地"的战略目标。

(3)对优化地区间运输结构、提高路网运输能力和服务水平具有重要意义。目前的运输格局是环渤海1800多千米C形运输,如果打通渤海海峡跨海通道,增加I形运输通道,经此大通道,东北至山东和长江三角洲的运距,比原绕道沈山、京山、京沪、胶新、陇海等缩短400~1000km,大大节省了运费及时间,并缓解京沈、京沪、京广三大铁路干线运输压力,在更大范围内缓解全国铁路和公路运输的紧张局面。更重要的是,渤海海峡跨海通道与我国确定的铁路"八纵八横"和公路"五纵七横"国家干线建设格局相吻合,它可直接沟通同江—三亚高速公路国道主干线(又称沈海高速,沈阳—海口),为我国沿海地区再添一条公路运输大动脉。

(4)对构筑沿海旅游大格局、开发海洋资源具有重要意义。渤海海峡跨海通道把发达的辽东、胶东两大半岛连为一体,将构成独具特色的环渤海"金项链"旅游热线,环形的路网新格局将构筑环渤海湾旅游大格局,对开发旅游资源、发展旅游经济将发挥重要作用。渤海海峡还蕴藏着极为丰富的海流发电资源,沿途诸岛具有建设深水良港的优越条件,水产养殖可以依托桥隧工程向深海延展,海峡两岸通信、电缆、输气、供水等各种管道都可利用桥隧工程全面沟通。

(5)提高渤海海峡水上运输安全性的迫切需要。渤海海峡是我国汽车轮渡最多的海上通道,目前仍以较快的速度增长。从烟台到大连直线距离只有170km,乘船需要6~8h。而且,每年均有一个多月的时间因风浪影响不能通航,恶劣气候环境中存在着难以预料的重大事故隐患,要想确保这条繁忙的海上"黄金水道"的交通安全,就必须尽早实施渤海海峡跨海通道这一"全天候"工程。

(6)具有重要的国防、政治及军事意义。渤海是我国重要的军事战略要地,是京、津之门户,内庙岛群岛是扼守海口的天然要塞,历来为兵家必争之地。海峡跨海通道的兴建,能够从整体上加强环渤海国防体系,大大提高沈阳、济南、北京、南京四大军区总体作战和机动作战能力,形成具有弹性攻防和战略纵深的防御区,改善攻守态势,加强后勤保障和战略威慑力量,实现平战结合、富国强兵的双重价值。

3 渤海海峡跨海通道方案研究

(1)渤海海峡跨海通道线位方案[5]。渤海海峡最窄处海面宽度达106km,且庙岛群岛基本呈一字形南北摆开,占据海峡3/5的海面,北部老铁山水道宽度达42km,最大水深达85m。岛屿周围的水深较浅,因此,跨海工程线位优先选择连岛方案是有利的。对于桥梁方案,可以利用岛屿减小桥梁的长度,并且由于水深较浅而可以减小桥墩高度;对于隧道方案,可以利用岛屿设置施工竖井及运营通风竖井,避免在海上设置人工岛而增加成本及建设的难度,同时由于水深较浅可以减小隧道深度。

该线位地层相对稳定,其位于两组北北东向断层的中间,并与这两组断层方向平行,距郯庐断裂带约40km,只穿越规模较大的两组北西向断裂带(图1)。

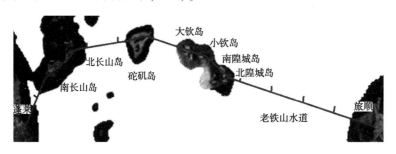

图1 渤海海峡跨海工程线位方案

Fig.1 Tunnel line position of Bohai Strait

(2)渤海海峡跨海通道方式[6-8]。渤海海峡跨海工程形式可选择全隧道、全桥梁、南桥北隧3种。根据国外的经验,在跨越较窄的海峡时,采用桥梁方案最为经济,而对于宽度大、水深大的海峡,应优先考虑选用隧道方案。在世界各大海峡的跨越工程中,无论是已经建成的,或者正在施工的,或者正在规划的,大部分均为隧道方案,也有一小部分为桥隧组合的方案,全桥梁方案只是在宽度小、水深浅的海峡中采用。

桥梁对抵御战争(特别是现代战争)以及地震等自然灾害的能力远不如隧道,为了避免战争和自然灾害给人类生命财产带来的巨大损失,世界各国在大型跨海工程建设上都注意挑选具有较强抗御战争和自然灾害能力的跨越方式。因此,渤海海峡跨海工程方式为全隧道方式。

(3)渤海海峡隧道运输模式[6-8]。渤海海峡隧道必须能同时满足铁路运输和公路运输的要求。因为通风的问题,水下公路隧道在长度规模上远不及水下铁路隧道,如果让汽车直接行驶通过隧道,必须扩大隧道断面,增加通风设备,并在海峡中间修建多个人工岛用作通风竖井,如日本的东京湾海底公路隧道(长9.5km),这样势必加大施工难度,并大量增加工程造价和运营时的通风费用。此外,还要增加照明、监控、防灾等一系列运营费用。而且汽车在超长公路隧道内连续行驶,容易令驾驶员产生紧张感和疲劳感,事故率远远高于铁路隧道,超长公路隧道的安全性差。

因此,渤海海峡隧道应采用铁路隧道方案,铁路隧道可以同时运行高速列车和穿梭列车,汽车可以搭乘穿梭列车背负式通过隧道,这与世界各大海峡隧道的运输方式是一致的。

(4)渤海海峡跨海通道登陆点。根据渤海海峡跨海通道两侧地形地貌条件、既有铁路网现状和规划情况、交通运输模式确定跨海通道的登陆点。

旅顺侧登陆点设在老铁山角,距离岸边竖井约6km,该位置已经做了规划预留。货运线与烟大轮渡的旅顺西站相接,客运线出海底隧道后引入沈大客运专线终点站新大连站。

蓬莱侧登陆点设在东南角的东港区,距离岸边竖井约5km,该位置已经做了规划预留。货运线与在建的德龙烟铁路相接,客运线出海底隧道引入青荣城际铁路。

(5)渤海海峡隧道断面形式。根据初步了解的地质资料,渤海海峡海底上部为第四系深水沉积(30m左右),下部为玄武岩、石英岩和板岩互层、花岗岩。但是海峡内水文条件恶劣,海床演变情况不详,因此考虑到隧道的安全,隧道应深埋于稳定的基岩中,另外隧道深埋于隔水性较好的岩层中,可以减小掘进机的工作压力,便于选择条件较好的地段进行刀具更换、机械维修、海中对接,从而实现单机长距离掘进的要求。综合考虑后,确定海底隧道最小埋深80m左右。纵断面如图2所示。

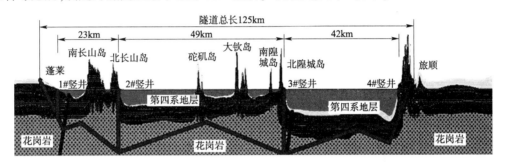

图2 渤海海峡隧道纵断面图

Fig.2 Longitudinal profile of Bohai Strait tunnel

隧道的海底段主要通过花岗岩、石英岩与板岩互层、玄武岩地层,该地层具有很好的自稳能力,并具有很好的隔水作用,有利于减小衬砌背后水压力。隧道纵向坡度1.8‰,总长约125km。在北隍城岛、北长山岛及两端岸边各设置一通风竖井。如果需要,可在大钦岛增设一个施工竖井,同时作为旅客进出通道;也可在北长山岛通风竖井设计时考虑设置提供旅客出入的电梯通道,或提供汽车出入的通道。

铁路隧道的横断面主要有双洞单线、单洞双线、单洞双线+隔墙、双洞单线+服务隧道四种布置形式,四种布置形式各有优缺点,经综合分析比较,确定采用双洞单线+服务隧道方案,如图3所示。根据我国高速铁路隧道断面大小,内净空面积66m²可以满足客车200~250km/h的行车速度要求。

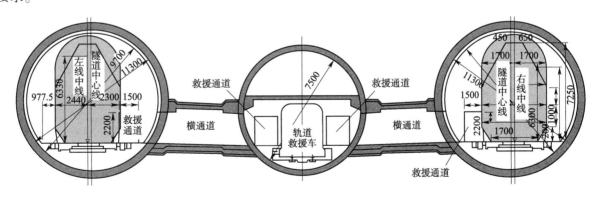

图3 渤海海峡隧道横断面图(尺寸单位:mm)

Fig.3 Cross section of Bohai Strait tunnel(unit:mm)

(6)隧道施工方法。针对渤海海峡隧道的具体地质条件和建设规模,确定主隧道与服务隧道均采用敞开式tunnel boring machine(TBM)+钻爆法施工。施工筹划:隧道共分为5个区段,即第1段从蓬莱端隧道口到北长山岛竖井;第2段从北长山岛竖井到砣矶岛;第3段从砣矶岛到北隍城岛竖井;第4段从北隍城岛竖井到老铁山水道中部;第5段从老铁山水道中部到旅顺端隧道口。采用15台TBM施工,其中每段隧道用3台,2台掘进主隧道,1台掘进服务隧道。施工时服务隧道先行施工,两条主隧道随其后。隧道施工工期估算为8~10年。

服务隧道可作为超前导洞先施工,用以查明线路详细的地质情况,补充施工前地质勘探资料的不足。在服务隧道掌子面前方进行超前钻探,如果掌子面前方遇到不良地质情况,可进行超前注浆。并在不良地质地段处通过服务隧道对主隧道进行各种超前预处理。横通道采用钻爆法开挖。

(7)隧道施工风险评估。根据上述渤海海峡隧道初步拟定的设计、施工方法以及沿线各岛屿地质资料的收集和整理,对渤海海峡隧道施工进行了风险识别和采用层次分析法对各层风险、基本风险因素权重计算;采用模糊综合评价法对各层风险及风险基本因素的风险概率隶属度和风险损失等级隶属度进行了计算,并在此基础上进行了风险评估。

隧道施工阶段的风险可分为三大类:竖井施工风险,主隧道、服务隧道施工风险,横通道施工风险。隧道施工整体初始风险等级为三级,属高风险。通过采取相应的风险应对措施,可以使渤海海峡隧道施工基本风险降低为一、二级,即可接受风险。

4 渤海海峡跨海通道投融资方式

4.1 渤海海峡隧道投资方式

渤海海峡隧道投资匡算按现行有关办法进行估算,按上述隧道方案(长约125km、两单线铁路隧道+服务隧道)考虑一次建成,匡算投资约2000亿元,贷款额度暂按估算总投资的50%计算,贷款利率取6.8%。

渤海海峡隧道工程项目建设投资额度大、周期长,单纯依靠政府投资既不现实,也不经济,适宜采取各种形式,多渠道、多方式筹集资金。融资的总体思路应该是:①拓宽融资渠道,降低融资成本;②投资主体转向中央与地方投资引导,各类投资机构、境内外企业法人运作的多元投资主体;③筹资渠道应从中央财政性资金及国内贷款为主,拓展为财政投入、企业投入、市场融资、利用外资等多渠道融资相结合;④融资方式应逐步从单个银行借贷为主,向贷款、债券、项目融资、股权融资等多方向扩展。

目前世界上跨海工程投融资主要有两种方式:政府投资和民间投资。日本、挪威等国家,以政府投资为主,而多数国家是以利用社会资本为主,其中最主要的是Build-Operate-Transfer(BOT)融资,另有Public-Private-Partnership(PPP)融资等方式。

项目的投资费用包括建设费、养护费和管理费等,其中建设费对项目投资报酬率的影响最大。如果采用BOT的方式投建,在特许经营期内,只需要最少的大修养护费用以降低运营成本,在特许期结束时,项目必须以良好的结构状态移交政府。因此,投资者对工程项目的建设标准要求较高。同时,项目的总概算要充分考虑到贷款利息,建设期通货膨胀、汇率变动、成本超支以及其他不可预见因素的影响。

4.2 工程投资回报率

渤海海峡跨海通道项目的投资收益有广义和狭义之分。广义的收益包括项目建成后对胶东与辽东地区、华东与东北地区乃至整个东部沿海地区有关产业、经济发展的拉动。狭义的收益仅限于工程项目完工后的通行收费,主要包括铁路与公路通行费收入、相关管线收入、广告收入、综合开发经营收入等。在测算过程中,仅考虑工程项目建成后的铁路与公路的通行费收入。

(1)预计远期交通量。根据国家发改委综合运输研究所等的研究分析,随着环渤海地区交通网络结构逐步优化和运输组织管理水平不断提高,预计2020—2035年,环渤海跨海通道旅客运输能力年平均增长2%,货物运输能力年均增长1%;2035—2050年,客货运输能力年平均增长速度分别为1.5%和1%;

2050年之后,客货运输能力年平均增长速度还会保持在1%左右,铁路和公路的运输量结构基本上保持不变。照此估算,海峡隧道的交通流量将会大幅提升。

(2)预计收费标准。收费标准的确定要从社会和项目投资者两个方面考虑,既要保证项目投资者的收益,又要考虑道路使用者的承受能力,尽可能发挥新建通道的社会效益。

社会的角度,主要是考虑一定经济发展状况下社会的承受能力。

由于该项目的预计投资规模、交通量、交通量增长率、投资收益率等诸多因素的不确定性,以及该项目从建设期到运营期的时间周期比较长,考虑到一定的通货膨胀率、物价增长因素和货币实际价值,经实地调研、咨询专家等,参考借鉴当前烟台到大连的海上轮渡运输小客车运费标准等,综合上述因素,在测算中暂按800元/车次计算。

(3)工程投资回报率。假设该项目建设期10年,全部投资2000亿元均摊在各个年度,即每年的投资费用200亿元;项目在建设运营过程中的费用,除了建设投资以外,还会发生一定的银行借款利息等资金成本、通道管理维护费用、各项税费等费用;考虑到本项目除了交通收费外,还会有一定的管线收入、广告收入以及其他可能发生的各项收入,该部分收入能抵消一部分甚至全部相关费用。

海峡隧道项目的内部报酬率高于社会一般折现率。

5 结语

综合以上研究,初步得出以下结论:

(1)渤海海峡跨海通道的建设对促进环渤海区域经济全面协调一体化发展、振兴东北老工业基地以及巩固国防等都具有十分重要的意义。我国应抓住机遇,乘势而上,适时启动渤海海峡跨海通道的建设。

(2)根据渤海海峡的自然及地质条件,推荐旅顺到蓬莱的连岛线位方案为较优方案,跨海通道方式采用全铁路隧道方案,汽车可通过穿梭列车背负式通过隧道。

(3)隧道纵断面可采用W形,最大坡度可用1.8%,隧道最小埋深为80m左右,隧道长约125km,在旅顺岸边、北隍城岛、北长山岛及蓬莱岸边各设一个通风竖井;隧道横断面采用两单线铁路隧道+服务隧道的形式。

(4)隧道施工采用TBM法+钻爆法,在我国现有隧道修建的技术水平与经济能力下是可行的,施工风险水平是可以接受的。

(5)渤海海峡跨海通道的经济收益是综合的、多方面的,收费只是其中一部分甚至很小的一部分,对通道两端乃至于华东、东北地区的经济发展,其促动作用是难以评估的,这个收益要远远大于通行费的收入。

参考文献

[1] 魏礼群,柳新华.渤海海峡跨海通道若干重大问题研究[M].2版.北京:经济科学出版社,2009.
[2] 王梦恕.水下交通隧道发展现状与技术难题——兼论"台湾海峡海底铁路隧道建设方案"[J].岩石力学与工程学报,2008,27(11):2161-2172.
[3] 柳新华,刘良忠.渤海海峡跨海通道对环渤海经济发展及振兴东北老工业基地的影响研究[M].北京:经济科学出版社,2009.
[4] 刘良忠,柳新华.渤海海峡跨海通道建设与蓝色经济发展[M].北京:经济科学出版社,2012.
[5] 宋克志,王梦恕.烟大渤海海峡隧道的可行性研究探讨[J].现代隧道技术,2006,43(6):1-8.
[6] 谭忠盛,罗时祥.琼州海峡铁路隧道方案初步比选分析[J].中国工程科学,2009,11(7):39-44.
[7] 谭忠盛,王梦恕.台湾海峡越海通道前期方案研究报告[R].北京:北京交通大学,2012.
[8] 谭忠盛,王梦恕,张弥.琼州海峡铁路隧道可行性研究探讨[J].岩土工程学报,2001,23(2):139-143.

中国盾构和掘进机隧道技术现状、存在的问题及发展思路

王梦恕

(中铁隧道集团有限公司)

摘 要：简要分析我国盾构、掘进机隧道修建技术的现状，包括水下盾构隧道、地铁盾构、TBM 隧道和山岭 TBM 隧道的技术现状。通过列举典型工程案例，分析总结我国盾构、掘进机隧道技术存在的问题：①水底公路隧道盾构直径过大；②单层管片衬砌的耐久性不足；③护盾式 TBM 有很多局限性；④土压平衡盾构不是万能的；⑤隧道线路高程选择不合理；⑥工程建设中存在四大不合理。针对这些问题提出解决建议：①一般情况下，水底公路隧道盾构直径不宜超过 12m；②增设二次模筑混凝土衬砌，形成复合衬砌结构；③取消护盾式 TBM，提倡采用开敞式 TBM；④盾构选型时，应同时考虑比选泥水盾构、土压盾构和开敞式无刀盘盾构；⑤避开在岩层交界面上选线；⑥工程建设一定要坚持科学发展观。为盾构、掘进机隧道的设计和施工提出新思路，包括：①无刀盘的开敞式网格盾构；②压缩混凝土衬砌；③TBM 导洞超前再钻爆法扩挖；④风井始发盾构。最后，指出大直径盾构不是发展方向，长距离掘进(>2km)时，深埋盾构施工才是发展方向；并提出琼州海峡隧道采用盾构法施工(深埋优于浅埋)，渤海湾海峡海底隧道采用直径为 10m 的 TBM + 钻爆法施工，台湾海峡隧道采用深埋方案开敞式 TBM + 钻爆法施工的想法。

关键词：盾构；掘进机；TBM；水下盾构隧道；城市地铁盾构隧道；山岭隧道；护盾式 TBM；土压平衡盾构；开敞式网格盾构；压缩混凝土衬砌；风井始发盾构；导洞扩挖

DOI：10.3973/j.issn.1672-741X.2014.03.001

中图分类号：U45　　文献标志码：A　　文章编号：1672－741X(2014)03-0179-09

Abstract: The state-of-art of tunneling by TBM/shield in China including under-water tunneling by shield, Metro tunneling by shield and mountain-crossing tunneling by TBM, is analyzed briefly. The problems in the tunneling by TBM/shield in China are analyzed on basis of typical case histories: ①The diameter of the shields for under-water highway tunnels is too large; ②The durability of the single segment lining shell is inadequate; ③Shield TBM has many limitations; ④EPB shield is not applicable for all cases; ⑤The elevation of the route of some tunnels is irrational; ⑥Some projects suffer from irrational construction schedule irrational construction cost irrational construction contract and irrational construction scheme. Regarding the afore-mentioned problems the following proposals are made: ①In general cases the diameter of the shields for under-water highway tunnels should not be more than 12m; ②Cast-in-situ secondary lining should be added to form composite lining structure; ③Shield TBM should be cancelled while open TBM should be promoted; ④Slurry shield, EPB shield and open shield should be considered in shield type selection; ⑤The tunneling route should not be placed along the interface between different strata; ⑥The concept of scientific development must be held in project construction. The following new solutions are proposed for tunneling by TBM/shield in China: ①Open grid shields should be applied; ②Extruded concrete lining should be applied; ③The method of "TBM bore + enlarging by drill and blast" should be applied; ④Shield can be launched from ventilation shaft in congested area. Finally it is stated that: Large diameter shield is not the development trend; In the case of long-distance boring (longer than 2km), deep

---

* 本文原载于：隧道建设，2014(03).

shield tunneling is the development trend; Shield tunneling method should be adopted for Qiongzhou strait crossing tunnel (the deep shield tunneling proposal is better than the shallow shield tunneling proposal); The proposal of "φ10mm TBM + drill and blast" method should be adopted for Bohai strait crossing tunnel; Deep tunneling proposal consisting of "TBM bore + enlarging by drill and blast" should be adopted for Taiwan strait crossing tunnel.

Keywords: TBM/shield; under-water shield-bored tunnel; shield-bored urban Metro tunnel; mountain-crossing tunnel; Shleld TBM EPB shield; open shield; extruded concrete lining; shield launching from ventilation shaft; pilot bore + enlarging by drill and blast

1 引言

盾构、掘进机(TBM)问世至今已有近200年历史,其始于英国,发展于日本、德国。近30年来,由于土压平衡、泥水平衡、尾部密封、盾构始发及接收等一系列技术难题的解决,使得盾构及其掘进技术有了较快发展,至今全世界已累计生产1万多台盾构,其中,80%左右是小直径盾构(φ≤5m)。国外主要的生产厂家有美国罗宾斯公司,日本三菱重工、川崎重工,德国威尔特、海瑞克公司等。我国主要的生产厂家有中国中铁工程装备集团、中国铁建重工集团、上海隧道工程股份公司等。

盾构法施工已是一门比较成熟的地下工程施工技术。我国盾构施工技术已取得了长足的进步,但与国外先进盾构技术相比,仍然存在一定差距,主要表现在关键部件的材质和耐久性方面。因此,需要进行不懈的开发、创新和积累,以形成我国独立的机械制造、隧道设计和施工管理技术。

随着各大城市地铁建设力度的不断加大,跨江越海隧道工程不断增加,国家的重点建设项目,如长距离供水、水下交通、西气东输等工程都将涉及穿越江河的问题;铁路、公路、市政、供水、供气、防洪、水电等隧道工程的建设。这些都会使隧道(隧洞)的数量大幅度增多。而一些区段将很可能需要采用盾构、TBM法进行隧道施工。在这样的大背景下,为了更好、更经济、更安全地使用盾构、掘进机,为了使盾构、掘进机技术能更加适合我国的工程实际,有必要总结我国盾构、掘进机技术的现状,指出我国盾构、掘进机技术存在的问题,提出解决各种问题的办法和新思路,探讨今后盾构、掘进机技术的发展方向。

2 中国盾构、TBM隧道修建技术现状和经验教训

当今中国已是世界上隧道及地下工程规模最大、数量最多、地质条件和结构形式最复杂、修建技术发展速度最快的国家。盾构、TBM隧道施工法作为一种适用于现代隧道及地下工程建设的重要施工方法之一,将发挥重要作用。

2.1 水下盾构隧道技术现状

近百年来,国外已建越江跨海的中等规模以上的水下交通隧道已逾百座,水下建隧的技术和方法已日益成熟。目前我国已建成的水下隧道有50多条,采用的施工方法有盾构法、硬岩掘进机法、钻爆法、沉埋管段法及浅埋暗挖法等多种。其中,水下盾构、TBM隧道主要集中在长江三角地区、珠三角地区、环渤海地区、长江流域等,如武汉长江公路隧道(长江第一隧)、南京长江公路隧道、杭州庆春路市政公路隧道(钱江第一隧)、广深港高铁狮子洋隧道、重庆排水长江隧道。武汉长江公路隧道和杭州庆春路市政公路隧道均为双向4车道,盾构直径11m多,3.5~4.0km长,总投资约20亿元;而南京长江公路隧道为双向6车道,盾构直径近15m,长约3km,总投资达44亿元;狮子洋隧道盾构直径10.8m,长10.8km,总投资33亿元;重庆排水长江隧道盾构外径为6.32m,长约1km,总投资仅1亿元。可见,盾构直径≤12m相对经济、安全,且施工风险小;盾构直径过大,其成本和安全风险会成倍增加。因此,规划中的琼州海峡海底隧道

将采用12台直径为10m左右的盾构施工,渤海湾海峡海底隧道将采用15台直径为10m左右的TBM+钻爆法施工。

2.2 城市地铁盾构、TBM隧道技术现状

截至2013年9月,我国获得国家批准建设轨道交通的城市已达到37个,高居世界第一。未来3年,至少还有10个以上城市将获得批准[1]。有关专家表示,地铁建设将会在较长的时间内成为中国基础建设投资的重点之一。

不同形式的盾构所适应的地层范围不同,盾构选型总的原则是安全性、适应性第一,以确保盾构法施工的安全、可靠、经济、快速。上海、广州及北京地区是我国盾构应用较多且较早的地区,这3个地区分别代表了我国3大区域的地层(3大典型地层)特征——软土地层、复合地层和砂卵石地层。砂卵石地层适合采用土压盾构和开敞式盾构施工,如北京地铁、成都地铁、沈阳地铁等;软土地层适合采用土压盾构施工,如上海地铁、南京地铁、苏州地铁等;复合地层适合采用复合盾构施工,如广州地铁和深圳地铁等。另外,黄土地层和膨胀土地层因最怕水加速地层变坏而适合采用无水土压盾构和开敞式无刀盘盾构施工,如西安地铁、合肥地铁;硬岩地层适合采用TBM掘进机施工,如重庆地铁、青岛地铁、厦门地铁、大连地铁等。单洞单线地铁隧道宜选用直径为6~7m的盾构施工,应采用单层管片+混凝土复合式衬砌;单洞双线地铁隧道宜选用直径为10~12m的盾构施工,采用复合式衬砌。

2.3 山岭隧道TBM技术现状

TBM掘进机是大于20km特长铁路、水工、山岭隧道高度机械化的开挖设备,与钻爆法配合进行快速安全施工是最好的组合方法。掘进机法虽然投资多,但具有施工快速、优质、安全、环保等优点。大伙房引水隧道、中天山特长隧道、西秦岭隧道等工程全部采用开敞式TBM+钻爆法施工,直径在10m以内,采用复合式衬砌结构,而不允许也不可能采用管片衬砌。

3 典型工程案例

3.1 武汉长江公路隧道

武汉长江公路隧道全长3.64km,工程总投资20.5亿元(其中盾构施工段12亿元),为双向4车道,盾构外径11.4m(2台盾构约2.5亿元),设计行车速度50km/h,是我国修建的第1条长江公路隧道,于2008年通车。

武汉长江公路隧道先后穿越淤泥质黏土、粉细砂、中粗砂、卵石、上软下硬复合地层,穿越地层具有复杂多变、敏感性高、富含承压水等特点。隧道施工方法原定为沉管法,但因施工干扰大、冲刷变化大、干坞不易选择、造价太高而被否定。由于隧道两端城市道路为双向4车道,为了减少拆迁,保护环境和建筑,加上隧道又穿越粉细砂不稳定地层和局部江中岩石地层,最终决定采用双向4车道、泥水加压气垫式盾构施工,采用复合式刀具,以实现长距离不换刀掘进。江下取消了横通道,有利于运营隧道变位而不开裂。武汉长江隧道在国内首次采用环宽2m,每环由9块管片组成、设双道弹性密封垫的通用楔形环管片衬砌。

3.2 南京长江公路隧道

南京长江公路隧道是我国首次大规模穿越砂层及砂卵石地层的盾构水下隧道。隧道原定采用沉管法施工,后因冲刷深度变化较大、流速大、造价高且影响水运而改为盾构法施工,属市区隧道。隧道长3.02km,盾构外径14.95m,南京市政府要求采用双向6车道,设计速度80km/h。由于采用大直径泥水气

垫式盾构,埋深加大,施工风险大,且造价很高(盾构3.5亿元/台),总投资44亿元,于2010年通车。南京长江公路隧道横断面如图1所示。

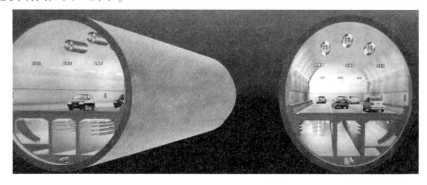

图1 南京长江公路隧道横断面

Fig.1 Cross-section of Yangtze river crossing highway tunnel in Nanjing

南京长江公路隧道工程地质条件复杂,盾构直径超大,取消了水下横通道,盾构施工水土压力高达0.75MPa,独头掘进2.9km,采用单层管片衬砌。

3.3 广深港狮子洋铁路盾构隧道

狮子洋隧道是我国第1条特长水下盾构铁路隧道,盾构外径10.8m,隧道全长10.8km,盾构施工段长9.3km,隧道内径9.8m,第1层衬砌用厚0.5m的管片,第2层衬砌用厚30cm的钢筋混凝土,确保结构安全。总投资33亿元,于2011年双线贯通,被誉为中国铁路世纪隧道。

狮子洋隧道在"广州—深圳"一线3次穿江越洋,其中,狮子洋水面宽达3300m,最大水深达26.6m,为珠江航运的主航道,最大设计水压达0.67MPa,该盾构隧道为国内首次在软硬不均地层和风化岩层中采用大直径气压调节式泥水盾构施工。狮子洋隧道盾构段使用了4台气垫式泥水平衡盾构,在国内首次采用盾构"相向掘进、地中对接、洞内解体"的先进施工技术,取得了成功[2]。狮子洋隧道地质剖面图如图2所示。

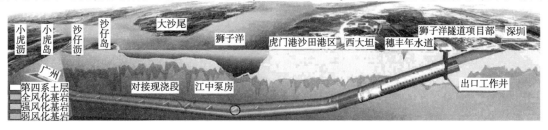

图2 狮子洋隧道地质剖面图

Fig.2 Geological profile of Shiziyang tunnel

3.4 杭州庆春路隧道

杭州市庆春路过江隧道位于杭州城市中心位置,是沟通钱江两岸2个中央商务区——钱江新城和钱江世纪城的联系通道,属市政公路隧道。隧道由原设计的双向6车道改为双向4车道,采用国内成熟的盾构法施工,长3.765km,泥水盾构外径11.7m,设计行车速度为60km/h,总投资约20.9亿元,于2010年通车,被誉为钱江第一隧。其设计、施工理念正确,安全经济、风险小、速度快,通过安全、风险评估,证明其对环境影响很小。从节约造价出发,将武汉长江隧道盾构直径改大进行应用非常成功,该工程又顺利下穿运河。

3.5 重庆排水管路下穿长江隧道

重庆排水管路下穿长江隧道是国内首座内置输水管盾构法隧道,长1.048km,盾构外径6.32m,总投资1亿元,于2005年通水。

3.6 北京地铁14号线

北京地铁14号线是单洞双线隧道,盾构直径10.22m,是国内地铁用最大直径的土压平衡盾构。这台盾构最主要的特点是实现了施工工艺创新,它的突出优点是:①在国内首次应用了"一洞双线"技术,这比以往的"单洞单线"工艺节省40%的工程量;②大大减少了地铁建设中的拆迁量和施工占地面积;③施工速度快,可缩短工期;④在大盾构隧道基础上立支柱后,直接在地下暗挖拓宽成车站。隧道断面如图3所示。该方法对地面干扰很小,是地铁发展的方向。

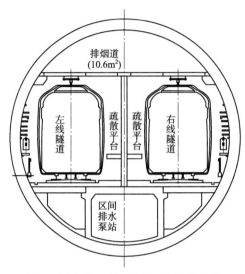

图3 北京地铁14号线单洞双线隧道断面图
Fig.3 Cross-section of double-track single-tube tunnel of Line 14 of Beijing Metro

3.7 大伙房辽东供水引水隧道

大伙房引水隧道全长85.32km,是辽宁省的"供水生命线",于2009年完工。隧道采用3台维尔特和罗宾斯生产的直径为8m的开敞式TBM施工,是世界上最长的隧道。这条隧道首尾高差36m,引水全靠自流,地表至隧道顶部的距离最大为630m最小为60m。是我国第一条用隧道供水方案最优的工程,引领了长春120km长的供水隧道的修建,是全国的试点工程。

3.8 中天山铁路隧道

中天山隧道是南疆铁路土库二线穿越中天山主脉的控制性工程,设计为并行的2座单线隧道,左线隧道长22.449km,右线隧道长22.467km,全隧道为单面上坡。隧道进口端左、右线各采用1台直径为8.8的维尔特开敞式TBM施工,出口端采用钻爆法施工,计划2014年完工。

3.9 西秦岭铁路隧道

兰渝铁路西秦岭隧道全长28.236km,为左右线分设的2条单线隧道,是全线重点控制性工程。隧道采用直径为10.2m的罗宾斯开敞式TBM施工,于2013年贯通。

3.10 引汉济渭供水工程

引汉济渭秦岭输水隧洞全长81.625km。其中39.13km采用2台直径为8.02m的开敞式TBM施工,42.495km采用钻爆法施工。

3.11 辽西北供水工程

辽西北输水隧洞全长230km,采用8台直径约为9m的开敞式TBM掘进机+钻爆法施工。目前该工程正在施工。

4 存在的问题及建议

4.1 水底公路隧道盾构直径过大

4.1.1 双向6车道采用 ϕ15m左右的盾构风险较大

①盾构掘进压力平衡不易控制,施工风险大;②管理、运营风险较大;③埋深加大,纵坡不利;④浪费空间约80m^2;⑤盾构制造成本很高,价格昂贵,3亿~3.5亿元/台。双向6车道大盾构过江方案应予以取消。

4.1.2 双向4车道采用 ϕ11.4m左右的盾构风险最小

经济合理,两端接线容易,拆迁量小,应予以推广国内外成功的水底公路隧道盾构直径多在11.4m左右。实践证明:直径11.4m左右的盾构制造、施工及将来隧道运营风险均较小,且造价较经济(约1.2亿元/台)。

综上所述,为保证水底公路隧道的质量,控制施工和运营风险,降低工程造价,建议一般情况下,盾构直径不超过12m。过江隧道宜疏不宜集中过江,以方便市民出行,也减少两端接线的工程造价。

4.2 单层管片衬砌的耐久性不足

管片衬砌的寿命只有30~40年,不是永久性衬砌,耐久性差。因此,建议增设二次模筑混凝土衬砌(图4),形成复合衬砌结构。地铁区间盾构直径应在原有直径上加大0.5m左右,实现地铁百年寿命的要求。

4.3 取消护盾式TBM制造和施工

4.3.1 护盾式TBM的缺点

双护盾、单护盾TBM具有5大缺点:①由于L/D(长径比)>1,调方向灵敏度低,很难精确快速调整到位;②由于后盾较长,不易及时支护,在困难软弱破碎地层易塌方,如台湾平林隧道及国内许多水工隧道卡死,无法解困而"报废";③造价高,是开敞式TBM的1.3倍;④不能采用复合衬砌,只能采用造价高出1倍以上的管片衬砌,而管片衬砌在山岭隧道又解决不了防水和变荷载的问题;⑤护盾式TBM卡死现象很多,如在台湾雪山隧道、中国引大济秦隧洞、引黄入晋工程、昆明掌鸠河隧洞等工程中都出现过盾构卡死现象。铁路隧道论证后已取消应用护盾式TBM。双护盾TBM及其结构如图5、图6所示。

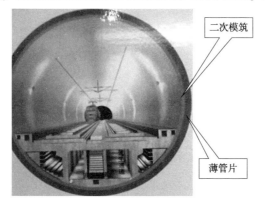

图4 二次模筑混凝土衬砌
Fig.4 Cast-in-situ secondary lining

图5 双护盾TBM
Fig.5 Double shield TBM

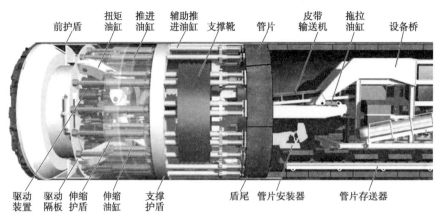

图 6 双护盾 TBM 结构图

Fig. 6 Structure of double shield TBM

4.3.2 开敞式 TBM 的优点

开敞式 TBM 转向控制灵活,能及时对地层进行支护。开敞式 TBM 通过软岩地层时,可采用先铺钢筋网再喷混凝土(网喷支护见图7),并架设钢拱架的一次支护。开敞式 TBM 可实现快速施工,在磨沟岭砂页岩含水软弱地层中实现了日掘进并支护 41.3m 和月掘进并支护 574m 的快速施工水平。

图 7 喷锚支护情况

Fig. 7 Shotcreting and rock bolting support

开敞式 TBM 的优点有:①灵敏度高,长度/直径≤1,易精确调向,调向精度可控制在 ±30mm 以内;②能够及时对不良地层进行支护,时空效应好,不易塌方;③衬砌随荷载调整,造价低;④在 TBM 上可加装锚杆机、混凝土喷射机、钢拱架安装机以及超前钻机,而且可调整刀间距、推力、扭矩及撑靴支撑力等参数,以适应软岩、硬岩的切削特性。

因此,建议取消护盾式 TBM,提倡采用开敞式 TBM。当前水利工程、铁路工程已全部采用开敞式 TBM,效果很好。

4.4 土压平衡盾构不是万能的,应同时考虑选用泥水盾构和土压盾构[3]

4.4.1 土压平衡盾构的考虑

(1)土压平衡盾构最适用于不稳定的粉砂地层,而不适用于含水的黄土地层和膨胀岩(土)地层,因在这类地层中,通过搅拌形成的泥饼会将土压平衡盾构刀盘糊死;这种情况,应采用降水配合开敞式网格盾构施工。

(2)在稳定工作面方面土压平衡盾构不如泥水平衡盾构,气垫式泥水平衡盾构最好,更适用于水下盾构隧道;土压平衡盾构的泥土不可能在全断面形成压力,经常在盾构顶部形成月牙形空腔,容易造成工作面不稳定,致使下沉量增大。

4.4.2 泥水平衡盾构的考虑

(1)泥水平衡盾构对于不稳定的软弱地层、高地下水位的地层、含水砂层、劲土层、冲积层及洪积层等流动性高的地层,有较好的适用性。

(2)泥水平衡盾构具有土层适应性强、对周围土体影响小、施工机械化程度高等优点。

(3)在砂层中进行大断面、长距离推进大多采用泥水加压式盾构,实践证明掘进断面越大,用泥水加压式盾构的效果越好。

（4）泥水加压式盾构除对控制开挖面稳定、减少地面沉降方面较有利外,还在减少刀头磨损、适应长距离推进方面显示出优越性。

（5）泥水加压盾构存在盾尾漏水、难以确认开挖面状态、需要较大的泥水处理场地等缺点。

经上述分析比较,建议根据不同的地层、地质情况选择不同类型的盾构。土压平衡盾构不是万能的,它有自己的缺点和局限性,应同时考虑比选泥水盾构和土压盾构。

4.5 隧道线路高程选择不合理

隧道线路最忌选在交界面高程,更要避开在岩层交界面上选线。

隧道线路设在软土和弱风化岩交界面处,形成上软下硬地层,使得施工难度加大。因此,应更改选线高程,适当上调或下调高程,尽可能使盾构掘进断面位于全土层或全岩层中。

4.6 工程建设中存在四大不合理现象

工程建设中的四大不合理现象在国内建筑业普遍存在,严重违背了科学发展观,不仅造成施工单位生存发展困难,削弱了国际竞争能力,而且给施工安全和工程运营留下安全质量隐患,严重制约了建筑业的持续健康发展。

4.6.1 不合理的建设工期

一些地方为追求政绩,科学的工期被一再提前。施工单位为了赶工期,不得不拼设备,拼人力物力,由此滋生出一些不切实际、盲目求快的现象,不但造成很大浪费,而且难以做到科学施工。工期并非越短越好,它应在保证工程质量和施工安全所必需耗时要求的前提下,以最大限度地降低工程费用来实现合理工期。

4.6.2 不合理的工程造价

一个工程项目的建造,要有科学合理的造价。一些地方一味压低造价,忽视了复杂的地质条件。工程建设中的不合理造价直接影响工程质量和安全生产,影响建筑业的有序健康发展,冲击正常的建筑市场管理。工程建设不合理低造价问题已成为当前整顿和规范建筑市场秩序亟待解决的突出问题。

4.6.3 不合理的施工合同

最低价中标制度被普遍滥用。当前从人的素质、规范、制度等方面考虑,建议取消招投标,而改为BT模式(设计施工总承包方式),可减少许多扯皮和腐败问题。

4.6.4 不合理的施工方案

在工程建设中,施工方案的优劣不仅直接影响工程质量和造价,对工期及施工过程中的安全也有重要影响。良好的施工方案能提高工程质量、加快施工进度、降低成本、提高项目工程施工的经济效益和社会效益;而不合理的施工方案则直接关系到人员的安全和工程的成败(如双向6车道用盾构法施工的方案是不合理的)。因此,做好施工组织设计很重要,要成立真正专业的专家讨论组,对技术、经济、管理、组织等方面进行全面分析,并科学合理地编制施工组织设计,经过分析比选后选择最佳的施工方案,方案确定后不能随便更改。

综上所述,工程建设一定要坚持科学发展观,采用合理的工期、合理的造价、合理的合同和合理的方案进行科学施工决策,尊重施工规律,减少随意性,避免"缺规划、欠设计、赶工期",杜绝政绩工程。一定要实事求是地从施工前的规划这个源头抓起,尊重施工单位的主体地位,充分调研,结合具体情况科学设计、科学施工,真正建立起建设、设计、施工、监理平等的协作关系。

5 设计和施工的新思路

5.1 无刀盘的开敞式网格盾构

盾构分为有刀盘盾构和无刀盘盾构两大类,但目前正在施工应用的盾构没有一台不设刀盘的。

有刀盘盾构的缺点为：①大石头出不来；②刀具、刀盘磨损严重,如图 8 所示；③严重影响施工进度。

无刀盘盾构又称为开敞式简易盾构,人可以站在平台上进行地层加固处理和开挖,适用性很强。无刀盘盾构的突出优点是性价比高,易国产化,造价比有刀盘盾构便宜一半以上,因此,在适宜的地层应考虑采用。无刀盘的开敞式网格盾构如图 9 所示,地层变坏可加设不同的网格以稳定工作面,其网格划分示意图如图 10 所示。无刀盘盾构适用的地层有：①水少之地,地层较能自稳；②降水后的砂卵石地层,如成都地铁、沈阳地铁部分区段；③降水后的黄土地层,如西安地铁。无刀盘的开敞式盾构有开敞网格式（用于地层自稳较差,但降排水后还能自稳的地层）、开敞正台阶式（一般分为 3 个台阶,人可直立工作）、CD 开敞格栅式、双 CD 开敞格栅式、插刀式（单臂挖掘机开挖,地层较好,无水处采用）等形式[3]。

图 8　刀具磨损严重

Fig. 8　Seriously-worn cutterhead

图 9　无刀盘的开敞式正台阶网格盾构

Fig. 9　Open shield

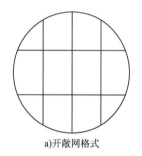
a)开敞网格式

b)CD开敞正台阶式

c)CRD正台阶开敞式

图 10　无刀盘开敞式盾构网格划分示意图

Fig. 10　Grid division of open shield

5.2　压缩混凝土衬砌

压缩混凝土衬砌英文简称 ECL（Extruded Concrete Lining）,是以现浇混凝土作为衬砌来代替传统的管片衬砌,边推进边挤压混凝土。

压缩混凝土衬砌的特点包括：①筑造的衬砌质量高；②可极大地抑制地层沉降,无需降低地下水；③采用全机械化施工,节省人员,安全性高,作业环境好；④采用一次衬砌,材料用量少,不需要同步注浆；⑤施工阶段工序少,衬砌与开挖推进同步进行,加快了进度,缩短了工期。

小直径盾构的开发应配合采用压缩混凝土衬砌,这也是共同沟的发展方向。20 世纪 60 年代初在北京进行了 1∶5 的盾构挤压混凝土衬砌模拟试验,如图 11 所示。试验成功后,制造了 $\phi 7.34\text{m}$ 的压缩混凝土网格式盾构,并进行了 180m 的掘进试验。

5.3 TBM 导洞超前再钻爆法扩挖（混合法）

TBM 导洞超前再钻爆法扩挖的优点有：①可超前地质预报；②导洞超前，形成掏槽孔，可提高钻爆法扩挖进度 2～3 倍；③光面爆破效果好，炮眼痕保存率达 80%，可以减少超挖；④减少爆破振动速度约 30%；⑤渣堆均匀，能提高装渣效率；⑥爆破对工作面后方的冲击波小，施工影响小。

导洞超前再钻爆法扩挖已成功应用于南昆铁路米花岭隧道（长 9km），当时用人工开挖小导洞（2.5m×2.5m）超前，开挖速度提高 2～3 倍，使该隧道提前 4 个月建成，促使南昆线也提前 4 个月通车。

图 11 压缩混凝土衬砌模拟试验

Fig. 11 Simulation test of extruded concrete lining

5.4 风井始发盾构

风井始发盾构是指盾构主机与后配套台车在车站通风竖井及通风道内下井组装，然后转至车站内进行区间盾构施工，如图 12 所示。风井始发盾构主要适用于位于城市繁华地段的主干道路或难以迁移的地下管线等构筑物下方，采用盖挖法或暗挖法施工且无法在正上方设置地面吊装口的盾构始发施工，曾应用于沈阳地铁。

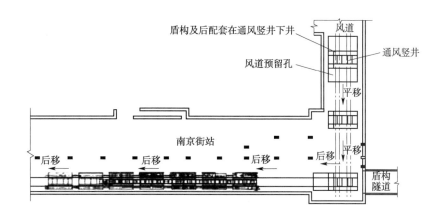

图 12 盾构在风井内下井及掘进

Fig. 12 Shield launching from ventilation shaft

风井始发盾构的优点：①不用设置单独的始发竖井；②不占用城市主干道；③施工工期和成本有所缩短和降低，具有显著的经济效益和社会效益。

研发了双层双向移动托架，能够实现盾构后配套台车从车站风道预留孔下井至始发位置的快速移动，加快了始发组装速度。

6 发展方向

大直径盾构不是发展方向，它将导致人为增加风险。长距离掘进（>2km）时，盾构直径<12m、深埋施工才是发展方向（如武汉长江水下隧道、杭州下穿钱塘江双向 4 车道、即将修建的琼州海峡水下铁路隧道等）。

7 讨论

盾构、掘进机的设计研究、制造和施工在我国已发展到相当水平,积累了很多经验,但创新不够,今后还需不断缩小与国际先进水平的差距。21世纪,我国城市地下空间开发利用市场广阔,大城市发展地铁交通已成大趋势;目前正在规划和研究探讨数十条跨江越海铁路、公路隧道和输水隧洞;水电工程需建造大量的引水隧洞工程;交通、市政等工程也离不开隧道。国内建设各种隧道工程的数量会越来越多。这一切都为我国盾构、掘进机及浅埋暗挖法等掘进技术的发展提供了良好的机遇。钻爆法、浅埋暗挖法、盾构、掘进机法在我国将会有广阔的发展前景和市场。

8 展望

8.1 琼州海峡隧道

规划中的琼州海峡海底铁路隧道长30km左右,该项目属世界级工程,尚处于民间学术交流阶段,有采用直径为10m左右的泥水平衡盾构施工的方案。盾构深埋,铁路隧道联通海南,汽车背驮式通过,造价约550亿元。

琼州海峡隧道虽已经过多年的不断论证,但其建设方案却始终未有定论。经过有关交通部门和专家长达15年的多次讨论、研究和论证,终于形成了跨越琼州海峡的3种建设方案,分别是西线公路桥梁方案、中线铁路隧道方案和中线桥梁方案(图13)。目前西线方案因为距离远、造价高于隧道方案1倍以上基本被否决;中线隧道方案长29km左右、不影响30万t油船通行(要求跨径>1100m、高度>73m),被认为是最优方案。在隧道修建方法的选择上,由于海峡海底地质是软土沉积层,可采用盾构法施工,且深埋优于浅埋,但最终的建设方案将由国家发改委进行审查后定夺。

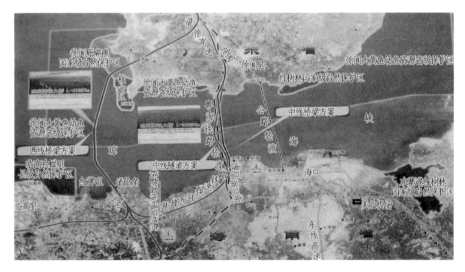

图13 琼州海峡跨海工程中、西线桥隧方案

Fig.13 Bridge program and tunnel program of center route and west route of Qiongzhou Strait Crossing Project

8.2 渤海湾海峡海底隧道

规划中的渤海湾海峡海底铁路隧道长123km,设计行车速度250km/h,三管式,预计工期10年,造价2500亿元,其规模为世界跨海通道之最。从目前已知的岩石可钻性、地下水、断层破碎程度及隧道长度、

工期来看,选用直径为 10m 的 TBM 法 + 钻爆法是比较可行的[4]。渤海湾跨海通道地理位置如图 14 所示[4]。

8.3 台湾海峡隧道

台湾海峡海底隧道工程跨海长 200km 左右,工程较琼州海峡跨海通道更为艰巨复杂,线路有北线、中线、南线 3 种方案(图 15)。通过对 3 种方案的优化、比选,其中北线地质稳定,线路最短,是优选方案,其造价约 2000 亿元,工期约 10 年。根据地形图,台湾海峡海域最深为 80～100m,地质条件变化大,采用深埋方案风险最小,施工方法可选用开敞式 TBM + 钻爆法施工。

图 14 渤海湾跨海通道地理位置

Fig. 14 Bohai Bay sea-crossing project

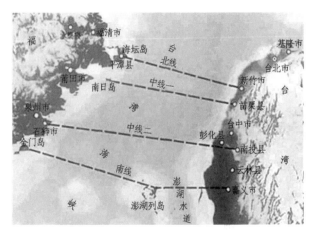

图 15 台湾海峡海底隧道 3 种方案

Fig. 15 3 options of Taiwan strait crossing sub-sea tunnel

参考文献

[1] 齐中熙,樊曦. 今年底我国城市轨道交通里程预计达到 2400km [N/OL]. 新华网,2013-11-24[2014-01-24]. http://news.Xinhuanet.com.

[2] 洪开荣. 水下盾构隧道硬岩处理与对接技术[J]. 隧道建设,2012,32(3):107-111.
HONG Kairong. Case study on hard rock treatment technology and shield docking technology in boring of underwater tunnels [J]. Tunnel Construction,2012,32(3):107-111. (in Chinese)

[3] 王梦恕. 不同地层条件下的盾构与 TBM 选型[J]. 隧道建设,2006,26(2):6-8,13.
WANG Mengshu. Type selection of shield TBMs and hard rock TBMs for different geological conditions[J]. Tunnel Construction,2006,26(2):6-8,13. (in Chinese)

[4] 王梦恕,宋克志. 渤海湾跨海通道建设的紧迫性及现实条件和初步方案[J]. 北京交通大学学报,2013(1):5-14.
WANG Mengshu,SONG Kezhi. Urgency and current construction conditions and preliminary scheme of Bohai Strait cross-sea channel [J]. Journal of Beijing Jiaotong University,2013(1):5-14. (in Chinese)

北京地铁1号线:中国最安全的地铁是如何修建的

王梦恕[1,2]　张璐晶[3]

(1.中国工程院;2.中铁隧道集团有限公司;3.《中国经济周刊》杂志社)

口述:中国工程院院士、中国中铁隧道集团副总工程师　王梦恕
撰文:《中国经济周刊》记者　张璐晶

1　引言

北京地铁是新中国第一条地铁,一期工程全长23.6km,一共17个站,平均每站1.47km。事实上,它并不是我们今天看到的北京地铁1号线,而是包含现在的1号线苹果园到南礼士路段,以及南礼士路连着长椿街至北京站的2号线南半环(当时没有"复兴门"站),由于当时面临的国际形势,北京地铁一期工程按照民用最高的级别三级防护修建。直到今天,都堪称中国最安全的地铁。

1965年7月1日,北京地铁一期工程开工,经过4年的艰苦奋战,于1970年10月1日建成通车。从此,结束了中国没有地铁的历史。

2　毛主席对地铁方案亲自批示

1965年7月北京地铁开工,那年我27岁,从唐山铁道学院(编者注,该校1972年迁入四川,改称西南交通大学)毕业,是新中国培养的第一批地下铁道专业的硕士生我们那个年代硕士毕业生还很少,我放弃在学校教书的机会,选择到铁道部北京地铁工程局,在研究室工程处工作。

当初北京修建地铁是作为战备防护、疏散人民的主要通道工程。我至今还记得1965年2月4日,毛泽东主席亲自在北京地下铁道建设方案的报告上作了"精心设计,精心施工,在建设过程中一定会有不少错误、失败,随时注意改正"的重要批示(图1),确定了北京地铁"适应军事上的需要,兼顾城市交通"的建设方针。

从当时的交通状况看,筹建地铁可以说是一个相当"奢侈"的决定。新中国成立初期,北京常住人口还不到300万人,机动车也仅有500多辆。大街上人多车少,人们出行多是步行或乘人力车,连乘公共汽车的人都是少数。在这种情况下修建地铁作为战备更为重要。

当时一直被我们尊为"老大哥"的苏联,对地铁的战备功能深有体会。

图　1

1941年德军大举进犯莫斯科,刚刚建成6年的莫斯科地铁,不但成为莫斯科市民的避弹掩体,更成为了苏军的战时指挥部。这无疑给了新中国领导人很大的启发。

---

* 本文原载于:中国经济周刊,2014(19).

3 建设总原则:"战备为主,兼顾交通"

地铁规划进入实质阶段后,一个选择首先摆在领导人和施工人员的面前:是学习苏联地铁全线深埋地下60m以下,还是像大多数西方国家那样浅埋在地下20~25m?深埋的安全性当然更好,但是北京的地质情况是否可以深埋?这其中关于深埋、浅埋的争辩也是几经周折。

1956年开始,地质部901大队负责地铁建设的地质勘探工作。勘探结果表明,北京西部的地下黏土层在地面40m以下,东部则在120m以下,而地铁最好是修建在不透水的黏土层中。尽管有诸多困难,但在"战备为主,兼顾交通"的总原则下,北京地铁还是确定为深埋。

1959年,大家开始对深埋方案展开设计时发现,困难远比之前预想得大。根据新的地质勘探资料,北京地下岩层有较厚而破碎的风化层,地铁的实际埋深将超过原来估算的深度。地铁北京站埋深将达到160m,而红庙附近将达到200m,相当于60层楼那么高。而且我们做了试验打了竖井,结果竖井做到50~60m的时候就做不下去了,地下水很大,大得基本上抽不干净,地铁都会被淹掉。在这种情况下,我们请示了领导,改成浅埋,离地面20m左右,再在上面加一个1m左右的防爆覆盖层,像一个大帽子一样,保护地铁免受飞机轰炸等影响。

正式开工后,地铁工程在有条不紊地进行着。但很少有人知道,在此之前,地铁的设计方面出现过一个很大的纰漏,甚至险些延迟了开工,而我在其中做出了一点"小贡献"。

在开工前的几个月,地铁一期工程的全部设计图纸已经完成,我受邀参与审定地铁设计图纸。审定过程中,我突然发现了一个严重的问题,所有的设计图纸都没有考虑到隧道的贯通误差问题。这意味着,如果按照图纸进行施工,分别开工的两个乃至几个施工段,在最后连接的时候,断面位置可能错开,整个隧道将无法对接成一条直线。设计中,这个贯通误差本应在计算之内,但由于经验不足,少计算了将近20cm。可别小看这区区20cm,如果不计算在内,就会造成隧道的宽度和高度不够,将来机车可能碰壁或碰设备,轨道也铺不上。这一发现让所有参与设计的人大吃一惊。很多人立即提出质疑,不相信我的判断。

对此我也很理解,如果我的判断是正确的,那就意味着所有有关结构的3万多张图纸都要修改。这对于奋战了好几年的技术人员来讲是很残酷的。但是,科学面前来不得半点马虎。为了证明我的理论是正确的,我利用当时正在施工的前三门水渠做了一个试验。这个水渠的断面都是直线断面。我把这些断面做了一个投影,投到平面上,参与试验的技术人员很容易看到,投影相差了二三十厘米。

技术人员们最终认同了我的理论,并开始了紧张的改图工作。经过3个月的奋战,所有3万张图纸都改好了,原计划下半年开工没有耽误。时至今日,我都还为自己当时的判断而自豪。

4 神秘开工:媒体没报道,市民不知道

1965年7月1日北京地下铁道一期工程正式开工时,国务院将地铁列为重要战备工程,代号"401"。时任北京市市长的彭真亲自主持了开工典礼。当时已79岁高龄的朱德亲自拿起铁锹,为地铁破土。不过,出于战备工程的保密考虑,当时的媒体并未对此进行报道。北京地铁就这样神秘地开工了。当时路上车辆很少,施工并没有对交通造成多大影响。居民们甚至不知道正在修建地铁。

而设计图纸、数据等核心资料,一般人根本接触不到。每个标段的施工技术人员只能得到各自的图纸,总图是看不到的。技术员领图纸需要严格登记,施工完毕后,无论图纸多么破旧都必须如数归还。因为,即使看不到整个工程的总图,但懂行的人仍然可以按照单项数据推算出整个地铁工程的防护等级。另外资料的整理和归档,则由专门的公安处负责。当时设计完毕后,设计人员必须把自己的设计图纸和工作日记按页码如数上交。

1970年10月1日正式通车后,地铁依然还是战备工程。所以,北京地铁在通车后很长时间不对公众开放。

和现在地铁想坐就坐不一样,当时的老百姓想乘坐或参观地铁,都需要持单位统一领取的参观券或介绍信才能坐地铁。那时候,北京地铁站还按重要程度划分了等级:北京站、前站是甲级站;古城、苹果园站则是丙级站;剩下的大都是乙级站。

不少外地来京出差的人也想专门去坐地铁感受一下,有时候还是成群结队的,前面还有人解说。地铁俨然成了北京的一个观光项目。

从1971年1月15日开始,地铁开始售票,票价1角钱。1976年后,北京地铁由部队转为地方,先后划归北京市交通局、北京市公交总公司、北京市交通委,并逐步实现其民用的身份,北京地铁正式通车12年后,1981年9月15日,北京地铁正式对外运营(图2)。

a)　　　　　　　　　　　　　　　　b)

图 2

5 最安全:防原子辐射、防化学、防细菌

北京地铁从规划开始就处于一个特定的历史年代,国际形势比较严峻,这就迫使我们不得不高度重视国防建设和战备工作。国家明确提出了地下铁道为三级防护等级(民用最高防护级别),要求具有三防的功能:防原子辐射、防化学、防细菌。

北京地铁一期工程(图3)是规划方案中1号线和环线的一部分,是北京地下铁道东西走向的干线,全长30.5km,其中运营线路从北京站到古城站,全长22.87km,后延长到苹果园站,全长23.6km,设17座车站和一座车辆段(古城车辆段)。由铁道兵第十二师、铁道部地下铁道工程局和北京市城建局3个单位施工。根据预计,北京地铁在战时可以每天将5个陆军整编师的兵力自西山运至北京市区。

地铁内装了三层门,两个车站之间还装了很多从潜水艇上学来的密封门。防爆门、密封门考虑用铜,但造价太高,最后搞成钢门。到如今快40年了,地铁一期工程基本上没有漏水,质量依然很好。

对于地铁防轰炸的设计,打个比方,当时是按照100架飞机带100个炸弹地毯式轰炸后仍然保证安全的标准设计的。就好比说地上炸了个深坑,但要求对地下的结构不产生影响,因为顶部还有防爆破层。而且遇到战乱时人们也可以躲进地铁,就好像躲进地下宫室一样,直到现在也还保留着这个功能。可以说,现在看起来其貌不扬的北京地铁1号线其实是最安全的一条线路。

6 从战备转为民用

另外,1号线上面的马路都很宽,包括天安门前的马路等,按照当时的设计,都是可以当成飞机跑道来用的。现在回忆起来,来自军队方面的同志曾提到:"从国防上看,例如道路建得宽,电线都放在地下,这样在战争时期任何一条路都可以作为飞机跑道,直升机可以自由降落。假如在天安门上空爆炸了一个炸弹,如果道路窄了,地下水管也被炸坏了,就会引起无法补救的火灾,如果马路宽,就可以做隔离地带,防止火灾从这一区烧到另一区去。"

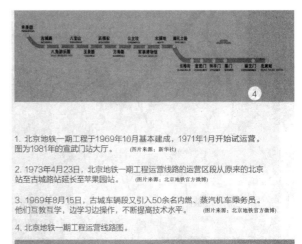

1. 北京地铁一期工程于1969年10月基本建成,1971年1月开始试运营。图为1981年的宣武门站大厅。 (图片来源:新华社)

2. 1973年4月23日,北京地铁一期工程运营线路的运营区段从原来的北京站至古城路站延长至苹果园站。 (图片来源:北京地铁官方微博)

3. 1969年8月15日,古城车辆段又引入50余名内燃、蒸汽机车乘务员。他们互教互学,边学习边操作,不断提高技术水平。 (图片来源:北京地铁官方微博)

4. 北京地铁一期工程运营线路图。

图 3

这些战时的设计后来逐步转化为民用,1981 年 9 月 15 日,北京第一条地铁开始对外运营,这标志着北京地铁也开始为百姓服务。从 1981 年到现在,1 号线已经成功运营了 33 年。

截至目前,北京地铁已经开通了包括 1 号线、2 号线、5 号线、8 号线、10 号线、13 号线等多条地铁,随着北京地铁 8 号线二期南段的通车,至 2013 年年末,北京地铁全网总里程达到 465km。2014 年,北京将再开通 62km 地铁线路,全网总里程将达到 527km。到 2015 年,北京将成为国际上地铁最长公里数的城市之一。新中国第一条地铁从战备到民用从实质上改变了人们的出行方式,带来了更加便捷快速准时的现代交通方式。

隧道及地下工程面临的几点问题

王梦恕[1,2,3]

(1. 中国工程院;2. 中铁隧道集团有限公司;3. 北京交通大学)

1 引言

隧道和地下工程技术的不断发展,为我国铁路工程、高铁工程带来了更多的发展空间。20 世纪 50 年代初期,我国修建的第一条铁路是宝成线,工期约为 6 年。铁路修出宝鸡市,便到了秦岭,由于当时隧道技术并不发达,穿越山体开挖隧道十分困难,所以多数铁路选线只得绕过山体,另辟道路,这一方面延长了工期;另一方面,在铁路通车后,也延长了运行时间,直接影响了该铁路的年运输量。而隧道技术的不断发展,使隧道工程的长度和施工速度明显提升,这直接决定了高铁选线的可能性。随着铁路选线的不断拉直与线路的愈发平稳,铁路的运输速度和运输量大幅提升。正如最近开通的贵广高铁,贵州至广州的直线距离为770km,而高铁选线长度 861.7km,其中共有隧道 209 个,隧道总长约为 456km,约达全长的 53.2%。

与此同时,在海底开发方面也有序展开,厦门翔安海底隧道、大连海湾海底隧道先后投入建设,开启了沿海、沿江城市利用隧道发展城市交通的新思路。2012 年,中国工程院设立了"渤海海峡跨海通道战略规划研究"项目,许多新技术都得以大展身手——青岛胶州湾大断面双洞 6 车道海底公路隧道工程,采用了钻爆法和浅埋暗挖法;武汉的双向 4 车道长江城市公路隧道,采用了盾构法和浅埋暗挖法;广深港高铁海底隧道、南水北调中穿越黄河段的隧道工程均采用了盾构法施工技术……在保障工程进度和质量方面做出了重大贡献。

地下空间的开拓为城市交通、停车、购物和仓储提供了更多的可能,实际地拓展了城市的土地面积,为城市地面建设,尤其是城市空间美化留出了余地;山体隧道的贯通,不仅为道路设计选择最佳布局和距离,节省人力物力创造了条件,更为提高道路质量和利用率奠定了基础,大大减少修路给沿线环境带来的负面影响;江海隧道的修筑,不仅具有交通意义,还对沿海沿江经济带的形成、构建立体发展提供了空间,尤其是对沿海沿江地下资源的开发利用也具有积极作用。

2 隧道及地下工程的建设理念

(1)地下工程是不可逆工程,不具备拆除重建的条件,因此必须是遗产工程,不允许建成遗憾工程和灾害工程。

不合理工期、不合理造价、限额设计、轻方案研究是产生遗憾的根本。取消单线建设,修建复线、多线或局部多线,全面合理提速,用技术条件取代规范,多搞指南少搞规范,为创新构建平台。

(2)地下工程是高风险性工程,必须实事求是,科学地进行施工安全评价、施工质量评估,最后是施

---

* 本文原载于:建筑技术开发,2015(03).

工进度和施工成本评估。

在建设全过程中应对可研段、初步设计阶段、施工阶段和运营阶段进行全方位工程风险和环境等因素分析。

(3)必须进行信息化动态反馈设计,通过支护参数调整确保施工安全。隧道工程不确定因素很多,不改变设计是不对的,设计者必须实事求是,及时修改图纸,这是衡量设计水平高低的标准之一。

(4)合理工期、合理造价、合理合同、合理施工方案是隧道建设的四条标准。

(5)风险责任主体与风险转化。据国际隧道工程保险集团对施工现场发生安全事故原因的调查结果表明,将施工方作为工程安全的唯一主体是不对的,目前各阶段的风险界定不清,而这些风险往往到施工时才反映出来,由施工方完全承担这些风险是不合理的。

3 隧道及地下工程的几点关键技术

3.1 江、河、海底隧道技术

江河隧道施工方法应优选钻爆法和浅埋暗挖法,其次选择盾构法、掘进机法,在松软地带才可采用沉管法。严禁在岩石中采用沉管法,水下爆破不可行。

3.2 钻爆法施工技术

钻爆法施工应遵守以下4项原则:
(1)光面爆破。
(2)喷锚支护。
(3)信息化施工监控量测与信息反馈。
(4)动态管理。

3.3 浅埋、超浅埋暗挖法施工技术

(1)浅埋暗挖法18字方针是施工原则和要点的精辟总结,即:"管超前、严注浆、短进尺、强支护、早封闭、勤量测"。

(2)突出快速施工,考虑时空效应,做到四个及时,即及时支护、及时量测、及时反馈、及时修正。

(3)采用监控量测技术控制地表下沉和防塌方是最可靠的方法。

(4)采用复合式衬砌结构,一次支护由喷射混凝土、钢筋网、网构钢拱架组成。钢拱架联结处设索脚锚管和钢拱架焊接,取消系统锚杆,形成一次支护。

(5)必须遵循信息化反馈设计、信息化施工、信息化动态原理。

(6)选择适宜的辅助施工工法,大跨施工应选择变大跨为小跨的施工方法,隧道宜近不宜联,双联拱、多联拱结构尽量少用。

(7)拓宽浅埋暗挖法在有水、不稳定地层中应用时,要采用以注浆堵水为主、以降水为辅的原则。采用劈裂注浆加固和堵住80%的水源,降掉20%的少量裂隙水,以达到减少地表下沉的目的。

3.4 盾构法施工技术

(1)不同地层应选择不同类型的盾构,少水地层、砂卵石地层宜选择开敞式网格盾构。
(2)地压平衡盾构不是全能的,应同时考虑选用泥水盾构。
(3)根据不同地层选择不同的刀盘类型。

4 隧道及地下工程的风险管理

随着隧道工程建设的增多和水文地质不确定等复杂性因素,如何优质、快速、安全的施工不留隐患的保障运营,需在工程的规划、投标、勘测设计、施工直到运营等五个阶段都进行全方位的安全风险性和可靠性评估。

4.1 隧道勘测、设计阶段在安全风险上应注意的问题

4.1.1 隧道洞口位置、间距的确定原则

从洞口的安全和环保出发,应遵守早进晚出、不刷洞口仰坡,甚至可设置明洞段进洞,隧道洞口应选在从山梁上凸处进洞,切勿沿沟凹处进洞,造成洞口引线处在深路堑之间,从水文和地质条件评价,这都是最不利的断层发育带,给设计、施工和运营带来许多长久性的灾害。

洞间距的设计原则为宜近不宜联。从运营通风角度考虑,防止上下行洞口污浊空气短路,上下洞口之间应设置高挡墙或建筑小品,或将上下行的洞口在里程上错开30m左右,不要设在一个横断面上。

4.1.2 支护结构衬砌形式必须采用复合式衬砌

(1)一次支护设计荷载应考虑全部土压力和部分水压水,当变位稳定后可施作二次衬砌。二次衬砌实质上是安全储备,应重视一次支护的设计,以调整适应不同围岩的受力,而不是用二次衬砌厚度来调整。

(2)从环保和保护水资源考虑,不能因施工降低了地下水位而影响人居和农田,必须采用"以堵为主,限排为辅"的防水设计原则,二次衬砌应按折减后的水压力进行设计。在岩溶、石灰岩地区的隧道更应重视这个问题,取消中心水沟的设计构思。

4.1.3 洞口段及洞门要考虑地震的影响

从安全角度出发,隧道设计不应采用上下行共用一个隧道的做法,上下行应分洞设置,两洞之间的联络通道,尤其车辆通道应适当加密,以利防灾和调头,通道两端畅通,不设防风门。

4.1.4 结构设计的首要任务是做好方案设计

结构设计包含方案(概念设计、结构创作、构思、选型)和结构分析或核算两个内容,目前重分析、轻方案的做法很普通,许多设计人员把结构设计看成是规范加计算,很少重视结构创新,在设计中采用低安全度带来的节约仅能使工程造价降低1%~2%,而带来的风险可能遗患无穷,如一次支护安全度设计过低,是造成塌方的主要原因之一。因此,应把精力集中到方案设计和概念设计上来,跳出因方案陈旧而使材料消耗指标过高,结构安全度过低的设计误区。

4.1.5 走信息化设计的道路

信息化设计的重要手段是用先进的量测仪器进行及时量测、及时反馈、及时研究、及时修正,要避免时空效应带来的灾害隐患。

4.2 施工阶段安全风险评估应重视的几个问题

4.2.1 必须做到地质超前预报

工程的安全保障离不开超前预报,尤其在岩溶地区,若不明确前方是否存在含泥沙、水的岩溶,施工中将有可能造成人身伤亡。我国有近2/3的岩溶地区,必须重视这个问题。其预报手段必须采用几种方法同时进行检测的综合性预报。

4.2.2 必须进行信息化施工

量测是安全、优质建成隧道工程的重要手段,通过量测可及时检查施工方法是否妥当,设计参数是否

合理,各施工工序是否正确。目前,应用先进的无尺量测仪器和软件是非常必要的,可以做到及时决策和及时修正。

4.2.3 应正确选择施工方法

硬岩采用全断面开挖法或超前导洞后部扩大法,无轨运输、无轨装渣;软弱地层必须采用正台阶法,台阶不分长、中、短,一律一倍洞高,过长会引起大变形和塌方,过短则会引起工作面失稳,可采用CD法、CRD法和双侧臂导洞法等。

4.2.4 应正确选用辅助工法

长管棚是公路常采用的进洞方法,但不适宜洞内。洞内应以小导管为主,特殊情况下才在洞内采用长管棚,该方法造价高,严重影响工期,扰动地层较严重,应采用深孔注浆以取代洞内长管棚。

4.2.5 应合理设计,保证施工安全

合理的设计周期能全面优化方案设计和结构设计,过短的设计周期和不合理的施工工期是违背科学的,赶工期、低造价是工程安全性和可靠性的大忌。

4.2.6 应建立工地实验室,严把材料关

材料是工程费用的重要组成部分,对钢筋、水泥、砂、石等大宗材料必须有严格的投招标优选制度,建设单位提供甚至监理方规定都是可以的,但必须规范自己的制度和行为,严格检验签字负责是做好工程的先决条件。

5 几点建议和意见

(1)每项工程必须建立强有力的项目经理部。项目经理部是确保安全、质量、环保、工期进度和效益五大指标的执行者,应严格按安全、质量、环保第一,其次是工期进度的次序安排建设,最后还要落实到设计、施工单位应获得经济效益,建设单位也能在限额内得到一个满意的精品工程。首先要选择一名懂业务、品德好、有号召力、艰苦奋斗的项目经理,另外,从开工之日起就要建立质量成本目标管理,仔细斟酌投入,严格照章办事,严格管理,严格纪律,严格工艺,防止为争名誉、抢工期而不顾质量,搞粗放型管理,从建设单位、施工方和监理方都应强化质量意识,严格成本控制,创立市场信誉。

(2)必须建立健全各项管理机制,提高工程管理层的品德素质和业务水平。工程实践证明,只要有一个素质好、业务精的建设单位,尊重合同,求真务实,平等待人,必定可以干出好的精品工程,也能有科研成果和人才涌现。

(3)每个工程应确定合理的建设周期,要知道,安全措施的实施是需要时间的。

(4)工程造价应合理,要实事求是,不赞成工程的限额设计,这样很难保证安全措施的落实到位。施工、设计变更费用要及时到位。

(5)施工阶段应以施工单位为主体,施工方案由施工单位确定,建设单位牵头,设计方和监理方进行完善,做到及时修改、及时实施。

(6)应在工程可行性研究阶段增加《安全风险评估》专项规定,安全评估可一票否决,设置专项经费保证安全措施到位。

(7)中青科技人员是祖国的未来和希望,到实践中去拼搏吧,要多写文章,不动手是成不了气候的,实践创造理论,理论又提高实践,这是社会前进和处于领先的真知。

深广中通道东隧西桥方案和全隧方案比选

王梦恕

(中铁隧道集团有限公司)

摘　要：深广中通道是国务院确定的重大基础设施项目，对南沙、广州、珠三角的未来发展具有重要意义。这样一个重大工程项目，对区域经济和社会发展，对国防、水利、航运等均有深远影响，且耗资巨大，需审慎对待，做好前期的方案比选，选择最优方案，不要使工程建设给国家、社会留下遗憾。对东隧西桥方案和全隧方案，从船舶发展趋势、区域经济发展需求、国防要求、水环境影响、技术等方面进行比选。认为东隧西桥方案，本末倒置，违背了在大江大河上建设通道开展论证的基本要求；坚持该方案，将造成难以估量的战略损失和不可弥补的历史遗憾。提出3条建议：①全隧方案可行，建议采取全隧方案；②若有关方面对全隧方案有疑虑，建议参照港珠澳大桥的通航标准，缩短隧道长度，仅广州港主航道段以隧道方式穿越；③搁置争议，继续深化论证，待时机成熟时再决定建设。

关键词：深广中通道；跨江；东隧西桥；航运发展；全隧

DOI：10.3973/j.issn.1672—741X.2015.05.001

中图分类号：U 45　　　**文献标志码**：A　　　**文章编号**：1672—741X(2015)05—0387—09

Abstract: Shenzhen-Guangzhou-Zhongshan Fixed Link is a project determined by the State Council which has great significance on the future development of Nansha, Guangzhou and the Pear River Delta. The project also has great influence on the economy society national defense, water conservancy navigation etc.. Furthermore the project has great capital investment. Therefore great attention must be paid to the plan selection of the project so as to achieve the optimum proposal. In the paper comparison and contrast is made between the "east tunnel + west bridge" proposal and the "only tunnel" proposal in terms of ship development trend regional economy development needs national defense requirements water environment influence and technology. It is concluded that the "east tunnel + west bridge" proposal is irrational which may cause enormous strategic loss and may result in historic regret. Furthermore 3 advices are made as follows: ①The "only tunnel" proposal which is feasible is recommended; ②If there is still doubt on the "only tunnel" proposal it is recommended that the length of the tunnel can be shortened to only cross underneath the main course of Guangzhou Harbor by referring to the navigation standard of HongKong-Zhuhai-Macao Bridge Project; ③The disputes should be suspended the comparison and contrast should be continued before the final decision to commence the project is made.

Key words: Shenzhen-Guangzhou-Zhongshan Fixed Link; river crossing; "tunnel + bridge" proposal; navigation development; "only tunnel" proposal

1　引言

深广中通道是连通东南沿海大通道沈阳至海口国家高速公路(G15)的重要路段之一，是广东省综合交通运输沿海东西主通道，是广州南沙新区重要对外交通疏解通道，是促进珠江三角洲城市群一体化发

---

* 本文原载于：隧道建设，2015(05).

展的主要交通联系通道。深广中通道建成后,将对珠三角地区经济社会发展起到重要作用,对部队国防战备提供快捷的交通保障,是一个利国利民的好项目。

深广中通道是国务院确定的重大基础设施项目,是《珠江三角洲地区改革发展规划纲要(2008—2020年)》确定的重大基础设施项目,对南沙、广州、珠三角的未来发展具有重要意义。项目线路走向方案需充分考虑广州、深圳、中山的发展需求,实现三地共赢,线路方案实现在广州南沙新贸易开发区登陆意义更大。

目前,针对该工程,有关方面提出了2种建设方案。方案1为A3东隧西桥方案。而考虑到南沙新区作为国家级新区的战略定位,从广州港可持续发展需求,以及珠江防洪、水利、通航和区域国防交通的要求,有关方提出了方案2,即以隧道方式穿越广州港出海主航道的A4全隧、A4-1全隧优化方案。

这样一个重大工程项目,对区域经济和社会发展,对国防、战备、水利、交通、航运等均有深远影响、且耗资巨大,因此需审慎对待,做好前期的方案比选、规划和设计,综合考虑国防战备需求、方案技术可行性、风险可控性、经济合理性、运营安全性等方面工作,选择最优方案,不要让工程建设给国家、社会留下遗憾。

作为跨海通道的2种主要选择模式,跨海大桥和海底隧道各自具有不同的优势,很难根据一两个因素进行取舍。近年来,跨海通道项目中桥隧方案之争成为一个热点,桥梁方案与隧道方案孰优孰劣,需要一个客观、全面的论证依据来支撑才能做出合理的决策,探索并建立科学、客观、可行的综合评价论证方法是进行桥隧方案论证比选的关键。相关文献对此也进行过一些研究:文献[1]运用层次分析法建立了渤海海峡跨海通道比较评价的指标体系,通过专家打分法和隶属度函数取得各定性指标和定量指标的隶属度,运用模糊综合评价模型计算全桥梁、全隧道及桥隧组合方案的模糊综合评价值,最终得出全隧道方案评价得分最高的结论;文献[2]依据技术经济评价理论和公共投资项目评价理论,运用模糊综合评价和灰色关联分析2种方法对跨海通道桥梁和隧道方案进行综合评价,2种评价方法均得出胶州湾口跨海通道海底隧道方案的综合评价优于跨海大桥方案的结论;文献[3]依据综合评价指标体系的确立原则,探讨了跨海通道项目综合评价指标体系及评价模型,并以厦门东通道跨海项目为例,对桥梁与隧道方案进行评价,计算得到隧道方案得分(80.64),桥梁方案得分(78.14),从而可判定隧道方案优于桥梁方案,得到与专家论证结果一致的结论;文献[4]研究了渤海海峡跨海通道的建设意义、建设条件,对战略规划方案的建设模式、工程形式、登陆点和通道平面位置等进行了方案比选,提出了渤海海峡跨海通道的建议方案为"北隧南桥"的桥隧组合方案和全隧方案;文献[5,6]在研究渤海海峡、琼州海峡的气象、水文、地质条件等的基础上,对桥隧方案及隧道线位方案进行了初步比选分析,得出渤海海峡、琼州海峡跨海工程均宜隧不宜桥的结论;文献[7,8]通过对上海虹梅南路越江通道、营口市跨河通道的建设条件、设计施工难度及风险、施工周期、行车条件与气候适应性、运营期间安全条件的抗灾能力、防战能力、工程造价、养护运营投入成本等方面的技术特性比较,均认为隧道方案优于桥梁方案;文献[9]通过列举国内若干典型的已建、在建和正在进行方案研讨的水下隧道工程,从理论和实践经验出发提出了适合建桥、建隧方案否定了桥隧结合河海中增设人工岛的不合理方案,对修建桥梁和修建水下隧道方案进行了比较,分析了二者的优缺点、必须考虑适用场合和局限性;文献[10]从地质地貌、线位选择、隧坡运营是否安全、百年耐久性、施工方法、上下行结构形式和规模等方面进行分析。

综上所述,在规划跨江越海工程时,不仅要考虑到当地的自然、生态、地质、水文、河工、港口、航道和航运等诸多条件,还应从技术、方法、经济等方面的优势、特色及其存在的问题与不足等多因素进行综合比较,客观妥慎地优选适合各具体工程的最佳方案。本文将从国防、安全、寿命、码头、水运、抗风险能力技术、施工及运营风险、经济等方面对深广中通道东隧西桥和全隧2种跨江方案进行比选。

2 深广中通道工程概况

深圳—广州—中山跨江通道项目(以下简称深广中通道项目)位于珠江口中游核心区域,北距虎门大桥约30km,南距港珠澳大桥约40km。具体线位东起深圳市机荷高速与广深高速交汇处,对接机荷高速,经深圳宝安机场南面,跨越珠江口,西至中山马鞍岛登陆,在中山市京珠高速与中江高速的交汇处与中江高速对接,路线长约50km。线位支线接广州南沙万顷沙。线位跨越珠江口,与广州港出海航道——伶仃西航道相交,项目采取省市合作的政府还贷建设模式。

3 项目跨江的两个主要方案

3.1 A3方案——东隧西桥方案

A3东隧西桥方案,即以隧道形式穿越矾石航道,隧道底高程为-21m;以桥梁形式跨越伶仃西航道(广州港出海主航道),桥梁净空高度为73.5m。深广中通道项目跨江方案示意如图1所示。

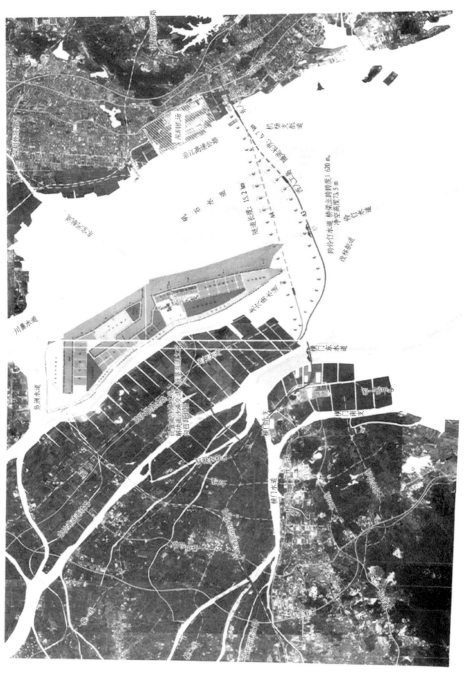

图1 深广中通道项目跨江方案示意图

Fig.1 Sketch of Shenzhen-Guangzhou-Zhongshan Fixed Link

3.2 A4方案——全隧方案

从南沙新区作为国家级新区的战略定位、广州港可持续发展需要等方面考虑,提出 A4 全隧方案(图1)及 A4-1 全隧优化方案(图2),即以隧道形式穿越矾石航道,隧道底高程为 -21m;以隧道形式穿越伶仃西航道(广州港出海主航道),隧道底高程为 -29m。

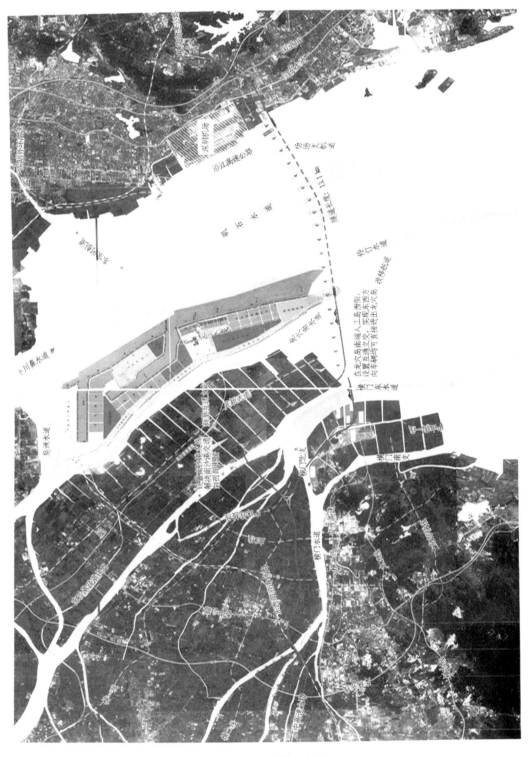

图2 A4-1 全隧优化方案

Fig. 2 Sketch of optimized tunnel proposal for Shenzhen-Guangzhou-Zhongshan Fixed Link

4　A3 东隧西桥方案存在的主要问题

A3 方案以桥梁形式跨越广州港出海主航道——伶仃西航道，突出问题如下。

4.1　未按国家规范论证代表船型的发展趋势

桥梁的净空高度(73.5m)仅能满足世界上现有的最大集装箱船舶通航要求，没有按照交通运输部颁布的《通航海轮桥梁通航标准》(JTJ 311—1997)，对经济量大、船舶航行密度高的重要航道必须研究未来 50 年代表船型的大型化趋势。

4.1.1　桥梁对航运的影响

桥梁对航运的影响巨大，主要表现在：一是净空高度的限制；二是过桥时船舶机动性受限导致"错船"避让困难；三是桥梁对视线和导航设备(如雷达)的干扰，影响驾驶员对前方情况的观察和判断，大大增加风险；四是桥墩的设置局部改变水流，影响小型船舶的航行安全。

4.1.2　船舶航行对桥梁安全的影响

(1) 船舶对桥梁造成安全威胁

主要表现为船舶与桥梁相撞，其结果：一是大桥损坏，二是船舶受损沉没，三是可能伴随着漏油事故，对环境造成严重影响。据统计，南京长江大桥建成 45 年来已被撞 35 次，武汉长江大桥建成以来也已被撞 70 次，广东也曾发生过严重的撞桥事故。2007 年 6 月 15 日，九江大桥遭运砂船撞击垮塌造成的影响至今还令人记忆犹新。近 40 年来，国际上平均每年约有 1 座大桥因船撞而垮塌或遭受严重破坏。目前桥梁的防撞设施都只能防止 5 万 t 左右的船舶发生碰撞，如果有更大的船舶撞上桥梁，后果将不堪设想。

(2) 船舶撞击桥梁案例

1960 年以来，仅美国就有近 20 座桥梁因船舶撞击而倒塌，近 350 人因此而丧生[11]。1975 年 1 月 5 日，7200 t 的依拉瓦纳轮撞在塔斯曼桥 2 个未设防的桥墩上，桥梁的 3 跨上部结构坠水，2 个桥墩完全被撞毁，依拉瓦纳轮沉没，20 人死亡[12]，1980 年美国旧阳光大桥船撞事故造成 2 孔桥面落水，35 人死亡[13]；这次船撞事件发生后，工程界开始对桥梁防船撞问题进行系统的研究。

2002 年 5 月 26 日，由于船长突发疾病，拖轮失去控制，驳船撞击导致阿肯色河公路桥坍塌，17 辆汽车坠河，17 人死亡。该事故造成横穿俄克拉荷马的 40 号州际高速公路中断通行，直到 6 个月后才得以重新开放[12]，是交通影响时间最长的事件之一。

4.1.3　在主要航道上架设桥梁应该慎重考虑

由于桥梁对航运的影响巨大，所以在主要航道上架设桥梁应该慎重考虑。在建桥时考虑的通航标准太低，对航运会造成严重的影响，就会出现所谓的不得不考虑"炸桥"的情况。国内外均有实例：国际上，密西西比河和莱茵河在 20 世纪 60—70 年代，由于桥梁设计欠缺考虑而导致"炸桥"，造就了今天两河航运的辉煌；我国的长江航道也被众多桥梁"卡脖子"，长江上的众多桥梁对长江航运造成巨大的影响，大大降低了长江流域的水运通航能力，大大提升了上游的物流成本。尤其是对于南京长江大桥，由于万吨轮船不能通过，"炸桥"的呼声从来就没有停息过。

4.1.4　船舶未来发展趋势

很难准确预测数十年后船舶和航运的发展情况，但可以从定性的角度来判断今后船舶及航运业的发展前景非常快速，可以回顾前一段时间的发展情况，来预测未来发展的趋势。目前经济的发展趋势是全球经济一体化，这意味着产业向优势区域集中，带来的是原材料和产品的远距离运输。而这种运输绝大多数(95%以上)要靠航运来完成。我国内河长江及支流由于运输经济、环保的要求发展更快。

(1) 我国航运的特点

从目前中国的生产模式可以看出,主要是从全世界运来原材料,产品再销往全世界,呈现大进大出的格局。我国最大宗进口货物是铁矿石、煤炭和石油。2012年仅铁矿石的进口总量就超过 7.4 亿 t[14],石油的进口量也超过 2.8 亿 t[15]。出口货物主要是集装箱运输,2012年我国出口集装箱货物大约1.5亿标箱,其中广州港大约为1474万标箱。如此规模的运输,只有大力发展航运才能适应。

(2) 航运的发展具有不可替代的作用

由于航运具有运量大、成本低(约为公路运输的1/28,铁路运输的1/6)的优势,且与各大贸易主体(美国、欧盟、日本等)陆路交通均不可到达。因此航运的发展具有不可替代的作用,对广东经济的发展举足轻重。南沙港就是广东的主要集装箱港口之一。

(3) 船舶的大型化是航运业发展的必然趋势

船舶的大型化是降低运输成本、节能环保的一个重要方法。在同样的航速下,30万t级船舶每吨货物分摊到的主机功率大约是5万t级船舶每吨货物分摊到的主机功率的1/2。而且船舶的大型化对于运输的安全性、港口的利用率等都具有关键性的影响。

世界主要运输船型及豪华邮轮吨位、尺度发展情况见表1~表4。

邮轮吨位、尺度发展情况 表1
Development of tonnages and dimensions of liners in the world　Table 1

年份	载质量(万t)	船长(m)	船宽(m)	型深(m)	吃水(m)	总吨位	净高度(m)	备注
1966	20.9							
1968	32.6							
1973	47.7							▲
1981	56.0	458.00	68.86	35.00	24.60	260500	72.00*	▲
1990	30.0	330.00	60.00	29.70	19.20	156700	51.00	
2000	30.0	330.00	60.00	29.70	19.20	156700	51.00	
2005	30.0	330.00	60.00	29.70	19.20	156700	51.00	
2010	30.8	332.00	60.00	29.80	20.50	161500	53.00	
2013	32.0	332.00	60.00	30.50	21.00	167500	55.00*	

注:*该船净高度没有查到相关数据,表中为根据该船的其他尺度推测结果;▲70年代超大型邮轮的出现主要因为中东战争造成苏伊士运河关闭的结果,70年代后期,苏伊士运河重新开放后,这类邮轮很快失去了市场。

由表1可知,船舶的大型化是航运业发展的必然趋势。其中集装箱船和豪华邮轮的发展尤其值得关注。从8000箱到1.8万箱,仅仅用了不到15年的时间。15年前邮轮的吨位还在10万t以内,现在已经发展到了22万t,不但抗风浪性能得到很大的改善,同时也大大提高了舒适性。豪华邮轮的大型化最终将走到什么地步,目前尚难以预测。

散货、矿砂船吨位、尺度发展情况 表2
Development of tonnages and dimensions of freighter and ore carrier in the world　Table 2

年份	载质量(万t)	船长(m)	船宽(m)	型深(m)	吃水(m)	总吨位	净高度(m)	备注
1997	23	320.00	52.5	24.30	18.10	116000	40.00	
2000	30	325.99	55.00	28.60	21.40	150000	52.00	
2005	32	330.00	57.00	29.00	21.40	153000	53.00	
2010	38	350.00	65.00	30.00	22.00	195000	55.00*	
2013	40	360.00	65.00	30.40	23.50	200000	56.00*	

注:*该船净高度没有查到相关数据,表中为根据该船的其他尺度推测结果。

集装箱船吨位、尺度发展情况 表3
Development of tonnages and dimensions of container vessel in the wold Table 3

年份	TEU	船长(m)	船宽(m)	型深(m)	吃水(m)	总吨位	净高度(m)	备注
1997	6000	280.00	40.00	24.00	14.00	72000	48.00	
2000	8000	320.00	42.80	24.80	13.20	90000	55.00	
2005	10000	335.00	48.60	27.00	14.00	115000	65.00	
2010	14000	375.00	60.00	27.80	14.00	170000	72.50*	
2013	18000	400.00	60.00	30.00	14.50	195000	77.00*	

注：* 该船净高度没有查到相关数据，表中为根据该船的其他尺度推测结果。

豪华邮轮吨位、尺度发展情况 表4
Development of tonnages and dimensions of luxury liners in the world Table 4

年份	载客(人)	船长(m)	船宽(m)	吃水(m)	总吨位	净高度(m)	备注
1996	2600	272.00	45.00	8.30	100000	59.00	
2000	2670	290.00	48.00	8.05	116000	62.50	
2004	3600	306.00	50.00	8.35	130000	66.00*	
2028	4375	339.00	52.00	8.50	160000	72.00	
2012	5400	356.00	66.00	9.10	225000	76.00*	

注：* 该船净高度没有查到相关数据，表中为根据该船的其他尺度推测结果。

船舶大型化就要求有更好的通航条件。一般而言，船舶的大型化意味着需要更深的航道（目前30万t的运输船舶吃水在18m左右，宽度在62m），更高的净空高度（30万t的船舶轻载情况下距水面高度大约53m）以及更广阔的水域以供避让和机动（30万t船舶的会船距离需要400~500m）。

（4）船舶的发展对桥梁净空的要求

如果按照国际公约对船舶驾驶台视野的规定，驾驶台的高度应该保证船首前方的盲区不大于500m，船舶的高度增加比例应该略大于船长的增加比例。根据目前的技术水平，一般认为运输船舶的极限吨位应该在70万t左右，船长的极限为550m左右。根据比例推测，届时船舶的净空高度应该在83~85m。因此单就目前的技术而言，要满足未来数十年甚至上百年的航运发展需要，应适当加高桥梁的净空至90m左右为宜。

但是在未来的数十年内，技术的发展能够突破到何种程度，今天还难以预测。届时由于技术的进步和新型材料的应用，能否突破目前的技术限制，建造更大型的船舶，现在还难以下结论。同样，更大型的船舶需要多大的净空高度以便通行，现在也难以预测。

4.1.5 桥梁方案对珠江口内港口和城市发展的制约

随着船舶向大型化发展，对通航净空提出越来越高的要求，采用桥梁方案将对珠江口内港口和城市发展产生多方面的制约。近期影响有以下几方面，远期不可预见的因素可能更多。

（1）制约大型集装箱船、散货船和国际邮轮的发展

南沙是广州实现产业结构升级、发展大型临港产业的主要区域，规划近期建设20万t级集装箱船、30万t级散货船、25万t国际邮轮泊位。目前运营的最大集装箱船龙骨以上净空高度已达73m（天线折叠状态），大型国际邮轮水面上净空高度已达72m。

（2）制约船舶大型装备制造产业布局的实施

中国船舶工业总公司在南沙建设华南最大的修造船基地，也是国内最大的海洋工程改装基地，已建成2个30万t级和2个20万t级船坞及相关配套码头，主要海洋工程设施产品钻井平台净空高度为80~120m，已承接项目FPSO（浮式生产储卸装置）"伊莉莎贝拉"轮最大净空高度达150m。以上海洋工

程项目净空过高影响深圳机场,而无法绕行矾石水道进港。

(3)制约大型港口集装箱机械的进港

为适应集装箱船舶大型化超高超宽的要求,集装箱港口机械相应向大型化发展,目前上海振华港机公司生产的集装箱装卸桥净高已达90m以上,广州港南沙港区和东莞虎门港在建和拟建所需的上百台集装箱装卸桥运输进港将受到限制。

4.2 存在主航道若需改线但又无路可走的风险

珠江口伶仃洋"三滩两槽"大格局形成已有百年历史,主航道位于西槽位置,矾石水道位于东槽位置。因东槽地质为岩石,因此一直保持5000 t级通航标准,中滩因多年无序采砂已形成比主航道深的深槽,未来可能影响航道边坡坍塌,轴线偏移或者淤塞。采用桥梁跨越主航道方案,由于桥墩的阻水作用一定程度上缩窄了河道的有效过水面积,水流条件恶化,容易造成桥区河段的水位壅高,局部河段泥沙淤积等因素的叠加影响,导致河床变迁,航道轴线产生偏移。即使桥梁主跨达1600m,但对即将拓宽至有效宽度385m的广州港双向航道而言,可调整的空间并不大,即使近期勉强可调整,主航道通航条件也将受极大限制,大型船舶撞击桥墩的概率和风险加大,制约国防、港口、航运的持续发展,造成广州港出海主航道可能需改线但又无路可走的局面,使广州港逐步退化为内河港、喂给港。

4.3 存在牺牲天然黄金水道带来长远利益的遗憾

港口是地区链接国际的关键节点,是实现区域经济全球化的不可多得的天然宝贵资源。港为城用,城以港兴,优良的港口条件是珠三角成为我国经济发达地区之一的重要因素。港口连接国内、国外2个市场,国际上货物运输85%以上通过海运完成,社会经济和国际贸易对港口的依存度高。深广中通道连接的是珠江东西两岸,是国内公路运输的一段,对区域经济的影响远不及已联通世界200多个国家和地区的广州港。若为节省投资而选择桥梁方案,不惜牺牲天然黄金水道带来的长远利益,留下的将是历史遗憾。

4.4 跨越方式主次颠倒

矾石水道是天然水道,目前仅能通行1000 t级小船,伶仃西航道是广州港的出海主航道,目前世界最大的集装箱船舶(载箱量19000标箱)完全可以通航。

A3方案以隧道形式穿越矾石水道,以桥梁方式跨越伶仃西航道,给主航道设置"天花板",限制珠江口港航事业的发展,反而给没有规划需要浚深的矾石水道预留空间(且不说浚深的技术可行性还没论证),在考虑通航问题方面是典型的主次颠倒。

4.5 没有很好贯彻国防要求

(1)航道易阻塞。桥梁方案受净空限制,受桥墩影响,会改变现有航道通行能力,对未来舰船发展会产生制约作用。一旦战时海上桥梁遭破坏坍塌,可能堵塞伶仃主航道,对舰船进出、维修和战略输送以及做好应对敌先制反制作战将造成严重影响。

(2)不利于重要目标防卫和战时交通安全。深中通道是珠江口交通要道,属重要防卫目标,如架设海上桥梁,目标暴露,遭敌空中直接打击的概率相对较高,防护难度较大。

(3)不利于保障部队全天候机动。受台风、暴雨等不可控自然气象条件影响较大,不能够全天候使用。

4.6 存在对珠江河口泄洪纳潮和水环境的影响

深广中通道项目所在水域是珠江河口重要的泄洪纳潮通道,也是广州港、虎门港的出海通道,地位重要,且水流条件十分复杂,工程建设对珠江河口防洪、纳潮、水环境及河床演变等各方面均有重大影响。目前,港珠澳大桥正处在建设期,长650m人工岛的工程建设引起的河床演变及水动力影响尚未稳定,需要一个中长期的调整过程。综合考虑深广中通道、港珠澳大桥及深茂铁路等重大工程的叠加作用,工程建设对珠江河口的不利影响将越发突出。全隧方案可以最大限度减小工程建设对珠江河口泄洪纳潮和水环境的影响,维护伶仃洋的稳定和河口地区的防洪(潮)安全。

4.7 短距离范围内竖向线路纵坡变化太大

东隧西桥方案隧道与桥梁的竖向高差达到130m,短距离范围内竖向线路纵坡变化太大,技术上该方案不是最优。纵坡的设计是确保运营安全的关键要求,这种忽上忽下的纵坡设计是比较危险的。

4.8 国内外跨江管线、桥梁的教训

(1)位于珠江口岸13-1海南至香港海底天然气管线于1996年建成投产,预留埋深至-18m,当时专家认为可满足管线50年寿命期内航运业的发展需求,但仅过10年,该管线已限制了主航道(现为-17m)的进一步疏浚。2007年管线迁移改造研究成果表明,重新进行埋深改造仅资金投入在当时就接近7亿元。香港方面是否可行还存在很多不确定因素。

(2)虎门大桥1997年建成通车,通航净空设计为60m,当时已是全国最高的通航标准,声称可满足50年船舶大型化的要求,而短短十几年,最先进的汽车滚装船已无法进入沙仔岛和新沙汽车滚装码头,大型邮轮码头也无法在虎门大桥上游选址建设,今后还制约广州、东莞等地大型码头的建设和发展,很有必要拆除改为隧道。

国内外还有很多案例,南京长江大桥(净高24m)制约长江黄金水道的运输功效,巴拿马运河大桥(净高50m)降低纽约、新泽西港口的竞争力。

以上这些案例中桥梁在设计时,无一不是当时最高的通航标准,但是现在都制约了地区社会经济的发展。考虑上述经验教训,未来船舶大型化的船型、通航标准很有可能突破目前的研究成果,确定其终极净空高度是困难的,也是不科学的。

5 A4全隧方案的可行性

A4全隧方案以隧道方式穿越主航道,吸取了虎门大桥、长江上桥梁等跨江大桥的经验教训,预留了珠江口港航事业及船舶、海工装备制造业进一步发展的空间。

港珠澳大桥作为沟通香港、澳门、珠海等地的重要交通基础设施,在前期研究阶段,通过全面系统地深入论证并分别对桥梁、隧道方案进行研究比选,不惜增加投资预算和放宽施工计划工期,充分考虑区域经济发展战略和广州港的发展要求,在论证通航标准时没有卡住广州港发展的"咽喉"和设置"天花板",确定以5.8km压低长隧道高程的方式穿越广州港主航道,为国防、港口航运预留充分的发展空间。

客观地说,港珠澳这种桥隧相连的运营方式不一定是安全和科学的,而且又增设水中人工岛的做法对水域的干扰很大,对人工岛的自身安全、寿命都会带来后患,历史将会证明此方案不一定是好的方案,还需要进一步验证,希望今后设计者不要盲目套用。

深广中通道跨越主航道的方式应与港珠澳大桥通航保持一致,这是关乎珠江三角地区经济的长远发展的关键。更应从区域经济可持续发展和港航事业的长远发展角度进行多方位研究,以隧道方式穿越主航道是最优的选择。

5.1 战略上,服从于国家战略,满足了地区经济发展和国防交通的需要

珠江口主航道是我国最繁忙的国际航道,在珠江口主航道上有深圳西部港区、广州港、虎门港及珠江水系众多的港口。广州港目前吞吐量已超过5亿t,集装箱吞吐量超过1600万TEU。广州港辐射我国华南、中南、西南等地区,航线遍及世界300多个港口,是我国南方最大的综合性枢纽和华南、西南及中南地

区实施对外开放战略的重大基础设施,更是当前我国实施"一路一带"对外开放战略的战略资源。深广中通道上游 2km 处就是广州港的核心港区南沙港区,该港区是实施国家战略的南沙新区、广东自贸区南沙片区的重要支撑。采用全隧方案的优点是:①航道不易阻塞。全隧方案没有净空限制,也没有桥墩影响,不会改变现有航道通行能力,对未来舰船发展不会产生制约因素。②利于重要目标防卫和战时交通安全。深中通道是珠江口交通要道,属重要防卫目标。隧道隐蔽性好,生存能力强。③利于保障部队全天候机动。相比海上桥梁,隧道受台风、暴雨等不可控自然气象条件影响小,能够全天候使用。

5.2 技术上,完全可行

广州市在项目前期办提供的地质资料基础上,补充了工程的地质勘察,对断层分布、风化槽影响范围、岩土分界面、围岩完整性及透水性等内容进行了详细的勘察,并委托中铁隧道设计院和同济大学上海防灾救灾研究所对全隧技术方案进行了研究。根据沉管法、矿山法、盾构法的各自特点,结合地质水文、港口航道等条件,研究提出的"全盾构法"方案和"两端盾构+矿山法"方案是科学和合理的,在伶仃西航道与矾石航道 2 条航道间采用全隧方案,技术上是完全可行的。

5.3 施工和运营风险上,可以做到风险可控、运营安全

通过在江中设置 2 个通风竖井的方式,能有效解决施工工期以及运营阶段的通风与防灾问题,国内外大量的工程案例可以提供成功的经验。目前国家正在规划建设的跨江、跨海区域大通道工程,例如渤海海峡跨海工程、琼州海峡通道工程等都计划采用特长隧道建设方案。

5.4 经济上,经济合理

全隧优化方案,总造价较东隧西桥方案可优化到低于 A3 方案,工期大致相同。同时,广州市政府从满足深圳、中山城市发展与交通功能需求的角度,为实现深圳、广州、中山三地共赢,也明确表示愿意承担全隧方案可能较东隧西桥方案所增加的投资。

6 结语

综上所述,跨江通道的建设应首先服从国家战略,并以此为基础开展技术、经济论证。

A3 东隧西桥方案,本末倒置,违背了在大江大河上建设通道开展论证的基本要求。该方案限制了广州市的发展及国防交通要求,难以适应未来港口通航船舶大型化发展的趋势,制约了船舶等大型装备制造产业布局的实施,限制了大型港口集装箱机械进港。东隧西桥方案跨越伶仃洋航道通航净高 73.5m,不能满足今后大型集装箱船舶、邮轮、更高的特殊船舶(含水上作业机械)的通航要求,对船舶大型化发展趋势没有充分考虑,没有为将来预留充足的发展空间,不能满足广州港和南沙新区的未来发展需求。且桥隧结合方式,短距离范围内竖向线路纵坡变化太大,不利安全运行。所以,东隧西桥方案不是好方案。坚持该方案,将造成难以估量的战略损失和不可弥补的历史遗憾。鉴于广州港长远发展、国防战略交通需要以及世界船舶大型化发展趋势,伶仃洋航道不应采用桥梁方式跨越。

因此,鉴于该通道目前出现的情况,提出 3 条建议:一是全隧方案可行,建议采取全隧方案;二是若有关方面对全隧方案有疑虑,建议参照港珠澳大桥的通航标准,缩短隧道长度,仅广州港主航道段以隧道方式穿越;三是搁置争议,继续深化论证,待时机成熟时再决定建设。

珠江口两岸已规划多条公路及铁路通道,建议进一步论证项目通道交通量需求,合理确定工程规模,补充 4 车道或 6 车道隧道方案,增加比选。

以隧道方式穿越广州港出海主航道非常必要,建议对具体的线形方案进一步深入论证,不希望海中(河中)筑岛半桥半隧方案的存在。

综合国内外隧道项目建设经验和技术,海底长隧道建设是可行的。建议后续研究充分结合地质条件

等因素,在选线,平、纵、横断面设计,施工方案等方面进行更深入地论证,形成更为合理可行的优化方案。

参考文献

[1] 宋克志.渤海海峡跨海通道桥隧方案比选研究[J].中国工程科学,2013(12):52-60.(SONG Kezhi. Study on scheme comparison of bridge and tunnel for Bohai strait cross. sea channel[J]. Engineering Science,2013(12):52-60.(in Chinese))

[2] 张敏.跨海通道桥梁和隧道方案比较评价研究:以青岛胶州湾口跨海通道为例[J].青岛:青岛科技大学技术经济及管理学院,2008.(ZHANG Min. Research on comprehensive evaluation of the bridge and the tunnel of cross-sea project:Taking Qingdao Jiaozhou bay cross-sea project as example[D]. Qingdao:Qingdao University of Science. & Technology School of Economics and Management of Technology,2008.(in Chinese))

[3] 罗水兰,王恩茂.厦门跨海通道项目中桥梁与隧道方案优选研究[J].工程管理学报,2013(3):47-50. LUO Shuilan, WANG Enmao. Study on the optimizing method of bridge and tunnel scheme in sea-c rossing channel project[J]. Journal of Engineering Management,2013(3):47-50.(in Chinese))

[4] 张跃玲.渤海海峡跨海通道战略规划方案初步比选[J].铁道经济研究,2013(1):16-19,28.(ZHANG Yueling Comparison and contrast among primary proposals of Bohai fixed link[J]. Railway Economy Research,2013(1):16-19,28.(in Chinese))

[5] 谭忠盛,王梦恕.渤海海峡跨海隧道方案研究[J].中国工程科学,2013(12):45-51.(TAN Zhongsheng, WANG Mengshu. Scheme study of Bohai strait cross-sea tunnel[J]. Engineering Science,2013(12):45-51.(in Chinese))

[6] 谭忠盛,王梦恕,罗时祥.琼州海峡铁路隧道方案初步比选分析[J].中国工程科学,2009(7):39-44,85(TAN Zhongsheng,WANG Mengshu,LUO Shixiang. Scheme comparison of Qiongzhou strait railway tunnel [J]. Engineering Science,2009 (7):39-44,85.(in Chinese))

[7] 石栋强,张毅,赵永国.越江通道桥梁与隧道方案的比选论证:以上海虹梅南路越江通道为例[J].中外公路,2009,29 (4):354-358(SHI Dongqiang,ZHANG Yi,ZHAO Yongguo. Bridge or tunnel:Cast study on fixed link at South Hongmei Road in Shanghai[J]. Highways in China and Abroad,2009,29(4):354-358.(in Chinese))

[8] 林立彬.营口市辽河跨河通道工程桥隧方案初选,北方交通[J].2013(1):103-106.(LIN Libin. Original selection of river-crossing passage bridge-tunnel scheme of Liaohe river of Yingkou[J]. Northern Communications,2013(1):103-106.(in Chinese))

[9] 孙钧.论跨江越海建设隧道的技术优势与问题[J].隧道建设[J].2013,33(5):337-342,332.(SUN Jun. Study on technological advantages and problems in construction of Tunnels crossing rivers and seas[J]. Tunnel Construction,2013,33(5):337-342,332.(in Chinese))

[10] 孙钧.台湾海峡隧道工程规划方案若干关键性问题的思考[J].隧道建设,2014,34(1):1-5.(SUN Jun. Views on key technical issues of construction of Taiwan strait tunnel [J]. Tunnel Construction,2014,34(1):1-5.(in Chinese))

[11] 李金华.五强溪沉水大桥桥墩防撞安全性评价与加固技术研究[D].长沙:中南大学土木工程学院,2010.(LI Jinhua. Study on safety assessment on collision prevention of bridge piers and consolidation technology:Case study on Wuqiangxi Yuan River Bridge [D]. Changsha:School of Civil Engineering,Central South University, 2010(in Chinese))

[12] 徐中山.船桥碰撞动力响应研究[D].广州:华南理工大学土木与交通学院,2010.(XU Zhongshan. Research on dynamic response of ship bridge collision [D]. Guangzhou:School of Civil Engineering and Transportation,South China University of Technology,2010.(in Chinese))

[13] 朱瑾瑜.船撞桥事故间接经济损失分析评价[D].上海:同济大学土木工程学院,2009.(ZHU Jinyu. Analysis and evaluation on indirect loss of bridge collision by ships[D]. Shanghai:School of Civil Engineering, Tongji University,2009.(in Chinese))

[14] 廖丰.去年我国进口铁矿石8.19亿吨[J].西部资源,2014(1):38(LIAO Feng. 819million tone iron ore imported to China last year[J]. Resources in West China,2014(1):38.(in Chinese)

[15] 万遥.采油工程新技术的研究与展望[J].中国科技博览,2013(31):48.(WAN Yao. Study and outlook of new oil production technology[J]. Chinese Science and Technology Review,2013(31):48.(in Chinese))

我国隧道技术现状和未来发展趋势

王梦恕

(中国工程院)

摘 要：中国是世界隧道和地下工程最多、发展最快、水文地质及结构形式最复杂的国家，文章论述高速铁路修建的必要性和紧迫性；铁路规划和发展；隧道及地下工程面临的十大技术领域

关键词：隧道技术；现状；未来趋势

中图分类号：U 455　　**文献标识码**：B　　**文章编号**：1007-7359(2015)04-0009-05

1 高速铁路修建的必要性和紧迫性

我国面对六大难题：

1.1 人口膨胀

全世界人口1850年10亿、1930年20亿(80年增长10亿)、1975年40亿(45年增长20亿)、1999年60亿(24年增长20亿)、2011年70亿(11年增长10亿)。预计2041年增长到100亿,我国人口将增长到15亿左右。

1.2 水资源紧缺

世界面临水荒。我国有近2/3缺水,人均水量2200t,世界排名122名左右,名列倒数。

1.3 世界能源紧张

煤：消耗量2000年10亿t；2010年34亿t；2011年35亿t；2012年36.5亿t；2013年计划39亿t。照此速度40年煤资源将耗尽。

石油：进口耗量占总量的55.2%,进口量达到60%,意味着国家经济命脉掌握在别人手中。

天然气：按照目前的供销量,可维持60年。南海干冰(天然气)储量可供1000年左右使用,但开采相当困难。

原子铀：我国储量很小,主要靠进口。

图1 利用太空太阳能发电设想

图1为利用太空太阳能发电设想,其中高原隧道内径5m,两条平行隧道长2×700km,其中一条为真空。

1.4 土地沙漠化

已占国土1/3。

---

* 本文原载于：安徽建筑,2015(04).

1.5 环境污染

非常严重。

1.6 气候变暖

青藏高原温度上升0.2℃。

这六大难题直接关系着我国的可持续发展的寿命,再过60年,我国会发生什么变化,我们的子孙后代还能延续多少年,这是一个严重的问题。

大量的物种灭绝,大量的病害随着食物的水源、空气的变坏而增加。非理智、非科学的发展,没有科学发展观的理念去追求第一、最大、最快地破坏环境资源的发展是非常可怕的。

土木工程大量的占用土地,侵害良田沃土,已到了非常可怕的地步,摊煎饼式的城市扩张,城市间采用双向八车道、十车道高速公路的修建方式(图2),大量油耗的运输已产生了很大的灾难。

结构必须调整,每个人的生活方式必须改变,而且要快。因此,发展铁路快速交通体系,发展城际铁路高速体系,发展城市地铁交通体系是非常必要的,也是非常紧迫的。轨道交通也是属于低碳交通的范畴,尽快调整运输方式的转变迫在眉睫。

图2 京石专线——石家庄隧道(地下线)

"可持续发展"作为国策被提出来了,摆在每个学科、每个产业的面前,谁违背了六大难题的挑战,谁就会被调整掉。

我们土木工程也应顺潮流而检讨自己,大量的土建工程拔地而起,人们要进入城市,城市化发展,大量的交通、房屋要建,我们每天都看到大片良田被钢筋混凝土所取代。

能否把地面沃土多留点给农业和环境,把地下岩土多开发点给道路交通、工厂和仓库,从而使地下空间成为人类在地球上作为安全舒适生活的第二个空间。

我国21世纪要把交通、能源、水源等基础设施在西部抓紧早上、快上,要把开发西部、移民2亿~3亿的做法真正落实,以充实我国的实力。

综观当今世界,有识之士已把对地下空间开发利用作为解决城市资源与环境危机的重要措施,这是解决我国可持续发展的重要途径。可以预测,21世纪末将有1/3的世界人口工作、生活在地下空间中。

2 中国是世界隧道和地下工程最多、发展最快、水文地质及结构形式最复杂的国家

21世纪是地下空间作为资源开发的世纪。

2.1 山区铁路

山岭隧道向长大发展,早进晚出;中吉乌通道、泛亚铁路、城市铁路入地。正在施工的山区隧道7000km,待开工的山区隧道10000km。如兰渝铁路线路长800km,其中隧道长度占600km,被称为地下铁路。用钻爆法施工的最长关角隧道32km,用TBM施工的西秦岭隧道长29km。已开工或即将开工超过10km长的隧道有65座,高震区成兰铁路440km,其中隧道有320km。郑州到重庆的山区铁路即将开工,重庆到北京时间将缩短到5个多小时。

2.2 城市交通

以地下铁、城市轻轨为主,已开工32座城市,北京、广州、深圳、上海、南京、重庆、成都、天津、沈阳、哈尔滨、杭州、西安、武汉、苏州、郑州、无锡、宁波、温州、大连、长沙、合肥、石家庄、青岛、长春、厦门等相继开工。

2.3 城际铁路

介于大铁路与城市地铁之间的快速交通网络,如珠江三角洲、长江三角洲、京津唐地区以及省内主要城市之间快速轨道交通,是节省土地、节省能源、经济、减少污染、绿色环保的快速交通工具。

2.4 山区公路

公路隧道、多跨、两个单跨,最长终南山隧道18.4km。目前已建成公路隧道近5000座,总长约4000km。高速公路已进入山区。

2.5 水电工程

压力隧道、交通隧道、大型调压竖井、各种大洞室、尾水洞室。

2.6 西气东输工程、南水北调及各种供水水利工程

如已建成的长86km隧洞沈阳大伙房引水、供水工程;即将开工的长77km隧洞引汉济渭引水工程、吉林110km引水工程等各种洞室及跨江、河隧道;辽西供水工程230km已经开工;松花江到北京900多km供水隧道工程正在筹划中。

2.7 城市地下空间开发

地下商场、地下会议室、地下停车场、地下仓库、地下共同沟、地下过街道、地下公交隧道(如南京、杭州等水下隧道)。

所以,城市共同沟的修建,地下铁道、地下停车场、地下仓库、地下商业街、娱乐场所等都在进行设计施工,但很少统筹。城市地下设施很多,谁占什么高程,也需要技术立法,以人为本的思想应贯穿在当前地下工程的设计中。

2.8 LPG地下水封液体库

1000万t汽油库、1万亿t原油库等,可提供全国90t用油储量。地下油库比地面油库造价节省一半,安全、寿命长、节省管理费用。

2.9 水下隧道

如高速铁路过狮子洋盾构隧道方案;武汉市内公交水底隧道;沿江铁路;渤海湾通道110km;琼州海峡;青岛海底隧道已开工,待开工隧道有50多座。

2.10 军工、人防工程

地下军事设施,人均1m^{2}地下防护设施。

3 铁路规划和发展

3.1 铁路发展的优点

铁路是国情、世情的必然选择。铁路运输自身具有节能、环保、快捷、经济、运量大、安全6大优势。

如能源成本额公路占83.7%、民航占14%、铁路仅占1.9%。高速铁路因其速度高、安全、舒适,扩大了城市通勤范围,快速连接各大城市,几乎形成同城化的理念。铁路已是促进世界经济、社会发展的基础设施。如英国率先发展铁路,推进英国走在世界工业化进程的最前沿。铁路发展首先带动了世界钢铁、建材、机械制造业的迅猛发展,构成了工业化的发展。高铁的发展又融合了交流传动技术、复合制动技术、现代控制诊断技术、高速转向架技术、减阻降噪技术、密封技术、高强轻型材料与结构技术等一系列当代最新科技成果。我国是一个东西跨度达5400km、南北5200km,人口众多,能源、资源严重紧缺且分布不均的国家,迫切需要运能充足、功能完善、点线协调的快速铁路网。我国有高速铁路网、快速铁路网、常速铁路网三个档次的铁路网。

高速铁路是一个具有国际性和时代性的定义和概念,列车在区间段能以200km/h以上速度运行的铁路称为高速铁路,最高时速可达300km/h左右,如已建成运行的武汉至广州、郑州至西安的客运专线;快速铁路是指最高时速为140~160km/h的铁路,如石家庄至太原、合肥至武汉、宁波至温州、温州至福州、福州至厦门、厦门至深圳;常速铁路是指最高时速为120~140km/h的铁路,如既有线近6万km的旧线就为常速铁路。

以上3种速度的定义是国际通用的概念,但我国铁路的修建和运营均提高了速度标准,对既有铁路线进行改造,提速到140~160km/h的快速铁路水平,费了不少周折,进展很缓慢,投入工程费也很大,施工中严重影响行车安全。通过既有线提速,得出铁路速度不同于其他土建工程,可以随时整修和扩建。但铁路的建设年代和寿命一般都在百年以上,因此,在新建的铁路中,应眼光放远,均把修建标准提高到250km/h(运行速度200km)的水平(图3),个别区段能按350km/h(运行速度300km/h为修建标准的80%左右)标准修建的也进行提高(图4)。这样,在每条铁路线全面建设中,三种铁路运行速度标准均可在不同区段开不同速度的列车,实现高速、快速、常速3种速度进行套跑的特点。这样高标准的一次建成给今后带来很大好处,缺点是建设费用增大,但总比今后再提高标准要大量节约投资。我们这一代人、二代人要为今后人口增加到16亿时的生活出行提前考虑,这是一种责任,是非常必要的,尤其铁路更应考虑长远。

图3 设计时速250km的合武铁路大别山隧道

图4 设计时速350km的武广高铁大瑶山隧道

根据这种理念,我国编制了铁路中长期发展规划。2004年年初,国务院批复了"中长期铁路网规划",到2020年全国铁路营运里程从原7万km要增加到12万km,其中规划了"四纵四横"铁路高速、快速客运通道及3个城际快速客运网,高速铁路线路总长达1.6万km以上,要求从北京到各省会(除乌鲁木齐、拉萨外)运行时间要低于8h以内。

3.2 城际铁路发展

我们把短距离城市之间连接的客运专线铁路称为城际铁路,如北京至天津(图5)、广州至珠海、南京至合肥东。同样,我们把各省会和本省之间的城市用快速铁路相连的铁路网叫省内城际铁路,一般要求省会至本省各市之间的运行时间应小于1h,这样很方便老百姓在省内的快速出行和交流。

对用高速公路,尤其对于双向6车道、8车道、10车道这样大规模进行城际运输的方式应予限制,因其占地多、扰民拆迁大、浪费资源、运行速度慢、运量小、运费高。对于许多无车族、收入少的广大农民用不起,又严重污染环境的这种出行方式,必须改掉,必须用省内城际铁路所取代。如珠江三角洲,许多高速公路被闲置,在规划建设1800km长珠江三角洲城际铁路时,从节约土地出发,将一些区段铁路规划到高速公路上。城际铁路的建设标准也按200km/h和140~160km/h进行建设,以适应发展的需要。

图5 2008年通车的京津高铁350km/h试验段

目前,中国高铁正以前所未有的建设速度向前冲刺,郑西高铁、武广高铁已投入运营,为全长1318km京沪高铁已建成通车提供了全方位的技术实践;2010年4纵4横高铁也即将相继建成。高速铁路建设在"改建"与"新建"的争论对比中,确定以"新建为主、改建为辅"指导方针下进行的;是在"高速轮轨"与"磁悬浮"争论全面对比之后,确定采用高速轮轨运营方式进行建设的。时至今日,转眼之间,高速铁路建设在我国广阔的大江南北、东北部、中西部的崇山峻岭之间飞速展开,高铁从一个梦想走到了中国的现实之中。表1为我国与日本、法国、德国的标志性铁路的参数对比。

我国与日本、法国、德国的标志性铁路的参数对比　　　　表1

项目	中国	日本	法国	德国
线别	京津城际铁路	山阳新干线	地中海线	科隆-法兰克福浅
运输模式	高速客专	高速客专	高速客专	高速客专
本线列车持续运营速度(km/h)	350	300	320	300
跨线列车持续运营速度(km/h)	250	新干线与既有线不兼容	高速列车下线	高速列车下线
速差/(km/h)	100	0	0	0
最小追踪间(min)	3	3	3	3
列车运行控制方式	CTCS-3D	DS-ATC	UM200+TVM430	LZB
调度集中方式	CTC	CTC-1A	CTC	CTC
动车组类型	CRH_3 CRH_3	500系 700系	TGV-2N	ICE3
编组方式	4M+4T 6M+2T	16M 12M+4T	L+8T+L	4M+4T
车体宽度(m)	3.27、3.38	3.38	2.9	2.95
定员(人)	557、610	1324		415
最大功率(kW)	8800、8196	18240、13200	8800	8000
轨道类型	全线无砟	岔区外无砟	有砟	新建段无砟

仅用5年走完国际上40年高速铁路发展历程,公式"5年=40年"。我国高速铁路的修建原则是严格遵照"安全、可靠、适用、经济、先进"十个大字的次序进行创新、发展的,是具有了广阔的实践基础,是在不断循环、不断提高、不断自主创新的,绝不是靠钱把系统技术买回来的。

我国高速铁路建设是在绝对确保安全的前提下科学严格地进行的。这是人命关天的大事,我们从运营线路的绝对安全到高速机车车辆的生产制造两大体系开始创新。这是从室内试验、新建试验段试验,到中间正线区段试验,到短交线路运营试验如京津线,由局部走向全系统试验,走向长交高速运营之后的郑西段、武广段的再检测、再反馈、再修改、再提高的过程。

不同区段的试验是非常严格、严密、科学、一丝不苟的,是从理论到实践再反复试验、应用,再试验、再应用的数十次的多反复过程。

铁路今后的发展方向:①高速、快速、重载;②向西部和沿海发展;③省级城际铁路以1h到达为半径;④2020年铁路通车里程12万km;⑤2040年左右通车里程17万km;⑥21世纪末达到28万km,超过美国现在通车里程(27.2万km)(图6)。

图6 中长期铁路网规划

3.3 高速铁路设计、施工总承包模式

高速铁路是一个非常大的系统工程,不是任何国家都可以进行设计和施工的。我国高速铁路的建成与通车得到了许多国家的敬仰和认可,纷纷要求我国进行技术咨询帮助和设计施工建设的有17个国家之多。

3.4 三条国际高速铁路的国内外意义

首先,在欧亚大陆架用高速铁路恢复中国和欧洲的丝绸之路,从中国西北部的乌鲁木齐开始,经过吉尔吉斯斯坦、乌兹别克斯坦、土耳其、伊朗等国家到德国。这条通道比国际航线估计要长30%左右,对发展、恢复各国祖先所建立的世界友好、物资和文化交往的丝绸之路具有重要意义。任何一个国家和政党的建设必须把和平、友好、提高民生水平之中的"衣食住行"做好,这是衡量每个国家执政好坏的基本指标。中国很愿意做这条线路的总规划设计师,把欧亚大陆架用高铁快速建起来。目前,我国国内青藏铁路已经建成通车,并进行格尔木—西宁段改建,其中32km关角隧道,改善了线路标准,到西藏的时间缩短了6h,并增加到西藏的其他线路。丝绸之路所经过的国家也在开始计划,包括融资模式的研究。这条丝绸之路对我国西部的发展有很大的促进作用,对发展新疆、青海、甘肃等省的意义很大,对均衡我国人口西移、合理布置发展产业结构、强大我国意义重大。它可以快速扩大沟通东欧各国的文化、科技、物资的运输方式(图7)。

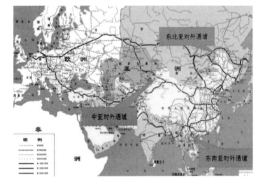

图7 亚欧陆桥规划示意图

第二条欧亚大陆架之路是从东北黑龙江满洲里出境,经西伯利亚等地区和国家到德国的高速铁路,它和中国至俄罗斯莫斯科的常规铁路方向基本一致。这条铁路对俄罗斯开发西伯利亚、东部国土意义重大,对我国资源的引入也起到积极作用,可以发展东北增加一个出入口,对我国的均衡发展很有好处。

亚泛铁路是一条以快速为主的高速铁路,它从我国的西南大理到缅甸、老挝、泰国,分支西经马来西亚到新加坡,东到柬埔寨、昆明至越南河内、胡志明市,是一条连通东南亚的经济大动脉。目前该铁路正在规划分段修建,从西南出国,北上印度、巴基斯坦等地,和丝绸之路在伊朗相交,形成东欧至东南亚的路网,对我国和东南亚友好互助帮助很大,尤其缅甸是个没有铁路的国家,要求迫切,愿急用矿山资源换取铁路建设的费用,目前正在国内开工建设,尽快进入该国,对该国的快速发展意义重大。

中国高速外交已被世界各国所认可,因为我国高速铁路的水平可以概括为:①高速铁路的轨下土建工程如桥隧、路基已具备国际领先水平;②轨道结构技术同样处于国际领先水平;③机车车辆技术已处于

国际先进水平;④高速铁路的总体设计、施工、运营、快速建设技术,从安全、可靠、适用、经济、先进五大指标进行对比,总体技术已处于国际领先水平。这已被许多国家所公认,也是中国高铁敢于走出国门的原因。中铁、中铁建等4大公司已在国外进行高铁的交流与合作。高铁技术在本质上也反映了我国科学技术的整体水平,是我国的骄傲。

3.5 重要技术

3.5.1 轮轨技术

快速铁路的核心是轮轨技术,是轨道结构下部基础的空间耦合,由"车型—无缝线路—道床—下部基础"组成,形成车轮与钢轨相互耦合的高风险、高安全的技术。一旦轮轨技术出问题,就会形成车毁人亡的特重大事故。其中:长大无缝线路,桥梁、隧道、高架车站的无缝线路和无缝道岔的设计、高精度施工;超过100℃的温差控制伸缩,确保钢轨长期稳定性的技术措施和安全检测;无渣轨道板的抗裂、抗静动荷载强度的百年寿命;抗摇摆快速道岔的研制等,是高铁工程的重大技术难题。

3.5.2 弓网供电技术

各种荷载包括风载,确保正常供电技术。我国目前风速35m/s,不分内地、海边,杆距60m。日本海边风速50m/s,杆距30m。国内标准应区分内地和海边的不同。

3.5.3 移动自动闭塞技术

防止列车运行机车追尾的安全技术。加密列车发出密度,如地铁间隔2min,高铁间隔6min。

3.5.4 高速列车CRH 380A

2020年将建成1.6万km高速铁路,需要数千台高速列车。该列车具有高可靠性、轻量化、节能环保、适用条件复杂等特点。具有9个方面的创新:

(1)流线型头型;
(2)气密强度与气密性好,车体安全可靠、乘坐舒适;
(3)车体振动小;
(4)高速转向架强,寿命长(30单);
(5)噪声控制在65dB以下(300km/h速度时)
(6)制动系统准确、灵活、紧急制动距离在380km/h为7500m,低于标准值;
(7)高速双工受流稳定,离线火化率低于6次/km;
(8)牵引传动系统,16辆编组总功率20440kW能耗指标优良,人均百公里能耗5.12kW/h;
(9)旅客界面合理。VIP:一等:二等=1:5:28。

3.6 几个思考警示的问题

(1)整合铁路市场,以一个窗口、一种声音开始对外技术引进的谈判,避免了中国人间互相压价、肥水外流的弊端,同时最大限度地保护了国内市场,为中国高铁的发展和创新注入了源源不断的动力,成就了举世瞩目的中国高铁模式,也提供了中国各产品技术对外引进谈判的可能借鉴的好模式。

(2)中国高铁模式与汽车市场换技术模式和钢材铁矿石引起的相互压价,从正反两方面给我们巨大的启示。说中国是"世界工厂"而感到自豪,这是一种错误的看法和做法,中国不能出卖资源、能源和劳力得微利而丢大利。

(3)汽车是典型的既丢了国际市场又没换到技术的民族悲剧,若让长春、青岛、株洲、大同、唐山、大连等铁路机车厂采用机车争拼的做法,中国高铁机车的牌号就不是和谐号,而是多国的牌子,如果多种互不兼容制式的外国高铁的机车分割着中国的市场,给人民带来的是更大的灾难。

(4)计算机有机无芯。

(5)飞机有3种病：一是心脏病，发动机是国外的；二是皮肤病，机身材料是国外的；三是精神病，控制操作系统也是国外的。

(6)盾构机。硬岩掘进机(TBM)的主轴承也是外国的，中国在关键技术上走不上顶峰。

4 隧道及地下工程面临的十大技术领域

4.1 江、河、海底隧道

厦门公路越海隧道，由于隧道穿越地层为质地良好的花岗岩，决定采用双向六车道钻爆法施工，中间设管廊式服务通道。

武汉长江第一隧，由于隧道穿越粉细沙不稳定地层，决定采用双向四车道、泥水加压式盾构，盾构直径11.4m，采用复合式刀具，以实现长距离不换刀掘进。

4.2 钻爆法施工技术

快速单线120m/月、双线150m/月～150m/月，应变能力强、以排为主，向以堵为主、以排为辅过渡。

4.3 浅埋、超浅埋暗挖法施工技术

穿越各种软岩、土质隧道。

4.4 TBM全断面掘进机施工技术

开敞式、单护盾法双护盾法大TBM；小TBM加钻爆法；主要用于硬岩。

TBM由8大主要技术系统组成：刀盘、刀具切割系统；精确导向系统；支撑推进系统；液压控制系统；运渣转载系统；电器控制系统；通风消音系统；拼装与支护系统。

4.5 盾构法施工技术

插刀盾构法；土压平衡盾构法；泥水盾构法；复合式盾构法；顶管法。

盾构整机8大构成系统：液压传动系统；电气控制系统；集中润滑系统；同步注浆系统；盾尾密封系统；地面监控系统；发泡加泥系统；油温冷却系统。

整机7项支持技术：土压平衡自动控制技术；衬砌拼装遥控技术；刀盘驱动密封技术；注油润滑技术；盾构姿态态控制技术；PLC程序控制技术；施工数据管理技术。

4.6 沉管法施工技术

沉埋管段法；悬浮管段法。

浅埋管段建设关键技术：干坞制造；管段制造；通风竖井施工；水下基槽开挖；浮运与就位；接头连接方式；注浆；回填与防护；引道的浅埋暗挖法施工技术。

4.7 辅助工法

注浆法(单液浆、双液浆)；管棚法；超前小导管法；水平旋喷法；冻结法；降水法(轻型井点、深井泵降水)；降水回灌法。如表2所示。

辅助工法种类及使用范围　　　　　表2

措施	目的	辅助工法	围岩条件 软岩	围岩条件 土砂	围岩条件 膨胀土	备注
开挖面稳定措施	拱部稳定	环形开挖留核心土	○	○	○	
		超前锚杆	○	○	○	长3.0m左右
		超前小导管	○	○	○	φ40 长3.5m左右
		超前小导管注浆		○	○	φ40 周边注浆
		超前管棚注浆		△	△	φ80~100 长8~10m
		水平旋喷加固		△	△	双重管
		钢插板		△	△	波形钢板
		半断面挂碳地槽		△	△	插入1m左右
	开挖面稳定	深孔预注浆加固		○	○	φ80~100 深15m岩石
		周边水平旋喷		△	△	
		开挖面喷锚	○	○	○	
		冻结法		△	△	
防止地下水措施	降排水	轻型井点降水	○	○	○	真空降水
		深层井点降水	△	○	○	1520m
		水平井点超前降水	△	○	△	φ70 深15m左右
		排水钻孔	○	○		
		排水坑	○	○		
		无沙管排水		○		φ300
	止水	深孔全封闭堵水注浆	○	○	○	φ80~100 深15~20m
		气压法	△	△	△	
		冻结法	△	△	△	
防止下沉措施		地表注浆加固	△	○	○	
		洞内充填注浆	○	○	○	一次支护背后填充
		洞内堵水地面补水	△	○	○	
		超前支护注浆	○	○	○	

注：○-常用方法；△-不常用方法。

4.8 地下深基坑围护结构施工技术

地下连续墙法；钻孔桩法；人工挖孔桩法；咬合挤压钻孔桩法；锚钉墙法；SMW法；水泥搅拌桩法；高压旋喷法；粉喷桩；钢板桩。

4.9 地铁车站施工技术

暗挖法（柱洞法、中洞法、侧洞法、CD法、CRD法、眼镜法）；敞口明挖法；复工板明挖法；钢支撑法；锚索法；盖挖法；盖挖逆筑法；盖挖半逆筑法。

4.10 提高隧道施工质量、环境保护施工技术

防沉降技术、防水技术、文明施工无噪音、无粉尘施工技术、弃渣利用造田技术。

高新技术改造、提高隧道施工质量技术;不留后患耐久性施工技术;非接触量测技术;高性能防水混凝土施工技术;各种复杂地层、各种工法机械配套快速施工技术;自动化管理指挥、控制系统等。

钻爆法和浅埋暗挖法是今后永恒的施工方法;TBM 是实现快速施工的新的机械化程度很高的施工方法;小 TBM 或小导洞超前 + 钻爆法扩大是经济快速的施工方法。

5 建设创新型国家是我们的责任

方针:自主创新、重点跨越、支撑发展、引领未来。

开发:空间资源、地下资源、海洋资源、生物资源。

四种精神:爱国主义精神、求真务实精神、敢于探索精神、团结协作精神。

建立科技平台和创新平台。

材料结构状态集合分析理论
——第 25 届全国结构工程学术会议特邀报告

摘　要：材料的结构性具有普遍性，材料的结构性研究是目前这一领域的研究难点和重点问题。材料结构状态集合分析理论是研究材料结构性问题的一种新的方法。材料结构状态集合分析理论是以材料结构的状态集合为研究对象，以材料的微结构元集合为基础，通过对材料微结构元配分函数的分析，建立起材料宏观层面上的材料结构状态集合函数方程，得到材料的整体宏观性能。根据对材料结构的宏观强度、材料结构的刚度和材料几何状态的变化，建立了材料结构状态集合函数的控制方程；通过材料微结构元集合的分布状态分析，建立了材料结构状态下的微结构元的配分函数方程；在对微结构元组构关系分析的基础上，建立了微结构元的具体分析方法和宏观参数之间的关系；讨论了材料结构状态集合分析理论下的若干理论问题及今后需要做的工作，形成了材料结构状态集合分析理论的基本框架体系，为材料结构性分析摸索出了一条新的方法和思路。

关键词：结构性材料；颗粒材料模型；状态集合；配分函数；微结构元

Abstract：The material structural has universality and it is research emphasis and difficulty at present this field. The state set theory of the material structure analysis is a new way to study material structural problems. The all state set as the research object and the material microstructure unit is based on the state set theory of the material structure. Through the analysis of distribution function about the material microstructure unit get the whole macro properties and set up the material state set function equation on a macro level. According to the macroscopic strength of material structure, the material stiffness of the structure and the change of the geometry of material structure status, set up the control equations of the state set function of material structure; By the distribution analysis of material microstructure unit set, it is established for the distribution function equation of material microstructure unit; Based on the analysis of the microstructure fabric relationship, it is built of concrete analysis method and the relationship between macro parameters; This paper discusses several theoretical problems and needs to be done in the future work in the state set theory of material structure analysis. It is formed the basic theory framework of the material structure analysis and a material structural analysis method and train of thought.

Key words：structural materials; granular material model; all state set; distribution function; microstructure unit

材料的结构性具有普遍性，是材料的一般性特征。材料的结构性可以理解为材料的非均匀特性，这种非均匀性即有材料物理性能方面的非均匀，也包括材料在空间分布上的非均匀性，这种非均匀性对材料的力学性能有着重要的影响。

材料的结构性可分为规则结构性和非规则结构性。规则结构性材料的典型是晶体材料，这方面的研究工作相对比较成熟[1,2]。非规则结构性材料的典型是岩土材料，而研究岩土材料最基本的理论目前主要是经典弹塑性理论及相关理论，但经典弹塑性理论是建立在均匀、连续、各向同性和无限可分基础上的，这和强结构性材料岩土材料的特性相差甚远。也可以认为，经典弹塑性理论所研究的材料模型是一种无结构的材料模型，将此用于研究结构性材料不可避免地会出现一些问题。郑颖人[3]对经典塑性力学用于岩土类材料存在的问题进行了总结。岩土材料具有高度的离散性，很多特征都难以用现有的连续体力学理论予以解释，如在低围压下粗粒土的应变软化特征、剪胀(缩)性、剪切试验中的剪切带现象、模拟

---

* 本文原载于：工程力学，2016(10)．

试验中观察到的力链现象、粗粒土蠕变性的力学意义、试验中的不确定性等。土颗粒间相互位置排列和粒间作用力对于粗粒土的力学性质有重要的影响。为了解决材料的结构性,特别是对于岩土材料的结构性问题,许多学者在理论与试验方面都做了大量的工作。在理论上,将建立结构性材料模型作为21世纪土力学的核心问题[4-6]。到目前为止,结构性材料模型的研究,仍然方兴未艾,百花齐放,未能有统一的认识。沈珠江等[7-18]提出过复合体模型、堆砌体模型以及统一变形模型基础上发展的岩土破损力学模型;另外类似的经过各种修正的材料结构模型也非常多[19-23]。在试验方面,许多学者针对不同类型的岩土材料进行了大量的探索性工作,并引进了许多先进的技术试验手段[24],以期更深入地了解和掌握结构性材料的性能变化特征。鉴于结构性材料的性能与材料的微观特性密切相关,而在试验中对微观结构的变化进行系统观察存在很大的难度,有不少学者采用离散元的方法进行数值分析和模拟,以期更系统地掌握结构性材料的特性。在对现有理论模型和试验考察的基础上,考虑到经典弹塑性理论应用于结构性材料的局限性,从材料结构状态集合的思想出发,卫振海、王梦恕、张顶立提出了材料结构全状态理论[25,26]。这一理论将材料结构的宏观参数归结为三个方面:材料结构的强度、结构的弹性模量和结构几何状态。由此三个参数来描述结构性材料的整体宏观特性。本文根据这一理论的基本思想,从材料的基本构成要素出发,建立了材料微结构元构成的配分函数和微结构元的分析方法,从而解决了材料结构状态集合分析理论中的状态集合函数控制方程中能量密度函数与材料微结构参数的关联问题,使影响材料结构状态集合函数的宏观参数与微结构参数建立起了联系,并由此得到了一些新的概念和结论。至此,材料结构状态集合分析理论形成了一个较为完整的框架体系。

1 材料结构状态集合分析理论的基本思想、概念和方法

材料结构状态集合分析理论在总结梳理现有各种理论模型和试验的基础上,形成了相对特有的思路、概念和方法。

1.1 基本思路

材料结构状态集合分析理论的基本思想主要由以下三个方面组成。

1.1.1 对材料的基本认识

材料的结构性具有普遍性。对于一般意义上的材料,可以这样认为:材料由均匀向非均匀方向发展,材料结构性也逐渐增强。这个过程可以根据非均匀性发展的程度分为三个阶段:第一阶段,主要形成大小不一,形态各异的非均匀的小区域,小区域之间虽然性能不一致,但在几何上仍然是连续的。这些小区域可以称为区畴。第二阶段,非均匀性继续发展,主要是在几何方面形成了大小不一、长短不一、很明显的裂隙。这些裂隙从几何上将材料的连续性破坏,形成了一些非连续的区域或方向,这时的裂隙可以称之为节理。第三阶段,裂隙进一步发展和贯通,将连续一体的材料分隔为大大小小的块体或颗粒。这些块体和颗粒可以在外部力的作用下发生相对运动。当然实际的材料形成的过程可能更为复杂,如土的形成,就可能是各种不同性质的颗粒堆积而成。但它们的状态总可以归结为以上三种情况的一种或它们的组合。根据以上三种情况,可以将材料简化为三种模型:

1)材料区畴模型

这一类材料,在受到外部作用时,材料整体上始终保持一种连续的状态,极少甚至不会出现裂缝等现象。但在材料内部的力学性质或密度等物理性质是不均匀的,形成许多各自性质不同的小区域。由于这些力学或物理性质不同的小区域的存在,使材料的整体性能受到影响。对于这类材料的性能用区畴材料模型来描述。区畴材料模型的本质是用各个不同物理和力学性能的区畴来描述材料的结构性。

2)材料节理模型

与材料区畴模型相比,材料节理模型是用来描述当材料中存在一系列长短不一的裂缝时的材料性能。由于大量裂缝的存在,材料的连续性受到破坏,材料的结构性也由此产生。对于节理材料模型,裂缝的几何形态分布、裂缝间的材料性能和由于裂缝存在形成的组构关系形态是描述材料结构性的主要参数。材料节理模型对于岩石材料是非常接近的描述模型。岩石中存在的大量裂缝,也称为节理,其分布情况对材料的性能有着极大的影响。对于一些易于开裂的材料,材料节理模型是研究其性能的一个重要的、比较接近的材料结构模型。

3) 材料颗粒模型

材料颗粒模型认为材料是由大小不同、形态不同、相互作用关系也不同的大量颗粒组成。材料的结构性受颗粒之间的连接性能、颗粒连接的分布和颗粒连接构成的组构关系等影响。材料颗粒模型在宏观上用材料的结构状态来描述材料的结构性能,而材料的宏观结构性能又由颗粒尺度上颗粒所构成的结构状态所决定。

三种材料模型从材料性能或几何形态上讲,是一个渐变的过程。区畴材料模型所描述的材料只是材料性能在小区域上的不均匀性,材料的几何形态仍然保持着连续性。材料节理模型描述的材料中存在大量裂缝或称为节理,将材料的连续性破坏,导致材料的不均匀性或宏观上的结构性,但材料分离的程度还是非常有限的。材料颗粒模型则是认为材料由一系列相互独立的颗粒所组成,材料之间的连续性已完全不存在。材料受到外部作用时,颗粒的移动、转动及分离是其主要特征。材料颗粒模型是最为复杂的模型,但正是由于其复杂性,它也是最能反映材料结构性的模型。大多数的材料,经过一定程度的简化,都可以用材料颗粒模型来描述。

对于材料颗粒模型,影响材料宏观性能的主要因素有颗粒的物理及几何性能、颗粒间的连接性能和颗粒构成的组构关系三个因素。而这三个因素既可独立地影响材料的宏观性能,相互之间又可能产生影响。颗粒的物理及几何性能是影响材料宏观性能的基础,颗粒间的连接性能决定着颗粒材料的极限承载力或强度,颗粒的组构关系往往对颗粒材料的宏观性能特别是几何状态的变化有着不可忽视的影响。

对于结构性材料的变形或应变,在宏观上主要由两部分组成:一部分是材料结构本身的弹性变形或应变,另一部分是材料组构状态的变化而引起的变形,这一部分在宏观可以认为是塑性变形。

1.1.2 状态集合和弹性核的思想

材料结构状态集合分析理论认为,任何材料从基本构成来讲,都存在着一个基本要素集合,这一要素集合反映了该材料的力学基本性质,是这一材料的基本代表特征。基本要素集合可以有:基本体要素集合,如颗粒可以构成材料的基本体要素,颗粒由其形态不同,而构成特定的颗粒体要素集合;微结构元要素集合,由若干颗粒构成各种类型的结构元形态,所有微结构元形态构成特定材料的微结构元要素集合。特定的结构性材料,必然存在着特定的微结构元集合。这些特定的微结构元通过一定的可能的组合比例关系,也就是在一定的配分函数下,形成特定的结构状态。随着比例关系或配分函数的变化,材料构成了许多不同的结构状态,所有这些结构状态的整体,就构成了结构状态的集合。材料的某种结构状态将反映材料在这一状态的特性,所有状态的集合反映出的特性,将是材料的整体特性。这一由材料状态集合而决定的材料整体特性,是材料本身特性及属性的反映。

材料结构的特定状态,决定材料抵抗外部影响的能力,如抵抗外部荷载的能力,这就是材料的结构度。在这一状态下,当外部荷载不超过材料的结构强度时,材料结构在宏观上认为处于弹性状态。因此,也就存在着材料的结构弹性模量。当外部荷载超过了材料的结构强度时,材料的结构状态将发生变化,从一种状态转变为另一种状态。新的结构状态也存在着结构强度和结构弹性模量。也就是说,每种结构状态都会存在着相应的结构强度和结构弹性模量。所有结构状态的结构强度构成了一个强度面,在强度面之下就存在着保持弹性的结构状态弹性集合,这个集合处于结构强度面之内,所以可以认为是材料的一个弹性核集合。在弹性核集合的内部,材料的结构是不会改变的,在弹性核集合的边界上是材料结构的强度面。在材料结构的强度面上,材料结构将发生变化也就体现为材料宏观上的塑性状态和变形。由于材料的结构状态与材料的几何状态有关,所以材料结构强度面同样受到几何状态参数的影响。

1.1.3 分析问题遵循的原理

根据对材料结构性的认识,材料的结构状态是由一系列的基本微结构元组成,而基本的微结构元又由一系列结构要素形态组合而成。而材料的整体性能由材料的结构状态集合所决定,材料的结构状态又由材料的微结构元集合所决定,材料的微结构元性能又进一步受材料的基本要素集合的影响。在这由低一级的单元向高一级的状态过渡时,材料的各级状态形成应遵守一些基本的原理,这主要有以下几个方面:

1) 最小能量原理

材料结构状态的特征可以由三个参数来描述:材料结构的强度、结构弹性模量及材料结构几何状态(组构形态)。由这三个参数描述的材料结构弹性核集合边界面,是材料保持其结构状态稳定的最小曲面,也就是说材料结构弹性核集合边界面是一个紧曲面。在这一曲面上,任意两点代表了材料结构的两种状态。由于这时材料结构已达到其最大强度(进入结构的塑性状态),从一种状态过渡到另一种状态时,是需要消耗能量的。我们认为要实现这种变化,一个系统总是以最小的能量消耗代价来完成(当有其约束条件时,要考虑约束条件的影响),这一概念就是最小能量原理。

2) 最大熵原理

结构性材料的宏观状态,可以由不同形态微结构元按某种概率分布构成,而概率分布函数应该由材料受到环境约束后,自身微结构元演化特性所决定。微结构元的不同组合,类似于统计物理中的微态,其出现的概率由组合的方式所决定,总是按最可几状态出现。因此可以认为,材料结构状态的变化规律有条件地遵守玻尔兹曼的最大熵原理,这里的条件就是各种不同环境的约束。对于玻尔兹曼熵原理有:

$$S = -k \sum p_i \ln p_i \tag{1}$$

式中:p_i——微态的概率。

根据此原理,材料的状态在受到强度、弹性模量和几何状态等宏观条件约束的情况下,其熵值应取最大值,由此形成的微状态分布,应是系统演化的最终状态。对于不同的物理系统达到最终状态的时间是不一样的,特别是对于固体的结构性材料,这一过渡过程可能需要较长的时间,甚至是很长时间。因此,由最大熵原理决定的状态分布,是一个理论上的结果和结构演化的趋向。对于固体材料,颗粒或结构的演化受到许多条件的限制,将这些条件恰当地描述出来,对于求得随时间演化的状态分布是更接近于实际情况(这将另文进行讨论)。这时方程应该是:

$$\begin{cases} [S]_{max} = -k \sum p_i \ln p_i & (目标函数) \\ K = \sum u_i & (约束条件) \end{cases} \tag{2}$$

系统向最终状态的演化过程是时间的函数,可以归结为动力学问题,这时的约束条件应该和时间有关。

3) 微结构元集合存在原理

根据材料结构状态集合分析理论的思想,认为任何材料的结构性都存在其特定性,这种特定性是由其构成的基本要素所决定,而基本的要素构成的微结构元集合也同样带有基本要素所赋予的特征。也就是说,任何特定的材料结构的状态集合,都可以找到一个构成所有这些状态的基本结构元集合。这实际上是假定无论材料的结构形态怎样变化,总是可以用这个集合中部分或全部单元按某种方式组合而成(图1)。

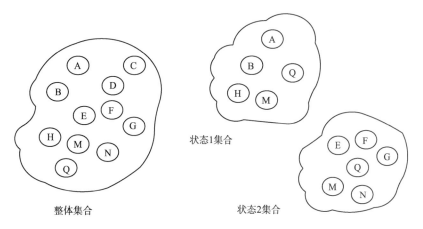

图 1　微结构元集合

1.2　几个重要概念

材料结构状态集合分析理论在分析结构性材料时,形成了一些新的重要概念,这些概念是这一理论的基础。这主要包括材料结构状态集合函数、材料结构配分函数、结构元集合、统计域等。

1.2.1　材料结构状态集合函数

材料结构在宏观上可以由材料结构的强度、结构弹性模量和结构几何状态三类参数来描述。由于从力学角度上讲,任何材料结构的强度都是有限的,因此材料结构存在着一个由材料结构强度限定的域值。从结构状态集合上讲,由材料结构强度所限定的域值所决定的存在一个具有统计意义上的包裹材料弹性内核的曲面。这一曲面是材料结构的强度随材料结构弹性模量和材料结构几何状态的变化而形成。曲面包括了材料结构的所有可能的状态,如果这一曲面可以用一函数来进行描述,则将其称为材料结构的状态集合函数。

当材料的结构几何状态参数采用组构应变(也就是宏观上的塑性应变)来描述时,材料结构状态集合函数是在由应力、刚度和应变多变量构成的相空间中的函数。在一般意义上是一多维曲面(超曲面),其曲面特征是特定材料性能的整体反映。由于这一函数包括了材料结构的所有可能状态,因此材料的所有可能的变化均必然反映在这一函数曲面上。因此,材料结构的任何变化所引起的应力强度、材料刚度和几何应变都是必然位于这一函数曲面上,这一点在后面的分析中会有更为具体的描述。

1.2.2　材料结构配分函数

结构性材料的力学性能,根据材料结构状态集合分析理论认为,主要由构成材料结构的微结构元集合和特定材料结构状态时,材料微结构元的分布比例及微结构元间的相互作用所决定。材料的特定结构状态是由构成这一材料的微结构元集合中的部分或全部微结构元类型按照某种特定比例组合而成,这一组合比例也称为分布,或称为材料结构的配分函数。不同的材料结构状态其配分函数不同,材料结构配分函数反映了不同微结构元在特定状态下的比例分布情况,这一函数的变化在宏观上会影响到材料的性能。

由于结构性材料的复杂性,对于一般结构性材料,微结构元的组合及其比例关系具有随机性,这是结构性材料的重要特征。为了能有效地描述和反映这一特征,可以用不同类型微结构元配分函数来描述这一特征。设在空间某一点上,某一形态的微结构元存在的配分函数为:

$$f = f(\mathbf{Z}, \mathbf{S}) \tag{3}$$

这里 $\mathbf{Z}$ 和 $\mathbf{S}$ 分别是材料微结构元的空间坐标和微结构元向量参数。在这里无论是空间向量参数,还是微结构元向量参数,为了分析上的方便,假定均为可以连续变化的量。

根据微结构元的分布概率(配分函数),材料的宏观特性将会随这一分布的变化而变化,也就是说,材料的宏观特性将是微结构元分布概率的函数。因此，不同材料的结构状态，就变换为微结构元不同形态的概率分布函数的变化。也就是不同的概率分布函数形态，将代表着不同的材料结构状态。

1.2.3 微结构元集合

根据材料结构状态集合分析理论的思想[25,26]，材料结构的演化是所有可能的结构状态的集合。将这一思想应用于此，在材料所有可能形态变化中，将最小的不必再划分的微结构形态抽取出来，以此作为材料各种结构状态的基础。这些构成所有材料结构可能状态的基本单元的总体，就构成了该材料的微结构元的集合。也就是说，无论材料的结构形态怎样变化，总是可以用这个集合中部分或全部单元按某种方式组合而成（图1）。

微结构元集合或称微元集合，集中了特定材料所有可能的在材料宏观形态下，存在的最小微结构形态的所有形态。所谓材料的结构状态，就是这些微结构元按照某种分布和组合而形成，同时在宏观上表现出不同的状态特征。微结构元集合的思想，将复杂的结构性材料的构成（或不同的结构状态），抽象为由一组基本单元结构按照一定的组合而形成。或者反过来讲，认为任何结构性材料总是存在着一组构成其整体的微结构元集合。对于特定的材料，存在特定的微结构元集合，与材料的状态无关，只与材料的种类有关。

从某种意义上讲，材料的微结构元集合，反映的是该种材料的特征之一。不同的材料，其微结构元集合不同，可以认为是区别材料类别的一项重要指标。（这一思想可用于研究结构性材料的分类，通过观察、试验及理论分析，建立一种材料分类的新方法，这对于区分材料的不同力学性质具有特殊意义。）

材料微结构元集合实质是构成材料结构状态的最小力学单元类型的总体。它是构成特定结构状态的基础，它的力学特性将影响到材料特定结构状态的宏观力学性能。微结构元集合的观点将构成材料的基本要素的物理和几何特征用力学方法来描述，是建立起材料基本要素和材料宏观力学量的关系的过渡环节。

1.2.4 统计域

经典弹塑性力学的材料模型是均匀、连续、无限可分，也就是可以研究一个没有空间大小的点的材料性能，但对结构性材料来讲，这一模型已不能适应。结构性材料一般具有一定的微结构特征，微结构的尺度一般不具有无限小的特性，材料的性能受微结构的影响比较大，分析问题的尺度受到一定的限制。因此，在材料结构状态集合分析理论中，是通过引入一个一定空间范围的区域来研究材料的结构性能。这个空间范围的区域的大小要满足能在此区域上获得材料微结构的具有统计意义的宏观参数，因此这一区域称为统计域。

在实际问题的分析中，观察的尺度是根据分析问题的目的设置的，分析的目的不同，可能需要不同尺度上的观察点。对于一般结构性材料的力学问题的分析，特别是根据材料结构状态集合分析理论，一般更多关心的是其强度、弹性模量和材料结构的变形特征。当研究问题的关注点是材料结构性时，其观察尺度是由问题的宏观尺度和微结构的微观尺度决定的，统计域就是建立起宏观尺度和微结构尺度之间关系的一个区域。这个区域在宏观尺度上要能代表接近于某点的材料的性能参数，在微结构尺度上要能将微结构的性能以统计的特性反映出来。具体来讲，即统计域的尺度应能很好地消除由于尺度效应所产生的对宏观特性分析的影响。

1.3 基本方法

材料结构状态集合分析理论的分析方法主要包括三大部分：材料结构状态集合函数的控制方程、材料结构配分函数方程和材料微结构元分析方法。

1.3.1 材料结构状态集合函数的控制方程

材料结构状态集合分析理论认为，由材料结构强度、材料结构弹性模量和材料的组构（塑性）应变三组参数描述的材料结构状态,对于特定的结构性材料认为三者之间构成一函数关系——材料结构状态集合函数。目前为止,我们尚无法直接由理论上得到这一关系的显式表达式,但可以根据最小能量原理得到其控制方程(某种约束条件下)。

1)基本假定

为了求得材料结构状态集合函数具体形态,作如下假定:

(1)材料结构状态集合函数参数由材料结构的强度、刚度和结构状态几何应变组成。

(2)材料结构状态集合函数曲面是材料保持可能的结构状态的极限面(最大面),也可以认为是弹性核的包络面。

(3)结构状态的约束量受弹性应变能密度变化的影响。

(4)材料的结构强度、刚度和结构状态的几何应变可以表达为参数形式。

2)分析模型

设材料的结构状态可以表达为如下形式:

$$\begin{cases} \sigma_{ij} = \sigma_{ij}(S) \\ D_{ijkl} = D_{ijkl}(S) \quad (i,j,k,l = 1,2,3) \\ \varepsilon_{ij} = \varepsilon_{ij}(S) \end{cases} \tag{4}$$

式中:$S = \{s_1, s_2, s_3, \cdots, s_n\}$,其中$s_1, s_2, s_3, \cdots, s$为材料结构参数。

为了书写上的方便,将上式中的各分量按一定秩序进行排列,并规范化以消除量纲的影响,令:

$$\begin{cases} \omega_m = \sigma_{ij}(S) & [m = i(i-1) + j; i,j = 1,2,3] \\ \omega_m = D_{ijkl}(S) & [m = i(i-1) + j + 9 + 3^2(k-1) + 3^3(l-1); \ i,j,k,l = 1,2,3] \\ \omega_m = \varepsilon_{ij}(S) & [m = i(i-1) + j + 9 + 3^4; \ i,j = 1,2,3] \end{cases} \tag{5}$$

这样就有:

$$\omega_m = \omega_m(S) \quad (m = 1,2,\cdots,n) \tag{6}$$

3)状态集合函数方程

由式(6)构成的广义曲面的面积为:

$$A = \int_\Omega \sqrt{\det(J^T J)} \, d\Omega \tag{7}$$

式中:Ω——结构参数S定义的广义区域;

$\det(J^T J)$——行列式,J^T为J的转置矩阵,J的具体形式如下:

$$J = \begin{bmatrix} \dfrac{\partial \omega_1}{\partial s_1} & \dfrac{\partial \omega_1}{\partial s_2} & \cdots & \dfrac{\partial \omega_1}{\partial s_m} \\ \dfrac{\partial \omega_2}{\partial s_1} & \dfrac{\partial \omega_2}{\partial s_2} & \cdots & \dfrac{\partial \omega_2}{\partial s_m} \\ \cdots & \cdots & \cdots & \cdots \\ \dfrac{\partial \omega_n}{\partial s_1} & \dfrac{\partial \omega_n}{\partial s_2} & \cdots & \dfrac{\partial \omega_n}{\partial s_m} \end{bmatrix}_{nm} \tag{8}$$

设材料结构弹性能密度变化函数存在$\int_\Omega U d\Omega = C_0$,一般情况下$U = U(\sigma_{ij})$。这样就得到泛函表达式:

$$\Pi = \int_\Omega [\sqrt{\det(J^T J)} + \lambda U] d\Omega \tag{9}$$

式中:λ——待定参数。

材料结构状态集合函数满足式(9)取极值时的状态。令：$H = \sqrt{\det(J^{\mathrm{T}}J)} + \lambda U$，因此有欧拉方程：

$$\frac{\partial H}{\partial \omega_i} - \sum_{j=1}^{m} \frac{\partial}{\partial s_j}\left(\frac{\partial H}{\partial p_j^i}\right) = 0 \quad (i = 1, 2, \cdots, n) \tag{10}$$

式中：$p_j^i = \frac{\partial \omega_i}{\partial s_j}$。

又：

$$J^{\mathrm{T}}J = \left[\sum_{i=1}^{n} \frac{\partial \omega_i}{\partial s_j}\frac{\partial \omega_i}{\partial s_k}\right]_{mm} = \left[\sum_{i=1}^{n} p_j^i p_k^i\right]_{mm}$$

所以，

$$\frac{\partial}{\partial p_k^l}\det(J^{\mathrm{T}}J) = 2[p_1^l A_{1,k} + p_2^l A_{2,k} + \cdots + p_m^l A_{m,k}] = 2\sum_{j=1}^{m} p_j^l A_{j,k} \tag{11}$$

式中：$A_{j,k}$——$\det(J^{\mathrm{T}}J)$的代数余子式。

因此，欧拉方程又可以写为如下形式：

$$\sum_{j=1}^{m} \frac{\partial}{\partial s_j}\left(\frac{\sum_{i=1}^{m} p_j^l A_{j,k}}{\sqrt{\det(J^{\mathrm{T}}J)}}\right) - \lambda \frac{\partial U}{\partial \omega_j} = 0 \quad (j = 1, 2, \cdots, n) \tag{12}$$

这就是材料结构状态集合函数曲面应满足的偏微分方程组，结合边界条件求解该方程，就可以得到状态集合函数曲面的具体形式。但由于方程组为高维非线性偏微分方程组，所以一般情况下很难求得其解析形式的解，只能借助于数值方法。

如果材料的结构弹性能密度函数可以表达为：

$$U = \sum u_i f_i \tag{13}$$

式中：u_i、f_i——材料结构的微结构元能量密度和材料结构配分函数。

则有：

$$\sum_{j=1}^{m} \frac{\partial}{\partial s_j}\left(\frac{\sum_{i=1}^{m} p_j^l A_{j,k}}{\sqrt{\det(J^{\mathrm{T}}J)}}\right) = \lambda \frac{\partial(\sum_{i=1}^{n} u_i f_i)}{\partial \omega_j} \quad (j = 1, 2, \cdots, n) \tag{14}$$

由式(14)可以看到，此方程将材料结构的宏观参数和材料的微结构元参数联系了起来。但在解此方程之前，必须先确定材料结构的配分函数和材料的微结构元的弹性能密度函数。

1.3.2 材料结构配分函数方程

结构性材料的形态非常复杂，在两方面表现尤其突出：一是材料的微观(细观)结构形态，随材料种类的不同而不同，且有时随外部条件的变化而变化；二是就整体而言，材料微观(细观)结构形态的变化和构成具有随机性。因此，解决这一问题的思路通过假定材料结构存在一个微结构元集合，各结构状态是这一集合中的微结构元按某种分布函数组合而成，这一函数就是材料结构配分函数。

1) 基本假定

根据对结构性材料的相关分析及概念，通过以下假定，建立一个反映材料结构特征的简化的材料模型：

(1)在材料所有的结构状态变化中，可以找到一个微结构元的集合，这个集合是构成材料任一结构状态的基础，是所有可能的结构状态下的全部的最小结构单元数量的总体。

(2)材料的任何结构形态，可以由一个关于微结构元在空间上构成的概率密度函数所反映和描述。

(3)材料结构形态的演化遵守在某些宏观约束条件下的熵最大原理。

(4)可以通过微结构元力学特性在统计域上的均匀化得到相应的宏观参数。

后面将根据以上四条假定，建立一般结构性材料的模型。

2) 材料结构模型

根据前面的基本假定，设构成材料的微结构形态总量为N，各个形态的结构参数为：

$$S_1, S_2, \cdots, S_i, \cdots, S_N \quad (\text{这里 } S_i \text{ 为矢量})$$

相应的微结构元的强度、弹性模量和几何尺度为:

$$\sigma_{ij}^* = \sigma_{ij}^*(S_n), \quad D_{ijkl}^* = D_{ijkl}^*(S_n), \quad L_i^* = L_i^*(S_n) \quad (i,j,k,l = 1,2,3; n = 1,2,\cdots) \tag{15}$$

考虑在统计域中的空间位置,也可以表达为

$$\sigma_{ij}^* = \sigma_{ij}^*(Z_n, S_n), \quad D_{ijkl}^* = D_{ijkl}^*(Z_n, S_n), \quad L_i^* = L_i^*(Z_n, S_n) \quad (i,j,k,l = 1,2,3; n = 1,2,\cdots) \tag{16}$$

式中:Z_n——空间坐标矢量,$Z_n = (x_n, y_n, z_n)$。

并且存在一个概率密度函数:

$$f = f_0(Z_n, S_n) \quad (n = 1,2,\cdots) \tag{17}$$

则对于考察的统计域上存在着强度、刚度和几何形态的期望值(忽略相邻排列影响,简单均匀化):

$$\begin{cases} \sigma_{ij}^0 = \sum_{m=1}^{M}\sum_{n=1}^{N} \sigma_{ij}^*(Z_n, S_m) f(Z_n, S_m) \Delta v_m / V \\ D_{ijkl}^0 = \sum_{m=1}^{M}\sum_{n=1}^{N} D_{ijkl}^*(Z_n, S_m) f(Z_n, S_m) \Delta v_m / V \\ l_i^0 = \sum_{m=1}^{M}\sum_{n=1}^{N} l_i^*(Z_n, S_m) f(Z_n, S_m) \Delta v_m / V \end{cases} \tag{18}$$

式中:σ_{ij}^0、D_{ijkl}^0、l_i^0——统计域上的平均值。

为了将几何状态的变化能用结构变化中的组构应变 ε_{ij}^0 表达,设概率密度函数发生一个不太大的变化,即:

$$f = f_0(Z_n, S_m) \longrightarrow f = f_1(Z_n, S_m)$$

这时就有:

$$\Delta l_i^0 = \sum_{m=1}^{M}\sum_{n=1}^{N} l_i^*(Z_n, S_m)[f_1(Z_n, S_m) - f_0(Z_n, S_m)]\Delta v_m / V = \sum_{m=1}^{M}\sum_{n=1}^{N} l_i^*[f_1 - f_0]\Delta v_m / V \tag{19}$$

近似的线性应变为:

$$\varepsilon_{ij}^0 = \frac{1}{2}\left(\frac{\Delta l_i}{l_j} + \frac{\Delta l_j}{l_i}\right) = \frac{1}{2}\left\{ \frac{\sum_{m=1}^{M}\sum_{n=1}^{N} l_i^*[f_1 - f_0]\Delta v_m}{\sum_{m=1}^{M}\sum_{n=1}^{N} l_j^* f_0 \Delta v_m} + \frac{\sum_{m=1}^{M}\sum_{n=1}^{N} l_j^*[f_1 - f_0]\Delta v_m}{\sum_{m=1}^{M}\sum_{n=1}^{N} l_i^* f_0 \Delta v_m} \right\}$$

$$= \frac{1}{2}\left\{ \left[\frac{\sum_{m=1}^{M}\sum_{n=1}^{N} l_i^* f_1 \Delta v_m}{\sum_{m=1}^{M}\sum_{n=1}^{N} l_j^* f_0 \Delta v_m} + \frac{\sum_{m=1}^{M}\sum_{n=1}^{N} l_j^* f_1 \Delta v_m}{\sum_{m=1}^{M}\sum_{n=1}^{N} l_i^* f_0 \Delta v_m}\right] - \left[\frac{\sum_{m=1}^{M}\sum_{n=1}^{N} l_i^* f_0 \Delta v_m}{\sum_{m=1}^{M}\sum_{n=1}^{N} l_j^* f_0 \Delta v_m} + \frac{\sum_{m=1}^{M}\sum_{n=1}^{N} l_j^* f_0 \Delta v_m}{\sum_{m=1}^{M}\sum_{n=1}^{N} l_i^* f_0 \Delta v_m}\right] \right\} \tag{20}$$

同理:

$$\Delta \sigma_{ij} = \sum_{m=1}^{M}\sum_{n=1}^{N} \sigma_{ij}^*[f_1 - f_0]\Delta v_m / V \quad \Delta D_{ijkl} = \sum_{m=1}^{M}\sum_{n=1}^{N} D_{ijkl}^*[f_1 - f_0]\Delta v_m / V \tag{21}$$

整理后得:

$$\begin{cases} \Delta \sigma_{ij} + \sum_{m=1}^{M}\sum_{n=1}^{N} \sigma_{ij}^* f_0 \Delta v_m / V = \sum_{m=1}^{M}\sum_{n=1}^{N} \sigma_{ij}^* f_1 \Delta v_m / V \\ \Delta D_{ijkl} + \sum_{m=1}^{M}\sum_{n=1}^{N} D_{ijkl}^* f_0 \Delta v_m / V = \sum_{m=1}^{M}\sum_{n=1}^{N} D_{ijkl}^* f_1 \Delta v_m / V \\ \varepsilon_{ij} + \frac{1}{2}\left[\frac{\sum_{m=1}^{M}\sum_{n=1}^{N} l_i^* f_0 \Delta v_m}{\sum_{m=1}^{M}\sum_{n=1}^{N} l_j^* f_0 \Delta v_m} + \frac{\sum_{m=1}^{M}\sum_{n=1}^{N} l_j^* f_0 \Delta v_m}{\sum_{m=1}^{M}\sum_{n=1}^{N} l_i^* f_0 \Delta v_m}\right] = \frac{1}{2}\left[\frac{\sum_{m=1}^{M}\sum_{n=1}^{N} l_i^* f_1 \Delta v_m}{\sum_{m=1}^{M}\sum_{n=1}^{N} l_j^* f_0 \Delta v_m} + \frac{\sum_{m=1}^{M}\sum_{n=1}^{N} l_j^* f_1 \Delta v_m}{\sum_{m=1}^{M}\sum_{n=1}^{N} l_i^* f_0 \Delta v_m}\right] \end{cases} \tag{22}$$

整理化简,得:

$$\begin{cases} \Delta\sigma_{ij} + \sigma_{ij}^0 = \sum_{m=1}^{M}\sum_{n=1}^{N} \sigma_{ij}^* f_1 \Delta\nu_m / V \\ \Delta D_{ijkl} + D_{ijkl}^0 = \sum_{m=1}^{M}\sum_{n=1}^{N} D_{ijkl}^* f_1 \Delta\nu_m / V \\ \varepsilon_{ij} + \varepsilon_{ij}^0 = \frac{1}{2}\left[\dfrac{\sum_{m=1}^{M}\sum_{n=1}^{N} l_i^* f_1 \Delta\nu_m}{\sum_{m=1}^{M}\sum_{n=1}^{N} l_j^* f_0 \Delta\nu_m} + \dfrac{\sum_{m=1}^{M}\sum_{n=1}^{N} l_j^* f_1 \Delta\nu_m}{\sum_{m=1}^{M}\sum_{n=1}^{N} l_i^* f_0 \Delta\nu_m} \right] \end{cases} \quad (23)$$

这里 $\varepsilon_{ij}^0 = \frac{1}{2}\left[\dfrac{\sum_{m=1}^{M}\sum_{n=1}^{N} l_i^* f_0 \Delta\nu_m}{\sum_{m=1}^{M}\sum_{n=1}^{N} l_j^* f_0 \Delta\nu_m} + \dfrac{\sum_{m=1}^{M}\sum_{n=1}^{N} l_j^* f_0 \Delta\nu_m}{\sum_{m=1}^{M}\sum_{n=1}^{N} l_i^* f_0 \Delta\nu_m} \right]$ 这就是当微结构元类型分布概率密度发生微小变化时宏观参数 σ_{ij}^0、D_{ijkl}、l_i 近似变化引起的增量变化 $\Delta\sigma_{ij}^0$、ΔD_{ijkl}、ε_{ij} 间的关系。

根据前面的第三条假定,材料结构状态变化相应的约束条件下,遵守熵最大原理。将式(23)作为约束条件,应用拉格朗日方法,建立如下函数:

$$\begin{aligned} F = & -k\sum_{m=1}^{M}\sum_{n=1}^{N} f\ln f + \lambda_\sigma \left[\sum_{m=1}^{M}\sum_{n=1}^{N} \sigma_{ij}^* f_1 \Delta\nu_M / V - \left(\Delta\sigma_{ij}^0 + \sum_{m=1}^{M}\sum_{n=1}^{N} \sigma_{ij}^* f_0 \Delta\nu_m / V \right) \right] + \\ & \lambda_D \left[\sum_{m=1}^{M}\sum_{n=1}^{N} D_{ijkl}^* f_1 \Delta\nu_m / V - \left(\Delta D_{ijkl}^0 + \sum_{m=1}^{M}\sum_{n=1}^{N} D_{ijkl}^* f_0 \Delta\nu_m / V \right) \right] + \\ & \lambda_\varepsilon \left[\frac{1}{2}\left(\dfrac{\sum\sum l_i^* f_1 \Delta\nu_m}{\sum\sum l_j^* f_0 \Delta\nu_m} + \dfrac{\sum\sum l_j^* f_1 \Delta\nu_m}{\sum\sum l_i^* f_0 \Delta\nu_m} \right) - \left(\varepsilon_{ij}^0 + \frac{1}{2}\left(\dfrac{\sum\sum l_i^* f_0 \Delta\nu_m}{\sum\sum l_j^* f_0 \Delta\nu_m} + \dfrac{\sum\sum l_j^* f_0 \Delta\nu_m}{\sum\sum l_i^* f_0 \Delta\nu_m} \right) \right) \right] \end{aligned} \quad (24)$$

式中:λ_σ、λ_D、λ_ε——待定常数。求此泛函的极值,即 $\dfrac{\partial F}{\partial f} = 0$,并为了方便令 $k = 1$,有:

$$\frac{\partial F}{\partial f} = \ln f - 1 + \lambda_\sigma \sum_{m=1}^{M}\sum_{n=1}^{N} \sigma_{ij}^* \Delta\nu_m / V + \lambda_D \sum_{m=1}^{M}\sum_{n=1}^{N} D_{ijkl}^* \Delta\nu_m / V + \frac{1}{2}\lambda_\varepsilon \left(\dfrac{\sum_{m=1}^{M}\sum_{n=1}^{N} l_i^* \Delta\nu_m}{\sum_{m=1}^{M}\sum_{n=1}^{N} l_j^* f_0 \Delta\nu_m} + \dfrac{\sum_{m=1}^{M}\sum_{n=1}^{N} l_j^* \Delta\nu_m}{\sum_{m=1}^{M}\sum_{n=1}^{N} l_i^* f_0 \Delta\nu_m} \right) \quad (25)$$

$$= 0$$

整理后,得:

$$f = \exp\left\{ -1 + \lambda_\sigma \sum_{m=1}^{M}\sum_{n=1}^{N} \sigma_{ij}^* \Delta\nu_m / V + \lambda_D \sum_{m=1}^{M}\sum_{n=1}^{N} D_{ijkl}^* \Delta\nu_m / V + \frac{1}{2}\lambda_\varepsilon \left(\dfrac{\sum\sum l_i^* \Delta\nu_m}{\sum\sum l_j^* f_0 \Delta\nu_m} + \dfrac{\sum\sum l_j^* \Delta\nu_m}{\sum\sum l_i^* f_0 \Delta\nu_m} \right) \right\} \quad (26)$$

令:

$$\frac{1}{2}\left(\dfrac{\sum_{m=1}^{M}\sum_{n=1}^{N} l_i^* \Delta\nu_m}{\sum_{m=1}^{M}\sum_{n=1}^{N} l_j^* f_0 \Delta\nu_m} + \dfrac{\sum_{m=1}^{M}\sum_{n=1}^{N} l_j^* \Delta\nu_m}{\sum_{m=1}^{M}\sum_{n=1}^{N} l_i^* f_0 \Delta\nu_m} \right) = \sum_{m=1}^{M}\sum_{n=1}^{N} \frac{1}{2}\left(\dfrac{l_i^* \Delta\nu_m}{\sum\sum l_j^* f_0 \Delta\nu_m} + \dfrac{l_j^* \Delta\nu_m}{\sum\sum l_i^* f_0 \Delta\nu_m} \right) = \sum_{m=1}^{M}\sum_{n=1}^{N} \varepsilon_{ij}^* \quad (27)$$

$$\varepsilon_{ij}^* = \frac{1}{2}\left(\dfrac{l_i^* \Delta\nu_m}{\sum_{m=1}^{M}\sum_{n=1}^{N} l_j^* f_0 \Delta\nu_m} + \dfrac{l_j^* \Delta\nu_m}{\sum_{m=1}^{M}\sum_{n=1}^{N} l_i^* f_0 \Delta\nu_m} \right) \quad (28)$$

式(26)可以简化为:

$$f = \exp\left\{ \sum_{m=1}^{M}\sum_{n=1}^{N} (\lambda_\sigma \sigma_{ij}^* + \lambda_D D_{ijkl}^* + \lambda_\varepsilon \varepsilon_{ij}^*) \Delta\nu_m / V - 1 \right\} \quad (29)$$

将式(29)代入式(23)中,就可以确定出待定常数 λ_σ、λ_D、λ_ε。显然他们是 σ_{ij}^*、D_{ijkl}^*、ε_{ij}^*、σ_{ij}^0、D_{ijkl}^0、ε_{ij}^0、$\Delta\sigma_{ij}$、ΔD_{ijkl}、ε_{ij} 和 f_0 的函数,即:

$$\begin{cases} \lambda_\sigma = \lambda_\sigma(\sigma_{ij}^*, D_{ijkl}^*, \varepsilon_{ij}^*, \sigma_{ij}^0, D_{ijkl}^0, \varepsilon_{ij}^0, \Delta\sigma_{ij}, \Delta D_{ijkl}, \varepsilon_{ij}, f_0) \\ \lambda_D = \lambda_\sigma(\sigma_{ij}^*, D_{ijkl}^*, \varepsilon_{ij}^*, \sigma_{ij}^0, D_{ijkl}^0, \varepsilon_{ij}^0, \Delta\sigma_{ij}, \Delta D_{ijkl}, \varepsilon_{ij}, f_0) \\ \lambda_\varepsilon = \lambda_\sigma(\sigma_{ij}^*, D_{ijkl}^*, \varepsilon_{ij}^*, \sigma_{ij}^0, D_{ijkl}^0, \varepsilon_{ij}^0, \Delta\sigma_{ij}, \Delta D_{ijkl}, \varepsilon_{ij}, f_0) \end{cases} \quad (30)$$

如果令 $f \to f_0$,显然应该有: $\Delta\sigma_{ij} \to 0$,$\Delta D_{ijkl} \to 0$,$\varepsilon_{ij} \to 0$。这样就有:

$$f_0 = \exp\left\{ \sum_{m=1}^{M}\sum_{n=1}^{N} \left[\lambda_\sigma(\sigma_{ij}^*, D_{ijkl}^*, \varepsilon_{ij}^*, \sigma_{ij}^0, D_{ijkl}^0, \varepsilon_{ij}^0, f_0)\sigma_{ij}^* + \lambda_D(\sigma_{ij}^*, D_{ijkl}^*, \varepsilon_{ij}^*, \sigma_{ij}^0, D_{ijkl}^0, \varepsilon_{ij}^0, f_0)D_{ijkl}^* + \lambda_\varepsilon(\sigma_{ij}^*, D_{ijkl}^*, \varepsilon_{ij}^*, \sigma_{ij}^0, D_{ijkl}^0, \varepsilon_{ij}^0, f_0)\varepsilon_{ij}^* \right] \Delta v_m/V - 1 \right\} \quad (31)$$

这样就得到了在已知统计域上的材料宏观特性 σ_{ij}^0、D_{ijkl}^0、ε_{ij}^0 和微结构元特征参数 σ_{ij}^*、D_{ijkl}^*、ε_{ij}^* 的情况下,材料微结构元的空间及类型分布的概率函数。因在 σ_{ij}^0、D_{ijkl}^0、ε_{ij}^0 中也含有 f_0,从式(31)可以看到这是一个关于 f_0 函数方程。要求得其显式表达式,显然是比较困难的,求解这一方程可以采用迭代法或递归方法求解。

如果能求解出 f_0,在已知微结构元的弹性密度 $u^* = u^*(Z_m, S_n)$ 的情况下,就可得到统计域上的弹性能密度:

$$U = \sum_{m=1}^{M}\sum_{n=1}^{N} u^*(Z_m, S_n) f(\sigma_{ij}^*, D_{ijkl}^*, \varepsilon_{ij}^*, \sigma_{ij}^0, D_{ijkl}^0, \varepsilon_{ij}^0) \Delta v_m/V \quad (32)$$

显然,在这一表达式中,不仅含有宏观参数 σ_{ij}^0、D_{ijkl}^0、ε_{ij}^0,同时也含有微结构元的参数 σ_{ij}^*、D_{ijkl}^*、ε_{ij}^*。将式(32)代入式(12)中的材料结构状态集合函数的控制方程,从理论上讲就可以求得材料结构的状态集合函数的表达式,从而可以得到材料的整体性能。

1.3.3 微结构元分析方法

为了求解材料结构状态集合函数的控制方程,需要材料的弹性性密度函数,而材料的弹性能密度函数是由材料结构配分函数和微结构元的弹性能密度所决定。而材料结构配分函数和微结构元的弹性能密度函数的分析都需要进行微结构元的强度、弹性模量和微结构元的等效几何尺度的分析,所以,微结构元的分析是结构性材料分析的基础。

1)微结构元模型

为了简单起见,假定材料是由大量颗粒组成(也可以是其他材料模型),这些颗粒可以组成不同的、甚至可能非常复杂的结构形态,但我们总可以将其划分为一些基本结构形态(图2),由这些基本结构形态构成材料微结构元集合。最小的微结构元可以是两颗粒,也可以是多颗粒。

a)三颗粒微结构元　　b)链状微结构元　　c)环状微结构元

图2　微结构元

一般的微结构元可以由若干颗粒组成,颗粒之间的连接称为连接体,连接体的强度或极限承载能力、变形能力可以通过一定的测定方法来确定(测定方法有待研究)。微结构元一方面由不同的几何形态相区别,另一方面由颗粒间的连接体的不同物理性能相区别。对于材料整体来讲,微结构元之间是紧密相连的,微结构元的几何形态理论上可以是二维,也可以是三维。对于二维,一般三颗粒微结构元可以完全覆盖整个统计域;对于三维,可用四颗粒微结构元覆盖整个统计域。也就是说,任何二维问题都可以划分为一系列的三颗粒单元的组合体(只是单元中的颗粒角度不同),而三维问题可以划分为由一系列的四颗粒单元的组合(有点类似于有限元方法中的三角元和四面体元)。但也可以根据材料特征,划分为其他形式,或更为复杂的微结构元组合(如颗粒链、分形结构等)。

微结构元当受到外力作用时,如果已知颗粒间的连接体的力学性能,就可以通过一般的静力学分析方法,求出微结构元在极限状态下,各颗粒节点的承载能力和位移,或者它们之间的相互关系。但一般情况下,微结构元是多颗粒节点,受到的作用力也是多作用力,当颗粒间的连接体极限承载力、弹性模量等参数已知时,整个微结构元的极限承载力问题,实际上变成类似于复杂应力下的材料强度问题。当微结构元中的某一连接体破坏时,可能存在多种外力组合方式,产生同样的结果。每种外力组合方式在由节点力构成的相空间中是一个曲面(或平面)。所以,外力组合方式构成的曲面(或平面)的内包络面就是微结构元的极限承载力曲面(可以是多个平面围合而成)。不同类型的单元,极限承载力曲面也会不同。

2) 颗粒微结构元的等效刚度

颗粒微结构元的等效刚度可以参照文献[27]的方法来分析。为简单起见,考虑二维情况,设微结构元由若干颗粒组成,颗粒之间由连接体相连接,并设连接体为弹性。设第 i 个连接体(图3)在局部坐标系中的刚度为:

$$\boldsymbol{K}_i^e = \begin{bmatrix} k_{11} & k_{12} & k_{13} \\ k_{21} & k_{22} & k_{23} \\ k_{31} & k_{32} & k_{33} \end{bmatrix} \tag{33}$$

在整体坐标系中的刚度为:

$$\boldsymbol{K}_i = \boldsymbol{R}_i^T \boldsymbol{K}_i^e \boldsymbol{R}_i$$

式中:$\boldsymbol{R}_i$——坐标转换矩阵。

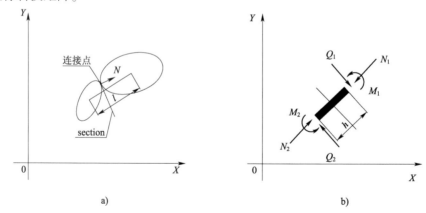

图3 颗粒间的连接体

设第 i 个连接体两端的位移为:$\delta_i = \begin{bmatrix} u_i^{x1} & v_i^{y1} & \theta_i^{z1} & u_i^{x2} & v_i^{y2} & \theta_i^{z2} \end{bmatrix}$,则连接体的应变能为:

$$w_i = \frac{1}{2} \delta_i^T \boldsymbol{K}_i \delta_i \tag{34}$$

整个微结构元的弹性能是各个连接体弹性能的总和:

$$W = \sum_{i=1} w_i = \frac{1}{2} \sum_{i=1} \delta_i^T \boldsymbol{K}_i \delta_i$$

微结构元对于整个统计域来讲是比较小的,因此其位移可以线性展开:

$$\delta_i = \begin{bmatrix} u_i^{x_1} \\ v_i^{y_1} \\ \theta_i^{z_1} \\ u_i^{x_2} \\ v_i^{y_2} \\ \theta_i^{z_2} \end{bmatrix} = \begin{bmatrix} u = \xi_i^1 \frac{\partial u}{\partial \xi} + \eta_i^1 \frac{\partial u}{\partial \eta} \\ v + \eta_i^1 \frac{\partial v}{\partial \eta} + \xi_i^1 \frac{\partial v}{\partial \xi} \\ \theta + \eta_i^1 \frac{\partial \theta}{\partial \eta} + \xi_i^1 \frac{\partial \theta}{\partial \xi} \\ u + \xi_i^2 \frac{\partial u}{\partial \xi} + \eta_i^2 \frac{\partial u}{\partial \eta} \\ v + \eta_i^2 \frac{\partial v}{\partial \eta} + \xi_i^2 \frac{\partial v}{\partial \xi} \\ \theta + \eta_i^2 \frac{\partial \theta}{\partial \eta} + \xi_i^2 \frac{\partial \theta}{\partial \xi} \end{bmatrix} \text{整理后,化为:} \delta_i = \begin{bmatrix} u \\ v \\ \theta \\ u \\ v \\ \theta \end{bmatrix} + \begin{bmatrix} \xi_i^1 & \eta_i^1 \\ \xi_i^2 & \eta_i^2 \end{bmatrix} \begin{bmatrix} \frac{\partial u}{\partial \xi} \\ \frac{\partial v}{\partial \xi} \\ \frac{\partial \theta}{\partial \xi} \\ \frac{\partial u}{\partial \eta} \\ \frac{\partial v}{\partial \eta} \\ \frac{\partial \theta}{\partial \eta} \end{bmatrix} \quad (35)$$

将此式代入应变能的表达式中,就得到应变能与应变的关系:

$$W = \frac{1}{2A_c}(\boldsymbol{u}_0^T \overline{\boldsymbol{K}}_1 \boldsymbol{u}_0 + \boldsymbol{u}_0^T \overline{\boldsymbol{K}}_2 \boldsymbol{\varepsilon}_0 + \boldsymbol{\varepsilon}_0^T \overline{\boldsymbol{K}}_3 \boldsymbol{u}_0 + \boldsymbol{\varepsilon}_0^T \overline{\boldsymbol{K}}_4 \boldsymbol{\varepsilon}_0) \quad (36)$$

式中:A_c——统计域的几何尺度,$\boldsymbol{u}_0 = \begin{bmatrix} u & v & \theta \end{bmatrix}^T$, $\boldsymbol{\varepsilon}_0 = \begin{bmatrix} \frac{\partial \boldsymbol{u}_0}{\partial \xi} & \frac{\partial \boldsymbol{u}_0}{\partial \eta} \end{bmatrix}^T$, $\boldsymbol{K}_i = \begin{bmatrix} \boldsymbol{K}_{11}^i & \boldsymbol{K}_{12}^i \\ \boldsymbol{K}_{21}^i & \boldsymbol{K}_{22}^i \end{bmatrix}$。

$$\overline{\boldsymbol{K}}_1 = \sum_{i=1}^n \begin{bmatrix} 1 & 1 \end{bmatrix} \boldsymbol{K}_i \begin{bmatrix} 1 \\ 1 \end{bmatrix}, \quad \overline{\boldsymbol{K}}_2 = \sum_{i=1}^n \begin{bmatrix} 1 & 1 \end{bmatrix} \boldsymbol{K}_i \begin{bmatrix} \xi_i^1 & \eta_i^1 \\ \xi_i^2 & \eta_i^2 \end{bmatrix}$$

$$\overline{\boldsymbol{K}}_3 = \sum_{i=1}^n \begin{bmatrix} \xi_i^1 & \eta_i^1 \\ \xi_i^2 & \eta_i^2 \end{bmatrix} \boldsymbol{K}_i \begin{bmatrix} 1 & 1 \end{bmatrix}, \quad \overline{\boldsymbol{K}}_3 = \sum_{i=1}^n \begin{bmatrix} \xi_i^1 & \eta_i^1 \\ \xi_i^2 & \eta_i^2 \end{bmatrix} \boldsymbol{K}_i \begin{bmatrix} \xi_i^1 & \eta_i^1 \\ \xi_i^2 & \eta_i^2 \end{bmatrix}$$

因此,有:

$$\boldsymbol{D} = \frac{\partial^2 W}{\partial \varepsilon_{ij} \partial \varepsilon_{kl}} = \overline{\boldsymbol{K}}_4 \quad (37)$$

这就是由能量等效方法得到的颗粒微结构元的等效刚度。显然 $\boldsymbol{D}$ 和各个颗粒间的连接体刚度有关,也和其所在位置及方向有关。

3) 微结构元的等效强度

微结构元的另一个重要的分析内容是微结构元的等效强度分析。微结构元的等效强度分析,是指根据微结构元所能承载的极限强度,换算为将微结构元所占区域假想为一个连续体时的单元强度。对于颗粒模型的微结构元,其分析的基本思路是首先根据颗粒间的连接体强度或极限承载力,计算微结构元的极限承载力,并建立颗粒微结构元按颗粒连接体刚度(类似杆系结构体系)形成的微结构元整体刚度矩阵。由极限承载力和微结构元的连接体刚度矩阵,计算微结构元的各节点位移向量(也可称为极限位移),再由极限位移向量和微结构元的等效刚度计算出相应等效应变,由等效应变计算出相应的假想微结构元连续体的应力强度。微结构元等效刚度是根据前面按能量等法计算出的微结构元假定为连续体时的刚度。

(1) 颗粒型微结构元极限承载力的计算。

为简单起见,这里主要按二维颗粒构成的微结构元情况进行讨论。设微结构元存在有 m 个节点、n 个连接体,各个节点的荷载为 F_i,经受力分析连接体的受力为 N_1、Q_1、M_1、N_2、Q_2、M_2。(这里为简单起见,设各连接体强度相同。)

则荷载与连接体内力间存在下式:

$$\begin{bmatrix} F_1^x & F_1^y & F_1^M & F_2^x & F_2^y & F_2^M \end{bmatrix} = [\alpha_{ij}] \begin{bmatrix} N_1 & Q_1 & M_1 & N_2 & Q_2 & M_2 \end{bmatrix} \quad (38)$$

这里 $[\alpha_{ij}]$ 可以认为是节点荷载与连接体内力的转换系数。当颗粒连接体是有限强度时,它们只能在某一区间上取值。即存在：

$$\begin{cases} N_{\min} \leq N_i \leq N_{\max} \\ Q_{\min} \leq Q_i \leq Q_{\max} \\ M_{\min} \leq M_i \leq M_{\max} \end{cases} \tag{39}$$

也就是说,式(38)右边中的各项,可以在允许的区间中变化。但极限承载力应使左边的值尽可能大,或者是在一个极限边界上(这十分类似于复杂应力下的强度状态)。如果假定微结构元节点的荷载与颗粒连接体的内力之间是线性关系,各个极限荷载的边界就可以认为是一直线。因此,只要将N_i、Q_i、M_i的上限作为边界点代入方程(38)中,求得各节点极限承载力的值,在这些节点力值在由节点极限荷载分量构成的相空间中就可以描绘出一系列的点,将这些点相连所尽可能围取的最大面积的边界,就是极限承载力的区域。

由此看到,极限承载力曲面或区域和两个因素有关:一是矩阵$[\alpha_{ij}]$不同的微结构元的几何形态和连接体刚度(在超静定情况下)将得到不同的$[\alpha_{ij}]$矩阵;另一是颗粒间连接体的强度,各颗粒间不同的连接体强度性能,将影响到极限承载力区域的大小和形态。

(2)微结构元连接体刚度矩阵和节点位移。

设第i个颗粒连接体的局部坐标刚度矩阵为K,相应的坐标转换矩阵为T,则在整体坐标中有：

$$K_i = T_i^T K_i^e T_i \tag{40}$$

将各个颗粒连接体的刚度矩阵组装成微结构元的整体刚度矩阵：

$$K = \sum_{i=1}^{n} K_i \tag{41}$$

设节点位移为：

$$\delta = [\delta_1 \quad \delta_2 \quad \cdots \quad \delta_m], \delta_i = [u_i \quad v_i \quad \theta_i]$$

节点极限荷载为：

$$F_i = [F_i^x \quad F_i^y \quad F_i^M], F = [F_1 \quad F_2 \quad \cdots \quad F_m]$$

这样就有：

$$F = K\delta$$

考虑节点位移可能存在刚体位移,可以设某一节点位移为零,解上述方程就得到节点位移向量。这样得到的位移向量实际上是微结构元在荷载极限时的位移向量。

(3)微结构元的等效强度。

将节点围成的区域假想为一连续区域,根据有限元法,在确定位移场函数后,就可以得到一个应变转换矩阵,或称为几何矩阵,将节点位移转换为应变,即：

$$\varepsilon = B\delta$$

式中：ε、B——应变向量和几何矩阵。

则单元的应力强度为：

$$\sigma^* = D\varepsilon = DB^T\delta \tag{42}$$

式中：D——微结构元等效刚度,由式(37)确定。

通过以上过程就可将节点极限承载力,转换为假想连续体单元的强度。在这个转变过程中,由节点的n个自由度变量极限承载力问题,经过转化转变为一点的强度问题。由此可以看到,经典强度理论可以认为是材料结构承载力极限值的一种简化的表达方式,相当于只有一个节点的极限承载力的情况。在材料结构状态分析方法中,节点的增多,极限承载力的表达转变为用多维相空间中的点来表达,但极限承载力仍然像经典强度理论中一样,材料的强度是一个区域,只是维度的多少不同而已。而等效分析的方法,却类似于重整化理论方法,进行了缩维变换。

4)微结构元等效单元的几何参数

为了计算结构性材料在结构发生变化时的组构应变,需要将不同形态的微结构元转换为等效的矩形单元,也就是要求得其各几何方向上的等效长度,以方便其应变的分析。微结构元等效单元几何参数的分析,是依据以下原则:

(1)等体积(面积)原则。即变换前后的单元体积(面积)应不变。

(2)方向等比例原则。即各方向的变换比例因子相同。

设变换后的单元几何参数为 l_x^*、l_y^*、l_z^*,根据第一条原则,有:

$$l_x^* l_y^* l_z^* = V \tag{43}$$

为了计算上的方便,分别设 l_x^*、l_y^*、l_z^* 为微结构元在整体坐标方向上的几何平均值,则存在:

$$l_x l_y l_z = \overline{V} \tag{44}$$

设 $k = V/\overline{V}$,则 $l_x^* = l_x/\sqrt[3]{k}$,$l_y^* = l_y/\sqrt[3]{k}$,$l_z^* = l_z/\sqrt[3]{k}$。这样就将微结构元的等效几何长度,转变为求微结构元在整体坐标方向上的平均几何长度。

在获得微结构元的等效刚度、等效强度和等效几何长度换算出的等效应变,就可以确定相应的微结构元的等效能量密度。

2 基于材料结构状态集合分析理论的若干问题讨论

依据材料结构状态集合分析理论的思想、概念和方法,通过对材料结构性的分析,我们可以得到一些对材料结构性的新认识,这使得我们有可能加深对材料结构性的理解。

2.1 关于材料结构模型

材料的结构性其实质是材料的非均匀性。由于颗粒材料模型可以实现材料的充分不均匀性描述,颗粒材料模型可以认为是表达材料结构性特征的最典型的模型之一。通过对颗粒材料模型的分析,在以下几个方面可以加深这一认识。

2.1.1 材料结构性的影响要素

对于颗粒性材料,其影响要素可以很多,但最主要的影响要素主要有三个方面:一是颗粒的物理特性,这是影响颗粒材料特性的基础。颗粒的物理特性包括构成颗粒的材料本身的力学特性,这就是强度、刚度(弹性模量)和变形特征;另外构成颗粒材料的化学特性在某些情况下也会影响到材料的整体性能,如材料的化学稳定性,材料的热工性能及与此有关的其他性能;二是颗粒间的连接性能,连接性能是影响材料整体性能的最重要因素之一。实际上颗粒材料的性能在很大程度上是由颗粒之间的连接性能所决定,颗粒材料与其他固体材料特性表现不同,也往往是由于这一特点所反映和影响。影响颗粒间连接性能的主要因素是颗粒间连接接触面特性,不同的接触面,其表现出来的力学特性有很大的差别。除了接触面本身的特性之外,接触面受其水、汽等因素的影响的稳定性,也是影响连接特性的重要因素。而接触面的特点形成与颗粒表面的特点及颗粒的几何形态有关;三是颗粒构成的组构关系。颗粒材料另一个重要特征的体现,就是颗粒可以通过各种不同的组合方式,形成各种组构,这种组构往往是影响材料整体性能另一重要因素。颗粒通过不同组合形成的组构形态,可以是一种简单形态,也可以是复杂的分形形态,这将使颗粒性材料具有一些十分特殊的性能,如材料的尺度效应等。

2.1.2 宏观参数确定的准则与方法

颗粒材料一方面由于颗粒分布的不均匀性,使所观察区域中的各部分的材料性能有很大的差别,另一方面可以通过颗粒的不同组合形成不同的组构形态,使材料的受力特性变得更为复杂,再就是颗粒之间的接触特征的不同,使颗粒之间的连接特性存在很大的差异,这些特征往往都具有随机性,使确定材料的宏观性能参数变得困难。为解决这一问题,必须根据相应的颗粒材料特点制定相应的准则与方法。

对于宏观参数,一般最为重要与力学有关的有强度、刚度和变形特征参数。这些参数由于其特性有很大的不同,所以在确定准则上也有所不同。对于颗粒材料的强度准则,文献[12]提出了在认为颗粒间的连接体的重要性等同的情况下,根据统计域中的连接体强度,可以有最小包络曲面准则、平均包络曲面准则和最大包络曲面准则。其中的平均包络曲面准则与最简单的平均强度方法比较接近。而最小包络曲面和最大包络曲面则是对于结构性材料需要考虑的准则。对于刚度(弹性模量)和变形特征参数,目前主要以平均方法和等效方法来确定,但仔细分析颗粒材料的刚度变化和变形特征,平均方法可能并不能准确反映其真实特性。

宏观参数的求取,实际上就是一种均匀化方法。不同的均匀化方法,得到的结果可能会相差悬殊。因此,选取的均匀化方法,必须和材料的特征相接近。如材料的组构关系比较简单,采取一般的平均化方法,可以得到较好的结果。但对于分形结构这类复杂结构,则一般的平均化方法可能就会出现很大的误差,需要考虑其他的均匀化方法,重整化方法是可以考虑的方法之一。

2.1.3 尺度效应

经典理论材料模型是无法解释材料的尺度效应的。在考虑材料结构性的颗粒材料模型中,这一问题可以得到很好的解决。

材料的宏观参数实际上是材料均匀化的结果。当采用不同的尺度进行均匀化时,对于经典理论材料模型,不同的尺度不会影响到均匀化的结果。但对于结构性材料,由于材料本身的微结构具有一定的尺度,选取的均匀化尺度与微结构的尺度之间是存在相互影响的。当选取的均匀化尺度较大时,与这一尺度相比,微结构的尺度很小时,其影响也会比较小。但当均匀化尺度与微结构尺度相比,并不是一个可以忽略的量时,微结构的影响就会比较大。特别当材料的微结构,像颗粒材料那样可能存在复杂的分形结构时,材料均匀化尺度的效应就会更加明显,文献[28]对土的分形强度进行过分析,证明当材料为分形结构时,随着均匀化尺度的减小,材料的强度会逐渐提高。其实质是材料的微结构单元越来越小,相应的材料颗粒连接强度会提高。

材料的尺度效应,在材料结构模型中可以很好地得到解释并进行分析。而对一般性材料,其结构性具有普遍性,所以材料尺度效应也就具有普遍性。材料的尺度效应与材料的结构性的强弱有着直接关系,材料的结构性越强,则材料的尺度效应也会越明显。而接近均匀的材料,其尺度效应也会较弱。

2.2 材料结构状态集合函数意义下的强度、流动法则和应力应变关系

材料结构状态集合分析理论的核心是材料结构状态集合函数。根据材料结构状态集合分析理论的观点,材料结构状态集合函数反映了结构性材料的整体特性,下面针对这一点进行讨论。

2.2.1 材料结构强度

设材料结构状态集合函数的表达式为如下形式:

$$\Phi(\sigma_{ij}, D_{ijkl}, \varepsilon_{ij}) = 0 \quad (i,j,k,l=1,2,3) \tag{45}$$

如果设 D_{ijkl}、ε_{ij} 为常量,则式(45)变为:

$$\Phi(\sigma_{ij}) = 0 \quad (i,j,k,l=1,2,3)$$

这实际上就是复杂应力条件下的强度方程或强度准则。

由此看到,材料结构状态集合函数可以看作是以 D_{ijkl}、ε_{ij} 为参数的材料强度方程或强度准则。随着 D_{ijkl}、ε_{ij} 的变化,强度曲面也将发生变化,在应力空间中形成了一个在不同参数下的变化的曲面的包络曲面,经典的强度曲面实际上就是这一曲面。如果用应力—弹性模量—应变(组构)构成的多维相空间来描述,就形成在这一多维空间中的曲面。由此可以看到,从某一侧面上讲,采用多维空间更能合理地对材料的强度进行描述。

2.2.2 状态路径方程

设在外部荷载作用下,存在下列状态路径方程:

$$\begin{cases} \sigma_{ij} = \sigma_{ij}(t) \\ D_{ijkl} = D_{ijkl}(t) \quad (i,j,k,l=1,2,3) \\ \varepsilon_{ij} = \varepsilon_{ij}(t) \end{cases} \tag{46}$$

式中:t——参数(不是时间)。

在一般情况下,结构状态变化的路径应满足能量最小原理,并且变化应位于状态集合函数曲面之上,即存在泛函:

$$\Gamma = \int_s \sigma_{ij} d\varepsilon_{ij} + \lambda \Phi(\sigma_{ij}, D_{ijkl}, \varepsilon_{ij}) \quad (i,j,k,l=1,2,3) \tag{47}$$

这里 λ 为待定常数。式(47)考虑参数形式,有:

$$\Gamma = \int_s \sigma_{ij} \dot{\varepsilon}_{ij} dt + \lambda \Phi(s_{ij}(t), D_{ijkl}(t), \varepsilon_{ij}(t)) \quad (i,j,k,l=1,2,3) \tag{48}$$

因此,有欧拉方程:

$$\begin{cases} \dot{\varepsilon}_{ij} + \lambda \dfrac{\partial \Phi(\sigma_{ij}, D_{ijkl}, \varepsilon_{ij})}{\partial \sigma_{ij}} = 0 \\ \dot{\sigma}_{ij} - \lambda \dfrac{\partial \Phi(\sigma_{ij}, D_{ijkl}, \varepsilon_{ij})}{\partial \varepsilon_{ij}} = 0 \quad (i,j,k,l=1,2,3) \\ \dfrac{\partial \Phi(\sigma_{ij}, D_{ijkl}, \varepsilon_{ij})}{\partial D_{ijkl}} = 0 \end{cases} \tag{49}$$

这就是材料结构状态路径应满足的方程组。与一般微分方程的求解同样道理,方程的解除了要满足状态路径方程外,还要满足相应的初始条件。

2.2.3 应力应变关系

求过一点的状态路径的切线方程有:

$$\frac{\sigma_{ij} - \sigma_{ij}^0}{\dot{\sigma}_{ij}} = \frac{D_{ijkl} - D_{ijkl}^0}{\dot{D}_{ijkl}} = \frac{\varepsilon_{ij} - \varepsilon_{ij}^0}{\dot{\varepsilon}_{ij}} = k \quad (i,j,k,l=1,2,3) \tag{50}$$

令:

$$\begin{cases} d\sigma_{ij} = \sigma_{ij} - \sigma_{ij}^0 \\ dD_{ijkl} = D_{ijkl} - D_{ijkl}^0 \quad (i,j,k,l=1,2,3) \\ d\varepsilon_{ij} = \varepsilon_{ij} - \varepsilon_{ij}^0 \end{cases} \tag{51}$$

结合式(50),得:

$$\begin{cases} d\sigma_{ij} = k\dot{\sigma}_{ij} \\ dD_{ijkl} = k\dot{D}_{ijkl} \quad (i,j,k,l=1,2,3) \\ d\varepsilon_{ij} = k\dot{\varepsilon}_{ij} \end{cases} \tag{52}$$

考虑式(49)和式(50),有:

$$\begin{cases} d\sigma_{ij} = k\lambda \dfrac{\partial \Phi(\sigma_{ij}, D_{ijkl}, \varepsilon_{ij})}{\partial \varepsilon_{ij}} \\ d\varepsilon_{ij} = -k\lambda \dfrac{\partial \Phi(\sigma_{ij}, D_{ijkl}, \varepsilon_{ij})}{\partial \sigma_{ij}} \end{cases} \quad (i,j,k,l=1,2,3) \tag{53}$$

这里可以看到非常类似于经典理论中用塑性势函数表达的应力和应变增量的表达式,也就是经典理论中的流动法则。

从式(53)中可以看到未知量$d\sigma_{ij}$和$d\varepsilon_{ij}$外,还有$(k\lambda)$,方程的数量与未知数的数量相比少一个。因此,另外考虑状态集合函数的切面方程:

$$\frac{\partial \Phi}{\partial \sigma_{ij}}d\sigma_{ij} + \frac{\partial \Phi}{\partial D_{ijkl}}dD_{ijkl} + \frac{\partial \Phi}{\partial \varepsilon_{ij}}d\varepsilon_{ij} = 0 \quad (i,j,k,l=1,2,3) \tag{54}$$

式(53)和式(54)结合,就可以求得所有的强度和结构应变的增量。对于结构状态变化沿路径的增量关系有:

$$d\sigma_{ij} = -\frac{\partial \Phi}{\partial \varepsilon_{ij}} \Big/ \frac{\partial \Phi}{\partial \sigma_{ij}} d\varepsilon_{ij} \quad (i,j,k,l=1,2,3) \tag{55}$$

如果考虑材料的弹性应变,则全应变为:

$$d\bar{\varepsilon}_{ij} = d\varepsilon_{ij}^{e} + d\varepsilon_{ij} \quad (i,j,k,l=1,2,3)$$

又:

$$d\sigma_{ij} = D_{ijkl}d\varepsilon_{ij}^{e} = D_{ijkl}(d\bar{\varepsilon}_{ij} - d\varepsilon_{ij}) = D_{ijkl}d\bar{\varepsilon}_{ij} + k\lambda D_{ijkl}\frac{\partial \Phi}{\partial \sigma_{ij}} \quad (i,j,k,l=1,2,3) \tag{56}$$

式中:$d\bar{\varepsilon}_{ij}$、$d\varepsilon_{ij}^{e}$——材料的全应变和弹性应变。

将式(54)代入式(56)中,有:

$$k\lambda = \frac{\frac{\partial \Phi}{\partial \sigma_{ij}}D_{ijkl}d\bar{\varepsilon}_{ij} + \frac{\partial \Phi}{\partial D_{ijkl}}dD_{ijkl}}{\frac{\partial \Phi}{\partial \varepsilon_{ij}}\frac{\partial \Phi}{\partial \sigma_{ij}} - \frac{\partial \Phi}{\partial \sigma_{ij}}D_{ijkl}\frac{\partial \Phi}{\partial \sigma_{kl}}} \quad (i,j,k,l=1,2,3) \tag{57}$$

又将式(56)代入式(54),有:

$$\frac{\partial \Phi}{\partial D_{ijkl}}dD_{ijkl} = 0 \quad (i,j,k,l=1,2,3)$$

代入式(57)中,全应力应变关系:

$$d\sigma_{ij} = \left[D_{ijkl} - \frac{D_{ijkl}\frac{\partial \Phi}{\partial \sigma_{kl}}\frac{\partial \Phi}{\partial \sigma_{mn}}D_{mnkl}}{\frac{\partial \Phi}{\partial \sigma_{ij}}D_{ijkl}\frac{\partial \Phi}{\partial \sigma_{kl}} - \frac{\partial \Phi}{\partial \varepsilon_{ij}}\frac{\partial \Phi}{\partial \sigma_{kl}}}\right]d\bar{\varepsilon}_{ij} \quad (i,j,k,l=1,2,3) \tag{58}$$

这就是全应变下的材料本构关系。

材料结构状态集合函数方程、状态路径方程和应力应变关系构成了复杂结构性材料状态集合分析理论的核心部分。这一方法和理论是建立在材料结构概念基础上,通过对材料结构变化应遵守的规则而导出的整个理论体系。这一体系反映了结构性的复杂材料具有的宏观规律,通过对这一规律的掌握,可以对复杂的结构材料进行分析,从而了解其特征和特性。

2.3 关于材料结构配分函数方程的讨论

材料结构配分函数方程是描述材料结构特征的参数,这一参数将材料的宏观与微结构之间建立起了联系。这实际上是物理学中经常用到的方法。宏观与微观的联系桥梁往往是统计学方法。材料结构配分函数正是这一方法的具体体现。由于材料结构配分函数方程不是一般意义上的方程,是一函数方程,具有明显的非线性特征。考虑到材料结构配分函数在材料结构状态集合分析理论中有十分重要的作用,所以,下面对其一些特征进行讨论。

2.3.1 材料结构配分函数的参数类型

如果方程(31)有解,则方程可表示为:

$$f = f(\sigma_{ij}, D_{ijkl}, \varepsilon_{ij}, L_{ij}^{0}, \sigma_{ij}^{*}(S), D_{ijkl}^{*}(S), L_{ij}^{*}(S)), \quad (i,j,k,l=1,2,3) \tag{59}$$

其中包含的参数可以分为两种类型:一种是宏观参数,另一种是微结构参数。宏观参数σ_{ij}、D_{ijkl}、ε_{ij}、L_{ij}^{0}表达了材料的宏观状态,也就是不同的宏观状态下,将得到不同的配分函数的表达式。而微结构参数 $\sigma_{ij}^*(S)$、$D_{ijkl}^*(S)$、$L_{ij}^*(S)$ 表达的是当 S 为某特定值时,其实质是某一类型微结构元时的强度、弹性模量和几何参数。也就是说,微结构元的特性和微结构元集合特征将影响到配分函数的值。

分析微结构元参数,可以发现这一参数可能会有三种类型:

第一类为当微结构元参数具有某种特殊形式时,如不随 S 参数的变化而变化,这时 $\sigma_{ij}^*(S)$、$D_{ijkl}^*(S)$、$L_{ij}^*(S)$ 变为常量,配分函数实际上只和宏观参数相关,而与微结构参数无关:

$$f = f(\sigma_{ij}, D_{ijkl}, \varepsilon_{ij}, L_{ij}^0) \quad (i,j,k,l = 1,2,3) \tag{60}$$

由此代入状态集合函数控制方程中,得到的状态集合函数的参数,也必然只包含有宏观参数。这类配分函数可以称其为齐次类型的配分函数。这实际上,表达的是材料为均匀材料,也就是材料不存在结构性,问题退化为经典理论中的弹塑性材料模型。

第二类是在微结构参数中,包含有静态的微结构参数,如颗粒的物理参数和几何形态参数,不随结构形态的变化而变化。如果在材料结构配分函数中,只含有静态的微结构参数,而不含有动态的微结构参数,由此代入材料结构状态集合函数控制方程中,得到的状态集合函数的解将只含有宏观参数和静态的微结构参数。也就是说,组成材料的某些固定颗粒特性参数将决定材料的整体性能。

第三类是材料结构配分函数中,即含有宏观参数,也含有静态和动态的微结构参数。这样的配分函数求得的材料结构状态集合函数,将包括了宏观与微结构的所有参数。这将反映材料的更为复杂的材料性能。

2.3.2 材料结构配分函数的存在性与临界状态

根据方程(31),材料配分函数可能有多种解的可能性:第一种是无解,这说明在此宏观和微结构状态下,实际的结构状态不可能出现;第二种是存在通解,这时材料可能存在多种结构形态,具体是哪一种形态,要根据初始条件决定;第三种可能存在特解,但对于特解是否是真实状态的解要进行分析。

进一步分析方程的形式,材料结构配分函数方程可以表达为如下简化的形式:

$$f = R(f) \tag{61}$$

实际上是关于 f 的函数方程,可用迭代法进行求解。由不动点理论可知,f 相当于 R 的不动点。根据不动点理论,不动点可以分为稳定不动点和不稳定不动点。

利用线性重整化方法,将 $f' = R(f^*)$ 在不动点 f^* 附近展开,只保留线性项,则有:

$$f' = R(f) = f^* + \left.\frac{\partial R(f)}{\partial f}\right|_{f^*} \delta f \tag{62}$$

同时有 $f' = f^* + \delta f'$,对比两式可得:

$$\delta f' = \left.\frac{\partial R(f)}{\partial f}\right|_{f^*} \delta f \tag{63}$$

显然,当 $\left|\frac{\partial R(f)}{\partial f}\right| < 1$ 时,$\delta f' \to 0$,随迭代步数的增加,其解 f 将逼近 f^*;当 $\left|\frac{\partial R(f)}{\partial f}\right| > 1$ 时,$\delta f' \to \infty$,随迭代步数的增加,其解 f 将远离 f^*。也就是说,对于 f^* 点,如果在该点 $\left|\frac{\partial R(f)}{\partial f}\right| > 1$,这个点是一个不稳定点,$\left|\frac{\partial R(f)}{\partial f}\right| < 1$ 时是一个稳定点。

根据重整化理论,不稳定的不动点一般是物理状态的相变点或临界点。对于结构性材料来讲,可以推断,不稳定点是结构状态是否存在的临界点。因此,$\left|\frac{\partial R(f)}{\partial f}\right|$ 值可以作为判断结构临界点的依据。根据 $\left|\frac{\partial R(f)}{\partial f}\right|$ 的变化,可能会有三种情况:一是随宏观和微结构参数的变化,恒有 $\left|\frac{\partial R(f)}{\partial f}\right| < 1$,则材料结构

状态恒存在;二是恒$\left|\frac{\partial R(f)}{\partial f}\right|>1$,说明这时材料不可能存在某种结构状态;三是在宏观或微结构参数的某一部分,存在$\left|\frac{\partial R(f)}{\partial f}\right|<1$,而在另一部分$\left|\frac{\partial R(f)}{\partial f}\right|>1$,说明材料只在某些情况下,存在相应的结构状态。这时根据宏观或微结构参数的变化,应该存在一个边界面。在边界面的一则结构状态稳定地存在,在另一侧则不存在相应的结构状态。这个边界面就是结构状态的分界面。在宏观参数相空间中,如果令$\left|\frac{\partial R(f)}{\partial f}\right|=1$,并考虑两侧的情况,可以得一个关于$\sigma_{ij}$、$D_{ijkl}$、$\varepsilon_{ij}^f$的函数面,这个面可以认为是材料结构状态集合函数的边界,相当于给定的状态集合函数的定义域。

2.3.3 关于结构性材料的密度变化

剪胀是结构性材料的重要特征。根据材料结构配分函数确定的材料结构状态,可以很好地解释材料的剪胀问题。

设在小应变情况下,假定体积应变为:

$$\varepsilon_v = \varepsilon_{11}^f + \varepsilon_{22}^f + \varepsilon_{33}^f = \frac{\sum\sum l_1^*(f-f_0)}{\sum\sum l_1^* f_0} + \frac{\sum\sum l_2^*(f-f_0)}{\sum\sum l_2^* f_0} + \frac{\sum\sum l_3^*(f-f_0)}{\sum\sum l_3^* f_0} \tag{64}$$

材料是剪胀还是剪缩主要由ε_v是大于零还是小于零来决定。其中,主要的影响是l_i^*、f的变化特征。如图4所示。

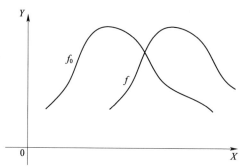

图4 配分函数与材料的剪胀

由图4中可以看到,f和f_0相比,其值一定会在某个区间$f-f_0>0$,而在另一区间$f-f_0<0$,并同时考虑l_i^*的变化,很可能在某一区间一般情况ε_v是大于零,而另一区间则相反。如果考虑材料的微结构形态为均匀分布,这时l_i^*为常数,则必然有$\varepsilon_v=0$。也就是说,均匀材料或无结构特征的材料,其体积应变一般为零,经典材料正是符合这一特征。

如果$\varepsilon_v=0$,是由剪胀向剪缩(相反)变化的拐点,如果设:

$$V = \sum\sum l_1^* l_2^* l_3^* f \tag{65}$$

则V是材料结构宏观参数的函数,因此有:

$$\frac{\partial V}{\partial \sigma_{ij}}=0,\frac{\partial V}{\partial D_{ijkl}}=0,\frac{\partial V}{\partial \varepsilon_{ij}}=0 \tag{66}$$

解此方程组,可以得到体积变化的一个极值点。这个极值点可能是材料的最大体积(最小密度),也可能是最小体积(最大密度),也可能是一个拐点。为了进行判断,可以求其二级导数。如果各二级导数均大于零,同时考虑一级导数为零,则该点为最小体积,即最大密度。其他情况类推。当二级导数中,部分大于零,部分小于零,且有等于零,则该点在几何上为鞍点,也就是体积(或密度)变化的转折点。

$$\frac{\partial^2 V}{\partial \sigma_{ij}^2}>0,\frac{\partial^2 V}{\partial D_{ijkl}^2}=0,\frac{\partial^2 V}{\partial \varepsilon_{ij}^2}=0 \tag{67}$$

由此看到,结构性材料的密度变化特征相比于经典均匀材料要复杂得多。

2.4 由材料微结构元分析得到的一些新概念

作为结构性材料分析基础的微结构元分析方法,是从材料结构的状态集合的思想出发,充分考虑了结构性材料的特征,特别是对于颗粒材料模型导出的具体分析方法。更反映出结构性材料所具有的新特征,由此而引出了一些新的思想和概念。

2.4.1 由颗粒结构元方法引出的广义强度概念

在经典弹塑性理论中,强度理论是其重要基础。由于经典弹塑性理论所研究的材料模型是建立在连续、均匀、各向同性和无限可分的基础上,所以材料的强度可以指的是一点的强度。而一点的强度主要以应力的方式来描述。对非连续的颗粒性材料,用点来描述材料的强度是有一定的困难的。当描述的尺度接近和小于材料的构成单元颗粒时,这种描述方法往往失去其效用,为此人们不得不引进各种均匀化方法。颗粒结构元方法也是一种均匀化方法,是通过在单元上的能量等效方式来得到材料的强度。这种分析的思路与过去的方法相比并没有大的变化,关键在于这一分析过程给了我们对强度问题的新认识。

通过分析过程可以发现,具有若干节点的颗粒结构元的极限承载力,反映的是具有一定的结构形式、一定的几何形态和一定的连接特性构成的结构体的承载能力的极限状态。随颗粒结构元节点数量的不同,其承载能力的极限状态的表达方式变得越来越复杂。如果用节点上的力的数量作为维度,则其维度的数量与节点的数量有关。也就是节点数量越多,维度就越大,表达的方式也越复杂。但我们如果用节点维度表达的空间来描述颗粒结构元的极限承载力,则每一种极限状态都是这个多维相空间中的一点。考虑到颗粒间连接强度或极限连接力的限制,在一个多节点的复杂结构中,极限承载能力的状态将构成一系列的曲面,在有些情况下可能构成闭合的曲面。在这一点上非常类似于经典弹塑性理论中的强度理论的描述方法。但其中的区别是维度数量的不同。所以,由此导出的材料结构的极限承载力如果转化为用应力强度来表达,是一种意义更为广泛的强度理论。因此,可以称这种建立在材料结构元上的强度,为广义强度。随广义强度维数的降低,当其极限状态为一点时,就是经典弹塑性理论的强度理论概念。

2.4.2 广义强度到经典强度的分析方法——重整化

在微结构层面上,可以认为材料是以大量的颗粒或其他基本单元所组成,这些颗粒或单元的不同形态、连接方式和连接特性构成材料的微结构形态。而微结构形态又影响到材料的宏观性能。在微结构层面上,无论是颗粒或基本单元的数量都是大量的,或者说其是多自由度的,描述其特性的方法,只能在多自由度,即多维的相空间中进行。

广义强度与经典强度理论的最本质区别是描述的对象不同。广义强度描述的是复杂结构多维情况下的材料结构强度,而经典强度理论描述的是点的材料强度。而宏观分析从某种意义上讲,还是要把问题简化为连续状态,因此,材料的强度也需要从广义强度过渡到经典强度。而广义强度是多维方式下的强度,要简化为点方式下的强度,就必须对多维方式进行处理。在物理学理论中认为,多维的实质是多自由度问题,减少维数,相当于减少自由度。而处理这类问题最有效的工具就是重整化理论。所以,颗粒结构元方法或微结构元方法,其实质是一种降维处理的重整化方法。显然这种方法不同于传统物理理论中的重整化方法,它是专门用于处理结构性材料中的微结构元强度的方法,但其核心思想仍然是物理理论中的重整化思想。所以,从某种意义上讲,颗粒结构元或微结构元的分析方法,是重整化理论在结构性材料中的具体应用。

2.4.3 关于微结构元集合

微结构元分析方法的重要组成部分是微结构元集合的选取。不同材料的特征是通过微结构元的集合来体现,因此微结构元集合选择,类似于材料模型的选取,或至少是对材料模型的确定有着重要的影响。从材料结构状态集合分析理论的整个分析过程中可以看到,状态集合函数的控制方程、材料结构配分函数方程都是按照一定的方法和规则进行求解的过程,而只有微结构元集合是需要根据材料的特征进行选取。所以,材料微结构元集合是决定整个材料模型是否合理的关键。不同的结构材料,其宏观表现出的结构特征是不一样的,这都需要通过选取合适的微结构元集合来表达和描述。

微结构元集合的确定需要通过对材料的宏观特征与微观特性的观察和总结,可能的情况下可以通过一定的试验手段来进行。通过对已有的大量文献的考察,目前对材料的结构性影响,认识比较深刻、比较典型的微结构元有链状结构、环状结构及分形结构。因此,某些材料的微结构元集合可以以这类结构为主体进行分析[9,12]。而实际的材料结构可能会更为复杂,可以考虑是几种典型微结构元的组合形成的集合。材料结构的状态可能是在几种典型结构中过渡和变化,如分形结构可能在自然状态下形成,但当材料受到扰动,分形结构可能会受到破坏,而向环状或链状结构变化。对于非颗粒材料模型,可能还会有其他类型的微结构元出现。

从理论上讲,材料结构状态集合分析理论中的微结构元集合的选取的灵活性,增加了这一理论对复杂的结构性材料的不同形态的适应性。结构性材料的复杂性是经典弹塑性材料所不可比拟的,因此描述结构性材料的理论也应远比经典弹塑性理论要复杂得多。所以,材料结构状态集合分析理论不仅包含状态集合函数控制方程以及材料结构配分函数方程,而且更为重要的是为适应各种结构性材料的特征,形成的微结构元的分析方法。微结构元分析方法中的微结构元集合,就像有限元方法中的单元类型,是适应于不同的材料结构问题。但微结构元的集合要比的限元方法的单元类型要复杂得多,在针对问题选取时也要困难得多。

根据材料结构状态集合分析理论的方法,对结构性材料的分析,得到了一些新的结论,提供了一些新认识。但仍然有许多方面还需要进一步的深入研究和挖掘,才能使对材料的结构性本质有更加深入的理解。

3 需要进一步研究的问题

目前对材料结构状态集合分析理论的研究工作还是初步的,只是提出了一个解决材料结构性问题的粗略框架,无论在理论方面,还是试验方面及应用方面,还有许多问题需要深入和细致的研究。

3.1 理论探索

理论研究与探索结构性材料的特定规律,是解决这一问题的重要前提。材料结构状态集合分析理论虽然已初步确立了一个理论框架,但有许多方面需要深入研究。

3.1.1 颗粒模型下材料结构状态集合分析理论体系的深入和完善

材料结构状态集合分析理论的核心内容是材料结构状态集合函数问题。特别是对状态集合函数的存在性问题,更是这一问题的核心和关键。从理论上证明,对于结构性材料应该或必然存在这样一个描述材料构性特征的函数,将对材料结构状态集合分析理论的发展具有重要的意义,也是这一理论能够继续发展和存在的基础。理论上研究状态集合函数的存在性问题是核心问题或一个不可回避的问题。

材料结构状态集合分析理论目前研究较为深入的是针对颗粒模型体系,这方面的研究虽然得到了一些有意义的结果,但研究的细致程度还远远不够。如颗粒模型下的材料结构状态集合函数的一般具体表达形式,状态集合函数的几何特征和形态特征,影响状态集合函数的主要因素等。作为反映结构性材料整体特征和性能的状态集合函数,在颗粒模型这一特定条件下,其形态特征应具有反映颗粒材料特点的特性,深入和细致研究颗粒模型下的材料结构状态集合函数的特征、特点,形态变化规律,有益于掌握颗粒这种具有强结构性材料的规律。特别是研究颗粒材料状态集合函数的一般性、局部和整体的形态特征是今后需要认真研究的重要问题之一。另外,状态集合函数代表了材料的整体性能,则状态集合函数的意义及应用也需要进一步的发掘。

材料结构配分函数在材料结构状态集合分析理论中有着重要地位,从理论上研究这一函数存在的条件,对于深入了解结构性材料的性质以及微结构对材料宏观参数的影响是非常重要的。状态集合函数存在的条件,其实质就是结构性材料的结构存在的条件和状态,所以掌握这方面的规律和特点,就是掌握材料的形态规律。另外,影响材料结构配分函数的因素和条件,是深入掌握配分函数特征的又一个重要方面。也是在分析中形成配分函数约束条件的重要内容。约束因素和条件可以分为两个大的方面:一方面是宏观影响因素和约束,另一方面是微结构的影响。再就是,配分函数由一般正常形态向非正常形态转化,或配分函数由正常形态向无意义形态的转化的条件。这其中最重要的条件就是能引起配分函数突变的条件。在物理学中,突变状态往往是材料相变点,因此结构性材料的配分函数突变点,有可能存在类似的相变点(如阻塞现象),搞清楚这一问题,对于深入了解结构性材料的性质具有重要意义。

另外一个方面是一般材料微结构元集合问题的研究,也是材料结构状态集合分析理论体系的重要方面。这方面主要需要进一步的掌握材料结构微结构元集合的一般特征和规律,微结构元集合的描述方法和分析方法。对于不同类型的材料,特别是颗粒材料,微结构元集合抽取、形成、分析是整个理论体系的重要基础内容。目前对于一般性材料,在这方面的认识还是非常模糊或不清晰的,加深这方面的研究是非常必要的。

3.1.2 针对不同类型颗粒、连接特征、组构形态具体问题的研究

应用材料结构状态集合分析理论,目前对一般概念下的问题进行了初步的研究,但对于具有某种具体材料特征的问题的研究还进行得不多。所以,这方面的研究是今后研究的一个重点方向。

对于颗粒材料,颗粒的形态是影响颗粒材料性能一个重要方面,有时甚至是决定性的。应用材料结构状态集合分析理论,深入和分门别类地研究不同形态的颗粒所构成的材料的力学性能,对于颗粒材料的研究来讲,是一个重要方向和思路。材料结构状态集合分析理论提供了系统的整体的思路和研究方法,但对于颗粒材料本身具有的具体问题还需要具体的有针对性的解决方法。如颗粒形态的简化、颗粒间接触方式和性能的确定等,都需要深入分析和研究。

材料颗粒之间的连接特征是影响材料性能的重要因素。对于颗粒间的连接性能,过去有不少学者做过有关方面的工作,应用材料结构状态集合分析理论分析问题时,一方面可以应用已有的研究成果,另一方面要考虑构成材料的颗粒形态所带来的颗粒间连接性能的变化。颗粒间连接性能的复杂性不仅在于单个颗粒间的连接形态的变化,从整个材料的宏观方面看,材料结构的变化以及材料的宏观参数的影响也会对颗粒间的连接性能产生影响,对于这方面的问题,目前的认识还是非常粗浅的,还有大量的工作需要去做。

材料微结构元集合目前还是一个非常复杂的问题。为了问题的简化,可以针对某些特定的、常见的微结构元集合形态材料模型进行研究。对于颗粒材料模型,可以首先对如链结构集合、环结构集合和分形结构集合进行研究,在此研究的基础上可以对这几类微结构元的混合集合问题进行研究。

3.1.3 研究区畴模型和节理模型

材料的结构性具有普遍性,颗粒材料是被研究得比较多的一种结构性材料,但对于其他类型的结构性材料也是需要进行认真研究的,如区畴模型材料和节理模型材料。对于区畴模型,更多的是用来描述连续性较好但均匀性较差的材料。而节理模型可以用来描述如岩石这类具有丰富节理的材料。采用材料结构状态集合分析理论和方法研究这方面的问题给我们提供了一种新的思路和研究方法。

3.2 数值分析

材料结构状态集合函数的控制方程和配分函数方程均为非线性方程,微结构元的分析也相对繁杂,有时还会相当困难,这都使问题的分析很难只限于采用解析方法。因此,数值方法是解决这些困难问题的一种重要手段。特别是和计算机结合,数值分析及模拟在有些情况下,成为必要和唯一的可行手段。

3.2.1 方程数值求解

材料结构状态集合函数控制方程是一组非线性的偏微分方程。尽管有许多问题都可归结为采用非线性偏微分方程来描述，经过许多学者的努力，发展出了反散射法、齐次平衡法、函数变换法，以及多指数函数法和有理函数变换法等，也获得了许多经典非线性偏微分方程的解析解法，解决了不少工程问题，但一般非线性偏微分方程的求解却一直是相当困难的问题。在数值解法上，人们通过采用差分法、小波算法和其他一些优化算法，用于非线性偏微分方程的求解，但仍然有些问题没有解决，如收敛问题、效率问题等。所以，对于本文导出的材料结构状态集合函数的控制方程，就是在数值分析领域，也是一个新问题，需要针对这一组非线性的偏微分方程探讨其解决方法。

对于材料结构配分函数，解决这一问题的难度可能就更大一些。因为，对于函数方程的解法，虽然有着很长的历史，函数方程理论也有很大的发展，如一些学者提出 Cauthy 法、待定函数法、不动点法等以及其他一些函数方程的解法，但往往只对某一类的函数方程有效，目前还没有一种通用的解法，在数值解法研究方面，这方面的研究还有许多工作要做。下一步的重要工作是针对材料结构配分函数方程，特别是在各参数(包括宏观参数和微结构元参数)变化的情况下配分函数方程的解法的研究。

微结构元的分析是材料结构分析的重要基础性工作，由于微结构元的多样性，微结构元的数值分析方法将是不可或缺的重要方面。这方面分析的难度虽然不是很大，没有不可突破的难点，但颗粒之间的连接特性与关系的复杂性，对于微结构元特性的精确分析是一个挑战，特别是对大量颗粒间的连接，且连接特性存在差异时，可能还要引入统计方法来解决这方面的问题。总之，对于微结构元的分析还有许多细致的工作要做。

3.2.2 DEM 模拟

材料结构状态集合分析理论方法，目前，一方面需要在理论上的进一步分析和论证，另一方面可以通过最接近于材料结构分析模型的离散元模型方法进行模拟分析，以通过数值方法验证材料结构状态集合函数方法的正确性和可应用性。离散元 DEM 方法的基本思想是把不连续体划分为一系列的单元体，各个单元体之间可以按力学关系相互作用，由此形成的材料的作用关系，从某种意义上讲，必然带有结构性材料的特征。因此，采用离散元 DEM 方法模拟结构性材料的特征，分析其规律性，验证材料结构状态集合分析理论提出的状态集合函数的存在性极其函数特征，具有天然的合理性。利用离散元 DEM 方法，可以很好地模拟颗粒材料结构的随机特征，并利用这种随机特征分析其形成的随机结构的特性。通过这些特征和特性的分析，可以与材料结构状态集合分析理论提出的材料结构的状态集合函数和构成特性进行对比分析，以证实和了解分析的结果的正确性。

采用离散元 DEM 分析，最重要的是要确定一个合理的结构性材料模型。颗粒材料模型是一种典型的结构性材料模型，而颗粒特征正是离散元 DEM 方法的基本要求，在这种模型下，可以利用离散元 DEM 方法分析其结构特性：这包括材料的强度特性，许多学者在这方面做过工作，都取得了不错的结果；另外，可以对材料的结构刚度和变形特征进行分析，以获得材料的结构特性。也就是说，用这一方法可以很好地从另一个角度模拟材料结构特征的变化规律。对于材料结构状态集合分析理论，虽然这种模拟分析并不是必需的，但在这一理论的发展过程中，需要从不同的角度去验证理论分析的结果和结论，因此，在数值分析方面，模拟分析对于应用材料结构状态集合分析理论分析具体问题时，是一种重要的手段和方法。通过这一方法的应用，也可以从某些方面促进材料结构状态集合分析理论的发展。

离散元 DEM 方法已提出有数十年了，与其他方法相比有其自然的优势，特别是在非连续材料的分析方面，是许多其他方法所不具备的。但不可否认，这一方面还有许多方面需要改进和研究，特别是对于颗粒性材料模型方面，主要表现在以下几个方面：一是颗粒的形态参数问题。实际中的颗粒形态是十分复杂的，如何抽象出具有本质特征的颗粒形态参数是提高这一方法分析精度的重要内容；另一方面是颗粒间的力学关系模型的建立。结构性材料的性能，影响非常显著的一个重要方面就是颗粒间的力学关系。

实际颗粒间的力学特性是非常难以准确把握的,采用什么样的模型来更合理地描述,是需要进一步解决的一个重要问题。再就是颗粒间的组构关系的生成,目前在这一方面还掌握得很少。

3.3 实验验证与检测

实验检验永远是一切理论的最后试金石。材料结构状态集合分析理论的正确性与否也有待于实验的验证。除了理论的总体性的验证性实验外,对于需要支撑这一理论的反映材料结构的基础参数,也需要在这一理论的指导下,设计一系列的新的实验和检测方法。

3.3.1 材料结构状态集合函数验证性实验

材料结构状态集合分析理论的核心内容之一是材料结构状态集合函数的存在性,这一问题可以从理论上解决,但更重要的是通过实验的验证来确认。由于结构性材料的研究在这方面的工作才刚刚开始,实验性的研究工作还没有进行,在今后的工作中需要根据理论研究的进展,通过实验来加以验证。理论是这一工作的指导,但实验也是不可或缺的重要部分。由于结构性材料的复杂性,过去大量的实验还是一种探索性性质的工作,目前可以在理论的指引下进行验证性的实验工作。

由于结构性材料的复杂性,材料结构状态集合函数的实验验证性工作是一个复杂且难度较大的工作。如对于颗粒性材料,在保持特定结构状态的情况下,如何测定其强度和弹性模量目前来讲还是需要认真研究的。颗粒材料的结构各部分的稳定性,一般情况下是极不均匀的,受到外界的扰动时,某些部分极易发生变化,从而使需要测定的结构状态已不复存在,这种情况下,更无法测定原结构状态下的强度和弹性模量。如何在保持结构状态稳定的情况下,又能测定出其强度和弹性模量参数,需要根据颗粒材料的结构特征,设计出可行的实验方案。除了这一难点之外,材料三维状态下的实验检测也是一个难点。在三维情况下,材料结构的宏观强度应该至少有6个独立的参数,而材料的弹性模量可能有36个独立参数,如此大量的参数的测定是一个相当困难的问题。

3.3.2 颗粒形态、颗粒间的连接性能、颗粒组构关系检测实验

颗粒材料的性能在很大程度上受到颗粒形态、颗粒间的连接性能及颗粒组构关系的影响。在理论分析,颗粒形态、颗粒间的连接性能和颗粒组构关系都通过一定的方式假定而确定,而实际颗粒材料中的这些参数的情况,需要通过具体的实验来检测得到。到目前为止,一些学者已在这方面做了一些探索,并取得了一些成果。如颗粒形态的分布,岩土材料中的空隙的分布等。但材料结构状态集合分析理论对这些参数的要求,还需要进一步的细致化,这方面比较全面的工作还比较少,如颗粒间的连接性能的实验等,还需要加强这方面的工作。

颗粒形态的检测实验,是进行得比较多的实验,取得的成果也相对较多。到目前为止,对颗粒形态的检测得到的结论主要有:颗粒的表面分布,具有分形的性质,颗粒的大小分布随材料的不同而不同。今后在这方面的工作可能需要针对不同的材料类型,通过检测和统计归类,建立材料类型与颗粒形态分布的关系,并形成相应的数据库,实现以颗粒形态分布为参数的颗粒材料分类系统。一方面为理论分布奠定参数数据基础,另一方面也为工程实际的应用服务。

颗粒间连接性能的检测实验,到目前为止是相对比较困难的。对于大小不一的颗粒,颗粒间的作用关系十分复杂,受到很多因素的影响;另外,颗粒的尺度也是实验检测困难的因素之一,过去对这方面的研究也比较少。所以,对于颗粒间连接性能的实验检测,需要新的能够反映颗粒间作用的实验方法和实验设计。随着颗粒的尺度的变化,颗粒间的连接作用力也是不一样的,较大的颗粒间的作用主要是以机械作用力为主,而随着颗粒尺度的减小,一些化学键的作用开始显现,特别当存在水等液体时,颗粒间的相互作用更为复杂。因此,实验的方法需要研究和探索。

颗粒组构关系的检测,是了解颗粒材料结构的重要内容之一,而一般的检测方法往往会破坏材料的结构特征。所以,对于颗粒组构关系的检测需要发展无损检测方法。现在一些学者开发的CT检测岩土

的方法,对于颗粒组构关系的检测可以借鉴。除了这一无损检测方法之外,也需要研究其他更能反映材料颗粒组构关系的实验检测方法。

3.3.3 结构元集合特征观察实验

根据材料结构状态集合分析理论,材料微结构元集合是影响材料性能的关键,材料的宏观性能其实质是由材料微结构元集合的特性和微结构元的分布即配分函数的形态所决定。材料微结构元集合特征的实验观察是掌握材料性能的关键步骤之一。

材料微结构元集合特征的实验观察其难点在于这是一个动态的观察,需要掌握某种材料基本颗粒构成的情况下,这些颗粒所构成的基本单元的形态的类型和数量。因此,简单的、少量的实验观察是不能解决问题的,需要进行大量的实验观察。这不仅需要耗费大量的人力和物力,另外也需要大量的时间。更困难的需要解决的是怎样在已有的材料结构状态中提取出微结构元的形态模型。也就是采用什么样的实验观察手段来得到颗粒在特定状态下的所谓的微结构元形态。

微结构元形态与颗粒间的构成形态有关,也与颗粒间连接性能有关,因此,这种实验观察可能需要的是多方面的实验观察。所以,微结构元集合的实验观察的设计,可能还需要认真地进行研究,以获得一个可以实施和有效的观察实验方案。

4 结语

通过以上讨论,初步建立起了分析结构性材料的材料结构状态集合分析理论体系框架和方法思路,为解决结构性材料的问题,提出了一条新的思路,总结以上讨论,可以得到以下几点结论:

(1)形成了解决结构性材料的新的思路。结构性材料的复杂性是众所周知的,为了解决这一问题,本文提出了材料结构状态集合分析的概念,通过对材料所有可能的结构状态集合的性能分析,来理解结构性材料的整体性能。并且通过以上的分析,初步证明这一思路具有可行性。

(2)建立起了一个基本完整的分析结构性材料的框架体系。新的分析体系从材料的基本微结构开始,通过分析微结构元的组成形态即配分函数,最后得到材料结构的状态集合函数,从而得到结构性材料的整体性能及参数,形成了一条基本完整的分析方法。

(3)材料结构状态集合分析理论与经典弹塑性理论具有很好的一致性。通过以上的讨论可知,材料结构状态集合分析理论与经典弹塑性理论不存在任何矛盾,材料结构状态集合分析理论更具有一般性,而经典弹塑性理论可以认为是材料结构状态集合分析理论下的特殊情况。

所以,材料结构状态集合分析理论,是通过研究结构性材料形成了一个更具有普遍意义下的理论和方法。尽管如此,但这一理论与方法还有许多问题需要解决,目前的工作只是在一个新领域打开了一扇小小的窗口,还有许多方面需要进一步的探索。

参考文献

[1] 赵珊茸,刘嵘,杨明玲,等.晶体形态一些基本概念的实际意义分析[J].人工晶体学报,2007,36(6):1319-1323.
[2] 李广慧,韩丽,方奇晶.体结构控制晶体形态的理论及应用[J].人工晶体学报,2005,34(3):547-549.
[3] 郑颖人,孔亮.再谈广义塑性力学[J].岩土工程学报,2006,28(1):118-121.
[4] 沈珠江.土体结构性的数学模型——世纪土力学的核心问题[J].岩土工程学报,1996,18(1):95-97.
[5] 谢定义.21世纪土力学的思考[J].岩土工程学报,1997,19(4):111-114.
[6] 胡瑞林,王思敬.21世纪工程地质学生长点:土体微结构力学[J].水文地质工程地质,1999(4):5-8.
[7] 沈珠江.结构性黏土的堆砌体模型[J].岩土力学,2000,21(1):1-4.
[8] 沈珠江.岩土破损力学与双重介质模型[J].水利水运工程学报,2002,(4):1-6.

[9] 卫振海,王梦恕,张顶立.颗粒链结构形态土体强度模型研究[J].工程力学,2012 29(增Ⅱ):85-92.
[10] 杨光华,李广信.岩土本构模型的数学基础与广义位势理论[J].岩土力学,2002,23(5):531-535.
[11] 王国欣,肖树芳.土结构性本构模型研究现状综述[J].工程地质学报,2006,14(5):620-626.
[12] 卫振海,王梦恕,张顶立.土结构强度模型研究[J].岩土力学,2013,34(1):40-46.
[13] 孙海忠.基于细观理论的粗粒土剪胀性及本构模型[J].同济大学学报自然科学版,2012,40(12):1783-1788.
[14] 陈铁林,李国英.沈珠江.结构性黏土的流变模型[J].水利水运工程学报,2003(2):7-11.
[15] 卫振海.岩土材料结构问题研究[D].北京:北京交通大学,2012.
[16] 卫振海,王梦恕,张顶立.岩土材料结构分析[M]北京:中国水利水电出版社,2012.
[17] Alexander E Ehre, Markus B, MikhailItskov. A continuum constitutive model for the active behaviour of skeletal muscle [J]. Journal of the Mechanics and Physics of Solids 59 (2011) 625-636.
[18] Ercan Gurses, Tamer El Sayed. A variational multiscale constitutive model for nanocrystalline materials. Journal of the Mechanics and Physics of Solids 59,2011:732-749.
[19] 余文龙,张健,张顺峰.黄土结构性定量化研究新进展[J].水文地质工程地质,2011,38(5):120-127.
[20] Riyadh Al-Raoush. Microstructure characterization of granular materials[J]. Physica A,2007,377:545-558.
[21] Andrew P. Bungera, Elizaveta Gordeliy, Emmanuel Detournay. Comparison between laboratory experiments and coupled simulations of saucer-shaped hydraulic fractures in homogeneous brittle-elastic solids [J]. Journal of the Mechanics and Physics of Solids,2013,61:1636-1654.
[22] Claudia Redenbach. Microstructure models for cellular materials [J]. Computational Materials Science, Computational Materials Science,2009,44:1397-1407.
[23] 姚仰平,牛雷,崔文杰,等.超固结非饱和土的本构关系[J].岩土工程学报,2011,33(6):833-839.
[24] 左永振,程展林,丁红顺.CT技术在粗粒土组构研究中的应用[J].人民黄河,2010,32(7):109-111.
[25] 卫振海,王梦恕,张顶立.材料结构全状态函数本构关系模型研究[C].第21届全国结构工程学术会议论文集,2012,10.
[26] Wei Zhenhai, Wang Mengshu, Zhang Dingli, A research on the full state function constitutive relation model, The SecondInternational Symposium on Constitutive Modeling of Geomaterials: Advances and New Applications 2012,10.
[27] 卫振海,王梦恕,张顶立.静态组构下的颗粒材料本构模型研究[C].第20届全国结构工程学术会议论文集,2011,10.
[28] 卫振海,王梦恕,张顶立.分形结构土体强度研究[J].岩土力学,2012,3:67-71.

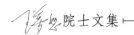

我国智慧城市地下空间综合利用探索

摘 要：随着经济和科技的快速发展，我国已成为地下空间开发利用和建设大国。在我国智慧城市地下空间的综合开发过程中，城市地下综合管廊、城市智能地下立体停车场和城市防涝地下水道这三者将是地下空间开发的重要组成部分。城市地下综合管廊将成为地下管线综合体，可以改善线路混乱等缺陷；智能地下立体停车场用以缓解车位少停车难等矛盾；地下水道则用以解决城市内涝排放等问题。针对建设推广过程中遇到的问题，提出相应的发展建议，引导地下空间科学有效发展。

关键词：综合管廊；地下车库；地下水道；智慧城市

中图分类号：TU9   **文献标志码**：A

Abstract: With the rapid development of economy, science and technology, China has become a major country in the development and utilization of underground space. In the process of the comprehensive development of smart city′s underground space, utility tunnel, underground parking lot and underground waterway will be the important parts in the development of city underground space. Utility tunnels will be comprehensive underground pipelines that solve line confusion and other defects. Intelligent underground parking lots can ease the contradiction of less parking spaces. Underground waterways will be able to solve the problems such as urban waterlogging discharge issue. At the same time, in view of the problems encountered in the process of construction and promotion, corresponding development suggestions are put forward to guide the scientific and effective development of underground space.

Key words: utility tunnel; underground parking lot; underground waterway; smart ctty

第二次世界大战以后，城市人口更加集中，汽车数量激增，城市交通非常拥挤，城市地面空间越来越小，土地价格迅猛上涨，加之各种建筑、公共设施、公路、铁路和桥梁等充斥地面空间，使城市变得杂乱无章。在这种情况下，城市建设开始向立体化和智慧化发展。智慧城市是指采用更先进的技术手段、更有效的管理办法和更长远的发展规划建设成一种立体智能可持续发展的城市体。在智慧城市建设过程中，地下空间的科学有效利用是必然的趋势和选择。

本文作者首先对国内外城市地下空间的发展利用现状进行分析总结，指出了建设城市地下管廊、智能立体停车场和防涝地下水道将是我国智慧城市地下空间发展的重要部分。然后对我国在城市地下综合管廊、立体停车场与地下水道工程的规划、设计、建设和管理法规等方面存在的问题进行分析，最后提出相应的发展建议，对地下空间建设项目的设计和规划具有重要指导作用。

1 国内外城市地下空间发展现状

1.1 国外城市地下空间利用情况

近年来，地下空间的开发利用已经进入高潮期，从全球范围看，对城市地下空间利用较充分的国家和地区主要集中在北美、西欧、北欧和亚洲的日本等。地下空间的利用已十分系统，从早期的地铁建设，到

---

* 本文原载于：北京交通大学学报，2016(04).

复杂的地下综合体、地下街,以及与地下轨道交通相结合的地下城。地下市政设施也从单纯的地下给排水管网发展到地下大型供水系统,地下大型能源供应系统,地下大型排水及污水处理系统,地下生活垃圾的清除、处理和回收系统以及地下综合管廊(共同沟)[1]。

国外各地区地下空间的开发利用在其发展过程中形成了独有的特色,在不同区域出现了不同功能的开发利用类型,见表1。在法律规范上也形成了较完备的框架体系。

国外各地区地下空间开发利用主要类型　　表1
Main types of underground space development and utilization in foreign countries　　Tab.1

地下功能	地下设施类型	美国	加拿大	日本	法国
地下交通空间(提高和保障城市效率)	地铁	纽约		东京	巴黎
	地下道路(隧道)	波士顿		首都高速中央环状地下道理	巴黎
	城市交通枢纽(城市综合体)			名古屋荣地区	拉德芳斯
	地下停车			大阪梅田长堀地下街;名古屋中央公园	
	地下步行通道	洛克菲勒中心	蒙特利尔多伦多		
地下公共空间(提高城市环境品质)	地下商业	洛克菲勒中心	蒙特利尔多伦多	大阪梅田长堀地下街;名古屋中央公园	雷亚诺中央广场
	地下文化娱乐				
	地下公共建筑(体育、博览、图书馆影剧院、音乐厅)			东京国会图书馆	罗浮宫
地下市政空间(保障城市生命线安全)	地下市政设施			东京	
	市政管廊/综合管沟			东京、横滨、大深度地下空间	巴黎
地下仓储物流空间	地下仓库/地下物流管道等	各国家根据社会经济条件和需求进行了研究和探索;荷兰鹿特丹、Schiphol 机场地下物流构想;瑞典、芬兰、挪威、美国、俄罗斯等构筑地下民防工程;美国明尼苏达大学地下空间中心;日本地下空间科学研究设施等			
地下防护空间	独立建设				
地下办公业务空间	地下科研教育/医疗卫生/办公/工业厂房等设施				
地下居住及其他空间	地下居住设施				

1.2 我国智慧城市地下空间现状及发展

在经历了"十二五"高速发展期后,我国已经成为当今世界城市轨道交通、地下空间、综合管廊及海绵城市等领域的建设大国。但与欧美日等发达国家相比,我国在城市地下空间资源综合开发利用、综合管廊与城市防涝地下水道工程的规划设计建设技术与管理法规建设等方面还存在较大差距。从我国智慧城市地下空间综合利用的角度来看,智慧城市地下空间可以包括城市地下综合管廊、智能立体地下停车场和城市防涝地下水道等一些工程的开发。城市地下综合管廊的设计与建设,将极大改善管线杂乱分布难以管理的现状;智能立体地下停车场的推广和建设,将有效缓解各城市中逐渐加剧的停车难等问题,并减轻由其带来的交通拥堵及环境污染等问题;城市防涝地下水道的建设旨在解决城市内涝问题,使得城市雨水和污水等"有道可排,有地可储",并在此基础上可发展储水再利用等。建设城市地下管廊、智能立体停车场和防涝地下水道将是我国智慧城市地下空间发展的重要部分。

1.3 我国智慧城市地下空间规划控制

智慧城市地下空间规划,包括地下空间开发利用现状分析与评价、地下空间资源调查与评估、地下空间开发利用功能需求及模型预测、地下空间规划目标和发展战略、空间布局规划、地下空间各系统功能规划,以及地下空间近期远景规划等,同时应该充分考虑地下空间资源对地面空间的补充作用,考虑城市地下与地上竖向的空间配置,根据不同情况进行适宜深度开发。而智慧城市地下空间规划控制是以城市重要建设地区地下空间的开发利用进行控制与引导为目标,对城市地下空间布局、地下空间开发强度、空间环境及建筑建造等方面进行规划控制,提出开发地区的规定性和引导性指标要求,为地下空间建设项目的设计和规划的实施与管理,提供科学的规划依据和监督的标准。

2 城市地下综合管廊

2.1 发展现状及紧迫性

地下综合管廊就是"城市市政地下管线综合体",即在城市沿道路或管线走廊带建造一个地下连续结构物,将以往直埋的市政管线,例如给水、雨水、污水、供热、电力、通信、燃气及工业等各种管线集中放入其中,并设置专门的配套系统,按照实际需求组织的规划、设计、建设和后期运营管理,是保障城市运行的重要基础设施和"生命线"[2-6]。

2.1.1 北京市城市地下管廊建设

北京市目前建成各种市政管线近1.3万km,绝大多数管线采用直埋建设方式,空间位置安排在城市道路下10m内的区域,仅有一小部分采用了市政综合管廊的方式,长度约3.8km,仅占五环路内道路长度的0.23%[5]。北京近几年已建、在建与规划建设的综合管廊主要分为两类:①功能区型,如地下空间一体建设中关村村西区、奥体南区、CBD核心区与通州运河核心区等;②独立型,如市政道路下建设昌平未来城鲁疃西路及广华新城等。在建的广华新城综合管廊工程位于北京市朝阳区百子湾地区,综合管廊沿前程路、前程南路、锦绣东路及锦绣西路等呈井字形布局。广华新城综合管廊全长4.5km,总投资约2.3亿元。入廊管线有DN500热力、DN400给水、DN300再生水、DN500气力垃圾输送管和15孔电信等管线,并预留管位。设计断面采用单舱与双舱两种形式,如图1所示,分为水+通信舱与热舱,水+通信舱收纳给水管、再生水与电信电缆;热舱内为热力供回水管。

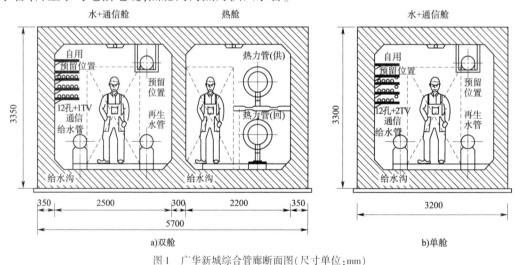

图1 广华新城综合管廊断面图(尺寸单位:mm)

Fig.1 Section diagram of utility tunnel in Guanghua City(unit:mm)

2.1.2 上海市城市地下管廊建设

上海在地下综合管廊设计建设中具有独特优势。目前除工业用管廊系统外,上海市已建成运营的市政地下综合管廊总里程约为23km,同时在国内率先制定了首个针对共同沟建设和管理的办法——《中国2010年上海世博会园区管线综合管沟管理办法》。该办法于2007年7月颁布实施,但适用对象较为有限,仅针对2010年上海世博会园区共同沟。目前,由上海市政总院修编的国家标准《城市综合管廊工程技术规范》已经完成。结合新城建设和旧城改造,上海正在松江新城、临港新城和桃浦智慧科技城3个地方继续试点综合管廊工程,解决了市政管线施工时道路动辄就要被"开膛破肚"的难题。2016 年启动的临港新城综合管廊工程结合地下空间的开发共同建设,规划总长 5.7km 呈反"cc 字"形。断面净尺寸宽×高 = 8.1m×5m,收纳高低压力电缆、通信、热力、给水、中水、垃圾管和排水管等管线。

2.1.3 地下管廊存在的问题

(1)各类管网各自为政,大量重复建设,安全隐患大。截至 2015 年年底,我国各类市政地下管线长度已超过 172 万 km,且以每年 10 万 km 的速度递增。地下管线长度巨大,导致地下管线底数不清,分布不明,老城市的问题更加突出,其中最显眼的便是缺少规划导致道路不断开挖施工的"马路拉链"和空中管线密布错综复杂的"空中蜘蛛网",如图 2 所示。

a)马路拉链　　　　　　　　　　　b)空中蜘蛛网

图 2　"马路拉链"与"空中蜘蛛网"
Fig. 2　Zipper road and pipe network

(2)管网陈旧,排水内涝不足,暴雨内涝成灾。城市的地下管廊中设置了各类通道,包括雨水污水管道、电力管道和通信管道等,然而由于管网陈旧,缺少基础的养护维修,很多管网已经削减甚至失去了原有设计的功能,从而导致了在降雨量较大的季节,雨水不能及时排除而引起了城市内涝等问题。2016 年上半年很多城市就出现了城市内涝灾害,例如 2016 年 5 月 8 日至 11 日,广东出现持续时间长、雨区集中及强度大的降水过程。据初步统计,暴雨造成江门、深圳和珠海等 8 地 23 县 118 个乡镇 33.92 万人受灾,死亡 5 人,造成直接经济损失 5.45 亿元。

2.2　城市地下管廊发展建议

2.2.1　城市地下管廊发展制约因素

(1)维护管理要求高,缺乏相关管理政策的研究。综合管廊的建设打破了目前直埋建设市政管线和各专业公司运行维护的模式,但是,缺乏综合管廊建设投资与运行维护的主体,其运行维护不是物业或某一个市政专业公司能够胜任的;工程投资主体及运行费用的收取,缺乏政策依据;缺乏综合管廊管理条例的研究,难以协调运行维护中与各个市政专业公司的关系。

(2)工程技术要求高、投资加大及运行费用增加。综合管廊的建设可逆性差,正确预测需求是十分重要的,以免造成容量不足或过大,致使在综合管廊附近再敷设地下管线或浪费;综合管廊建设需要解决通风、照明、排水、消防和管线的安装与维护等技术问题,这与直埋管线相比,技术难度加大了,工程投资增加了;综合管廊的日常运行与维护管理也增加了一部分运行管理费用。

(3)缺少统一的规范和统一部门的管理,产权收益等不明确。地下管廊是一种综合的管线安置方式,涉及给水、排水、电力、通信、燃气、人防和交通等多个需要利用地下空间的行业、单位和部门,仅由道路建设管理部门难以独立完成综合管廊的系统工程,而且这样的综合管廊建设可能会停留在点和线的形式上,难以形成网络。因此,在大规模建设综合管廊之前应由规划部门牵头组织进行全市层面的综合管廊系统布局规划研究,并编制综合管廊专项规划,制定统一的标准,在综合管廊建设过程中科学地指导综合管廊的建设,合理布局、科学预算和合理利用地下空间。

2.2.2 城市地下管廊发展建议

(1)优先发展经济发达的城市和区域,加快推动地下空间开发利用。根据国外发达国家的地下管廊建设经验,初期共同沟建设主要集中在经济发达的大城市,并需拟定长期的共同沟连续建设计划。应根据城市的经济发展水平、城市规模、市政设施发展需求及地下空间的开发规模等因素,客观评价在城市当前发展阶段上建设综合管廊的必要性。

(2)明确专门管理部门,建立标准规范体系,统一管理与运作。成立专门机构是管线综合化和集约化建设的前提。如日本规定各级国土交通部门(日本国土交通省由原运输省、建设省、北海道开发厅和国土厅合并而成)应组织规划管线共同沟,并制定实施管理计划。有统一规范和管理,地下管廊才能形成管廊网络。

(3)重视管线管理信息系统建设,及时更新基础数据。在大数据发展阶段,需要高度重视管网信息,对管网基本情况信息进行了充分的探测和整理,数据详尽,反映出各个不同的管线状况。并可以根据数据信息来执行后续的年度更换管线的计划,注重关键部位和关键环节的检测与监控。需建立综合技术部门负责建设维护新建管线和改造后的管线,变更信息经由相关部门审查后及时录入系统以更新管网数据。

3 智能立体城市地下停车场

3.1 发展现状及紧迫性

(1)停车位数量不足,供需矛盾显著。虽然近年来停车场等停车设施数量也有一定上升,但是难以与城市汽车保有量增长数量同步,普遍存在着停车位不足的情况。根据国内外城市经验标准,城市中每辆汽车应配备1.2~1.3个停车位,故各大城市中缺口极大[7-10]。

从北京市发展情况看,前几年的汽车保有量的跳跃式增长使得北京市汽车保有量已经达到了极高的水平,截至2016年6月,北京市汽车保有量已经达到了554万辆(图3)。而对比北京市备案的停车位总数则可发现,2014年,北京市停车场的总数仅约为汽车保有量的1/3(图4),根据预测,到2016年年底北京市停车场缺口将达350万个,可见地下停车场的建设刻不容缓。

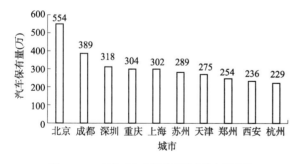

图3 2016年上半年全国主要城市汽车保有量

Fig. 3 Car ownership in major Chinese cities in the first half of 2016

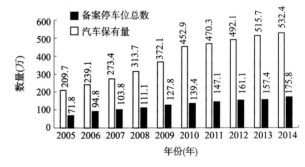

图4 2005—2014年北京市汽车保有量与停车位数量

Fig. 4 Car ownership and number of parking spaces of Beijing in the year of 2005—2014

(2)随建筑物设置的停车设施不足,加剧公共停车场压力。在我国城市发展过程中,由于规划没到位或者节约成本等各种原因,大部分建筑物都没有配建足够的停车设施。而在很多城市中心区,停车场被占用或挪用的现象普遍,使得市中心车位难寻。

(3)路边停车现象严重。根据相关调查和统计,我国城市中路边停车的比重偏大,包括路边停车场路边违章停车。这种现象会占用很大的道路面积,大部分占用了人行道和非机动车道等,造成了行人、自行车与汽车混乱的情况,严重影响道路行车能力,也导致交通秩序混乱及交通事故频发等问题。

(4)部分公共停车场设置不合理。尽管国内很多城市都有停车难的问题,但是还存在有些公共停车场使用率很低,经营状况较差等问题。出现这种情况的原因主要是公共停车场空间布局不合理、区域停车需求情况预测不准确及规划布局不够合理等。部分路外停车场也存在着停车位数量不足、服务半径过大、停车场位置不合理、过于靠近公路干道或交叉口和出入口不合理等问题。

3.2 城市地下停车场发展建议

(1) 地下停车场机械化发展。在传统的地面停车场中,一个车位所占的地面面积约 $26m^2$,所占的建筑面积约 $40m^2$,而且有停车路线长、停车数量少及安全隐患大等缺点。而对于圆筒形地下机械式停车场,如图 5 所示,建筑用地需要 $270m^2$,若建设成 5 层的地下停车场,可停放 40 辆车,换算成占地面积仅 $6.75m^2/$辆,约为普通地下停车场的 1/4。而且地下机械式停车场具有自动化程度高、成本相对较低、结构布置灵活、安全可靠和环保等显著优点,故越来越多的机械停车场将被建造或改造以进行使用。

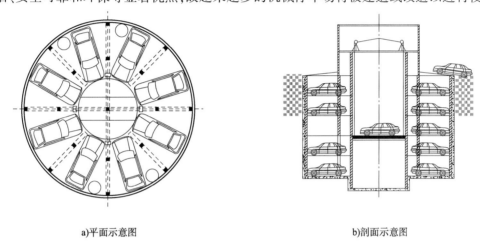

a) 平面示意图　　　　　　　　　　　　b) 剖面示意图

图 5　地下环形机械停车场平面和剖面示意图

Fig.5　Plane and profile diagrams of a cylindrical underground parking lot

地下机械式停车场一般有垂直升降类机械停车场、车位循环类机械停车场、车位堆垛类机械停车场和升降横移类机械停车场几种。其中升降横移类地下机械停车场是结构相对简单、设备维修方便和技术运用最成熟的一种,也便于普通停车场的机械化改造。车位循环类和车位堆垛类停车场则有规模较大、结构布置灵活、自动化程度高和土地利用率高等特点,适用于大型的地下停车场。

(2) 地下停车场产业化发展。根据 2015 年国家发改委、财政部和国土资源部等七部委下发的《关于加强城市停车设施建设的指导意见》中明确提出的"以停车产业化为导向"这一核心主线,可以更加明确停车场未来产业化发展的趋势[9]。但是由于经营性地下停车场规模较大而回收资金周期较长,若再考虑土地的市场化获取,停车场的收益和回报相对较低,社会资本进入的积极性将会降低。所以需要按照指导意见中强调的"通过政府规划引导和政策支持,按照市场化经营要求,要以企业为主体加快推进停车产业化;坚持改革创新,完善管理体制机制,探索多种合作模式,有效吸引社会资本"。

推进产业化的措施可以有以下几点:

①建设项目和审批方面。政府需组织编制停车场专项规划,制定出相关实施方案并及时公布来吸引资金。同时政府各相关部门需简化审批、建设和经营等办理程序,在规定办理时限内完成项目的审批工作。

②土地和产权方面。政府部门需按程序办理规划土地的手续,投资和建设主体需根据相关法规取得停车场产权。

③开发模式和金融支持。鼓励采用政府与民间社会资本合作(PPP)模式,鼓励发行停车场建设债券和设立专项产业投资基金等。

④收费及收益方面。放开由社会资本全额投资建设的停车场收费,合资建设则进行协商确定。当不

改变土地使用权和用途时,允许将部分建筑用作商业设施来弥补建设或运营资金不足。

(3)地下停车场智能化发展。随着科技、互联网及物联网等技术的不断发展,未来的停车也将向智能化方向发展,地下机械式停车场的智能化主要表现如下:

①设备智能化。采用 PLC 控制系统并可以通过互联网等手段进行预约存取功能,缩减停放车时间;采取多种安全智能设备如四点电磁防坠落装置和光电保护装置等,提高安全可靠性,减少对人身财产安全的影响。

②操作智能化。地下车库的智能化操作将进一步发展,比如采用触摸式指纹识别等人机互动,或直接通过连接手机软件进行操作,实现对车位的自动选定和自动存取车等。

③管理维护智能化。智能化地下机械车库将自动监测自身设备运行情况,保证停车场良好运行情况,并且设计有备用系统以应对突发情况;智能化的管理系统将集合多种功能于一身,如计时计价、身份识别和收费等,实现全智能管理。

4 城市防涝地下水道工程

4.1 发展现状及紧迫性

近年来,我国城市中洪涝灾害频发,出现了形成范围广及发生频率高等特点。根据建设部统计结果显示,2007~2016 年,全国超过 360 个城市遭遇内涝,213 个城市发生过不同程度的积水内涝,占调查城市的 62%,北京、上海、广州、重庆、南京、杭州、武汉和西安等都出现过严重的内涝灾害。而且很多城市发生洪涝灾害的频率由几年一遇变成一年几遇。如 2016 年 2 月到 7 月以来,武汉市遭受了 3 次内涝,7 月 2 日经过极端降雨,武汉出现全城内涝现象。出现城市洪涝灾害一方面是由于降水量偏多,但更关键的是因为城市排水系统不成熟[11,12]。城市排水水道是现代化城市里必不可少的基础设施,是城市治理水污染与防洪排涝的关键工程,是衡量城市发展水平的重要标志。

我国的排水管网建设与欧美等发达国家还有较大差距。国外发达国家城市排水系统规划建设较早,如德国、美国、日本等,其城市管网排水设施建设已经相对完善。统计资料显示,早在 2002 年德国城市排水管网覆盖率已经达到 93.2%,而我国直至 2013 年,城市的排水管网普及率才提升至 64.8%。由于历史发展等原因,我国的排水水道建设起步较晚,速度较慢,如表 2 所示,超过 70% 的排水管道是近几年建成的。

我国排水管道各时间段建设所占比重 表 2
Proportion of drainage pipeline construction in our country in each period Tab. 2

时间	管道长度(km)	比重(%)
1970 年以前	21860	4.28
20 世纪 80 年代	35927	7.03
20 世纪 90 年代	83971	16.43
2001~2014 年	369179	72.21

我国的排水地下水道建设发展不平衡。从 2014 年我国各地区城市排水管道长度前 10 名统计情况来看(图6),近年来江苏、山东、浙江和广州等东部沿海省份城市排水管网建设取得了较快发展,城市排水管网长度在全国各省名列前茅,西部地区如新疆、西藏、青海等地区,虽然由于降水量小等原因排水管道要求与其他地区不同,但是城市排水管网还是相对不足。整体来看我国城市排水管网基础设施还是长期投入不足,历史欠账太多,管网建设明显滞后于城市化进程。

4.2 城市防涝地下水道工程发展建议

(1)结合国情和城市特点因地适宜进行我国城市防涝地下水道的规划建设。国外城市防洪排涝的

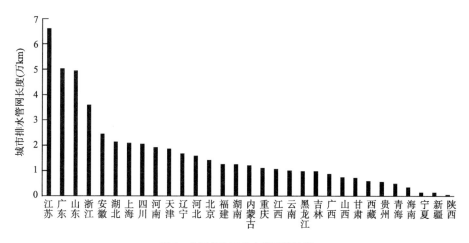

图 6　全国各地区排水管网统计图

Fig. 6　Statistical chart of drainage networks in various regions of the country

建设模式都有自己的特色,并不是单一模式的重复。我国幅员辽阔,城市众多,且城市之间差异很大,在建设地下排水系统时,应结合本市的地形、降水及城市化发展状况因地制宜。

(2)在地下水道中应实现雨水和污水分开排放,同时尽量在雨污分流的同时做到留雨排污。一般来说雨水所受的污染相对较轻,进行收集和简单处理后可以直接排放或用于绿化灌溉及道路清洁等,而污水则对环境有较大危害,需要进行仔细处理后才能进行排放。此外,还可以通过扩建绿地和铺设透水地砖等实现雨水自然下渗和留存,减轻排水地下水道在降雨量过大时的压力。

(3)健全城市排水管网建设、运营与防洪等方面的法规。欧美等国家在城市防洪和地下水道排水系统建设方面都有较完善的法律法规,如巴黎的《城市防洪法》和荷兰的《地表水污染法案》。在地下管线的建设、运行和管理方面,日本是立法最为完善的国家,有《共同沟特别措施法》和《大深度地下公共使用特别措施法》等。相比之下,1988年以来,我国先后制定了《中华人民共和国水法》《中华人民共和国防洪法》《中华人民共和国河道管理条例》和《中华人民共和国防汛条例》等法律法规,为规范城市防洪排涝减灾工作提供了基础支撑。但如产权及运营管理等方面具体条款还有待完善健全,并需逐步建立和完善多层次全方位的城市防洪排涝法制化管理体系。

(4)推进城市深层调蓄隧道建设。在大多数城市内涝易发地段,人口密集及地下管线复杂是现有排水系统改造难度较高的地区,设置深层调蓄隧道显得格外重要。城市是否需要建设深层调蓄隧道需要根据该城市洪涝灾害风险评估报告中风险点的风险等级来确定。深隧工程并不是简单重建一个城市排水系统,而是在原有治水管网基础上的加深和优化,在浅层排水管网运行良好时,深隧功能才能得到较好的发挥,深浅结合,在出现降雨量较大时可将过多的雨水排至深隧处理。

(5)积极探索地下排水管道新的运营、管理和投融资模式。地下水道是公共基础设施,公益性较强,一般没有盈利意义,同时又具有投资规模大、使用年限长及成本回收周期长等特点,故一般较难吸引社会资金。所以要综合国外地下水道运营管理的先进经验,积极将PPP模式的投融资方法运营到地下水道中来,结合海绵城市的建设过程,将地下水道的运营管理、投融资向市场化发展。

5　结语

(1)建设智慧城市对于解决我国经济社会转型中的诸多现实问题、实现城市可持续发展、引领信息技术应用、提升城市综合竞争力及有效促进城市健康和谐可持续发展等方面具有重大战略意义。

(2)地下综合管廊是未来地下管线处理的一个发展方向,我国已有许多城市开始建设。然而发展过程中还需要更多的政策管理,建立完善的规范体系,注意信息系统的建设和更新。

(3)全智能立体地下停车场的建设刻不容缓,对解决停车和交通难题起到关键作用。地下停车场的建设过程中应注重推进地下停车场的机械化、产业化和全智能化发展。

(4)地下防涝水道将有效缓解城市内涝问题,但是目前发展不平衡且普遍投入不足。建设地下水道需要因地制宜地进行规划,健全建设运营相关规定,同时注意雨污分流和深层调蓄建设。

参考文献

[1] 王梦恕.21世纪我国隧道及地下空间发展的探讨[J].铁道科学与工程学报,2004,1(1):7-9.
Wang Mengshu. Development of tunnel and underground space in 21 th century in China[J]. Journal of Railway Science and Engineering,2001,1(1):7-9. (in Chinese)

[2] 钱七虎,陈晓强.国内外地下综合管线廊道发展的现状、问题及对策[J].地下空间与工程学报,2007,3(2):191-194.
Qian Qihu,Chen Xiaoqiang. Situation problems and countermeasures of utility tunnel development in China and abroad[J]. Chinese Journal of Underground Space and Engineering,2007,3(2):191-194. (in Chinese)

[3] 王璇,陈寿标.对综合管沟规划设计中若干问题的思考[J].地下空间与工程学报,2006,2(4):523-527.
Wang Xuan,Chen Shoubiao. Several considerations on the planning and design of utility tunnel in China[J]. Chinese Journal of Underground Space and Engineering,2006,2(4):523-527. (in Chinese)

[4] 徐奇,续元庆,王丽娟.城市综合管廊应用分析[J].石油规划设计,2015,26(2):35-38;50.
Xu Qi,Xu Yuanqing,Wang Lijuan. Application analysis of urban utility tunnel[J]. Petroleum Planning & Engineering,2015,26(2):35-38;50. (in Chinese)

[5] 詹洁霖.城市综合管廊布局规划案例研究[J].城市道桥与防洪,2013(10):67-71.
Zhan Jielin. Study on layout planning case urban engineering tunnel[J]. Urban Roads Bridges & Flood Con-tro1,2013(10):67-71. (in Chinese)

[6] 梁荐,郝志成.浅议城市地下综合管廊发展现状及应对措施[J].城市建筑,2013(14):286-287.
Liang Jian,Hao Zhicheng. The current development situation and countermeasures of city underground pipe gallery[J]. Urbanism and Architecture,2013(14):286-287. (in Chinese)

[7] 郑道雄,陈洁锐.地下停车场采用BOT建设模式的实例分析[EB/OL].[2016-07-26]. http://d.g.wanfangdata.com.cn/Periodical_csjsllyj201122443.aspx.
Zheng Daoxiong,Chen Jierui. An example analysis of the construction mode of BOT in the underground parking lot [EB/OL]. [2016-07-26]. http://d.g.wanfangdata.com.cn/Periodical_csjsllyj201122443.aspx. (in Chinese)

[8] 宋秋红,安丰贞,方铀.城市立体车库的现状及展望[J].城市公用事业,2012(5):17-20.
Song Qiuhong,An Fengzhen,Fang Zhou. The state of the arts of urban vertical parking systern and its prospects[J]. Public Utilities,2012(5):17-20(in Chinese)

[9] 王伟,驾兴东.北京市停车管理问题分析与对策建议[J].综合运输,2014(6):76-79.
Wang Wei,He Xingdong. Analysis and countermeasures of parking management in Beijing[J]. Comprehensive Transportation,2014(6),76-79. (in Chinese)

[10] 陈志龙,孟艳霞.地下停车场系统城市设计[J].工业建筑,2007(增1):59-60.
Chen Zhilong,Meng Yanxia. Urban design of underground parking lot[J]. Industrial Construction,2007(S1):59-60. (in Chinese)

[11] 张旺,庞靖鹏.海绵城市建设应作为新时期城市治水的重要内容[J].水利发展研究,2014(9):5-7.
Zhang Wang,Pang Jingpeng. Sponge city construction should be as an important content in the new period of the city flood control[J]. Water Resources Development Research,2014(9):5-7. (in Chinese)

[12] 谢莹莹.城市排水管网系统模拟方法和应用[D].上海:同济大学,2007.
Xie Yingying. The method and application of urban sewer system simulation[D]. Shanghai:Tongji University,2007,(in Chinese)

王梦恕院士文集

Wangmengshu
Yuanshi
Wenji

思想与观点

关于国家石油战略储备库的提案

之一：关于加快国家石油战略储备库建设的提案（2008年）

1 背景

2003年，我曾经提出一个用地下洞库作国家战略石油储备库的提案，并且随后会同几位工程院士给温家宝总理写过一封信，在温总理的关注下，国家发展和改革委员会已责成中石油和中石化对这一提案进行了专题研究，研究结论表明，采用地下水封洞库作为国家石油储备库在我国是一种投资省、节约占地、环保安全且易于选址的很好的形式，建议在国家二、三期储备库建设中作为主力库型采用。而且目前我国积累了较多地下工程建设经验，我们完全可以自行设计和建造该形式的油库，技术上不存在什么风险。

从2003年的提案至今，已整整过去了五个年头，不知什么原因，到现在二期的国家石油储备库建设迟迟没有动工。而在这期间，我国的石油进口量从2003年的每年9000万t猛增到2007年的约15000万t，石油对外的依存度从2003年的20%增加到47%左右，预计明年将达50%。从目前即将建成的国家一期储备1600万m^3的容量看，即使2008年全部建成投用，也仅相当于当年进口量的28d的储量。这个储量相比欧美及日本、韩国等发达国家120~160d的储备量相差甚远。

石油是重要的战略能源和化工原料，目前世界上主要的石油进口国无一不把石油战略储备当作保障能源供给和国民经济发展的重要手段，随着我国对进口原油依存度的提高，进口原油对国民经济的影响也越来越大，而今年来由于中东等主要产油国的局势动荡，更增加了国际原油供应的不稳定性和国际油价的剧烈波动。因此，尽快启动国家二、三期石油储备库的建设已经到了刻不容缓的地步。

2 我国已有能力建设国家石油战略储备库

随着我国经济快速持续的增长，我国的国力正在迅速提高，仅外汇储备就超过一万亿美元。过高的外汇储备会带来外币汇率贬值的损失，而石油作为一种不可再生的能源和原料，势必价格会越来越高，适当储备一定量的石油，不仅可以起到保障能源稳定供给和国民经济持续稳定发展的作用，同时经济上也是有益的。以我国目前的国力，完全有能力储备90d左右进口石油的量，即5000万t的储量，按目前90美元/桶计，约需330亿美元。加上建库的投资，总计约需400亿美元左右，约合人民币3000亿。

3 建设条件已经成熟

经过前一阶段的选址和研究，在我国东南沿海地区已找到了4~5个适合建水封洞库的库址，并且已经做了大量的地质勘测和前期准备工作，可以说是万事俱备，只欠东风，只要项目得到批准，马上可以进入实施阶段，在此，提请国家有关部门尽快批准，尽早实施。

之二：关于完善石油战略储备制度，加强石油储备能力建设的建议（2016年）

石油供应安全关系国家能源安全和经济安全。21世纪初，党中央、国务院决策采取政府储备和企业义务储备并举发展方式建立石油战略储备，要求政府储备与企业储备严格分开，并审批了石油战略储备建设规划。目前，政府储备建设进度缓慢，企业义务储备也未建立，与国外相比，我国的石油战略储备能力薄弱。亟须把握当前低油价机遇，加快石油战略储备库建设，完成战略规划部署，完善储备制度，强化集中统一管理，保障战略储备安全可靠。建议：

1 加快石油储备立法工作，强化石油战略储备的集中管理

石油储备立法工作已开展了十多年，目前还未出台，石油储备相关管理制度也未制定，企业义务储备还未依法建立，而把政府储备的资产划转给几家石油石化企业管理，战略资源的整体优势被分散削弱，不利于建立政府储备和企业义务储备组成的我国石油储备体系，不符合十八届三中全会有关国家战略安全事务管理的要求。石油战略储备是公共事务，主要作用是防范石油供应中断，稳定和调控市场，对外战略威慑。加强集中统一管理，统筹动用，执行有力，才能有效地整合战略应急资源，提升应急能力，筑牢国家能源安全防线。建议加快石油储备立法，完善石油战略储备制度。一是督促企业把握低油价时机，建立企业义务储备。二是坚持集中统一管理，明确石油储备管理体制机制。借鉴国外设立石油储备执行机构的通行做法，充分发挥国家石油储备中心作为石油储备执行机构的作用，强化政府储备的集中统一管理，加强企业义务储备监管，保障石油战略储备安全可靠。

2 利用盐、石膏矿采空区，加快地下石油储备建设

盐、石膏具有良好的密封性，适宜储存石油。欧美国家利用盐穴储备了大量石油，国内也有十多年盐穴储气库建设的成功经验，盐穴储油库建设技术成熟。国内石膏矿储油技术也已通过中试评审，具备推广应用的技术基础。我国江苏金坛、淮安地区盐矿资源丰富、品质高，安徽含山地区石膏矿层厚、地质结构稳定，经过几十年的开采，已形成了大量的地下采空区。利用采空区建设石油储备库，可变废为宝，短期内建成1500万m^3以上的储备库容，缩短一半建设周期，节约一半投资，还具有安全、环保、占地小等优点。这些地区输油管网发达，炼化企业集中，战略地理位置重要，符合石油战略储备规划布局要求。建议加快盐穴、石膏矿石油储备库建设，把握机遇，提高我国石油战略储备能力。

关于国家教育问题的提案(2008年)

之一:关于合理调整国家中小学编制标准及解决农村教师素质的建议

目前各地沿用的中小学编制标准是在国务院2001年颁布的《关于制定中小学教职工编制标准的意见》(国办发〔2001〕74号)的基础上,适当修改而定的。它存在几点较大的问题,将严重妨害教育事业的健康和谐发展:

1 城乡编制标准倒挂,严重制约农村教育发展

在国务院2001年颁布的《关于制定中小学教职工编制标准的意见》(国办发〔2001〕74号)中,对城乡编制标准的规定见表1。

中小学教职工编制标准 表1

学校类别	区域	教职工与学生比(%)	
		国家标准	河南标准
高中	城市	1:12.5	1:12.5
	县镇	1:13	1:13
	农村	1:13.5	1:13.5
初中	城市	1:13.5	1:13.5
	县镇	1:16	1:16.5
	农村	1:18	1:18.5
小学	城市	1:19	1:20
	县镇	1:21	1:23
	农村	1:23	1:25

按国家标准:以小学计,农村23个学生配1名教师,城市19个学生配1名教师。也即,每115个农村学生将少配1名教师,洛阳农村536057名小学生,将比城市少配4661名小学教师。每位农村教师要承担比城市教师多21%的教学工作量。

事实上,农村教师的工作量比城市教师更大,负担更重。他们不仅要与城市教师一样完成教学任务,同时还要承担住宿学生的看护义务(因农村学生上学路远,住宿学校多,低幼年级学生需要看护,但教学老师的编制尚且欠缺,更不可能配备专门的寄宿老师);另外,由于农村家长文化水平低,教师们还要承担学生们课外的辅导责任,很多村里的小学生晚饭后还要再到学校,老师陪着学生们写作业,以便代替家长给予辅导。

然而由于农村条件艰苦,水平较高的师范生都留在城市。农村教师中还有相当一部分是民办教师转正,民办教师大多未经正规师范教育,只能教数学、语文,而英语、音乐、体育、美术等课程则根本无法胜

任。而且现在还存在很多复式班,一个老师必须教几个年级或所有的课。

这就是说,农村教师的素质水平不如城市,而工作负担又大于城市教师,而编制标准却比城市更紧,这显然不合理。所以强烈建议,修改农村教师编制核算标准。考虑各种因素,农村编制核算标准应比城市标准更松才合适。

2 编制标准中,山区、偏远农村的特殊性未被充分考虑,制约这些地区的教育发展

洛阳山区县比较多,山大沟深,居住分散,导致学校规模偏小,教学点星罗棋布。九县1514个教学点中,其中822个是少于25人的教学点,占全部教学点的54%。许多教学点学生人数少、年级多,有的教学点6名学生分为3个年级。

这就是说,教学点分散必然对教师编制带来特殊的需求,即使按学生数平均配备教师,也意味着师资配备的不合理。我们的政策设计没有照顾山区的特殊需求。

目前的教学点,都是在合点并校后不得不存留的。

农村特别是山区,配备教师除了考虑师生比以外,还应考虑居住分散的特点,以村为单位而不是以集中的社区为单位的特点。

所以,偏远农村和山区教师编制的配备应以学校为单位,兼顾年级数和课程多少。不能仅以师生比定编制。

3 关于解决农村教师素质的建议

农村条件艰苦,师范生不愿去,原有的农村教师,较好的或有条件的也想尽办法调到县城,村里小学留下的教师,大多是原民办教师转正而来。洛阳共计转正民办教师18138人,目前在岗的还有13802人,占29594名农村教师的46.63%。其中至今仍为高中以下学历的3973人,占民办教师的28.78%;初中以下学历的605人,占4.38%。其中,离退休5~10年的6817人占49.39%。这些数据说明了农村教师素质的差距。教育教学,教师素质至关重要。同一片蓝天下,同为孩子,只因为生在农村,就享受不到应有的优质教育,这与期望通过接受教育解决农村人口的贫困问题、与和谐社会的建设目标相违背。

建议国家出台优惠政策,让转正并至今未获得大专、本科学历的民办教师提前5~10年退休,腾出教师编制指标,招录新毕业的师范生,以此来解决农村教师素质问题。

之二:关于教育不公严重影响中部地区人才稳定和贫富差距扩大的呼吁

1 关于教育不公严重影响中部地区人才稳定问题

由于河南人口多,学生多,国家在河南布局高校少,造成河南考生竞争异常激烈。为了子女能上大学,一些科研人员不得不放弃在河南的事业,应聘到上海、北京、天津等高考竞争不甚激烈的城市工作。洛阳29家科研机构,2006年有科技人员7135人,2005年有7862人,2006年比2005年净减少727人,减少9.25%。每年流失人才的30%~56%是为了子女上学。专业技术人员80%有想利用各种机会将本人户口调出河南,迁入上海、北京、天津等城市的潜在意愿。

2 教育不公导致的贫富差距扩大

2.1 高校布局不合理导致的贫富差距扩大

根据教育部的统计,我国高校布局情况见表1。

我国高校布局　　　　　表1

地　区	2000年	2004年	人口
全国	1041 所	1707 所	13 亿
东部	—	759 所（占44.55）	—
中部	—	547 所（占32%）	—
西部	249 所（占23.9%）	401 所（占23.5%）	3.7 亿（占28.6%）
北京	—	92 所（5.4%）	1381 万（占0.11%）
河南	—	66 所（占3.9%）	1 亿（占7.7%）

从表中数据可以看出,占人口比例28.6%的西部地区,仅享有23.5%的高等教育资源,与2000年相比,且有下降的趋势。而仅有1381万人的北京(占全国人口比例0.11%),却占有着5.4%的高等教育资源。是其人口占比的49倍,每15万人可以有一所大学。而1亿人的河南,仅有66所大学,是其人口比例的一半,每1515万人才有一所大学。或者可以说,河南的考生竞争激烈程度是北京人的100倍,这是极其不公平的待遇。极少数人占有了大量全国有限的宝贵的高等教育资源,本来贫困地区的贫困人民寄希望于通过高考,来改变其贫困的命运,现在看来,这个希望对大多数人来说是不可能的了。这也必将加剧全国地区间的贫富差距。作为公共政策,应该是运用国家资源调节平衡缩小地区或人口之间的差距,但我国现行的高等教育政策却不是缩小而是在扩大着这种差距。

2.2 高考的招生政策不公平造成的贫富差距扩大

2005年普通高校招生信息统计见表2。

2005年普通高校招生信息　　　　　表2

地　区	人　口	考生人数	招　生　数	录取率(%)
北京	1381 万（占0.11%）	8.5 万（占0.98%）	6.38 万（占1.25%）	75
河南	1 亿（占7.7%）	72 万（占8.3%）	27.5 万（占5.4%）	38.2
全国	13 亿	867 万	510 万	55

由表2可见,北京市以0.11%的人口,占有了1.25%的高校招生资源,高出人口所占比例11倍。而人口大省——河南,高招的指标大大低于其人口和考生所占的比例。录取率仅是北京的一半。这也是极不公平的。河南的考生,就因为生在河南,就要参与比北京考生高2倍的高考竞争;就因为生在河南,就要有62%的学生因不能上大学而实现不了改变自己的命运希望。但其原因却不是这些学生学习比北京

的学生差,反而很大部分学生比北京的学生学习成绩好许多,高考分数比北京考生高 150 分左右,仅仅因为出生在河南,就上不了大学。

再看一下国内几所顶级大学的招生政策,见表3。

清华大学 2004 年在北京和河南招生情况对比　　　　表 3

占比	理工类	文史类	国防生	合计	人口	考生人数
北京占比	19%	21%	0	16.6%	1381 万	8.5 万（占 0.98%）
河南省占比	3.2%	0	6.3%	3.4%	1 亿	72 万（占 8.3%）

北京以 0.98% 的考生比例,占有 16.6% 的清华大学的学习机会。而河南则以 8.3% 的考生比例,仅占有 3.4% 的清华大学的学习机会。见表4。

北京大学的情况与清华大学的情况几乎一样。北京 0.98% 的考生占有北京大学 17.1% 的招生指标,而河南 8.3% 的考生仅占有 4.3% 的招生指标。见表4。

北京大学 2005 年在北京和河南招生情况对比　　　　表 4

占比	理工类	文史类	合计	人口	考生人数
北京占比	17.8%	15.8%	17.1%	1381 万	8.5 万（占 0.98%）
河南省占比	3.6%	4.6%	4.3%	1 亿	72 万（占 8.3%）

浙江大学在浙江招生比例接近 70%。

以上数据更表现出全国顶尖的几所重点大学在招生资源分配时的不公平。这样的结果,未来将造成河南高层次人才的缺乏。

2.3 地区间高考招生分数的差距同样也表现出不公平

以 2004 年普通高校本科招生第一批院校分数线为例,天津:文科,520 分,理科,495 分;北京:文科,462,理科,469 分;河南:文科,599,理科,589 分,悬殊十分明显(5 月 26 日新华网)。

河南文科录取分数线比北京高 104 分,理科录取分数比北京高出 127 分。同在一个蓝天下,同样 12 年寒窗,考卷相同,录取分数却差距如此之大,实在是太不公平了。

"中原崛起"关键要靠人才,但中国的高考政策,却将造成中原人才的塌陷,最终导致中原整体的塌陷。对于整个中国而言,中原不崛起,与东部的差距越来越大的话,就不能说中国是和谐发展,中国的富裕将是畸形的。

教育是一个公共服务产品,它的投入本来就是为了缓解社会收入分配不公而进行的调节。许多发达国家的收入分配差距比发展中国家低的原因就是因为,发达国家的教育普及程度很高,甚至已经普及了高等教育。所有的国人都可以因掌握了知识而平等地参与竞争,获得财富。今天的中国,首先应先解决教育投入过低的问题(全世界教育财政投入占 GDP 的比例已经达到了 5.2%,而我们"九五"时 4% 的目标,教育部又要推到"十一五"才实现,"十二五"的目标才是 4.5%)。其次,要加大力度解决教育经费分配不公的问题。在充足的教育经费保障下,合理的分配教育资源,使全国的学生都能享受良好的教育,使接受了良好教育的学生,既改变自己的命运,又能为国家的建设做更大的贡献。

京沪高速铁路不用磁悬浮技术体现了科学发展观(2008年)

争论了5年以上的京沪高速铁路建设方案,经过多方对比,国务院常务会议接受了采用轮轨技术修建的方案,真正体现了求真务实的精神,体现了交通建设为人民服务的正确理念。

不用磁悬浮方案的原因如下。

1 该项技术与我国现有轮轨技术不能兼容成网

京沪高速铁路衔接着20多条干线,会产生大量换乘站,将有2/3的客流从不同干线流向高速铁路,磁悬浮转乘站很难和轮轨转乘站兼容在一起,旅客很难换乘。

由于快速轮轨可以有效地与普通轮轨兼容,因此,中高速列车可以混合运输。而磁悬浮列车与普通列车的驱动原理与结构完全不同,根本无法兼容,会降低整个交通网络的运行水平。

2 磁悬浮的建造成本和运营成本太高

磁悬浮的建造成本比轮轨建设成本高出1倍以上,运营成本要高出10倍左右。提高运行速度能源消耗呈几何级数增加,与功率消耗的3次方成正比,即速度增加1倍,能源消耗可达原来的8倍,相当于单位距离运行成本增加4倍。

3 磁悬浮作为商用交通工具中间试验证明:不具备安全、可靠、适用、经济的四项严格要求

对高速铁路牵引方案的选择除了考虑以上因素外,还应考虑对市场有效的需求上,尤其不要忘记我国是13亿人口大国,且大多数人处于很低的收入水平,因此,技术方案、技术标准的选择必须满足我国社会的经济现状,必须对乘车人员交通风险等进行分析,"夕发朝至"列车具有最优的性价比,追求不必要的高速度是不值得的。

4 环境破坏相当严重

(1)高速度所带来的气动噪声,500km/h速度是350km/h速度的12倍以上,预言家说磁悬浮速度最高可达700km/h,这将意味着将耗费8倍于350km/h列车的能源代价,去换来一列128倍噪声的地面怪物,让世界不得安宁。当磁悬浮速度达500km/h时,其结构噪声(包括轮轨接触噪声与列车机械噪声)成分只占总辐射噪声的8%左右,而气动噪声占90%以上,而且气动噪声的强度与列车运行的速度呈6~8次方的关系上升。

德国柏林—汉堡备用的磁悬浮列车TR-08与ICE-3轮轨式机丰进行对比,得出的结果,由于受60%

市民反对,环保者的反对,而"下马"不修。

(2)磁悬浮的电磁辐射是存在的,但危害范围多大还未经科学论证,如千瓦级的广播差转台会引起脱发、白血病的产生,磁悬浮列车是数十万千瓦级的电磁场的辐射,电磁辐射能使人体内原有的电磁发生变异,干扰人体的生物钟,导致人体生态平衡紊乱和神经功能失调。世界卫生组织 WHO 所属国际癌症研究组织最近指出,长期处于电磁波辐射之下,致癌的可能性比较大,导致 10~15 年才能呈现,必须趋利避害。不同电磁波会产生不同的生物效应,即电离辐射效应和非电离辐射效应,均属有害身体的效应。电磁波划分为 7 个波段,依次是无线电波(射频)、微波、红外线、可见光、紫外线、X-射线、γ-射线。它们特点是波长依次从长变短,频率依次由低变高,能量依次由小变大。研究表明,当其能量达到并超过 $1.24 \times 10^2 eV$ 时,则产生电离辐射效应。

综上所述,从环境保护出发,磁悬浮线路两边应有大于 100m 的隔离区,德国定得更远,为 300~500m,这是以人为本的做法。

5 磁悬浮运输能力低,尤其运量的灵活性很差,早晚高峰适应能力差

因载重量的大小与悬浮电磁铁和定子铁的宽度相关,当设计确定后运量也被固定。而不能过载运输更大的缺点是磁悬浮列车在运营时,每一个变流站(提供 VVVF 电源)只能供给一列列车一个区间用电,也就是一个供电区间只能有一列车运行,并且考虑到安全距离,两列车之间至少要间隔一个以上的供电区间,变流站间距一般为 30km 左右,德国柏林—汉堡原设计的磁悬浮行车间距为 20min,年运量不足 800 万人次,增加到 10min 间距,变流站的间距就要加密到 15km 一个,造价很高,这也是该工程"下马"的主要原因之一。而轮轨式密度很高,若用移动自动闭塞信号,地铁实现 2min 间隔,地面铁路可实现 3min,目前我国已达到 5min 间隔,因此磁悬浮建成后的运输能力是很难提高的,除非重新设计修建。

6 磁悬浮的修建和运营造价高于轮轨 2 倍以上,安全、可靠性也差于轮轨

(1)磁悬浮线路要高架,要求梁的挠度必须小于 1mm,因此桥墩距一般在 25m 左右,桥墩的下沉量必须为零,这些密集的桥墩堵塞了两边的交通,桩基也要加深很多,造成了建设成本很高。更可怕的是磁悬浮高架线路下边还要设一条能供吊机运行的公路,因一旦磁悬浮被烧(上海曾烧过一次),全区间断电,没有一种救援车能在磁悬浮线路上运行处理这个事故,而必须从地面向上部救援,这条救援公路不修是不可能的,所以磁悬浮方案土建占地多,环境破坏大,成本高是显而易见的。

(2)磁悬浮道岔结构复杂,庞大,该道岔昂贵,锁定困难,可靠性差,转辙力比轮轨大 86 倍,轨道移动距离大 22 倍,区间上应每隔 20~30km 设置渡线道岔一处,造价和难度很大。

(3)磁悬浮为提高供电效率,需将 30~50km 供电区间的定子绕组分成 300~2000m 不等的分段绕组,只有列车经过的分段绕组才供电,因此,线路上要设很多高压切换开关和复杂的电缆,这些高压开关的可靠性,准时开关的时间性,是影响可靠安全运行的主要原因之一。

(4)轮轨列车编组可以随客流增加,如日本的干线高速列车已达 16 辆编组,而德国磁悬浮试验列车 TR07 仅 2 辆编组,已"下马"的柏林—汉堡当时设计只有 5 辆编组,不能增多的原因是增加列车编组,就需要增加供给直线电机长定子的电流和电压,供电电压的增加,受定子绕组绝缘的限制,目前长定子供电压已达 20kV,电流的增加又受定子绕组导线截面和铁心磁通饱和量的限制,因此增大原设计的电压、电流,是很危险的,也是很不经济的做法,所以,按 5 辆编组是不能更改的,因此其对客流的适应性不强。

7 安全运营低于轮轨

(1)安全运营的基本条件是制动力强,这可防止追尾,撞车。磁悬浮列车克服动能迅速停下来的功能很差,2007年在德国磁浮试验线上,造成一辆抢修车被一辆运行车撞击,两车共有29人,当场死亡25人,重伤4人。因磁悬浮因没有机械接触,只能使用再生制动和涡流制动,当供电系统出现故障时,动力再生制动失效,仅利涡流制动,涡流制动能力很有限,而轮轨主要以机械制动为主,动力再生制动为辅,控制较容易,安全性高。

(2)长定子铁心作为列车的承载梁,承受荷载约20kN/m,为了安装绕组,铁心上需开很多槽,由于应力集中,这些槽会大大降低交变的承载强度,定子铁心一旦断裂,就会卡在列车和轨道之间,造成列车颠覆,德国试验线(Emsland)曾发生定子铁心锈蚀和松动事故,这些裂缝及松动检测方法目前很不健全。对安全预报非常困难,安全运营心中无底。

8 维修费用难以控制

影响磁悬浮寿命的因素太多,尤其长定子的绕组线圈和铁心长年裸露在外,铁心锈蚀,绕组已是非常突出的问题,许多进电开关也面临着外界气候的干扰,寿命能维护几年?上海市试验线仅换线圈一次花费9000万欧元,上海试运行3个月的磁悬浮列车部分电线触头已出现烧毁现象,换触头就需花费3000万欧元,电器系统本身寿命就不长,又长期处在露天的环境中,更给维修及其可靠性、安全性带来很大困难,所以将其作为交通"玩具"的提法非常合适。

日本的磁悬浮列车技术处于世界领先水平,他们经3000多次试验,已试运行约1万km,列车最高时速达517km。日本从1962年开始进行基础研究,十年寒窗迎来了1972年在长度分别为220m和480m的线路上进行的试运行试验,运行速度达到500~600km/h,这是运用同步线性电机驱动的超导磁悬浮列车原理研制成的,至今,仅作为技术展示,而未能推广应用。

日本在磁悬浮列车上安装了4个L形断面的低温隔热容器,在容器内装有驱动导向和漂浮用的超导电磁铁线圈各2个。超导电磁铁线圈用铌钛合金制成,浸成液态氦中,保持-268.8℃的低温,此时,磁铁线圈处于超导状态,电阻为零,一旦有电流通过,即可保持永久通电状态。用这种原理制造的磁悬浮列车漂浮力大,当车辆通过地面上的线圈时,利用地面电磁铁与车上电磁铁之间的斥力使车体离开地面,保持10cm左右的间隙。列车在低速运行或停车时,漂浮力减弱或消失,所以在车上安装有支撑车体用的辅助车轮、辅助导向车轮和紧急制动装置。这种磁悬浮列车的行驶原理如图1所示,从图中可以看出,磁悬浮列车的含义是包括线路上的大量线圈组成,可称为散件列车,这些散件线圈在露天下工作,其寿命加上涡流电压所产生的热量,内外交加,可靠性、稳定性差是显而易见的。

装于车上的超导电磁铁线圈与装于地面上的地上线圈,在通电时产生磁极相同的磁场,从而将列车抬起,在

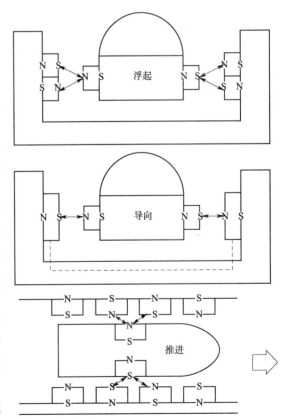

图1 磁悬浮列车行驶原理图

驱动力的作用下行驶；运行采用三相交流120Hz电源，经双向离子变频器，按照中央控制器发生的指令直接变为0~34Hz的可变电流，与之对应的行车速度为0~500km/h，从而向地面的驱动导向线圈供电。

车辆的导向是将位于两侧的悬浮线圈和导向线圈分别用电缆相连，当车辆在平面上偏离了导轨中心位置时，系统会自动使得导轨两侧的悬浮线圈和导向线圈的极性相同，并使得偏离侧的地面磁场与车体的超导磁场产生吸力，而靠近侧的地面磁场与车体磁场产生斥力，从而保持车体不偏离导轨的中心位置。

德国磁悬浮列车使用的方法不是用超导原理，而是采用常温下电磁悬浮方式。用铁心电磁铁悬挂在导体下方，导轨为磁铁，借两者之间的吸引力使车体浮起。这两种方式正在进行科技的竞争，但利用铜线的普通常导电磁铁悬浮列车的方式造价要低很多。如图2所示为日本、德国磁悬浮列车运行原理示意图。

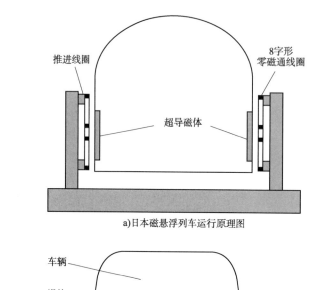

a) 日本磁悬浮列车运行原理图

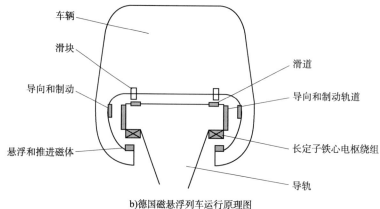

b) 德国磁悬浮列车运行原理图

图2 日本、德国磁悬浮列车运行原理图

德国的常导电磁吸引式磁悬浮列车，靠安装在车上的常导电直流电磁铁的吸力，吸引轨道下方磁回路，从而使列车浮起来，再由同步直线电机驱动。该原理要求悬浮间隙不能过大，一般保持在10mm左右。然而，正是因为气隙只有10mm，这就要求车辆各部件，如电机定子、侧向导轨、滑动导板等的制造、安装精度要提高，要求结构基础不能产生沉降，所以对土木工程的要求是极其严格的。

常导电磁悬浮列车的推进系统相当于被展开的旋转电动机。按定子的长短，常导电磁悬浮列车又分为两类：一类为短定子磁悬浮列车，即把定子直接安装在车体的底部，轨道上安装结构简单的直线电动机的"转子"。直线电动机多用异步电机，所以投资少，但异步电机因磁间隙增大到10mm左右，功率因数很低，一般为0.5以下，所以效率不高。高速行驶时受流困难，故短定子磁悬浮列车可用于时速为120km左右的短途运行。

德国TR系统是把定子展直后安装在线路上，将同步直线电机的转子(也是悬浮磁铁)安装在车厢的底部，定子线组也分成300~2000m，以适应上坡、下坡、加速、慢行的要求。当列车运行时，转子绕组的磁场会在轨道的导电板内产生涡流电流,这种涡流电流产生的磁场相互作用,就会使列车上浮和运行。

从磁悬浮列车的设计原理上可以看出,磁悬浮列车的构造像一个残疾人,不能独立运行,安全运行的前提和条件是庞大分散在露天的线圈质量的好坏,而产生涡流的线圈其寿命可靠性,又随天气的恶劣程度而改变,面对这种交通工具可靠吗?运行中还要用变频器不断调节 0~34Hz 的可变电流,以适应不同的速度,0~34Hz 和人体的自振效率比较接近,处于共振的边缘,使乘客会在变频时感到不舒适,甚至难受,这安全吗?

磁悬浮的历史背景:自1925年英国首先建成世界上第一条轮轨式铁路以来,世界铁路总里程已达130多万公里,牵引动力使蒸汽机发展到内燃机和电力牵引。1964年,日本率先建成了电气化高速铁路,使铁路的商业运营速度达到210km/h,有人根据轮子和钢轨的黏着力推断轮轨铁路的极限速度在270km/h左右,为了实现更高的运输速度,开始提出了不依赖轮轨和局网接触的高速磁悬浮运输方式。20世纪70年代,日本、德国、法国、美国、英国、加拿大、苏联等国家开展了从低速磁悬浮到高速磁悬浮的研究。但同时,轮轨高速的运营速度也在逐渐提高,平均达到了300km/h,法国还创造了试验速度515.3km/h的世界纪录。另外,滚动试验台试验表明:在轮轨干燥状态下,黏着力基本不受速度影响,黏着系数相当高,可达0.3以上,说明轮轨运输方式有相当大的速度潜力,而且造价远低于磁悬浮,更能满足安全、可靠、适用、经济的运输要求,许多国家停止了磁悬浮的研究,最后只剩下德国、日本。日本之后也基本处于停滞状态;德国2000年柏林—汉堡磁悬浮线的停建,也说明政府认识到开展磁悬浮研究是一重大决策的失误。作为刚刚富裕起来的中国应引以为戒。

作者专业背景:桥梁专业出身,后改为隧道及地下铁道专业,20世纪60年代曾设计、制造过直径7.3m的网格式压缩混凝土机械化盾构,20世纪70年代曾在成都铁路局峨眉内燃机务段修建成第一座东风Ⅱ型内燃机车架修样板段,取得了许多成果,尤其对内燃机、电力机车做过整机、整车牵引试验研究,被评为机械工程师。

关于改善施工企业生存发展环境的建议(2009年)

为了应对国际金融危机,国家近期公布了4万亿元投资刺激经济方案,再加上地方投资,大规模基础设施建设帷幕已经拉开。但是从目前来看,我国建筑业发展问题不少:平均建筑能耗是同等气候条件下发达国家的3倍,建筑物平均寿命是其1/3,安全事故频发,拆房率居高不下。专家预计,在未来30年,我国将进入大拆除和重建的高潮期。造成这一被动局面的主要原因是,一些工程建设的设计、施工没有从长远规划。加上一些地方领导一味地追求政绩,客观上存在缺规划、欠设计、抠投资、紧工期等先天缺陷,暴露出建筑业存在的一系列深层次问题以及施工单位生存发展面临的窘境,突出表现在以下四方面:

一是不合理建设工期。不少地方政府投资的工程往往成为政治工程。这些工程本应该服务于城市交通发展,现在成了地方领导的政绩工程。为了追求政绩,科学的工期被一而再地提前。征地拆迁本来是政府的事情,现在也普遍变成了施工单位的应尽职责了,进一步压缩了施工工期。一些工程甚至因为征地拆迁因素而迟迟不能开工。施工单位为了赶工期,不得不拼设备,拼人力物力,不能采取正常的施工组织和施工措施,不但造成很大浪费,而且难以做到科学施工。

二是不合理工程造价。一个工程项目的建造,有它科学合理的造价,违反它就要付出代价。一些地方政府滥用市场支配地位,一味降低工程造价,有的地方甚至提出了"用最少的钱建最好的地铁"的口号,忽视了当地复杂的地质条件。有的城市地铁施工造价甚至每米只有两三万元。还有的建设单位片面理解新技术,一味要求采用盾构机施工,人为增加了工程成本。这些造成施工单位资金链高度紧张,生存环境艰难。为了生存,不得不有意无意降低施工标准,减少安全投入,给施工安全质量留下隐患。

三是不合理施工方案。一些地方政府部门听不进专家意见,施工方案经常是随意拍脑袋决定。特别是一些综合性工程,涉及多学科技术,原本应该多听取各方专家的意见,但由于一些工程项目上马时间紧,论证时间不足就仓促上马,最终造成遗憾工程。还有施工方案追求新奇,忽视实用性。例如,穿黄工程的施工难度并不是很大,一般性的矿山法、暗挖法都能够解决,用不着采用昂贵的泥水式盾构技术。一些设计单位经常不能及时提供施工方案,造成边施工、边设计的不正常现象。施工过程中,一些业主出于种种原因,过渡干预,施工方案一改再改,严重违背了科学施工的原则,给施工安全质量和工程运营留下了隐患。

四是不合理施工合同。最低价中标制度被普遍滥用。合同条款不合理、不平等,不考虑物价因素,总价包干,超出设计标准的投入由施工单位自己承担,施工合同变成了霸王条款。施工单位处于弱势地位,发言权缺失,不得不委曲求全,合法权益不能有效维护。

上述四种"不合理"现象在国内建筑业普遍存在,严重违背了科学发展观,不但造成施工单位生存发展困难,削弱了国际竞争能力,而且还给施工安全和工程运营留下安全质量隐患,严重制约了建筑业的持续健康发展。整个建筑施工行业人员众多,涉及上亿人的就业和数千万家庭的生活和幸福。上述四种"不合理"现象,成为拖欠农民工工资现象的根源,劳动没有被尊重,广大劳动者没有享受到劳动成果,容易激化矛盾,造成社会不和谐。

建议和对策:

总体上是从制度设计上改变和消除四种"不合理"现象,从建筑业持续科学发展的角度,改善施工单位的生存发展环境,真正建立起建设、设计、施工、监理平等的协作关系,重视和维护广大劳动者的合法权益,提高劳动者的社会地位和待遇。

一、施工工期合理。科学施工决策,尊重施工规律,杜绝人为因素,减少随意性,从制度设计上避免地方政府滥用市场支配地位,减少政绩工程,领导考核侧重可持续发展能力建设。

二、工程造价合理。坚持可持续发展理念,慎重采用最低价中标办法。根据工程地质条件,考虑当地物价因素,合理确定工程造价。扭转错误观念,树立"一分价钱一分货"的思想,树立起共赢的思想,不得随意降低合理造价。

三、施工方案科学。施工方案确定要尊重施工单位的主体地位。尊重专家意见,结合具体情况,制订科学的方案。建设单位给予充分支持,设计单位提供及时、详细、准确的设计图纸,监理单位积极配合与监督。

四、施工合同合理。确立建设、设计、施工、监理四方平等的法律关系和地位,合同内容公平、合理,各方权利、义务均等,不得有显失公平的合同条款,各方职责明确,各司其职,各尽其责,减少建设方过渡干预,突出施工单位的主体地位。

关于大力培育高素质技工队伍的建议(2009年)

我国是制造业大国,但还不是强国。是缺少高技术人才,还是缺少高层次研发人才?不尽然。关键是缺少把蓝图变为现实的高素质技术工人队伍。

日本制造的电子产品精细,汽车环保;德国制造的建筑机具耐用。这些产品的共同点除了技术因素外,质量都过硬,因而畅销世界。

我国是制造大国,但是我们的很多产品还不够档次,在高端领域还不能够形成很强的竞争力。尤其在耐用高科技产品领域,我国企业经过自主创新,已经掌握了核心技术,形成了自主知识产权,但是仍然难以生产出质量过硬的产品,不能形成产业优势,很大程度上就是因为缺少技术工人,尤其是高层次的技术工人。这严重制约着我国在高技术领域的产业化进程,削弱了我国制造业的竞争力,是造成我国制造业大而不强的重要原因。

例如,盾构机是集机、电、液、传感、信息技术于一身的高科技产品,广泛应用于各种隧道(洞)与地下工程施工,有施工效率高、安全性高、成本低等优点,因而受到世界各国的青睐。今后若干年,在国家大规模投资拉动内需的背景下,将有数万亿资金投入到基础设施建设领域,像铁路、公路、城市轨道交通以及南水北调、西气东输等重大工程正在大量引入盾构机。盾构机施工和制造正在成为一个巨大的市场。以中国中铁隧道集团有限公司为代表的国内建筑施工企业,承担起国家"863计划"盾构研制科研课题,目前已经掌握了一系列配套的关键技术,并制造出了第一台样机,但是由于国内缺少配套的机器部件加工企业,尤其是很多部件达不到质量要求,不少关键部件不得不依赖进口。在现实施工中,很多盾构施工故障就是盾构关键部件同步性差造成的。我国高层次技术工人的缺少,严重制约了盾构机的国产化水平,使得盾构这一新兴产业不能做大做强。

随着大规模基础建设的兴起,大量农民工涌入建筑施工领域,高层次技术工人更加稀少。大批高素质技术工人的缺失,很容易造成工程施工工艺效果大打折扣,尤其是关键施工工序的安全质量难以保证,严重影响到工程质量和今后运营安全。

总之,我国缺少大量多层次的技术工人,削弱了我国制造业和建筑业的国际竞争能力,不利于我国转变经济增长方式,更不利于我国人口素质的优化和国际竞争力的提升。

建议和对策:

(1)大力发展职业教育。国家应该把技术工人队伍培养放到振兴制造业和建筑业的高度来看待,采取战略举措,大力发展职业教育。当前大学生就业难成为社会问题,而职业教育不仅为制造业和建筑业提供了大批多层次的技术工人,更为中学生提供了另一条成才渠道。我们要改变重视普通教育、忽视职业教育的观念,国家要把加强职业教育放到重要位置上,加大资金投入,提高教师待遇,适当引入企业和社会资金,形成联合办学的新模式;教育部门应规划好职业教育蓝图,积极为职业教育发展出谋划策,以培养出大批专业对路、社会亟须的各类技术工人,满足社会对多层次技术工人的需要。

(2)提高技术工人地位。首先,树立崇尚科学、劳动光荣的思想观念,转变"愿意分配蛋糕而不愿意做蛋糕"的现象,扭转现实中轻视劳动和劳动者的浮躁现象。其次,提高技术工人的待遇。国家应根据各地区、行业特点,制定技术工人最低工资标准制度,消除他们在就业、医疗和子女上学等方面的负担,提高劳动者的社会福利,要让"做蛋糕的人分得到蛋糕"。藏富于民,劳动者有钱了,对于拉动内需也有很大帮助，还能实现社会和谐。最后，维护劳动者合法权益。新《劳动法》从法律上给予劳动者有效保护，关键是如何有效落实有关制度。

（3）建立起多层次技工队伍。应规划并落实好技术工人的技术等级评定，根据技术等级不同给予他们相应的工资奖金待遇，给他们提供良好的职业发展途径，让他们感到干劲足、有奔头。技术工人应继续实施八级工制度，技术工人经过考核可以晋升为技师，甚至高级技师。尤其要提高高层次技术工人的地位和待遇。例如可参考高级技师与高级工程师、大学教授相似的待遇。要建立起不同层次、梯度合理、满足社会多方面需要的技术工人队伍，切实提高我国劳动者的素质，进而提高我国的国际竞争力。

（4）建立起技术工人再教育制度。教育部门通过制度设计，为生产一线的技术工人提供再学习、再教育的机会，学习当前最新科学知识、生产工艺。职业学院要针对社会需求设计好专业，开办各种灵活的学习培训班，为一线技术工人"充电"。企业要建立起定期技术交流机制，为技术工人尤其是技术骨干提供学习知识、学习先进企业做法的机会和平台。

院士所在企业——中国中铁隧道集团有限公司介绍(2009年)

之一:打破国外垄断 盾构机贴上了"中国制造"标签

30年前,国人还不知盾构机为何物。30年后,我国已制造出自己的盾构机。中国中铁隧道集团有限公司(以下简称"中铁隧道集团")的积极响应"科技是第一生产力"的号召,实现了我国隧道施工装备的重大飞跃,打破了"洋盾构"一统天下的局面,其参与编制的《盾构法隧道施工与验收规范》已成为国家标准。

2008年4月中旬在河南新乡下线的"中国中铁号"盾构机目前已成功用于城市地铁施工。这是中铁隧道集团承担的第5个国家"863计划"项目取得的最新科研成果。中国工程院院士王梦恕认为,该台盾构机实现了对国外先进技术从消化、吸收到再创新,实现了从关键技术向整机制造的跨越,将结束我国在复杂地质环境下的隧道施工依赖国外盾构的历史。

盾构机问世至今已有100多年的历史,经过不断改进和发展,成为目前世界最先进的地下隧道掘进机。其集机、电、液、传感、信息技术于一身,可在不影响地面状况的条件下作业,与传统施工方式相比大大提高了施工的效率、安全性,降低了成本,因而受到世界各国的青睐。

专家指出,2010—2015年间,中国规划建设的城市快速轨道交通项目总长度达1700km,5000多亿元投资将聚集在这一领域。南水北调、西气东输等重大工程正在大量引入盾构机。盾构机施工和制造正在成为一个巨大的市场。

"工欲善其事,必先利其器",20多年前他们就已敏锐捕捉到这一商机,提前进行了技术储备。1988年,他们自主研制出插刀盾构并获国家专利,1995年从德国引进敞开式隧道掘进机(盾构机),在秦岭隧道施工中不断消化吸收,担负起原铁道部主持的盾构机研制课题。

进入21世纪以来,盾构机在北京、广州、上海等十多个城市地铁和穿江越洋隧道施工领域发挥出巨大的效用。但是,由于盾构制造工艺复杂,技术附加值高,盾构制造工艺为德国、法国、日本等少数国家所垄断,且价格高昂,国外盾构一度在我国盾构市场的占有率高达95%以上。

为了打破国外技术垄断局面,提升我国装备制造业的水平,国家科学技术部于2001年将土压平衡盾构关键技术研制列入国家"863计划"自动化领域机器人技术主题,拉开了我国盾构产业化的序幕。2002年,中铁隧道集团成功入围国家"863计划",承担起国家高技术产业化的重任,同年8月投入巨资在河南新乡建立起盾构产业化基地。

经过持续的科技攻关,2005年3月,他们自主研制的刀盘刀具在上海地铁2号线软弱地质成功进行了工业性试验;同年年底获准承担国家"863计划"盾构研发"十五"继续项目和"十一五"铺垫项目课题任务。2006年,研制出适合北京地铁沙砾岩层的刀盘刀具,创造了平均月进尺382m的纪录,在研制适合不同地层的刀盘刀具方面取得成功。

2006年6月,国务院正式发布关于加快振兴装备制造业的若干意见,将盾构研制列入16项重大技术装备之一,加大了扶持力度,大大加快了盾构产业化进程。中铁隧道集团研发人员很快打破国外技术壁垒,在盾构最关键核心技术方面取得突破。2007年,他们研制出具有自主知识产权的盾构控制系统模拟检测试验平台并投入使用。这也是目前国内直径最大、控制点数最多、功能最齐全的泥水盾构试验台。

据悉,上述成果均已通过国家科学技术部课题组专家的鉴定,"盾构调节开口率的装置"等5项国家发明专利和10项实用新型专利已受理、公示或授权,为我国盾构机规模化生产打下了坚实基础。

中铁隧道集团非常重视盾构机将来的适应性和可操作性。和浙江大学合作,自主研发了液压系统以及轴线控制模型与实时远程监控系统,在辅助控制与故障诊断方面具有特色,这些创新运用到武汉长江隧道等重大工程施工中,解决了不少施工难题。

中铁隧道集团目前已拥有45台盾构机,盾构项目遍布全国,仅在盾构施工领域就取得了3项国家科技进步奖,参与编制的《盾构法隧道施工与验收规范》近期已颁布为国家标准和行业规范。

之二:隧道科技的三次跨越

——解读中铁隧道集团是如何取得10项国家科技进步奖的

30年前,我国的隧道施工技术落后国际30年。30年后,我国已成为世界隧道大国,施工水平跻身国际先进行列。获得10项国家科技进步奖、16项国家级工法,达到国际先进水平的成果32项,国内领先水平63项,国内先进水平51项。

伴随国家改革开放而诞生、发展、壮大,30年完成隧道(洞)折合单线1500km,累计向国家上缴利税按可比价格计算,相当于在国家原投资基础上再造了6个同样规模的企业。从该集团的身上,我们领略到隧道科技的三次跨越,管窥到了这个行业的发展轨迹。

1 钻爆法——开启大型机械化施工时代

1980年年底,成立仅2年的中铁隧道集团(时称铁道部隧道工程局)率领一万多名员工参与"七五"期间国家重点建设项目衡广铁路复线建设,其中全长14.3km的大瑶山隧道是全线的关键性控制工程。

这是当时国内最长的双线电气化铁路隧道,世界第十。而且隧道穿越11条大断层带,尤其是长465m的9号断层地带,最大涌水量每昼夜高达4.2×10^3t,属于世界性施工难题。

当时,如果采用风枪打眼、木支撑、小型机械操作的传统方法,根本不可能在8年的工期内完成。科技人员对新奥法原理展开了热烈讨论,并在附近的雷公尖隧道进行试验。经过一年多的反复试验,逐步找到了硬岩条件下施工方案,沿用了几十年的木支撑去掉了,先进的液压台车也被操作工人熟练掌握了,光面爆破达到了预期效果,凿岩、运渣、支护、衬砌四条工序实现了大型机械化流水线作业。为了攻克大断层难题,技术人员开展围岩稳定性监控量测研究,进行防坍塌试验和封堵裂缝围岩试验。

1989年12月,大瑶山隧道提前两年半建成通车,将我国隧道施工水平落后国外30年迅速提高到当时世界先进水平。大瑶山隧道被称为我国隧道建设史上的第三座里程碑,修建新技术荣获1992年度国家科技进步奖特等奖。这些配套技术迅速推广全国,大大加快了我国隧道施工速度,提高了施工水平。

2 浅埋暗挖法——城市地铁施工进入暗挖时代

进入20世纪80年代,北京地铁超负荷运营压力已经很大。复兴门折返线的修建迫在眉睫。

现任中国工程院院士的王梦恕,1986年年初的一天,在去原铁道部汇报工作的路上,看到一些人正在长安街上测量路面,圈地刨树挖坑。一问才知道,正在用明挖法修复兴门折返线。

"什么年代了,还要用明挖法修建地铁?"王梦恕当时就急了。在苦苦劝说和盛情邀请工程人员实地参观后,复兴门折返线工程最后重新招标。原本要 8000 万拆迁费,而使用新工法只花 1 万块钱,工程造价可降低一半。大家一致同意由中铁隧道集团设计、施工。

复兴门折返线全长 358m,需要开挖隧洞 1098m,加宽断面 31 种,最大跨度 14m,隧道顶部距地面 9~12m。虽然地面车水马龙,但地下管线密布,并且地质条件复杂,施工难度可想而知。

经过 365 天日日夜夜的艰苦奋战,中铁隧道集团取得了成功,总结出一套科学严谨的施工原则:"管超前,严注浆,短开挖,强支护,快封闭,勤量测"。王梦恕说,这 18 字真经成为浅埋暗挖法的精髓。

1987 年 12 月,复兴门折返线建成,长安街上依然车流涌动,川流不息,人们丝毫没有觉察到脚下曾经进行了一项大规模的施工!

北京地铁施工引起世界的关注,美、德、英、法、日等国家的专家纷纷前来参观、交流,对中国人的技术能力和敬业精神表示赞叹。

1995 年,"北京地铁浅埋暗挖法综合配套技术"获得国家科学技术进步二等奖。同年,王梦恕当选为中国工程院院士。该工法迅速向全国推广,我国城市地铁施工进入暗挖时代。

3 盾构法——我国隧道施工技术跻身国际行列

20 世纪 90 年代初,当发达国家广泛采用先进的盾构机从事隧道施工时,我国对盾构技术的了解还处于初级阶段。此时,国家"九五"重点工程西安安康铁路开工建设。其中,秦岭隧道全长 18.46km,是全线的咽喉工程。

1997 年 12 月,隧道掘进机组装成功。为了控制好掘进方向,他们运用 ZED 导向系统,有效控制了掘进误差。为了提高机时利用率,他们把配件国产化作为主攻方向,有效保证了整个系统顺利掘进。项目部成立了"TBM 诊断和状态监测站",采用振动、冲击、脉冲、温度等多种手段进行检测,适时进行掘进状态评估。

TBM 犹如一座工厂,完全实现了隧道施工工厂化作业,彻底改变了传统的施工工艺。1999 年 8 月,秦岭特长隧道提前贯通,创造了月均掘进 268m 的纪录,平均机时利用率为 45%,最高达 75%,超过了当时国际 40% 的平均水平。利用钻爆法,8~10 年才能打通的秦岭隧道,采用 TBM 施工,工期整整提前了 5 年。

秦岭隧道荣获全国十大科技建设成就奖,"秦岭特长铁路隧道修建新技术"荣获 2004 年度国家科技进步一等奖,使我国隧道施工技术跻身国际先进行列。

进入 21 世纪,我国城市地铁掀起建设高潮。中铁隧道集团承担建设的广州地铁 2 号线越秀公园至三元里区间隧道是个标志性工程。为了提高施工效率,他们从每道工序、每个环节挖掘效率,自行设计出环宽 1500mm 的管片,提高了隧道的抗裂能力;生产出新型盾构泡沫剂,对渣土进行了改良,节约了投资,提高掘进速度 13%。

2006 年,"软硬不均地层及复杂环境隧道复合盾构的研制与掘进技术"荣获国家科技进步二等奖。该成果达到了国际先进水平,不仅拓宽了盾构施工技术的范围,而且广泛推广应用于城市地铁工程建设及穿江越洋等领域。

之三:我国隧道施工进入穿江越洋时代

目前,武汉长江隧道已建成试通车,厦门东通道翔安隧道已进入关键性海底段施工,南水北调中线穿黄工程、广深客专狮子洋隧道等具有国内重大影响的水下隧道已经进入盾构施工阶段。这些情况表明,我国隧道施工已进入穿越大江大河和海洋的新阶段。中铁隧道集团因承揽上述工程项目而成为我国隧道施工穿江越洋领域的领军者。

1 武汉长江隧道——沟通大江南北通道

2008年12月28日,"万里长江第一隧"武汉长江隧道进入调试运行阶段。武汉将迎来水上、陆路和水下立体交通格局。

武汉长江隧道总长3630m,内设双向4车道,设计使用年限100年,可抗6级地震和300年一遇的洪水。

2006年9月28日,武汉长江隧道进入盾构施工阶段。为确保施工安全,武汉长江隧道采用了具有探测功能的智能盾构机,通过智能化信息监控手段来掌握施工节奏。武汉长江隧道的每一个施工阶段,几乎都伴随着世界级技术难题的攻关。

2007年7月26日,"长江一号"安全穿越武昌长江大堤最高点——防水墙,现已进入江中段施工。目前累计掘进850m,拼装管片425环,占总量的33.5%。长江大堤安然无恙。此时,"长江二号"盾构机距离武昌长江大堤不足百米距离。

盾构施工过程中,中铁隧道集团在高水压带压作业技术方面取得突破:国内第一次实现自主在4.5bar压力下带压作业,为后续施工和最终成功穿越长江积累了丰富经验。

据悉,武汉长江段水面到隧道底部距离是60m,水深是上海隧道的1.6倍。水越深水压越大,隧道就越容易变形——这是最大的难点。为了解决上述难题,中铁隧道集团专门进行大直径、大幅宽、高性能混凝土管片设计及裂纹控制技术研究,通过了国家科学技术部验收。

2 厦门东通道——开海底隧道建设之先河

2005年9月1日,大陆首座海底隧道——厦门东通道翔安隧道开工建设。翔安隧道长5.9km,双洞双向6车道,计划于2009年建成通车,届时对厦门由海岛型城市向海湾型城市转变,加快厦门国际化港口建设步伐,都有着非常重大的现实意义。

中铁隧道集团承担A标段的施工任务。2005年10月1日进入翔安隧道左洞施工。隧道进口端陆域段约有886m位于全、强风化花岗岩地段,且处于地下水位以下,最大涌水量达2261.9m^3/h。此类岩体强度低、自稳能力差,遇水泥化严重,易发生渗透破坏。

为了破解上述难题,中铁隧道集团首先将市政工程中的降水技术运用到隧道施工中来,采取洞内轻型井点降水结合洞外地表大管井降水的方式,对地下水进行处理,取得了较好的效果,为隧道快速开挖奠定了基础,被王梦恕院士誉为"海底隧道第一工法"。

2007年6月18日,厦门东通道翔安隧道A1标段工程率先开挖至F1风化深槽段,正式进入最具挑战性的海底段施工。

中铁隧道集团采用全断面超前深孔预注浆技术在服务隧道风化槽第一循环进行了实施,总体进展顺利,为参建海底隧道的其他单位提供了依据。

3 狮子洋隧道——揭开铁路水下隧道建设序幕

狮子洋隧道工程全长10.8km,是广州—深圳—香港铁路客运专线的控制性工程。2006年5月开工建设。该隧道工程拥有许多"头衔":既是目前国内最长、标准最高的水下隧道,也是隧道施工从"穿江"到"越洋"的转折性工程。

狮子洋隧道水深流急,航运繁忙,主航道宽约700m,最大水深26.6m。中铁隧道集团承担的SDⅢ标段位于东莞侧,左线正线长5250m,右线正线长5550m。

狮子洋隧道所处地质条件复杂多变,地层主要为泥质粉砂岩、砂岩,多处为断裂带和风化深槽,对管路、刀盘的耐磨性提出了更高要求。为此,使用2台直径11.2m的盾构机刀盘进行耐磨处理,以减少掘进中换刀次数。为了对较大的石块进行破碎,将在盾构泥水平衡仓底部配置破碎机,避免大石块进入排泥系统。过江段近1500m,盾构在弱风化基岩中要掘进近3000m,施工中需要带压进仓检查和更换刀具,而江底带压进仓作业是盾构施工面临的世界性难题。

在江河海洋空间开发方面,一直是架设桥梁具有优势,但是随着世界先进盾构技术在我国地铁施工领域的逐步成熟,从大江大河甚至海底下面穿越已不再是梦想。特别是沿江沿海城市,城市空间非常有限,建设桥梁将在一定程度上妨碍水运的畅通,向地下和水下空间开发将是必然趋势。有关专家指出,我国水下和海洋地下空间开发刚刚兴起,具有广阔的发展前景,江河海洋地下工程已成为建筑业新的增长点。

之四:文化助企业扬帆前行

——中铁隧道集团30年企业文化建设纪实

1978年10月5日,经国务院批准,原铁道部集中全路隧道建设的精锐力量,组建隧道工程局。从此,中国有了从事隧道和地下工程施工的专业化企业。2001年5月8日,原铁道部隧道工程局成功改制为中铁隧道集团,成为世界双500强中国中铁股份有限公司旗下的国内隧道和地下工程领域最大的企业集团。

中铁隧道集团结合隧道和地下工程行业特点,立志建设特色"隧"文化,并以此引领企业发展,把企业员工凝聚成"新时代的义勇军",把这一行业做成了高新技术的朝阳产业,锻造出"中国中铁隧道"知名品牌,把隧道和地下工程领域做成了国家建设的支柱产业。

1 以"隧"文化凝聚员工,培育企业团队

中国是个多山的国家,大山始终是陆路交通的障碍。隧道施工的艰险把隧道工人磨炼成一个坚强的群体。他们与深山为家,与岩石为伴,长年和大自然搏斗,赋予了他们坚强的品格。世世代代开山凿石,日日夜夜在大山腹中,不良地质、瓦斯、涌水、泥石流时刻威胁着他们的安全,他们处之泰然。他们把炮声作为音乐催眠,非当班工人说,如果听不到炮声,就会睡不安稳。施工出现异常时,别人往洞外撤,他们往洞内抢险,战胜灾害和困难,保住付出辛苦换来的隧道成洞。

多年来,中铁隧道集团积极加强思想政治工作和企业文化建设。特殊的工作,特殊的任务,特殊的环境,特殊的责任,培育出"至精、至诚、更优、更新"的企业精神,并形成了以"精心设计、精心施工、精心服务、勇担责任、奋力拼搏"等为主要内涵的特色鲜明的"隧"文化。集团要求做到优质工程、优质服务、优秀品格、优良形象,努力实现理念创新、管理创新、制度创新、科技创新。他们逢山开路,遇水穿隧,被《人民日报》誉为"新时代的义勇军",他们用行动诠释着他们对党和国家的铮铮誓言!

隧道工人是一个拼搏的团队,大家特别重视团队的荣耀。他们以愚公移山精神激励斗志,企业有的员工已是第五代隧道建设者,共同的目标、理想和价值观念把员工凝聚在一起,把员工的意志统一在一起。

中铁隧道集团用优秀文化塑造着一代又一代企业员工,不断去创造新的业绩。从 1981 年 11 月至 1989 年 11 月,一举建成了全长 14.3km,居世界双线铁路隧道第十位的衡广铁路复线大瑶山隧道,结束了中国人不能自主修建 10km 以上长大隧道的历史。2003 年参建兰武二线 20km 的乌鞘岭隧道,2005 年参建石太客运专线 27.8km 的太行山隧道,2007 年参建青藏铁路西格二线 32.6km 的关角隧道等特长隧道,不断推动中国隧道施工能力提升到新的高度。

2 以"隧"文化促进创新,提升企业实力

我国于 1889 年采用钢钎、大锤建成了第一座隧道,但原始落后的施工技术制约着中国隧道的发展。20 世纪 60 年代开始使用风钻、斗车施工,中国隧道建设跨入第二个阶段。中铁隧道集团成立后,企业制定出"瞄准国际先进、引进开发并举,结合科技攻关、不断创新进取"的发展规划,推动了隧道和地下工程技术快速发展。

1979 年春天,京广大动脉衡阳至广州段的截弯取直工程启动。修建衡广复线,最大的困难是修建通过五岭的大瑶山隧道。中铁隧道集团在国内率先采用"新奥法"原理指导施工,引进大型隧道施工装备,形成破岩、装运、支护、衬砌 4 条机械化施工生产线,攻克了 42 个关键技术难点和 10 项关键技术难题,比传统的施工方法提前两年半建成,实现中国隧道和地下工程施工史上的第三个里程碑式的突破,当之无愧地摘得了国家科技进步奖特等奖。

20 世纪 90 年代,中铁隧道集团承建了侯月铁路云台山隧道、京九铁路五指山隧道、南昆铁路米花岭隧道、朔黄铁路寺铺尖隧道、株六复线大竹林隧道等重大工程。其中,全长 18.46km 的西安—安康铁路秦岭隧道,在我国铁路隧道建设上首次引进直径 8.8m 的敞开式硬岩隧道掘进机进行施工,创造了月掘进 528m、日掘进 40.5m 的高速度,标志着中国隧道施工跨入世界先进行列,树立了中国隧道和地下工程施工史上的第四座里程碑。

如今,逢山开路、遇水架桥的传统理念正在更新,遇水穿隧技术日趋成熟,成为"又好又快"的选择。中铁隧道集团积极探索盾构在各种复杂地质条件下的运用,参与国家"863 计划"盾构研发,集中企业机电技术人员成立隧道设备公司,成功制造出"中国中铁"品牌的复合式盾构机。由于大力实施科技兴企战略,企业迄今共有 351 项科研成果通过鉴定、评审和验收,获国家科技进步奖 9 项,获"中联重科杯"华夏建设科学技术奖 2 项,获得国家发明专利 3 项、国家级工法 16 项。企业承揽了南水北调穿黄工程、武汉长江、厦门翔安、广深港狮子洋、青岛胶州湾、西气东输城陵矶穿越长江、广州沉管等一大批水下隧道工程,目前正在参与台湾海峡隧道和琼州海峡隧道的可行性论证,实现了我国隧道建设穿江越海的大跨越。

当前,中国土木工程协会隧道和地下工程分会挂靠在该企业,中国工程院院士王梦恕出自该企业,拥有洪开荣等一批知名隧道专家,隧道和地下工程领域唯一的博士生培养基地定点在该企业。隧道科技的飞速发展,极大地增强了隧道和地下工程领域的自主创新能力,企业年隧道施工能力达 350km 以上,已建成各类隧道、隧洞总延长 1500km 有余。目前我国的隧道数量、通车里程均跃居世界首位,隧道施工技术达到世界先进水平。

3 以"隧"文化提升形象,打造知名品牌

随着市场经济的深入发展,品牌的作用越来越突出。中铁隧道集团大力开展"隧"文化建设,以此来增强企业产品的附加值,打造我国隧道和地下工程产业的百年品牌。

集团领导认为,没有优秀的文化便不会有优秀的企业。中铁隧道集团以"隧"文化积极提升形象,并按照"理念塑造品质、行为规范全员、视觉展现风采、品牌提升实力"的工作思路,积极打造"中国中铁隧道"知名品牌。他们设计企业标识和企业旗帜,谱写《中隧之歌》,构建视觉识别、理念识别、行为识别三

大系统，奠定企业文化建设的主体框架。开展"弘扬企业文化，促进企业发展"主题活动，狠抓项目文化落地。以企业文化为载体，围绕项目履约，把企业文化建设与"两优一先争红旗"等特色党建活动相结合，与工会"三工"建设活动相结合，与共青团组织开展的青年活动相结合，让员工在共建中共享，在共享中共建。企业长期与德国、法国、日本等国家和国内知名院校、企业进行合作交流，定期公布合格分承包商名录，着力建立中铁隧道集团卫星企业，极大地提升了企业品牌的影响力。

把经营管理从有形资产的管理向文化管理和品牌管理上转变，把文化理念引入项目管理，提高项目履约能力和社会信誉，提升项目管理高度和层次，是中铁隧道集团的内在追求。他们在各项目开展独具特色的项目文化建设，打造了广深港狮子洋隧道、武汉长江隧道、北京直径线隧道、厦门翔安海底隧道、南水北调穿黄工程、伊朗北部高速公路塔隆隧道等一大批有影响力的形象品牌项目。正如集团总经理所言，企业理念是企业经营管理的思想精髓，用企业理念引领工作，使刚性的规定富有人性，让强制管理变成自我约束，变防范惩戒为信赖激励。

在精心培育和成功实践下，"隧"文化以其丰厚的内涵，受到员工的拥护和喜爱，其体系完善，内容丰富，活动扎实，符合实际。集团先后被评为"全国企业文化建设优秀单位"和"中国优秀企业品牌形象十佳单位"。

回顾过去30年的历程，他们深知中国隧道和地下工程发展的重任在肩，相信只要"隧"文化的基因不变、精神永恒，企业就会永远存在，持久繁荣。他们决心继续穿越时空隧道，构建美好未来！

建议工程建设应尽快采用总承包形式(2011年)

1 关于开展工程总承包的必要性和紧迫性

1.1 工程建设腐败现象日趋增长

据最高人民检察院公布的数据显示,近年来工程腐败案件频发,贪腐纪录不断刷新。由此涉及的刑事案件数目也大得惊人。最高人民检察院在全国两会期间所提交的报告指出,2009年严肃查办土地出让、规划审批、招标投标等职务犯罪案件共6451起;其中,工程建设领域渎职犯罪,主要发生在土地与矿业权审批、出让228起,工程建设实施和质量管理229起,城乡规划176起,物资采购和资金安排使用管理99起,工程项目决策53起。

在工程建设领域,一些官员在利益的诱惑下,抱着侥幸心理,铤而走险,以身试法。最高人民检察院的工作人员介绍:在检察机关查办的职务犯罪案件中,发生在工程建设领域的占1/3。

1.2 腐败的原因

工程建设具有资金量大、范围宽、管理环节多、链条太长等特点,在项目审批、土地征用、工程预算、图纸设计、工程招标、工程签证、设备选购、质量监督、工程款结算、工程验收等环节容易出现权钱交易等行为。特别是工程腐败,给国家和人民造成了巨大的财产流失,同时也带坏了一批干部,从而形成了不良的社会风气。采用总承包,可以缩短工程承包的链条,减少工程腐败的发生,又具有实事求是、控制安全、保证质量、缩短工期、控制工程投资五大优点,是目前国际上通用的一种工程管理方式,建议尽快采用。

1.3 工程总承包模式

工程总承包也叫"统包",或"一揽子承包",即通常所说的"交钥匙"。采用这种承包方式,建设单位一般只要提出使用要求和竣工期限,承包单位即可对项目建议书、可行性研究、勘察设计、设备询价与选购、材料订货、工程施工、生产职工培训,直至竣工投产,实行全过程、全面的总承包,并负责对各项分包任务进行综合管理、协调和监督工作,有利于建设和生产的衔接。这种承包方式要求承发包双方密切配合;涉及决策性质的重大问题应由建设单位或其上级主管部门作最后的决定。这种承包方式主要适用于各种大中型建设项目。它的好处是可以充分利用承包单位设计与施工的建设和管理经验,节约投资,缩短建设周期并保证建设的质量,提高经济效益。当然,也要求承包单位必须具有一定的技术经济实力和组织管理经验,以适应这种要求。国外某些大的工程承包商往往和勘察设计单位组成一体化的承包公司,或者更进一步扩大到若干专业承包商和器材生产供应厂商,形成横向的经济联合体,这是近几十年来土木工程一种新的发展趋势。近一些年,我国各部门和地方政府成立的BOT、BT项目建设工程总承包公司,也属于这种性质的承包单位。

2 国内工程项目管理的现状

目前,我国建设项目管理体制采用多种方式,大体上可分为以下四种类型:第一类,建设单位自己组织设计、施工人员，自己采购设备、材料，组织项目建设，具有建设单位投入精力大、项目管理专业化程度低、项目总体管理水平低等缺点，目前采用的比较少。第二类，甲乙丙三方分头管理体制，甲方：建设单位，乙方：设计单位，丙方：施工单位，各自管理。甲方负责项目资金与进度管理，投入精力大、协调难度大、项目管理水平低。第三类，工程指挥部负责外部协调、资金控制、工期的管理方式，许多安全、质量、设计变更、调概都很难解决，管理太细，影响进度。第四类，国际工程项目总承包管理体制，BT、BOT 项目管理体制，从 20 世纪 80 年代初，重大工程已经开始应用。

目前，我国设计、施工大型专业化、高水平的企业已经强大，进入世界 500 强的企业越来越多，特别是 ENR 全球和国际承包商 225 强，2010 年我国分别进入 37 家和 54 家，其中全球承包商的第一、二名均为中国企业。

目前，工程总承包的市场已经开始形成，涉及行业由化工、石化、铁路、电信拓展到其他多个行业，工程总承包收入和规模不断上升，呈现出以下特点：

行业领域不断拓展：工程总承包从化工、石化行业逐步推广到冶金、电力、纺织、铁道、机械、电子、石油天然气、建材、市政、轻工、地铁等行业，效果很好。

带动行业产业的调整：近年来，在政府的引导下，大部分企业在优势互补的原则下展开了兼并重组活动，跨行业的整合也开始崭露头角。随着工程总承包业务的开展，施工、设计企业的实力不断增强，带动了整个行业产业结构的调整，并将最终形成大、中、小型企业金字塔分布的格局。

境外业务规模发展迅速：目前，我国对外承包工程项目日趋大型化，部分大型企业对外积极进入高端市场，在国外承担了不少 EPC 总承包项目，而且总承包合同额大幅度增长。

3 项目开展工程总承包的优势

3.1 能够发挥总承包单位的优势

工程总承包由具有设计施工能力的承包单位承担。总承包单位对工程的总体功能、特点能全面掌握，对施工设计，以及对试验、考核、验收和运营都比较了解，有利于主导协调建设单位、设备制造商、施工分包单位之间的关系，发挥其各自的主导作用，从而有利于项目建设的优化和顺利进行。

3.2 有利于解决复杂的相互关系

有利于理清工程建设中建设单位与承包单位、勘察设计与建设单位、总包与分包单位、执法机构与市场主体之间的各种复杂关系。比如，在工程总承包条件下，建设单位选定总承包单位后，勘察、设计以及采购、工程分包等环节直接由总承包单位确定分包，从而建设单位不必再实行平行发包，避免了发包主体主次不分的混乱状态，也避免了执法机构过去在一个工程中要对多个市场主体实施监管的复杂关系。

3.3 有利于优化资源配置

国外经验证明，实行工程总承包降低了资源占用与管理成本。在我国，则可以从三个层面予以体现。建设单位摆脱了工程建设过程中的杂乱事务，避免了人员与资金的浪费；总承包单位减少了变更、争议、纠纷和索赔的耗费，使资金、技术、管理各个环节衔接得更加紧密；分包单位的社会分工专业化程度由此得以提高。

3.4 能够有效地控制工期

开展工程总承包有利于设计、采购、施工进度上合理交叉。施工图纸可以及时作出，指导施工，可以有效地控制各阶段的合理工期，达到缩短总工期的目的。

3.5 有利于保证工程安全质量

总承包单位具有较强的人才、技术和先进设备集成项目管理和现代化的信息技术等优势。除在设计时能采用最优化的设计方案外,在工程实施过程中,结合现场实际,可及时了解设计中存在的问题,不断修改优化施工方法和工艺,确保施工质量。故开展工程总承包,有利于控制和保证工程安全质量。

3.6 能够有效地控制投资

总承包单位为了控制投资,精心设计,进行多个设计方案比较优化,采用先进而适用的设计方案,不仅可节约投资,而且可确保工程投产后经济、社会和环境效益。

4 关于工程总承包存在问题与建议

4.1 尽快制定关于总承包的合同条款

参照 FIDIC 条款,抓紧出台《工程总承包管理办法》及细则,规范对工程总承包的市场管理,这是当前亟须处理的一件事情。与有关部门一起应抓紧研究、制定有关工程总承包招投标的管理办法,积极培育工程总承包招投标市场;参照 FIDIC 条款,制定适合我国社会主义市场经济要求的总承包合同条款范本。

4.2 建议加大政府的支持力度

政府的鼓励和支持非常重要,我国政府应从政策、法规、融资体系、行业协会等方面,对工程总承包企业进行支持。在修改《建筑法》时,增加有关工程总承包实施条款,规范对工程总承包市场管理;积极培育工程总承包招投标市场。在资质管理上,将在现有资质序列中增加有利于促进工程总承包发展的序列,对有总承包实力的大型企业,资质上逐步给予放开。规划、设计和工程总承包是建筑工程的高端市场,这是未来我国工程总承包企业与国外企业竞争的关键领域,政府有关部门应负起这个责任与义务,加大支持力度。

4.3 必须打破部门利益和地方保护的不良习惯

随着高新技术的应用和工程项目的大型化、复杂化程度的提高,建设单位自身管理能力难以适应项目要求,对工程总承包等高端市场的需求会逐步增大。要打破部门、行业、地区、所有制的界限,鼓励具有较强竞争力和综合实力的大型建筑业企业实行优势互补、联合、兼并科研、设计、施工等企业。构建完善建筑市场供应链体系,推进"龙头"企业外部的专业化分工,培育区域专业承包企业集群。按照我国加入WTO 时的承诺,建筑工程承包领域的过渡期已结束,我国的建筑工程市场将按承诺对外开放,我国企业面临与国际跨国公司在国际、国内两个市场上同台竞争的严峻挑战。

4.4 加大宣传力度,统一思想认识

工程总承包推行难度较大,关键是各部委、省市政府管理部门、建设单位对工程总承包的认识不够到位。要加大对推行工程总承包优势的宣传力度,提高认识,统一思想。向社会宣传报道工程总承包的特点、优势和典型事例,使工程总承包逐步得到社会的认可。结合投融资体制改革和政府投资工程建设组织实施方式改革,组织力量对建设单位进行培训。争取在政府投资工程项目上(如城市地铁)积极推行工程总承包的组织实施方式。

4.5 加快培育一批具有国际竞争实力的国际型工程公司

随着经济全球化,在工程建设领域全面推进工程总承包和项目管理,积极开拓国际承包市场,以带动我国高新技术、物资设备的出口,促进劳务输出,是提企业国际竞争力的必由之路。目前,国际工程承包已超出了单纯的工程施工安装范围,成为集货物贸易、技术贸易和服务贸易为一体的综合载体。如果我们不从施工和劳务承包转为包括技术在内的综合承包,不加快培育一批有国际竞争实力的国际型工程公司,就不能在国际承包市场上拿到总承包业务,不能在国际承包市场占有一席之地。目前,许多国际型工程公司已在我国境内承接工程,他们不仅在项目上抢占市场份额,而且利用他们的优势争夺国内的高素质人才。有些大型设计、施工单位的人才流失率已经高达30%,并且还有进一步加剧的趋势,这对我国设计、施工企业构成极大威胁。

在《大型设计单位创建国际型工程公司的指导意见》的基础上,抓紧组织制定《大型施工企业创建国际型工程公司的指导意见》;对确有工程总承包能力的勘察设计企业申请施工总承包资质,或施工企业申请工程勘察设计资质,在申请相关资质方面给予政策扶持;组织有关力量对准备创建工程公司的设计、施工企业进行培训和辅导;通过引导,支持一批设计和施工企业进行自愿合并重组,改造为工程公司,从而使目前的设计、施工企业在功能、组织机构上发生质的变化,达到开展工程总承包的能力。

4.6 切实抓好人才培养等基础性工作

目前,我国的设计、施工企业与国际工程公司相比,管理人才和管理水平的差距是最主要的问题之一。应继续发挥已改造为国际型工程公司的作用,进一步强化工程项目管理专业队伍的培训力度,培养一大批企业所需要的专业技术管理人才,以适应当前国内外工程建设市场的需要。

我国亟须解决第一次分配不公问题(2011年)

我国自改革开放以来,一部分地区、一部分人首先富裕起来了。与之相伴而生的一个突出问题是:人与人之间的贫富差距不断扩大,而且到了社会难以容忍的地步,因而使解决这个问题变得越来越紧迫。我国贫富差距不断扩大的根源,在于第一次分配中的不公。解决我国贫富差距问题需要多措并举,但首要任务是解决一次分配不公问题。

1 解决好第一次分配问题是减少贫富差距问题的基础

我国目前存在四种分配方式,第一次分配,是指企业(它涵盖一产、二产、三产)劳动者的工资;第二次分配,是指国家用税收收入的一部分支付机关、事业单位人员的工资;第三次分配,是指国家用税收收入的一部分解决贫困人口的基本生活;第四次分配,是指社会高收入群体通过慈善活动帮助社会低收入或无收入群体。

我国的现状是:第一次分配占财富分配总体比重偏低,且内部分配结构不合理;第二次分配由于吃"皇粮"人员过多导致占财富分配总体比重偏大;第三次分配增长较快但仍显不足;四次分配总体偏小,作用微弱。就整体而言,第一次分配涵盖人员最多,远远超过国民人口的三分之二。要解决好贫富分化的问题,首先要解决好第一次分配问题。

我国第一次分配中的不公平,具体有两个方面的表现:一是企业中劳动者(包括企业的高层、中层、低层)的劳动所得严重扭曲了按劳分配原则;二是劳动者创造了利润但在分配利润时却完全被排斥在外。对于前者:在一个企业内部,高管与普通劳动者的年收入差距,有的达十几倍,有的达几十倍;在不同企业之间,其差距就会更加离奇,最低年收入仅为约一万元(每月约800元),高者年收入有千万元,他们的年收入相差达千倍之多。对于后者,劳动者通过劳动创造了利润,却不能通过劳动分得哪怕是一分钱、一个股份的利润。

2 解决第一次分配不公问题需正确认识并贯彻"按劳分配与按生产要素分配相结合"原则

解决我国社会贫富差距问题,首先要从第一次分配开始,因而也决定了主要有两个方面的内容。其一,解决第一次分配中的不公平,首先要在工资收入方面重新确认按劳分配原则。公平与效率之争使工资性收入方面的按劳分配原则被严重扭曲。改革开放以前,按劳分配被认为是社会主义的基本分配原则;改革开放以后,随着非公有制经济的发展,通过与以往公有制企业的比较不难发现,在非公有制企业的劳动者之间劳动报酬的取得,是遵循按劳分配的原则,但没有利润、参股的分配。二者所不同的是:非公有制企业劳动者从高管到普通员工之间的工资有着明显的差距。于是,所有的公有制企业都逐渐地并且是迅速地拉开了管理者尤其是高管与普通员工的工资差距。其中特别的是,由于第一次分配讲效率,但未考虑生产要素分配的公平性,学习了私企的分配办法,彻底否定了第一次分配中的公平性,因而严重扭曲了按劳分配原则。为了使按劳分配原则被重新确认,必须要辩证地处理公平与效率的关系。一方面要体现效率,使不同的劳动者之间在劳动报酬方面体现出必要的差距;另一方面,又要体现公平,不仅同一企业的不同劳动者之间,而且不同企业的不同劳动者之间,劳动报酬方面的差距必须掌握在一定范围。在同一个企业里,不同的劳动者之间的工资收入非常有必要确定一个倍数关系,例如,企业最高领导的工资是普通工人工资的8倍、10倍还是15倍等,要有一个界定。现在有的企业最高领导与普通工人的收入差距悬殊,这与按劳分配相距甚远。一切由企业自己说了算,整个社会就没有了规矩和工资增长的机制。

其二,解决第一次分配中的不公平,还要在对利润的分配方面彻底贯彻按生产要素分配原则。在马克思主义以前的资本主义条件下,"劳动取得工资,资本取得利润"成为天经地义的分配方式。马克思主义理论和苏联、中国早期的社会主义实践认为,劳动取得工资是天经地义,但企业的利润应当为国家或劳动者集体所有。与此同时,资本主义社会首先产生了货币资本、土地、科学技术、经营管理、知识信息等除劳动以外的生产要素也能够参与分配利润的理论和实践。甚至在美国、法国等国家和地区,也曾出现劳动也可以参与分配利润的法律条文。我国自改革开放以来,按生产要素分配的理论与实践逐渐实行并确立起来,但与西方的主流一样,劳动这一生产要素被排除在利润的分配之外。这样的分配,显然是对劳动的歧视,因而它是不公平的。如果说按劳分配可以取代按资分配,那么其本质是:原来被资本分配的利润,改由劳动者来分配。在社会主义的初级阶段,资本在经济的发展中仍有不可替代的作用,因而它还有参与分配利润的必要。但是,劳动也要适度参与对利润的分配。由于现实中的劳动一点也不参与分配利润的这种不公平,必然导致贫富差距的扩大:在企业的管理者人群中,他们的资本性收入与工资性收入相比往往成为其收入中的主体;在普通工人中,他们的收入几乎全部来自于工资。企业中管理者的工资收入本来就数倍或数十倍于普通工人的工资,这时再加上他们的资本性收入,使两者收入的相对差距或绝对差距,都必然继续扩大。如果劳动像其他生产要素一样公平地参与对利润的分配,普通劳动者的收入就可以增加一定份额,而其他生产要素所有者的收入就会减少一定份额,这样一增一减,无疑会使贫富差距得到一定缩小。

3 实现第一次分配公平的针对性建议

在第一次分配中实现公平分配,将是一场重大的改革。这在我国贫富差距已经达到社会几乎不能容忍的今天,是人们切身利益的一次大调整。若要发起并完成这样的一场改革,必定要有巨大的勇气和魄力,必定要有坚强的领导和决心,必定要有周密的计划和步骤,还要有长期奋斗的意志和耐心,等等。

(1)中央要适时地做出政治决策和战略部署,国家相关职能部门要做出科学的规划与设计。从第一次分配开始解决公平分配问题,需要由中央做出政治决策。与研究任何问题一样,理论可以对如何从第一次分配入手解决公平分配问题进行研究。就我国的实际情况来说,由于它是涉及国家全局的大事,所以,何时、以何种方式进入操作层面,必须由中央做出政治决策。中央要在认为有必要以及认为时机已经基本成熟的条件下果断、迅速地做出战略部署,这样在解决我国社会分配不公的问题上可以取得事半功倍的效果。当然,对于具体的企业来说,可以不分所有制的性质,可以不分企业规模的大小及员工的多少,首先进行一些试点,为全社会的实践积累必要的经验。没有中央的政治决策,想要在社会上实施从第一次分配解决贫富差距问题,是根本不可能的。

(2)国有企业要成为率先垂范的试验田和试金石。从第一次分配入手解决分配公平问题,所要面对的对象,是全社会不同所有制类型的所有企业。要在这样一个范围内实施国家改革分配的计划、方案、措施等,不是一纸文件、一个指令可以实施的。它也要像进行市场经济体制改革的初期开辟如深圳特区那样,选择若干典型企业进行试验,从中取得经验,并将经验提升成为政策,进而成为机制、制度。这样的典型,首先应当从国有企业中产生。在社会主义市场经济体制下,原来的国有企业都已经成为公司制企业或国家控股的股份制企业。选择这类企业作为从第一次分配中解决公平分配问题的典型企业,一方面,是对这类企业内部的各种情况比较了解,尤其是对其内部的分配情况有较为清晰的了解;另一方面,是国家的政令在这类企业内部更容易畅通,尤其是当国家决定要调整(缩小)企业人员收入差距时在这类企业更容易实施。国家的有关政策,通过在国有企业的试验,不断地得到补充和完善,在这一试验过程中,会使全社会所付出的代价趋向于最小化,如果由国家承担国有企业所可能付出代价的一部分也理所应当。国家政策的可行与否,最终由这类企业的试验成果来决定。直至国家政策在企业试验中畅通、顺达,方可向全社会推广。当然,由于所有制的差别,即使在国有企业可以无障碍通行的政策,对于非公有制企业也只能是一种参照,国家还需要产生一种与非公有制企业相适应的分配政策。对不同所有制的企业采取不同的政策措施,在我国将会是一种长期的现实存在。要从第一次分配开始就解决公平分配的问题,如果不首先在国有企业中进行试验,同样是不可想象的。

(3)社会各界要开展广泛、深入的研讨,打好理论基础,营造好舆论氛围。从第一次分配开始解决公平分配,是一个摆在我们面前的全新的课题,它要求我们提出一个全新的理论来解决这个课题。要通过理论的研究,揭示从此入手的必要性及意义;要通过理论的研究,提高人们对此认识的自觉性;要通过理论的研究,为实践提供科学的理论指导。广大新闻媒体和新闻从业者要加强对此方面的关注和舆论引导,为解决好第一次分配不公问题营造好良好的舆论氛围。

我国应严管稀土资源的开采,控制稀土出口量(2011年)

日本高科技电子产品和混合动力汽车所需要的稀土,83%要从中国进口,而且价钱很低。中国稀土储量仅占全球9900万t总量的36%。由于我国对这种重要资源缺乏管控,矿源没有专控,造成私人和国家无序开采,互相杀价,低价卖给国外,价钱类似白菜价,给我国经济与国防发展带来很大不利。美国、日本等国用最少的钱得到了最金贵的"稀土",他们拿来储备一大部分,日本储备量已够用20年以上,美国已封闭稀土矿(稀土矿美国储量第一)改为从中国进口,隐患显而易见,一旦中国稀土临近枯竭,本国产品陷入停滞,国外控有可观产量,即可反制中国。

为此,有以下建议:

(1)稀土资源必须国有,国有大型企业科学开采,不准私营,集体利益开采。

(2)控制开采数量,自给自足,不出口,更不允许出口敌对国。

(3)包括稀土在内的所有地下矿产资源(如铁矿、金、铜等有色金属),能源(煤、油、材料等)取消双轨制,由国家统一管理、规划、开采,定价销售。

关于采用《超高温等离子枪处理城市生活垃圾》提案(2012年)

1 项目背景

城市生活垃圾是世界性难题。各国政府花费了大量人力、物力和财力,试图解决好垃圾问题。在众多需要解决的社会问题中城市垃圾问题被列为亟待解决的三大环境问题之首。

国家统计局对中国城市垃圾现状数据显示,我国1990年城市生活垃圾清运量为6767万t,至2008年达到15438万t,年均增长率为4.6%,如今中国的垃圾产量已是世界第一。据中国环保产业协会预计,到2015年和2020年,中国城市垃圾年产量将达1.79亿t和2.1亿t。资料显示,历年来堆积的垃圾已经超过60亿t,侵占了300多万亩的土地,并对周边环境产生严重的负面影响甚至灾难。

目前我国解决的方法多为垃圾填埋和垃圾焚烧,填埋法不仅侵占了大量的土地,而且污染了地下水和空气;焚烧法虽然能回收能量,却需要配30%~40%的煤来燃烧,垃圾焚烧所产生的二噁英无法处理,造成二次污染。

针对严峻的环境压力,我国政府已将城市垃圾处理与无害化系统列入《中国21世纪议程有限项目计划》,并且出台了一系列鼓励和优惠政策,为城市垃圾处理技术的发展和应用提供了良机。

2 项目概况

"超高温等离子枪处理城市生活垃圾燃气发电系统"是与传统焚烧方式的概念和原理有本质的不同,该项目核心工艺主要分为5大部分:

(1)高温灭菌利用380℃高温蒸汽在垃圾管道里对生活垃圾高温灭菌、除臭,然后输送到干燥炉中进行干燥,使垃圾的含水率整体不超过15%。

(2)预选破碎对干燥后的生活垃圾首先进行风选,把重量大的物料,包括电池、砖头、石块、玻璃、金属等分离出来,把轻的物料,特别是塑料、纸类和一般可燃物质分选出来后,进行破碎,达至RDF3的标准。

(3)高温裂解在高温裂解炉中把已分选好的RDF3可燃物质进行高温裂解,此部分在1230℃的高温下完成初级气化,再用负压抽离出气体至等离子仓。

(4)等离子枪在等离子仓,利用超高温的电弧等离子枪进行分子裂解,达到6000~8000℃的超高温的情况下使生物垃圾及二噁英、呋喃等有害物质的分子裂解后的原子和电子成为游离的离子状态,然后在冷却过程中合成氢、一氧化碳、氮等混合气体,成为最干净的可燃性高的全新能源。

(5)燃气发电从等离子仓输送过来的燃气是含氢30%、氮37%、一氧化碳25%、二氧化碳8%等的混合气体,经过热热交换器,把高达1600℃的燃气在热交换中置换出的热空气回收到第一步的高温灭菌中循环使用,燃气则在冷却过程中除掉粉尘和水汽,将水汽分离后的纯正环保燃气导引至燃气发电机组发电,除了供内部用电外,剩余大部分发电量供并网用。同时利用混合气体的高温余热和发电机组的热能还可转换为居民和工厂用能。垃圾经等离子汽化后剩余溶渣质量通常仅为处理前的1%。

在整个生产过程中,所有气体和 RDF3 的燃料均达到国家和国际最严格的标准,包括二噁英、氯化氢等,均在此过程中利用高温裂解和超高温等离子枪处理干净,不会产生二次污染,经过 5 大步骤,将生活垃圾处理后转换成为干净能源——电。此技术可以称得上是目前垃圾处理的最高标准,是把生活垃圾变成能源的最佳方法。

3　项目的优点

超高温等离子体炬气化技术具有如下突出优点:
(1)可处理各种生活垃圾,不用分拣。
(2)整个过程均做到热能再循环利用,能量回收率高,实现节能目标,和垃圾含量资源化。
(3)垃圾所生成的二恶英等有害物质能彻底分解,实现无害化、低排放目标。
(4)可直接增加社会就业人员,并可拉动相关产业经济和间接增加就业人员。
(5)可直接增加当地政府的财政收入。

4　项目开展规模和建议措施

(1)该成果意义重大,应尽快立项,并确定该项目的负责人。
(2)组织参观了解用该技术建成的垃圾处理厂的生产情况。
(3)确定处理规模:按每天 1000t 垃圾进行规划,按 500 亩土地进行建设。地点可选在垃圾填埋地附近、交通方便及有电源之地,土地作为该项目投资资金。
(4)采用 BOT 方式进行引资,引进技术,建设、运营后,在 5~10 年交付自立。

本项目是一项有利于经济发展,有利于环境改善,造福社会的绿色环保工程,具备显著的经济效益、社会效益和生态效益。符合国家经济发展方向,符合国家扶持相关行业国际竞争的需求。实施本项目在经济上是可行的,从社会意义上是必要的。

关于对引松入京调水工程的提案(2012年)

1 水源区基本情况

松花江是中国七大江河之一,有南北两源,南源第二松花江在吉林省扶余县的三岔河附近与北源嫩江汇合后称松花江干流,由西南流向东北,汇入黑龙江,后注入鞑靼海峡。松花江全长3267km,流域面积56.12万km^2。全区水资源总量为960.9亿m^3,其中地表水资源量817.7亿m^3。

第二松花江发源于长白山天池,河长825.8km,流域面积7.34万km^2,地表水资源量为164.2亿m^3。第二松花江从河源到丰满水库,河道长464km,山势连绵,森林茂密,水土涵养好,是著名的长白山林区。

依据《松花江流域综合规划(征求意见稿)》(2011年),现状年松花江流域总供水量301.75亿m^3,其中地表水供水量192.66亿m^3,地表水资源开发率为25.0%;第二松花江流域总供水量61.96亿m^3,其中地表水供水量47.20亿m^3,地表水资源开发率为29.7%。表明松花江和第二松花江的地表水开发利用程度均较低,有进一步开发利用的潜力。

预计2030年第二松花江流域多年平均总需水量为84.70亿m^3,其中生活8.37亿m^3,生产75.05亿m^3,生态1.28亿m^3。地表水多年平均供水量69.48亿m^3,耗损量49.05亿m^3。在优先保证河道内生态环境需水的情况下,再扣除汇流损失和不可利用洪水,地表水资源可利用量为74.42亿m^3,尚可开发利用水量25.37亿m^3,潜力系数为34.1%。

2 规划水源地

白山水电站位于吉林省桦甸市境内的第二松花江上,该电站为东北地区最大水电站,总装机150万kW,是东北电力系统主要调峰、调频和事故备用电源。

白山水库为多年调节水库,以发电为主,兼有防洪、养殖等综合利用效益。正常蓄水位413.00m,死水位380.00m,兴利库容29.5亿m^3。坝址以上行政区包括抚松县、靖宇县、江源县、安图县、敦化市,流域面积1.9万km^2,天然径流量70.2亿m^3。现状年用水量1.1亿m^3,预计2030年需水总量1.9亿m^3,以城市用水为主,农田灌溉用水仅占1/4左右。扣除上游用水消耗量,计算2030年白山入库水量为69.3亿m^3。

白山水库上游植被覆盖良好,水资源开发利用率低,水库水质良好。根据《地表水环境质量标准》(GB 3838—2002),水库全年为Ⅲ类及以上水质,满足饮用水源地水质的要求,可以作为城市集中式饮用水水源地。

3 可调水量分析

引松入京工程规划从松花江区的第二松花江直接调水;或考虑辽河区的鸭绿江流域调水补充第二松花江,再引水进入北京,解决北京市中远期水资源短缺问题。

3.1 第二松花江可调水量分析

第二松花江是松花江南源,有头道松花江、二道松花江两源,其主源位于二道松花江上。第二松花江为吉林省最大的一条江河,从吉林省的东南流向西北,纵贯吉林省的中部,流域面积占全省面积的39.4%。第二松花江流域内水系比较发育,丰满水电站以上支流有头道松花江、二道松花江、辉发河和蛟河,以下支流有温德河、牤牛河、鳌龙河、团山子河、沐石河、饮马河等河流。

依据《松花江和辽河流域水资源综合规划》(松辽委,2010年12月),第二松花江地表水资源量为164.2亿m^3,扣除河道内生态用水、难以利用的部分汛期洪水、汇流损失后,其地表水资源可利用量为74.4亿m^3。2030年第二松花江调入水量(包括海兰河引水和引浑江入辉发河)1.35亿m^3,调出(东辽河、辽河干流、霍林河)水量19.6亿m^3。根据水利部水规计〔2011〕297号《关于报送哈达山水利枢纽工程主要配套工程松原灌区项目建议书审查意见的函》,哈达山出库断面的农业灌溉多年平均需引松水量由13.96亿m^3减少为10.31亿m^3,则第二松花江调出水量减少约3.65亿m^3,调出水量核算为15.95亿m^3。

2030年第二松花江流域多年平均需水量86.8亿m^3,总供水量84.7亿m^3,其中地表水供水69.5亿m^3,耗损量49.1亿m^3。根据水资源配置,考虑地表水资源耗损量、调入水量和调出水量,2030年第二松花江地表水尚余可利用量10.7亿m^3。

根据北京市水资源供需分析,暂拟定调水量为10.0亿m^3,则第二松花江能够满足调水量要求。规划调水流量为40.0m^3/s,多年平均调水量10.0亿m^3,调水量占白山入库水量的14.4%,占第二松花江地表水量的6.1%,占松花江流域地表水资源的1.2%。

3.2 鸭绿江可调水量分析

依据《松花江和辽河流域水资源综合规划》,鸭绿江流域地表水资源量为154.7亿m^3,扣除河道内生态用水、难以利用的部分汛期洪水、汇流损失后,其地表水资源可利用量为67.9亿m^3,开发利用程度仅为13.0%,潜力系数达87.0%。

2030年鸭绿江流域多年平均需水量12.57亿m^3,总供水量12.2亿m^3,其中地表水供水10.54亿m^3,耗损量8.80亿m^3。调出水量34.1亿m^3,包括大伙房输水工程17.9亿m^3和辽西北供水工程16.2亿m^3。根据水资源配置,考虑地表水资源耗损量和调出水量,2030年鸭绿江流域地表水尚余可利用量25.0亿m^3,开发利用的潜力很大。

3.2.1 浑江流域可调水量

浑江为鸭绿江右岸一级支流,发源于长白山系龙岗山脉的老爷岭南麓,流经吉林省的白山、通化及辽宁省的桓仁、宽甸两县,最后汇入鸭绿江。全长430km,流域面积15302km^2,流域内河系发达,水量丰富。吉林省部分河长为226.3km,流域面积8425km^2,多年平均降雨量为840mm,吉林省境内多年平均地表水资源总量36.2亿m^3。

根据《松花江和辽河流域水资源综合规划》成果,鸭绿江流域水资源可利用率为43.9%,按此计算浑江流域水资源可利用量约为15.9亿m^3。规划从龙岗电站引水,该断面流域面积5851km^2,多年平均地表径流26.03亿m^3,水资源可利用量为10.4亿m^3。2030年吉林省浑江流域需水量约为6.6亿m^3,损耗量4.2亿m^3,其中龙岗电站断面以上耗水约为3.3亿m^3。按龙岗电站断面10.4亿m^3的可利用量计算,该断面可向松花江流域调水7.1亿m^3。

调水7.1亿m^3后,2030年吉林省浑江流域水资源开发利用量为13.7亿m^3,开发利用程度为37.8%;耗水量11.3亿m^3,耗水量占水资源可利用量的78%;吉林省多年平均出境水资源量为24.9亿m^3,占浑江流域地表水资源的68.8%,可以满足下游用水要求。

3.2.2 鸭绿江干流可调水量

鸭绿江为我国与朝鲜民主主义人民共和国的界河,发源于长白山主峰南麓,沿中朝边境从北东流向南西,在我国侧流经吉林、辽宁两省,于大东沟河注入黄海,河道全长816km,流域总面积64471km²。鸭绿江干流吉林省段河长为590km,流域面积为15585km²。沿江两岸支流众多,水量丰富,多年平均降水量为中游小,上下游大。左岸主要有朝鲜侧的虚川江、长津江、慈城江、厚昌江、秃鲁江、渭源江和忠满江,右岸中国侧的主要有八道沟、三道沟、浑江、蒲石河和瑗河。

根据《松花江和辽河流域水资源综合规划》成果,鸭绿江流域水资源可利用率为43.9%,临江水文站多年平均径流量51.5亿m³,按此计算鸭绿江干流区临江以上水资源可利用量约为22.6亿m³。规划从九道沟电站自流引水入白山水库,九道沟坝址以上控制流域面积16692km²,多年平均地表径流量41.5亿m³,水资源可利用量为18.2亿m³。预计2030年吉林省鸭绿江干流需水量1.1亿m³,损耗量0.8亿m³,其中九道沟电站断面以上耗水约0.5亿m³。按九道沟断面18.2亿m³的可利用量计算,该断面可向松花江流域调水17.7亿m³。

按10.0亿m³调水考虑,2030年吉林省鸭绿江干流水资源开发利用量为11.1亿m³,开发利用程度为21.5%;耗水量10.8m³,耗水量占水资源可利用量的59.3%;临江断面多年平均出境水资源量为40.7亿m³,占该断面地表水资源的79.0%,能够满足下游用水要求。

4 调水影响分析

工程取水口位于白山水库库区,调水影响分析范围为第二松花江流域,包括对白山、红石、丰满三座梯级水电站的发电影响,以及白山—丰满区间、丰满—三岔河区间、哈达山水利枢纽工程的用水影响。

据初步估算,调水将减少三座梯级电站发电量4.38亿kW·h,占调水前发电量37.42亿kW·h的11.7%;保证出力减少62.6MW,占调水前保证出力310.4MW的20.2%。

引松入京工程调水后,白山水库下泄水量相应减少10.0亿m³,但白山—丰满区间各业用水与河道内生态水量仍可以得到满足;通过白山水库和丰满水库的调蓄,丰满—三岔河区间(除松原灌区外)用水基本可以得到满足,仅特枯年份($P \geq 95\%$)农田灌溉破坏深度增加15%左右;哈达山入库径流减少,在保证河道生态流量100m³/s情况下,哈达山枢纽工程可引水量减少约3.5亿m³,对松原灌区取水产生不利影响。

若不降低松原灌区灌溉保证率,调水将减少直灌水田面积45万亩(1亩=666.67m²,下同);保持灌区原设计面积不变情况下,灌溉保证率降低20%左右。如果保证河道生态与松原灌区用水,丰满水库下泄水量能够满足区间现有农田的灌溉用水要求,但需核减2030年水田发展指标,丰满—三岔河区间水田灌溉面积下降约60万亩。

5 鸭绿江(浑江)可补充水量分析

考虑引松入京调水工程可能产生的影响,可规划从水资源开发潜力较大的鸭绿江干流或支流浑江调水入第二松花江。

引鸭绿江水入白山水库:规划调水工程起点为九道沟电站(规划电站),坝址以上控制流域面积1.67万km²,多年平均来水量46.4亿m³。引水水位为九道沟死水位456m。主干线自南向北穿过八道沟河、七道沟河、六道沟河、四大川公社、松树镇,与白山水库正常蓄水位413m相接,主干线长94km,均为隧洞。多年平均调水量为10.2亿m³,调水流量为54.0m³/s,估算投资70亿元。

引浑江水入辉发河:自浑江干流拟建的龙江水库调水,水库坝址上游控制流域面积为0.59万km²,多年平均来水量26.0亿m³。水库正常蓄水位366.5m,线路经柳河县下游至梅河口市上游辉发河干流结束，线路长91.3km，其中隧洞长85.00km，埋管6.30km。多年平均调水量为9.1亿 m^3，调水流量为43.0 m^3/s，估算投资65亿元。

6 工程输水线路规划

调水工程水源地为第二松花江白山水库，从库区引水，设计引水水位采用白山水库死水位380.00m。主干线沿途经过吉林省辽源市南部、辽宁省开原市北部、内蒙古东南部边境、河北省承德市北部，引水至北京市密云水库（正常蓄水位157.50m）。

工程主干线全长约900km，全程自流引水，设计引水流量40 m^3/s。前段采用有压隧洞，长250km，坡度为1/1500，圆形断面，洞径为7m；中间段采用管线，长300km，钢管双管，管径为5m；后段采用无压隧洞，长350km，坡度为1/5000，城门洞型，断面尺寸为5.2m×7.2m。

7 水价估算

初步估算工程总投资约508亿元。

本次水价估算，首先进行融资前财务分析，并在此基础上拟定了40%、50%和60%三种贷款比例进行融资后财务评价。

初步估算本工程建设投资为508亿元，经营成本按建设投资的3%提取，水资源费按0.055元/ m^3 计；折旧费按固定资产价值提取，折旧费率采用2%。

原水工程不缴纳增值税，只是作为计算销售税金附加的基数。销售税金附加包括城市维护建设税和教育费附加，税率分别为5%和3%。所得税税率为25%。

工程年供水量为10.0亿 m^3，供水价格估算融资前按所得税前全部投资财务内部收益4%控制，融资后按还款年限20年控制。财务分析成果汇总见表1。

各方案融资前后财务指标汇总　　　表1

序号	项　　目	单位	融资前	贷款比例40%	贷款比例50%	贷款比例60%	备注
1	总投资	亿元	509.6	551.7	562.2	572.7	
1.1	固定资产投资	亿元	508.0	508.0	508.0	508.0	
1.2	建设期利息	亿元		42.1	52.6	63.2	
1.3	流动资金	亿元	1.6	1.6	1.6	1.6	
2	供水水价	元/ m^3	4.60	4.65	5.55	6.45	
3	产品销售收入总额	亿元	46.00	46.50	55.50	64.50	多年平均
4	总成本费用总额	亿元	25.95	29.36	30.22	31.07	多年平均
5	销售税金总额	亿元	0.22	0.22	0.27	0.31	多年平均
6	利润总额	亿元	19.83	16.91	25.02	33.12	多年平均
7	盈利能力指标						
7.1	投资利润率	%	3.59	3.07	4.45	5.78	
7.2	投资利税率	%	3.63	3.11	4.50	5.84	
7.3	全部投资财务内部收益率	%	4.75	4.85	6.37	7.74	所得税前
7.4	全部投资财务净现值	亿元	66.78	76.04	228.10	380.17	所得税前
7.5	投资回收期	年	22.99	22.69	18.90	19.52	所得税前
8	借款偿还期	年		20	20	20	

8　吉林省东水西调工程规划设想

吉林省有关方面近两年曾提出过吉林省东水西调工程规划设想,其水源部分规划思路与引松入京调水工程相似,有的专家认为东水西调工程可以考虑列为远期。

如果考虑第二松花江在远期要给吉林省留有富余水量的情况,引松入京调水工程应该考虑鸭绿江(浑江)补充的水量,以及相应的工程和投资。

关于合理解决外地工作户籍居民子女参加居住地中考、高考的建议(2012年)

1 问题提出

随着社会的发展,人口流动性日益增加,据2009年的统计数据,全国流动人口的总数已达2.11亿人。在各大城市,流动人口又尤为集中,以北京为例,根据2010年的统计,仅是没有北京户口但在京居住半年以上的登记人口就有726万人,接近北京市常住人口的一半。在城市化大背景下,这些人口中的大部分都不再回到原籍,他们已经是所在城市的新市民,在当地工作、生活、纳税,为当地的发展做出了巨大的贡献。然而根据现有依附于户籍的教育体制,他们的子女不能在经常居住地读高中和考大学,要么成为留守儿童,从小和父母分开,要么在当地读到初中以后再回到原籍,面临语言不通、教材不一、考试方式不一等大量问题。在当地上了小学、初中甚至高中的学生如何去应对原籍考试?他们的中考及高考将会面临什么样的困难?考上高中远离父母又该如何生活学习?其父母又能如何安心工作?

各大城市在发展过程中,事实上接纳了不计其数的新移民作为劳动力和纳税人,把他们的孩子拒之门外,不公平也不人道。且过去的十年间,由于出生率的降低,部分城市教育资源变得更为宽裕。当然,如果全部接纳现有非户籍人口子女入学一些地方的教育资源短期内可能会面临一些压力,但这不是拒绝他们在当地上学的理由,而是应当加大教育投入,毕竟和很多国家的城市相比,我国目前的教育投入占财政的比例很低,经常居住地有义务提高教育投入,接纳所有纳税人的孩子。

2 建议

(1)尽快出台政策,解决各地非户籍居民的子女教育问题。考虑到教育资源的增长需要时间,建议逐渐开放:所有在该地居住和工作五年以上居民的子女可以在该地就近读小学和初中;在该地读完三年初中的学生不分户籍平等参加中考;在该地读完高中三年的学生不分户籍平等参加高考。六年时间已经给当地政府扩大教育资源提供了时间和条件。

(2)是否满足在该地参加中高考的条件,可以学籍记录为准,并参照学生父母居住证、工作证等文件进行审查,防止不正当的考生流动。

(3)各地尽快对本地非户籍居民子女数量及就读年及做调查统计,统计分析将会有多少孩子随父母在该地上学,根据分析结果增加各地教育资源,以满足教育需求。

(4)希望高考招生加快改革,通过高校自主招生或按省人口比例招生等方式,尽快实现各省考生大体平等的机会。

(5)建议高考和职业技术学院分开招生,高考在前,职业技术学院在后,这样显示出年轻人有不同的选择人才生长的环境,避免了高考成绩不好的才进职业技术学院的精神压力。统考两个桥,一个走大学之路,一个走职业技术学院之路,也就是走技师.高级技师之路,对国家的强大很有好处,这是德国模式,应予学习。

关于推进铁路体制改革,解决铁路债务危机的建议(2012年)

1 摘要

数据显示,2011年三季度铁道部的债务达到22288多亿元,负债率则接近60%。目前其债务已经接近2.4亿,负债率突破60%,然而,目前开通的大量客专线路亏损严重,铁路的运营收入不足以偿付巨额债务,如果国家不及时出手,对铁道部的债务进行重组和冲销,铁路的债务将越滚越大,直至最后资不抵债导致破产,直接影响国民急需铁路大发展的要求。

但是,解决债务危机必须与铁路改革同步进行,目前铁道部政企不分的僵化体制,一方面导致基层职工收入长期上不去,工作无积极性,而落后的管理体制也导致铁路安全事故频发,暨2008年发生胶济线特大事故之后,2011年又发生7.23甬温线特大事故,在全社会造成极其恶劣的影响。早在1998~2003年傅志寰任铁道部部长时期,铁道部就尝试进行网运分离的改革,但在刘志军任铁道部部长之后,改革被停止,目前国务院层面已经在研究制定铁路改革的事宜了。因此目前是一个极佳的时期,一方面重新进行铁路改革,同时通过资产重组等方式解决铁路的债务危机。

2 建议内容

从2007年开始,铁道部每年的基建投资从1762亿元飙升到2010年的7949亿元,而作为铁道部铁路建设自有资金扣除通胀因素却是止步不前,2007年为534亿元,2010年为613亿元,远远满足不了铁路建设的需要。这中间的巨大缺口需要铁道部通过银行借款和债市发债来解决,2007年,当时的国内借款是3732亿元,到了2010年,涨到12554亿元,铁道部的负债率从2007年的42.43%一路猛涨到2011年9月底的59.6%,截至目前,这一负债率已经突破60%。

然而,目前相继开通的各条客专亏损严重,以全国上座率最高,线路最繁忙的京沪高铁为例,去年半年经营下来,如果不将折旧计入成本,仅有二三十亿的微薄盈利,如果将折旧计入成本,则亏损三四十亿。

京沪高铁尚且如此,郑西客专、石太客专等已经开通的线路和兰新第二双线、贵广等尚未开通的线路未来更将严重亏损。

因此,铁路未来的营收状况将更加恶化,这导致其无法偿还巨大的债务。

而按照《中长期铁路网规划》,目前已经有几十条铁路线路在建,未来亦将有数十条线路投入建设,续建和新建线路的资金需求将达3万~4万亿。

铁路债务危机由于多次错过化解机会显然已变得难以避免。解决这次铁路债务危机,中央政府如果不能在"十二五"期间大规模动用财政资金接盘并直接投资铁路建设,就需要下决心尽快控制债务规模并通过体制改革处理善后问题。目前最重要的不是如何使铁路部门能够借到更多钱,而是要对在建项目进行认真"诊断",尽快实施必要的关、停、并、转,制止铁路恶性债务继续大幅度增加的势头,同时妥善重组现有债务。

铁路建设和发展模式在过去数年出现许多失误,不但彻底损伤了行业自身肌体的财务自生能力,而且已经严重侵害国家的经济命脉。这次典型的"大折腾"造成巨大资源浪费和损失,拉升了社会运输成本,更使中国铁路丧失了应有的良性发展机会。有意见主张继续保留铁道部,以便让其作为责任机构处理已经累积起来的巨额债务并完成铁路建设任务。也有人建议尽快实现铁路的政企分开和建立综合交通运输管理体制,撤销铁道部,才是铁路债务危机得到有效处置并使铁路真正得到良性发展的先决条件。几乎所有国际案例都证实了铁路债务困局主要是由政企合一的体制所造成的,因此也只能靠体制改革解决,而绝不能反过来把债务处置理解成是改革的前提。

改革必有代价且需要决断,但改革方案的设计必须稳妥。国家财政没有能力因为铁路改革就一下子将数万亿元不良债务销账,而刚在财政支持下清理过大笔坏账的各上市商业银行,也经受不住大批铁路债务集中销账的打击,因此需要建立有效的债务清偿和处理机构与机制。然后尽可能相对平稳地通过各种可能途径逐渐消化掉已有债务。作为实施铁路政企分开方案的组成部分,应该分别成立铁路运输总公司和铁路建设与资产管理总公司。

铁路建设与资产管理总公司作为承担专门职能的特殊企业,要由它负责今后国铁系统相关基础设施的投融资与建设,同时也负责相关资产的管理和债务偿还。建成后的铁路设施委托或转让给铁路运输总公司负责运营,用运营利润偿还贷款。其建设能力将根据每年获得的财政与其他投入和规范化的融资能力决定。未来铁路建设与资产管理总公司所承担建设与债务偿还的可能资金来源渠道包括铁路设施的转让与租赁收入、相关资产的出售或处置收入、部分铁路建设基金收入、其他社会资金投入以及中央专项基金的投入(可考虑部分来自燃油税和车购税)等。当然,也可考虑将上述铁路建设、投融资与相关资产管理及债务偿还两项职能分开,分别设立特殊机构负责。

总之,铁路是国家生命的大动脉,必须合理快速发展,以满足人民生活的需要,节约能源,调配能源的需要。14亿人口仅有9.1万km的铁路运营里程,和仅有2亿多人口的美国,他们有27.2万km的铁路运营里程,相比差距太大,欠账太多。国家应把铁路建设当成强国之本,建国为民之基础。

轨道交通建设原则应是安全、可靠、适用、经济、先进(2012年)

1　问题提出

(1)安全、可靠、适用、经济、先进是我国铁路建设、地铁建设多年来的基本原则,次序不能颠倒,这是从实践中得来的经验和教训。追求所谓的"先进"给老百姓带来不安全、不可靠、不适用、用不起,背上包袱,造成负担,是不负责任的。交通领域安全是第一位的,从任何方面不能削弱。

(2)轨道交通是百年大计工程,地下工程采用复合式衬砌结构是可以满足百年寿命的,而管片式衬砌必须加二次衬砌才能实现。但目前未这样做,这些地下工程是不可能给后代留下遗产,而是留下遗憾和灾难。

(3)地下工程的土建结构建设是不可逆的,拆除是很困难的,应全面考虑,改造可能是相当困难的。

(4)城市地铁该如何不干扰环境的建设,如何解决资金运营费高、票价高的难题,如何解决政府对地铁少补贴、不补贴的难题。

2　建议

(1)城市轨道交通是花费巨大(5亿~7亿元/km)的工程且风险很大。一是用城际铁路和地铁接轨,考虑客运和货运线的共同修建,这样可减少汽车货车进城,用地下线到市中心。二是用周边的地上、地下开发、房地产进行补偿,以减少政府给地铁公司的补偿。铁路轨道交通建设花费相对较小(1亿~1.5亿元/km),地铁在夜间进行货运赚钱以补偿客运的亏损。三是建立综合轨道交通的理念,将铁路进入城市,入地形成地铁网和地铁联网进行客货运输,如日本东京城市地下有17条铁路线作为地铁网和12条的地铁网组成,还有私人地铁网12条,形成城市地下交通,打破城市地铁互不联系的封闭网而形成全国联通网。

(2)地铁建设和运营必须实现节约资源和能源。

①不要将简单问题复杂化,城市之间不要攀比。

②不必要的管理、运营系统二十多个,远多于高铁系统,多一倍以上,造成建设费高、运营费高,应减少一半以上,将牵引电耗与总电耗之比3∶7降到5∶5(总电量降低20%~30%)。

③利用列车活塞风进行换气、降温,快速上下车,取消屏蔽门。

④取消车内空调,用开启的纵向条窗的自然风取代。莫斯科地铁就是这样做的,空气质量和温度很舒适,不闷热。

⑤不要把车站设备规模过量加大。

采用大房间、多功能设备间,取代分割成块的小房间,可节约数百平方米车站面积,不必要的双层车站尽量不做。

⑥牵引机车采用轨道电力牵引是符合安全、可靠、适用、经济、效率高,已成网。不要搞能耗大、不可靠,形不成路网、不能加密列车密度、限制人数的、低效率、能耗大的磁悬浮牵引、直流电机牵引。

⑦土建和设备造价比应为6∶4。优秀规划和设计应是7∶3。

(3)轨道建设管理原则应予修改。

①轨道建设应做到五少:少占土地、少影响交通、少扰民、少破坏环境、少拆迁。

②施工方案提倡浅埋暗挖法、暗挖车站法。"能明则明、能盾则盾"不是科学的施工理念。

③在建设项目管理方式上,应借鉴设计、施工总承包的方式;也可采用 BT 方式,可实现安全、优质、快速、节约资源和能源的建设模式,应予推广。小标段危害很大,必须取消。

④建设中应防止的几个问题:

a. 处理好风险与投资的关系,高风险应高投入,才能真正回避事故的发生。

b. 坚持合理的工程造价,降价、降价再降价是危险的工程,是运营期间出大事故的工程。

c. 可以转包工序,而不能转包工程,不重视按程序办事非常危险。转包、转包、再转包,层层转包是产生劣质工程之源。

d. 工期应合理,更快、更快、再更快是影响质量、增加风险的根源。

(4)运营管理原则。

应按程序进行工程试运、磨合、交接给运营部门,要求运营部门培养配备人员做到"养、用、管、修"即养好、用好、管好、修好,学会自动与人工交替操作的功能。

关于尾矿的处理和利用问题的提案(2010年,2013年)

之一:关于加快金属尾矿资源化及其农业利用的建议(2010年)

2009年年针对我国黄金、铝、钼金属尾矿资源现状和存在问题作了调研。金属尾矿作为矿山工业废弃物,不仅占用大量耕地资源,破坏地貌植被,而且含有的重金属、放射性元素及化学药剂等,更会对水和大气环境造成严重污染。此外,病、危、险库所潜伏的泥石流、山体滑坡、垮坝等地质灾害,也在时刻威胁着矿区周边人民群众的生命财产安全。近几年来全国各地多次重大尾矿灾害事件都血淋淋地证明,尾矿危害已经成为我国社会经济发展过程中迫切需要解决的重大问题之一。

为此,我们调查河南省尾矿现状及国内外金属尾矿资源综合利用技术,为了充分利用金属尾矿资源,生产缓控释肥料,土壤改良调理剂及土壤保水改良剂,提出如下建议。

1 现状与问题

(1)尾矿处置存在安全隐患。据统计,以河南省为例现有尾矿总数681座。其中危库157座,险库107座,病库6座,超期服役和停产、停用、废弃无主的库286座;严重威胁人民群众生命财产安全和饮用水源安全的328座,规模大于山西襄汾"9·8"溃坝事故库的有201座。截至目前,河南省各类金属尾矿量已达约5亿t以上,仅栾川一个县金属(钼)尾矿总量就达7000万t以上,且每年还在以1000多万t的速度在增加。据业内人士讲,特别是黄金尾矿中的氰化物给周边人民的生命财产安全带来严重威胁,对环境保护、预防地质灾害、节约土地资源等工作带来巨大压力。

(2)尾矿危害惨重。以河南省为例:历史上也曾发生过多次尾矿灾害事故,如灵宝市1994年"7·11"金尾矿溃坝造成51人死亡事件;栾川县2005年"1·18"尾矿库溢流井坍塌造成5km水源污染事故;卢氏县2006年"6·23"尾矿库泄漏造成50km洛河水污染事故等。因此,尾矿一旦发生事故,后果严重,不堪设想,不仅给人民群众生命财产造成重大损失,而且对环境安全也会构成严重威胁。

(3)矿产资源面临枯竭。全国重要能源和原材料基地,由于长期强力开发,导致矿产资源接替出现严重不足,这无疑已经影响到我国资源经济的可持续发展。统计表明,我国大中型矿山面临资源严重危机的占42%左右,中度危机的29%左右,轻度危机的占13%左右。为此,如何面对危机,建立矿山新的经济增长点已成为我国发展资源经济领域中的一项重大战略任务。

2 金属尾矿资源农业利用情况

针对当前国家对金属尾矿资源利用及发展新型肥料等方面的一系列支持政策,并通过产业示范工程给予重大专项资金支撑。目前,河南、甘肃、山西、河北、辽宁、天津、吉林等省都在积极洽谈和引进《金属尾矿资源化再利用工程技术》项目,技术发明人是我国土肥生态环境、固废工程专家张夫道教授。该项技术:是将钼尾矿中的重金属进行去除和钝化,同时提取尾矿中的昂贵有价元素"铼和钨",并保留活化尾矿中农作物需要的钾、中微量及有益元素,就可将该尾矿转变为极为优质的肥料基质原料。利用这种肥料基质,①可生产能够有效改造我国中低产田土壤结构,提高耕地质量和等级的土壤结构改良调理剂;②可生产能够保水固土功能的土壤保水改良剂;③可加入氮和磷大量元素生产全价元素可控缓释肥料。通过这种方法,即可大量消纳殆尽金属尾矿,同时产生的经济效益巨大,从而直接体现了从环境保护的角度来优化和发展企业经济结构的战略目标。

3 建议

鉴于本项技术以消除金属尾矿环境污染和地质灾害为目标,不仅可以显著降低矿山管理成本,增加矿山经济附加值,而且还能改良和修复土壤,提高耕地等级和质量,大幅减少农业碳排放,并且通过有效利用工业废弃资源,还可使资源殆尽的金属矿山重新焕发生机,实现企业转型,增加地方就业能力,促进地方经济与社会和谐发展,因此,建议如下:

(1)尽快组织金属尾矿农用工程协调小组。责令有关部委按照政府引导、企业参与、统筹规划、科学实施的原则,鼓励我国矿山企业积极引进和消化金属尾矿资源化再利用工程技术,必须进行和提高金属尾矿资源综合利用率,促进我国矿山循环经济产业发展和肥料产业技术升级。

(2)建立国家专项资金和政策支持。根据国家循环经济产业指导政策和今年的中央1号文件精神,抓紧建立金属尾矿做基料示范工程。

(3)加快尾矿农用开发利用,使之变废为宝。抓住当前肥料产业发展机遇,以我国金属尾矿资源为基础,建议首先以河南洛阳、三门峡等资源城市建设钼尾矿、金尾矿、铝尾矿资源化再利用及年产300万t产业示范厂。

之二:必须重视危害极大的尾矿产生和处理(2013年)

(1)尾矿在快速增加的危害如下:

目前,尾矿库还是以堆存为主,在迅猛发展,这样堆存弊端太大,尾矿的矿浆排至堆存处,造成污水横流,碴堆占地面积很大,堆体很不稳定,下雨经常造成泥石流性质的滑坡,出现百人以上死亡事件。

每堆存5万t左右占用1.5亩土地,有数据表明,全国每年新增各类尾矿排放量15亿t以上,这就意味着每年需要新增占地约4万亩;尾矿库的"堆方"结构安全隐患极大,国内外已发生多起尾矿库溃坝等事故;环境污染严重也是尾矿带来的灾害之一,重金属离子等有害成分的渗滤造成的环境污染难以治理,而细颗粒尾矿风沙扬尘也污染周边土地及环境;另一方面,尾矿中含有大量重金属和非金属矿物不能有效利用,反而污染良田。

因此,我国矿业循环经济当前的任务是如何将尾矿长期搁置在废旧洞室中,为后代储存进行精加工,作为二次开发应用,是非常实际的储存方式。

仅以承德市为例,截至2011年年底统计,该市共有尾矿库826个,占河北省的1/4,占全国的1/17,累计积存量约16亿t,平均每年尾矿增量还以约2亿t在发展,这是多么可怕的数字。

(2)矿产开采和尾矿清理必须同步进行,建议措施如下:

①采矿不允许破坏环境,更不允许新的污染产生,这是社会的责任。矿产的每吨价格应提高,包括放在地下废旧洞室内的费用不准尾矿再乱占土地,可规定少量占地面积,作为暂时储存的要求。

②当前尾矿分级浓缩技术和再提炼筛选技术成本高、速度慢,不易采用,做成建材会给建筑物产生新的污染,其用量也不大,不能很快消除尾矿。

③尾矿进行简单胶结有计划填充采空区,并且留下今后应用的地下空间进行新的利用。我国90%左右的煤矿和金属矿采用地下开采,采空区塌陷造成地表沉陷,对地表农田、建筑物、道路和生态环境的破坏十分严重,而且发生了多起人员伤亡事故。充填采空区是大量消纳尾矿的重要途径,该技术将浓缩尾矿和胶凝材料配制成一定成分的充填物充填废弃的坑道和采空区,形成具有一定强度的充填体。每立方采空区可充填尾矿2t左右,采空区全部充填可消耗原矿100%的尾矿量,可彻底清除尾矿。

通过采空区胶结充填,一方面可消除地下采矿空区的安全隐患、避免采空区塌陷造成的生态破坏;同时可利用充填体取代矿柱,有利于提高回采率,一举多得。

④必须建立采矿和尾矿处理同步进行的规定和制度,严管乱占地、增设尾矿的惩罚制度,真正把中国变成一个美丽的国土。

关于启动研究、建设真空管道磁悬浮发射天空通道的建议(2013 年)

我国科学界从事理论和工程技术研究的部分专家,在充分论证了未来人类科技发展趋势、充分分析我国现有科技和产业发展的现状、充分意识到中国和平崛起的战略需要的前提下,郑重建议中央:尽快启动建设真空管道磁悬浮发射太空通道工程的研究,力争获得我国对太空开发的主导权,为实现民族振兴和国家崛起奠定重要基础。

真空管道磁悬浮发射本质上是一种从地球向太空大规模运输的技术方式,与现有火箭发射方式相比,可以在降低发射成本的同时大大提高发射有效载荷和发射频率,使人类太空运输真正具有产业化的规模。其基本原理是:在地面建设 600~700km 超导磁悬浮真空管道,把航天器固定在超导磁悬浮装置上,由于同时消除了机械摩擦和空气阻力,航天器在真空管道内可以被加速到 8km/s,可以克服地球引力的宇宙速度。真空管道出口布置在海拔 7000m 左右的高山上,发射出口仰角 10°~20°,航天器离开管道出口将以抛射体运动方式往上自由飞行,上升到 80~120km 高空时,启动自带的推进系统,把航天器送到低轨道太空基地(图1)。

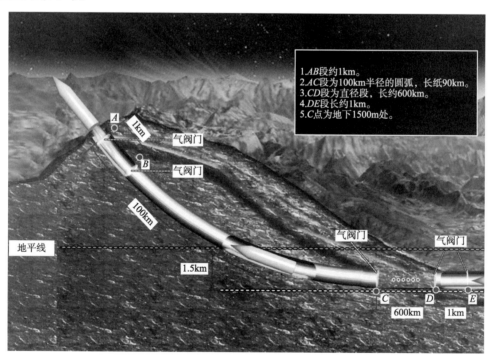

图 1

真空管道磁悬浮发射,可实现大规模太空发射要求,简便成本低,所带来的重要应用如下:

(1)在太空进行太阳能源开发。发射运送 1000 万 kW 的地球同步轨道太阳能发电站和微波输电装置只需要三个月时间,也就是说我们每三个月可以建造一个三峡电站。这将从根本上改变以污染环境、破坏生态为代价的地球能源供应体系。彻底解决地球能源的不足。

（2）用于建设较大规模的太空科研、生产基地，使人类可以在太空大规模地开展地球环境中无法实现的科研和生产活动，为人类的创造力提供无限的发展空间。

（3）基于外层空间对于地球环境具有更为宏大的影响，为我们理性、谨慎地干预地球气候和环境提供了现实可能性。比如在孟加拉湾上空放置太阳反射镜，提高青藏高原南坡迎风坡的温度使更多水汽升高对流到青藏高原上形成降水，预计 40km² 的反射镜每年可在青藏高原增加 3000 亿 m³ 以上的降水量，从而大大缓解我国西部和华北严重缺水的现状。

（4）大规模的太空开发使我们有可能从竞争对手那里夺回"制太空权"，牢牢把握全球安全的主动权。

真空管道磁悬浮发射的开发应用所带来的经济、政治、社会影响具有全局性、战略性和历史性。假定国内现有发电装机总量全部为太空电站替代，仅卖电每年就可创造 2 万亿元的利润，低成本能源对国民经济其他领域的价值溢出更是难以计量。巨量增加的社会财富，使全体国民普遍受益，通过某种科学的机制设计（如从国家外汇储备中拿出一部分作为全体国民的入股资金，对应设立每位公民的社保账户，使之成为医疗、养老等基础社会保障的一个兜底来源），可以有效纾解当前社会对国民财富分配现状的不满情绪，为中央从容推进改革争取时间和空间。可以有效解决当前社会对国民财富分配现状的不满情绪，我国利用地理优势进行太空开发犹如"两弹一星"，可以激发民族自豪感和国家成就感，可以极大地提升党的政治威望和国民向心力。

这一项目的成功开发和实施，必将带动多学科领域科研、制造水平的全面提升，有可能改变几个世纪以来我国在科学技术领域后进、跟随的历史态势，成为民族复兴的重大转折；有可能使我国在人类进步的重要领域成为极具分量的规则制定者，使日益增长的国际影响力转化为令人瞩目的国际控制力。依托由此形成的技术、经济以及军事优势，高扬和平崛起、人类和谐的大旗，中华民族有可能重回人类道德价值的制高点，创造出无愧于先人的文化辉煌。美国对此是有深刻认识的，他们的航天飞机项目虽然停顿了，但"星球大战"计划并没有停止，种种迹象表明他们是在寻求更重大的技术突破点。最近，美国霍普金斯大学提出的"星级列车"构想实质上就是基于真空管道磁悬浮发射原理的太空通道方案。"真空管道磁悬浮航天发射"技术，是中国可以获得国际性技术开发主导权为数不多的技术领域，也是美国长期、跃跃欲试的技术领域，我们必须当仁不让，志在必得，否则必将痛失历史机遇，陷入极大被动。

整个项目由超导磁悬浮与驱动、超长超高精度隧道工程建设、穿越大气层时的气动稳定和热防护三大部分和 70 多个子系统部分构成。我国科学家对磁悬浮驱动系统开发了结构简单巧妙的驱动模式。我国的隧道施工技术能够满足超高速轨道驱动的误差要求。气动稳定和热防护方面的一些技术障碍也是可以解决的。总体判断，该项目在基础理论方面没有任何障碍，工程技术方面研制建造的技术起点差距并未超过当年研制"两弹一星"时的状况。完成该项目预计需要人民币 2 万亿元，考虑到我国现有的经济实力和工业制造能力，研制建造真空管道磁悬浮航天发射系统是完全有可能的。为此我们建议中央，把真空管道磁悬浮发射系统和太空能源开发利用项目放在与"两弹一星"相当的地位，作为关乎民族振兴、和平崛起的重大战略予以推荐。在中央统一领导、部署下，集中各相关领域科学家和高技术人才，并有计划的邀请世界主要国家参与，建立新统一战线，将全球最优秀人才和最先进的技术及资金吸引到中国，共同攻克技术难关，让中国引领世界走向繁荣昌盛与持久和平的新时代。

参与该项目建议的院士、科技人才很多，此处省略。

关于维护涉军法律尊严切实保障在企业退役军官(军转干部)合法权益的建议(2014年)

1 问题提出

我国《国防法》《兵役法》《军官法》等涉军法律、法规,对现役和退役军官(军转干部)的社会地位、身份待遇都有明确的规定。中共中央、国务院、中央军委根据法律授权,制定了一系列十分明确的军队退役军官(军转干部)安置政策。然而,原国家劳动部在企业改制中,无视党和国家关于军队退役军官安置管理最高决策的权威,1993年5月29日以转发深圳市《关于企业取消干部工人身份界限实行全员劳动合同制若干问题的意见》的通知,把国家按计划分配在原国有企业工作的军队退役军官(转业干部)一律置换成企业合同制工人。从此,在全国原国有企业工作的近百万军队退役军官,不管师职、团职,还是营、连、排职,军转身份被一撸到底,军转待遇被一扫而光。从新中国成立初期至2000年12月31日以前50年间参军、退役(转业)被分配在企业的军队退役军官(转业干部),从察觉到自己合法权益受到了非法剥夺的时候起,就开始了依法逐级上访、诉求。要求依法保障合法权益,恢复身份待遇的合法诉求,在中共十八大以前一直被各级政府当成不合理诉求、不稳定因素而强力压制。有一大批上访诉求的军队退役军官受到了监视居住、跟踪、监听、抄家、软禁、关押、逮捕等不同程度的惩罚。

面对全国在企业退役军官(转业干部)坚持不懈、持续不断地上访、告状,原国家劳动部改建重组的国家人力资源和社会保障部,有法不依,知错不改,共同以非法手段对退役军官进行压制。在压制不能奏效的情况下出台,"关于认真解决在企业工作的军队转业干部生活困难问题的通知"的所谓"解困"文件。精神是以省或当地平均工资和基本养老金平均水平为确定补助水平,达不到平均水平,补助到平均水平。

文件全面否定他们的身份待遇,文件采取"解困"的措施,都不能切实保障他们的合法权益,生活水平低于正常生活和就医看不起病的惨状。

为了维护法律的尊严和中央最高决策的权威性,维护社会的公平正义,全国在企业退役军官(军转干部)不断上书、上访了将近20年。并依法将国家人力资源和社会保障部、省、市人社厅(局)告上了法庭。从稳定社会,稳定现役军人出发,应特别关注对近百万军转地方干部的要求给予重视,合理解决。

2 建议根据

2.1 关于退役军官(军转干部)身份待遇的法律规定

(1)《中华人民共和国现役军官法》第五十一条:"军官退出现役后的安置管理具体办法由国务院和中央军事委员会规定。"第六十一条:"接受转业军人的单位应当按照国家有关规定,在生活福利待遇、教育、住房等方面给予优待。"

(2)《中国人民解放军干部服役条例》规定:"军队干部转业到地方后,一九五四年一月一日以后入伍的干部按地方同等级别工资待遇,一九五三年十二月三十一日以前入伍的干部按军队级别工资待遇。"第三条规定:"军官军衔是区分军官等级、表明军官身份的称号、标志和国家给予军官的荣誉。"第六条:"现役军官退役的,其军衔予以保留,在其军衔前冠以'退役'。"

2.2 关于退役军官(军转干部)身份待遇的政策规定

(1)《国发(1979)18号》:"军队干部转业到地方后,一九五四年一月一日以后入伍的干部按地方同等级别工资待遇,一九五三年十二月三十一日之前入伍的干部,按军队级别工资标准待遇。"

(2)《中发(1980)9号》:"一九六五年至一九七五年七月期间这批复员干部中符合转业条件的,应当改办转业手续,恢复在部队时的工资级别,享受地方同等级别干部工资待遇。"

(3)《(83)国转办字2号》:"自1975年国务院、中央军委发出129号文件以来,凡军队退出现役转业到地方工作的干部,其工资级别一律按国家机关行政级别待遇。"

(4)中央办公厅、国务院办公厅、中央军委办公厅《厅发〔1983〕26号》:"复转干部均是国家干部,应统一由人事部门管理,他们的政治生活待遇应同当地干部一视同仁。"多个文件反复强调:"军队转业干部是党和国家干部队伍的重要组成部分。""师、团职干部未安排相应职务的,分别享受当地(市)地、县级干部的政治生活待遇。"

(5)《中发(1988)7号》:"军队转业干部退休时,所任职务等级低于转业时原军队职务等级的,按照与其原军队职务等级相对应的地方干部职务等级办理退休手续,享受相应待遇。""对分配到企业的军队转业干部,要切实保障他们的合法权益。"

(6)《中发(2007)8号》:"各级党委、政府和军队各级组织要……以高度的政治责任感和求真务实的作风,认真加强组织领导,把中央制定的军队转业干部安置工作各项政策落到实处。"

3 建议方案

依法和按照军队退役军官(军转干部)转业安置政策,恢复在企业退役军官国家干部身份、享受相应待遇。必要时可在经济上给予补偿。

具体意见是:

(1)在企业退役军官(军转干部)统一由人事部门管理,他们的政治、生活待遇与国家机关相应职级国家干部一视同仁。

(2)在企业退役军官符合离、退休条件的,已办理退休的均应按照国家干部的有关规定办理离、退休手续;享受相应待遇(包括退休工资、津贴补贴、医疗住房、死亡抚恤等)。

(3)对尚未达到退休年龄的在企业退役军官(军转干部),现有收入达到或超过当地党政机关相应职级干部收入水平的,保留企业收入;对下岗、失业或实际收入低于当地党政机关相应职级人员收入水平的,差额部分由国家财政予以补齐。

(4)根据本人意愿,也可参照《军队转业干部安置暂行办法》有关自主择业退役军官的待遇规定办理。

(5)因退役军官安置政策不落实对个人造成的经济困难,由国家财政予以补偿。

注:王梦恕院士于2013年提出过相关提案,题目为:《关于国家应依法保障在企业退役军官法定权益问题:重视百万退役军官转业待遇的合理解决的建议》。

历史古老建筑被拆除 大批短命建筑在泛滥(2014年)

1 问题提出

古老的中国有许多上千年的历史和建筑,分布在全国大中小城市和乡村,随着所谓的宏伟规划和政绩需要而被大批的拆除,渐渐被新式短命建筑而蚕食,具有历史建筑的群落失掉了整体性、连续性、被现代建筑隔断、分离、拥有数百年历史的民居、胡同被拔地而起的高楼取代、全国千篇一律的建筑风格,设计按照复印大同小异的图纸,在全国建成单调、死板、楼距稠密、低楼看不到阳光、通透性差的居住群。

我国每年新建楼房面积约20亿 m^3,消耗了世界上40%的钢筋和水泥,但建筑平均寿命却只有20～30年不等,终其原因是一届政府一个规划,片面追求快、政绩工程优先、官僚主义盛行、不合理工期和低造价而出现见了就拆的局面很突出,例子太多,不宜列出。某一些突出的城市20世纪90年代建成的图书发行大厦建成不到20年,为了要建3座摩天商业大楼而被迫拆除;某城市湖边第一高楼仅用了13年就被炸掉;耗资8亿的体育中心仅有9年的寿命;千年塔落成不满10年就寿终正寝;会展中心仅使用5年就夭折而变成建筑垃圾;还有许多的普通住宅楼房,短短几年甚至还没住人而又被规划拆除掉……纳税人的钱不心痛,这边是大手大脚,那边是大批的百姓为上学难、就业难、居住难而忧心忡忡,包袱越背越重。

上百年的古代建筑也在一届比一届水平高地规划着,列入拆除之列,全国举不胜举。仅就几个大家知道的远东第一站京浦铁路济南站,在20年前,被愚昧的拆除。相反具有历史价值的沈阳火车站被保留了下来,许多历史悠久的老校建筑、城市的历史博物馆等等也被频频舍弃,拆除,文化的最高学府都丢失了历史和古老的大树。这种大拆大建的方式,拆掉了不同城市的特征。拆掉了城镇乡村的历史,拆掉了对童年故乡的回忆!历史文脉,自然环境的中国根、香根、家庭根被挖掉了。故土的凝聚力被削弱了。这是一个国家凝聚的无形力量,民族力量,勇于抗击侵略者保卫祖国的力量,决不能忽视!

2 建议

(1)各古城、名城、省会专门成立城市建筑保护委员会。由建筑师、史学家、资深城市建筑专家等组成。专门负责对各类建筑,山势、河流的保护,规划,维修,抢救提出再建成方案。并主持建立相对法规,其权力很大高于规划院文物保护等各职能部门,市长等政府大小官员都应听该委员会的意见。

(2)各省市规划包括交通规划和建筑规划必须同步考虑,两条腿走路,没有交通规划院的应设立,城市规划必须交通规划在先,建成规划在后,正确处理好支、柱不能分离。公共资源商店、学校、医院应布设在交通通道两边如地铁两边最适合方便居民,减少交通堵塞。

(3)要在每个城市结合自己城市特点建立十大当代建筑、能流传百年的经典节能建筑,给后代留下遗产,而不是留下遗憾,灾难和耗资耗能过大背上经济补贴的建筑。

关于转基因食品安全问题的提案(2010年,2014年)

之一:建议取消转基因食品在市场上应用
——转基因稻米安全性的质疑(2010年)

2009年10月,中国生物安全网公布的《2009年第二批农业转基因生物安全证书批准清单》中,序号分别为第41和42的批准项目为"华恢1号"和"Bt汕优63"的转基因抗虫水稻。

这里有两个方面的疑问目前在科研界已经得到初步证实。

1 长期食用对人类是否有害

据研究者和批复者称,在"小鼠灌胃试验"中,安大鼠体重每千克用5克抗虫BT蛋白每天两次灌食。8天后,各组动物体重和脏器重量无生物学意义上的差异。"华恢1号"稻米中抗虫蛋白含量≤2.5μg/g,要达到5g/kg(抗虫蛋白与体重的比率)的接受试验的剂量,体重60kg的人需要吃120t稻米。按照这个实验结果推理,如果按照每天吃500g稻米计算,一个成年人即使吃"华恢1号"转基因稻米657年也应该是安全的。请问研究者和批复者是否敢长期食用转基因稻米。

稻米作为中国人的主粮,长期和大量食用会不会对中国人及其后代造成影响,不能仅凭"小鼠灌胃"这样的简单试验确定。

我们知道,转基因作物品种的培育转化过程目前还存在很多不确定性,以致基因转后对生命结构的改变及其连锁反应不确定,基因转移后是否会导致原有基因的改变和未知蛋白的产生,目前很难确定。因而,很难在短时间内做出对人类有害和无害的结论,如果人类长期食用,代代相因,会否导致遗传性状改变,甚至是跨越物种的遗传性状改变? 短时间对小鼠无害不一定长时间无害,对小鼠无害不一定对人类无害。转基因食品作为非自然食物,能否确保人类在食用后不会产生损害健康的影响(如过敏等),更何况曾有实验证实对实验动物,也不是完全没有问题。1998年,匈牙利籍英国科学家阿派特普斯陶伊教授在电视节目上就曾宣称,用转基因马铃薯喂养大鼠,导致大鼠体重及器官重量严重减轻,免疫系统被损坏。这个试验结果公布后,普斯陶伊教授受到排挤离开了英国罗威特研究所。但他被除名后,很多科学家出面为其辩护,极力维护其科学家的人品,他的文章也在著名医学杂志《柳叶刀》上重新发表。英国皇家学会最后组织专家调研,也没有完全推翻他的试验结论。

2007年,法国科学家证实:孟山都公司出产的一种转基因玉米对人体肝脏和肾脏具有毒性。2008年,美国科学家也证实了长时间喂食转基因玉米,小白鼠的免疫系统受到损害,该研究成果发表在同年《农业与食品化学》杂志上。2009年12月22日,法国生物技术委员会最终宣布,转基因玉米"弊大于利",这意味着转基因作物种植在法国被永久废除。更何况转基因所导致的食物链的"潜在风险"更难确定。如果多年后发现转基因食品致使物种生殖功能紊乱,结果将使一些食肉和食鱼的鸟类接近灭绝;转基因或者因转基因所产生的次生蛋白如果不能被分解,只能在人的体内不断积累,如果这种蛋白具有累积毒性,最终结果将是非常可怕的。

有专家认为,目前转基因水稻和转基因玉米普遍使用的是 Bt 杀虫基因,由于使用多年,这个基因已证明是比较安全的。事实上,目前安全并不等于若干年后仍然安全,这种基因产生的毒素在人体和动物体内能否累积尚不清楚。许多转基因研究风险很大,有些基因本身也被污染研究者常常不敢公开他们的研究成果,甚至不敢公开他们使用的基因,否则公众一定会恐慌。为此建议科技界关于食品基因的研究坚决取消。

2 转基因作物对环境的影响是否安全

目前,由于转基因的污染、增殖、扩散及其清除途径不确定,其对环境的破坏影响很难说是安全的。

(1)首先,基因交流在自然界是客观存在的,但大都发生在相同的种或同属的物种之间。植物和微生物之间进行基因交流,在理论上讲是零概率,否则,生物进化史上早就有了这种基因交流的事件发生。人类通过生物技术可以实现不同物种,甚至不同生物界(动物、植物、微生物)之间的基因交流,但对于这样的基因转移,人类不可能不付出安全代价。以转基因水稻为例,科学家希望通过 Bt 基因合成的毒蛋白饿死害虫,但生存是物种最基本的权利,它不吃水稻的叶子,就得吃别的植物叶子,或者庄稼或者杂草。但是,其他作物也都转了基因,杂草也通过基因逃逸带了 Bt 基因,那么害虫只有加速进化而与人类抗衡。其结果是,人类需加大农药用量而抗虫,这与转基因的初衷是背道而驰的。

(2)转基因生物对环境和对生物多样性的负面影响已有多次报道。20 世纪末至 21 世纪初发生了一系列的事件:加拿大转基因油菜多年种植后,因发生基因漂移,产生了能够耐受多种除草剂的超级杂草;墨西哥农民种植的美国转基因玉米,其花粉对当地野生玉米发生了基因污染,产生基因重组,破坏了当地野生玉米的遗传结构;此外,转基因玉米花粉能够让北美的珍稀濒危物种——君主蝶大量致死,也是不争的事实。

我们也记得当一九四五年化学家穆勒发明合成了 DDT(滴滴涕)后,由于当时认为对人类低毒又能够有效地杀除蚊虫,一时之间 DDT 功德无量,遍及全球。为此我们付出了惨重代价。

2006 年 8 月 4 日中国科学院官方网站所发布消息:中美两国科学家进行的一项历时 7 年的联合研究表明,尽管 Bt 转基因棉花能有效控制棉铃虫,但长期种植会导致其他害虫肆虐,这使得中国种植的 Bt 转基因棉花长期经济性不好。

中美两国科学家对中国 481 户棉农的应用转基因棉花长期研究揭示了问题的另一面。研究人员经过历时 7 年的跟踪调查后发现,这些农户在种植转基因棉花的第三年经济效益最大,他们的平均杀虫剂用量比种植普通棉花者低 70%,而收入要高出 36%。

但情况从第四年开始发生逆转。转基因棉花尽管抑制了棉铃虫,但它无法杀死盲蝽等其他害虫,导致盲蝽侵害棉田。当年转基因棉花种植户杀虫剂用量上升,投入成本比普通棉花种植户高了 3 倍,而他们的收入却低了 8%。到第七年,转基因棉花种植户所使用的杀虫剂,已明显高于普通棉花种植户,加上转基因棉花种子成本也较高,使棉花种植户的收入大幅下降。

(3)由于转基因水稻仍有繁殖及与近亲交配的能力,它可能改变甚至是灭绝中国原有水稻品种;转基因水稻商业化种植,还将导致中国丰富的水稻基因资源的流失。以阿根廷为例,由于 99% 以上种植的大豆为孟山都公司的转基因大豆,转基因种子不能继续留种,当地农民再也找不到原产地的非转基因种子。转基因大豆品种的单一化,使得基因资源严重减少,随着生物多样性的丧失,伴随而来的就是病虫害袭击的增多。转基因生物会导致基因资源的流失,同时由于基因漂移,更会引发基因污染。一般来说,导入转基因作物内的外源基因可以逃逸到同一物种的非转基因作物内,会污染当地非转基因品种。另外,基因污染还可能影响野生资源。野生品种往往在抗病虫害、抗逆、优质和高产上具有重要的农艺性状,所以转基因引发的基因污染可能会导致宝贵野生遗传资源的丢失。在全球气候变化和人口日益增长的情况下,这对于满足全人类对粮食的需求,应对粮食危机,将是巨大的损失。

反对者提出：通过遗传工程技术获得在自然界中无法自动生成的转基因水稻与以往我们吃的杂交水稻有本质不同；转基因水稻并非比原来的水稻高产，只是能抗虫（有人说，虫都不敢吃，人敢吃么）；作为极力推进转基因水稻的公司、技术专家是否有责任在决策作出之前，给决策者和公众以清楚而让人听得懂的解释呢？

3 转基因食品不准商业化

至今国外对主粮的转基因品种一直不敢商业化生产，美国虽然批准了玉米、大豆的转基因商业化生产，这些主要用于饲料和榨油，而用于主粮的转基因小麦研究虽然早已成功，但是从来没有批准为商业化生产，因为小麦是西方的主粮，相当于中国的水稻。因此，对转基因水稻的商业化生产一定要慎之又慎，否则，潜在风险太大。在这种背景下，而我们却带头将 Bt 基因转入 13 亿人的主食，害莫大焉！转基因生物一旦出了问题，根本无法控制，所转移的基因不会以人的意志为转移。

历史告诉我们，即使一些人在当初做一件事时是出自"好意"，但世事有些是"始料不及"的，有些恶果一旦形成，就不可逆转。如，一些现已禁止使用的药物，现已开始治理的污染，在人体内表现出的毒副作用，在水体、耕地、动植物体内积聚的重金属等有毒有害物质的影响，近则，危害到具体的人的健康、生命；远则危及人类的子孙后代。我们今天这样警惕（甚至是害怕）病毒的变异，警惕人畜、人禽交互传播疾病（如 SARS、禽流感、疯牛病），警惕污染的后果和因物种多样性被改变而导致的生态失衡，原因就在这里。

之二：转基因种子不准进口 确保人民健康粮食安全（2014 年）

1 问题提出

对粮食交易垄断和地缘政治有独到研究的美国经济学家威廉恩道尔友好指出："如果中国的农业被转基因的种子掌控，最多再过 20 年，中国将不会作为一个国家而继续存在了。"我希望农业部应调查、研究、请教这方面的专家，让人民知道其危害性。2013 年中国已退出超过 600 万 t 美国玉米，其原因是检测发现是未经许可的转基因品种。转基因品种是否有破坏土地的现象？凡种植过转基因品种的土地在 3～5 年后，就不能再种植非转基因的品种。东北是否出现外来转基因种子歼灭中国大豆产业的实例？外国种子正在向中国主粮水稻、玉米产业吞食。感到自豪的中国粮食产地，河南省小麦的品种没有也不允许有任何转基因品种的进入，河南农业大学对粮食的科学、严肃为民精神是可敬的，相反某些农业大学、研究机构、想赚钱的一批人，要有良心和良知，国家尤其农业部要认识当前用生物技术来侵害我国的粮食安全。

另外，我国十年连续粮食增产总产量已超过 6 亿 t，由于十多年的大量土地成为建设用地，农民进城土地荒废，水利设施不好，靠天吃饭并未排除，粮食缺口不断继续加大，2012 年外商进口粮食企业有 600 多家，给食品安全带来很大负面影响，转基因种子在检测不够的情况下混入我国，跨国粮食企业在物流节点布局上已形成完整高效的粮食产业网络链条，形成无法控制的局面，甚至是吞食利益卖国局面。

融国家安全和公众生命安全于一体的生物国防问题应引起高度重视。

2　具体建议

(1) 由国家安全局牵头,农业部为主组成有不同观点的专家组成工作组、监测组,进行实地国内外调查研究,确定安全措施。向国家、向人民汇报。

(2) 在未搞清以前,从2014年停止转基因粮食进口,更不允许转基因品种进口,任何私自进口的企业、个人一经发现将承担法律责任,对企业取缔,对人员进行严判。

(3) 科技部、农业部对各种物种转基因的利害进行立项研究,确保能鉴别世界所有转基因的品种危害性。

(4) 对以前人们所应用过的各种粮食物种,包括蔬菜、水果、食油、肉食动物、乳制品等在未充分研究成功前一律不准进行转基因应用。

(5) 严格控制超过80亿亩的土地,建立好供水系统,确保我国粮食自给自足,建立节约、分配制度。

(6) 建立新型育、繁、推一体化育种体系,走重点突破分子育种的道路,采用杂交小麦、超级杂交稻、高抗玉米等技术,培育一批自主产权的高产、优质、高抗新品种。实现大面积增产增效取代转基因的道路。

城市交通规划、城市建筑规划、城市建筑必须科学、环保、节能、民主权力之手不能泛滥(2015年)

建议如下：

(1)目前城市发展必须有交通规划,交通规划必须先行,建筑规划紧跟,这是城市发展的次序,不能颠倒。

(2)两个规划必须科学、民主,必须符合民生和环境的需要。不能谁官大,谁说了算,必须有一个长期的规划,必须确保规划的长期性、稳定性、权威性,不能换一届领导就换一套思路。如广州耗资8亿建成的陈家祠广场,仅使用四年就推倒重来;重庆渝西会展中心耗资4000万元,仅投入使用5年,又拆除在原址上建了五星级酒店;云南河口的边境明珠耗资2.7亿元,三年后被拆除……类似的短命建筑,在各地都可看到。成片、成批的又被拆除的很多很多。这些钱、这样的大量资源被耗掉,对国家、人民是最大的浪费和消耗。

(3)必须取消求高、求大、求洋、求怪、求奢华的规划、设计、施工之风,从一、二级城市已刮到三、四级城市,县镇级也在紧跟,出现许多虚荣标志,必须制止。风气一:山寨媚洋,狮身人面像在石家庄建成,结果引来埃及的投诉,类似的埃菲尔铁塔、白宫标志也在不同地区出现,甚至于克隆奥地利村庄,巴黎的作品也在广东、浙江等省出现了洋设计师的试验场。风气二:贪大求高,中国各大城市兴起一场向天空突破的竞争,二三级城市也在攀高,武汉绿地中心高606m,长沙天空城市设计高度超过800m。全球300m以上的超高建筑目前约有125座,其中78座在中国,不包括正在建、准备建的特高大楼,中国成为国际设计师的试验场。风气三:必须取消奇怪建筑、怪楼现象。如浙江湖州喜来登温泉度假酒店,已走红网络,被称为马桶盖;苏州地标东方之门被称为"秋裤",北京的大裤衩,谁看谁骂,如此等等。

以上种种现象,奇怪建筑不断在各地涌现,一些贪大、媚洋、求怪的建筑、机场,给人民带来很大反感和不便,官员成了"总规划师"。中国设计师沦为画图工具和洋设计师的追随者,这新建筑带来的是能源的消耗、环境的破坏,纳税人的钱花费在无用之地,而给人民的医疗、教育、居住、交通造成很大成本和负担。必须下决心扭转、取消,这是一个国家、省市、地区官员品德的反映标志。用大楼做你的标志还是用优良品德做你的标志,两者必须选择其一。

关于深广中建设跨海湾通道项目有关情况的汇报（2015 年）

1 深广中建设跨海湾通道概况及问题提出

连接深圳—广州—中山跨江通道项目（以下简称深广中通道项目）位于珠江口中游核心区域，北距虎门大桥约 30km，南距港珠澳大桥约 40km。具体线位东起深圳市机荷高速与广深高速交汇处，经深圳宝安机场南面，跨越珠江口，西至中山马鞍岛登陆，在中山市京珠高速与中江高速的交汇处对接，（见附图）路线长约 50km。线位预留接广州南沙万顷沙支线。线位跨越珠江口，与广州港出海航道—伶仃西航道相交。

该项目由广东省交通集团负责前期研究工作，项目采取省市合作的政府还贷建设模式。目前工可报告的分歧意见很大，缺少通航标准意见，缺少环境评估，缺少社会风险评估的情况下，通过广东省"以东隧西桥"A 方案上报国家发改委，这种无视广州市，军方，各港口及以众多院士，专家反对的意见而不顾，非常反常的做法是不可理解的。

2 具体意见

（1）项目前期编制的工可报告，推荐采用 A3"东隧西桥"方案，即以隧道形式穿越矾石水道，隧道底高程为 -21m；以桥梁形式跨越伶仃西航道是广州港出海主航道，桥梁净空高度定为 73.5m，是严重的失误。严重破坏和限制了广州市、中山市为首的所有航道的发展和应用。而非常有利于已被私人企业控股的深圳各港口及由李嘉诚所占有的盐田港、蛇口港、大铲港发展和利益的剧增。用国家的资金干有损国家，而有利于私人之方案是明显的不对。我们感到这已不是技术争论。在港湾主航道建桥，是世界上所没有的基本知识，该申报方案中把广州港位于世界第六大港之地采取这种方案是非常不妥的。

（2）广州市政府从南沙新区作为国家级新区的战略定位、广州港可持续发展需要等方面考虑，提出 A4 全隧方案，即以隧道形式穿越所有航道，即矾石水道，隧道底高程 21~29m；伶仃航道，可确保广州港中山各港等物资、军港，进出海主航道畅通。又符合当今和以后的发展。是非常正确而有远见的，是站在国家利益之上的。

（3）A3 东隧西桥方案以桥梁形式跨越广州港出海主航道—伶仃西航道，广州市、港口及军方相关部门都提出强烈的反对意见。突出反映的问题如下：

①A3 方案未按国家规范论证代表船型的发展趋势。桥梁的净空高度 73.5m 仅能满足世界上现有的最大集装箱船舶通航要求，没有按照交通运输部颁布的《通航海轮桥梁通航标准》（JTJ 311—1997），对经济量大、船舶航行密度高的重要航道，必须研究未来的 20 世纪 50 年代表船型的大型化趋势。

②A3 方案跨越方式主次颠倒。在主航道上修桥，在次航道上修隧是典型的错误。矾石水道是天然水道，目前仅能通行 1000 吨级小船，伶仃西航道是广州港的进出海主航道，目前世界最大的集装箱船舶（载箱量 19000 标箱）完全可以通航。A3 方案限制珠江口港航事业的发展，反而给没有规划需要浚深的矾石水道预留空间（且不说浚深的技术可行性还没论证），A3 在考虑通航问题方面是典型的主次颠倒。

③A3方案在技术上不可取,短距离范围内竖向线路纵坡变化太大。西桥东隧方案隧道与桥梁的竖向高差达到130m,在技术上、安全上、风险控制上是非常不可取的。尤其在湾中要建长约800m,宽约100m的人工岛所造成的流域环境破坏非常大,施工又严重干扰通航,更是对环境的破坏。

④大家推荐的A4全隧方案以隧道方式穿越主航道,是吸取了虎门大桥、长江第一桥等跨江大桥的经验教训,确保了珠江口港航事业及船舶、海工装备制造业进一步发展的空间。港珠澳大桥当时在论证通航标准时,充分考虑区域经济发展战略和广州港的发展要求,没有卡住广州港发展的"咽喉"采取了5.8km长的隧道穿越广州港主航道。与港珠澳大桥相比,深广中通道为何不能做到?这是广州方面坚持以隧道穿越主航道的主导思想。

3 专家意见:广州市政府公开,公正组织四次论证会听取专家和社会对该工程的意见

(1)对于广州港主航道的通航标准和全隧方案的技术可行性,广州市政府采取了科学和慎重的态度,先后四次组织专家进行论证。2013年12月16日,广州市组织召开伶仃航道通航研究专家咨询会,邀请了中国工程院院士沈闻孙院士、交通运输部原总工蒋千等14位国内知名专家对通航标准进行研究论证。2013年6月15日、8月28日,2014年1月11日,广州市三次组织召开了项目专家咨询会,邀请了包括中国科学院孙钧孙院士、中国工程院王梦恕王院士等10位院士在内的几十名国内权威专家,对中铁隧道院结合工程地质勘察成果优化的全隧方案进行讨论研究。

经过上述论证,专家组认为A4全隧方案具有服从国家战略和国家交通需要,为珠江流域的经济发展留下了可持续发展空间。方案技术可行、风险可控、经济可行、运营安全,专家均支持以隧道方式穿越广州港主航道。

(2)专家的综合意见。珠江口主航道是我国最繁忙的国际航道,使用珠江口主航道的有深圳西部港区、广州港、虎门港及珠江水系众多的港口。广州港目前吞吐量已超过5亿t,集装箱吞吐量超过1600万TEU。广州港辐射我国华南、中南、西南等地区,航线遍及世界300多个港口,是我国南方最大的综合性枢纽和华南、西南和中南地区实施对外开放战略的重大基础设施,更是当前我国实施"一带一路"对外开放战略的战略资源。深广中通道上游2km处就是广州港的核心港区南沙港区,该港区是实施国家战略的南沙新区、是广东自贸区南沙片区的重要支撑。若采用东隧西桥方案,对珠江口内港口和珠江流域经济发展将产生极大的制约。国内外跨江桥梁已有教训,巴拿马运河大桥(净高50m)降低了纽约、新泽西港口的竞争力,南京长江大桥(净高24m)制约了长江黄金水道的运输功效,珠江口内的虎门大桥(1997年通车,净高60m)制约了虎门口内广州、东莞等地大型码头的建设,这些桥梁在设计时,无一不是当时最高的通航标准,但是现在都制约了地区经济社会的发展。考虑上述经验教训,未来船舶大型化的船型、通航标准肯定要突破目前的标准,确定其终极净空高度是困难的,也是不科学的。深广中通道是珠江口交通要道,属重要防卫目标,如采用架设桥梁,防护难度大,一旦战时遭破坏坍塌,全部堵塞伶仃主航道,影响整个地区和舰船通行。全隧方案,隧道隐蔽性好,抗破坏能力很强,南斯拉夫战争充分证明了这个优势。

(3)隧道不存在净空限制,施工也不干扰航运也没有桥墩影响,不会改变现有航道通航能力,对未来舰船发展不会产生制约因素。

(4)隧道不受台风、暴雨等不可控自然气象条件的影响,利于保障全天候运行。从贯彻国防战备需要角度出发,全隧方案更优于东隧西桥方案。

(5)技术上,全隧方案是完全可行的。我国高铁所穿越各种地质,水下各类隧道中大于15km的长隧有近百座已安全运行。该工程所提供的地质资料和补充的工程地质勘察,对断层分布、风化槽影响范围、岩土分界面、围岩完整性及透水性等内容进行了详细的勘察,并委托中铁隧道设计院和同济大学上海防灾救灾研究所对全隧技术方案进行了研究。根据沉管法、矿山法、盾构法的各自特点,结合地质水文、港

口航道等条件,研究提出的"全盾构法"方案和"两端盾构+矿山法"方案是科学和合理的,在当前隧道技术突飞猛进的建设成果中,深广中通道采用全隧方案不存在任何技术和风险问题。完全做到方案可行,施工安全,工期快,质量寿命满百年,造价低于 A3 方案。

(6)施工和运营风险上,全隧方案是可以做到风险可控、运营安全的。通过在江中设置两个通风竖井方式,能有效解决施工运营阶段通风与防灾。国内外大量的工程案例可以提供成功的经验。目前国家正在规划建设的跨江、跨海区域大通道工程,例如渤海湾海峡跨海工程、琼州海峡通道工程等都计划采用特长隧道建设方案。

综合专家及各方面的意见,跨江通道的建设应首先服从国家战略,及今后发展和环境,通航条件全面考虑,虚心学习,实事求是,科学精神对待工程,A3 东隧西桥方案,本末倒置,违背了在大江大河海湾地区建设通道开展论证的基本要求。坚持该方案,将造成难以估量的战略损失和不可弥补的历史遗憾。应采取 A4 全隧方案;进一步优化全隧方案,搁置争议,尊重各方意见,本着爱祖国、爱人民的爱国精神继续深化论证,完善 A4 方案,不要让工程建设给国家、社会留下遗憾。

关于渤海海峡跨海通道建设的提案(2016年,2017年)

之一:关于加快渤海海峡跨海隧道工程建设的建议(2016年)

1 概述

渤海是中国最大的内海,从辽东半岛沿海到胶东半岛,三面大陆环绕状如英文字母C。渤海海峡是渤海与黄海的天然分界线,它西面与渤海相连,东面与黄海毗邻,成为山东乃至华东到东北地区的海上天堑。

但长期以来,由于渤海海峡相隔,使环渤海南北两岸成为交通死角,极大地限制了客货运输和经济发展,使环渤海地区难以像珠三角和长三角地区那样,实现区域经济一体化发展,形成完整、连续、统一的经济圈。要解决制约环渤海区域经济发展的瓶颈问题,首要任务是建设渤海海峡跨海通道、构筑一体化的交通体系,建立环渤海经济圈内快速、便捷、高效的交通。

2 渤海海峡跨海通道的建设紧迫性

2.1 促进环渤海区域经济全面协调一体化发展

渤海海峡跨海通道建成后,就可以建立起环渤海经济圈内快速、便捷、高效的交通联系,特别是三大板块(京津冀、山东半岛、辽东半岛)之间以及三大板块内部不同城市之间的空间距离大大缩小。环渤海经济圈三大板块的内部交通较为发达,但板块之间的交通发展却明显滞后,落后于经济和社会发展的需求。

2.2 发展东北区域经济,振兴东北老工业基地

目前,东北地区缺少跨区域的交通通道,已成为制约、下滑发展的一个重要因素。渤海海峡跨海通道可以连接山东半岛城市群和辽中南城市群,进而沟通长三角和珠三角经济圈,将东北全面融入全国的大市场,东北的资源优势能够得到最大程度的发挥,也能最大限度地受到东南沿海地区的经济辐射,扩大东北地区的市场开放,逐渐缩小东北与东南沿海地区的经济差距,推动实现国家确立的振兴东北老工业基地的战略目标。

2.3 对优化地区间运输结构、提高路网运输能力和服务水平具有重要意义

目前的运输格局是环渤海1800多公里C形运输,如果打通渤海海峡跨海通道,C字运输变成I形运输通道,东北至山东和长江三角洲的运距比C形原绕道沈山、京山、京沪、胶新、陇海等缩短1500km的运距,并缓解京沈、京沪、京广三大铁路干线运输压力,在更大范围内缓解全国铁路和公路运输的紧张局面。渤海海峡跨海通道本身就与我国确定的铁路四纵四横和公路五纵七横国家干线建设格局相吻合,可直接

沟通同江—三亚高速铁路(一纵)主干线5700km(又称沈海高铁,沈阳—三亚)。

2.4 构筑沿海旅游快速大格局、开发300万km²海洋资源、能源更具有重要意义

渤海海峡还蕴藏着极为丰富的海流发电资源,沿途诸岛具有建设深水良港的优越条件,水产养殖可以依托桥隧工程向深海延展,海峡两岸通信、电缆、输气、供水等各种管道都可利用桥隧工程全面沟通。

2.5 提高渤海海峡水上运输安全性的迫切需要,可以实现全年全天候运营

渤海海峡是我国汽车轮渡最多的海上通道,目前仍以较快的速度增长。从烟台到大连直线距离只有170km,乘船需要6~8h。而且,每年均有一个多月的时间因风浪影响不能通航,尽早实施渤海海峡跨海通道才能满足安全、快速、全天候运输。

2.6 具有重要的国防、政治及军事意义

渤海是我国重要的军事战略要地,是京、津之门户,是鸦片战争、甲午战争失败的攻入带,庙岛群岛是扼守海湾的天然要塞,历来为兵家必争之地。海峡跨海通道的兴建,能够从整体上加强环渤海海陆空的国防体系,形成具有弹性攻防和战略纵深的防御区,从军事战争出发、从海域通道出发,他们不允许修桥梁,怕堵塞海域通道。

3 工程建议

(1)渤海海峡跨海通道采用铁路隧道方案,已由中国工程院数名院士、专家论证确证,发改委也组织专家进行研究、论证,结论一致。因此,不需要再重复论证,施工单位也明确技术可行,工期可控,安全质量确保百年以上。

(2)根据渤海海峡的自然环境及地质条件,推荐线位为蓬莱到旅顺的连岛线位方案(即图1中线位2方案),通道方式采用铁路客货运输隧道方案,汽车通过穿梭列车背负式通过隧道。

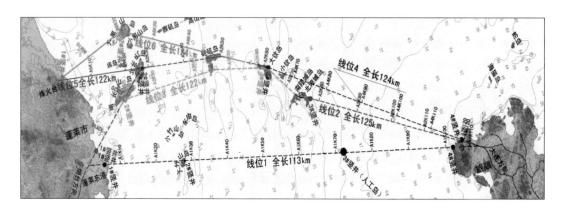

图1 连岛线位方案

(3)隧道纵断面可采用W形(图2),最大坡度可用18‰,海底最小埋深经初步论证取80m左右,隧道长125km左右,在旅顺岸边、北隍城岛、北长山岛及蓬莱岸边各设一个通风、施工竖井。北长山岛及北隍城岛竖井下部各设一小型车站,竖井作为旅客出入通道。

(4)隧道横断面(图3)采用两单线铁路隧道+服务隧道的形式,沿纵向800m通过设置减压横通道降低空气阻力,减小行车隧道面积。服务隧道可铺设水、电、气等各种管道,给各岛屿军民生活提供方便。

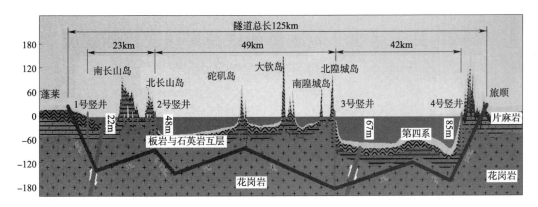

图 2　隧道纵断面

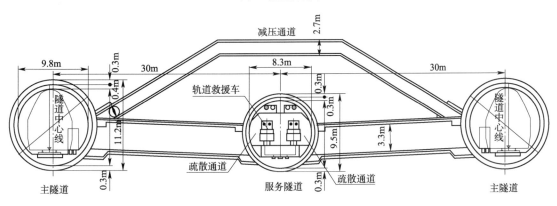

图 3　隧道横断面

（5）隧道施工采用 TBM 法 + 钻爆法，工期 8～10 年。在我国现有隧道修建的技术水平与经济能力下是可行的，施工风险是可以克服的。

4　建议渤海海峡铁路隧道采用多渠道投融资方式

渤海海峡铁路隧道按长 125km 进行投资匡算，约 2000 亿元。参考国内外跨海工程建设情况及本工程特点，渤海海峡铁路隧道工程融资方式适宜采取多方受益的 BOT 模式，隧道建成后的环境效益、社会及经济效益将十分显著。

5　建议尽快立项建设渤海海峡铁路隧道

建议尽快对渤海海峡跨铁路隧道进行工程立项，并将蓬莱—北长山岛竖井段隧道设为试验工程，对相关重大技术问题开展研究，并在具备一定条件后先行开工建设。该段具有投资规模小（25 亿～35 亿元）、工程难度低等优点，也有利于先期解决长岛军民的交通问题，同时为大通道顺利建设创造条件。

注：王梦恕院士于 2015 年已提出相关提案，题目为：《建议加快渤海海峡跨海通道建设是强国富民的重大措施》。

之二：关于尽快开展渤海海峡跨海通道修建前期工作的建议（2017年）

环渤海地区是我国重要的经济区域,在整个国民经济中占有举足轻重的地位。但长期以来,由于渤海海峡相隔,使环渤海南北两岸成为交通死角,极大限制了客货运输和经济发展,环渤海地区一直难以像珠三角和长三角地区那样,实现区域经济一体化发展,形成完整、连续、统一的经济圈。为此,2012年中国工程院针对渤海海峡跨海通道战略规划问题设立了由王梦恕院士牵头的院级重点咨询项目,共有10位中国工程院院士及70多位专家参与项目研究工作,并于2014年9月向国务院呈报了《渤海海峡跨海通道战略规划研究》咨询项目成果(中工发〔2014〕111号)。报告认为渤海海峡跨海通道的建设十分必要,对促进环渤海区域经济全面协调一体化发展、振兴东北老工业基地、优化运输结构、巩固国防以及开发海上资源和能源等都具有十分重要的意义,国家应该尽快立项建设渤海海峡跨海通道。

但由于渤海海峡跨海通道建设投资巨大、工程艰巨、技术难度大、工期较长、特别是该区域没有详细的地质资料可供借鉴等原因,严重阻碍了渤海海峡通道工程的规划和实施。为了推进渤海海峡跨海通道的修建,并探讨和交流我国海底隧道建设技术,中国工程院土木、水利与建筑工程学部于2016年8月20~22日在山东省烟台市组织召开了"渤海海峡跨海通道修建关键技术高端论坛",20余位中国工程院院士以及来自美国、英国、挪威等十余个国家的相关专家和学者共150余人出席了论坛。与会人员现场考察了蓬莱部分岛屿和几个登陆点,调查和听取了驻岛居民的意见,围绕渤海海峡跨海通道建设关键技术进行了学术交流和讨论。经过一天的考察以及一天半的会议讨论,与会专家再次肯定了渤海海峡跨海通道建设的重要性和必要性。同时认为近些年来,我国江河湖海等水下隧道修建技术日渐成熟,相继建成厦门翔安公路海底隧道、青岛胶州湾公路海底隧道、广东狮子洋铁路隧道等世界级工程,在隧道埋深等路线平纵面设计、施工方法与技术及安全风险控制等方面,积累了丰富的实践经验,可为渤海海峡跨海通道安全建设和运营提供强有力的技术支撑。

为加快推进渤海海峡跨海通道的建设,尽快摸清渤海海峡区域海底的地形地质,特提出如下建议：

(1)建立国家层面协调工作机制。成立渤海海峡跨海通道工程协调工作机构,建议由交通运输部或中国铁路总公司牵头,尽快组织推进相关工作。

(2)建议委托相关单位成立技术组,尽快开展预可研究工作。进行前期海底地形地质勘察、投融资与效益分析、风险评估等。

(3)结合建设需求,尽快组织开展国家重点科技研发项目,对深水海底隧道勘察与设计、长大隧道TBM等重大装备、超长深水海底隧道超前地质预报技术、快速安全施工技术、隧道通风关键技术、跨海通道防灾减灾关键技术等组织深入研究与攻关。

(4)先行启动蓬莱至长岛的12km隧道工程作为试验段,为渤海跨海大通道积累经验。该段具有投资规模小、工程难度低等优势,同时也有利于尽快解决长岛军民的交通问题。为后续工程建设提供数据和基础资料。

(5)渤海海峡跨海通道建设可采用BT和PPP建设模式,确定国家和省市投资比例。

新一轮国力竞争已拉开序幕,谁占领科技创新工程制高点,谁就能掌握发展主动权,时机紧迫,时不我待。这项工程事关实现中华民族伟大复兴的"中国梦"项目;是功在当代、利在千秋的工程;是在全球展示中国科技强盛与国力的强大的工程;是对从大陆平潭岛至台湾岛用海底隧道联通的展示工程;是为我国的当代和子孙后代创建成一个祥和富足的工程。

该建设方案可否,请有关领导、国家发改委决策。

关于加快实施西西调水工程的建议(2016年)

1 西西调水方案工程规划

西西调水方案是南水北调的西线工程。其位置在南水北调的西部,分别对雅鲁藏布江干流、尼洋河、易贡藏布和怒江建造水坝,壅高水位,通过各个独立引水系统与调水主隧洞连接,形成三个引水系统流入调水主隧洞的"并联"关系,隧洞总长690km。共计年调水800亿m^3,全程自流。调水目标主要是向我国西北部的新疆、青海、甘肃和内蒙古西部调水,因此暂取名为"西西调水方案"。

西西调水方案分为引水工程和供水工程两部分:引水工程是指从水源将水引到应用区域的工程;供水工程是指将引到的水分配输送到利用水的地区和用户的工程。

2 引水河流、调水量、调水路线、调水方式

本方案又分为A、B、C三个并联引水系统。

A引水系统:从雅鲁藏布江干流和其支流尼洋河分别调水300亿m^3/年、150亿m^3/年,合计平均年调水450亿m^3。

在雅鲁藏布江干流的桑日县的达古建造水坝,并开凿92km隧洞至工布江达(总称为达古水利枢纽),将水引至尼洋河。在尼洋河的白冈材建造水坝,壅高水位,回水至巴松错的纳母桑巴附近,由此开凿约47km隧洞至主隧洞第一段(Z1)南端,即易贡藏布嘉黎县忠玉乡上游约15km(总称为白冈材水利枢纽)。再由此开凿至大约北纬31.47524,东经94.26269的位置主隧洞第一段(Z1,94km)北端;接续由此开凿至格西的主隧洞第二段(Z2,457km)。在格西建一座以调配水量并有巨大发电能力水利枢纽工程,完成引水工程。其中,主隧洞第一段(Z1)是A、B引水系统共用,主隧洞第二段(Z2)是A、B、C三个引水系统共用。

B引水系统:从雅鲁藏布江支流易贡藏布平均年调水100亿m^3。

在易贡藏布上的波密县八盖乡与木玉村附近建造水坝,形成水库,回水至嘉黎县忠玉乡以上,构成八盖水利枢纽,并由开凿约5km左右隧洞直至青海格尔木西水利枢纽的主隧洞第一段(Z1)南端,完成B引水系统。

C引水系统:从怒江平均年调水250亿m^3。

在怒江索县嘎木乡加岗村至马利镇(即加玉)间选址(如加岗村或新荣乡附近)建造水坝,形成水库,构建加岗水利枢纽,并由加岗村开凿约76km隧洞直至青海格尔木西主隧洞第一段(Z1)北端,即:大约北纬31.47524,东经94.26269附近,完成C引水系统。

A、B、C三个引水系统的四座水坝均为堆石坝,坝上、坝内不设溢洪道。在水坝附近开凿一条泄洪、清淤、发电多功能短小引水隧洞,或泄洪、清淤与发电分离的两条短小引水隧洞。发电主要用于枢纽工程和附近地方使用,并与国家电网连接。

引水工程完成后,利用平均大约0.436‰的坡降,引水全程自流。

引水区A、B、C引水系统及主隧洞的工程位置见《西西调水方案引水工程位置示意图》(图1)。

图1 西西调水方案引水工程位置示意图

3 供水区

由格西水利枢纽经过对水量的分配调剂到青海、新疆、甘肃和内蒙古西部。这些地区即为供水区。供水的主要第一目标是新疆的塔里木盆地、哈密南部盆地、甘肃的河西走廊、内蒙古阿拉善盟全境、巴彦淖尔市北部地区和青海的柴达木盆地及共和盆地,并适当补给青海湖。第二目标是当引水量足够(如引水 800 亿 m^3/年),并且农田全部采用'膜下滴灌'方式灌溉等节水措施时,或还可以增加供给新疆准噶尔盆地的古尔班通古特沙漠、哈密北部盆地甚至内蒙古锡林郭勒盟北部及以东地区。见《西西调水方案供水区工程主干线路构想图》(图2)。

4 西西调水方案的优势

(1)效益大。

①保守计算,以此达到新增加 7 亿~10 亿亩以上的耕地、几亿亩草场和大面积木材林、环境林、农田防护林、果林;完全解决我国粮食安全问题,并使我国一跃成为世界农业强国。

②改善一定量的耕地、草场质量。

③减少约 50 万 km^2 沙漠、戈壁和其他荒漠;使负价值荒漠土地变成稳产良田,几乎无限大地提高我国西北未开垦土地价值。

④改变我国西北生态环境,并可以明显地减少沙尘暴的发生。

⑤由于把高海拔(海拔 3588~3540m)的水,陆续分段输送到低海拔地区(海拔 3200m、2900m、2600m、1500m),增加高原水资源的水能(只是转移了具体水电站的位置,由西藏的山南、林芝、那曲等地区主要部分转移到西藏工布江达、青海格尔木、新疆若羌和甘肃阿克塞),加大了落差,增加了水电发电量,并减少西北火力发电量(当然要给予西藏电力和调水量补偿)。

⑥带动其他地区和行业经济发展,并可以释放目前我国过剩的产能,增加工业活力,从而带动国民经济增长。由于随着西西调水工程的进展,对许多物资设备需求量大量增加。

(2)见效快。

①本方案的所有水坝均采用堆石坝,且无泄洪结构,将大幅度降低成本,缩短工期,加快工程进度。

②线路不绕弯,直接到达最大效益的地区,减少了相应水量绕弯的工程量。

③水量不是过大,工程量相对某些方案少。

④不受或少受集团(部门、单位)利益和地方利益保护者的干扰、纠缠,减少了许多争论程序和时间。

⑤引水隧洞施工技术可行,用 TBM 快速掘进、钻爆法配合,可采用北斗定位系统及遥感技术确定隧洞走向与位置及选定竖井工区位置;采用多个竖井工区(如 40 个),每个工区两个掌子面的组织施工方式(每个掌子面只需进尺 10km 左右),再增加工区,还可以减少每个掌子面任务量,进一步缩短工期。

(3)安全性好。

(4)引水以隧洞为主,许多长隧供水工程实例,如 84km 大伙房隧道供水、长 120km 隧洞长春供水、230km 长隧洞辽西供水、87km 引汉济渭隧洞工程,也有几千年坎儿井的经验可以借鉴并发扬光大。

(5)引水区后期维护工作量少。

(6)引水以隧洞为主,对地表环境影响小。

(7)引水系统为并联式,降低了建设与维护时互相之间影响的风险。

(8)四个大型水库调节水量,可缩小隧洞截面积,起到减少工程量,缩短工期,降低造价。

(9)水质好,无污水处理问题方面的一系列费用及问题。且无二次污染问题。

(10)移民安置量少,问题少。可安置劳动力及人口范围、容量远远大于移民总数。增加移民后将迅

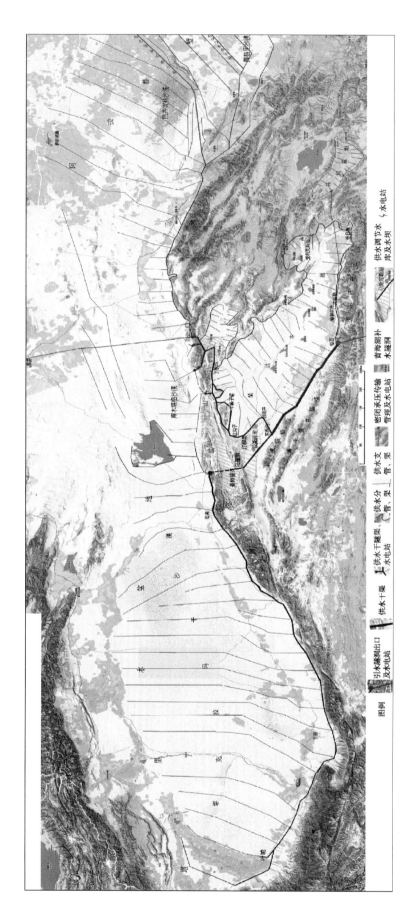

图 2 西西调水方案供水区工程主干线路构想图

速改变南疆人口结构。

(11) 社会效益好。

①向新疆调水是使之长治久安的重大战略之策。

按现在新疆每个种植生产劳动力管理75亩计算,届时约需新增800万农业种植劳动力并需相应的农业机械、农田水利、农品加工、农业服务、基础设施建设等劳动力50万~100万以及新增400万~600万直接被养人口。其中绝大部分将来自非新疆现在户籍人口,这将极大地改变新疆人口的组成结构。不言自明含有的长治久安的意义。尤其是在这些劳动力中,如有机械化部队屯田(训练基地)、机械化预备役农垦建设部队加入的话,还有什么样的"暴恐"可担忧呢?

②可以向世界宣布:不仅仅中国人的饭碗里盛着的是自己生产的粮食,还可以让世界上一些国家人民的饭碗里也端着中国人生产的粮食,餐桌摆上中国人生产的果蔬、肉蛋。

③通过西西调水工程的建设,可以使国人认识到创新意识的重要意义。

④使更多的国人认识到,在国家统一的领导下,实现伟大的中国梦成为可能。

……

5　建议

国家尽早实施西西调水工程,是功在当代、利在千秋的重大举措,集中力量,从十三五开始到十四五建成,十年工期,分期投入建设费用,是非常正常的国家发展的重要部署。

关于第九次提出《为确保国人行车安全尽快完成"汽车轮胎气压监测系统"标准并颁布实施》的意见与建议(2017年)

我从十一届人大二次会议开始,曾八次就该标准的制修订提出意见和建议。2016年9月27日,工信部装备司组织全国汽车标准化委员会专家审查通过了《乘用车轮胎气压监测系统的性能要求与实验方法》(TPMS)标准。这是一件好事,是很多部门、许多同志经过近四年努力的结果。但令人遗憾的是,通过审查的TPMS标准没有从根本上解决汽车行驶安全问题;标准中将国际上已经淘汰、落后的间接式技术产品与我国自主研发生产的、目前国际上较为先进的直接式技术产品混为一谈;且未规定落后的间接式技术的过渡期或淘汰时间,存在着很大的安全技术隐患。使人们盼望已久的TPMS国家标准成了一个无法保障行车安全的畸形产品。对此,我曾当面向工信部装备司国家标准委工业一部的领导、专家申诉了意见与建议,并以备忘录的形式提出了修订的内容与时间节点。

为了使TPMS国家强制标准更加完善,更加符合国家产业的发展情况,建立技术上先进、最大限度地保障驾乘人员安全的国家标准,现提出以下意见与建议。

1 对已审查通过的TPMS标准的意见与看法

1.1 间接式TPMS技术落后,与直接式TPMS功能相差悬殊

2016年9月,全国汽车标准化委员会审查通过的TPMS强制标准(送审稿),将落后的、国际上已经淘汰的间接式技术与我国自主研发生产的、目前国际上先进的直接式技术合并在一个标准体系中,是非常不恰当的。因为,间接式TPMS技术与直接式TPMS是两种完全不同的技术产品。前者是上世纪末一项国外的专利产品,它是在汽车已有的ABS基础上增加了一个软件系统,利用汽车轮胎欠压时旋转半径变小与正常轮胎转速的转速差,当差值达到一定量时激活报警。但四个轮胎全部欠压时,因缺乏参照物比较就不报警;对轮胎过压、紧急漏气等情况不仅不报警,反而会误报、瞒报或漏报。而直接式TPMS技术是由胎压监测模块、接收模块和显示模块组成的微电子信息传输系统,是21世纪的新技术、新产品,它不仅能对欠压、过压、紧急漏气即时报警(≤6s),还可以静态自检,技术功能齐全、使用方便、不会出现迟报、误报或漏报。而且,我国经过十几年的努力,已经形成了一定的产业规模,每套生产成本与销售价格仅在300元左右,甚至更低。

间接式技术与直接式技术是两个不同时代的产物,间接式技术落后(模拟信号),直接式技术先进(数字信号),是业内人士心知肚明的事,包括起草标准的同志。根据科学监测,两种技术在使用中,功能相差60~90倍(表1)。

TPMS 标准中一、二类产品的性能参数对比　　　　　　表1

性　能	条　目	一类(直接式)	二类(间接式)	备　注
安全性能指标	单轮欠、低压报警	10s	10min	单轮欠压报警,直接式比间接式响应速度快60倍
	多轮欠、低压报警	10s	15min	多轮欠压报警,直接式比间接式响应速度快90倍
	测试速度范围	静止和 0~120km/h	40~120km/h	根据中汽中心测试数据表明:我国日常行驶过程中,有75%的时间车速小于40km/h。因此间接式欠压报警的监控车速范围(40~120km/h),在日常行驶过程中,有75%的时间是无法监测的,存在严重的安全隐患

从上表中明显看出:间接式技术存在重大的行车安全隐患,不能有效地为驾乘人员提供警示。因此,列入尚未出台的国家强制标准中是错误的。

1.2 破坏了国家汽车工业发展的规划,干扰了汽车行业的发展

早在2010年工信部发布的"汽车产业技术进步和技术改造投资方向"的综合性政策措施中,明确要求轮胎气压监测系统应该对各车轮的胎压、温度独立显示;报警时间不超过6s;使用寿命不少于10年或30万km。实际上这就是直接式TPMS所具有的技术功能。《基于胎压监测模块的轮胎胎压监测系统》(GB/T 26149—2010)标准进一步明确了直接式TPMS是我国产业发展方向,我国自主研发生产的直接式TPMS技术早已达到了指标要求,而间接式TPMS技术因技术原理方面的局限性,根本无法实现上述要求。通过审查的TPMS标准(送审稿)罔顾国家汽车发展规划,将间接式技术纳入标准中,实际上就是干扰了汽车行业的正常发展。

1.3 欧盟组织已对间接式TPMS技术提出质疑

2016年11月,欧洲"T&E"交通运输与环境组织(TRANSPORT& ENVIRONMENT)发布了《关于间接胎压监测系统故障给驾驶人员和道路使用者带来风险》的权威性文章(该组织代表了欧盟的26个国家、50多个团体,是以交通运输可持续的正常工作为目的的非政府环保组织)。文章明确指出:间接式TPMS系统虽然能够通过监管测试,但在真实驾驶环境下无法有效进行提醒,会给驾乘者带来使用风险,其委托相关机构对两辆装备了间接式TPMS的车辆进行了测试,以检验其有效性。其中在16项偏离了规定科目的"真实环境"测试中,两辆测试车都未能通过大多数测试项目(分别为14项未通过和16项无一通过),充分证明了汽车生产商为了使间接式TPMS通过定型测试而专门进行了调校,并不在意其真实的公路表现。欧洲组织也对政府提出了监管要求,不能因为汽车制造商想省点小钱而漠视生命危险;强烈要求TPMS系统需要在广泛的道路和环境条件下正常工作;呼吁欧盟在通用安全法规(GSR)评估中进一步加强关于TPMS的规定;UNECE一致通过的新TPMS要求必须纳入欧盟法律实施,规定新车型必须在2017年达标,所有新乘用车必须在2018年达标;无论轿车、卡车、客车都应配备TPMS系统。

长期以来,我国汽车行业的发展很大程度上依赖欧盟,欧盟对胎压监测系统非常关注,"柴油门"事件之后,人们开始怀疑生产商除了在排放上造假之外,在安全测试上还有作弊之嫌。我们制定自己的国家强制标准,无论什么理由,都不应该把已经淘汰的技术产品列入标准之中。

1.4 将两个技术水平相差悬殊的安全产品放在一个国家强制标准内,是一种严重不负责任的行为

审查通过的TPMS标准(送审稿),将两种技术性能相差60~90倍的产品放在一个标准中,对落后的间接式技术不规定过渡时间,是一种严重不负责任的表现。因为:一是汽车生产企业只要选择了标准中

的任何一类产品(如选择了间接式 TPMS 技术),就符合国家标准,其产品就可以进入市场、进入消费者手中。而间接式 TPMS 技术根本不能保证安全,存在着严重的安全隐患,标准还有何作用呢? 二是汽车安全产品是为消费者服务的,但实际上消费者在购买汽车时,只能是汽车生产企业选择什么类型的产品(间接式与直接式)安装在汽车上,消费者就只能购买什么产品,形成了消费者只能选择车型而不能选择胎压监测设备的局面,完全处于被动状态。三是许多汽车生产企业过去一直沿用在 ABS 基础上安装间接式 TPMS 的模式,既然继续使用也能符合国家标准,又何必去改装成直接式 TPMS 产品呢? 所以说,这样制定标准无疑是纸上谈兵、流于形式,根本达不到最大限度地提醒驾乘人员,保障安全的目的。

2　建议

(1) GB 26149 国家强制标准,必须坚持在《基于胎压监测模块的轮胎胎压监测系统》(GB/T 26149—2010) 标准基础上进行制修订的原则。贯彻"2025 中国制造"的大政方针,充分体现"大众创业、万众创新"的科技发展理念,突出"中国制造""节能减排"的指导思想,鼓励和支持民族工业的发展,以最大限度地保障安全为出发点和落脚点,维护广大人民群众的根本利益。

(2) 汽车产业主管部门与国家标准主管部门应审时度势,对该标准的审查、公示与发布要认真把关,坚持"制定一个标准,带动一片产业",把我国自主研发的,在国际上领先的技术作为制定标准的唯一依据,真正使安全标准起到保障安全的作用。

(3) 如果因主客观原因和外部因素一时无法将间接式 TPMS 从标准中剔除,公布的国家强制标准应规定间接式 TPMS 产品使用的过渡期,要求间接式 TPMS 在规定的时间内提升技术水平,达到直接式 TPMS 技术的性能要求,否则自行淘汰。

注:王梦恕院士之前已 8 次提出相关提案,其中,6 次的题目是《关于强制安装轮胎气压监测装置的建议》;1 次的题目是《尽快完成强制性国家〈乘用车轮胎气压监测系统的性能要求和试验方法〉标准制定,确保人民生命财产安全的建议》;1 次题目是《关于汽车轮胎监测装置(TPMS)强制性标准制修订问题的建议》。

关于京张高铁建设及京张铁路遗址公园的提案(2017年)

之一:关于"京张高铁区间两公里及北京北站入地方案"建议

北京市和海淀区人大代表于2015年年初,向我报告了当代建设京张高铁北京城区最后2km和北京北站"入地"方案还需要论证的情况。我详细阅读了全部相关资料,特别是铁路总公司各级提出北京北站"入地"方案技术上不可行的分析材料。作为隧道与地下工程专家,我坚定地认为:"入地"方案科学、合理,技术上没有任何问题。因为这最后2km紧邻二环,它的"入地"对减少扰民、方便百姓出行、缓解西直门交通拥堵以及对北京市的市容市貌,都有着重要的影响,且高铁进入大城市,"入地"是国际铁路发展的大趋势。我曾与多位铁路设计专家进行过多次深入研讨,他们都持与我相同的观点。但是铁路主管部门先后提出"北京北站入地改造工程竣工时间短,工期过长""入地方案技术上不可行""增加的投资没有出处"等理由,拒绝采纳。群众请我加入北京人大代表,对全部"入地"方案进行分析评价。后来我曾在多次论证会、征求意见会上明确表态,本着对历史负责、对老百姓负责的精神,必须采纳"入地"方案,必须给后代留下遗产而不是留下遗憾和灾难。同时我也对铁路总公司一再找理由、不负责任的态度提出了严厉批评,力促各级政府主管部门尽快组织实施"入地"方案。

在推进"入地"方案迟迟没有进展的情况下,北京市和海淀区人大代表于2016年5月上书刘延东副总理,对此我全力支持。刘延东副总理的批示引起了北京市委、市政府的高度重视,2016年8月初北京市规委主持召开了有铁路总公司、人大代表、院士参加的专题研讨会。会上,铁路设计部门虽然拿出了"最后两公里和北京北站入地"的详细设计方案,但仍不主张采纳,主要理由是:投资太大,工期太长……北京市人大代表、海淀区人大代表和我再次明确表态:"入地"方案科学合理,本着对历史、对人民负责的精神,必须采纳,没有任何商量余地。市规委也明确表达了支持"入地"方案的态度。会后,市规委与铁总曾多次沟通、北京市主管领导也曾与铁总领导就"入地"方案开过专题会,建议由铁总业务部门报总经理办公会拿出最终意见,但是至今半年过去了,铁路总公司领导也没有给出正式答复意见。

请问:两年多来,铁总一再找借口,不采纳"入地"方案,就是提出"工期问题"的说法,也有一年多了,照此下去,本不成问题的问题,也就会成了问题,铁总的这种态度是极其不负责任、极其恶劣的。对此,人民群众和人大代表都非常地不满和愤慨!中央习总书记一再告诫大家,不要干老百姓反对的事情。

刘延东副总理批示后,我曾针对铁总所说的"造价"和"工期"问题,委托北京市政建设集团有限责任公司对"入地"工程做了一个实施方案筹划与论证。对此方案和论证,我又做了认真的审核,结论是:北京北站下沉工程总工期约39个月,造价约36亿元;最后两公里盾构区间工期约18个月,造价约5亿元。考虑以上两项工程可平行作业,并预留前期进场时间及其他影响因素,工程总工期约42个月,总造价约41亿元。而不是铁总之前所估的:工期80个月,造价67亿元、78亿、近百个亿……费用由中央决定进行安排,造价要服从方案的先进性、安全性、环境的合理性,而不要建成垃圾工程。

对京张高铁北京城区最后两公里和北京北站"入地"方案,北京市领导及规委等相关部门态度明确,也多次与铁总进行沟通,作出了最大的努力,但是北京市无力约束铁路总公司的决策权。

为此建议:

(1)请求国务院主管部门强力协调铁路总公司,尽快推进"入地"方案的实施。

(2)同时采纳把入地后释放出来的地面改为"詹天佑京张铁路遗址公园"的建议。

因为京张铁路是第一条由中国人自己设计并建成的铁路,有着重要的历史意义,修建"铁路遗址公园"不仅改善市容市貌、为百姓提供休闲娱乐场所,同时也可以作为爱国主义教育基地,这是千载难逢的历史机遇,机不可失,失不再来,这也正是我们作为各级人大代表所反映的老百姓的共同心声!这件事事关重大,时间紧迫,请国务院主管部门予以充分关注,尽快推进和答复人民。

之二:关于保留百年京张铁路历史风貌建设铁路遗址公园的建议

作为北京冬奥会的配套工程京张高铁已经施工建设,按照京张高铁规划设计,北京城区学院南路至北五环间总长约6km的高铁线路已转入地下,具有百年历史的京张铁路也将停止使用。

京张铁路是由中国人自行设计和建造的第一条铁路,是中国人民和中国工程技术界的光荣,也是中国近代史上中国人民反帝斗争胜利的见证。铁路之父詹天佑在一百多年前主持修建这条铁路,工程艰巨,技术复杂,是世界知名的铁路工程,在中国铁路发展史上具有极其重要的历史地位。京张铁路和詹天佑,以及蕴涵其中的民族精神成为国人永远的骄傲。京张铁路作为工业文明走进中国的象征,它的发展与变迁映射着中国百年发展的年轮,这是历史留给北京最宝贵和最有价值的一份工业遗产。

随着京张高铁的建设,百年京张铁路即将成为历史遗迹,保护好这份珍贵的历史遗产,是政府和相关部门的不可推卸责任,不能再犯历史错误。

鉴于京张铁路特殊的历史地位,借鉴国际上成功的建设范例,建议保留京张铁路的历史风貌,建设体现工业文明的铁路遗址公园,形成贯穿海淀区南北的铁路绿化带,为北至清华,南至财大、交大等众多高校提供良好的环境空间和爱国主义教育基地。

铁路遗址公园是人们非常喜爱的城市元素。世界各国在城市建设有很多成功的经验。以美国纽约曼哈顿高线公园(High Line Park)为例,修建于1930年的一条由市区连接到哈德逊港口的铁路货运专用线,跨越22个街区,总长约2.4km,1980年停运时,曾一度面临废弃拆迁。在纽约相关组织的大力保护下,铁路存活了下来,并建成了独具特色的花园绿道,为纽约曼哈顿西区赢得了巨大的社会经济效益。成为国际设计和旧城改造的典范,并以其生态、游憩和社会文化三大功能,成为纽约市的著名旅游景点。

习近平总书记对绿色北京建设有明确指示,铁路是见证区域历史与经济发展的重要载体,建设铁路遗址公园在为市民带来美好环境空间的同时,又承载了这座城市的记忆,充分体现对北京城市文化的保护和传承。是对城市历史的尊重、对人民意愿的尊重和对铁路工业文明的尊重,与党中央对北京首都的定位和绿色北京建设是高度一致的。

随着高铁施工的进程,百年京张铁路已在分段拆除,保护工作刻不容缓,强烈呼吁北京市政府、铁路主管部门、规划和文保部门高度关注,本着对历史负责的精神,加快做好百年京张铁路的历史遗址保护工作,为子孙后代留下珍贵的精神财富。

关于琼州海峡通道建设的提案(2010年,2017年)

之一:必须重视海南岛的人口、功能定位及琼州海峡通道方案的认真研究的建议(2010年)

被誉为"黄金水道"的琼州海峡属中国的三大海峡之一,东西长约80km,南北宽约18km,是沟通北部湾和南海中、东部的海上走廊,也是广东至海南岛和越南等地的海上交通捷径。琼州海峡跨海通道的建设是完善全国交通体系的重大举措,但绝对不能影响"黄金水道"的运输和安全,该"黄金水道"具有重要的社会和军事战略意义。每天有数十艘30万t大型油轮往返通过,供应全国石油的消耗。其他各类客货轮、军事潜艇、航母也要经常通过,航船如梭,是我江海上重要战略通道。

经过长达15年有关交通部门和专家的多次讨论、研究和论证,终于形成了跨越海南省的三个建设方案,分别是"西线公铁两用跨海大桥"和"中线隧道方案"(两个方案没有先后之分,也没有首选、次选之别,将由国家发改委组织讨论进行)。修建方案必须根据工程建设、环境保护和国家战略等条件,综合考虑运营安全、经济、耐久、适用、生态及通航环境等各个因素,抱着对国家和人民负责、对后代负责和对工程建设负责的高度使命感、责任感。我从各方面全面进行分析,从以下八个方面考虑修建跨海大桥方案是不适宜的,甚至在技术上是不可能的、在环境上是不可取的。从规模上也应将海南岛定位于最多1200万人居住(目前800万人)的生态环境世界旅游岛,因此交通量不会太大,汽车上岛的数量也不宜过多,应客观定位和确定工程建设规模。

(1)环境保护方面:桥梁的修建势必通过海上环境和渔业资源区,尤其是西线方案涉及徐闻县国家级珊瑚礁自然保护区和大黄鱼资源保护区等的破坏。而隧道下穿海底,不影响海域生态环境,能避免噪声尘土对周围环境的影响,有利于环境和渔业资源等的保护。

(2)建设条件方面:地质勘察表明,在海底200~300m的沉积层内,尚未赋存基岩,即意味着缺少大桥修建所必要的桩基持力层。同时琼州海峡跨海通道区位于高地震烈度区,并且水深(最大水深:西线50m,中线75m)、风大(最高风速达51m/s)、浪高、流急(水流速度1.9~305m/s)和区域地质条件复杂,因此,对琼州海峡跨海桥梁通道结构的稳定性和耐久性必须满足的技术,桥式是很难满足的。而水下隧道结构安全性、耐久性、稳定性、不受外界影响,自身结构也很安全,可以做到百年寿命工程,且结构维护费用一般比桥梁低很多。

(3)工程运营风险(气候影响)方面:资料表明,琼州海峡跨海通道区域内平均每年8级大风11.8天(风速高达51m/s),雾天长达21~29天,急性龙卷风5次。显然,如此恶劣的天气必将严重影响大桥的安全使用。大桥可通车桥面大风速限定在25m/s以下,因此,桥梁不能全天候运行约每年50天左右。而水下隧道不受天气和气候变化的影响,全年有稳定畅通的通行能力。

(4)影响通航方面:东西向航线众多,航船如梭。大桥方案严重影响通航。桥孔最大设计跨度要满足每天有数十艘30万吨油轮往返通过,而一艘30万t油轮尺寸高68.5m、长398m、宽59m,油轮通航净空要满足宽1100m、高72m的净空要求,而大桥方案的设计高度必须是73m以上、主跨度必须大于1220m。显然,现有大桥通航桥式设计方案很难实现。若再考虑将来通航容量和密度(油轮吨位和船只)

的增加,则问题更为严重,甚至是灾难性的。而水下隧道决不侵占航道净空,不破坏航运,不干扰岸上航务和码头设施。

(5) 承载能力方面:大桥方案的承载能力是有一定限制的,如铁路桥梁中跨活载向下挠度为 3.606m,相应挠跨比为 1/390,这样大的挠度是不能应用的。而水下隧道方案具有很强的承载能力,一般无通行车辆载重限制。

(6) 工程造价方面:由于隧道在建时能做到不拆迁或少拆迁,占地少,不破坏环境,引线比桥梁短;建设用钢量比桥梁少,且只需普通建筑钢,工程总价低于桥梁。

(7) 战略通道方面:基于海南在国家领土安全方面具有十分重要和特殊的地位和作用,既是祖国的东南门户前沿,又是国家南拓战略的重要基地。因此对琼州海峡跨海通道的定位必须是一条震不垮、打不烂,全天候的和全时段的国家战略通道和经济、社会及能源大动脉。毋庸置疑,大桥方案是很难以胜任这一特殊要求的,大桥一旦震坏、炸坏会严重影响黄金通道。而隧道方案恰恰能满足这一功能。

(8) 关键技术方面:优先考虑采用水下隧道作为跨越江河湖海方式是当今世界的潮流和趋势。随着中国经济的高速发展、隧道修建技术的日臻完善以及人们环保意识的不断增加,水下隧道修建技术正在走向完善。新近用钻爆法成功通车的 6km 的厦门海底隧道、青岛至黄岛海底隧道、用盾构法施工的许多江河海底隧道陆续建成,以及正在施工的类似琼州海峡隧道长度的 32km 的关角隧道等,为我国特长海底隧道修建的关键技术积累了有力的技术支撑和借鉴。修建隧道的工程实例证明:当隧道长度大于 15km 左右时应采用电力牵引铁路隧道方案,不宜采用公路隧道方案,这样可长距离不设通风竖井、运营安全、风险小、运营费低,且汽车坐火车跨越海峡方案在国外已经很普遍。长大隧道宜采用双洞单向方案,以利于隧道施工和运营通风,且施工通风宜采用巷道式射流方式,这样可实现长距离不设竖井、节能、无通风管、大断面隧道通风。琼州海峡铁路隧道宜采用土压平衡复合式盾构法施工,且盾构直径为 10m 左右,也有许多成功的工程实例,如武汉长江第一隧、杭州钱塘江水下隧道、南京长江隧道等。显然,琼州海峡隧道修建的关键技术是完全可行和可控的。

为此,郑重建议这是关系到各个部门如总参、航运、环保、水域、各地域利害关系的大事,也是百年工程。琼州海峡跨海通道的建设必将是新中国成立以来最大的岩土工程项目,是举世瞩目的世界级巨大工程,对我国即将修建的台湾海峡和渤海湾等海峡通道,以及世界其他海峡通道势必产生重要和巨大的影响。审核一个工程修建的好坏应严格遵守环境效益第一、社会效益第二、工程本身效益第三的标准和原则。我们这一代岩土工作者,必须以高度的责任感和负责的科学态度,务必从国家的利益、大局和长远出发,切忌狭窄的行业圈子和短见的部门眼光,更不能利益的最大化和功能的最小化;确保也必须给国家、给人民、给后代,也给世界创造和留下精品遗产。绝不,也不应该留下让人唾骂的遗憾工程,甚至是灾害工程!!!

之二:关于加快海南岛环线高铁在琼州海峡中部用铁路隧道联结内陆建设的建议(2017 年)

1 琼州海峡跨海通道建设的必要性、紧迫性

海南岛西临北部湾与越南相对,东濒南海与台湾岛相望,东南和南边在南海中与菲律宾、文莱、马来西亚为邻。海南岛是"一带一路"倡议的重要海上交通集散地,但受到琼州海峡的隔断,海南岛与内陆的交通目前只能通过火车轮渡沟通,极大地限制了各种物资、人员出入。

从1994年国家发改委和原铁道部、广东省、海南省对海峡通道勘测分析研究,近10年在国家铁路局、铁道总公司、中铁建设两大集团的设计、勘测,从方案、技术、风险分析,已具备开工前后的条件。2015年海南环岛高速铁路的运营更感加快和内陆铁路的联通,非常必要和紧迫。由于海峡不通,军用物资、南海建设、油气资源开发都带来很大困难。急需打通这条战略通道,建设又难于破坏的深埋海底通道意义重大。建设的重要性、紧迫性人人皆知,民生的呼声也很大,高铁干线也要求各省会到中央北京的快速通道原则上不超过8小时,因此,海口至北京也要遵守这个原则。根据当今我国高铁快速建设特长大隧道和海底隧道的技术和装备水平,中线方案采用隧道长度约25km左右,深埋,工期6年,造价约500亿元。经济回收率约10年,该工程方案技术可行、风险可控、经济高效、抗风险能力强,寿命百年以上,是非常重要的遗产工程。琼州海峡通道是我国海上、海路运输的重要而唯一的黄金通道,不允许在该通道上部搞其他建筑,不要把简单问题复杂化,不要把工程变成短命工程和遗憾工程,易破坏工程。

2 方案、技术对比和简介

在必须保护琼州海峡跨海通道畅通要求下,应采用铁路海底隧道汽车背驮式和海南环岛铁路相连。

(1)平面线位选择。

琼州海峡位于广东省雷州半岛和海南岛之间,是我国的三大海峡之一。海峡东西长约80km,南北水域宽19.4~33.5km,水深一般为80m,中部水深80~100m,西峡口水深较浅,为40~45m。东峡口水深在90m以上,所以当时轮渡选择在东部。

琼州海峡跨海通道前期主要研究了东线、中线和西线三个线位方案,东线:排尾角~海淀岛,海域隧道长度约21.3km,最大水深90m;中线:在粤海铁路东侧,海域隧道长度约21.1km,平均最大水深90m;西线:灯楼角~马袅乡,海域隧道长度约32km,最大水深50m。

经过三个线位比选,中线方案虽然水深较深,非常适合隧道穿行,隐形很好,尤其能满足两岸铁路网规划,线路长度短、区域抗震强、工程造价低,估计约500亿左右等,具有很大优势,所以推荐采用中线方案(图1)。

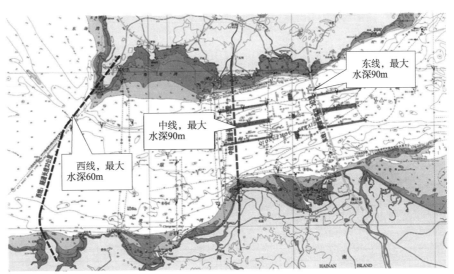

图1 线位比选

(2)通过桥、隧对比,西线由于水浅,适宜建桥。但琼州海峡具有台风多、地层条件差等特点,而且海上每天还有30万吨级以上的油轮航行,是我国的供油通道,海中还有潜艇穿行,水面以上必须保证航行净空通航宽度大于1200m,净空通航高度大于73m,是我国极其重要海峡,称为黄金通道。桥梁方案受限制较多,而且抵御战争以及其他自然灾害的能力远不如隧道。海峡通道应更加隐蔽、更加不易被破坏,桥梁造价需1200亿以上,悬索桥寿命也很短,所以采用隧道方案将是必然的选择。

(3)风险分析。琼州海峡跨海隧道工程的建设将面临高水压、软土地层、长距离快速施工、长距离通风等技术难点,经过调研及深入研究,该长大隧道工程的建设,需要在海峡水域宽18km的两岸各设施工和通风竖井,采用盾构法相向推进各9km贯通,形成隧道纵向巷道通风满足工程需要,其他技术难点将不制约工程的建设。对此,跨海隧道推荐采用铁路隧道方案建设,汽车采用背驮式通过铁路隧道。根据海峡两岸铁路网现状及规划,铁路标准推荐采用双线一级电气化铁路,设计时速250km,客货交路网络运输,穿越时间仅需15min。

(4)琼州海峡跨海隧道横断面采用两单线铁路隧道+服务隧道+多条横通道的形式(图2),服务隧道可铺设水、电、气等各种管道。施工期间可起到超前地质预报作用。行车隧道内径9.8m,服务隧道内径8.3m,采用管片+模筑混凝土的双层复合式衬砌结构,以适应各种水压和土压。

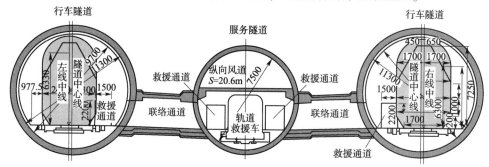

图2 琼州海峡跨海隧道横断面

(5)根据隧址处的工程地质条件,琼州海峡铁路隧道的建设规模,线路总长约28km,其中在水下隧道长18~20km,隧道最大埋深100m左右,结构寿命100年以上。全部工程造价可控制在500亿人民币以内,工期控制在6年以内。

注:王梦恕院士于2016年已提出相关提案,题目为:《关于加快琼州海峡通道工程建设的建议》。

关于建立中国特色科学与工程索引(SEI)的建议(2017年)

广大科技工作者要把论文写在祖国的大地上、用在祖国大地上,这是习总书记说出了广大科技工作者的心里话,早想提出具有中国特色的科学与工程索引(SEI)的建议,并尽早实现。

1 我国应用SCI检索存在的问题

20世纪90年代初,SCI被引入我国,人们对SCI、SSCI(美国社会科学引文索引)、EI(美国工程索引)、ISTP(美国科技会议录索引)等国外检索系统的追捧达到了前所未有的程度。许多高校和科研院所根据在上述检索收录期刊或会议上发表文章的师生进行奖励,一些学校和科研院甚至规定,所培养的博士生如果没有发表这类文章,则不能申请博士学位。值得注意的是,上述检索收录的期刊多为英文期刊,这就意味着中国大多数的科研精英人才想要获得学术认可,首先要选择将自己最好的研究成果用英文发表,对于更广泛的工程学科领域,尤其是工程领域,或国内具有领先世界水平的学科,科研成果首发外文期刊只会带来两大弊端,一是科研机构需要花巨资去购买英文文献数据库,科研人员有时也得支付昂贵的SCI论文发表费用;二是一些高水平原创性成果优先发表在国外期刊,对推动我国的科学技术发展难以起到正面作用。其实国外对SCI等检索系统并不重视,而我国则过度吹捧和使用。我国在科研评价中对SCI等检索使用主要存在以下问题:

(1)评价指标单一化,各专业之间评价不平衡。目前国内学科评估、人才选拔和职称晋升等,SCI索引占了很重要的权重,由于拥有SCI收录期刊的专业并不平衡,基础类学科如化学、生物、材料、环境等学科期刊较多,而工程技术类学科如土木、机械等学科SCI杂志较少,甚至有些学科在国际上没有被SCI收录的期刊,因此,将所有与学术水平相关的评价都简单归一化为SCI检索的统计,将严重导致不同学科和人才评价的不公平。而且,不同学科之间影响因子也不一样,生物化学等基础学科达到10或20以上,而工程技术学科则在1左右,将不同学科影响因子放在一起评价也存在不公平。如高铁技术他们没有什么杂志,影响因子是0~1。

(2)影响国内优秀科技期刊的建设和发展。由于语言等原因,我国仅有少量的中文杂志被SCI索引收录,一大批高水平的中文杂志无法进入SCI索引,如国家大型企业、一级学会主办的杂志《土木工程学报》《水利学报》《隧道建设》等。据统计,我国目前出版发行的科技期刊为5000多种,数量仅次于美国。在现行评价体系下,高质量的学术论文尽量送到国外发表似乎成了顺理成章的事,长此以往,将对国内一流科技期刊的发展极为不利。

(3)影响科技成果转化。国际英文的SCI期刊从撰写投稿到发表一般周期两年以上,如在国内投稿期刊则可以在半年内较快地发表,成果可以得到尽快转化。同时,由于语言的障碍,国内企业一般会首先查询中文优秀期刊的科研成果,查阅国际英文杂志论文则相对较少,国内学术研究者一般也是优先查阅国内杂志,会导致我国的创新成果的转化和应用的速度变慢。

2 建立中国特色科学与工程索引(SEI)的建议

结合我国国情,吸取国内外检索系统的优点,以更加客观、公平、合理地对我国科研中的人才、学科和科技成果进行科学评价,让科技人员更加集中精力开展科学研究。这不仅有利于提高我国中文期刊学术水平,还可以加速科技成果的转化,为国家节省大量的资金,对推动我国科学技术进步具有促进作用。具体措施如下:

(1)以我国学科体系为基础,由各学科、各专业学会和资深专家等组成遴选小组,在每个一级学科(或二级学科)领域中,选取一定数量的国际上最好的学术、工程科学期刊(20本左右),国内最好的学术、工程科学期刊30本左右,建立全新的引文数据库,形成中国特色的科学与工程索引Science and Engineering Index,简称SEI系统。

(2)在科研评价指标体系的构建中,可引入归一化的影响因子,或"影响因子比"(Ratio of Impact Factor,简称RIF),即每个以及或者二级学科期刊的影响因子,比上本学科期刊的最高影响因子,这样,不同学科之间的评价会变得更加客观合理。

目前国内已有比较成熟的中文期刊数据库,例如CNKI等,本身就具备了查询文献、下载量、引用、影响因子等功能,可以在已有数据库的基础上进一步完善建成SEI系统,与SCI数据库在同一平台内实现文献链接和国际引文检索,将中国的优秀论文推送出去,向国际学术界集中展示中国优秀科技成果,扩大中国学术期刊的国际影响。

为根治雾霾,改善大气环境,必须严格监控在用汽车排气污染物,并尽快修订提升国家强制标准 GB 18285—2005 的建议(2017 年)

1 问题提出

我国中、东部地区的大气环境经过几年的治理收效甚微,特别是秋冬季节的雾霾年复一年不见改善,这样的大气环境既有害国人的健康,也损坏国家形象,影响改革开放、实现"中国梦"的历史进程。必须以科学的时不待我的态度、寻根揭底、强硬有效的技措进行彻底的根治。国家环保部领导认为汽车尾气有害气体排放污染物是造成雾霾天气的三大主因之一,相关专家评论汽车尾气对大气环境恶化在 30%以上(或达 50%),因此对汽车尾气排放污染物的治理应是工作的重中之重。我国对现时生产的汽车尾气监控是很严格的,现在已发布实施 GB 18352.5(国V)的排放标准(限值),"国Ⅵ"标准也在制定中,基本与欧盟 EC 法规同步。但如此先进的"排放限值法规"对根治雾霾作用不大,问题的关键是对在用汽车尾气排放监控治理严重缺失和无作为!

我国在用汽车的社会保有量与美国相近,约 2 亿辆,出产年代的跨度不少于 15 年,且大部分集中于中东部地区,仅北京市就超过 500 万辆,很多都是按国Ⅱ/Ⅲ排放标准生产的,超排放的车辆有很高的比率。由于社会保有量大,使用年限久,标准要求高低不一,因此对在用车污染物排放的监测与治理才是治理大气环境工作的核心。而我国对在用汽车排放污染物的监控治理的法规依据是国家强制标准 GB 1825—2005 及测量方法。这个标准和测量方法的弊端很多:

(1)采用四种不同的方法来检验在用车尾气污染物是否达标,是一种非常混乱不合理的规定。因为所谓达标就是要求达到与 GB 18352 所要求的排放限值相同的水平(或关联)。这四种方法只有瞬态工况法与 GB 18352 有相关性,其他均与 GB 18352 没有相关性,无法进行科学准确的判断。

(2)GB 18352 对排放限值及测量方法已经从国Ⅱ升级到国Ⅳ/V,但 GB 18285—2005 只给出双怠速的排放限值,其余由各省市自定,该标准十多年不修订,如此落后的国家强制性标准(法规),已完全失去管控在用车排放污染物的效能,是一个废标!一旦发生严重污染环保部门只有上路用最原始的方法粗暴认定不合格车辆,形成无法可依,执法不严!

(3)由于该标准的试验方法混乱,排放限值要求严重滞后,对在用车无任何约束力,检不检都可通过,给监测单位提供了造假的机会。

(4)在用车尾气排放监测完全由有盈利目的的民营企业掌控,与主管环保与质检的行政管理执法系统无管控关系,由此造成在用车尾气污染物排放完全处于放任自流、无监管、无治理地混乱状态。

以上是造成汽车尾气污染物排放成为天气环境恶化主要因素的问题所在。当今主管环保与质检的领导者和专家都喊着要解决汽车排放问题,但如不从法规和监管治理双重入手,则只能是无效的空喊。

2 我和天津大学李德宽教授汽车专家提如下建议

(1)尽快对国家强制性标准 GB 18285—2005 进行彻底地修订,在充分研究国外相关标准制定和执行情况,深刻认识和反省我国标准的弊病和监管失控的事实,制修订出能够有效监控和治理在用车尾气污染物排放新的 GB 18285 标准。

(2)新标准确立瞬态工况法(IM195)为在用车排放检测的唯一方法,逐步淘汰不能适应新法规要求的检测方法,使 GB 18285 具有明确的统一的方法,必须执法准确,才能严格执法。所规定的排放限值与测试方法必须与 GB 18352 的排放限值与试验方法有高度的关联度,绝不能再维持原标准那种互无关系的试验方法以及落后的排放限值要求。

(3)要建立环保部、质监总局与基层监测的企事业单位直接的监管关系,构成垂直的管理体系,通过互联网、大数据掌控全国在用汽车的污染物排放总局面。

(4)建立针对汽车尾气排放污染物的汽车维护、修理和淘汰制度。对于平时使用和保养不当,已成为严重排放超标的车,必须强化维修与整治,并建立科学严肃的淘汰制度。

总之,无论从国家政府部门还是环保专家都认识到汽车尾气排放污染物是对大气环境恶化的罪魁祸首(之一),都在喊"狼来了"!但就是不见有效的解决政策与管理措施,不能再等待,敷衍空谈,为照顾八方利益就是不敢担当国家、社会责任的现象而不负责任!是该认真彻底解决的时候了。

注:王梦恕院士已于 2016 年提出相关提案,题目为:《关于机动车辆排气污染物强制标准制修订及实施监管问题的建议》。

城市轨道交通建设防患未然

城市轨道交通对解决交通拥堵、方便出行、改善环境、节约能源具有重要作用,符合我国可持续发展战略,是全国城市交通建设的方向。但如何安全、优质地建设轨道交通,目前在规划、设计、施工、运营等环节还存在着理念和做法上的缺陷,必须纠正。

(1)城市轨道交通是涉及很多专业的复杂的系统工程,修建过程也是一个整合的过程。一条20km的地铁线路一般建设周期为4~5年,不能太短。有的城市从政绩出发,提出3年建成的做法是违背建设规律的。另外,各城市攀比数量和速度,有些城市同时修几条线路的做法是也不妥的。不仅所需费用庞大,施工干扰严重,而且线路设计未优化、埋置深度不合理,存在很大安全隐患。所以应建设一条开通一条,这样才能发现问题,取得经验,以利再修。国家决策部门严格审批非常重要。

(2)必须按照"安全、可靠、适用、经济、先进"的十字方针和次序进行设计建设。盲目求先进、求高档、求规模的做法是不可取的。地铁建设成本很高,平均每公里需要5亿元,运营费又不能定价太高,否则老百姓不坐,将来更加亏损。如过分追求高档,会严重影响今后适用的要求。

(3)地铁建设应正确把握设备与土建的投资比例。根据国际惯例,设备与土建费用的比例为4:6,即土建费用比设备要高。只有这样才能实现设备低投入而带来今后低运营的条件。如大量引进国外设备,设备费高于土建费,今后运营成本被设备维修、折旧所吃掉,将背上沉重的包袱。

(4)要认真落实"百年大计、质量第一"的方针。当前严重影响工程质量的因素主要有两个:一是在招投标中拼命压低工程造价,有的甚至比预算低30%左右。这样做出来的工程能放心用上百年吗? 二是赶工期,把进度放在第一位,严重违背技术标准的种种要求。百年大计,土建工程不可逆转,必须质量第一。

(5)在建设过程中应重视国产化,重视带动国内相关产业发展。目前许多工程把钱给外国人一点不心疼,认为外国人的规划设计比中国人强的思潮很严重,科技界、建筑界对此反应很强烈。工程款是老百姓的税收,要取之于民,用之于民,建设一个工程要带动一片产业,造福一方人民。

(6)要重视对工程安全风险的咨询评估工作。当前工程事故频频发生,工程质量不断出问题,政府和建设方整天提心吊胆。如北京在奥运会前要建5条地铁及郊县轻轨,任务之庞大前所未有,从规划、设计到施工时间太短,线路规划和设计本身来不及优化,施工队伍中很多是没干过这个专业的人员,存在很大的风险性。所以利用专家咨询机构,进行全线的安全风险分析和施工监督是非常重要的。应建立全国性的安全风险咨询专家机构,将新建地铁零打碎敲的专家会改成系统性的全方位的咨询论证,这是"百年大计、安全第一"最好的预防针。

交通建设进入隧道时代

铁路选线标准的高低,在很大程度上取决于隧道长度的修建水平,铁路选线展线的大小是由隧道长度确定的。20世纪50年代以宝成线为代表,隧道长度确定为2km左右;60年代以成昆线为代表,隧道长度确定为7km左右;80年代以衡广复线为代表,隧道长度达到15km;90年代以西安—安康秦岭隧道为代表,隧道长度可以达到20km。结论是:隧道越修越长、线路标准也越来越高,以穿山路代替盘山路的目标实现了。

现代运输业建设的关键是用提速来增加运量和缩短时间,因为速度是非常重要的指标之一。多少年来,公路在山区或半山区穿行时,多以盘山公路为主,汽车爬坡增加燃料费用,雨季易滑坡、坍方断道,冬季雪封路面使交通被迫中断、多发翻车等事故。现四川省的山区公路规划已开始避免修建盘山路,在我国率先开始修穿山路。如新修的二郎山隧道长4176m缩短运营里程254km,提高了线路标准,避免了公路在海拔3000m的山区迂回,避免了急弯陡坡,彻底告别了"车翻二郎山、行车大半天"的年代,实现了全天候通车的目标。同样,华蓥山隧道长4534m,是成都到上海高速公路中的广安县至柞水段的咽喉工程。由于该隧道的建成,使盘山路下降了500多米高程,缩短行车里程20千米,改善了行车条件,节约了用地,保护了自然环境,降低了交通事故。

选用穿山路的优点可概括为:可提高线路标准、降低线路标高;可截弯取直,缩短运营里程;可减少大填大挖,保护环境不破坏森林植被;可减少水土流失……正因为有如此多的好处,所以在修通西安至汉中高速公路区段时,陕西省程安东省长提出了穿越秦岭山脉穿山路方案,建议修建全长18km秦岭终南山特长公路隧道。经专家论证,该隧道长度在国外排名第二位,该特长隧道的修建是很必要的,技术也是可行的,经济上也合理。希望能克服重重障碍尽快实现,为打通西部到北海的大通道做出新贡献。21世纪公路隧道的发展将在特长隧道上有更大的突破。

18~20世纪是大桥发展的世纪,遇水架桥天经地义。但随着航运的发展,环境保护问题日益凸显,跨越江河已存在桥、隧两种比选方案。随着隧道技术的迅速发展,穿越江河隧道的方法很多,有日本国土青函隧道用钻爆法修建成的越海隧道;有以英吉利海峡隧道联络英法两国用TBM掘进机建成的跨海隧道。另外,还有在上海黄浦江底修建的新闸路隧道、延安路隧道、观光隧道和正要用沉管法、盾构法修建的三条过黄浦江公路隧道。

市区修建隧道优于修桥的事例也很多。上海有名的南浦大桥和杨浦大桥很壮观,两岸占地上千亩,和上海电视塔构成了上海老百姓讲的"二龙闹珠"的场面。但社会反映不一,有称赞也有批评:两岸占地上千亩,破坏了环境。所以靠近市区是修桥好、还是修隧好需要全面分析。京沪高速铁路要在南京上元门跨越长江,但该河段是航运主道,修桥占地多、拆迁多,南京市不同意,长航局也不同意,

大家一致希望修建水底隧道。

---

* 本文原载于:《建设科技》,2004(7):27-27.

目前国外用各种方法修建的海底、河底隧道已有500多座,其中用沉埋管段法修建的已超过110座,说明交通跨海方式已有新的趋势。在青岛至黄岛桥隧方案的讨论中,同意修隧道专家占多数。因此,扭转观念,桥隧并举非常必要。从国际战备观念出发,从南斯拉夫战争教训中更应理解隧道在今后跨海、越江河的重要性,桥梁美观可以作为形象工程,但不能破坏环境,这个原则必须坚持。

单行线可解北京拥堵

为了解决北京拥挤的交通状况,近些年来,北京市交通管理部门想出了多种解决办法,但是其交通状况还是没有从根本上得到改善。这是因为北京市现在在交通的发展上存在一些认识上的误区,比如:马路要修最宽的,立交桥要修最大的,认为只有这样就可以有效解决北京的交通问题,事实上,这是错误的观念。

如今,北京市有这么多的宽马路,一些马路都是双向六车道,有的甚至是双向八车道,还有众多规模庞大的立交桥,但是交通问题还是没有解决。事实上,解决交通问题最为重要的是规划和管理,并不是马路修得越宽、立交桥建得越大就越好。现在,很多国家和地区在城市中都反对修太宽的马路和规模庞大的立交桥,认为对人们过马路不方便,也不人性化。与之相反的是,单行线却受到这些国家和地区的广泛欢迎。单行线的最大好处就是大大降低了会车造成的减速、阻塞甚至碰撞刮蹭的发生概率,从而大大提高了马路的通行能力。我认为,大力实行和发展单行线也应该作为北京市缓解交通压力的一条重要举措。

瑞士、法国、日本的大部分城市,还有我们国家的香港和澳门,马路都不宽,也没有太多的大型立交桥,但是他们的交通基本上都是井然有序,很少发生拥挤塞车的现象。

我们以澳门为例,澳门是个只有 $25km^2$ 面积的弹丸之地,这个城市的单行线样本很值得北京交通管理部门学习。他们交通管理最主要的一条就是设置众多的单行线,目前单行线占所有道路的比例已达到 80% 以上。澳门绝大多数道路的宽度不到 4m,有 4 条车道就是那里的大马路了,大多数道路都是只有一条车道的单行线。为了保证单行线道路的数量,澳门还因地制宜,在密集的楼群缝隙中开辟出一条条窄小的行车道路。这样,众多车辆就可以被疏散到大街小巷中去。由于澳门的单行线众多,形成了极为细密的道路网,因此开车通行十分方便。驾驶员如果发现前方道路不通,可以随时拐弯,另觅出路。

我认为,现在北京应该像澳门一样,大力发展单行线,并注重支路的修建改造和交通管理,改善北京市的路网结构,提高路网密度。可能有很多人会有这样的担心:如果北京大量实行单行线,很多老百姓坐车将会不方便。这里我要说的是,大量实行单行线有一个前提,就是街道口与街道口之间的距离要短。在西方,很多国家城市的街道口的距离一般都短,大都在 200~300m,有的甚至只有 100m 左右。这样人们乘车,无论是横向还是纵向,到哪条马路的距离都很短,坐车十分方便。

北京目前的城市发展规划及交通规划存在一些问题,街道口、马路与马路之间的距离一般都很远,这给大量实行单行线带来了一些难题,但是也并不是完全没有办法。在北京的南城,很多地方目前都还没有改造,一些传统的街道口都比较近,这里就可以多考虑规划一些单行线。此外,北京市其他一些地方也可以通过道路改造增加马路的密度,缩小街道口之间的距离,从而有利于单行线的实施。

---

* 本文原载于:北京科技报,2009-07-06.

中国高速铁路快速建成创新方法及业绩

京津城际铁路是中国第一条世界一流的高速铁路,该工程长 120km,复线,从施工、调试到运营仅用了一年半时间,是对中国高速铁路各种创新成果进行试验应用的检验,是示范性工程,也是今后进行其他成果试验、研究创新的基地。

中国高速铁路建设必须做到安全、可靠、适用、经济、环保、节能。必须解决多种外界因素干扰问题,多个大小系统必须严密无缝配合,必须做到工程百年寿命运营的可靠性、稳定性,具有很大的难度和技术高度,以前没有可借鉴的能直接应用的成果。中国铁路建设有着百年创新的历史和传统,其特点是把自身原始创新成果集中起来进行新的创新,再将引进、消化吸收的成果结合中国铁路的实际进行研究试验再创新。具体措施是,由部门领导机构主导,企业作主体、科研院校协同。把三种创新方式融合在一起,形成许多大小不同的团队进行配合,用最低的成本完成了用最短时间实现中国高速铁路世界领先地位的过程。

中国高速铁路创新的另一特点是坚持必须以工程、设备实物建成为目标,通过反复实践、理论,再实践、再理论的循环试验修正研究,最后达到各项指标。最后是结合铁路运营的路网特点,从小到大,从短交路网到中交路网,扩大到长交路网,比如从京津短交路到第 2 条郑(州)—西(安)中交路的建成运营,扩大到武(汉)—合(肥)的长交路 3 条不同长度的建成和运营,才圆满完成京沪铁路 1318km 5 年顺利建成的业绩。这是任何国家所没有的创新方法。

中国高速铁路在世界上有许多突破性的创新成果,主要体现在以下两大方面:

1 运行速度、平稳性、舒适性、运量、节能、环保等指标先进性引领其他国家

(1)中国高速铁路运营速度可达 350km/h,验收速度超过额定速度的 10%,按 385km/h 规定验收时间进行全面检测,无误后交付使用。应用空气动力学试验,优选了低阻力流线型机头,得出了不同运行速度所产生的空气阻力,当速度为 300~320km/h 时,阻力为 80% 左右,当速度为 200~220km/h 时,阻力为 25%~30%,可看出运行速度愈高愈费电,而且影响机车寿命,因此我们把 200~220km/h 的速度称作经济速度。这也是各国不愿把运行速度提至太高的原因。我国幅员辽阔,因交通需要,采用了 300~320km/h 较高时速,并在此基础上进行了节能性探索。

(2)采用分散型牵引、8 辆或 16 辆列车编组、安全可靠的高速转向架、安全环保的电制动反馈系统、先进的噪声控制技术、高性能牵引系统等,使得中国高速铁路的安全性、平稳性超过其他国家。

(3)和谐号车体气密强度大,密封性好,新风量充足,噪声小(<70dB),平稳性好,车体宽(3.3m,大于欧洲的 2.9m),舒适性高于国外。

(4)和谐号 CRH 380 采用了信号系统与区间 3 色显示闭塞系统,可每 3~6min 发一趟列车而不追尾,做到密交路、大流量运输,类似公交的运输方便大众,可实现单向 22 万人/日的客运量。

(5)节能突出。由于列车制动时,动能转化为电能,回馈到电网,据综合计算和测试,人均每 100km 耗能 5.6kW/h,比速度 350km/h 的机车低了 6%,比汽车、飞机低了更多,如波音 747,人均消耗 800kW/h

---

* 本文原载于:科技导报,2014(22).

（以总功率16万kW，乘坐200人计算）。

2 桥梁、隧道、轨道道岔结构、无缝线路方面的创新

（1）全线高架，每千米铁路节约土地3hm²。另外，不影响地面交通，可快速工厂化32m跨箱梁施工。在软土路基，以桥代路解决了下沉不稳定的难题，通过桥支座的调整可快速实现高速。

（2）轨道、道床结构采用无渣板式钢筋混凝土结构，简化了维修，稳定了线路，实现了高精度轨距及轨差±2mm的要求。

（3）全线采用无线钢轨连接，克服了温差达100℃的热胀冷缩难题；研制了400km/h的高速道岔，对全线长距离平稳运行起到了重要作用。

（4）桥梁、隧道工程是高速运行的基础，线路取直穿越很多大山、河流，尤其隧道与线路的比例达30%~70%，如兰渝线800km线路中隧道600km，贵广线600km线路中隧道400km。隧道快速施工是高速铁路快速建成的关键。

（5）做到受电弓在供电线上以380km/h的速度滑行而不出现离线率，避免了火花的产生，实现了安全稳定性供电。

总体来说，中国在高速铁路勘测、设计、施工、装备制造、调试和试验、运营管理等多个方面都形成了技术体系、标准、专利，并有一支强大的、配套的技术、技师团队，可实现高速铁路的高平稳性、高可靠性、高安全性、高耐久性及合理的经济性。

由于铁路、高速铁路的建设可以带动中国整体经济发展和人口就业，因此，中国每年建成3000km铁路，投资7000亿元，才能满足全国人民的要求，才能真正促进强国富民的早日实现。

"工程禁区"的突破与创新

我多次到工地切身感受到,生龙活虎,踏踏实实,人性化管理,重视技术、工艺、工法创新和推广应用,是贵广线最突出的表现。深感互相激励的高尚品德、实事求是的科学精神是干好任何复杂工程的重要条件,而数万可敬的建设者正是中国铁路的精魂和脊梁。

1 隧道与桥梁"混搭"

贵广高速铁路(以下简称"贵广高铁")从贵阳市贵阳北站到广州市广州南站,采用直线距离选线,长度为770km左右。考虑经过重要市区实际线路长856km,展线系数为10%,线路采用直线穿越许多高山峻岭,采用隧道减少展线,是大大提高线路速度和标准的重要办法。没有长大隧道工程的选线,是不可能实现铁路高标准、高速运行的,隧道也是全线能否快速建成的控制工程。

贵州是唯一没有平原的省份,在历史上一直深受交通隔绝之苦,"云山阻隔行路难,望断天涯空嗟叹"。贵广高铁设计速度为250km/h,并预留350km/h的提速条件。全线隧道238座,总长464km,占线路总长的56%左右,线路一半以上的隧道中近似于地下铁路。全线有10km以上特长隧道9座,其中Ⅰ级高风险隧道11座,Ⅱ级风险隧道14座,难点之多,风险之大,前所未有。

桥隧不分家,桥梁多处于隧道进出口两端,贵广高铁全线新建桥梁510座,总长245km,占线路总长的27%,穿越在山沟河流之上;路基长138km,仅占线路总长的17%。可以看出桥隧比例(总量达83%)之大,工程难度是国内外少有的,其中在贵州山区,桥隧总和达线路的90%以上。沿线岩溶地貌、地质条件相当复杂,在隧道施工中先后遇到270多个大小溶洞,发生大的突水突泥达30多次,很多年前被认为工程禁区。

2 艰难困苦,砥砺前行

贵广铁路有限责任公司用关爱、帮助去解决各施工单位的困难,用科学的、实事求是的态度对待工程中所发生的各种大小问题,让施工、设计、监理单位都感到亲切和温暖。有尊严地工作,平等、和谐,畅所欲言地讨论各种方案,来应对各种困难。贵广铁路有限责任公司营造的平等待人,真心帮助,把一切都摆在桌面上的工作环境是安全、快速建成贵广高铁的根本原因。

我曾问过长期奋战在工程第一线的"总指挥长"张建波总经理是如何做的,他概括为:用爱心做事,用感恩之心做人。他说:"在艰苦的环境条件下,大家远离父母妻儿,用微薄的收入忘我的工作,我没有权力不好好为他们服务,为他们解决难题。每到春节看到工地资金紧张,发不出工资时,我想尽办法让他们把应得的工资拿到手,寄回家,人不能回去过年,钱必须回去过年,钱是他们补偿这种分离的最大安慰。"听到这些朴实无华又感人肺腑的话,我不禁直掉眼泪。我多次到工地切身感受到,生龙活虎,踏踏实实,人性化管理,重视技术、工艺、工法创新和推广应用,是贵广线最突出的表现。深感互相激励的高尚品德、实事求是的科学精神是干好任何复杂工程的重要条件,而数万可敬的建设者正是中国铁路的精魂和脊梁。

---

* 本文原载于:中国经济周刊,2015(02).

3　世界高铁建设的"贵广高度"

贵广线2008年10月23日开工,按期6年建成,贵阳至广州铁路运行时间由过去的20h缩短至4h左右,项目概算投资975.54亿元,折合1.14亿元/km,与国外相比,造价低、工期短。在建设过程中,建设方组织攻克了40多项技术难点,非常突出。其中《高地应力及富水隧道设计理论和方法研究》课题还荣获了中国铁路总公司科技进步二等奖。

贵广铁路有限责任公司在建设管理过程中,创新是贯穿工程始终的主题,并取得了丰硕成果,得到了社会各界的广泛认同。2014年12月10日,在"第十四届中国经济论坛"上,他们荣获了"2014年中国创新榜样"的殊荣,这是对贵广高铁所有建设者的激励。

他们秉持"绿色贵广、人文贵广"的理念。在工程设计选线阶段,特别重视对水源、风景名胜、自然保护区、文物古迹的保护,提出尽量利用荒地、劣地布线,绕避基本农田和林地,避免高填、深挖路段,以桥隧替代,防止今后运营诱发地质灾害,先后确定27处进行修改。他们深刻理解干一项工程,要给后代留下遗产而不是遗憾。

一流的企业看文化。贵广铁路有限责任公司提出各施工单位要通过工程造就一支队伍,创造一种精神,形成一种理念,创建一种模式,凝聚一种文化。努力塑造建设队伍,形成和谐周边群众、助人为乐的良好建设环境。该项目自开工以来,共计为沿线农村新建、改建便道2800多公里,新建便桥4686m,供水管路63km,这些基础建设既方便了自己又方便了群众,吸纳当地劳务工近5万名,支付劳务工资达40多亿元,采购各种物品达30多亿元。铁路修到哪里,哪里就脱贫,这是多年的规律,也是企业的社会责任。

贵广高铁在隧道建设上有理念到方法上的几大创新:初期支护取消了隧道顶部锚杆,支护结构的体系改为由喷网、钢拱架、锁脚锚杆(管)、纵向连接系四部分组成;在初期支护背后进行充填注浆和径向注浆,可实现防水和结构的加强,是最快、最有效的方法;隧道断面轮廓进行优化成为小偏心受压断面,二次混凝土衬砌取消了钢筋,用钢量节约10万t左右,工程费用大大降低,同时衬砌结构寿命可达百年以上;为加快工期采用平导,少用斜竖井,并采用初期支护结构是最优的选择。

作为一个老铁路工作者,我可以欣慰和自豪地说,贵广高铁建设在我国干线中起到了引领作用,达到世界高铁建设领先水平。

王梦恕院士文集

附 录

大事记

王梦恕院士

1938 年
▶ 12 月 24 日，出生于河南省温县招贤乡安乐寨村。

1944 年
▶ 8 月，入陕西省宝鸡铁路流动小学就学。

1949 年
▶ 9 月，考入陕西省宝鸡蔡家坡铁路中学就学。

1952 年
▶ 9 月，考入天津铁路工程学校大型建筑科桥梁专业就学。

1955 年
▶ 10 月，分配至锦州铁路局勘测设计所工作，任技术员，在职期间圆满完成了锦州大桥的检测任务和山海关区间 15 公里铁路改线的勘察设计任务。

1956 年
▶ 9 月，考入唐山铁道学院桥隧系就学。

1961 年
▶ 9 月，考入唐山铁道学院桥隧系，攻读隧道及地下工程专业研究生，师从著名隧道及地下工程专家高渠清教授。

1964 年
▶ 9 月，研究生毕业后留在唐山铁道学院桥隧系任教。

1965 年

▶ 8月，本人提出申请，并经组织批准，分配至北京地下铁道工程局工作，任技术员。

▶ 在职期间，在新中国第一条地下铁道——北京地铁一号线建设工程中，主持完成了每平方米承受1500磅穿甲弹和爆破弹的承载设计任务，进行了钢管钢筋混凝土拉压桩的设计和试验；为20米区间试验段的试验和建设，研发了一批可操作的工艺和施工程序，实施完成了示范工程；主持完成了压缩混凝土1∶5的盾构工艺模拟试验，以及我国第一台7.3米直径开敞网格式压缩混凝土盾构的设计和制造；解决了地铁设计中的贯通误差问题，为北京地铁一号线的全面开工创造了条件。

1970 年

▶ 5月，北京地下铁道工程局改为铁道兵编制。由于父祖的所谓"历史问题"，毅然离开北京，到偏远落后的成都铁路局峨眉内燃机务段工作，先后为工人、技术员。

▶ 在此期间，主持设计并建设成功的峨眉内燃机务段被铁道部评为"全国第一个内燃机车优秀样板机务段"，本人被成都铁路局评为"对铁路建设做出特殊贡献的先进个人"。

1978 年

▶ 6月，调入成都铁路局组建的科研所，并在内燃机车柴油机爆缸试验中做出了突出贡献，被评为机械工程师。

1979 年

▶ 10月，调入"4501工程"指挥部（铁道部隧道工程局前身）工作，任科研所结构研究室主任、科研所总工程师。

1980年

▶ 8月，率领铁道部隧道工程局科研所结构研究室的工程技术人员，进驻衡广复线大瑶山隧道建设工地，针对前所未有的42个技术难题，进行科学攻关。

1981年

▶ 攻克了雷公尖隧道的技术难关，创造了新理论、新结构、新技术、新工艺、新方法、新设备和新仪器，并进行了全工艺施工试验，为大瑶山隧道建设提供了科学、有效的施工工法。

▶ 主持并参与大瑶山隧道深孔光面爆破、喷锚支护、监控量测、周边浅孔预注浆等关键技术成果的开发、研究和应用，实现了大断面、大型机械化快速施工，使长大隧道修建技术有了重大突破和长足发展；形成"大瑶山铁路隧道修建新技术"，涵盖十大配套技术，解决42个技术难题，其中3项配套技术达到国际领先水平。大瑶山隧道的贯通，标志着我国隧道和地下工程施工技术进入到一个新阶段，被誉为我国隧道建设史上的"第三个里程碑"。

1984年

▶ 9月，加入中国共产党。

1986年

▶ 5月，完成军都山隧道630米黄土段浅埋暗挖实验研究工作，这标志着"浅埋暗挖法"雏形的形成，所主持研究的双线铁路隧道不稳定地层施工新技术，首次系统地创新了超前支护稳定工作面支护体系的理论分析和实践应用，创造了新型网构钢拱架支护形式、小导管超前支护，并广泛应用于地下工程。

▶ 8月，参加北京地铁复兴门折返线修建工程，将试验研究成功的"浅埋

暗挖工法"付诸实施，从而，为城市地铁及地下工程修建开辟了一条新路。

1987 年
▶ 5月，衡广复线大瑶山隧道的42个技术难关被一一攻克，该隧道胜利贯通。5月6日，党和国家领导人参加了隆重的贯通典礼仪式。

1988 年
▶ 4月，任铁道部隧道工程局副总工程师。

▶ 研发的"铁路隧道复合衬砌技术"获国家科技进步奖三等奖；研发的"北京地铁浅埋暗挖法施工技术"获北京市科技进步奖一等奖。

▶ 参加上海地铁修建工程，主持实施了菱形抓基、墙体混凝土逆作法、井底一次性大面积浇筑等新技术、新工艺，提前3个月，安全、优质地完成了建设任务。

1989 年
▶ "大瑶山长大铁路隧道修建新技术"获铁道部科技进步奖特等奖。

▶ 12月，北京重大科技成果展在北京展览馆举行，展出了采用浅埋暗挖工法修建的北京地铁复兴门折返线工程、地铁车站试验段工程和粉细砂层注浆新技术3项科技成果，党和国家领导人参观后，给予了充分肯定。

1990 年
▶ 获"铁道部有突出贡献的中青年专家"和"国家级有突出贡献的中青年专家"荣誉称号；"浅埋暗挖法修建地铁车站技术试验研究"项目获北京市科技进步奖二等奖。

1991 年
▶ 开始享受国务院政府特殊津贴。

1992 年
▶ 研发的"大瑶山长大山岭铁路隧道修建新技术"获国家科技进步奖特等奖。

1993年
▶获"詹天佑铁道科学技术奖"。

1995年
▶3月,参加广州地铁修建工程,采用"特殊浅埋暗挖工法",解决了前所未有的六大技术难题,安全、优质地完成了施工任务。

▶6月,当选为中国工程院院士;

▶获全国科技大会奖;

▶因"北京地铁浅埋暗挖法综合配套技术"获国家科技进步奖二等奖;

▶所著《大瑶山隧道——20世纪隧道修建新技术》,获广东省优秀图书二等奖和第七届全国优秀科技图书二等奖。

1996年
▶研发的"隧道干式除尘机工艺",获铁道部科技进步奖二等奖。

1997年
▶5月,任北方交通大学(现北京交通大学)教授、博士生导师、隧道及地下工程试验研究中心主任。

▶荣获首届"全国优秀科技工作者"荣誉称号,研发的"广州地铁浅埋矿山法综合技术"获广州市科技进步奖一等奖。

1998年
▶当选为第九届全国人大代表、第九届全国政协委员。

▶研发的"单线铁路长隧道快速施工配套技术与设备"获铁道部科技进步奖二等奖;

▶研发的"PJ66-1型混凝土喷射机械手项目"获国家机械工业局科技进步奖二等奖。

▶获中国土木工程詹天佑奖。

1999 年
▶荣立人事部授予的"科技专业技术人才"一等功。

2000 年
▶研发的"单线铁路长隧道快速施工配套技术与设备"获国家科技进步奖三等奖。

2002 年
▶研发的"北京地铁天安门车站条形基础盖挖逆作法设计施工技术"获国家科技进步奖三等奖;
▶研发的"秦岭隧道 TBM 施工技术研究"获中国铁路工程总公司一等奖;
▶获"河北省院士特殊贡献奖"二等奖。

2003 年
▶当选为第十届全国人大代表、第十届全国政协委员。
▶研发的"秦岭铁路特长隧道修建新技术"获国家科技进步奖一等奖。

2004 年
▶8月,主持研究论证大连石门山隧道、椒金山隧道的技术方案,并委派其学生参加全过程管理,安全、优质、高效地完成了两条隧道的修建任务。

2005 年
▶主持研究论证我国第一条海底公路隧道———厦门翔安海底隧道的技术方案,并跟踪落实,切实有效地攻克了该工程的三大技术难关,安全、优质、高效地完成了修建任务;进而,为全国各沿江、沿海城市的水下隧道修建工程提供了样板。
▶参与创作的"院士科普书系",获国家科技进步奖二等奖(编著了该书系中的《20世纪的铁路》一书)。

2006 年
▶主持研究论证青岛胶州湾海底公路隧道的技术方案，并跟踪落实、解决技术问题，安全、优质、高效地完成了修建任务。

2007 年
▶1月、5月，主持研究论证大连湾海底公路隧道的技术方案。

2008 年
▶当选为第十一届全国人大代表。

▶期间多次到宜万铁路建设工地，主持研究论证技术方案，果断地采用"释能降压法"，解决了前所未有的施工难题。

2009 年
▶12月，所确定的技术方案全部付诸实施，宜万铁路全线顺利贯通。

2010 年
▶任中国中铁股份有限公司副总工程师。

▶所著《中国隧道及地下工程修建技术》出版。

2012 年
▶受中国工程院委托，任"渤海海峡跨海通道战略规划研究"重点咨询研究项目负责人，组织专家学者、工程技术人员和各级政府相关部门负责人，对渤海海峡跨海通道这一世界最大的海底隧道工程进行现场踏勘和研究论证。

▶《中国隧道及地下工程修建技术》一书荣获第四届中华优秀出版物奖图书提名奖。

2013 年
▶当选为第十二届全国人大代表。在连续担任四届全国人大代表、两届全国政协委员期间，先后就全国铁路建设、南水北调、地下水封岩洞油库建设、环境保护、强制安装轮胎气压监测装置，以及对转基因食品、耕种转

基因农作物的土地进行严格的安全评估与检查等问题，提出了具有真知灼见的建议或提案。

▶《中国隧道及地下工程修建技术》一书荣获第三届中国出版政府奖图书提名奖。

▶ 11月25日，主持召开"渤海海峡跨海通道战略规划研究"阶段性成果汇报研讨会，12位中国工程院院士和60余位专家学者参加了会议。会议一致通过了"渤海海峡跨海通道战略规划研究"报告初稿，取得了阶段性成果。

2014年

▶ 5月，在中国工程院土木、水利与建筑工程学部2014年度第二次常委扩大会议上，汇报了"渤海海峡跨海通道战略规划研究"项目，与会院士同意结题，建议项目组凝练成果，经中国工程院报送国务院及相关部委。

▶ 8月，参加朔黄重载铁路的"院士行"活动，对朔黄铁路进行了技术考察和咨询。

▶ 9月，参加由中国铁路总公司科技管理司组织的，赴云南大瑞铁路的技术考察、调研及咨询活动，提出了中肯的意见和建议。

2016年

▶ 6月，在云南参加"大瑞铁路高黎贡山隧道施工方案暨长大深埋隧道建设方法专家咨询会"，形成了院士咨询意见，对项目下一步的运作提供了参考。

▶ 12月，在广州参加了水下大断面盾构隧道建设院士专家研讨会，对苏埃通道和琼州海峡隧道项目提出具有建设性的意见。

博士生 / 博士后名录

序号	姓名	博士/博士后	入学年份	工作单位
1	张顶立	博士后	1998 年	北京交通大学
2	谭忠盛	博士后	1999 年	北京交通大学
3	杨小林	博士后	1999 年	河南理工大学
4	吕 勤	博士	1999 年	北京交通大学
5	王占生	博士	1999 年	苏州市轨道交通集团有限公司
6	孔 恒	博士	2000 年	北京市政集团
7	王秀英	博士	2000 年	北京交通大学
8	贾嘉陵	博士	2000 年	北京工业大学
9	杨松林	博士	2001 年	北京交通大学
10	吴江滨	博士	2001 年	北京建工集团
11	张德华	博士	2001 年	北京交通大学
12	周晓敏	博士	2001 年	北京科技大学
13	齐震明	博士	2002 年	广深港客运专线有限责任公司
14	杜 彬	博士	2002 年	国家能源投资集团有限责任公司
15	周龙翔	博士	2002 年	广州大学
16	姚海波	博士	2002 年	北方工业大学
17	皇甫明	博士	2002 年	中交隧道工程局有限公司
18	宋克志	博士	2002 年	鲁东大学
19	洪开荣	博士	2003 年	中铁隧道局集团有限公司
20	姚宣德	博士	2003 年	北京市水利规划设计研究院
21	李英勇	博士后	2003 年	山东省交通运输厅

序号	姓 名	博士/博士后	入学年份	工作单位
22	叶 英	博士	2003 年	北京市市政工程研究院
23	骆建军	博士后	2004 年	北京交通大学
24	杨会军	博士后	2004 年	中国中铁六局集团有限公司
25	鞠文君	博士	2004 年	煤炭科学研究总院
26	张晓丽	博士	2004 年	中铁第五勘察设计院集团有限公司
27	杜朝伟	博士	2004 年	河南省安阳西北绕城高速公路有限公司
28	谭光宗	博士	2004 年	中铁五局集团有限公司
29	卫振海	博士	2004 年	中国人民解放军国防大学
30	张稳军	博士	2004 年	天津大学
31	卓 越	博士	2005 年	中铁隧道局集团有限公司 中铁隧道勘察设计研究院有限公司
32	张成平	博士	2005 年	北京交通大学
33	郭小红	博士	2005 年	中国建筑工程总公司
34	陈建勋	博士	2005 年	长安大学
35	王 凯	博士	2005 年	中交第二公路勘察设计研究院 有限公司
36	杨 茜	博士	2005 年	石家庄铁道大学
37	李鹏飞	博士	2006 年	北京工业大学
38	林传年	博士后	2006 年	中国铁路经济规划研究院
39	郑爱元	博士后	2006 年	深圳市地铁集团有限公司
40	黄清飞	博士	2006 年	中交公路规划设计院有限公司
41	郑 晅	博士	2006 年	长安大学
42	刘志春	博士	2006 年	石家庄铁道大学
43	万良勇	博士	2006 年	石家庄市轨道交通有限责任公司
44	刘永胜	博士	2006 年	中铁隧道勘察设计研究院有限公司
45	马 栋	博士	2007 年	中国铁建十六局集团有限公司

序号	姓 名	博士/博士后	入学年份	工作单位
46	任少强	博士	2007年	中铁二十局集团有限公司
47	罗彦斌	博士	2007年	长安大学
48	贺美德	博士	2007年	北京市市政工程研究院
49	赵 勇	博士	2008年	中国铁路总公司
50	汪 波	博士	2008年	北京市政集团
51	沈 周	博士	2008年	中国中铁股份有限公司
52	杨 平	博士	2008年	中铁珠三角投资发展有限公司
53	王 飞	博士	2008年	苏州市轨道交通集团有限公司
54	郭玉海	博士	2009年	北京市政集团
55	何历超	博士	2009年	首发高速公路建设管理有限责任公司
56	刘泉维	博士	2009年	青岛市西海岸轨道交通有限公司
57	王 超	博士	2009年	中咨公路养护检测技术有限公司
58	扈世民	博士	2009年	中信证券股份有限公司
59	李献民	博士后	2010年	中交一公局土木工程建筑研究院 中国交建（重庆）隧道抢险救援队
60	仇玉良	博士后	2010年	中非国际建设工程有限公司
61	程荷兰	博士后	2010年	河北建设勘察研究院有限公司
62	陈海丰	博士	2010年	苏州市轨道交通集团有限公司
63	李华伟	博士	2010年	河北建设勘察研究院有限公司
64	乔 雄	博士	2010年	兰州理工大学
65	张永刚	博士	2010年	北京交通大学
66	刘 江	博士后	2011年	河南省交通运输厅
67	孔大庆	博士	2011年	空军工程管理研究室
68	华福才	博士	2011年	北京城建设计发展集团
69	李东海	博士	2011年	北京市市政工程研究院
70	管晓明	博士	2011年	青岛理工大学

序号	姓 名	博士/博士后	入学年份	工作单位
71	邓祥辉	博士后	2012 年	西安工业大学
72	刘 钦	博士后	2012 年	长安大学
73	李宇杰	博士后	2012 年	北京地铁运营有限公司
74	武 科	博士后	2012 年	山东大学
75	佘远国	博士后	2012 年	华中师范大学
76	吴全立	博士	2012 年	中国路桥工程有限责任公司
77	韩凯航	博士	2012 年	加州大学洛杉矶分校
78	赖永标	博士后	2013 年	中建科技部技术中心
79	郭彩霞	博士	2013 年	清华大学
80	何 珺	博士	2013 年	北京交通大学
81	王 伟	博士	2013 年	河北建设勘察研究院有限公司
82	李宏安	博士后	2014 年	北京市轨道交通建设管理有限公司
83	解廷伟	博士	2014 年	深圳市地铁有限公司
84	安建永	博士后	2015 年	中国建筑第二工程局有限公司
85	白雪峰	博士	2015 年	明达海洋工程有限公司
86	王 林	博士	2015 年	河北省高速公路京沪管理处
87	孙明社	博士	2015 年	北京交通大学
88	莫振泽	博士后	2016 年	无锡地铁集团有限公司建设分公司
89	晁 峰	博士后	2016 年	中建技术中心
90	王海涛	博士后	2016 年	大连交通大学
91	杨公标	博士	2016 年	北京交通大学
92	李小雪	博士	2017 年	河北电力勘测设计研究院
93	王 磊	博士	2017 年	北京交通大学
94	高 震	博士	2017 年	北京交通大学
95	董方方	博士	2017 年	长安大学

弟子心声

谭忠盛（1999）

1999年我有幸师从于王老师门下，并一直协助左右，目睹老师无数次以高尚品德和高超技术决策重大项目方案，留下了一座座遗产工程，学生受益匪浅。师恩如山无以回报，惟继续学习并发扬光大，造福社会。祝老师生日快乐，健康长寿！

杨小林（1999）

自1999年跟随王院士学习以来，感受院士的言传身教，可以总结成两句话"做事，要引领国际标准；做人，要坚守道德底线"，这成为了我人生中的座右铭，感谢恩师！

王占生（1999）

从师近二十载，深感师恩如山、师爱似海。恩师的教诲时刻铭记在心：做事先做人，重品行，有情义；技术上要重实践、敢创新，重安全、讲长久……地铁大发展重任在肩，我将秉承老师的精神和追求，奋力拼搏，砥砺前行。感谢老师的谆谆教导，祝恩师健康如意，福如东海！

孔恒（2000）

父母给予了我身体，恩师赋予了我灵魂，先生的德宇为先您是学生所尊崇并效法之根本！值此恩师80大寿之日，感恩导师所给予学生的全部，恭祝恩师和师母健康长寿，幸福久远！

王秀英（2000）

与王老师相处的日子，总能被他的乐观进取、勇于负责、敢于担当的精神所感动，每一次的教导都饱含着他对我们殷切的期望，感谢老师对我们的关心和栽培，在老师八十岁生日到来之际，衷心祝愿敬爱的王老师和师母健康长寿、阖家幸福、永远快乐！

贾嘉陵（2000）

踏遍青山人未老
铸就隧道满乾坤

张德华（2001）

巍峨青藏高峰，红旗漫卷西风。
今朝恩师引领，长隧气贯长虹！

周晓敏（2001）

杜彬（2002）

2002年我有幸成为王院士的弟子，转眼已有十五年。聆听导师的教诲学做人，按照导师的指导做学问，真是一生的财富，在导师率领的这支弟子大家庭中学习成长真是一生的幸福。在尊敬的导师80华诞之际，献上最真诚的祝福，衷心祝愿导师健康如意，福乐绵绵、益寿延年、身体健康！衷心祝愿我们这支以导师为旗帜的弟子团队不断进步，持续壮大！

姚海波（2002）

时值恩师80华诞，回首与您一起走过的日子，您对我做人上的言传身教、学术上的悉心指导、事业上的鼎力支持和生活上的热心关怀，无不历历在目、言犹在耳，虽然时光流逝，可历久弥新，弟子将永远铭记！

岁月悠悠，看着老师黑发变皓首，弟子也由而立近天命，心中着实感怀于时光的流逝，不过，看到您著述等身、名满华夏、桃李遍地，弟子们也在稳步成长，心中又不胜喜悦。

感激您对我人格的塑造，感恩您和师母对我的关怀、帮助，学生永志不忘！

宋克志(2002)

而立之年,幸遇大师
不惑之年,建业黄海
今逢寿年,愿献南山
岂止于米,相期以茶

洪开荣(2003)

隧贯山河利国为民,五十多载耕耘不止;
道通天下授业解惑,八十华诞情怀依旧;
感恩老师精心培养!祝福恩师健康长寿!

叶英(2003)

王老师给我的感觉是"宽厚、善良、真诚",他有一种"创新实践、挑战自我、胸怀国家、寻梦不止"的精神。常说"先做人、后做事"、"把复杂的事情简单化"、"把理论与实践紧密结合",我一直在努力遵循、追随。

杨会军（2004）

恩师开创了浅埋暗挖法，形成了中国隧道修建法，而且心系国家建设，建言地铁建设，宣传推广了中国高铁技术。恩师真情叮嘱，"年轻一代的神圣职责，是在新的跨越中去耸立更高的丰碑"！

衷心祝福恩师：福如东海长流水，寿比南山不老松！祝恩师、师母：身体健康！

杜朝伟（2004）

王院士是中国隧道建设的奠基人，发展的见证人，为中国隧道快速发展做出了卓越的贡献。他有着高高的人格，有着"敢为天下先，敢为百姓言"的担当。我们有义务把王院士的精神继承下去，为提高工程建设技术水平贡献力量。

张稳军（2004）

纵横隧道六十秋，踏步青云志未休。
越岭翻山无所惧，穿江跨海有长谋。
德才并重传天下，桃李芬芳遍九州。
谨祝恩师八秩寿，华章续写更风流。

卓越（2005）

日月昌明松永欣，
卓越感恩得慈临；
林朝彰睿业精著，
期颐百好乐天令！

张成平（2005）

此生有幸，我在硕士和博士阶段均能成为王老师的学生。恩师"物我两忘、宠厚不惊"的人生信念从心灵深处一直深刻地影响着我，使我不但学会了如何做事，更学会了如何做人。感谢恩师的辛勤培养，祝愿恩师和师母生活幸福，健康长寿！

郭小红（2005）

为隧道工程解困惑，为交通事业穿山岭，为人民生活建通途。
——献给我的导师王梦恕院士！

陈建勋（2005）

　　《射雕英雄传》中讲到，郭靖师从江南七怪学了18年功夫，比武功输给了杨康。后来经丐帮帮主洪七公和老顽童周伯通稍稍点拨，郭靖武功突飞猛进，不但打败了杨康，而且成为武林顶尖高手。我常常想遇到恩师是我们的荣幸，老师言传身教，让我们在学业和事业上日益精进；师母和蔼可亲，让我们感受到大家庭的温暖。我们一定遵从老师教诲，不忘初心——忠孝仁义做人、求真务实做事，为我国的隧道及地下工程建设事业做出更大贡献。

　　衷心祝愿王院士和师母健康长寿！

杨茜（2005）

　　12年前，我有幸成为老师的一名学生。这些年，老师对我的指导与帮助历历在目，每一个进步都离不开老师的悉心教导。同时我所在的学校与老师也有着极深的渊源，每天走在校园里，不由自主地想起老师在我们学校的点点滴滴；每当走进实验室，脑海里就会浮现出老师手把手地指导实验的动作；经过报告厅，心中就会回荡起老师介绍学科前沿的声音；踏入会议室，仿佛就能看到老师工作到凌晨两点的身影……工作上，老师的执着敬业为我树立了永远的榜样；生活中，老师的谆谆教诲为我传授了宝贵的人生经验。老师，千言万语说不尽您的伟大恩幸，穷尽一生弟子也报答不了您的如山恩情。祝愿恩师永远安顺康健！

林传年（2006）

大道至简，大德育人！
不忘初心，砥砺前行！
祈吾恩师，健康安宁！

李鹏飞(2006)

自2005年秋投身于恩师门下，至今已整12年，然恩师的勤勉和教诲仍历历在目，萦绕耳旁。

恩师年近八旬，待人热诚，对学生宽厚仁爱，耳提面命；做学问更是敢为天下先，虽耄耋之年，仍奋战在工程一线，针砭时弊，直言不讳。

不曾忘记恩师在我初入师门的谆谆教诲："做学问首先要有品德"，"做帅才而不仅是将才"，"搞隧道工程要能吃苦，到工程一线去"。

不曾忘记恩师在我行将毕业的嘱托："年轻一代的神圣职责是重新树立新的丰碑""做工程给后代留下遗产而不是遗憾"。

至此恩师八十岁寿辰之际，学生李鹏飞衷心祝愿恩师福如东海，寿比南山！

黄清飞(2006)

人生得遇恩师，方有小草成长；
点滴成就，感恩老师心血栽培。

郑晅(2006)

风雨无阻隧道人，急公好义大国师。
弟子郑晅恭祝王梦恕院士80大寿，幸福安康。

刘志春（2006）

王老师对中国隧道建设事业孜孜不倦的探索精神，长期坚持到施工一线调研指导的敬业精神，为人正派敢说敢做的处事风格，时刻激励着我。"做学问先做人"、"做工作做学问一定要实事求是"等谆谆教诲，都成为我最宝贵的财富。

万良勇（2006）

而立之年入师门，十年受教师生情，
谆谆教诲牢记心，孜孜不倦苦学行，
物我两忘无宠辱，修心养性视为本，
复杂问题简单化，时刻践行唯恐迟，
主持石铁一号线，四年耕耘终得通，
今逢恩师八十诞，惟愿福寿永相随

刘永胜（2006）

定军山
通瑶山
环京师
隧贯山河开创新时代
逢盛世
传百子
迎八秩
德行天下成就大国师

罗彦斌（2007）

承蒙恩师厚爱，2007年收我为徒。
师从王院士10余载，得到恩师指点无数，时刻铭记老师教诲。
实实在在做人，认认真真做事，必将成为我的座右铭。
祝愿王院士和师母身体康健，幸福美满！

贺美德（2007）

师七十华诞，吾幸入师门。
得恩师授业，记德字为先。
弹指一挥间，受教十余载。
迎八十华诞，祝健康长寿。

赵勇（2008）

王老师的一生，严于责己，宽以恕人，学术泰斗，以德为先，心系九州，敢于直言，耕耘浇灌，桃李满园。

您是中国高铁的代言人，您是弱势群体的呵护者。在您八十大寿即将到来之际，衷心地祝愿恩师福如东海，寿比南山，耄耋老人再迎春天。

弟子心声

王飞（2008）

受恩师影响颇多，"德字为先"、"心怀百姓"、"深入一线"、"留遗产而非遗憾"…无不令人受益终身，感恩感谢！

何历超（2009）

王梦恕老先生笃学勤思、潜心求索、不辱使命、务实创新，在我国隧道领域独树一帜，对我教育影响至深。作为一名老师的学生，一定时刻铭记恩师的教导，积极钻研，勇于担当，精益求精，在事业上勇创佳绩，立志做一名新时代公路工程建设中的有追求、有作为的优秀工程技术人才。

刘泉维（2009）

从2009年拜入门下，每见恩师或如雨露入心，或醍醐灌顶，指引我从懵懂青年到独当一面。恩师为人谦和正直，为学博学创新，为师恩高善教。恩师两次莅临青岛地铁指明方向，步行40米深井指点迷津，殊令晚辈敬学终生。学生当策马扬鞭，再立新功，以报师恩。

春播桃李三千圃，秋来硕果满神州。祝恩师永远健康，鹤寿松龄！

李献民（2010）

教师的价值在于塑造灵魂、塑造生命、塑造人。古人云："经师易遇，人师难遭"。一个好老师，应该是"经师"和"人师"的统一，既要精于"授业"、"解惑"，更要以"传道"为责任和使命，用自己的人格影响和塑造学生的人格，用自己的爱心抚育和培养学生成为国之栋梁。王梦恕院士就是这样的好老师！此生有幸成为王梦恕院士这样好老师的学生，使我受益终生、荣耀终生、感恩终生。

李华伟（2010）

很荣幸成为王院士的学生，不但从知识渊博的王老师那里学到了技术知识，而且从王老师崇高的品格里深刻的领会了如何更好的实现人生价值，特别是王老师矢志不渝的爱国、爱党之情怀，深深地影响着我；王老师"物我两忘，宽厚不惊"的高尚品格，更是时刻激励着我。我坚信在王老师的精神指引下，学生们将为实现伟大的中国梦做出积极的贡献！

乔雄（2010）

导师学识渊博、学术理念明锐、实践经验丰富以及做人风格的正直高尚，给我留下了深刻的印象，是我学习的楷模，必将使我受益终生。老师的"将复杂问题简单化"是我现在的座右铭，希望老师为国为民的思想能得到发扬，更愿老师渊博的隧道知识能得到传承！祝愿老爷子身体健康，万事如意！

刘江 (2011)

愿您的智慧永照华夏大地,您的胸怀盛名桃李满天下!祝老师寿比南山,福如东海!

华福才 (2011)

开山辟隧有吾师,
传德授业广育智;
偶幸学师贤与德,
众弟共承携手驰!
恭祝老师健康长寿,桃李天下,幸福如意!

李东海 (2011)

筑千条隧道,存百年功绩
建万条高铁,福华夏儿女
祝隧道第一人王老师:福如东海长流水,寿比南山不老松。

管晓明（2011）

恩师高屋建瓴、视野雄阔，不为名来，非为利往，孜孜探索，如指路明灯，时刻激励我们不断前进。

李宇杰（2012）

恩师教诲，常记心头；
仁义礼智，德宇为先；
扎根基层，解决问题；
团队协作，淡泊名利；
桃李不言，下自成蹊；
祝愿恩师，松柏长青；
福如东海，寿比南山。

吴全立（2012）

继往开来
开浅埋暗挖先河
创大瑶山隧伟举
中华引水穿裹地
国人出行凭绿轨
隧贯山河创精品
道通天宇传爱心
传百子凤领合行
承基业成就华夏

弟子心声

韩凯航（2012）

学生韩凯航二零一二年秋有幸踏入师门。在校期间每每遇到老师，老师总教导我要忠孝仁义做人，求真务实做事，对于隧道建设者祖国重于一切，事业高于一切，要无愧于祖国、无愧于人民、更无愧于自己所从事的事业。此后我必以此作为自己的人生格言和奋斗目标。毕业后与老师交谈去国外做博士后研究工程新材料新技术，导师仍然教导我要踏踏实实的做科研。虽现身在国外，仍不忘初心，志在穿越！

在您八十岁寿辰之际，千言万语也无法表达自己的激动之情、感恩之意！衷心祝愿老师永远健康快乐，青春永驻，精神矍铄，鹤发童颜！

何珺（2013）

敬仰恩师忧国如家的侠之大义，钦佩恩师隧贯千山的宽宏气度，牢记恩师严厉恳切的不倦教诲。

弟子感恩铭德，人生路上定当以德为先，勇于担当，砥砺奋进。

郭彩霞（2013）

恩师王梦恕院士作为我国隧道与地下工程领域著名专家，他"物我两忘，胸怀国家、人民、铁路"的博大情怀、"忠孝仁义做人，求真务实做事"的高尚品格、"俯仰无愧天地，褒贬自有春秋"的满腔热忱，无不让学生们受益终生，激励着一代又一代隧道人努力奋进！

王伟（2013）

视名利淡如水，敬事业重如山；
您的辛勤汗水，浇灌桃李天下；
您的无私奉献，铸就师德丰碑；
祝愿老师体强康健，平平安安！
祝愿老师福如东海，寿比南山！

解廷伟（2014）

"桃李满天下，铁路精神焕光芒。"
祝老师健康长寿，生活愉快。

王林（2015）

学社会需要的东西，研究国家需要的方向，真心真意地做事业，在最需要自己的位置上做最需要的事。

孙明社（2015）

德宇为先，胸怀容天下，
行之表率，中华山隧穿，
师恩似海，桃李满庭春，
启明常在，吾辈当自强。
祝恩师日月昌明，松鹤长春！

莫振泽（2016）

天不生吾师，万古如长夜，
谨听老师教诲，忠孝仁义做人，
勤奋踏实做事，为国家出力，
做国家栋梁。

晁峰（2016）

王院士时刻心系国家、行业发展，有幸加入院士团队，定当铭记王院士教诲，恪尽职守、鞠躬尽力。祝愿院士身体健康、快乐永伴！

王海涛（2016）

　　桃李不言，下自成蹊。王老师是我做人的楷模，崇高的道德、渊博的学识、宽广的胸怀给予我人生启迪。感谢跟着您耳濡目染所悟到的人生哲理和对学术坚守的精神。老师的恩情学生没齿难忘，唯一可做的便是谨记您的教诲，继续前行！

杨公标（2016）

　　恩师踏遍山河心系道道路畅，阅尽书海勇攀科学之峰的精神，令学生敬仰，弟子愿追随老师的步伐继续筑路前行。

李小雪（2017）

　　幸与恩师结缘，
牢记谆谆教诲，
传承师门风范，
立志国之工匠。

王磊（2017）

　　谆谆教诲，记忆犹新；师恩如山，终身难忘；恩师是生活学习中的指路明灯，弟子愿跟随恩师步伐高歌奋进。

高震（2017）

　　德为先，担复兴之栋，
怀梦想，筑富强之石，
贯隧道，开四方通途，
传道德，育成才之基。

后记

　　生命的意义在于孜孜不倦的追求，追求着人们对美好生活的向往一个个变成现实。如今，当我们面对崇山峻岭不再兴叹"蜀道之难，难于上青天"时，当我们面对江河湖海不再感叹"一叶浮舟"时，当我们面对城市车辆拥堵而呼唤"加快地铁建设"时，当我们需要关切和思考社会发展的一些问题时，我们就会自然而然地想起隧道，想起其中一位长期不遗余力推动我国隧道及地下工程发展的专家、一位替民众表达诉求的有识之士，他就是中国工程院王梦恕院士。

　　人生只恨不平事。路不平，以学治之。事不平，以法律之。王梦恕院士就是这样一个人。在那个知识十分贫乏的年代，年轻的王梦恕便对知识有着如饥似渴的追求。1964年，王梦恕从唐山铁道学院毕业，当时硕士研究生在我国寥若晨星，但对知识的渴求，促使王梦恕坚定地选择了攻读硕士研究生。他学成毕业参加了我国第一条地下铁道——北京地铁的建设，初出茅庐，便才华立显，王梦恕用自己掌握的知识纠正了隧道内净空确定未考虑施工误差、贯通误差的重大问题，为地铁工程挽回了重大损失。

　　1981年，王梦恕所在的铁道部隧道工程局承担了当时国内最长、举世瞩目的大瑶山隧道建设施工任务。时任隧道局科研所总工程师的王梦恕，首次在国内引进并实验新奥法施工技术，组织研发、自主创新了深

孔光面爆破、喷锚支护和监控量测技术，10项配套技术、42项技术难题的解决达到国际先进水平，使大瑶山隧道实现了大断面快速安全施工，将工期从8年缩减至6年半。大瑶山隧道是我国隧道修建史上的重要里程碑，其修建新技术荣获国家科技进步特等奖。大瑶山隧道修建技术，也使我国隧道修建技术跨上新台阶，一举结束中国不能修建十公里以上长大隧道的历史，从而使中国铁路隧道修建技术跨入机械化施工新时代。

1985年，王梦恕转战大秦铁路军都山隧道，进行大跨、软弱、有水、浅埋、上有民房的隧道设计、研究，先后攻克了7项配套技术、14个技术难关，并首创出了"浅埋暗挖法"隧道施工技术。

1986年8月，北京地铁复兴门折返线工程正式开工修建。国内第一条采用暗挖法、不影响地面交通的折返线工程宛如璀璨明珠，受到世人关注。王梦恕作为工程指挥部副指挥长、总工程师，带领工程技术人员常驻工地现场指导施工，成功总结出了"管超前，严注浆，短开挖，强支护，快封闭，勤测量"的18字施工原则，确保了首都主干道浅埋暗挖施工的绝对安全和稳定的施工进度，引起国际业界的高度关注，参观学习者络绎不绝。复兴门折返线工程荣获国家优秀设计金奖、建国40周年科技优秀成果奖；"浅埋暗挖法"被评为国家一级工法。从此，我国地铁建设进入了大规模建设、快速发展的新时代。

1995年，王梦恕作为隧道与地下工程技术领域的杰出专家，光荣当选为中国工程院院士。

院士只是王梦恕隧道修建技术生涯中的一个驿站。在之后的岁月里，王梦恕更加勤奋治学，以"隧贯山河、道通天下"为己任，担负起更重的担子、加快前进的脚步，倾注全部智慧和心血，推动我国隧道与地下工程修建技术水平不断提升。

1996年10月，王梦恕在中国土木工程学会隧道及地下工程学会第九届年会上发表《降低城市地铁造价的措施和意见》，旨在降低修建成本，让绿色环保的地铁惠及更多的中国百姓；同年11月，他在第五届全国结构工程学术会议上做《穿越琼州海峡进行工程结构研究》的报告，在描绘天堑变通途宏伟蓝图的同时，又科学严谨地勾勒出了这一华彩背后的"铮铮铁骨"。

2000年1月，王梦恕独具慧眼地预言"21世纪是隧道及地下空间大发展的时代"；2001年他潜心研究出了"TBM通过断层破碎带的施工技术"，2005年他研究提出了"开敞式TBM在铁路长隧道特硬岩、软岩地层的施工技术"，2006年他又科学提出了"不同地层条件下的盾构与TBM选型"原则，有效解决了硬岩掘进机施工的地质适应性问题，极大提升了隧道掘进速度。在他的一系列技术理论指导下，全长28.2公里的西秦岭特长隧道不到3年时间便实现了贯通，创造了TBM掘进机周掘进235米、月掘进841.8米两项世界纪录，获国家发明专利2项。

2007年，王梦恕提出了"地下水封岩洞油库设计、施工的基本原则"，总结了我国大型地下、水下洞库工程经验，并形成了该领域的理论框架，促进了我国大型地下工程技术水平的提升。

2008年10月，王梦恕提出了"台湾海峡海底铁路隧道建设方案"；2011年4月，他又会同我国土木工程学界的11位院士，深入研究探讨这一宏伟构图，期盼祖国早日统一，期望用如虹长隧紧紧牵住宝岛台湾。

2015年，王梦恕撰文《我国隧道技术现状和未来发展趋势》，高屋建瓴地全面总结了我国隧道技术水平，并对未来发展趋势作出了敏锐的预测和展望，对业界起到了总体上的引领作用。2016年，他又将目光瞄准"我国智慧城市地下空间综合利用探索"。岁至耄耋，壮心不移，背后是华彩乐章，眼前是绚丽晚霞，王梦恕院士的步伐依然稳健而坚实。

如果说，"隧贯山河、道通天下"是王院士人生的主旋律，那么建隧育人、教书育人、为人师表、言传身教则是王老人生不可或缺的和弦伴奏。王院士治学严谨，不仅自己身体力行，还要求自己身边的干部或所带的博士生，都必须到现场去，从现场找论文题目，找问题的突破口，他甚至要求博士生的论文必须解决现场的一个关键技术，必须"把复杂问题简单化"作为认识问题和解决问题途径，他认为这样的论文才是有价值的论文。他培养博士生有三个要求：第一是品德，第二是能力，第三是理论。按照这样的教育理念和培养方式，王院士培养出了一个个品学兼优的硕士、博士，他们有的担任着大型工程局的总工程师，有的已成为大学的知名教授，可谓桃李满天下。王院士以为国家培养出优秀后继人才为荣，学生则以师从王院士为人生之大幸。他视名利淡如水，敬事业重如山；辛勤汗水，浇灌桃李天下；无私奉献，铸就师德丰碑，给他的学生指引了人生方向。

王院士现任中国中铁股份有限公司副总工程师，中铁隧道局集团有限公司副总工程师、技术委员会副主任；北京交通大学土木建筑工程学院教授、博士生导师，北京交通大学隧道及地下工程试验研究中心主任；兼任北京、南京、天津、西安、厦门等10余个城市地下工程专业顾问；西南交通大学等12所大学的名誉教授和客座教授；中国土木工程学会常务理事、中国土木工程学会隧道及地下工程分会常务理事、副理事长、河南省政府参事等职。当选"第九、十、十一、十二届全国人大代表"，"第九、十届全国政协委员"。

路不管走了多远，王院士始终不忘初心——"让人们生活得更加美好"。为此，在逢山开路、遇水架桥之外，秉笔直书、求真务实，在全国"两会"上提出了许多令媒体高度关注的提案；在教书育人、言传身教之余，他仗义执言、为民请命，受到广大群众和众多媒体的高度赞扬。

王梦恕院士从事铁路工程科技工作半个多世纪，在隧道及地下工程的理论研究、科学试验、开发新技术、新方法、新工艺以及指导设计、施工等方面做出了突出的贡献，取得了丰硕的成果，对促进我国隧道建设技术的发展起到了重要作用。他开拓了铁路隧道复合衬砌新型结构领域的理论研究，摸清了结构受力特点、机理，确定了施工要点及工艺；主持设计制造了我国第一台直径 7.3 米的大型机械化压缩混凝土盾构；主持实验、创造并参加大瑶山隧道深孔光面爆破、喷锚支护、监控量测、反馈信息指导施工、周边浅孔预注浆等关键技术成果的开发、研究和应用，取消了木支撑，实现了大断面、大型机械化快速施工，改变了传统的隧道修建方法，使长大隧道修建技术实现了重大突破；主持双线铁路隧道不稳定地层新的施工方法，首次系统地创造了超前小导管支护稳定工作面体系的理论分析和应用，创造了新型网构钢拱架支护形式并广泛应用于地下工程；主持并首创了"浅埋暗挖法"在不同地层中修建城市地铁区间和车站的施工配套技术，为我国地铁建设大规模快速发展提供了坚实的理论基础和技术基础。王梦恕所著《地下工程浅埋暗挖技术通论》，是我国第一部系统论述地下工程浅埋暗挖法理论设计和施工技术的专著，现已广泛作为地铁、铁路、公路、水利、矿山、军工、城市规划等部门科研人员和高等院校相关专业教师的参考用书。先后获国家科技进步特等奖 1 次，二等奖 2 次，三等奖 2 次；铁道部科技进步特等奖 1 次，二等奖 5 次；北京市科技进步一等奖 1 次，二等奖 1 次；广州市科技进步一等奖 1 次等。曾获"全国优秀科技工作者"、国家有突出贡献的专家等多种荣誉称号，1999 年获"第四届詹天佑大奖"和国家人事部"杰出专业技术人才"一等功。

王院士今年已寿登耄耋，在 80 年的生命历程里，他将近六十载的宝贵年华奉献给了中国铁路建设事业，其中 40 年一直在中国中铁隧道局集团辛勤耕耘。本文集在王梦恕院士 80 华诞之际出版，既是对他从事

隧道与地下工程技术、科研和教学工作付出辛勤劳动的回报和取得丰硕成果的肯定，也是向王院士80岁生日献上的一份厚礼。同时，也为从事隧道与地下工程建设事业的中青年科技工作者提供了一份学习和参考的珍贵资料。

　　本文集收录了王梦恕院士发表的学术论文和在学术会议上的专题发言稿67篇，以及其作为人大代表、政协委员的提案和见诸媒体的短文33篇，共计100篇，涉及隧道与地下工程建设领域的工程规划、施工设计、地质预报、监控测量、控制原则、施工工艺、装备研制、机械配套、材料结构等各个方面。从论文的选题、关键技术分析和技术难点攻关等方面体现了他立足实践、科学严谨的治学态度和学术风格。这些学术论文是王梦恕院士半个世纪以来致力于前瞻性、开创性科研学术活动的坚实脚印，也是他教书育人、奉献祖国地铁与高铁建设事业的历史记录。本文集的出版是对王梦恕院士科研成果和学术思想的盘点总结，也展示了他在隧道与地下工程建设领域所取得的业绩和在该领域达到的技术水平，同时也有代表性地反映出了我国隧道与地下工程的技术水平，是我国隧道与地下工程的重点技术总结。

　　翻开厚厚的文集，我们品阅王梦恕院士写下的岁月征程，那一字一句都是时间的沉积，都是生命最有力的表达，表达得那么坚实，又那么豪迈！煌煌巨著，让我们仿佛看到一位中原汉子在绝壁上面对皇天后土的长啸讴歌！这呕心沥血的著作既是中国中铁隧道局集团的宝贵财富，也是他的学生们的宝贵财富，同时也是属于中国的、世界的，是属于整个地下空间科学领域的财富。整个地球的空间将在未来向地下延伸与拓展，王院士的学术、思想与精神将发挥更大的力量，愿王院士在勤劳治学与工作之余保重身体，泰若青山。

　　祝王梦恕院士八十华诞快乐！

2017年11月3日